中国智慧精典

马新 薛贻康 张大同 注释

山东大学出版社

图书在版编目(CIP)数据

中国智慧精典/马新等译注．—3版．—济南：山东大学出版社，2008.1
(国学精典)
ISBN 978-7-5607-0799-0

Ⅰ．中...
Ⅱ．马...
Ⅲ．群经合辑
Ⅳ．Z126.1

中国版本图书馆CIP数据核字(1999)第88804号

山东大学出版社出版发行
(山东省济南市山大南路27号　邮政编码：250100)
山东省新华书店经销
山东新华印刷厂印刷
720×1010毫米　1/16　36.75印张　759千字
2008年1月第3版　2008年1月第6次印刷
定价：76.00元

出版说明

精神与文化是人类社会的最高追求，也是不同历史时期、不同群体与地区人们的基本需求，尤其是积文明传承之结晶的传统文化，更是其中的基点所在。进入21世纪以来，随着中国社会的飞速发展与历史巨变，国人对精神与文化的追求也与日俱增，特别是当我们的物质世界在不断地告别历史、远离传统之际，我们对于精神家园的缅怀与追寻已成为愈浓的乡思。无论是经典秘籍、诸子百家，还是唐诗宋词、古文小说，都在被身处现代化的人们重新找回。这是民族精神与文化建设的动力所在，也是社会和谐发展的基础所系。基于此，我社对以往出版的传统文化精典著作重加整理，汇成本套“国学精典”丛书，计有《中国智慧精典》、《中国诗词精典》、《中国古文精典》、《中国书信精典》、《中国文言小说精典》、《中国话本小说精典》，共六种，旨在涵括传统国学之精粹。读者一编在手，既可以饱览诸子百家的智慧，又可领略唐诗宋词的美韵；既可鉴赏古代散文的汪洋纵恣，又可体会书柬信札中的文思华采；既可品味文言小说的隽永，又可欣赏话本小说的乐趣。每册内容，都可圈可点，当然，也都可随时读之，高阁藏之。进德修业，堪为良友。

山东大学出版社

2007年12月

目 录

◎周 易

◎孙子兵法

◎论　语

◎尉缭子

老子

◎（春秋）老子 撰
薛贻康 译注

前　言

《老子》是我国古代著名的经典著作，蕴含着丰富而深刻的哲学思想、政治观点和军事理论，是古代智慧的宝库之一。现在，研读《老子》风靡中外，足见其魄力之神奇，影响之巨大。一部古代著作，历两千余年，而闪耀着愈加灿烂的光彩，这是文化史上的奇迹。

《老子》一书的作者和成书年代，其说不一。大致可以认定作者是老聃，但成书年代稍晚。老聃是楚国苦县(今河南省鹿邑县)厉乡曲仁里人。做过周朝的"守藏室之史"，是管理藏书的史官。生卒年不可考。大约稍早于孔子，或与孔子同时。

在先秦典籍《庄子》、《吕氏春秋》、《韩非子》中都有关于老聃及其言论的记载。《吕氏春秋》说："孔子学于老聃。"这与《史记·老子韩非列传》中所记孔子"将问礼于老子"是一致的。《韩非子》的《解老》、《喻老》中引用的有关言论，如"老聃有言曰：'知足不辱，知止不殆'"等，与《老子》书中的话基本相符。从中可以了解老聃和《老子》一书的关系。

《老子》一书，从内容上看，并非一人一时之作。因此，只能说其基本思想出自老聃。中间经修改补充，成书于战国前期或中期。有人认作《老子》作者的战国时人李耳、太史儋，很可能是对老聃的原著进行补充修订的主要代表人物。甚至由他们写成《老子》的定本。

《老子》一书，魏晋以来流传较广的，是三国时魏国人王弼的注本和传说为汉文帝时代人河上公的注本以及东汉人严遵的注本和唐初人傅奕的注本等。1973 年 12 月，从湖南长沙马王堆三号汉墓出土的两种帛书《老子》写本，分别称为甲本和乙本。甲本不避刘邦名讳，足证抄于刘邦称帝之前。乙本避刘邦名讳，不避汉文帝刘恒名讳，显见抄于汉高祖和汉文帝之间，距今都已两千多年，应是最接近《老子》原貌的本子。帛书《老子》和其他各种版本的《老子》，在篇章字句和思想内容方面有很多差异，考虑到《老子》在长期流传过程中的修改和补充，汇集了一些宝贵成果，所以我们虽然庆幸得到最古老的帛书《老子》写本，得以修正流传本的错讹，但又不必以最原始的《老子》为"正宗"。因此，本注释本仍以王弼注本《老子道德经注》为主要底本，参校帛书《老子》甲、乙本、傅奕注本《道德经古本篇》、严遵注本《道

德真经指归》等版本，并参考了部分近人的有关著作。考虑到《老子》原文语言简练如诗，琅琅成韵，因此在译注过程中，力求译文成韵，以再现原文的风采。但往往力不从心，时有弄巧成拙之嫌。不当之处，请读者和专家不吝赐教。

薛贻康

道篇

第一章

道[①]，可道，非常[②]道；名，可名，非常名。无名，天地之始；有名[③]，万物之母[④]。故常无，欲以观其妙[⑤]；常有，欲以观其徼[⑥]。此两者，同出而异名。同谓之玄[⑦]。玄之又玄，众妙之门。

【注释】

①道：《韩非子·解老》："道者，万物之所然也。"道，指宇宙的本质和实质，指自然规律、自然法则。

②常：马王堆汉墓出土《老子》帛书甲、乙本（简称《帛书》甲、乙本），"常"作"恒"。其后，避汉文帝讳，改为"常"，遂沿袭而定。

③有名："有名"与前句"无名"，以往有人以"无"字、"有"字为逗。

④母：河上公注："母，本也。"

⑤妙：王弼注："妙者微之极也。"即精微、秘奥。

⑥徼(jiào)：《经典释文》："徼，边也。"引申为终极、极限。

⑦玄：奥妙，深远。

【译文】

道，说得出的，就不是永恒的道。名，叫得出的，就不是永恒的名。无名（无形），是天地的原始；有名（有形），是万物的本源。所以，永恒的无，将从它认识道的奥秘。永恒的有，将从它认识自然的极限。这两者（无形和有形）同时开始而名称不同。同样叫做深远。从深远而更向深远处探索，是认识自然一切奥秘的门径。

第二章

天下皆知美之为美，斯恶[①]矣；皆知善之为善，斯不善矣。故有无相生，难易相成，长短相形，高下相倾[②]，音声[③]相和，先后相随。是以圣人[④]处无为之事，行不言之教。万物作焉而不为始，生而不有，为而不恃，功成而弗居。夫唯弗居，是以不去。

【注释】

①恶:丑。

②相倾:相对、相向。

③音声:《乐记》:"声成文谓之音。"古人将简单的发音叫声,组合成有节奏的声叫音。

④圣人:古代推崇的最高典范人物。

【译文】

天下的人都知道美的东西为什么美,这就有丑的东西了;都知道善事为什么善,这就有不善的事情了。所以有和无相互对立而产生,难和易相互对立而形成,长和短相互对立而显现,高和下相互对立而存在,音和声相互对立而和谐,先和后相互对立而相随。因此圣人做着无为的事情,实行无言的教化。万物生长而不替它创始,蕃生万物而不据为己有,推动了万物而不矜持,功成而不自居。正因为有功不居,所以功绩不会失去。

第三章

不尚贤,使民不争;不贵难得之货,使民不为盗;不见可欲,使民不乱。是以圣人之治也,虚其心,实其腹,弱其志,强其骨,常使民无知无欲。使夫智者不敢为也。为无为,则无不治。

【译文】

不崇尚贤才,使人民不竞争;不珍爱难得的财物,使人民不偷盗;不使看见可激发贪欲的东西,使人民不作乱。因此圣人治理天下的原则是:使人民的头脑空虚,使人民的肚子吃得饱,削弱人民的志气,强壮人民的筋骨,永远使人民无知识、无欲望。使聪明的人不敢多事。按无为办事,就不会治理不好。

第四章

道冲[①],而用之或不盈。渊[②]兮[③],似万物之宗。锉[④]其锐,解其纷,和其光,同其尘。湛[⑤]兮,似或存。吾不知谁之子,象帝之先。

【注释】

①冲:通盅(chōng 冲),虚。

②渊:深。

③兮:由此至以后各章凡"兮"字,《帛书》甲、乙本并作"呵"。

④锉:消磨。

⑤湛(zhàn 站):《说文》:"湛,没也。"

【译文】

道空虚,而用它又用不完。深远啊!好像万物的祖宗。消隐它的锋芒,解脱它

的纠纷，调和它的光辉，混同于尘垢。隐没不见形象啊，似乎又存在。我不知道它是谁的儿子，好像是天帝的祖先。

第五章

天地不仁，以万物为刍狗[①]；圣人不仁，以百姓为刍狗。天地之间，其犹橐龠[②]乎？虚而不屈[③]，动而愈出。多闻数穷，不如守中。

【注释】

①刍(chú 锄)狗：用草扎成的狗，古人用于祭祀。用完即抛弃。喻轻贱之物。

②橐龠(tuó yuè)：古代冶炼用作鼓风的器具，即风箱。

③屈：严复说："屈，音掘，竭也。"

【译文】

天地不仁慈，把万物当作祭神的刍狗；圣人不仁慈，把百姓当作祭神的刍狗。天地之间，不是正如风箱吗？空虚而(风)无穷，愈动而风愈多。博学多闻，反而寸步难行，不如保持适中。

第六章

谷[①]神不死，是谓玄牝[②]。玄牝之门，是谓天地根。绵绵若存，用之不勤[③]。

【注释】

①谷：即山谷，喻虚空。谷神指道。一说谷即道家所谓丹田。神，指腹中元神或元气。

②玄牝(pìn 聘)：玄，黑红色。牝，雌性动物。玄牝，指雌性动物生殖器。喻万物产生所由。

③勤：尽。

【译文】

道(谷神)是永存的，这叫做玄牝。玄牝之门，叫做天地的根本。它绵绵不绝地存在着，用之不尽。

第七章

天长地久。天地所以能长且久者，以其不自生，故能长生。是以圣人后其身而身先，外其身而身存。非以其无私邪？故能成其私。

【译文】

天长地久。天地所以能长久存在，是因为它们不为自己生存，所以能长久生存。因此圣人谦退无争，把自身放在后头，自己反而占先。把自己置之度外，自己反得保全。不正是由于他无私吗？故而能成就他的私。

第八章

上善若水，水善利万物而不争，处众人之所恶[1]，故几[2]于道。居善地，心善渊，与善仁，言善信，正善治，事善能，动善时。夫唯不争，故无尤[3]。

【注释】

①恶（wù 误）：厌恶。水性处下而容纳污垢，故为人所厌恶。

②几：近。

③尤：怨咎，过失。

【译文】

最高的善像水，水最便利万物而又不和它们相争，处在众人厌恶的地方，所以接近着道。〔上善之人〕居处最善于选择地点，心胸最善于保持深沉，交往最善于实施仁惠，言语最善于讲求信用，为政最善于治国安邦，做事最善于发挥才能，行动最善于选择时机。正因为与物无争，故而没有过失。

第九章

持[1]而盈之，不如其已。揣[2]而锐之，不可长保。金玉满堂，莫之能守。富贵而骄，自遗其咎。功遂[3]身退，天之道也。

【注释】

①持：握。

②揣（zhuì 坠）：捶打、锻击。

③遂：成。

【译文】

执求盈满，不如罢手。锻打得锋利，难保久长。金玉满堂，谁能守藏。富贵而骄，自招祸殃。功成身退，天之道就是这样。

第十章

载[1]营魄[2]抱一，能无离乎？专气致柔，能婴儿乎？涤除玄监[3]，能无疵乎？爱民治国，能无知[4]乎？天门开阖，能为雌乎？明白四达，能无知乎？生之畜之，生而不有，为而不恃，长而不宰，是谓玄德。

【注释】

①载：负荷。《帛书》乙本作“戴”，甲本缺，今通行本作“载”。《册府元龟》载唐玄宗天宝五年诏云：“顷改《道德经》载字为哉，仍隶属上句。”亦可备一说。

②营魄:河上公注:“营魄,魂魄也。”

③监:通鉴,镜子。王弼注本、河上公注本、傅奕注本(以下分别简称为王本、河上本、傅本)均作“览”,《帛书》乙本作“监”。

④知:通智。

【译文】

人的精神专注,能不离失吗?专精守气,致于柔和,能如同婴儿吗?涤除心中杂念,如同拭净明镜,能无瑕疵吗?爱民治国,能不用智慧吗?自然变化如同无形的天门开合,能宁静如雌吗?四方之事无不明白,能自认为无知吗?生养万物,使万物生而不占有,为万物养而不矜持,作万物之长而不宰制,这就是深远的德。

第十一章

三十辐共一毂[①],当其无,有车之用。埏埴[②]以为器,当其无,有器之用。凿户牖[③]以为室,当其无,有室之用。故有之以为利,无之以为用。

【注释】

①毂(gǔ 鼓):车轮中心内贯车轴、外承车辐的圆木。

②埏埴(shān zhí 搀直):埏,以水和土。埴,土。埏埴,和泥土制作陶器。

③牖(yǒu 有):窗。

【译文】

三十根辐条集中在一个毂,有了毂中的空虚,才有车的用途。糅和粘土,制陶器具,有了器皿中的空虚,才有器具的用途。开凿门窗造房屋,有了门窗中的空虚,才有房屋的用途。所以,有,给人以便利;无,给人以效益。

第十二章

五色[①]令人目盲,五音[②]令人耳聋,五味[③]令人口爽[④],驰骋畋猎令人心发狂,难得之货令人行妨[⑤]。是以圣人为腹不为目。故去彼取此。

【注释】

①五色:青、黄、赤、白、黑五种颜色。

②五音:宫、商、角、徵、羽五个音阶。

③五味:酸、苦、甘、辛、咸五种味道。

④口爽:爽,败。口爽,口味败坏。

⑤行妨:《说文》:“妨,害也。”行妨,做坏事。

【译文】

五色使人眼失明,五音使人耳朵聋,五味败坏口味害无穷,驰马打猎使人心狂意不宁,希有的财货使人抢夺,犯罪受刑。因此,圣人为着肚子饱,不为眼里看着

好。所以，抛弃后者，选取前者不动摇。

第十三章

宠辱若[①]惊，贵大患若身。何谓宠辱若惊？宠之为下也，得之若惊，失之若惊。是谓宠辱若惊。何谓贵大患若身？吾所以有大患者，为吾有身；及吾无身，吾有何患？故贵以身为天下，若可寄天下；爱[②]以身为天下，若可托天下？

【注释】

①若：你；又有“乃”的意思。

②爱：吝惜。

【译文】

受到宠幸，遭受屈辱，使你吃惊。尊贵和大祸都在你自身。为什么说受到宠幸、遭受屈辱使你吃惊？宠幸也是卑下的，得到它，使你惊喜；失掉它，使你惊恐。为什么说尊贵和大祸都在你自身？我所以有大祸，因为我有自身；若我没有自身，我有什么灾祸！所以，把自身看得重于天下的人，你可以把天下寄托给他；不愿舍身为天下的人，你可以把天下托付给他！

第十四章

视之不见名曰微[①]，听之不闻名曰希[②]，搢[③]之不得名曰夷[④]。此三者不可致诘，故混而为一。其上不皦[⑤]，其下不昧[⑥]，绳绳[⑦]不可名，复归于无物。是谓无状之状，无物之象，是谓惚恍。迎之不见其首，随之不见其后。执古之道以御今之有，能知古始，是谓道记。

【注释】

①微：见不到。

②希：听不到。

③搢（wēn 昏）：抚。

④夷：泯灭无迹。

⑤皦（jiāo 交）：显明。

⑥昧（mèi 魅）：昏暗模糊。

⑦绳绳：绵延不绝。

【译文】

看它不见叫无形，听而不闻叫无声，摸它不得叫无踪。这三者无法问得清，所以混而为一。从它往上，混混沌沌不显明；从它往下，清清楚楚无阴影，绵延不绝，难以形容，又回归到无物之境。这叫做没有形状的形状，没有物体的形象，真可谓恍惚动荡。迎接它，看不见它的来头；跟随它，看不见它的背后。把握着自古以来

的道，统御着现今的有，能认识太初的起始，这叫做道的头绪。

第十五章

古之善为道者，微妙玄通，深不可识。夫唯不可识，故强为之容。豫兮若冬涉川，犹兮若畏四邻，俨[①]兮其若客，涣兮若冰之将释，敦兮其若朴，混兮其若浊，旷[②]兮其若谷。孰能浊以止，静之徐清？孰能安以久，动之徐生？保此道者不欲盈。夫唯不盈，故能敝而新成。

【注释】

①俨：严肃。

②旷：空旷。

【译文】

古代善于实行道的人，精微、奥妙、深远、通达，深沉得不可认识。正因为不可认识，故而勉强将他描述。谨慎迟疑啊，像冬天涉过河；小心谋划啊，像害怕自己的邻国进攻；恭敬严肃啊，像做客；流动疏散啊，像冰凌消融化为液；敦厚啊，像素材未雕凿；厚重啊，像江水一样混浊；空旷啊，像山谷一样幽长。谁能中止浑浊，安静下来，慢慢恢复清清的模样？谁能将安定保持长久，萌动起来，徐徐生长？保持这个道的人，不求满盈。正因不求满盈，故而旧的衰落了，还有新的生成。

第十六章

致虚极，守静笃。万物并作，吾以观其复[①]。夫物芸芸，各复归其根。归根曰静，静曰复命。复命曰常，知常曰明。不知常，妄作，凶。知常，容[②]。容乃公，公乃王[③]，王乃天，天乃道，道乃久，没身不殆。

【注释】

①复：《说文》："复，往来也。"

②容：包容，融通。

③王：《帛书》甲本、乙本等作"王"，有的版本作"生"。

【译文】

达到虚无的极点，保持高度的清静。万物竞相生长，我由此观察其往复循环。万物纷杂，各自回到本原。回归本原叫静，静叫恢复本命，恢复本命叫常，认识常叫明。不认识常，就会轻举妄动，后果险凶。认识常，才能对万物包容，包容才能公正，公正才能天下归从，天下归从，才能符合天道。天与道同，道乃永恒，终生没有险凶。

第十七章

太上[①],下[②]知有之;其次,亲誉之;其次,畏之;其下,侮之。信不足,焉[③]有不信!悠兮,其贵言。功成事遂,百姓皆谓我自然[④]。

【注释】

①太上:最高明的统治者。

②下:《永乐大典》本《老子》、元·吴澄《道德真经注》(以下简称永本、吴本)作"不",亦通。

③焉:于是。

④然:成。

【译文】

最高明的统治者,民众只知道有他;其次的统治者,民众亲近、称赞他;更次的统治者,民众怕他;最次的统治者,民众轻侮他。信用不足,才有民众的不信任。〔最高明的统治者〕悠闲自得啊!重在号令。功成事就,百姓都说是我们自己办成的。

第十八章

大道废,有[①]仁义。智慧出,有大伪。六亲[②]不和,有孝慈。国家昏乱,有忠臣。

【注释】

①有:傅本有上并有焉字。《帛书》甲本有上并有案字。《帛书》乙本有上并有安字。焉、案、安都作乃、则讲。

②六亲:六种亲属。所指不一。王注为父子兄弟夫妇。

【译文】

大道废弃,才有仁义。智慧出现,才有严重的虚伪。亲属不和,才有孝慈。国家昏乱,才有忠臣。

第十九章

绝圣弃智,民利百倍。绝仁弃义,民复孝慈。绝巧弃利,盗贼无有。此三者,以为文,不足。故令有所属:见素抱朴,少私寡欲,绝学无忧。

【译文】

灭绝聪明,抛弃智慧,人民的利益,增加百倍。灭绝仁,抛弃义,人民才能回复孝慈。灭绝奇巧,抛弃财利,盗贼才能绝迹。这三点,用作条文是不够的。所以,要使人们有所依从:显现本来的面目,保持内心的朴素;消除私念,清心寡欲;弃绝学

问，无忧无虑。

第二十章

唯[①]之与阿[②]，相去几何？善之与恶，相去若何？人之所畏，不可不畏。荒[③]兮其未央[④]哉！众人熙熙[⑤]，如享太牢[⑥]，如登春台。我独泊兮其未兆，如婴儿之未孩[⑦]，儽儽[⑧]兮若无所归。众人皆有余，而我独若遗。我愚人之心也哉，沌沌兮！俗人昭昭，我独昏昏。俗人察察，我独闷闷[⑨]。澹[⑩]兮其若海，飂[⑪]兮若无止。众人皆有以，而我独顽似鄙。我独异于人，而贵食母[⑫]。

【注释】

①唯：应诺声。

②阿：斥责声。

③荒：广大。

④未央：央，尽。未央，没有尽头。

⑤熙（xī 希）：快乐。

⑥太牢：古代用牛、羊、猪祭祀社稷的隆重祭典。喻盛大筵席。

⑦孩：婴儿笑。

⑧儽（lěi 垒）：疲倦的样子。

⑨闷闷：愚昧、浑噩的样子。

⑩澹（dàn 担）：静。

⑪飂（liáo 辽）：急风。

⑫贵食母：王弼注："食母，生之本也。"贵食母，把吃饭看作生存的根本。一说，食应作"德"，德与得通用，母指道。食母，即得到道。

【译文】

唯诺与呵斥，相差多少？美好与丑恶，相去几何？别人所畏惧的，不能不畏惧。茫茫无尽头啊，如同祸福不可测。众人皆欢喜，如同赴筵席，又如春日登台眺望甚适意。独有我，淡泊以待，无动于衷，如同不会笑的婴孩，困乏疲倦啊，好像没有归宿！众人都富足有余，而独有我如同丢失得一无所有。我是愚人心肠啊，浑浑沌沌！世人是那样清醒，我独这么昏昏，世人是那样精明，我独这么懵懂。恬静啊，像大海；不尽啊，像长风。众人都有施展的本领，可我独独愚陋无能。我独独和别人不同，而依赖"道"，如同取食于母亲的孩童。

第二十一章

孔[①]德之容[②]，惟道是从。道之为物，惟恍惟惚。惚兮恍兮，其中有象；恍兮惚兮，其中有物。窈[③]兮冥[④]兮，其中有请[⑤]。其请甚真，其中有信。自今及古，其名不去，以顺众父[⑥]。吾何以知众父之状哉？以此。

【注释】

①孔：大。

②容：样子、内容。

③窈（yǎo 杳）：深远。

④冥（míng 明）：不明。

⑤请：通“情”，实、本质。王本为“精”。《帛书》甲、乙本为“请”。

⑥众父：万物之始。

【译文】

大德的内容，以道为依从。道这个东西，模糊不分明。模糊不分明啊，其中也有形。模糊不分明啊，实物在其中。深远又幽暗啊，精微之物在其中。本质很真切，信验可有凭。从今推及古，不能废其名，以此得以遵从万物之起始。我怎能知道万物起始的状况，原因就在此。

第二十二章

曲则全，枉[①]则直，洼则盈，敝则新，少则得，多则惑。是以圣人执一为天下牧[②]。不自视故章，不自见故明，不自伐故有功，不自矜故长。夫唯不争，故天下莫能与之争。古之所谓曲则全者，岂虚言哉！诚[③]，全而归之。

【注释】

①枉：弯曲。

②牧：治。

③诚：真实不虚假。

【译文】

委曲才能保全，伸直先要变弯，低洼才能充满，敝旧才能新鲜，少取才能有得，贪多反而困惑。所以圣人把握“一”，才能为天下治则。不凭一己之见，才如明月皎皎；不是自以为是，才能是非昭昭；不是自我夸耀，做事才有功劳；不是自高自大，才能担任领导。因为不与人争，所以天下没有谁能与他相争。古人所说“曲则全”，岂能是虚言！只要真诚不虚假，万全就会归于他。

第二十三章

希[①]言自然[②]。故飘风[③]不终朝，骤雨不终日。孰为此者？天地。天地尚不能久，而况于人乎！故从事于道者同于道，德者同于德，失者同于失。同于德者，道亦德之。同于失者，道亦失之。

【注释】

①希：无声。

②然：成。

③飘风：狂风。

【译文】

不尚空谈，听其自成。狂风不到一早晨，会自然停。暴雨不到一整天，会自然晴。谁能这样做？天地使得风雨停。天地尚且不能久，何况人事岂能行！故而奉行道者与道同，奉行德者与德同，失于道者与失同。与德相同者，道也适合他；与失相同者，道也抛弃他。

第二十四章

企[1]者不立，跨者不行。自见者不明，自是者不彰。自伐者无功，自矜者不长。其在道也，曰余食赘[2]行。物或恶之，故有道者不处。

【注释】

①企：举踵。

②赘（zhuì 坠）：多余。

【译文】

抬起脚跟的人立不久，跨大步者难长行。一己之见不分明，自以为是难辨清，自吹自擂总是无功，自高自大难做首领。依“道”而言，这叫做剩饭赘疣，人们厌恶它，所以有道之人，不在这种地方停留。

第二十五章

有物混成，先天地生。寂[1]兮寥[2]兮，独立而不改，周行而不殆[3]，可以为天地母。吾不知其名，字[4]之曰道，强为之名曰大。大曰逝，逝曰远，远曰反。故道大，天大，地大，人亦大。域中有四大，而人居其一焉。人法地，地法天，天法道，道法自然。

【注释】

①寂（jì 绩）：无声。

②寥（liáo 辽）：无形，空虚。

③不殆：殆通怠，疲倦困怠。不殆，不倦，无休止。

④字：取表字。据载，古代男子二十举行冠礼而取字，女子许嫁，笄而取字。

【译文】

有一个东西，浑然一体，它的产生，先于天地。无声啊！无形啊！独立存在不改变。循环运行，周而复始，永无休止。可以算作天下的母体。我不知道它的名字，取字叫做道，勉强给它取名叫做大。大是说离逝，逝是说辽远，远是说还原而

反。所以说，道大、天大、地大、人也大。宇宙有四大，而人占其一。人取法则于地，地取法则于天，天取法则于道，道取法则于自然。

第二十六章

重为轻根，静为躁[1]君。是以君子终日行不离辎重[2]。虽有荣观[3]，燕处[4]超然。奈何万乘之主[5]而以身轻于天下？轻则失根，躁则失君。

【注释】

①躁（zào 造）：急躁，动。

②辎（zī 资）重：行军时装载粮食衣物等物品的车子。

③荣观：华美的宫观。

④燕处：闲居。

⑤万乘之主：指能出动万辆战车作战的大国君主。

【译文】

轻的根本是重，动的主宰是静。因此君子整天出行，就是不离开载着粮秣的辎重。虽有富丽堂皇的宫廷，却不沉溺其中。身为大国君主，为何看得比天下轻！轻率失根如树倾，躁动失权则丧鼎。

第二十七章

善行无辙迹，善言无瑕谪[1]，善数不用筹策[2]，善闭无关楗而不可开，善结无绳约[3]而不可解。是以圣人常善救人，故无弃人；常善救物，故无弃物。是谓袭明[4]。故善人，善人之师；不善人，善人之资[5]。不贵其师，不爱其资，虽智大迷，是谓要妙。

【注释】

①瑕谪（xiá zhé 狭哲）：缺点、毛病。

②筹策：古代计算用的器具。

③绳约：《说文》："绳，索也。""约，缠束也。"绳约，即用绳捆绑。

④袭明：袭，掩盖、遮盖。袭明，掩藏着的聪明。

⑤资：指可作鉴戒的资财。

【译文】

善于行动，不留痕辙。善于说话，无可指摘。善于计算，不用筹策。善于关闭，不用锁钥，而无法开拔。善于打结，不用绳索，而无法解脱。因此，圣人常以善行救人，故而无人被遗弃不任用；经常善于补救器物，故而无物被抛弃不利用。这叫"袭明"——掩藏着的聪明。所以，善人是善人的老师，恶人是善人的鉴戒之资。如果不尊重老师，不爱惜鉴戒之资，虽很聪明，也要变得迷糊呆痴。这就是深奥微妙的道理。

第二十八章

知其雄，守其雌，为天下溪。为天下溪，恒德不离，复归于婴儿。知其白，守其黑，为天下式[①]。为天下式，恒德不忒[②]，复归于无极[③]。知其荣，守其辱，为天下谷。为天下谷，恒德乃足，复归于朴。朴散则为器，圣人用之则为官长[④]。故大制[⑤]无割[⑥]。

【注释】

①式：模式、榜样。

②忒（tè 特）：过失。

③无极：王注："不可穷也"。指"道"。

④官长：百官之长。指领导和管理。

⑤大制：大治。

⑥无割：不分割。

【译文】

知道自己雄强，却保持那柔雌，甘做天下的沟溪。做天下的沟溪，与永恒的德不相离，回复到纯真的状态像婴儿。知道自己白，却将黑保持，甘做天下的模式。做天下的模式，与永恒的德无差失，回归到"道"的境界——"无极"。知道自己的荣耀，却安于那屈辱，甘做天下的河谷。做天下的河谷，永恒的德才完足，回归到元始全真混朴。朴离散就成为器具。圣人加以运用，以管理、宰制万物。故而大治天下，不能裁割这朴。

第二十九章

将欲取[①]天下而为之，吾见其不得已。天下神器，不可为也，不可执也。为者败之，执者失之。故物或行或随，或嘘或吹，或强或羸[②]，或培或堕[③]。是以圣人去甚、去大、去泰。

【注释】

①取：治。

②羸（léi 雷）：弱。

③堕（huī 辉）：毁坏。

【译文】

要想治天下而施为，我看他是不得已。天下神器，不可施为，不可执。施为必失败，把持必丧失。天下万物，有的前行，有的后随；有的嘘，有的吹；有的强，有的羸；有的培起，有的毁。因此，圣人抛掉偏激，抛掉奢侈，抛掉过分。

第三十章

以道佐人主者，不以兵强天下，其事好还[①]。师之所居，荆棘生焉。善者果[②]而已矣，毋以取强焉。果而勿矜，果而勿伐，果而勿骄，果而不得已。是谓果而勿强。物壮则老，是谓不道。不道早已。

【注释】

①好还：还，返、还报。好还，容易遭报应。

②果：取得成果。

【译文】

用道辅佐国君的人，不用兵力在天下逞强，那种事容易遭到相应的报偿。军队驻扎过的地方，土地荒凉，荆棘生长。善用兵的人，取得成果就收起锋芒，不敢用兵逞强。取得成果，不要矜狂粗暴；取得成果，不要夸耀；取得成果，不要骄傲；取得成果，是被迫需要，这就是成功不逞强的奥妙。万物越过壮年就衰老，这是因为不再适合道。不合生存之道，很快就死掉。

第三十一章

夫兵[①]者，不祥之器也。物或恶之。故有道者不处。君子居则贵左，用兵则贵右。兵者不祥之器，非君子之器，不得已而用之。恬淡[②]为上，胜而不美。而美之者是乐杀人。夫乐杀人者，则不可以得志于天下矣。吉事尚左，凶事尚右。偏将军居左，上将军居右，言以丧礼处之。杀人众，以悲哀莅[③]之。战胜，以丧礼处之。

【注释】

①兵：兵器。

②恬(tián 填)淡：淡然，从容。

③莅(lì 立)：临，到。

【译文】

兵器是不吉祥的器具，谁都对它厌恶。所以有道的人不接触兵器。君子平时以左为上，用兵时以右为上。兵器很不吉祥，不是君子的伴当，不得已才派它用场。恬淡对待为上，战胜了不认为是美。认为美，就是乐于杀人。乐于杀人的人，不能得志于天下。喜庆的事以左为上，凶丧的事以右为上。左边驻偏将，右边驻上将，说明以丧礼对打仗。战争使很多人死伤，参与时心情悲凉。即使战胜了，处置依凶丧之礼。

第三十二章

道恒，无名，朴。虽小，天下莫能臣。侯王若能守之。万物将自宾。天地相合，以降甘露。民莫之令而自均。始制有名。名亦既有，夫亦将知止，知止所以不殆。譬道之在天下，犹川谷之于江海。

【译文】

道，永恒，无名，又真朴。虽然小，天下不能使它臣服。侯、王如能遵循它，万物都将自动宾服。天地配合，才降甘露。人民无人命令，自然均匀地分布。开始有体制，便有名称。名称既已产生，就知道适可而止。知道适可而止，才能避免危殆。譬如，道为天下所归，犹如川谷归于江海。

第三十三章

知人者智，自知者明。胜人者有力，自胜者强。知足者富，强行者有志。不失其所者久，死而不亡者寿。

【译文】

了解他人是有智，认识自己是高明。战胜他人是有力，战胜自我是坚强。知足的算富有，坚定力行的有志气。不丧失立身之地，才能长久；死而不朽，才算长寿。

第三十四章

大道泛[①]兮，其可左右。万物恃之以生而不辞[②]，功成不名有。万物归焉而弗为主，则恒无欲也，可名于小。万物归焉而弗为主，可名于大。是以圣人之能成大也，以其不为大也，故能成大。

【注释】

①泛：广泛，泛滥。

②辞：说。

【译文】

大道广泛啊，无边无际。能左能右，无所不至。万物靠它生长，它却无言无词。功成事就，而不显示功在哪里。万物依归却不做主宰，永远没有欲望，可以称为微小。万物依归却不做主宰，又可称为伟大。所以，圣人能够成为伟大，因为他不自以为伟大，才能成就伟大。

第三十五章

执大象[①]，天下往。往而不害，安平泰。乐与饵[②]，过客止。道之出言，淡乎其无味。视之不足见，听之不足闻，用之不可既[③]。

【注释】

①执大象：执，守。大象即大道。

②饵（ěr 耳）：食物。

③既：尽。

【译文】

执守大道，天下归心向往，归往而不妨害，安宁平和通泰。音乐与美食，能使过客停下来。道一说出口，平淡无滋味，看它看不见，听它听不真，用它却能无穷尽。

第三十六章

将欲歙[①]之，必固[②]张之。将欲弱之，必固强之。将欲废之，必固举之。将欲夺之，必固予之。是谓微明[③]。柔弱胜刚强。鱼不可脱于渊，国之利器不可以示人。

【注释】

①歙（xī 希）：收敛。

②固：姑且，暂且。

③微明：幽深微妙的明智。

【译文】

要想收敛它，必须暂且使它扩张。要想削弱它，必须暂且使它增强。要想废弃它，必须暂且将它推举。要想夺取它，必须暂且给予。这种幽深微妙的智慧叫"微明"，是柔弱战胜刚强的战术。正如鱼不能离开深渊，国家的锐利武器不能让人觊觎。

第三十七章

道恒无名。侯王若能守之，万物将自化。化而欲作，吾将镇之以无名之朴。镇之以无名之朴，夫亦将不欲。不欲以静，天下将自定。

【译文】

道是永恒的，没有名称加于它。侯、王如能遵循它，万物将自动归化。归化了又有欲望产生的话，我将用无名的朴镇住它。用无名的朴镇住它，就会根除欲望。根除欲望就会安静，天下就会自然安定。

德篇

第三十八章

上德[①]不德，是以有德。下德不失德，是以无德。上德无为而无以为。上仁为之而无以为。上义为之而有以为。上礼为之而莫之应，则攘臂[②]而扔之。故失道而后德，失德而后仁，失仁而后义，失义而后礼。夫礼者，忠信之薄而乱之首。前识者，道之华而愚之首也。是以大丈夫居其厚不居其薄，居其实不居其华。故去彼取此。

【注释】

①德："德"与"得"通用。德是有得于道，即道的具体体现。

②攘（rǎng 嚷）臂：攘，揎袖出臂。攘臂，即捋起袖子，伸出胳臂。

【译文】

上德不自以为有德，才是真正有德。下德力求表示不失德，因此没有德。上德无所施为而无所表现。上仁有所施为而无所表现。上义有所施为而有所表现。上礼有所施为而没有回应时，就卷袖出拳强迫人就范。故而，丧失道然后有德，丧失德然后有仁，丧失仁然后有义，丧失义然后有礼。礼这个东西，是忠信的浇薄、邪乱的祸首。先知先见这个东西，是道的虚华、愚昧的起始。因此，大丈夫处身淳厚，不居于刻薄；处身敦实，不居于虚华。故而抛弃后者选取前者。

第三十九章

昔之得一[①]者：天得一以清，地得一以宁，神得一以灵，谷得一以盈，侯王得一以为天下正[②]。其致之也，天无以清将恐裂，地无以宁将恐发[③]，神无以灵将恐歇，谷无以盈将恐竭，侯王无以贵高将恐蹶[④]。故贵以贱为本，高以下为基。是以侯王自谓孤、寡、不穀[⑤]。此非以贱为本与？非也。故至誉无誉。不欲琭琭[⑥]如玉、珞珞[⑦]如石。

【注释】

①一：指原始的统一体，即道。因道无匹无双，所以叫做一。

②正：君长。

③发（fèi 费）：读为废，崩圮。

④蹶（jué 掘）：跌倒，失败。

⑤孤、寡、不穀：古代帝王的谦称。

⑥琭琭（lù 露）：珍贵的样子。

⑦硌（luò 骆）硌：石头丑陋的样子。

【译文】

往昔得到“一”的：天得到“一”才澄清，地得到“一”才安宁，神得到“一”才显灵，河谷得到“一”才充盈，侯王得到“一”才成为天下的首领。推而言之，天不能保持澄清，恐怕要破裂；地不能保持安宁，恐怕要崩圮（pǐ）；神不能显灵，恐怕要绝灭；河谷不能充盈，恐怕要枯竭；侯王无法保持高位和尊贵，恐怕要亡国。故而，贵以贱为根本，高以下为基础。因此，侯王自称孤、寡、不穀，这不是以贱为根本吗？不是吗？所以，至高的声誉，是没有声誉。不愿珍贵得像美玉，粗陋得像石头。

第四十章

反者道之动，弱者道之用。天下之物生于有，有生于无。

【译文】

向反方向转化，是道的运动；守住柔弱，是道的应用。天下万物产生于有，有产生于无。

第四十一章

上士闻道，勤而行之。中士闻道，若存若亡。下士闻道，大而笑之。不笑不足以为道。故建言[①]有之：“明道若昧，进道若退，夷[②]道若类[③]，上德若谷，广德若不足，建德若偷[④]，质德若渝[⑤]，大白若辱[⑥]，大方无隅，大器晚成，大音希声，大象无形。”道隐无名，夫唯道，善始且善成。

【注释】

①建言：建，立也。建言，即立言。指古人所立之言。如格言、谚语等。

②夷：平。

③类：偏，不平。

④偷：通愉。苟且，懒惰，薄。

⑤渝：改变。

⑥辱：污也。

【译文】

上士听见道，努力照着做。中士听见道，半信半疑惑。下士听见道，嘲笑放空炮。不遭嘲笑，难以称为道。所以古人说得对："明明白白的道，好似黯昧；前进的道，好似后退；平坦的道，好似崎岖迂回；高尚的德，好似低下的河谷；广袤的德，好似不足；强健的德，好似柔弱；质朴的德，好似不坚决；至纯的白色好似黑污；广大的方块没有角；重大的器物晚制成；最大的音响没有声；高大的形象没有形。"道幽隐而无名。只有道，善于创始，而且善于完成。

第四十二章

道生一，一生二，二生三，三生万物。万物负阴而抱阳，冲气[①]以为和。人之所恶，唯孤、寡、不谷，而王侯以为称。故物或损之而益；或益之而损。人之所教，我亦教之。"强梁者不得其死"，吾将以为教父[②]。

【注释】

①冲气：冲，涌摇。冲气，摇荡冲撞着的气体。

②父：开始。

【译文】

道产生元始的统一体，一产生对立的双方，二产生第三者，三产生万物。万物怀抱阴、包涵阳，摇荡阴阳二气使之和谐统一。人们所厌恶的，唯有孤、寡、不谷，而王侯作为自称。故而，有的事物损害它却使它得益，要使它得益却使它受到损害。别人的教导，我也用来教育人："凶横强暴的人不得好死。"我将把这作为教人的开始。

第四十三章

天下之至柔，驰骋[①]天下之至坚。无有入无间[②]。吾是以知无为之有益。不言之教，无为之益，天下希及之。

【注释】

①驰骋（chěng 逞）：奔跑。

②无间：没有间隙。

【译文】

天下最柔弱的东西，能在天下最坚硬的东西中穿行。看不见的东西，能进入到没有间隙的物体中。我由此知道无为的益处。不言的教诲，无为的收益，天下少有比得上的。

第四十四章

名与身孰亲？身与货孰多？得与亡孰病？甚爱必大费，多藏必厚亡。故知足不辱，知止不殆，可以长久。

【译文】

名声和身体，哪一个更亲近？身体和财货，哪一个更重要？获得与失去，哪一个更有害？过分的吝惜，必定造成重大的耗费；过多的收藏，必定造成严重的损失。所以，知足不受辱，知止不危险，可以安全长久。

第四十五章

大成若缺，其用不敝。大盈若冲，其用不穷。大直若屈，大巧若拙，大辩若讷。躁胜寒，静胜热，清静可以为天下正。

【译文】

极其完备好像残缺，它的作用不会败坏。极其充盈好像空虚，它的作用却无穷。极其正直好像弯曲，极其灵巧好像笨拙，极会辩论好像说话迟钝。躁动可以战胜寒冷，安静能够克服暑热。清静无为可以做天下的首领。

第四十六章

天下有道，却[①]走马以粪[②]。天下无道，戎马生于郊。罪莫大于可欲，祸莫大于不知足，咎莫大于欲得。故知足之足，恒足矣。

【注释】

①却：驱赶。

②粪：种田。

【译文】

天下有道，驱赶着奔马去种田。天下无道，战马产驹在城郊。罪过没有大过贪欲，祸患没有大过不知足，灾难没有大过想掠夺。所以，知道满足的满足，就永远满足。

第四十七章

不出于户，以知天下。不窥[①]于牖[②]，以知天道。其出弥远，其知弥少。是以圣人不行而知，不见而名，不为而成。

【注释】

①窥(kuī 亏):偷看。

②牖(yǒu 有):窗户。

【译文】

不出大门,能洞悉天下。不望窗外,能认识天道。走得愈远,知道得愈少。因此,圣人不出行就知道,不亲见就明了,不待作为就成功。

第四十八章

为学者日益,为道者日损。损之又损之,以至于无为。无为则无不为。将欲取天下者常以无事,及其有事,又不足以取天下矣。

【译文】

从事于学习的人,天天有收益。从事于道的人,天天有减损。减损再减损,以至于无为。无为就没有什么不可为。想要取得天下的人,永远不要勉强造事,如果勉强造事,就不足以取得天下。

第四十九章

圣人无常心,以百姓之心为心。善者吾善之,不善者吾亦善之,得善。信者吾信之,不信者吾亦信之,得信。圣人之在天下,歙歙[①]焉,为天下浑心。百姓皆注其耳目,圣人皆孩[②]之。

【注释】

①歙(xī 希)歙:无所偏执的样子。

②孩:像对待孩子,视为赤子。

【译文】

圣人没有固定不变的一己之心,以百姓之心作自己的心。善良的,我看作善良;不善良的,我也看作善良。这样就会使人心向善。可信的,我相信他;不可信的,我也相信他。这样就会使人心守信。圣人治理天下,公正无偏私,使天下人浑沌无欲。百姓都对他注目、倾听。圣人像对孩童一样看待他们。

第五十章

出生入死。生之徒十有三,死之徒十有三,而民生生[①],动皆之死地之十有三。夫何故?以其生生之厚。盖闻善摄[②]生者,陆行不遇兕[③]虎,入军不被甲兵。兕无所投其角,虎无所措其爪,兵无所容其刃。夫何故?以其无死地。

【注释】

①生生：即养生。前生字为动词。

②摄（shè 社）：养。

③兕（sì 饲）：犀类兽名。或说即雌性犀牛。

【译文】

出世是生，去世为死。正常生存者占十分之三，中途夭亡者占十分之三，而民众中厚自养生，而轻举妄动辄陷于死地者，又占十分之三。这是什么缘故？这是因为养生过分了。听说善于保护生命的人，在陆地行走不会让兕牛、老虎遇上。进入军阵不让兵器、铠甲碰着。兕牛的角无处投，猛虎的爪无处抓，兵器的刃无处刺。这是什么缘故？因为他不自蹈死地。

第五十一章

道生之，德畜之，物形之，势成之。是以万物莫不尊道而贵德。道之尊，德之贵，夫莫之命而常自然。故道生之，德畜之，长之育之，亭[①]之毒[②]之，养之覆之。生而不有，为而不恃，长而不宰，是谓玄德。

【注释】

①亭：成。

②毒：熟。

【译文】

道使万物生长，德将万物蓄养，物质赋予万物形状，环境情势给予成功的培养。因此，万物无不尊崇道而珍贵德。道之被尊崇，德之受珍重，没有谁的命令，而常常出于自然。所以，道使万物生长，德将万物蓄养，使万物成长，使万物发育，使万物结果，使万物成熟，对万物爱养，将万物保护。生养了而不占为己有，有所施为而不自恃，使其成长而不宰制，这叫做最深远的德。

第五十二章

天下有始，以为天下母。既得其母，以知其子。既知其子，复守其母，没身不殆。塞其兑[①]，闭其门，终身不勤[②]。开其兑，济其事，终身不救。见小曰明，守柔曰强。用其光，复归其明，无遗身殃，是为袭[③]常。

【注释】

①兑（duì 兑）：孔穴。

②勤：据马叙伦说“勤借为瘽”。瘽，病的意思。

③袭：因袭。

【译文】

天下有开端，可以作为天下万物之母。既已掌握万物之母，就能认识其子——万物。既已认识万物，又要守住万物之母，就终身不遭危险。塞住它的孔穴，关上它的大门，终身不病困。打开它的孔穴，完成它的事业，终身不可救药。看得见微小，叫做明；守得住柔弱，叫做强。运用它（道）的光，又回到那认识细微的明，不给自己留下灾殃。这叫做因袭自然常规。

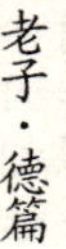

第五十三章

使我介然[①]有知，行于大道，唯施[②]是畏。大道甚夷，而人[③]好径。朝[④]甚除[⑤]，田甚芜，仓甚虚，服文彩，带利剑，厌[⑥]饮食，财货有余，是谓盗竽[⑦]。非道也哉！

【注释】

①介然：耿直、坚决。

②施：从王念孙说，为邪。

③人：唐中宗景龙二年易州龙兴观刻《道德经碑》（简称碑本）、遂州龙兴观刻《道德经碑》（已亡佚，《道藏》无名氏《道德真经次解》经文据此碑，简称龙本）均作“人”，其他各本误作“民”。人，指人主。从奚侗说。

④朝：宫室。

⑤除：清洁美好。

⑥厌（yàn 燕）：满足。

⑦竽（yú 与）：王本“竽”作“夸”。今据《韩非子·解老篇》改。竽为古代乐器，合奏中居五声之长，借喻为魁首。

【译文】

我的耿直使我知道，行走于大道，就怕走斜道。大道很平坦，但人主好邪道。官殿很华丽，农田全荒芜，仓库很空虚。而穿着锦绣衣衫，佩带锋利的宝剑，食物精美已吃厌，财货很多还要占。简直是强盗魁首，是多么无道！

第五十四章

善建者不拔，善抱者不脱，子孙以祭祀不辍[①]。修[②]之于身，其德乃真；修之于家，其德乃余；修之于乡，其德乃长；修之于国，其德乃丰；修之于天下，其德乃普。故以身观身，以家观家，以乡观乡，以国观国，以天下观天下。吾何以知天下然哉？以此。

【注释】

①辍（chuò 啜）：停。

②修：修整，修治。

【译文】

善于建树的不动摇，善于抱持的不解脱，为此，子孙的祭祀长久不辍。将这一原则贯彻到自身，其德就纯真；贯彻到全家，其德宽余增加；贯彻到全乡，其德就久长；贯彻到全国，其德何其多；贯彻到天下，其德普洽强大。故而，以其身之德观察其身，以其家之德观察其家，以其乡之德观察其乡，以其国之德观察其国，以天下之德观察天下。我怎样知道天下的情况呢？就用这个方法。

第五十五章

含德之厚者，比于赤子①。蜂虿虺蛇不螫②，攫③鸟猛兽弗搏④，骨弱筋柔而握固。未知牝牡⑤之合而朘⑥作，精之至也。终日号而不嚘⑦，和之至也。知和曰常，知常曰明，益生曰祥⑧，心使气曰强。

【注释】

①赤子：初生婴儿。

②蜂虿（chài 瘥）虺（huǐ 毁）蛇不螫（shì 是）：虿，蝎子类毒虫。虺，毒蛇、毒虫。螫，毒虫刺人。河上本此句作"毒虫不螫"。俞樾等注家以为王本此句是后人误以河上注羼入的。今从甲、乙本看，此句与下句排列整齐，语意通顺，可见王本此句无误。

③攫（jué 掘）：同"攫"。鸟用爪疾取。

④搏（bó 博）：搏击，攫取。

⑤牝（pìn 骋）牡（mǔ 母）：分别为雌性、雄性鸟兽。

⑥朘（zuī）：男孩生殖器。

⑦嚘（yōu 悠）：气逆。王本作"嗄"（shā 杀），嘶哑。

⑧祥：灾殃。

【译文】

含德深厚的人，好比婴儿。蜂蝎虫蛇不刺他，凶鸟猛兽不捕捉他。筋骨柔弱，却能牢固地把握。不知男女交合，小小的生殖器却常常振作，因为精气充沛盈多。终日哭号，而不会气逆被噎，因为至为平和。认识和谐叫做"常"，认识常规叫做"明"，过分养生叫做"祥"〔灾殃〕，肆意使气叫"逞强"。

第五十六章

知者不言，言者不知。塞其兑，闭其门，挫其锐，解其纷，和其光，同其尘，是谓玄同。故不可得而亲，不可得而疏；不可得而利，不可得而害；不可得而贵，不可得而贱。故为天下贵。

【译文】

真知者不空谈，空谈者无真知。塞住嘴巴孔穴，关闭耳目之门，锉掉其锋芒，消

解其纠纷，调和其光彩，混同于垢尘，这就是微妙的同一——“玄同”。所以，无法对他亲近，无法对他疏远；无法使他获利，无法使他受害；无法使他尊贵，无法使他卑贱。所以被天下人尊重。

第五十七章

以正治国，以奇用兵，以无事取天下。吾何以知其然哉？以此：天下多忌讳[1]而民弥[2]贫；民多利器而国家滋[3]昏；民多智慧而奇物滋起；法令滋彰而盗贼多有。故圣人云：我无为而民自化，我好静而民自正，我无事而民自富，我无欲而民自朴。

【注释】

①忌讳：禁忌。

②弥（mǐ米）：更加。

③滋：益，越。

【译文】

以正规的办法治国，以出奇的方法用兵，以不生事取得天下。我怎样知道应该这样呢？根据是这样：天下禁忌越多，人民就越贫困；民间锐利的武器越多，国家就越混乱；民众智慧越多，奇怪的物品就越多；法令越明确，盗贼就越多。所以圣人说：我无为则人民自会归化，我好静则人民自会端正，我无事则人民自会致富，我无欲则人民自会淳朴。

第五十八章

其政闷闷[1]其民淳淳[2]。其政察察，其民缺缺[3]。祸兮，福之所倚；福兮，祸之所伏。孰知其极？其无正。正复为奇，善复为妖。人之迷也，其日固耀，久矣。是以圣人方而不割，廉[4]而不刿[5]，直而不肆，光而不耀。

【注释】

①闷闷：懵懂的样子，在此作宽厚讲。唐代傅奕《道德经古本篇》（简称“傅本”）作“闵闵”。

②淳淳：诚朴。乙本作“屯屯”。

③缺缺：不足，不满。一说诈也。甲本作“夬夬”。

④廉：棱。

⑤刿（guì贵）：《说文》：“刿，利伤也。”即划伤。

【译文】

施政宽闳，人民淳厚忠诚。施政苛察，民众就狡诈。祸旁啊，福正倚靠着；福中啊，祸正埋伏着。谁知道它的究竟？它没有一定之规。正常变为反常，善良变为妖孽。人们的迷惑，经历了无数岁月。所以，圣人方正而不裁割万物，有棱有角而不划伤肌肤，正直而不肆意不顾，光亮而不刺目。

第五十九章

治人事天莫若啬[①]。夫唯啬，是以早服[②]。早服是谓重积德。重积德则无不克。无不克则莫知其极。莫知其极，可以有国。有国之母，可以长久。是谓深根固柢[③]、长生久视[④]之道。

【注释】

①啬（sè）：吝惜，爱惜。

②早服：河上公注："早，先也。服，得也。"早服，早有准备，先有所得。

③柢（dǐ 抵）：树根。

④久视：长久地生活。

【译文】

治理人民事奉天，莫如吝啬为先。只有啬，才能先有所得，先有所得也就是重积德。重积德则攻无不克。攻无不克，而不知其极则，不知其极则，可以拥有国。有了治国的根本方略，国家才能长久。这叫做根深固蒂、长生久存的原则。

第六十章

治大国若烹小鲜[①]。以道莅天下，其鬼不神[②]。非其鬼不神，其神不伤人。非其神不伤人，圣人亦不伤人。夫两不相伤，故德交[③]归焉。

【注释】

①小鲜：小鱼。《帛书》甲、乙本、王本等作小鲜。宋·范应元《老子道德经古本集注》（简称范本）"鲜"作"鳞"。"鳞"与下文"神"、"人"为韵，于文为妥。高亨等赞成此说。

②神：灵怪起作用。

③交：都。

【译文】

治理大国，像煎小鱼一样小心别搞坏。用道统御天下，鬼魅就不作怪。不是鬼魅不作怪，而是灵怪不把人伤害。不是灵怪不把人伤害，因为圣人不把人伤害。两者都不伤害，所以，德才同在。

第六十一章

大国者下流[①]，天下之交[②]，天下之牝。牝常以静胜牡，以静为下。故大国以下小国，则取小国。小国以下大国，则取大国。故或下以取，或下而取。大国不过欲兼畜人，小国不过欲入事人。夫两者各得其所欲，大者宜为下。

【注释】

①下流：奔赴汇集之处。

②交：会合。

【译文】

大国好像江河的下游，为天下所归附，如同美好的雌性，受天下爱慕。雌性靠安静战胜雄性，居下依靠静。所以，大国以谦下待小国，就取得小国拥护。小国以谦下待大国，就取得大国的帮助。所以，有的以谦下为手腕去争取，有的谦下真诚有所取。大国不过想领导小国，小国不过想事奉大国。两者的欲望，各得其所。大国应谦下地对待小国。

第六十二章

道者，万物之奥[①]，善人之宝，不善人之所保。美言可以市尊，美行可以加人。人之不善，何弃之有？故立天子，置三公，虽有拱璧[②]以先驷马[③]，不如坐进此道。古之所以贵此道者何？不曰求以得，有罪以免邪？故为天下贵。

【注释】

①奥（ào 傲）：主。《帛书》甲、乙本作“注”。

②拱璧：可以两手拱抱的大璧。

③驷（sì 饲）马：用四匹马拉的车。

【译文】

道是天下的主宰，是善人的珍宝，不善的人也赖以保全。美好的语言可以换得尊敬，美好的行为能够被人看重。人中虽有不善的，但怎能抛弃他呢？所以，拥立天子，设置三公，虽有拱抱大璧在先、驷马紧紧随后的隆重仪式，还不如坐讲此道有意义。古人为什么对道如此看重？不是说有求能获得、有罪可获免吗？所以才受到天下的看重。

第六十三章

为无为，事无事，味无味。大小[①]、多少[②]，报怨以德。图难于其易，为大于其细。天下难事必作于易，天下大事必作于细。是以圣人终不为大，故能成其大。夫轻诺[③]必寡信，多易必多难。是以圣人犹难之，故终无难矣。

【注释】

①大小：大为动词。使小增大。

②多少：多为动词。使少变多。

③诺（nuò 喏）：应允。

【译文】

无为当施为，无事当做事，无味当有味。变小为大，化少为多。对于怨家报以德。克服困难，先从其易；要做大事，先从微细。天下的难事，必须始于简易；天下的大事，必须始于微细。因此，圣人始终不贪求大事，故而能成就大事。轻易许诺的，一定少信用；看事太容易，必定困难多。圣人因为重视困难，所以终究没有困难。

第六十四章

其安易持，其未兆[①]易谋，其脆易泮[②]，其微易散。为之于未有，治之于未乱。合抱之木，生于毫末[③]；九层之台，起于累[④]土；千里之行，始于足下。为者败之，执者失之。是以圣人无为，故无败；无执，故无失。民之从事，常于几[⑤]成而败之。慎终如始，则无败事。是以圣人欲不欲，不贵难得之货，学不学，复众人之所过。以辅万物之自然而不敢为。

【注释】

①兆：征兆。

②泮（pàn 盼）：溶解，分离。傅本、范本作“判”。判亦为分也。

③毫末：毫，细毛。毫末，比喻极其细微。

④累（lěi 垒）：堆集，积聚。

⑤几（jī 击）：将要，差不多。

【译文】

事物稳定，容易维持。未露苗头，容易计议。事物脆弱，容易销蚀。事物微细，打散容易。事情萌发之前，要把该办的办完。尚未混乱，先要治理防乱。合抱的大树，从细小的嫩芽长出；九层高台，从一筐筐土累起来；千里远行，开始于第一步。如果不这样，谁去干，必定失败；谁把持，必定丧失。因此，圣人不施为，故而不失败；不把持，故而不丧失。人们做事，常在快成功时失败。若能慎终如始，就不会把事办坏。因此，圣人的欲望就是无欲，不看重稀有的珍物，他人不学的偏要学，一反众人之过。辅助万物自然成长，决不勉强去做。

第六十五章

古之善为道者，非以明民，将以愚之。民之难治，以其智多[①]。故以智治国，国之贼[②]；不以智治国，国之福。知此两者亦稽式[③]。常知稽式，是谓玄德。玄德深矣远矣，与物反矣。然后乃至大顺[④]。

【注释】

①智多：碑本、敦煌辛本均作“多智”，傅本作“多知”，意义相同。

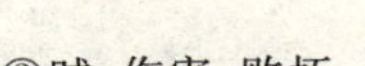

②贼：伤害，败坏。

③稽（jì 既）式：法式，法则。诸本有作"楷式"者，意同。

④大顺：指顺应自然，是最大的和顺。

【译文】

古来善于行道的人，不是使人民聪明，而是使他们愚诚。人民难以治理，就是因为智巧太多。所以，用智巧治国，是国家的灾祸；不用智巧治国，是国家的福祚。深知这两者，足以做楷模。经常记住这楷模，称得上是深远的玄德。玄德深奥又高远，与普通的事物相反。然后才能最大限度地顺乎自然。

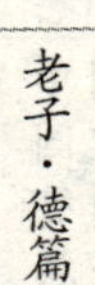

第六十六章

江海所以能为百谷王[①]者，以其善下之，故能为百谷王。是以欲上民[②]，必以言下之。欲先民[③]，必以身后之。是以圣人处上而民不重，处前而民不害[④]。是以天下乐推而不厌。不以其无争与？故天下莫能与争。

【注释】

①百谷王：因百川归往之处，喻为百谷长。

②上民：居人民之上，即统治人民。

③先民：居人民之前，即领导人民。

④不害：不觉妨害。

【译文】

江海所以能成为百川之王，是因为善于处在它们下游，所以能为百川之王。因此，圣人想居于人民之上，必须以语言表示谦下。想要居于人民之前，必须把自身利益放在人民之后。所以圣人在上，人民不感到负担沉重；在前面，人民不认为是妨碍。因此，天下人民乐意推戴他而不厌弃。不是因为他不争吗？所以天下没有人能和他争。

第六十七章

天下皆谓我大，似不肖[①]。夫唯大，故不肖。若肖，久矣其细也夫！我有三宝，持而宝之：一曰慈[②]，二曰俭，三曰不敢为天下先。慈，故能勇；俭，故能广；不敢为天下先，故能成器长。今舍慈且勇，舍俭且广，舍后且先，死矣！夫慈，以战则胜，以守则固。天将救之，以死卫之。

【注释】

①不肖：不像，不相似。

②慈：爱护。

【译文】

天下人都说我〔指道〕大，和具体事物不相似。正因为大，所以和具体事物不相似。如果相似，早就很微小了呀！我有三种法宝，掌握并珍视它们。第一种叫慈，第二种叫俭，第三种叫不敢居于天下人之前。柔慈才能勇敢；节俭，才能宽广；不敢居于天下人之前，才能成为事物的首长。现今舍弃柔慈，又要勇敢；舍弃节俭，又要宽广；舍弃后退，又要领先，只有死路一条啊！那柔慈，用于作战就胜利，用于守卫就巩固。天将援救谁，就用柔慈护卫他。

第六十八章

善为士[①]者不武[②]，善战者不怒，善胜敌者不与[③]，善用人者为之下。是谓不争之德，是谓用人之力，是谓配天。古之极[④]也。

【注释】

①士：武士。

②武：勇武。

③与：应付、相敌。

④极：准则。

【译文】

善于做武士的，不逞勇武。善于作战的，不凭忿怒。善于打败敌人的，不与敌人应付。善于用人的，居下谦虚。这叫做与人无争的美德，这叫做用人之力的策略，这叫做与天道相合。这是古老的准则。

第六十九章

用兵有言曰："吾不敢为主[①]而为客[②]，不敢进寸而退尺。"是谓行无行[③]，攘[④]无臂，执无兵，乃无敌矣[⑤]。祸莫大于无[⑥]敌，无[⑦]敌几丧吾宝。故抗兵相若[⑧]，哀[⑨]者胜矣。

【注释】

①主：这里指取攻势的一方。

②客：这里指取守势的一方。

③行（háng 杭）：行列。

④攘（rǎng 嚷）：捋。攘臂，捋袖出臂，振奋或发怒的样子。

⑤乃无敌矣：他本此句作"扔无敌"，乃据《帛书》甲本改，《帛书》乙本作"乃无敌"。

⑥⑦无：此两"无"字，王本等作"轻"。傅本、《帛书》甲、乙本并作"无"。

⑧若：傅本、敦煌辛本、《帛书》甲、乙本作"若"，王本等作"加"。相若，相当。

⑨哀：哀痛，悲愤。

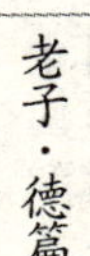

【译文】

用兵的人说:“我不敢进攻而采取守势,不敢前进一寸,却要后退一尺。”这是说,行军无阵容,攘臂无勇士,没有兵器执,这样〔不会麻痹〕才能无敌。祸害没有大于麻痹轻敌,轻敌几乎要丧失我的“法宝”。敌对的兵力相当,胜利将属于悲愤的一方。

第七十章

吾言甚易知,甚易行。而人莫之能知,莫之能行。言有宗[①],事有君。夫惟无知,是以不我知。知我者希,则[②]我者贵。是以圣人被褐[③]怀玉。

【注释】

①宗:主旨、纲领。

②则:效法。

③褐(hè 赫):古代贫贱的人穿的粗布衣服。

【译文】

我的话很容易理解,很容易实行。但人们没有谁能理解,没有谁能实行。言论有纲领,做事有依据。由于人们对此无知,所以不能理解我。了解我的人稀少,取法我的人难得。所以,圣人好似披着粗布衣,怀里揣着宝玉。

第七十一章

知不知,尚[①]矣;不知知,病[②]矣。是以圣人不病,以其病病[③]。夫唯病病,是以不病。

【注释】

①尚:借为上。

②病:毛病,缺点。

③病病:前病字为动词,即担忧,忧虑。病病,担心有毛病。

【译文】

知道自己不知道,为最好;不知道而自以为知道,是毛病。因此,圣人没有毛病,是由于担忧有毛病。正因为担忧自己有毛病,因此就没有毛病。

第七十二章

民不畏威,则大威至矣。无狎[①]其所居,无压[②]其所生。夫唯不厌,是以不厌。是以圣人自知不自见;自爱不自贵。故去彼取此。

【注释】

①狎(xià 吓):碑本作"狭"。王弼亦按"狭"字注解。即逼迫、压迫。

②压:原作"厌",同"压"。

【译文】

人民不怕统治者的威力时,那么可怕的巨大威力就到来了。不要逼迫人民不得安居,不要压迫人民无法生存。只有不压制,才能不被厌弃。因此,圣人但求自知而不求自我表现;但求自爱而并不自居高贵。所以抛弃后者取前者。

第七十三章

勇于敢[①]则杀,勇于不敢则活。此两者或利或害。天之所恶,孰知其故[②]?天之道,不争而善胜,不言而善应,不召而自来,繟[③]然而善谋。天网恢恢[④],疏而不失。

【注释】

①敢:逞强。

②孰(shú 熟):谁。"孰知其故"后,王本、河上本、傅本有"是以圣人犹难之"。碑本、龙本、敦煌辛本、《帛书》乙本等并无。《帛书》甲本缺。此句已见第六十三章,宜据《帛书》乙本等删去。

③繟(chǎn 产):丝带宽缓,引申为迟缓。

④恢(huī 辉)恢:宏大的样子。

【译文】

勇而逞强,遭杀身亡;勇而"不敢",活得保险。这两种勇气,有的受害,有的受益。天所厌恶,谁知是什么缘故?天的道,不争而善于取胜,不说而善于响应,不召而自来应命,迟缓而善谋致用。天网恢恢,宏大至极,网孔虽稀,从无漏遗。

第七十四章

民不畏死,奈何以死惧之?若使民常畏死,而为奇[①]者,吾得执而杀之。孰敢?若民恒且必畏死[②],常有司杀者杀。夫代司杀者杀,是代大匠斲。夫代大匠[③]斲[④],希有不伤其手矣。

【注释】

①为奇:从事不正常活动。

②若民恒且必畏死:王本等本无此句,《帛书》甲、乙本有。据以补入。《帛书》甲、乙本中"恒"字今本均作"常"。

③大匠:高明的木匠。

④斲(zhuó 卓):砍、削。

【译文】

人民不怕死，为什么用死去恐吓？如果人民真怕死，捣乱的人，我可以抓来杀。看你还敢不听话？如果人民必定总是怕死，就总有专管杀人的去杀。代替专管杀人的去杀，就是代替高明的木匠砍木头。代替木匠砍木头，很少不伤自己的手指头。

第七十五章

民之饥，以其上食税之多，是以饥。民之难治，以其上之有为，是以难治。民之轻死[1]，以其上生生[2]之厚，是以轻死。夫唯无以生为者，是贤[3]于贵生。

【注释】

①轻死：将死看得很轻。

②生生：即养生。龙本、碑本等作“生生”，王本等作“求生”。

③贤：动词，胜过。

【译文】

人民饥饿，是因为统治者中食税的太多，所以才饥饿。人民难统治，是因为统治者喜欢有为，所以才难统治。人民轻视死，是因为统治者过分养生，所以才看轻死。唯有不沉湎养生的人比看重养生的人更贤明。

第七十六章

人之生也柔弱，其死也坚强。草木[1]之生也柔脆，其死也枯槁。故坚强者死之徒，柔弱者生之徒。是以兵强则灭、木强则折。坚强处下，柔弱处上。

【注释】

①草木：王本、《帛书》甲本等于“草木”前有“万物”二字。傅本无“万物”二字。“枯槁”指草木，显非包括万物。从傅本。

【译文】

人活着柔软，死后僵硬。草木活着时柔脆，死后干枯。所以，坚强的东西属于死亡的一类，柔弱的东西属于生存着的一方。因此，军队强大了要毁灭，树木繁盛了被砍折。坚强的处于劣势，柔弱的处于优势。

第七十七章

天之道，其犹张弓[1]欤！高者抑之，下者举之，有余者损之，不足者补之。天之道，损有余而补不足。人之道则不然，损不足以奉有余。孰能有余以奉天下？唯有

道者。是以圣人为而不恃，功成而不处[2]，其不欲见贤[3]。

【注释】

①张弓：上弓弦，把弦绷紧。

②处：处于有功的地位。

③见（xiàn现）贤：见，同“现”，显现。贤，聪明有才干。一说多财。

【译文】

天的道，不是很像拉开的弓吗？高了就压低些，低了就举起些，有余了减少些，不足时补充些。天的道〔规律〕，是减损有余，补给不足。人间的道〔做法〕却不是这样，是拿走不足，奉献有余。谁能把多余的拿来供给天下？只有有道的人。因此，圣人有作为而不自恃，成功了而不居功，不愿表现自己的才能。

第七十八章

天下莫柔弱于水，而攻坚强者莫之能胜，以其无以易之也。弱之胜强，柔之胜刚，天下莫不知，莫能行。是以圣人云：受国之垢[1]，是谓社稷[2]主。受国之不祥，是谓天下王。正言若反。

【注释】

①垢（gòu够）：诟骂、耻辱。

②社稷（jì寂）：古代帝王、诸侯祭的土神和谷神，因而用作国家的代称。

【译文】

天下柔弱莫过于水，而攻克坚强的东西没有能胜过它的。没有什么能替得了水。弱能战胜强，柔能战胜刚，天下谁不知，没人能实行。所以圣人说：承担国家的耻辱，算得上社稷之主；承担国家的灾殃，算得上天下的君王。正面的话像反面的一样。

第七十九章

和大怨，必有余怨，安可以为善？是以圣人执左契[1]而不责[2]于人。有德司契，无德司彻[3]。天道无亲，常与善人。

【注释】

①左契（qì气）：契，契约，这里指借贷文书。左契，左边的一半借契，由债权人收执。

②责：索取、讨还。

③彻：古代的一种税法。

【译文】

消解大仇怨，留下小仇怨，怎能算作善？所以，圣人握着借券左边的一半，而不

要人偿还。有德的人，如同只保管借券；无德的人，像收税人仔细清算。天道无偏爱，总是助行善。

第八十章

小国寡民，使有十百人器①而勿用，使民重死而远徙②。虽有舟舆，无所乘之；虽有甲兵，无所陈之。使民复结绳③而用之。甘其食，美其服，乐其俗，安其居。邻国相望，鸡犬之声相闻，民至老死不相往来。

【注释】

①十百人器：指十人、百人使用的大器具。王本等本句作“使有什伯之器而不用”。“什伯之器”，有注家解作生活常用的器具。此种杂用什物，似不能不用。下文所列不用者有舟舆、甲兵，皆非杂用什物。亦有旧注解为兵器，亦失之牵强。且下文列出甲兵，亦为重复。解为兵器似不妥。而《帛书》甲、乙本中，“什伯之器”作“十百人之器”、“十百人器”，联系上句“小国寡民”，此多人所用大器具勿用，于文意通顺，故从《帛书》。

②远徙：远，离开，疏远。远徙，避免流徙。即不流徙。王本等此句作“使民重死而不远徙”，“不”字疑为后人所添。《帛书》甲、乙本皆无“不”字。今从《帛书》。

③结绳：即远古结绳记事的方法。

【译文】

国家要小，民众要少。百十人大器具，不用而弃置。使人民看重死亡，而不迁徙。虽有船和车，却不乘坐。虽有武器，却不陈列。让人民记事打绳结。人民满意自己的食品，喜爱自己的穿着，乐于自己的习俗，安于自己的居处。邻国互相望得见，鸡鸣狗叫之声，彼此听得见，人民老死不相往来。

第八十一章

信言不美，美言不信。知①者不博，博者不知。善者不多，多者不善。圣人不积，既②以为人己愈有，既以与人己愈多。天之道，利而不害；圣人之道③，为而不争。

【注释】

①知：同智。

②既：尽，全部。

③圣人之道：王本、河上本、傅本有“圣”字，《帛书》乙本无“圣”字。

【译文】

诚信的话不溢美，溢美的话不诚信。有真知的人不博杂，博杂的人无真知。善良的人不多占，多占的人不善良。圣人不积蓄。完全为他人，自己更富有；完全给他人，自己更充裕。上天行道，有利万物而无害。圣人行道，有所施为而不争。

周易

◎ 薛贻康 译注

前　言

《周易》为我国最古老的著名经典著作之一。分《经》和解经的《传》两部分。六十四卦卦辞、爻辞为《经》。又分为《上经》三十卦、《下经》三十四卦。《彖传》、《象传》、《文言》、《系辞传》、《说卦》、《序卦》、《杂卦》为《传》。其中《彖传》、《象传》、《系辞传》各分上下,共七种十篇,又叫《十翼》。

传说伏羲氏作八卦,周文王作六十四卦和卦爻辞,孔子作《易传》。即所谓《周易》"人更三圣,世历三古"(《汉书·艺文志》),说明《周易》有着悠久的发展史。伏羲氏并非一定实有其人,他只是一个古老时代的代表者。爻辞中的一些内容,明显地发生在周文王之后,说明周文王仅可能作卦辞,不可能作爻辞。一说爻辞为他儿子周公所作。宋朝欧阳修的《易童子问》、清朝崔述《洙泗考信录》,否定了孔子作《易传》之说。现据研究,可大体知道,《周易》的《经》,即卦辞、爻辞,当是西周中后期完成的。编纂者姓名失传。《周易》的《传》各部分,大体分别完成于战国中后期。作者们的姓名也失传。

《易经》是以占筮记录为形式的古代经典。《易传》作为《周易》的组成部分也有珍贵的价值。《周易》蕴含着丰富而深邃的朴素唯物辩证法思想。在古代即被誉为"群经之首"、"天人之学"。汉朝班固《汉书》称其为"大道之原"。《四库总目提要》指出:"易道广大,无所不包,旁及天文、地理、乐律、兵法、韵学、算术……"这些话并非虚夸。《周易》可谓为博大精深的古代智慧和知识的宝库。

中华"易学"是全人类的宝贵文化财富。不仅我国历代的人们不倦地研究并加以运用,而且历来受到世界各国人们的重视和推崇。当今世界,研究和运用"易学"的热潮方兴未艾。"易学"作为中华传统文化的瑰宝,放射着更加灿烂的光辉。

《周易》这部典籍,古老悠久,又采取了占筮书的形式,因而难免给研读造成一定困难。为了给读者提供一点帮助,笔者不揣浅陋,加以译注。失误之处,请专家和读者指正。

关于本书的体例,要向读者做一点说明。《易经》和《易传》,由于撰写时代不同,当然起初是分开的。这种《经》在前,《传》在后,截然分开的体例,是《周易》的本来面目。《传》是解释《经》的。《传》的某些部分,从总体上解释《经》,单独成篇放在后面，自然无妨。《传》的有些部分，是对应地解释《经》中语句的。如《彖传》、《大象》是逐卦对应地解释卦名、卦辞的。《小象》是逐条对应地解释爻辞的。这些篇章集中地放在后面，要想检索出来就比较困难。因此，从东汉人郑玄和三国时人王弼，就将《彖传》、《象传》分属各卦，将《文言》分属《乾》卦、《坤》卦。现在《周易》的各种注本多是这种体例。如唐朝李鼎祚的《周易集解》、宋朝张载的《横渠易说》、宋朝程颐的《伊川易传》即如此。笔者认为这种体例亦有所不足。即除《乾》卦外的六十三卦，均将《小象》的语句逐条插入诸卦各条爻辞之后。便则便矣，但将爻辞切割零散，使其支离破碎，难以观其全貌。宋朝朱熹等人有鉴于此，又将《经》和《传》分离。朱熹《原本周易本义》、元朝吴澄《易纂言》、清朝惠栋《周易述》等，都是这种体例。笔者鉴于以上两种体例各有无法弥补的缺陷，遂作出第三种体例安排。将从《坤》卦到《未济》卦的六十三卦，按《乾》卦之例编排。将《彖传》、《象传》分属各卦时，把《彖传》、《大象》移放在六条爻辞之后，把原插入每卦爻辞后的六条《小象》条目集中于《大象》之后。这就使该卦的六条爻辞能聚集在一起，使人一目了然。又能使《经》、《传》明显地划分开来。《小象》就近在每卦之后，并注明所属爻位数，亦不难检索。这就解决了上述两种体例近两千多年来未能解决的矛盾和读者对两种体例无所适从的问题。此举尚无先例，是否得当，尚祈专家和读者予以论证评判。

薛贻康

上经

乾(卦第一)

☰[①] 乾下乾上[②]

乾[③]:元亨,利贞[④]。

初九[⑤]:潜龙[⑥]勿用。

九二:见[⑦]龙在田,利见大人。

九三:君子终日乾乾[⑧],夕惕若厉[⑨],无咎。

九四:或跃在渊,无咎。

九五:飞龙在天,利见大人。

上九:亢龙[⑩]有悔。

用九[⑪]:见群龙无首,吉。

【注释】

①☰:卦形符号。孔颖达《周易正义》说:"卦者,挂也。言悬物象以示于人,故谓之卦。"即悬挂物象让人看。卦是古代占筮用的原始的表义符号。它的两个基本符号表示阴、阳:"—"表示阳,叫阳爻(yáo 摇),"--"表示阴,叫阴爻。由三爻组成的卦有八个,通称八卦。《周礼》称为经卦,又称单卦。八卦的卦号和卦形是:乾☰、坤☷、震☳、巽☴、坎☵、离☲、艮☶、兑☱。由六爻组成的卦,亦即八卦两两相叠组成的卦有六十四个,通称六十四卦。《周礼》称为"别卦",又称"重卦"。六十四卦亦有各自的卦名、卦画。☰即是乾卦的卦画。

②乾下乾上:是对六十四卦中乾卦卦形符号的文字描述。说明它是由两个八卦中的乾卦符号即☰组成的。这里说的上下,是指该别卦的经卦符号的位置。以下别卦符号的文字说明准此。

③乾:为八卦卦名之一,也为六十四卦卦名之一。六十四卦的乾卦卦象为乾下乾上。乾为天、为健。下一卦坤为地。天地是万物的本源。天广大无垠,神秘莫测,引起人们对天的崇拜、效法、探索和改造。《周易》的作者高瞻远瞩,把象征天、地的乾卦、坤卦放在群卦之首,表现了深邃的目光。尽管当时人们对天地的认识还是肤浅、幼稚的,但首先把目光投向天、地,表现了探索和把握大自然奥秘的强烈愿望和巨大气魄。李鼎祚《周易集解》:"案说卦,乾,健也。言天之体以健为用,运行不息,应化无穷。故圣人则之,欲使人法天之用,不法天

之体。故名乾，不名天也。”程颐《伊川易传》：“乾，天也。天者，天之形体。乾者，天之性情。”都阐明了乾和天的关系。乾作卦名，以象天的刚健。

④元亨，利贞：乾卦的卦辞。卦辞是说明六十四卦各卦要义的文辞。元亨，大为亨通。贞，占问。利贞，占问之事有利。亦有逗为“元、亨、利、贞”的。如朱震《汉上易传》：“乾，健也。元，始也。亨，通也。升降往来，周流六虚而不穷者也。利者，得其宜也。贞者，正也。乾，具此四德，故为诸卦之祖。”此解亦可参考。

⑤初九：称为爻题(爻名)，表明爻位和爻性。爻位是爻在卦画中所处的位置。六十四卦各卦卦画的六爻，是由下向上排列的，象征事物发展由低渐高，由微而著。爻位自下而上名为“初、二、三、四、五、上。凡阳爻称“九”，凡阴爻称“六”。各卦爻位名称均准此。例如：

乾卦	坤卦	屯卦
—上九	--上六	--上六
—九五	--六五	—九五
—九四	--六四	--六四
—九三	--六三	--六三
—九二	--六二	--六二
—初九	--初六	—初九

⑥潜龙：潜伏的龙。龙为中国古代最受崇拜的吉祥物。李鼎祚《周易集解》：“马融曰：物莫大于龙，故借龙以喻天之阳气也。”

⑦见：同“现”。

⑧乾乾：奋斗不息的样子。

⑨夕惕若厉：惕，警惕。厉，危险。晚上警惕着，如同有危险。

⑩亢龙：朱熹《原本周易本义》云：“亢者，过于上而不能下之意也。”指龙处在高危的位置上。

⑪用九：由于乾卦六爻皆九，坤卦六爻皆六，不能满足占筮时两卦对比的需要，故乾卦、坤卦各增加一条爻辞。乾卦增加用九的爻辞，坤卦增加用六的爻辞。这两条爻辞没有相应的爻位，所以又称为有象无位之爻。

【译文】

乾卦：大为亨通，问事有利。

初九：像潜伏着的龙，不能有所作为。

九二：龙出现在田野，见大人有利。

九三：君子整天奋斗不息，到了夜晚也还戒惧警惕，如同面临危险。这样无害。

九四：龙或者跃进深渊，无害。

九五：飞龙在天上，利于见大人。

上九：龙在高危之处，有悔恨。

用九：看见一群龙，而没有首领，是吉利的。

《彖①》曰：大哉乾元②，万物资始，乃统天。云行雨施，品物流形。大明③终始，六位④时成。时乘六龙以御天。乾道变化，各正性命。保合大和，乃利贞。首出庶物，万国咸宁。

【注释】

①象(tuàn):解释论断卦辞的话,称“象传”。孔颖达《周易正义》说:“‘象,断也。’断定一卦之意,所以名为象也。”象传对各卦的说明分别附于六十四卦之后。

②乾元:李鼎祚《周易集解》引《九家易》:“元者,气之始也。”乾元,即指天的元气。

③大明:大明,指日。

④六位:即天地四时。

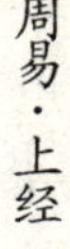

【译文】

《象传》说:伟大啊,天的元气。万物赖以开始生长,乃统率着天。云动雨降,万物品类变动形成。太阳始终运行着,天地四时六位〔六爻位的象征〕及时形成。如同按时驾着六条龙拉的车在天空运行。天道变化,使宇宙万物各各端正其秉性和生命,保持着极度的和谐,乃因正确而得利。天首先使万物生成,使万国安宁。

《象[1]》曰:天行健,君子以自强不息。“潜龙勿用”,阳在下也。“见龙在田”,德施普也。“终日乾乾”,反复道也。“或跃在渊”,进无咎也。“飞龙在天”,大人造[2]也。“亢龙有悔”,盈不可久也。“用九”,天德不可为首也[3]。

【注释】

①象:形象,象征。指卦形和卦辞、爻辞所显示的该卦、该爻的象征意义。象称“象传”。随上经、下经分为上、下两篇,解释各卦卦象和各爻爻象。解释六十四卦的叫“大象”,解释三百八十六条爻辞的(包括乾卦的用九和坤卦的用六两条爻辞),叫“小象”。

②造:作为。李鼎祚《周易集解》:荀爽曰:“大人造法,见居天位,圣人作而万物睹,是其义也。”

③天德不可为首也:用九爻辞“见群龙无首,吉”。六爻皆阳爻,象征六条龙即群龙。张载《横渠易说》引《老子》语“迎之不见其首,随之不见其后”加以解释,说明群龙作循环盘旋运动,故无首领。由于在循环中变动位置,摆脱亢龙之位,故而吉祥。所以群龙无首,合于自然,合于天之德。

【译文】

《象传》说:天道刚健,君子以天为法,故而自强不息。〔初九〕“潜龙勿用”,因阳爻在一卦的下位,所以隐居不出。〔九二〕“见龙在田”,比喻大人在民间,普遍施及恩泽。〔九三〕“君子终日乾乾”,反反复复均合乎正道。〔九四〕“或跃在渊”,如龙跳入深渊,勇往直前,决无危害。〔九五〕“飞龙在天”,比喻大人处在高位,可以有所作为。〔上九〕“亢龙有悔”,比喻处在高亢有险的位置上,不可长久盈满。“用九”,循环发展,合于天德,不必有出头的。

《文言》[1]曰:“元”者善之长也,“亨”者嘉之会也,“利”者义之和也,“贞”者事之干也。君子体仁[2]足以长人,嘉会足以合礼,利物足以和义,贞固足以干事。君子行此四德者,故曰“乾:元,亨,利,贞。”

【注释】

①《文言》:《易传》的一部分,是对《易经》乾卦和坤卦的卦爻辞的解释。文,是文饰的意思,因乾卦、坤卦两卦在六十四卦中最为重要,如同是门户,故加以特别阐说。清·孙星衍《周易集解》引姚信曰:“乾坤为门户,文说乾坤,六十二卦皆放焉。刘瓛曰:依文而言其理,故曰文言。庄氏曰:文谓文饰。以乾、坤德大,故特文饰以为文言。”《文言》分前后两节,前节解说乾卦,称《乾文言》,后节解说坤卦,称《坤文言》。

②体仁:孙星衍《周易集解》引郑康成曰:“体,生也。”体仁,就是实行仁。

【译文】

《文言》说:“元”是善的首位。“亨”是美的荟萃。“利”是义的应和。“贞”是办事的根本。君子以仁心为本体,足以做人们的首长,荟萃众美足以符合礼,有利于万物足以与义应和,坚持正道足以干举万事。君子实行仁、义、礼、正这四种德行,所以说“乾卦:元,亨,利,贞”。

初九曰:“潜龙勿用。”何谓也?子[①]曰:“龙德而隐者也。不易乎世[②],不成乎名,遁世无闷,不见是而无闷。乐则行之,忧则违之。确乎其不可拔,潜龙也。”

九二曰:“见龙在田,利见大人。”何谓也?子曰:“龙德而中正者也。庸[③]言之信,庸行之谨,闲[④]邪存其诚,善世而不伐,德博而化。《易》曰‘见龙在田,利见大人’,君德也。”

九三曰:“君子终日乾乾,夕惕若厉,无咎。”何谓也?子曰:“君子进德修业,忠信所以进德也,修辞立其诚,所以居业也。知至至之,可与几也[⑤]。知终终之,可与存义也。是故居上位而不骄,在下位而不忧,故乾乾因其时而惕,虽危无咎矣。”

九四曰:“或跃在渊,无咎。”何谓也?子曰:“上下无常,非为邪也。进退无恒,非离群也。君子进德修业,欲及时也,故无咎。”

九五曰:“飞龙在天,利见大人。”何谓也?子曰:“同声相应,同气相求。水流湿,火就燥,云从龙,风从虎,圣人作而万物睹。本乎天者亲上,本乎地者亲下,则各从其类也。”

上九曰:“亢龙有悔。”何谓也?子曰:“贵而无位,高而无民,贤人在下位而无辅,是以动而有悔也。”

【注释】

①子:孔子。《文言》假托为孔子所作。

②不易乎世:孙星衍《周易集解》:“不为世俗所移易也。”

③庸:常。

④闲:防。

⑤可与几也:孙星衍《周易集解》引翟元曰:“可与行几微之事也。”

【译文】

初九说:“潜龙勿用。”是什么意思?孔子说:“是说有龙一样品德而隐居的君

子，不为世俗之见而改变贞操，不贪恋成名。避世隐居而无苦闷，不被世人理解也无苦闷。快乐的事就去做，忧虑的事就不做。坚定不移，不可改变，才能算作潜龙。”

九二说：“见龙在田，利见大人。”是什么意思？孔子说：“有龙德而实行中正之道的君子，说话常守信用，做事常持谨慎，防止邪僻以保持真诚。使世俗变得善良却不自夸，博施德泽而使人民感化。《易》说‘见龙在田，利见大人’，是比喻君德。”

九三说：“君子终日乾乾，夕惕若厉，无咎。”是什么意思？孔子说：“君子道德进步，事业修整。讲忠信以促进道德的进步。修饰言辞，确立诚心，以修整事业。知道什么是极至而能达到，可与成务干事业。知道什么是善终，而能做到有终，可与共同存义。因此，居于上位而不骄傲，处在下位而不忧愁。所以总是自强不息，随时警惕，虽处危险境地而无害。”

九四说：“或跃在渊，无咎。”是什么意思？孔子说：“像龙一样或上或下，没有一定，并非邪僻。或进或退，没有一定，并非脱离群体。如同君子为了进德修业，要抓紧时机，所以无害。”

九五说：“飞龙在天，利见大人。”是什么意思？孔子说：“声音相同互相应和，气味相同互相求取。水向低洼处流，火向干燥处烧，云跟从龙，风跟从虎，圣人兴业而万人仰见。〔天地缊絪，和合二气，共生万物〕本来受气于天的动物随天体运动而动，故亲附于上；本来受气于地的植物，随地体凝滞而静，故亲附于下。是各自跟从其本类。”

上九说：“亢龙有悔。”是什么意思？孔子说：“虽然高贵，但不处于九五帝王之位。民在下，故上九位高而无民。贤人君子在下位九三，上九之位无贤人辅佐。所以升到高位而有悔恨。”

“潜龙勿用”，下也[①]。“见龙在田”，时舍也。“终日乾乾”，行事也。“或跃在渊”，自试也。“飞龙在天”，上治也。“亢龙有悔”，穷之灾也。乾元“用九”，天下治也。

【注释】

①下也：处于下位，未为时用。这一章是从人事方面解释乾卦爻辞。

【译文】

〔初九〕“潜龙勿用”，指处于下位。〔九二〕“见龙在田”，指暂时住在民间。〔九三〕“终日乾乾”，指自强不息、勤勉办事。〔九四〕“或跃在渊”，以自试才干、观察物情。〔九五〕“飞龙在天”，指处于高位，在上治民。〔上九〕“亢龙有悔”，比喻亢极骄盈，悔恨造成穷毙之灾。乾元“用九”〔群龙无首，吉〕指达到天下大治。

“潜龙勿用”，阳气潜藏[①]。“见龙在田”，天下文明[②]。“终日乾乾”，与时偕行[③]。“或跃在渊”，乾道乃革[④]。“飞龙在天”，乃位乎天德[⑤]。“亢龙有悔”，与时偕极[⑥]。

乾元"用九",乃见天则[⑦]。

【注释】

①阳气潜藏:这一章是从天道来解释乾卦的爻辞。何妥曰:"此第三章,以天道明之。"初九,"当十一月,阳气虽动,犹在地中,故曰潜龙也。"

②天下文明:九二,时当二月,阳气上升到地面,所以说见龙在田。此时草木萌芽,天下都呈现文采和光明。

③与时偕行:九三,时当三月。阳气浸长,万物将盛,与天时相合,俱行不息。

④乾道乃革:九四,时当五月,天气炎热,阳气将改变,故而说天道变革。

⑤乃位乎天德:九五,时当七月,万物繁茂,旺盛生长,天的大功告成。所以,称作天德。

⑥与时偕极:上九,时当九月,阳气大衰,将向尽极。所以说与时运俱向终极。

⑦乃见天则:阳气尽后反阴,阴极反阳。用九的阳爻,显示阳气又生,这符合天的运行法则。

【译文】

〔初九〕"潜龙勿用",指阳气潜藏于地下。〔九二〕"见龙在田",指大地回春,一片光明。〔九三〕"终日乾乾",指跟着时令一同运行。〔九四〕"或跃在渊",指天道在变革。〔九五〕"飞龙在天",指处于天德的位置上。〔上九〕"亢龙有悔",指阳气与时节一同达于极点。乾元"用九",可以看到天道运行的规律。

乾"元"者[①],始而亨者也。"利贞"者,性情也。乾始能以美利利天下,不言所利,大矣哉!大哉乾乎!刚健中正,纯粹精也。六爻发挥,旁通情也。"时乘六龙",以御天也。"云行雨施",天下平也。

君子以成德为行[②],日可见之行也。"潜"之为言也,隐而未见,行而未成,是以君子弗用也。

君子学以聚之,问以辨之,宽以居之,仁以行之。《易》曰:"见龙在田,利见大人",君德也。

九三重刚而不中[③],上不在天,下不在田,故乾乾因其时而惕,虽危无咎矣。

九四重刚而不中[④],上不在天,下不在田,中不在人。故"或"之,或之者,疑之也,故"无咎"。

夫"大人"者,与天地合其德,与日月合其明,与四时合其序,与鬼神合其吉凶,先天而天弗违,后天而奉天时。天且弗违,而况于人乎?况于鬼神乎?

"亢"之为言也,知进而不知退,知存而不知亡,知得而不知丧。其唯圣人[⑤]乎!知进退存亡而不失其正者,其唯圣人乎?

【注释】

①乾元者:这一节重新解释"元亨、利贞","元亨"、"利贞",分别连读,与上文"元、亨、利、贞"分读的四德说不同。

②君子以成德为行:从这一节到篇末,是重新解释六爻的意义。

③九三重刚而不中:九是阳爻,三是阳位,故相重。乾卦六爻象群龙并出,各秉刚健的天德。

所以叫重刚。朱熹《原本周易本义》说:"重刚谓阳爻阳位。"九三不在下卦的正中,所以说"不中"李鼎祚《周易集解》引虞翻曰:"以乾接乾,故重刚。位非二五,故不中也。"

④九四重刚而不中:朱熹《原本周易本义》说:"九四非重刚,重字疑衍。"但九四处于上卦之下,亦非得中,所以说不中。

⑤圣人:高亨《周易大传今注》:"上'圣人'二字,《释文》云:'王肃本作愚人。'按王肃本是也。"

【译文】

乾卦说的"元",表示开始化生万物而得以亨通。说的"利贞",是指有利于万物性情之正。天开始能以美利利于天下,但不说出利天下,这是多么伟大啊!大啊天,刚健而又中正,纯粹而又精美。六爻发散,旁通万物之情。"时乘六龙",表示行天道也。"云行雨施",表示天下和平。

君子之行,处处合于德,一丝不苟。每天能见到合于德的行动。〔初九〕所说的"潜",是指隐伏没有看见,行动没有成就,所以君子不用。

君子以学习来积累知识,以多问来明辨是非,以宽容存心,以仁心行事。《易》〔九二〕所说"见龙在田,利见大人",是讲君德。

九三刚位相重,并非九二、九五,不在爻位中间。上面不到天位〔九五〕,下面不在田野〔九二〕,所以要勤奋不息,随时警惕,虽在危境而无害。

九四性刚但不居中位,上不在天位〔九五〕,下不在田野〔九二〕,中不在人位〔九三〕。所说用"或"之,说"或",表示怀疑。所以无害。

〔九五〕说的"大人",与天〔九五〕地〔九二〕之德相合,与日月的普照相合,与四时的顺序相合,与鬼神的吉凶相合。在天时之先行事,天不违背他;在天时之后行事,能奉顺上天,合于天时。天尚且不违背他,何况人呢?何况鬼神呢?

〔上九〕所说的"亢",是说明某些人知进不知退,知存不知亡,知有得而不知丧失,大概是愚人吧!知道进退存亡而不丧失正确的行动,才是圣人呢!

坤(卦第二)

䷁坤下坤上

坤[①]:元亨,利牝马[②]之贞。君子有攸[③]往,先迷后得主,利。西南得朋,东北丧朋。安贞吉。

初六:履霜,坚冰至。

六二:直、方、大,不习无不利。

六三:含章可贞,或从王事,无成有终。

六四:括囊,无咎、无誉。

六五:黄裳元吉。

上六:龙战于野,其血玄黄。

用六：利永贞。

【注释】

①坤：为八卦卦名之一，六十四卦卦名之一，为地、为顺。坤卦不论三画卦或六画卦，全由阴爻"--"组成。朱熹《原本周易本义》说："--者，偶也，阴之数也。坤者，顺也；阴之性也。""阴之成形，莫大于地。此卦三画皆偶，故名坤，而象地。重之又得坤焉。则是阴之纯、顺之至。故其名与象皆不易也。"阴性形体，最大莫过于地。大地是人类的母亲，它包容和滋养万物的特点，使它显现出母亲般的慈爱和女性的柔顺。本卦涉及农业生产、商业活动和战争，较全面地反映了大地上人们的各种活动。《彖传》说："至哉坤'元'，万物资生，乃顺承天。坤厚载物，德合无疆。含弘光大，品物咸'亨'。"《大象》说："地势坤。君子以厚德载物。"都热情地讴歌了大地滋生万物的"厚德"。但大地之德，不是一味承顺，而是顺中有刚，静中有动。《文言》说："坤至柔而动也刚，至静而德方。"这样讲就深刻而全面了。坤卦还把大地的特点，加以发挥，联系道德，引申到人类社会。《大象》赞扬君子以大地为榜样，"厚德载物"。《文言》说："积善之家必有余庆，积不善之家必有余殃。""君子敬以直内，义以方外，敬义立而德不孤。"都是要人们师法大地，涵养厚德。

②牝马：雌马。孙星衍《周易集解》引干宝曰："行天者莫若龙，行地者莫若马。故乾以龙繇，坤以马象也。"因坤卦六爻皆阴，故称雌马。

③攸：所。

【译文】

坤卦：大为亨通。占问雌马有利。君子有所往，先迷路，后得当地主人接待，有利。向西南可得到朋友，向东北将丧失朋友。安于正道则吉。

初六：踏霜之时，应当知道坚冰将要到来。

六二：以大地为楷模，正直、端方、广大。本于自然，不必修习功业自成，没有不利。

六三：蕴含文采美德，可以守持正道。有人从事王事，虽没有成功，但必有好结果。

六四：束紧囊口，无进无出，既无祸害，也无美誉。

六五：穿黄色下服，大吉。

上六：龙在原野相斗，其血呈玄黄色。

用六：宜于永守正道。

《彖》曰：至哉坤元[①]，万物资生，乃顺承天。坤厚载物，德合无疆[②]。含弘光大[③]，品物咸亨。牝马地类，行地无疆，柔顺利贞，君子攸行。先迷失道，后顺得常。西南得朋，乃与类行。东北丧朋，乃终有庆。安贞之吉，应地无疆。

【注释】

①至哉坤元：李鼎祚《周易集解》引《九家易》曰："坤者纯阴，配乾生物，亦善之始、地之象也。故又叹言至美。"至，为"至美"。元，为"善之始"。

②德合无疆：李鼎祚《周易集解》："蜀才曰：天有无疆之德，而坤合之，故云德合无疆也。"

③光大:高亨《周易大传今注》:"光借为广。"

【译文】

《彖传》说:至善至美啊,坤卦的元始,万物赖以生长,顺承着天。大地以厚重载万物,坤与乾合德无边。包容广大,各种物类繁荣昌盛。雌马阴柔,属地一类,可以在大地上远行无限。性情柔顺,安守正道,这是君子的所作所为。坤在乾前,就会迷失道路,在后则顺,能保长久安泰。向西南,得朋友,能与同类偕行。向东北,失朋友,却终有吉庆。安于正道,才有吉庆。与大地相适应,可保永久平安。

《象》曰:地势坤[1],君子以厚德载物。"履霜坚冰"[2],阴始凝也。驯致其道,至"坚冰"也。六二之动,"直"以"方"也。"不习无不利",地道光[3]也。"含章可贞",以时发也。"或从王事",知光大也。"括囊无咎",慎不害也。"黄裳元吉",文在中也。"龙战于野",其道穷也。用六"永贞",以大终也。

【注释】

①坤:顺。

②履霜坚冰:朱熹《原本周易本义》:"按《魏志》"作'初六履霜',今当从之。"依朱说,"坚冰"二字当删去。

③光:借为广。

【译文】

《象传》说:地势顺着天。君子像大地一样,以广厚的德承载万物。〔初六〕"履霜",是指阴气开始凝结。顺着自然规律发展,就会有"坚冰"。六二的变动,"直"而且"方"。"不习无不利",说明地道的广大。〔六三〕"含章可贞",是指按时发动。"或从王事",表示才智广大。〔六四〕"括囊无咎",说明谨慎没有害处。〔六五〕"黄裳元吉",是说文采在内中,外面有罩衫。〔上六〕"龙战于野",说明其道穷厄。用六"永贞",大为庆幸的终结。

《文言》曰:坤至柔而动也刚,至静而德方。后得主而有常,含万物而化光。坤道其顺乎!承天而时行。积善之家必有余庆,积不善之家必有余殃。臣弑其君,子弑其父,非一朝一夕之故,其所由来渐矣,由辩之不早辩也。

《易》曰:"履霜,坚冰至。"盖言顺也。

"直",其正也。"方",其义也。君子敬以直内,义以方外,敬义立而德不孤。"直、方、大,不习无不利",则不疑其所行也。

阴虽有美,"含"之以从王事,弗敢成也。地道也,妻道也,臣道也,地道"无成"而代"有终"也。

天地变化,草木蕃。天地闭,贤人隐。《易》曰:"括囊,无咎无誉。"盖言谨也。

君子"黄"中通理,正位居体,美在其中,而畅于四支,发于事业,美之至也。

阴疑于阳必"战",为其嫌于无阳也,故称"龙"焉。犹未离其类也,故称"血"焉。

夫"玄黄"者,天地之杂也。天玄而地黄。

【译文】

《文言》说:坤卦至为阴柔,但它变动有刚;至为安静,但它德甚方正。虽后来得主而有常道,含藏万物而化育广大。坤道是顺吧,奉承天道而依时节行进。积善的人家必有众多庆幸,行恶的人家必有众多灾祸。臣下弑君主,儿子弑父亲,不是一朝一夕的缘故,它是逐渐造成的,是由于君父没有早一点儿辨察所致。

《易经》坤卦〔初九〕说:"履霜,坚冰至。"是说顺着时令而来。

〔六二〕"直",表示正;"方",形容义。君子恭敬使内心正直,行义使对外方正。做到恭敬和行义,就会有德不孤独。"直、方、大,不习无不利",是说不怀疑其所作所为。

〔六三〕阴虽是美的,蕴含着美德从事王事,谨慎地不敢自定成法。坤是地之道,妻之道,臣之道。地之道虽不自成法式,但终能代天完成其功。

天地变化,草木蕃盛。天地闭塞,贤人隐退。《易经》坤卦〔六四〕说"括囊,无咎无誉",是说要谨慎。

〔六五〕君子黄裳在内,外加罩衣,比喻内中通达情理。如同身体处于端正的位置上,美在内心,畅达于四肢,表现于事业。这是美的最高境界。

〔上六〕阴上薄,疑似阳,必与阳战。因为有嫌于无阳,所以称龙。但仍未离开其阴类,所以称血。"玄黄",表示天地相杂。天色玄,地色黄。

屯(卦第三)

䷂震下坎上

屯[①]:元亨,利贞。勿用有攸往,利建侯。

初九:磐桓[②],利居贞,利建侯。

六二:屯[③]如邅[④]如,乘马班如[⑤]。匪[⑥]寇婚媾[⑦]。女子贞,不字[⑧],十年乃字。

六三:即鹿无虞[⑨],惟入于林中,君子几[⑩]不如舍,往吝[⑪]。

六四:乘马班如,求婚媾,往,吉,无不利。

九五:屯其膏[⑫],小贞吉,大贞凶。

上六:乘马班如,泣血涟如。

【注释】

①屯:六十四卦卦名之一。《说文》:"屯,难也,象草木之初生屯然而难。"卦象为震(☳)下坎(☵)上。震的象征物为雷,一阳爻动于二阴爻之下,象征意义为动。坎的象征物为水,一阳爻陷于二阴爻中间,象征意义为陷。本卦象征雷被压在水下面,要突破水的压抑,进入广阔无垠的天空,是有困难的。为此卦、爻辞中讲到各种困难。如"勿有有攸往",出门的困难。"匪寇婚媾"、"十年乃字",婚姻的困难。"即鹿无虞",打猎的困难等。只有个别的例外讲吉利,如"利建侯","往吉,无不利"。《彖》、《象》加以发挥:"以贵下贱""大得民","动乎险中,

大亨贞”，才能改变困难，变得通顺。

②磐(pán)桓：即盘桓，徘徊难进的样子。

③屯：此屯与“屯其膏”的屯，都是聚集的意思。

④邅(zhān 沾)：转圈难进。

⑤班如：回旋的样子。

⑥匪：同非。

⑦婚媾(gòu 够)：婚姻，结亲。这里讲的婚姻方式反映着对偶婚制时期出现的抢劫妇女成婚的状况。故而把求婚的一群人疑为盗寇。

⑧字：朱熹《原本周易本义》：“字，许嫁也。礼曰：女子许嫁，笄而字。”有的注本解为怀孕。

⑨即鹿无虞：即，迫近。即鹿，追逐鹿。虞，虞人，是掌管山林鸟兽的小官。

⑩几：近，企望，求。

⑪吝：穷困，困难。

⑫膏：孙星衍《周易集解》引虞翻曰：“坎雨称膏。《诗》云：阴雨膏之，是其义也。”一说膏为油汁。

【译文】

屯卦，大为亨通，占问有利。不宜出行有所往。利于封建诸侯。

初九：徘徊难进，利于守正而居，利于封建诸侯。

六二：有些人聚集起来团团转，骑着马回旋不进。不是盗寇，是来求婚的。但女子贞静自守，不愿马上嫁人，十年后才许嫁。

六三：追鹿但无虞人做向导，徒然进入山林之中。君子虽企望获鹿，还是不如舍弃。因为再前进，必然陷于困境。

六四：骑着马回旋不进。此行为求婚，前往是吉祥的，没有不利。

九五：把雨水聚积起来。小积，合正道而吉利。大积，即使合正道也危险。

上六：骑马回旋〔求亲行抢〕，那女子泪如雨下，眼中流血。

《彖》曰：屯，刚柔始交而难生。动乎险中，大亨贞。雷雨之动满盈，天造草昧[①]。宜建侯而不宁。

【注释】

①草昧：天地初开时的混沌状态。草，指草创。昧，指冥昧。王夫之《周易内传》：“一阳起于阴中，王业草创之象。”

【译文】

《彖传》说：屯卦，震雷的阳刚与坎水的阴柔开始交结，就产生困难。〔雷在下，水在上〕只能在险中起动，〔只有起动，雷才能升腾于天〕才能大为亨通而守正位。雷雨的起动充满天下。天地造物之初，是一片混沌状态。宜于封建诸侯，但有不安宁。

《象》曰：去雷，屯。君子以经纶[①]。虽“磐桓”，志行正也。以贵下贱，大得民

也。六二之难，乘刚[②]也。“十年乃字”，反常也。“即鹿无虞”，以从禽[③]也。君子舍之，“往吝”穷也。“求”而“往”，明也。“屯其膏”，施未光[④]也。“泣血涟如”，何可长也？

【注释】

①经纶：经，常。纶，治。经纶，谋划、治理。

②乘刚：初九阳爻被压于下，六二阴爻乘坐于上。阳爻为刚，故曰乘刚。

③禽：鸟兽的总称。

④光：广。

【译文】

《象传》说：雷被压抑，云未成雨，困难重重。这就需要君子谋划，克服困难。〔初九〕虽在徘徊，但立志和行为端正。以贵处在卑贱的下位，大得民心。六二的困难，在于乘坐在刚健的阳位上。“十年乃字”，是反常的。〔六三〕“即鹿无虞”，还是跟从寻找野兽的踪迹。君子舍弃不追了，“往吝”，表示将陷于困境。〔六四〕“求”婚而前“往”，说明很了解情况。〔九五〕“屯其膏”，说明布施尚未广大。〔上六〕“泣血涟如”，怎能长久呢？

蒙(卦第四)

䷃坎下艮上

蒙[①]：亨。匪我求童蒙[②]，童蒙求我。初筮告，再三渎[③]，渎则不告。利贞。

初六：发蒙，利用刑人，用说[④]桎梏，以往吝。

九二：包蒙，吉。纳妇，吉。子克家。

六三：勿用取女，见金夫，不有躬[⑤]，无攸利。

六四：困蒙，吝。

六五：童蒙，吉。

上九：击蒙，不利为寇，利御寇。

【注释】

①蒙：蒙昧、幼稚。六十四卦卦名之一。此卦为坎(☵)下艮(gěn)(☶)上。坎的象征物为水。艮的象征物为山，阳爻在上，二阴爻在下，象征意义为止。本卦水在下，山在上，水是流动的，遇到山而止，莫知所之。象征蒙稚。因此，卦辞中说“童蒙”，指童蒙幼稚。幼童发蒙。爻辞中讲“发蒙”，是启发蒙昧。讲“包蒙”，对蒙昧的人要包容。讲“困蒙，吝”，困于蒙昧，是不利的。讲“击蒙”，使之摆脱蒙昧，击去童蒙，以发其昧。《彖传》、《象传》对卦爻辞作了进一步的发挥。提出“蒙以养正，圣功也”，指出进行启蒙教育，培养正道，是圣人之功。提出“以果行育德”的原则，即以果敢的精神进行德育培养。提出“利用御寇，上下顺”，即在“击蒙”工作中，不要采取粗暴的寇掠的方法，才能上下和顺。这都可以理解为重视启蒙教育以及对教育原则、教育方法的深入探讨。

②童蒙：蒙昧的童子、幼稚的人。

③渎：亵渎。

④说：同“脱”。

⑤见金夫，不有躬：程颐《伊川易传》：“女之从人，当由正礼。乃见人之多金，说而从之，不能保有其身者也。”朱熹《原本周易本义》：“金夫，盖以金赂，已而挑之。”即见了有钱财的男人，即不顾体统而失身。有的注本解为：（如去抢女），看见武夫（手执铜制武器的人），要丧命。有的断句为“见金，夫不有躬”，解为：拿出金钱来（聘女），这样的男人会遭杀身之祸。

【译文】

蒙卦：亨通。不是我求蒙昧的童子，是蒙昧的童子求我。初次占筮告诉〔吉凶〕，再三占筮，便是亵渎，就不再告诉。利于占问。

初六：启发蒙昧的人，要利用服刑的人，给他们脱掉枷锁。除此以外，不可。

九二：包容蒙昧的人，吉利。娶妇，吉利。儿子能成家。

六三：不要娶这女子。见了有钱的男人，她就轻佻得身不由己。这样的婚事无益。

六四：被蒙昧困扰，不利。

六五：幼童发蒙，吉利。

上九：消除蒙昧，用寇暴的方式是不利的，要防御和消除寇暴的方式才有效。

《彖》曰：蒙山下有险，险而止，蒙。蒙“亨”，以亨行时中也。“匪我求童蒙，童蒙求我”，志应也。“初筮告”，以刚中也。“再三渎，渎则不告”，渎蒙也。蒙以养正，圣功也。

【译文】

《彖传》说：蒙卦，〔上卦是艮，艮为山。下卦是坎，坎为水〕山下有坎水之险，〔水遇山〕险就停止了〔不知所之〕。故称蒙。蒙卦亨通，是因为行动及时中止。“匪我求童蒙，童蒙求我”，是说双方志趣应和。“初筮告”，是因为下卦九二以阳刚居于中爻的缘故。“再三渎，渎则不告”，是因蒙昧而亵渎。启蒙教育，要培养正道，这是圣人之功。

《象》曰：山下出泉，蒙。君子以果行育德。“利用刑人”，以正法也。“子克家”，刚柔接也。“勿用取女”，行不顺也。“困蒙”之“吝”，独远实也。“童蒙”之“吉”，顺以巽[①]也。“利”用“御寇”，上下顺也。

【注释】

①巽（xùn 训）：卑顺、谦让。

【译文】

《象传》说：山下涌出泉水，刚流出，处于蒙昧状态，故叫蒙卦。君子用果敢的行动培养人的品德。〔初六〕“利用刑人”，以端正法制。〔九二〕“子克家”，〔儿子成家，子刚、妇柔〕是刚柔相接。〔六三〕“勿用取女”，是因此这样行事难顺人意。〔六四〕“困蒙”的“吝”，独独远离实际。〔六五〕“童蒙”的“吉”，是由于柔顺、谦让。〔上九〕“利”用“御寇”，才能上下和顺。

需(卦第五)

䷄乾下坎上

需[①]：有孚[②]，光亨[③]。贞吉。利涉大川。

初九：需于郊，利用恒，无咎。

九二：需于沙，小有言，终吉。

九三：需于泥，致寇至。

六四：需于血，出自穴[④]。

九五：需于酒食，贞吉。

上六：入于穴，有不速之客三人来，敬之，终吉。

【注释】

①需：六十四卦卦名之一。等待、需要的意思。朱熹《原本周易本义》：“需，待也。以乾遇坎，乾健坎险，以刚遇险，而不遽进而陷于险，待之义也。”等待时机，在自然现象和社会生活中是广泛存在的。“云上于天”，是云在天上等待下雨。人类活动中等待时机的现象更多。本卦卦爻辞中列举了“需于郊”(在郊野等待)、“需于沙”(在沙地等待)、“需于泥”(在泥泞中等待)、“需于血”(在血泊中等待)、“需于酒食”(享受着酒食宴乐以等待)。是在不同的地点，以不同的方式等待。自然现象中的等待，是大自然运行发展中的先后次序。而人类生活中的等待，是人的有意识的活动。有些适当的等待，能获取时机，得到“无咎”、“终吉”的理想结果。《彖》、《象》对卦爻辞作了发挥，指出在等待中，“险在前也，刚健而不陷，其义不困穷矣”。即使危险在面前，只要意志坚强“刚健”，谨慎“不陷”于危险，耐心等待，就不会陷于穷困。即使“致寇”，只要“敬慎”的加以防御，也将立于不败之地。即使“需于血”，只要“顺以听”，服从命令，顺乎天道，也会转危为安。

②孚：朱熹《原本周易本义》：“孚，信之在中者也。”即诚信。

③光亨：光同广。光亨，广为亨通，大为通顺。

④需于血，出自穴：朱熹《原本周易本义》：“血者，杀伤之地。穴者，险陷之所。”“虽在伤地而终得出也。”

【译文】

需卦：有诚信，广为亨通，占问吉利。宜于渡过大河。

初九：在郊野等待，利用这个策略不变，无害。

九二：在沙地里等待，少有议论，最终吉利。

九三：在泥泞中等待，招致盗寇到来。

六四：在血泊中等待，从洞穴中出去。

九五：享用着酒食宴乐等待，占问得吉利。

上六：进入穴中，有三名不速之客到来。礼敬对待，最终吉利。

《彖》曰：需，须也。险在前也，刚健而不陷。其义不困穷矣。需，“有孚，光亨，贞吉”，位乎天位，以正中也。“利涉大川”，往有功也。

【译文】

《彖传》说：需，是等待的意思。〔坎在上〕危险在前面，〔乾在下〕刚健而不陷于险，就不会困顿穷乏了。需：“有孚，光亨，贞吉”，是因为〔上坎九五〕处在天位，有正中之德。“利涉大川”，是说前往必有功效。

《象》曰：云上于天，需。君子以饮食宴乐。“需于郊”，不犯难行也。“利用恒，无咎”，未失常也。“需于沙”，衍[①]在中也。虽“小有言”，以“吉”“终”也。“需于泥”，灾在外也。自我“致寇”，敬慎不败也。“需于血”，顺以听也。“酒食贞吉”，以中正也。“不速之客来，敬之，终吉”，虽不当位，未大失也。

【注释】

①衍：朱熹《原本周易本义》：“衍，宽意，以宽居中，不急进也。”

【译文】

《象传》说：云上到天上，是需卦。君子享用着饮食宴乐〔来等待时机〕。〔初九〕“需于郊”，不触犯难行之地。“利用恒，无咎”，并未失去常规。〔九二〕“需于沙”，以宽居中。虽有小小的议论，最“终”是“吉”的。〔九三〕“需于泥”，灾害在外面。从我“致寇”，恭敬、谨慎，认真防御，不会失败。〔六四〕“需于血”，恭顺地听从命令。〔九五〕“酒食贞吉”以其有中正的德行。〔上六〕“不速之客来，敬之，终吉”，虽不在九五之位，没有大的失误。

讼(卦第六)

䷅坎下乾上

讼[①]：有孚，窒[②]惕。中吉。终凶。利见大人。不利涉大川。

初六：不永所事，小有言，终吉。

九二：不克讼，归而逋[③]其邑人三百户无眚[④]。

六三：食旧德，贞厉，终吉。或从王事，无成。

九四：不克讼，复即命渝，安贞，吉。

九五：讼，元吉。

上九：或锡之鞶，带[⑤]，终朝三褫[⑥]之。

【注释】

①讼：六十四卦卦名之一。讼，诉讼，争辩、斗争。卦象为坎下乾上。坎为水，象征险、陷。

乾为天，象征刚、健。乾刚在上以制下，坎险在下伺机窥上。一方险，一方健，这就要产生矛盾斗争。卦辞、爻辞，尖锐地指出了讼这一重要现象。九二爻辞、九四爻辞，都是“不克讼”，即诉讼失败，没有胜讼。九二爻辞说，不仅没有胜讼，而且“归而逋其邑人三百户”，回去一看采邑内三百户人都逃跑了。反映了尖锐的社会矛盾、阶级对抗。九四爻辞讲没有胜讼，“复即命渝”，回来命令加以改变，这才“安贞，吉”，安于正道，这才吉利。只有九五爻辞是争讼大吉。看来，争讼这种比较激烈的解决矛盾的方式，已经是司空见惯的社会现象了。搞得统治者很不安宁。如同上九爻辞所说“或锡之鞶带，终朝三褫之”，刚赐给的鞶带，一会儿就又下令剥夺了。《彖》、《象》对卦爻辞进一步补充和阐发。从卦象上指出讼的原因是“上刚下险，险而健”、“天与水违行”，所以产生讼是不可避免的。同时对讼的大量存在又产生极大忧虑和惊恐不安。认为“讼不可长”，对“自下讼上”的现象不满。希望做到“不失”、“中正”，以求胜讼、“讼元吉”、“安贞吉”。特别劝诫：“君子以作事谋始。”做事开头就要很认真的谋划，不要把事情办糟，激化矛盾，引发争讼。

②窒：李鼎祚《周易集解》：“窒，塞止也。”

③逋（bū 哺）：逃亡。

④眚（shěng 省）：灾祸。

⑤鞶（pán 盘）带：大皮带。古代官员服饰的组成部分。

⑥褫（chǐ 尺）：夺去衣服、衣带。

【译文】

讼卦：有诚信，塞止妄想，提高警惕，中正不倚，可得吉利。始终强争，必有凶险。利于见大人。不利于涉越大河。

初六：不要长久的为争讼的事纠缠，有小争辩，终将吉利。

九二：没有在争讼中获胜，归去时，采邑内的三百户人家逃跑了，无灾害。

六三：享用旧时恩德，占问虽有危厉，终当得吉利。惶惑地跟从别人为王做事，无所成功。

九四：不胜讼，回来即命改变。安于正道，吉利。

九五：争讼，大吉。

上九：有的人被赐予鞶带，一早晨被三次剥夺。

《彖》曰：讼，上刚下险，险而健，讼。讼“有孚，窒惕，中吉”，刚来而得中也。“终凶”，讼不可成也。“利见大人”，尚中正也。“不利涉大川”，入于渊也。

【译文】

《彖传》说：讼卦，上为乾刚，下为坎险，险陷而又刚健，就要争讼。讼卦“有孚，窒惕，中吉”，因为阳刚来而得中正之位。“终凶”，是说最终不能成功。“利见大人”，是崇尚中正之道。“不利涉大川”，是怕沉入深渊。

《象》曰：天与水违行，讼。君子以作事谋始。“不永所事”，讼不可长也。虽“小有言”，其辩明也。“不克讼归逋”，窜也。自下讼上，患至掇[①]也。“食旧德”，从上吉也。“复即命渝”、“安贞”不失也。“讼,元吉”,以中正也。以讼受服,亦不足敬也。

【注释】

①掇:拾取。

【译文】

《象传》说:〔乾上坎下〕天与水相背而行,才出现辞讼。君子做事,开头就要慎重谋划。〔初六〕“不永所事”,不能永久争讼。虽然“小有言”,是非已经辨明。〔九二〕“不克讼归逋”,逃窜。从下对上诉讼,祸患的到来是自取的。〔六三〕“食旧德”,顺从上位,吉利。〔九四〕“复即命渝”、“安贞”,不会有失误。〔九五〕“讼,元吉”,是因为居中位合正道。〔上九〕因争讼而被赏赐服饰,也不足以得到敬重。

师(卦第七)

䷆坎下坤上

师[①]:贞丈人[②],吉。无咎。

初六:师出以律,否臧凶。

九二:在师中吉,无咎。王三锡[③]命。

六三:师或舆尸,凶。

六四:师左次,无咎。

六五:田有禽,利执言,无咎。长子帅师,弟子舆尸,贞凶。

上六:大君有命,开国承家,小人勿用。

【注释】

①师:六十四卦卦名之一。李鼎祚《周易集解》引何晏曰:“师者,军旅之名。故《周礼》云二千五百人为师也。”本卦坎下坤上。坎为险为水,坤为地为顺。程颐《伊川易传》说“地中有水,为众聚之象”,“内险外顺,险道而以顺,行师之义也”,“以爻言之,一阳而为众阴之主,统众之象也。”即从卦画看,上为坤,下为坎,是地下积水,象征着聚集众人成为军队。坤为顺、坎为险,内险外顺,象征出师行军。从爻看,六根爻中,一根为阳爻,五根为阴爻,是一阳为众阴之主,象征着将帅统领着军队。因此此卦为“师”。卦、爻辞对出师、行军、打仗进行了阐述和理论探讨。特别重要的是提出了“师出以律”的论断,就是要军纪严明,否则就会落得可悲的下场——凶、舆尸等。再者,选拔人才,作军队的统帅十分重要,所以,卦辞突出地指出“师,贞丈人,吉,无咎”。《伊川易传》说:军队“帅之者,必丈人则吉而无咎也。”“吉且无咎,乃尽善也。丈人者,尊严之称。帅师总众,非众所尊信畏服,则安能得人之从!”“所谓丈人,不必素居崇贵,但其才谋德业,众所畏服,则是也。”特别强调了行军打仗将帅之才的至关重要。《彖》、《象》对卦爻辞作了补充和发挥,特别是,把行军打仗和国家治乱兴衰联系起来,强调君子要“容民畜众”“小人勿用”。“能以众正”,才能成为天下之王。

②丈人:德高望重的人。在这里是对德才兼备的统帅的尊称。

③锡:赐给。

【译文】

师卦：占问担任统帅的丈人，吉利，无害。

初六：出师要军纪、律令严明，否则，出师虽好，也会出现凶险。

九二：〔丈人〕在军中，吉利。无害。王三次给予嘉奖。

六三：军队有时用车载尸归来，凶险。

六四：军队驻扎在左方，无害。

六五：田野有禽兽，宜于捕捉。即使有人说闲话，也无害。长子统帅军队，小儿子们车载尸体归来，占问凶。

上六：天子颁布命令，封诸侯、封大夫。不要任用小人。

《彖》曰：师，众也。贞，正也。能以众正，可以王矣。刚中而应，行险而顺，以此毒天下而民从之，吉又何咎矣！

【译文】

《彖传》说：师，众人的意思，贞，正的意思。能使众人合正道，才可以成为君王。〔阳爻九二居于下坎中位，上应上坤的六五〕刚健中正而互相应合，〔坎险坤顺〕行于险地、到达顺利之处。师旅之兴，难免伤财害人，毒害天下，而民心支持拥护，十分吉利，又有什么害处呢！

《象》曰：地中有水①，师。君子以容民畜众。“师出以律”，失律凶也。“在师中吉”，承天宠也。“王三锡命”，怀②万邦也。“师或舆尸”，大无功也。“左次无咎”，未失常也。“长子帅师”，以中行也。“弟子舆尸”，使不当也。“大君有命”，以正功也。“小人勿用”，必乱邦也。

【注释】

①地中有水：本卦坎下坤上，即水在下地在上。

②怀：招徕。

【译文】

《象传》说：地中有水，为师卦。君子就是这样宽容待民畜养众人的。〔初六〕“师出以律”，失去军纪凶险致败。〔九二〕“在师中吉”，承受上天的宠爱。“王三锡命”，为了招徕万国。〔六三〕“师或舆尸”，大为无功。〔六四〕“左次无咎”，没有违背常规。〔六五〕“长子帅师”，行事合于中正。“弟子舆尸”，使用人不当造成的。〔上六〕“大君有命”，用以端正赏功。“小人勿用”，因为用了必定要乱国。

比（卦第八）

☷坤下坎上

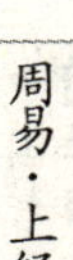

比[①]:吉。原[②]筮。元永贞,无咎。不宁方来,后夫凶。

初六:有孚,比之无咎。有孚盈缶[③],终来有它,吉。

六二:比之自内,贞吉。

六三:比之匪人。

六四:外比之,贞吉。

九五:显比,王用三驱[④],失前禽。邑人不戒[⑤],吉。

上六:比之无首,凶。

【注释】

①比:六十四卦卦名之一。卦象坤下坎上。程颐《伊川易传》:"比,亲辅也。人之类必相亲辅,然后能安,故既有众,则必有所比。"比是亲辅、亲密无间、辅佐、辅助的意思。人类社会生活中,志同道合的人们,或者有一定利害关系的人们,结成亲辅的关系,去干一番事业,或维护和争取一定的利益,为此,就广泛地产生"比"的现象。卦辞鲜明地肯定"比:吉。"爻辞中从不同角度,多方位地对"比"作了观察和论证。指出"比之自内,贞吉","外比之,贞吉","显比……吉"。这种种方式的亲辅都是重要的、有益的。但也要注意警戒和防范可能带来危害的亲辅,主要有两种情况,一是"比之匪人",一是"比之无首",实际上,比卦是社会生活、社会斗争中亲辅关系的体现。《周易》作者又用卦象加以比附,上卦为坎,下卦为坤。坎为水,坤为地。六爻中,只有一爻为阳爻,处于九五之位。其余五爻全为阴爻。所以,《伊川易传》用卦象解释说:"为卦上坎下坤,以二体言之,水在地上。物之相切比无间,莫如水之在地上,故为比也。又众爻皆阴,独五以阳刚居君位。众所亲附,而上亦亲下,故为比也。"《彖》、《象》,对卦、爻辞和比卦的含义又作了补充和发挥。指出"比,辅也"。比要"下顺从","上下应"。特别强调"比"要贯彻"舍逆取顺"的原则。

②原:《广雅·释言》:"原,再也"。即再一次。

③缶:瓦盆。

④三驱:天子狩猎,从左、右和后方三面驱赶禽兽,供射猎,放开前面,供禽兽逃命。

⑤戒:惧怕。

【译文】

比卦:吉利。再次占筮。开始就要永远守正,无害。不安宁的事情方且来,〔求"比"不迅速〕晚到的人有凶险。

初六:有诚信,与之亲辅无害。诚信像美酒盛满缸,终有别的变故,也吉利。

六二:亲辅来自内部,占问吉祥。

六三:亲辅的是不该亲辅的人。

六四:对外部的人亲辅,占问吉祥。

九五:光明正大地亲辅。君王狩猎,三面驱围,前面的禽兽逃走,邑人并不戒惧,吉祥。

上六:亲辅而无首领,凶险。

《彖》曰:比,吉也。比,辅也。下顺从也。"原筮,元永贞,无咎",以刚中[①]也。

"不宁方来",上下应[②]也。"后夫凶",其道穷也。

【注释】

①刚中:刚健中正。上坎中爻为阳爻,处九五之位,为一卦之主。孔颖达《周易正义》:"九五为比之主,刚而处中。"朱熹《原本周易本义》:"刚中,谓五。"

②上下应:比卦有五根阴爻,皆顺应阳爻九五。孔颖达《周易正义》:"故上下群阴皆来应之。"朱熹《原本周易本义》:"上下,谓五阴。"

【译文】

《彖传》说:比卦,吉利。比,亲辅的意思。位在下的顺从。"原筮,元永贞,无咎",是指〔阳爻九五〕刚健中正。"不宁方来",上下〔五根阴爻〕都顺应。"后夫凶",没有出路了。

《象》曰:地上有水[①],比。先王以建万国,亲诸侯。比之初六,"有它吉"也。"比之自内",不自失也。"比之匪人",不亦伤乎?"外比"于贤,以从上也。"显比"之吉,位中正也。舍逆取顺,"失前禽"也。"邑人不戒",上使中也。"比之无首",无所终也。

【注释】

①地上有水:本卦坤下坎上。坤为地,坎为水,故地上有水。《周易集解》引子夏传曰:"地得水而柔,水得土而流。比之象也。"引何晏曰:"水性润下,今在地上,更相浸润。比之义也。"

【译文】

《象传》说:地〔坤〕上有水〔坎〕,为比卦。比喻先王建置万国,亲近诸侯。比卦的初六,有其他变故,也是吉祥的。〔六二〕"比之自内",自己没有失误。〔六三〕"比之匪人",不也受伤害吗?〔六四〕"外比"于贤人,以顺从上级。〔九五〕"显比"的"吉"。是站在中正的位置上。舍弃违逆的,选取顺从的,这才会出现"失前禽"。"邑人不戒",是上面使人遵守中正之道。〔上六〕"比之无首",不能最终成事。

小畜(卦第九)

☴乾下巽[①]上

小畜[②]:亨。密云不雨,自我西郊。

初九:复自道[③],何其咎,吉。

九二:牵复[④],吉。

九三:舆说辐[⑤],夫妻反目[⑥]。

六四:有孚,血去惕出[⑦],无咎。

九五:有孚挛如,富以其邻[⑧]。

上九:既雨既处[⑨],尚德载,妇贞厉。月几望[⑩],君子征凶。

【注释】

①巽(xùn 训):八卦卦名之一,象征物为风,象征意义为入。

②小畜:六十四卦卦名之一。乾下巽上。清·毛奇龄《仲氏易》:“以大畜小者,谓之小畜;以小畜大者,谓之大畜。畜者,藏也,又止也。大小者,阴阳也。夫以一阴居众阳之中,为其所包藏而[illegible]止之,则以大畜小,其名曰小畜,宜也。”乾,象征天、健。天在上,现在巽之下,是蓄、藏的意思。六根爻,一根阴爻,藏在五根阳爻之中,也表示蓄、藏。阳为大、阴为小;一阴爻为少,五阳爻为众。都可解释为小,故叫做“小畜”。卦辞中说“密云不雨”,是浓云包藏着雨,但未下雨。《象传》说“风行天上”,指天在下,风在上面,是乾在巽下藏着。都是小畜的征象。

③复自道:明·来知德《周易集注》:“自下升上曰复。归还之意。阳本在上之物,志欲上进而为阴所畜止,故曰复。自者,由也。道者,以正道也。言进于上,乃阳之正道也。”乾为天,本在上,现藏于下,要沿着自己的正道回复上升。初九在最下,首先要上升复位。

④牵复:九二与初九都是阳爻,互相牵引着上升复回到在上的位置。

⑤舆说辐:舆,车子。说,同脱。辐,车轮的辐条,用以连结车轴。舆说辐,车子的辐条脱落了。

⑥反目:来知德《周易集注》:“反目者,反转其目,不相对视也。”指失和,不团结。

⑦血去惕出:孙星衍《周易集解》引马融曰:“血当作恤,忧也。”血去惕出,即排除忧虑,提高警惕。

⑧有孚挛如,富以其邻:清·惠栋《周易述》:“挛,连也。邻,谓四、五。以四阴作财,与下三阳共之,故曰富以其邻。”

⑨既雨既处:既,已。处,止。已下雨,雨已止。

⑩几望:几读为既。既望,阴历每月十六日。

【译文】

小畜卦:亨通。浓云密布不下雨,从我邑的西郊来。

初九:按自己的正道回复原位,有什么害处?吉祥。

九二:牵引复位,吉祥。

九三:车身与轮辐脱离,夫妻失和。

六四:有诚信,排除忧虑,提高警惕。无害。

九五:有诚信紧密相连,与邻居共同富裕。

上九:雨已下,雨又停,这车尚能运载,妇女占问有危险。每月既望,君子出征有危险。

《彖》曰:小畜,柔得位①而上下应之,曰小畜。健而巽②,刚中而志行③,乃“亨”。“密云不雨”,尚往也。“自我西郊”,施未行也。

【注释】

①柔得位:阴爻为柔。阴爻居四之位,为六四。上下五根阳爻都与之呼应。

②健而巽:阳爻健,阴爻巽即谦逊,所以说是健而巽。

③刚中而志行：九五居上巽之中，阳爻为刚，所以说是刚中。九五刚健中正之志，得以实行。

【译文】

《彖传》说：小畜卦，阴柔〔六四〕得位，而上下阳爻与它呼应，所以叫小畜。阳爻刚健而阴爻谦巽，阳爻为刚，处于卦之中，志向得以实现，才亨通。"密云不雨"，乾天上升。"自我西郊"，雨未下。

《象》曰：风行天上，小畜。君子以懿文德。"复自道"，其义"吉"也。"牵复"在中，亦不自失也。"夫妻反目"，不能正室也。"有孚惕出"，上合志也。"有孚挛如"，不独富也。"既雨既处"，"德"积"载"也。"君子征凶"，有所疑也。

【译文】

《象传》说：〔乾下巽上，天在下风在上〕风在天的上面行走，为小畜。君子用以赞美德化在上。〔初九〕"复自道"，其意吉利。〔九二〕"牵复"在下卦之中位。自己没有失误。〔九三〕"夫妻反目"，指不能使家庭合正道。〔六四〕"有孚惕出"，与上面志向相合。〔九五〕"有孚挛如"，不是单独致富。〔上九〕"既雨既处"，得到车子运载积物。"君子征凶"有所疑惑。

履(卦第十)

䷉兑[①]下乾上

履[②]：履虎尾，不咥[③]人，亨。

初九：素履往，无咎。

九二：履道坦坦，幽人[④]贞吉。

六三：眇[⑤]能视，跛能履。履虎尾，咥人凶。武人为于大君[⑥]。

九四：履虎尾，愬愬[⑦]，终吉。

九五：夬[⑧]履，贞厉。

上九：视履考祥[⑨]，其旋[⑩]元吉。

【注释】

①兑(duì对)：八卦卦名，象征物为泽，象征意义为悦。朱熹《原本周易本义》："一阴见于二阳之上，故其德为说(悦)，其象为泽。"

②履：六十四卦卦名之一。朱熹《原本周易本义》："履，有所蹑而进之意也。"程颐《伊川易传》："履，礼也。礼，人之所履也。为卦天上泽下。天而在上，泽而处下，上下之分，尊卑之义，理之当也，礼之本也，常履之道也，故为履。履，践也，藉也。"履为"践履、行动"之意。本卦的卦、爻辞及《彖》、《象》的补充、发挥，意在鼓励人们要敢于实践、敢于行动。要勇于"履虎尾"，敢踩老虎的尾巴。要人们认识"履道坦坦"，实践的道路是平正通达的，在实践中是可以大有作为的。在实践中，要勇于克服困难，大胆探索前进。如果这样，"眇能视，跛能履"，目眇而能看，脚跛而能行。在实践行动中，要"志刚"、"志行"，立志刚强，有志身体力

行。还要特别注意"辨上下,定民志",依据民众的志向行事,才能取得实践的成功。

③咥(dié 迭):咬。

④幽人:在狱中幽禁的人,即囚犯。一说隐居之人。

⑤眇(miǎo 秒):瞎一只眼。

⑥大君:国君。

⑦愬(sù 素)愬:惊恐的样子。

⑧夬(guài 怪):决,引申为撕裂、破裂。

⑨祥:同详。

⑩旋:回旋,返回。

【译文】

履卦:踩老虎尾巴。老虎不咬人。亨通。

初九:按平素的态度行事,勇往直前,无害。

九二:行动的道路是平坦的。囚人占问,吉利。

六三:一只眼瞎了能看,跛脚人也能走。踩老虎尾巴,老虎咬人,是凶相。武人就要为国君效命。

九四:踩老虎尾巴,会使人惊惧,但最终吉利。

九五:鞋子破裂了,贞问有危险。

上九:审视行动,考察详备,回旋大吉。

《彖》曰:履,柔履刚①也。说而应乎乾②,是以履虎尾,不咥人,亨。刚中正③,履帝位④而不疚,光明也。

【注释】

①柔履刚:孔颖达《周易正义》:"六三阴爻在九二阳爻之上,故云'柔履刚'也。"

②说而应乎乾:说同悦,喜悦。兑本象征悦,以和悦的态度与乾相呼应。

③刚中正:指阳爻九五,处上卦之中,是正位。

④履帝位:上数第五爻,为阳爻,居九五之尊,象征帝王之位。

【译文】

《彖传》说:履卦,以柔和的阴爻,加在刚健的阳爻上。兑喜悦地上应乾,所以"履虎尾,不咥人"、"亨"。〔九五爻〕以阳刚居于中正之位,践帝位而无愧疚,是光明正大的。

《象》曰:上天下泽①,履。君子以辨上下、定民志。"素履"之"往",独行愿也。"幽人贞吉",中不自乱也。"眇能视",不足以有明也。"跛能履",不足以与行也。"咥人"之凶,位不当也。"武人为于大君",志刚也。"愬愬终吉",志行也。"夬履贞厉",位正当也。"元吉"在上,大有庆也。

【注释】

①上天下泽:履卦兑下乾上。兑为泽,乾为天,所以说是上天下泽。

【译文】

《象传》说：天在上〔乾〕，泽在下〔兑〕，为履卦。君子用以分辨上下，确定人民的志向。〔初九〕“素履”之“往”，我行我素，独自实现自己的志向。〔九二〕“幽人贞吉”，内心安定不烦乱。〔六三〕“眇能视”，但不足够明亮。“跛能履”，但难以保持足够的行走速度。“咥人”的凶险，是因为位置不当。“武人为于大君”，意志刚强。〔九四〕“愬愬终吉”，有志于实现志愿。〔九五〕“夬履贞厉”，处位正当。〔上九〕“元吉”在上面，是大为吉庆的。

泰(卦第十一)

䷊(乾下坤上)

泰[①]:小往大来，吉，亨。

初九：拔茅茹[②]以其汇[③]，征吉。

九二：包荒[④]，用冯河，不遐遗，朋亡，得尚于中行。

九三：无平不陂，无往不复，艰贞无咎。勿恤其孚，于食有福。

六四：翩翩[⑤]，不富以其邻，不戒以孚。

六五：帝乙[⑥]归[⑦]妹以祉[⑧]，元吉。

上六：城复于隍[⑨]，勿用师，自邑告命，贞吝。

【注释】

①泰：六十四卦卦名之一。孙星衍《周易集解》引郑康成曰：“泰，通也。”泰为通达、安宁之意。本卦乾下坤上，乾象征天，坤象征地。天在下，地在上。本来是颠倒了位置，但卦辞“小往大来”，展示了运动变化。小指坤，大指乾。坤向下降，乾往上升，各归本位。天地之气得以正常相交，生成万物，所以叫做泰。《彖》说“天地交而万物通”，“上下交而其志同”，《象》说“天地交”，都是论说本卦何以为泰。爻辞中提出“无平不陂，无往不复”，认为事物向对立面转化，是具有普遍意义的现象，这是朴素的辩证观点，十分可贵。

②茹：李鼎祚《周易集解》：“茹，相牵引之貌也。”

③汇：类。

④包荒：包，包容。荒：虚也，广也。

⑤翩翩：轻举的样子。

⑥帝乙：商王名。

⑦归：嫁。

⑧祉：福。

⑨隍(huáng 皇)：城下沟池。

【译文】

泰卦：小的去，大的来。吉祥，亨通。

初九：拔茅草连带其类，行动吉利。

九二：包容广大的胸怀，得以涉越河流，偏远的地方也不遗忘。不结朋党，得配

中正之位。

九三：没有只平坦而不倾斜，没有只前往而不回还。艰难中守正道，无害。不要忧虑其诚信，食衣有福庆。

六四：像鸟儿翩翩飞翔，因邻人而不富，不待告诫而诚信。

六五：帝乙嫁妹有福，大吉。

上六：城墙倒在壕沟里，不用出师，从城邑中宣告命令，占问不利。

《象》曰：泰，"小往大来，吉，亨"，则是天地交而万物通也，上下交而其志同也。内阳而外阴，内健而外顺，内君子而外小人。君子道长，小人道消也。

【译文】

《彖传》说：泰卦，"小往大来，吉，亨"，就是天地之气相交而万物通达，上下相交而志趣得以一致。内卦为阳，外卦为阴；内卦刚健，而外卦柔顺。内卦为君子，外卦为小人。君子之道成长，小人之道消减。

《象》曰：天地交，泰。后[①]以财成[②]天地之道，辅相[③]天地之宜，以左右民。"拔茅征吉"，志在外也。"包荒""得尚于中行"，以光大也。"无往不复"，天地际也。"翩翩不富"，皆失实也。"不戒以孚"，中心愿也。"以祉，元吉"，中以行愿也。"城复于隍"，其命乱也。

【注释】

①后：君王。孙星衍《周易集解》："后，君也。阴升乾位。坤，女主，故称后。"

②财成：财，同"裁"。即裁成，裁制。

③辅相：辅助。

【译文】

《象传》说：天地之气相交接，通达。君王极力裁制，以适应天地自然的规律；尽力辅助天地，得其所宜，以便左右民众。〔初九〕"拔茅征吉"，志在出外。〔九二〕"包荒"，"得尚于中行"，是因为光明正大。〔九三〕"无往不复"，达于天地的极限。〔六四〕"翩翩，不富"是失去实在位置。"不戒以孚"，是心中的愿望。〔六五〕"以祉，元吉"，履顺居中，得以实行志愿。〔上六〕"城复于隍"，是乱下命令。

否(卦第十二)

☷坤下乾上

否[①]：否之匪人[②]，不利君子贞。大往小来。

初六：拔茅茹以其汇，贞吉，亨。

六二：包承[③]，小人吉，大人否，亨。

六三：包羞[④]。

九四：有命，无咎，畴离祉[⑤]。

九五：休否，大人吉。其亡其亡，系于苞桑。

上九：倾否，先否后喜。

【注释】

①否(pǐ 匹)：六十四卦卦名之一。原本脱字，今补上。为闭塞不通的意思，也作坏、邪恶讲。本卦卦象为坤下乾上，即地在下、天在上。本合于正常序位，应该安泰。但因事物是不断变化的，天和地是不断循环的。天自上而下，地自下而上，这个循环过程将带来错位，所以叫做“否”。卦辞说的“大往小来”，大指乾，小指坤，往和来，就是指向对方位置的转变。由正常转为不正常，由泰转为否，故叫否。这恰与泰卦相反。泰卦是“小往大来”，是天在下、地在上的不正常状况转向天为上、地为下的正常情况，故叫“泰”。

②否之匪人：匪人，指坏人。清·毛奇龄《仲氏易》：“否之匪人，言否卦中之小人也。……而吴澄、朱升注本竟去此三字(指“之匪人”三字，疑为衍文而去之)，一何妄也。”他认为匪人即小人。李鼎祚《周易集解》引虞翻说，认为卦象象征“以臣弑其君、子弑其父，故曰匪人”。也认定匪人是坏人。

③包承：包容、承顺。宋·张载《横渠易说》：说(六二阴爻)“处二阴之间，上顺下容，众不可异，故其道否乃亨”。朱熹《原本周易本义》也说(六二阴爻)“阴柔而中正，小人而能包容承顺乎君子之象。小人之吉道也。故占者小人如是则吉。大人则当安守其否，而后道亨。盖不可以彼包承于我，而自失其守也”。

④包羞：毛奇龄《仲氏易》：“包羞，则凡可耻者俱容之矣。”清·惠栋《周易述》：“否成於三坤，耻为羞，今以不正为上所苞，故曰苞羞。”是指六三阴爻为九四阳爻所包，是羞耻的，所以叫包羞。或曰凡是羞耻的，都应加以包容。

⑤畴离祉：李鼎祚《周易集解》：“畴者，类也……离，附；祉，福也。阴皆附之，故曰有福。”即同类都依附着一同得福。

【译文】

否卦：做坏事的是坏人。不利君子占问。大的前往，小的到来。

初六：拔除茅草，牵动其同类，占卜吉利，通顺。

六二：包容：承顺，小人吉利，大人坏。亨通。

六三：蒙受羞辱的，应加以包容。

九四：有天命，无害，同类依附着一同得福。

九五：停止干坏事，对大人是吉利的。行将灭亡，行将灭亡，像系在柔弱的苞草、桑枝上。

上九：干坏事，要倾覆，先是坏，后是喜。

《彖》曰：“否之匪人。不利君子贞，大往小来。”则是天地不交而万物不通也，上下不交而天下无邦也，内阴而外阳，内柔而外刚，内小人而外君子，小人道长，君子道消也。

【译文】

《彖传》说："否之匪人，不利君子贞，大往小来。"就是天气和地气不相交接而万物不通畅，上方和下方不相交接而天下大乱邦国危亡，内里阴而外部阳，内里柔而外部刚，小人在内而君子在外，小人之道盛长而君子之道消歇。

《象》曰：天地不交，否。君子以俭德辟难，不可荣以禄。"拔茅贞吉"志在君也。"大人否亨"，不乱群也。"包羞"，位不当也。"有命无咎"，志行也。"大人"之"吉"，位正当也。"否"终则"倾"，何可长也。

【译文】

《象传》说：天地不相交，是否卦。君子以崇尚俭德而避开灾难，不可以利禄为荣。〔初六〕"拔茅贞吉"，志在为君。〔六二〕"大人否亨"，不与群下相乱，〔六三〕"包羞"，是位置不当。〔九四〕"有命无咎"，志向得以实现。〔九五〕"大人"之"吉"，位置中正确当。〔上九〕"否"终了要"倾"，怎能长久呢！

同人(卦第十三)

☰离下乾上

同人[①]：同人于野，亨。利涉大川。利君子贞。

初九：同人于门，无咎。

六二：同人于宗[②]，吝。

九三：伏戎于莽[③]，升其高陵，三岁不兴。

九四：乘其墉[④]，弗克攻，吉。

九五：同人，先号咷而后笑，大师克相遇。

上九：同人于郊，无悔。

【注释】

①同人：六十四卦卦名之一。二字脱去，今补上。同人，与人和同、聚集、亲辅、卦象，离在下，乾在上。离的象征物是火，象征意义是附丽。乾为天为健。来知德《周易集注》讲"同人"的意义："同人者，与人同也。天在上，火性炎上，上与天同。同人之象也。二五皆居正位，以中正相同，同人之义也。又一阴（只有一根阴爻）而五阳（五根阳爻）欲同之，亦同人也。《序卦》'物不可以终否，故受之以同人'所以次否。"从卦象、爻位方面解释了同人的意思，又引《序卦》，说否要向对立面转化，所以否卦之后自然应是同人卦。从"同人"的卦辞看，聚众于野，似乎是作打仗的准备。爻辞里讲到聚众于门，聚众于宗族之内，聚众于郊，又讲攻城野战的情况，显然"同人"是聚众征战。爻辞讲"同人于宗，吝"，是说仅在宗族中聚众，是不行的，不能靠本宗族的小集团。又讲"乘其墉，弗克攻，吉"，是说已登城墙，又不攻了，是吉利。是认识了战争不正义而立即停止。都有积极意义。《彖》、《象》又作了发挥。《彖》讲"文明以健，中正而应，君子正也。唯君子为能通天下之志"，是突破了讲战争的范

围，讲了治国从政的道理。

②宗：宗族。

③伏戎于莽：戎，兵。莽，丛林。设伏兵于林莽之中。

④墉（yōng 拥）：城墙。

【译文】

同人卦：聚众于野外，亨通。利于涉越大河。利于君子占问。

初九：聚众于门，无害。

六二：聚众于宗族，困难。

九三：伏兵于林莽，登上高地，三年不能兴盛。

九四：登上其城墙，不再继续攻，吉利。

九五：聚众，先号咷大哭而后破涕为笑，大军攻克而相遇。

上九：聚众于郊，无悔恨。

《彖》曰：同人，柔得位得中，而应乎乾[1]，曰同人。同人曰："同人于野，亨。利涉大川。"乾行也。文明以健，中正而应，君子正也。唯君子为能通天下之志。

【注释】

①柔得位得中，而应乎乾：下卦六二为阴爻，性柔，居下卦之中，是得位得中。又与上乾的九五相对，是应乎乾。

【译文】

《彖传》说：同人卦，阴爻柔顺，得位又在中，而与乾相呼应。叫做同人卦。《同人》说："同人于野，亨，利涉大川。"是君主的行事。文明而刚健，中正而应和，表明君子的正确。只有君子能通达天下人的志向。

《象》曰：天与火，同人。君子以类族辨物。出门"同人"，又谁"咎"也。"同人于宗"，"吝"道也。"伏戎于莽"，敌刚也。"三岁不兴"，安行也。"乘其墉"，义"弗克"也。其"吉"，则困而反则也。"同人"之先，以中直也。"大师相遇"，言相克也。"同人于郊，志未得也。

【译文】

《象传》说：天与火，合成同人卦。君子用以分析事物的族类，辨别事物的情况。〔初九〕出门"同人"，又能"咎"谁！〔六二〕"同人于宗"、"吝"之道。〔九三〕"伏戎于莽"，敌人强盛。"三岁不兴"，怎能有行动！〔九四〕"乘其墉"，讲道义"弗克"。其"吉"，则是敌方受困而我方回到正确的法则上来。〔九五〕"同人"的"先"，是表示中正、正确。"大师相遇"，说攻克取胜。〔上九〕"同人于郊"，尚未得志。

大有（卦第十四）

☲乾下离上

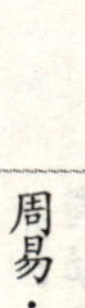

大有[①]:元亨。

初九:无交害,匪咎,艰则无咎。

九二:大车以载,有攸往,无咎。

九三:公用亨[②]于天子,小人弗克。

九四:匪其彭[③],无咎。

六五:厥孚交如,威如,吉。

上九:自天祐之,吉,无不利。

【注释】

①大有:六十四卦卦名之一。卦象,乾下离上,乾的象征物为天,象征意义为健。离的象征物为火,象征意义为附。火在天上,光热遍天下,比喻获得大丰收,是大丰年。从爻象上看,一阴爻,以柔居于尊位,而五根阳爻应和,所以叫"大有"。如来知德《周易集注》所说:"大有者,所有之大也。火在天上,万物毕照,所照皆其所有,大有之象也。一柔居尊,众阳并从。诸爻皆六五之所有。大有之意也。"这是从卦象、爻象上看,大有是大丰收。从爻辞上看,(九二)"大车以载",(九三)"公有亨于天子"等,都是讲大丰收的情况。而《彖传》说"其德刚健而文明,应乎天而时行";《象传》说:"君子以遏恶扬善,顺天休命。"是进一步的发挥,从农业丰收,讲到道家的思想了。

②亨:同享。

③彭:程颐《伊川易传》:"彭,盛多之貌。"朱熹《原本周易本义》:"彭字音义未详,程传曰盛貌,理或当然。"据此二书,即盛多的样子。

【译文】

大有卦:大亨通。

初九:无交相侵害,就不是灾祸。艰难之中无害。

九二:用大车装载着,有所往,无害。

九三:王公在天子那里享用宴席,小人不能。

九四:不因盛多而骄人,无害。

六五:以其诚信相交,有威严,吉利。

上九:有天保佑,吉祥,没有不利。

《彖》曰:大有,柔得尊位大中而上下应之[①],曰大有。其德刚健而文明,应乎天而时行,是以元亨。

【注释】

①柔得尊位大中而上下应之:朱熹《原本周易本义》:"以卦体释卦名义。柔,谓六五。上下,谓五阳。"是指六五阴爻,以柔处于尊位,位置为中,位势为大,上下五根阳爻都应和它。

【译文】

《彖传》说:大有卦,阴爻以柔得处大中的尊位,而上下阳爻相呼应,称作大有。它的德性刚健而又文明,与天相应而按时运行,因此大亨通。

《象》曰：火在天上，大有。君子以遏恶扬善，顺天休命[①]。大有"初九"，"无交害"也。"大车以载"，积中不败也。"公用亨于天子"，"小人"害也。"匪其彭无咎"，明辨哲也。"厥孚交如"，信以发志也。"威如"之"吉"，易而无备也。大有上"吉"，"自天祐"也。

【注释】

①休命：休，美好。休命，求得美好的命运。

【译文】

《象传》说：〔乾下离上〕火在天上，是大有卦。君子用以遏止邪恶，发扬良善，顺应天道，求取美好的命运。大有初九，没有交相损害。〔九二〕"大车以载"，堆积在车中不会坏。〔九三〕"公用亨于天子"，"小人"这样会有害。〔九四〕"匪其彭无咎"，明于辨别清楚。〔六五〕"厥孚交如"，用诚信以明其志向。"威如"之"吉"，平易而没有戒备。〔上九〕大有卦的上九吉利，是"自天祐"获得的。

谦(卦第十五)

䷎艮下坤上

谦[①]：亨。君子有终。

初六：谦谦君子，用涉大川，吉。

六二：鸣谦[②]，贞吉。

九三：劳谦[③]，君子有终，吉。

六四：无不利，㧑谦[④]。

六五：不富以其邻[⑤]，利用侵伐[⑥]，无不利。

上六：鸣谦，利用行师征邑国。

【注释】

①谦：六十四卦卦名之一。卦象艮下坤上。艮的象征物为山，象征意义为止。坤为地、为顺。地在上，山在下。谦，谦虚、谦让、谦逊的意思。明·来知德《周易集注》说："谦者，有而不居之义。山之高乃屈而居地之下，谦之象也。止于其内而收敛不伐，顺乎其外而卑以下人，谦之义也。"朱熹《原本周易本义》说："山至高而地至卑，乃屈而止于其下，谦之象也。"高山而屈居卑地之下，是谦卑的象征，所以叫谦卦。爻辞中讲"谦谦君子"、"鸣谦"、"劳谦"、"㧑谦"，是从各个角度、各个方面讲谦卑、谦虚。可贵的是，这里讲谦让，是有原则的谦让，不是无原则的谦让。明确提出了对搞掠夺、侵略的邻国，要坚决回击，即"利用侵伐，无不利"。《象传》和《象传》进一步阐发了谦虚的意义和要求。不仅天道、地道、人道要求谦虚，连鬼神也保佑谦虚的人。君子"劳谦"，才能使"万民服"。提出君子要"卑以自牧"，要以谦卑的态度，严格要求自己。

②鸣谦：鸣，声，指有声望。鸣谦，有声望而谦虚。

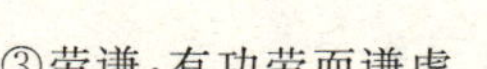

③劳谦:有功劳而谦虚。

④抈(huī 挥)谦:抈,举,奋。抈谦,奋发有为而谦虚。

⑤不富以其邻:可作两种解释:一是因为邻国的掠夺、侵扰而不富;二是不依靠邻国使自己富有。以前一种解释为好。

⑥利用侵伐:宜于用讨伐。

【译文】

谦卦:亨通。君子有好结局。

初六:谦而又谦的君子,用以涉越大河,吉利。

六二:有声望而谦虚,占问吉利。

九三:有功劳而谦虚,君子有好结局,吉利。

六四:没有不利,奋发有为而谦虚。

六五:因为邻国掠夺而贫穷不富,宜于用征伐反侵略,无所不利。

上六:有声望而谦虚,宜于出兵征讨邑国。

《彖》曰:谦,“亨”。天道下济而光明,地道卑而上行。天道亏盈而益谦,地道变盈而流谦。鬼神害盈而福谦,人道恶盈而好谦。谦,尊有光,卑而不可逾,君子之终也。

【译文】

《彖传》说:谦卦,“亨”。天的规律是对下周济而普施光明,地的规律是位置卑下而地气上升。天的规律是减损满的而增加不足的,地的规律是改变满的流向不足。鬼神损害满的而福佑不足的,人世的规律是憎恶盈满而喜好谦虚。谦虚,受人尊重而光荣,态度谦卑而原则不可逾越,这是君子的终极。

《象》曰:地中有山,谦。君子以裒[①]多益寡,称物平施。“谦谦君子”,卑以自牧[②]也。“鸣谦贞吉”,中心得也。“劳谦君子”万民服也。“无不利,抈谦”,不违则也。“利用侵伐”,征不服也。“鸣谦”,志未得也。可“用行师”,“征邑国”也。

【注释】

①裒(póu 抔):减少。

②牧:管理。

【译文】

《象传》说:地中有山,是谦卦。君子用以减多而增少,称量物品公平施予。〔初六〕“谦谦君子”,以谦卑的态度要求自己、管理自己。〔六二〕“鸣谦贞吉”,中正之心应该得到的。〔九三〕“劳谦君子”,万民佩服。〔六四〕“无不利,抈谦”,不违反法则。〔六五〕“利用侵伐”,征伐不服之国。〔上六〕“鸣谦”,但没有得志。可以“用行师”,以“征邑国”。

豫(卦第十六)

☷坤下震上

豫[①]:利建侯行师

初六:鸣豫[②],凶。

六二:介于石[③],不终日,贞吉。

六三:盱豫[④],悔;迟,有悔。

九四:由豫,大有得,勿疑,朋盍簪[⑤]。

六五:贞疾,恒不死。

上六:冥豫[⑥],成有渝[⑦],无咎。

【注释】

①豫:六十四卦卦名之一。为"豫悦逸乐"的意思。卦象为坤下震上。坤为地为顺,震为雷为动。雷自由地飞腾于太空,比喻人们突破、摆脱一切羁绊,发舒自得,纵情适意,欢快逸乐。卦辞着重指出,这种豫悦的心情对干事业很有意义,有利于封建侯国,出兵打仗。爻辞指出对豫乐,要贵在有节制,不可放纵。如对"鸣豫"(自鸣得意、声名狼藉的逸乐)、"盱豫"(趋炎附势的媚上逸乐)、"冥豫"(不分昼夜、通宵达旦的逸乐)的批评和劝诫。《彖传》、《象传》对豫乐作了进一步发挥,特别是《彖传》提出的"顺以动"的原则,即要顺应自然而动,才会有豫悦欢乐,是有意义的。

②鸣豫:鸣,声,声名。豫,欢乐,逸乐。鸣豫,逸乐得有名。自鸣得意而名声很大的逸乐。

③介于石:介,坚,一说夹。介于石,即坚于石,一说夹于石。

④盱豫:盱,张目,傲状。一说为佞媚之貌。

⑤朋盍(hé 合)簪:盍,合也。朱熹《原本周易本义》:"簪,聚也,又速也。"朋盍簪,群朋聚合而速来。

⑥冥豫:冥,昏暗,天晚。冥豫,直至昏晚,仍在逸乐。

⑦渝:变。

【译文】

豫卦,有利于封建侯国,出师作战。

初六:声名狼藉的逸乐,将有凶。

六二:坚如石,不会达一整天,占问吉利。

六三:佞媚逸乐,将有悔;迟迟不改正,将遗悔恨。

九四:由于豫乐,大有所得,勿需怀疑,朋友聚合速速而来。

六五:占问疾病,长久不会死。

上六:不分昼夜的逸乐,事成而能改变,才能无害。

《彖》曰:豫,刚应而志行,顺以动,豫[①]。豫顺以动,故天地如之,而况"建侯行师"乎!天地以顺动,故日月不过,而四时不忒[②]。圣人以顺动,则刑罚清而民服。

豫之时，义大矣哉。

【注释】

①刚应而志行，顺以动，豫：孔颖达《周易正义》解释说："刚，谓九四也。应，谓初六也。既阴阳相应，故志行也。此就爻明豫义。顺以动，坤在下，是顺也；震在上，是动也。以顺而动，故豫也。此以上、下二象明豫义也。"

②忒（tè 特）：差错。

【译文】

《彖传》说：豫卦，刚柔相应而志向得以实现，顺应自然而动，才是豫卦。豫卦顺应自然而动，所以天地也和它一样，何况能够"建侯行师"呢！天地按照自然的规律而动，所以日月的运行无过差，而四时的循环不会错。圣人顺应自然而动，就刑罚清明而民心悦服。豫卦讲顺时而动，意义多么重大啊！

《象》曰：雷出地奋[1]，豫。先王以作乐崇德，殷荐[2]之上帝，以配祖考[3]。初六"鸣豫"，志穷"凶"也。"不终日，贞吉"，以中正也。"盱豫"有"悔"，位不当也。"由豫，大有得"，志大行也。六五"贞疾"，乘刚也。"恒不死"，中未亡也，"冥豫"在上，何可长也。

【注释】

①奋：动。

②殷荐：殷，盛，热烈，殷勤。荐，进。殷荐，殷勤地进奉。

③祖考：祖，祖父。考，父亲。祖考，祖宗。

【译文】

《象传》说：雷出地动，是豫卦。先王因此制作音乐以崇尚功德，殷勤地进奉于上帝，用以献配祖宗。初六"鸣豫"，志穷将凶。〔六二〕"不终日，贞吉"，因为正中。〔六三〕"盱豫"有"悔"，因为位置不当。〔九四〕"由豫大有得"，志向大得实现。六五"贞疾"，乘坐刚之上。"恒不死"，中正之道未丧失。〔上六〕"冥豫"，在最上的位置，怎能长久呢！

随（卦第十七）

䷐震下兑上

随[1]：元亨，利贞，无咎。

初九：官有渝[2]，贞吉，出门交有功。

六二：系小子，失丈夫[3]。

六三：系丈夫，失小子。随有求得，利居贞。

九四：随有获，贞凶。有孚在，道以明，何咎？

九五：孚于嘉，吉。

上六：拘系之，乃从维之[④]，王用亨于西山。

【注释】

①随：六十四卦卦名之一。卦象震下兑上。震的象征物为雷，象征意义为动。兑的象征物是泽，象征意义是悦。随，随从、跟随之意。李鼎祚《周易集解》说："郑玄曰：震，动也。兑，悦也。内动之以德，外悦之以言，则天下之人咸慕其行而随从之，故谓随也。"初九："出门交有功"，是讲出门相交，实际上是有相随，就会有功。六三：随有求，有得，利于占问。九四：跟随有收获。都是讲跟随的情况。《彖》《象》对随卦的卦辞、爻辞有所发挥。特别是《彖》中讲到"刚来而下柔，动而悦"，这才能动员和吸引天下之人都来跟随着，这就使卦义更加深刻了。

②官有渝：官，馆也。渝，变。官有渝，馆舍有变故。

③系小子，失丈夫：拴住小孩，失掉成人。

④拘系之，乃从维之：拘留拴住他，又从而说服，维系其心。

【译文】

随卦：大亨通。利于占问，无害。

初九：馆舍有变故，占问吉利。出门相交而有功效。

六二：拴住小孩，失掉大人。

六三：拴住大人，失掉小孩。相随有求而得到，利于居家守正。

九四：相随有收获，占问则凶。有诚信存在，道就会彰明，会有何害？

九五：存诚于嘉美，吉利。

上六：拘留拴住他，又从而说服他，维系他的心。大王又用他祭享于西山。

《彖》曰：随，刚来而下柔，动而说[①]，随。大亨贞无咎，而天下随时，随时之义[②]大矣哉！

【注释】

①说：同"悦"。

②随时之义：朱熹《原本周易本义》说："王肃本时字在之字下，今当从之。"孔颖达《周易正义》作"随时之义"，似更通顺。

【译文】

《彖传》说，所以出现随，因为刚来到柔之下，震动而兑悦，所以才随从。大通顺，占问无害，天下人都跟从它，跟从它的时机，意义多么重大啊！

《象》曰：泽中有雷，随。君子以向晦入宴息。"官有渝"，从正"吉"也。"出门交有功"，不失也。"系小子"，弗兼与也。"系丈夫"，志舍下也。"随有获"，其义"凶"也。"有孚在道"，"明"功也。"孚于嘉，吉"位正中也。"拘系之"，上穷也。

【译文】

《象传》说：〔震下兑上，雷下泽上〕泽中有雷，随从之意。君子在向晚的时候，入

室安息。〔初九〕“官有渝”，遵从正道“吉”，“出门交有功”，不失误。〔六二〕“系小子”，不能兼有。〔六三〕“系丈夫”，意在舍弃小的。〔九四〕“随有获”，它的意义有凶（指可能争夺）。“有孚在道”，明有功效。〔九五〕“孚于嘉，吉”，位在中正。〔上六〕“拘系之”，在上的没有办法。

蛊(卦第十八)

䷑巽下艮上

蛊[①]:元亨,利涉大川。先甲三日,后甲三日[②]。

初六:干父之蛊[③],有子,考无咎。厉,终吉。

九二:干母之蛊,不可贞。

九三:干父之蛊,小有悔,无大咎。

六四:裕父之蛊,往见吝。

六五:干父之蛊,用誉。

上九:不事王侯,高尚其事。

【注释】

①蛊(gǔ古):六十四卦卦名之一。陆德明《经典释文》:“蛊音古。事也,惑也,乱也。”李鼎祚《周易集解》:“伏曼容曰:蛊,惑乱也。万事从惑而起,故以蛊为事也。”故蛊可解为错误惑乱,或解为事。卦象是巽下艮上,巽为风为入,艮为山为止。程颐《伊川易传》说:“为卦山下有风,风在山下,遇山而回,则物乱,是为蛊象。蛊之义,坏、乱也。……风遇山而回,物皆挠乱,是为有事之象,故云蛊者,事也。既蛊而治之,亦事也。以卦之象言之,所以成蛊也。以卦之才言之,所以治蛊也。”从卦象上看,山在上,风在下,风遇山折回,把物品吹得乱七八糟,所以是乱。但乱而后治,可以转化为不乱。从这个角度看,卦辞里才说“元亨”,即大亨通。有乱不可怕,关键是要有人挺身而出与之作斗争。爻辞中讲到勇于“干父之蛊”的儿子,刚直不阿,敢于匡正父亲的过失,犯颜直谏。臣民都能这样,就可以乱而求治。《彖传》从“蛊”即乱,能联系到“天下治”的转化趋向,《象传》讲到“振民育德”,都反映出从乱到治的思想,是有积极意义的。

②先甲三日,后甲三日:上古历法,每旬十日,用甲、乙、丙、丁、戊、巳庚、辛、壬、癸循环来记。先甲三日即甲以前第三日即辛日。或甲以前三日即癸日、壬日、辛日。后甲三日,即甲以后第三日即丁日,或甲以后三日,即乙日、丙日、丁日。

③干父之蛊:干,除去。蛊,惑乱,错误。干父之蛊,匡正父之过。

【译文】

蛊卦:大亨通,利于渡过大河,甲日前三天,甲日后三天。

初六:匡正父亲的过失,有这样的儿子,父亲无灾祸。有危厉,也终当吉。

九二:匡正母亲的过失,不可固执。

九三:匡正父亲的过失,虽稍稍有后悔,却无大害。

六四:父亲的过失扩大了,发展下去将困难重重。

六五：匡正父亲的过失，将得到荣誉。

上九：不以图谋王侯为事，而应做高尚的事情。

《彖》曰：蛊，刚上而柔下，巽而止，蛊。蛊，“元亨”，而天下治也。“利涉大川”，往有事也。“先甲三日，后甲三日”，终则有始，天行也。

【译文】

《彖传》说：蛊卦，〔艮为阳卦，为刚，为上卦〕刚在上，〔巽为阴卦，为下卦，为柔〕柔在下，〔巽谦艮止〕巽谦逊而止，是蛊卦的特征。蛊卦讲“元亨”，是指天下将大治。“利涉大川”，有要事前往。“先甲三日，往甲三日”，终了又开始，象征天道的运行。

《象》曰：山下有风，蛊。君子以振民育德。“干父之蛊”，意承“考”也。“干母之蛊”，得中道也。“干父之蛊”，终“无咎”也。“裕父之蛊”，往未得也。“干父”“用誉”，承以德也。“不事王侯”，志可则也。

【译文】

《象传》说：蛊卦巽下艮上，风下山上山下有风，是蛊卦。君子用以振奋民志，培育民德。〔初六〕“干父之蛊”，用意是承继父亲的事业。〔九二〕“干母之蛊”，得到中道。〔九三〕“干父之蛊”，最终“无咎”。〔六四〕“裕父之蛊”，发展下去无所得。〔六五〕“干父”“用誉”，以道德承继。〔上九〕“不事王侯”，其志向可作法则。

临（卦第十九）

䷒兑下坤上

临[①]：元亨，利贞。至于八月有凶。

初九：咸临[②]，贞吉。

九二：咸临，吉，无不利。

六三：甘临[③]，无攸利。既忧之，无咎。

六四：至临[④]，无咎。

六五：知临[⑤]，大君之宜，吉。

上六：敦临[⑥]，吉，无咎。

【注释】

①临：六十四卦卦名之一。居高视下，从上视下，引申为“临民治政”的意思。卦象兑下坤上，兑为泽为悦，坤为地为顺。李鼎祚《周易集解》说：“荀爽曰泽卑地高，高下相临之象也。”朱熹《原本周易本义》说：“临，进而凌逼于物也。二阳（指初九、九二两根阳爻）浸长以逼于阴故为临。”来知德《周易集注》说：“天下之物，密近相临者莫如地与水，故地上有水则为比，泽上有水则为临。”以上诸说，都是从卦象上解释临的含意。但本卦的临字都引申为临民治政，治民之术。爻辞里说到“咸（即感）临”即临民感化、“甘临”即以美好动听的话临民、“至

临”即亲临、“知(智)临”即机智的临民、“敦临”即敦厚的临民等种种不同态度和方法的临民，足见作者对临民治政的重视和思虑之深。《彖传》进一步与“天之道”联系起来，《象传》提出临民要“志行正”即思想与行动要端正，要做到“以教思无穷，容保民无疆”，都是对临民思想的进一步深化。

②咸临：咸，借为感。咸临，临民感化。

③甘临：甘，美，甜，指美好的语言。甘临，以美好动听的语言临民。

④至临：至，躬亲。至临，亲临。

⑤知临：知，同智。知临，机智的临民。

⑥敦临：以敦厚的态度临民。

【译文】

临卦：大亨通，利于占问。到八月将有凶事。

初九：临民感化民心，占问吉利。

九二：临民感化民心，吉利，无所不利。

六三：只凭动听的话临民，无所利。然而既能忧而改之，则无灾祸。

六四：躬亲临民治政，无灾祸。

六五：以聪明睿智临民治政，是大国之君所宜，吉利。

上六：以敦厚的态度临民治政，吉利，无灾祸。

《彖》曰：临，刚浸而长①，说而顺②，刚中而应③。大亨以正，天之道也。“至于八月有凶”，消不久④也。

【注释】

①刚浸而长：是指临卦下兑的初九、九二两根阳爻渐渐成长壮大。

②说而顺：是指临卦下兑为悦，上坤为顺，是悦而顺。说同悦。

③刚中而应：是指临卦的九二阳爻为刚，居于下卦之中。六五阴爻为柔，居于上卦之中。两相呼应。

④消不久：指八月阳衰，阳气渐消，不能长久。

【译文】

《彖传》说：临卦的〔初九、九二〕阳刚渐渐生长壮大，〔下兑上坤〕和悦而顺从，阳爻处下卦之中与阴爻处上卦之中相呼应。大亨通而中正，合乎天之道。“至于八月有凶”，则阳气渐消不能长久了。

《象》曰：泽上有地，临。君子以教思无穷，容保民无疆。“咸临贞吉”，志行正也。“咸临，吉，无不利”，未顺命也。“甘临”，位不当也。“既忧之”，“咎”不长也。“至临，无咎”，位当也。“大君之宜”，行中之谓也。“敦临”之“吉”，志在内也。

【译文】

《象传》说：〔临卦兑下坤上，泽下地上〕泽上有地，是临卦。君子因以教民思民

以至无穷，容民保民以至无限。〔初九〕“咸临，贞吉”，思想行动都应端正。〔九二〕“咸临，吉，无不利”，尚未达到顺从命令。〔六三〕“甘临”，位置不当。“既忧之”，“咎”不会长久。〔六四〕“至临，无咎”，位置相当。〔六五〕“大君之宜”，行为中正的意思。〔上六〕“敦临”的“吉”，志向在内心。

观(卦第二十)

䷓坤下巽上

观[①]：盥而不荐[②]，有孚颙若[③]。

初六：童观，小人无咎，君子吝。

六二：窥观，利女贞。

六三：观我生[④]，进退。

六四：观国之光[⑤]，利用宾于王。

九五：观我生，君子无咎。

上九：观其生，君子无咎。

【注释】

①观：六十四卦卦名之一。观察，观看、瞻仰的意思。卦象为坤下巽上。坤为地为顺，巽为风为入。是风在地上对万物吹拂，既吹去尘埃，使之干净，使有可观。又在吹拂中遍观万物，无一物可隐。从卦象上看，两根阳爻（九五、上九）高高在上，被下面的四根阴爻（初六、六二、六三、六四）所仰视。如同来知德《周易集注》所说：“观者，有象以示人而为人所观仰也。风行地上遍触万类，周观之象也。二阳尊上，为下四阴所观仰，观之义也。”深邃的眼光、敏锐的观察力和正确的观察方法，对治国从政十分重要。爻辞力戒人们不能“童观”（像儿童一样幼稚地观察事物）和“窥观”（偷偷地窥视），实际上是要人们采取和“童观”、“窥观”不同的观察方法，即光明正大的深刻、敏锐地观察事物。不但观察他人的所作所为即“观其生”，还要观察分析自己的所作所为，即“观我生”，而且要“观国之光”即观察国家的重大问题。《彖传》进而要求“中正以观天下”，“观天之神道”，《象传》说先王运用观察的方法“以省方、观民、设教”，这就把正确地观察事物看得极为重要了。

②盥（guàn 贯）：盥，祭前先洗手自洁。王夫之《周易内传》说：“将献而先濯手，献之始也。”荐，奉献酒食以祭。朱熹《原本周易本义》说：“奉酒食以祭也。”盥而不荐，即洗手自洁而不奉献酒食以祭。

③有孚颙（yóng 喁）若：孚，诚信。颙，崇敬。若，语词。有孚颙若，表现出诚信崇敬的样子。

④我生：己所行，即自己的所作所为。

⑤光：广，大。

【译文】

观卦：洗手自洁而不急于奉献酒食，诚信肃穆令人敬畏不已。

初六：像儿童一样幼稚地观察，小人无灾，而君子就会陷入困境。

六二：偷偷地观察，宜于女子守正。

六三：审视自己的所作所为，决定施政的进退。

六四：观察国家的重大问题，宜于任用周王的宾客。

九五：审视自己的所作所为，君子无灾。

上九：观察他人的所作所为，君子无灾。

《彖》曰：大观在上，顺而巽[1]，中正[2]以观天下。观，“盥而不荐，有孚颙若”，下观而化[3]也。观天之神道，而四时不忒[4]。圣人以神道设教，而天下服矣。

【注释】

①顺而巽：观卦的下卦是坤，坤为顺，上卦为巽。故称顺而巽。

②中正：观卦的九五，为阳爻，居上卦之中而正。

③下观而化：下面的人仰观而受感化。

④四时不忒：四时的运行无差错。

【译文】

《彖传》说：大观卦在上，〔坤下巽上，坤为顺〕顺而巽，位处中正以观察天下。观卦“盥而不荐，有孚颙若”，下面的人仰观而受感化。观察天的神道，而四时运行无差错。圣人用神道设教而天下信服。

《象》曰：风行地上，观。先王以省方、观民、设教[1]。初六“童观”，“小人”道也。“窥观女贞”，亦可丑也。“观我生，进退”，未失道也。“观国之光”，尚[2]“宾”也。“观我生”，观民也。“观其生”，志未平也。

【注释】

①风行地上，观。先王以省方、观民、设教：孔颖达《周易正义》解释说：“风行地上者，风主号令，行于地上，犹如先王设教，在于民上。故云风行地上观也。先王以省方、观民、设教者，以省视万方，观看民之风俗，以设于教，非诸侯以下之所为。故云先王也。”

②尚：上。

【译文】

《象传》说：风在地上吹，是观。先王以此来巡视万方、观看民俗、实施教化。初六“童观”，“小人”观察的方法。〔六二〕“窥观女贞”，也是丑陋的。〔六三〕“观我生，进退”，没有离开正道。〔六四〕“观国之光”，待为王的宾客。〔九五〕“观我生”，以观察人民。〔上九〕“观其生”，志向不能平。

噬嗑(卦第二十一)

䷔震下离上

噬嗑[1]：亨，利用狱。

初九：屦校灭趾[2]，无咎。

六二：噬肤[3]灭鼻，无咎。

六三：噬腊肉[4]遇毒，小吝，无咎。

九四：噬干胏[5]，得金矢[6]，利艰贞，吉。

六五：噬乾肉得黄金。贞厉，无咎。

上九：何[7]校灭耳，凶。

【注释】

①噬嗑(shì hé 氏合)：六十四卦卦名之一。噬，咬。嗑，合口。噬嗑，咬嚼。本卦卦象震下离上。震为雷为动，离为火为附。雷和火，是雷、电交加，十分威严，用来比喻治狱。所以卦辞开宗明义讲"利用狱"。本卦卦名"噬嗑"本意是口里含着东西咀嚼，施加力量咬合，把东西嚼烂，借此比喻治狱、解决狱讼。爻辞中也多处讲吃喝饮食及有关事情如"噬肤"、"噬腊肉"、"噬乾胏"、"噬乾肉"等。都从经济生活，饮食吃饭，讲到政治统治，刑法狱讼。《彖传》讲"动而明，雷电合而章，柔得中而上行"，既以雷电动明，雷厉风行，比喻治狱严明，又要宽猛相济，注意宽缓，不忽视"柔得中而上行"。《象传》提出"明罚敕法"。这些都对卦爻辞进行了发挥。

②屦校灭趾：屦即履。校，木制囚人刑具。灭，没，遮住。趾，脚趾。全句意为：刑具遮住脚趾。

③噬肤：肤，肉。噬肤，吃肉。

④腊肉：干肉。

⑤胏(zǐ 子)：带骨的肉。

⑥金矢：铜箭头。下文黄金，亦为黄铜。

⑦何：同荷，戴，担。

【译文】

噬嗑卦：亨通，利于狱讼。

初九：刑具遮没脚趾，无害。

六二：吃肉掩住鼻子，无害。

六三：吃腊肉遇毒，小有不适，无害。

九四：吃带骨干肉，遇到铜箭头。利于占问艰难的事情，吉利。

六五：吃干肉，遇到黄铜。占问危厉的事情，无害。

上九：戴着刑具遮住耳朵，凶。

《彖》曰：颐中有物曰噬嗑。噬嗑而"亨"，刚柔分[1]，动而明[2]，雷电合而章[3]。柔得中而上行[4]，虽不当位，利用狱也。

【注释】

①刚柔分：噬嗑卦震下阳卦为刚，离上阴卦为柔，刚柔分明。一说刚柔分当作刚柔交，即刚柔相互联系，亦可通。

②动而明：震为动，离为明，故曰动而明。

③雷电合而章：雷电相合而彰明，比喻处理狱讼的明察。

④柔得中而上行：本卦上下卦的中爻都是阴爻。阴爻为柔，所以是柔得中。阴爻上行到上卦之中即六五，所以叫上行。

【译文】

《彖传》说：面颊中有物咬嚼叫噬嗑卦。噬嗑而亨通、刚柔分明，震动而光明，雷电相合而彰显。阴柔占中位而上走，阳刚虽不当位，但利于狱讼。

《象》曰：电雷，噬嗑。先王以明罚敕法。"屦校灭趾"，不行也。"噬肤灭鼻"，乘刚也。"遇毒"，位不当也。"利艰贞，吉"，未光也。"贞厉无咎"，得当也。"何校灭耳"，聪不明也。

【译文】

《象传》说：电和雷，是噬嗑卦。先王因以修明刑罚，敕定法律。〔初九〕"屦校灭趾"，不便快行。〔六二〕"噬肤灭鼻"，以柔凌驾刚上。〔六三〕"遇毒"，是因为位置不当。〔九四〕"利艰贞，吉"，未能光大通理之道。〔六五〕"贞厉，无咎"，位置得当。〔上九〕"何校灭耳"，听不清楚。

贲(卦第二十二)

☶离下艮上。

贲[①]：亨，小利有攸往。

初九：贲其趾，舍车而徒。

六二：贲其须。

九三：贲如[②]濡[③]如，永贞吉。

六四：贲如皤[④]如，白马翰[⑤]如，匪寇，婚媾。

六五：贲于丘园，束帛戋戋[⑥]，吝，终吉。

上九：白贲，无咎。

【注释】

①贲(bì 必)：六十四卦卦名之一。贲，"文饰"的意思。卦象为离下艮上。离为火为附，艮为山为止。李鼎祚《周易集解》引王廙曰："夫山之为体，层峰峻岭，峭险参差，直置其形，已如雕饰，复加火照，弥见文章，贲之象也。"来知德《周易集注》也说："贲，饰也。为卦山下有火。山者，百物草木之所聚，下有火则照见其上，品汇皆被光彩，贲之象也。"山上风光明媚，被火一照，更加陆离璀璨，美不胜收。以此比喻文饰。世界经过文饰，更加美丽。从爻辞上看，是反应"婚媾"的热闹景象。婚姻是喜庆之事，古今中外，都要多方美饰。爻辞中说"贲其趾"(文饰其脚趾)、"贲其须"(文饰其须发)、"贲于丘园"(修饰家园)等，使迎亲的人更美、环境更美。《彖》和《象》却借题发挥，引申到时政方面来。《彖》讲"观乎天文以察时变，观乎人文以化成天下"，《象》讲"君子以明庶政"，都和如何治理天下联系起来了。

②如：皆语助词。

③濡：沾濡，湿润。

④皤：白。

⑤翰：闻一多《周易义证类纂》说："翰本白色雉之名。故引申之，马之白色者亦可谓之翰。此曰'白马翰如'，翰亦当训白。"

⑥戋戋：高亨《周易古经今注》说："当为少貌。"

【译文】

贲卦：亨通，有所往能得小利。

初九：文饰他的脚趾，舍弃车子徒步而行。

六二：文饰他的须发。

九三：文饰得脂凝玉润，占问永远吉利。

六四：文饰得洁白，白马纯白，不是盗寇，是来完婚。

六五：文饰山林家园，束帛很少，似乎吝啬，终能吉利。

上九：以白色文饰，无害。

《彖》曰：贲，亨。柔来而文刚，故亨。分，刚上而文柔，故"小利有攸往"。刚柔交错，天文也。文明以止，人文也。观乎天文以察时变，观乎人文以化成天下。

【译文】

《彖传》说：贲卦，亨通，阴柔来而文饰阳刚，所以是亨通。分别刚柔，阳刚上来而文饰阴柔，所以说"小利有攸往"。刚和柔交错，成天文。止于文明，是人文。观察天文以考察时变，观察人文以教化成就天下。

《象》曰：山下有火，贲。君子以明庶政，无敢折狱。"舍车而徒"，义弗乘也。"贲其须"，与上兴也。"永贞"之"吉"，终莫之陵也。六四当位，疑也。"匪寇婚媾"，终无尤也。六五之"吉"，有喜也。"白贲，无咎"，上得志也。

【译文】

《象传》说：〔离下艮上，火下山上〕山下有火，是贲卦。君子用以明察各项政事，不敢（轻易）判决狱讼。〔初九〕"舍车而徒"，守义不能乘车。〔六二〕"贲其须"，与长上一起奋起。〔九三〕"永贞"之"吉"，终于没有人能凌驾于上。六四当其位，有疑惑。"匪寇，婚媾"，终无过错。六五之"吉"，因为有喜。〔上九〕"白贲，无咎"，在上位得志。

剥（卦第二十三）

☶坤下艮上

剥[①]：不利有攸往。

初六：剥床以足，蔑[②]贞，凶。

六二：剥床以辨[③]，蔑贞，凶。

六三：剥之，无咎。

六四：剥床以肤，凶。

六五：贯鱼[④]以宫人宠，无不利。

上九：硕果不食，君子得舆，小人剥庐[⑤]。

【注释】

①剥：六十四卦卦名之一。朱熹《原本周易本义》："剥，落也。"《诗经·豳风·七月》"八月剥枣。"《毛传》："剥，击也。"由此看，剥是剥落、击落、打击的意思。从卦象看，坤下艮上，坤为地为顺，艮为山为止。大地是广阔无边的，而山却在风化剥落。本卦是一根阳爻在上，五根阴爻在下。前人认为是阴盛阳衰，五阴侵蚀一阳，一阳将被剥落而尽。来知德《周易集注》说："五阴在下，一阳在上，阴盛阳孤，势将剥落而尽，剥之义也。至高之山，附着于地，有倾颓之势，剥之象也。"朱熹《原本周易本义》也说："五阴在下而方生，一阳在上而将尽，阴盛长而阳消落。"爻辞以床作比喻，形象地写出侵蚀剥落的情况。先剥落床足，又剥落床干，又剥床危及肤身等。《彖传》讲"君子尚消息盈虚，天行也"，即尊重自然的变化。承认是天之道。《象传》讲要"厚下安宅"，在阴盛阳衰的形势下，只要厚待下民，就能安居。可以向对立面转化，转危为安。这就对卦辞、爻辞作了重要的发挥。

②蔑：陆德明《经典释文》引马融曰："蔑，无也。"朱熹《原本周易本义》："蔑，灭也。"

③辨：朱熹《原本周易本义》："辨，床干也。"

④贯鱼：贯，连续的样子。贯鱼，像鱼一样一个接一个连续向前。

⑤硕果不食，君子得舆，小人剥庐：李鼎祚《周易集解》引侯果曰："处剥之上，有刚直之德，群小人不能伤害也。故果至硕大，不被剥食矣。君子居此，万姓赖安，若得乘其车舆也。小人处之，则庶方无控被剥其庐舍，故曰剥庐。"

【译文】

剥卦：有所往不利。

初六：剥落床的脚，没有正道，凶。

六二：剥落床的干，没有正道，凶。

六三：剥落了，无害。

六四：剥落床危及肌肤，凶。

六五：如同宫人鱼贯而入承宠于君王，无所不利。

上九：硕大的果实，未被剥食，君子居此万姓平安得乘车，小人居此万姓被剥落庐舍。

《彖》曰：剥，剥也。柔变刚也。"不利有攸往"，小人长也。顺而止之，观象也。君子尚消息盈虚，天行也。

【译文】

《彖传》说：剥卦，是剥落。柔要改变刚。"不利有攸往"，小人势力发展。顺而止，观看卦象。君子重视自然界的消长盈虚，这是天道。

《象》曰:山附于地,剥。上以厚下安宅。“剥床以足”,以灭下也。“剥床以辨”,未有与也。“剥之,无咎”,失上下也。“剥床以肤”,切近灾也。“以宫人宠”,终无尤也。“君子得舆”,民所载也。“小人剥庐”,终不可用也。

【译文】

《象传》说:山附着于地,是剥卦。因此在上位的人厚待下面的人,能得安居。〔初六〕“剥床以足”,是毁灭下面的根基。〔六二〕“剥床以辨”,没有人帮助。〔六三〕“剥之,无咎”,失去上下两部分。〔六四〕“剥床以肤”,切近灾祸。〔六五〕“以宫人宠”,终于无过错。〔上九〕“君子得舆”,人民安坐。“小人剥庐”,终不可重用。

复(卦第二十四)

☷☳震下坤上

复[①]:亨。出入无疾,朋来无咎。反复其道,七日来复。利有攸往。

初九:不远复,无祇[②]悔,元吉。

六二:休[③]复,吉。

六三:频复[④],厉,无咎。

六四:中行,独复。

六五:敦[⑤]复,无悔。

上六:迷复,凶,有灾眚。用行师,终有大败,以其国君凶,至于十年不克征。

【注释】

①复:六十四卦卦名之一。来知德《周易集注》说:“复者,来复也。”李鼎祚《周易集解》说:“复者,归本之名。”毛奇龄《仲氏易》说:“复者,反本之称。”综上所见,复,有反复,还归、回归的意思。卦象为震下坤上,震为雷为动,坤为地为顺。一阳爻在下,五阴爻在上,与剥卦的一阳爻在上、五阴爻在下正相反。是阴到极盛,物极必反,阴将衰,阳将复生。所以李鼎祚《周易集解》引何晏曰:“群阴剥阳至于几尽,一阳来下,故称反复。阳气复反而得交通,故云:复亨也。”从剥卦到复卦,是运用循环论的典型。所以张载《横渠易说》讲:“静之动也,无休息之期,故地、雷为卦,言反又言复。终则有始,循环无穷。”在此把事物发展到一定程度就反归,形成无穷的循环,强调为一种规律。爻辞中则具体地讲到“不远复”、“休复”、“频复”,“中行独复”、“敦复”、“迷复”等种种情况。《彖传》认为复是“天行也”,“复其见天地之心”,肯定复是符合自然规律的。《象传》在解释复卦时却说先王在冬至之日要关闭城门、不视察邦国云云,却是牵强附会的。

②祇:大。

③休:美。

④频复:频,频繁,接连不断。频复,频繁多次的反复。程颐《伊川易传》解为:“复之频数而不能固者也。”朱熹《原本周易本义》解为:“屡失屡复之象。”都将“频”解为“屡、频繁”之意。王弼、孔颖达等人把“频”解为“颦蹙”,即把“频复”,解为“皱起眉头”。今不取此说。

⑤敦:敦促。

【译文】

复卦:亨通。出入无疾病,朋友来无灾祸。返还在道路上,七日循环来复。利于有所往。

初九:不远即还归,无大悔,大吉。

六二:美好地还归,吉利。

六三:频繁地还归有所失,有危厉,无灾祸。

六四:半道上独自还归。

六五:敦促还归,无所悔。

上六:遇迷途而还归,有凶,有灾祸。用以行军,终于有大败,因其国君受祸害,以至十年不能出兵征战。

《彖》曰:复"亨"。刚反[①],动而以顺行,是以"出入无疾,朋来无咎"。"反复其道,七日来复",天行也。"利有攸往",刚长也。复,其见天地之心乎。

【注释】

①刚反:指唯一的一根阳爻从剥卦上九反而向下,成为复卦的初九,即是刚反。

【译文】

《彖传》说:复卦"亨"。阳刚反而向下,动而以顺运行。因此"出入无疾,朋来无咎"。"反复其道,七日来复",是天道的运行。"利有攸往",是阳刚在生长。复卦,可以看到天地的用心呢!

《象》曰:雷在地中,复。先王以至日[①]闭关[②],商旅不行,后[③]不省方[④]。"不远"之"复",以修身也。"休复"之"吉",以下仁也。"频复"之"厉",义"无咎"也。"中行独复",以从道也。"敦复,无悔",中以自考也。"迷复"之"凶",反君道也。

【注释】

①至日:冬至之日。

②闭关:关城门。

③后:君主。

④省方:巡视、视察邦国。

【译文】

《象传》说:雷在地中,是复卦。先王因此在冬至的日子里关闭城门,商人旅客不出行,君主不巡视邦国。〔初九〕"不远"之"复",由于能修身。〔六二〕"休复"之"吉",是由于能以仁德居下。〔六三〕"频复"之"厉",宜于"无咎"。〔六四〕"中行独复",由于遵从道义。〔六五〕"敦复,无悔"。由于自己心中认真地思考。〔上六〕"迷复"之"凶",违反为君之道。

无妄(卦第二十五)

☰震下乾上

无妄[①]:元亨,利贞。其匪正有眚,不利有攸往。

初九:无妄往,吉。

六二:不耕,获;不菑畬[②],则[③]利有攸往?

六三:无妄之灾,或系之牛,行人之得,邑人之灾。

九四:可贞,无咎。

九五:无妄之疾,勿药有喜。

上九:无妄行有眚,无攸利。

【注释】

①无妄:六十四卦卦名之一。来知德《周易集注》说:"无妄者,至诚无虚妄也。"程颐《伊川易传》说:"无妄者,至诚也。"无妄,就是至诚,无妄想、无妄行。卦象震下乾上,震为雷为动,乾为天为健。李鼎祚《周易集解》说:"何妥曰:乾上震下,天威下行,物皆洁齐不敢虚妄也。"程颐《伊川易传》说:"为卦乾上震下。震,动也。动以天为无妄,动以人欲则妄矣。无妄之义,大矣哉!"卦象既是乾上震下,天和雷都显示着巨大的神威,天下万物不敢虚妄。又,震象征动,遵照自然规律即天之道,就不是妄动;只凭自己的欲望行事就是妄行。爻辞中讲到"不耕,获;不菑,畬"即不耕田,想收获;不开荒,想有熟田,是典型的妄想。但在"无妄之灾","无妄之疾"等句中,无妄作意外讲为妥。《彖》中讲"动而健,刚中而应。大'亨'以正,天之命也",是说要顺天而动,符合自然规律,才能无妄。《象》中讲"先王以茂对时育万物",是说先王能按无妄行事,适应自然规律,勉力按时育养万物。发挥并深化了卦辞、爻辞的意义。

②不菑(zī 资)畬(yú 余):菑,开垦荒田。畬,耕种了三年的熟田。不菑畬:不垦荒,想得到熟田。

③则:王引之《经传释词》训为"其",即"难道"之义。

【译文】

无妄卦:大亨通,利于占问。倘若不守正道,有灾祸。有所往,不利。

初九:不抱妄想前往,吉利。

六二:不耕田想有收获,不开荒想有熟田,难道会有利于前去进行吗?

六三:意外的灾害:有人把牛拴在那里,行人偷得,邑人受失牛之灾。

九四:可以占问,无害。

九五:意外的病,不乱用药,有痊愈之喜。

上九:无所期望的行事有灾害,无所利。

《彖》曰:无妄,刚自外来而为主于内,动而健,刚中而应,大亨以正,天之命也。"其匪正有眚,不利有攸往",无妄之往,何之矣?天命不佑,行矣哉!

【译文】

《彖传》说：无妄卦，阳刚从外卦来，成为内卦之主，动而健，〔九五〕阳刚居上卦中位而与阴柔〔六二〕相应。大亨通而正确，这是天命。“其匪正有眚，不利有攸往”，无妄能有什么去处？天命不保佑〔妄行〕能够实行吗！

《象》曰：天下雷行，物与[①]无妄。先王以茂[②]当[③]时育万物。“无妄之往”，得志也。“不耕获”，未富也。“行人得”牛，“邑人灾”也。“可贞，无咎”，固有之也。“无妄”之“药”，不可试也。“无妄”之“行”，穷之灾也。

【注释】

①物与：万物参与自然的生长。

②茂：盛也。

③当：对也，应也。

【译文】

《象传》说：天下雷声震行，万物生长，是无妄卦。先王尽力应时养育万物。〔初九〕“无妄”之“往”，是得志的。〔六二〕“不耕，获”，未曾富。〔六三〕“行人得”牛，邑人受灾。〔九四〕“可贞，无咎”，是固有的事。〔九五〕“无妄”之疾的药，不可试用。〔上九〕“无妄”之“行”是穷困之灾。

大畜(卦第二十六)

☶乾下艮上

大畜[①]：利贞，不家食[②]，吉。利涉大川。

初九：有厉，利已[③]。

九二：舆说輹[④]。

九三：良马逐，利艰贞，日闲[⑤]舆卫，利有攸往。

六四：童牛之牿[⑥]，元吉。

六五：豮豕之牙[⑦]，吉。

上九：何天之衢[⑧]，亨。

【注释】

①大畜：六十四卦卦名之一。意为大有蓄积。卦象为乾下艮上。乾为天为健，艮为山为止。李鼎祚《周易集解》说：“向秀曰：止莫若山，大莫若天。天在山中，大畜之象。天为大器，山则极止。能止大器，故名大畜。”程颐《伊川易传》说：“为卦艮上乾下，天而在于山中，所畜至大之象。畜为畜止，又为畜聚。止则聚矣，取天在山中之象，则为蕴畜。取艮之止乾，则为畜止。止而后有积，故止为畜义。”毛奇龄《仲氏易》说：“大畜者，大者为所畜也。夫大，阳也；小，阴也。阴为阳畜则以大畜小，曰小畜。阳为阴畜，则以小畜大，曰大畜。夫小而何以能畜大也哉？天下之阳孰有大于乾者？乃以三乾藏艮山之内。乾欲行而艮止之。则艮虽

有阳而亦总入之艮止之间。一若以两阴而畜四阳者，则大畜矣。”综前人所解，广阔无垠的天（乾）被巍峨的山（艮）止住了。天在山中，山蓄天。大被小所蓄，阳（乾的三根阳爻，再加上艮的一根阳爻）被阴（艮的两根阴爻）所蓄，所以叫大畜（蓄）。积蓄，一般意义上讲是积蓄物质财富，所以爻辞里讲到养牛养猪；上升的意义讲是蓄德、蓄贤才。卦辞上说：“不家食，吉。”不家食，是不在家里吃饭，而食禄于朝；是朝廷养贤才。《彖传》则突出地讲“日新其德”，明确地强调“尚贤”、“养贤”。《象传》用“君子以多识前言往行，以畜其德”解释大畜卦。认为只有这样才能“道大行”。这样，既畜财，但重在畜德，畜贤才的卦义就更加明确了。

②不家食：朱熹《原本周易本义》说：“不家食，谓食禄于朝，不食于家也。”是国家以俸禄养贤士。

③已：停止。

④舆说輹：即车脱辐。

⑤闲：熟悉。

⑥童牛之牿（gù 固）：童牛，小牛。牿，牛角上系的横木。小牛角上系横木，加以保护并防抵人。

⑦豮（fēn 分）豕之牙：一说阉割的猪，虽有牙齿不伤人。如程颐《伊川易传》说：“豕，刚躁之物，而牙为猛利。若强制其牙，则用力劳而不能止其躁猛……若豮去其势（生殖器）则牙虽存而刚躁自止。”一说用木桩将小猪拴起来防止跑掉。如来知德《周易集注》说：“牙者，埤雅云以杙系豕也。乃杙牙，非齿牙也。”

⑧何天之衢（qú 渠）：天怎么这样广阔无垠？李鼎祚《周易集解》引虞翻曰：“衢，四交道。”朱熹《原本周易本义》说：“何天之衢，言何其通达之甚也。”

【译文】

大畜卦：利于占问。不靠家吃饭，吉利。利于涉越大河。

初九：有危厉，利于停止。

九二：车轮的辐条脱落。

九三：良马奔驰，宜于在艰难中守正道，每日练习车马防卫，利于有所往。

六四：小牛头上加横木，大吉利。

六五：阉割的猪的牙齿〔不伤人〕，吉利。

上九：天怎么这样广阔？亨通。

《彖》曰：大畜，刚健、笃实、辉光，日新其德。刚上而尚贤，能止健，大正也。“不家食，吉”，养贤也。“利涉大川”，应乎天也。

【译文】

《彖传》说：大畜卦，刚健朴实，光辉照耀，天天有新气象。它的德刚阳在上而尊重贤人，健而上，大为正确。“不家食，吉”，〔国家〕养贤才，“利涉大川”，是顺应天。

《象》曰：天在山中，大畜。君子以多识前言往行，以畜其德。“有厉，利已”，不犯灾也。“舆说輹”，中无尤也。“利有攸往”，上合志也。六四“元吉”，有喜也。六

五之"吉",有庆也。"何天之衢",道大行也。

【译文】

《象传》说:天在山之中,是大畜卦。君子因此多认识前代贤人的言论行事,来丰富自己的品德。〔初九〕"有厉,利已",不触犯灾祸。〔九二〕"舆说輹",中正而无过错。〔九三〕"利有攸往",合于上进的志向。六四"元吉",有喜庆。六五之"吉",有可庆。〔上九〕"何天之衢",正道得以大为畅行。

颐(卦第二十七)

䷚震下艮上

颐[①]:贞吉,观颐,自求口实[②]。

初九:舍尔灵龟[③],观我朵颐[④],凶。

六二:颠颐拂经[⑤],于丘颐,征凶。

六三:拂颐、贞凶,十年勿用,无攸利。

六四:颠颐,吉[⑥]。虎视眈眈[⑦],其欲逐逐[⑧],无咎。

六五:拂经,居贞吉,不可涉大川。

上九:由颐,厉,吉,利涉大川。

【注释】

①颐:六十四卦卦名之一。本为腮部,面颊,引申为养生、颐养之意。卦象震下艮上,震为雷为动,艮为山为止。来知德《周易集注》说:"颐,口旁也。口食物以自养,故取养为义。为卦上下二阳(爻),内含四阴(爻)。外实内虚,上止下动,故名为颐。"本卦雷在下而动,山在上而止,是雷突破山的压抑而出,显示依靠自己内部的力量,通过自我运动,才能达到颐养。爻辞中讲到颠颐、拂颐、由颐,都涉及颐养。《彖传》把颐养宏观化,从"观其自养"扩展到"圣人养贤以及万民"。《象传》把颐养具体化,微观化,从"慎言语,节饮食"入手颐养,都是对卦辞、爻辞的发挥。

②口实:口中食物。

③灵龟:朱熹《原本周易本义》说:"灵龟,不食之物。"龟又长寿,故用为占卜之物,所以称灵龟。

④朵颐:咀嚼食物的样子。朱熹《原本周易本义》说:"朵,垂也。朵颐,欲食之貌。"李鼎祚《周易集解》说:"案朵颐,垂下动之貌也。"

⑤颠颐拂经:李鼎祚《周易集解》引王肃曰:"养下曰颠;拂,违也;经,常也。"一说颠为颠倒。颠颐拂经,颠倒求颐养,违反常理。

⑥颠颐,吉:朱震《汉上易传》:"颐以上养下,六四当位,下交初九,乾首在下,颠也。"六四养初九。颠倒颐养,吉利。

⑦眈眈:元·吴澄《易纂言》说:"眈眈,专一貌。"

⑧逐逐:元·吴澄《易纂言》说:"逐逐,相继也。"

【译文】

颐卦:占问吉利。观察其养生,首先要努力求自养。

初九:舍弃你的灵龟肉不吃,看着我咀嚼食物吃东西,这要有凶。

六二:颠倒求颐养,违反常理,向山求颐养,前往则凶。

六三:违反颐养之道,占问则凶,十年不要用,无所利。

六四:颠倒颐养,吉利。虎视眈眈地求养于上,欲望相继而不歇,如此则无害。

六五:违反常理,占问居处,吉利。不可以涉越大河。

上九:由上颐养,虽有危厉,〔但因能兼养天下〕终吉。利于涉越大河。

《彖》曰:颐,贞吉,养正则吉也。"观颐",观其所养也。"自求口实",观其自养也。天地养万物,圣人养贤以及万民,颐之时大矣哉。

【译文】

《彖传》说:颐卦,占问吉利,养生遵循正道则吉利。"观颐",观察他的养生。"自求口实",观察他自己的养生。天地生养万物,圣人养贤人以至万民,养颐要及时,意义太重要了。

《象》曰:山下有雷,颐,君子以慎言语,节饮食。"观我朵颐",亦不足贵也。六二"征凶",行失类也。"十年勿用",道大悖也。"颠颐"之"吉",上施光也。"居贞"之"吉",顺以从上也。"由颐,厉,吉",大有庆也。

【译文】

《象传》说:〔震下艮上,雷下山上〕山下有雷,是颐卦,君子因此语言谨慎,饮食有制。〔初九〕"观我朵颐",不足珍贵。六二"征凶",行为不合法则。〔六三〕"十年勿用",严重违背道理。〔六四〕"颠颐"之"吉",在上布施光明。〔六五〕"居贞"之"吉",顺从上九〔以养天下也〕。〔上九〕"由颐,厉,吉",大有福庆。

大过(卦第二十八)

䷛巽下兑上

大过①:栋桡②,利有攸往,亨。

初六:藉用白茅③,无咎。

九二:枯杨生稊④,老夫得其女妻⑤,无不利。

九三:栋桡,凶。

九四:栋隆,吉。有它,吝。

九五:枯杨生华⑥,老夫得其士夫⑦,无咎,无誉。

上六:过涉灭顶,凶。无咎。

【注释】

①大过:六十四卦卦名之一。有"大大地越过、大为过甚、大的过失"等意思。朱熹《原本周易

本义》说："大，阳也。四阳居中，过盛，故为大过。"程颐《伊川易传》说："为卦上兑下巽。泽在木上，灭木也。泽者，润养于木乃至灭没于木，为大过之义。大过者，阳过也。故为大者过，过之大与大事过也。圣贤道德功业大过于人，凡事之大过于常者，皆是也。"大过卦的卦象巽下兑上，巽属五行的木，兑象征泽。汪洋大水压在木上，是大过的意思。又：四根阳爻在中间，是气势太盛，太过分，也是大过的意思。卦辞里讲"栋桡"，房子的正梁弯曲了，是大过。《彖传》说是"本末弱"的缘故，即选用的木料弱，这是选材的过失。如果在选用人上犯这样的大过失，选用了庸才为官，对治理国家十分有害，爻辞里讲到老夫娶少妻、老妇嫁少夫等事，《象传》则指出都是不相配、有过失的事。《彖》既能分析大过的原因（如"栋桡"，是因为"本末弱"），又能看到可以转到对立面，即"刚过而中，巽而说，行，利有攸往，乃亨"。正如朱熹《原本周易本义》所说："又以四阳虽过而二五得中，内巽外说（悦），有可行之道，故利有所往而得亨也。"《象》讲在大过面前"独立不惧，遁世无闷"，采取积极的态度。都是可取的。

②栋桡（náo 挠）：来知德《周易集注》说："梁上屋脊之木曰栋。所以乘椽瓦者也。木曲曰桡。"栋桡，是正梁弯曲了。

③藉用白茅：用白茅草铺垫放祭品。藉，铺垫。

④秭（tí 啼）：新生的枝芽嫩叶。李鼎祚《周易集解》说："虞翻曰：秭，稚也。杨叶未舒称秭。"

⑤女妻：李鼎祚《周易集解》说："女妻者，未嫁而幼者也。"即少女为妻。

⑥华：花。

⑦士夫：来知德《周易集注》说："士夫，乃未娶者。"元·吴澄《易纂言》说："夫之初，士夫也。"士夫，即年轻的丈夫。

【译文】

大过卦：正梁弯曲了，宜于有所往，亨通。

初六：以白茅草铺垫放祭品，无灾祸。

九二：枯杨树长出嫩芽，老夫得少女为妻，没有不利。

九三：正梁弯曲了，凶。

九四：正梁隆起，吉利。有意外的其他变故，有危难。

九五：枯杨树开花，老妇人嫁个年轻丈夫，无害亦无称誉。

上六：孟浪过河，没过头顶。虽有凶相，于义无害。

《彖》曰：大过，大者过也。栋桡，本末弱也。刚过而中，巽而说，行。"利有攸往"，乃"亨"。大过之时大矣哉！

【译文】

《彖传》说：大过卦，大是过分的意思。"栋桡"，整个木料都弱。阳刚太过而居中位，〔内卦巽顺，外卦兑悦〕，以自己的巽顺，换取众人的悦乐，行动起来，宜于有所往。才会亨通。大过的时机意义重大！

《象》曰：泽灭木，大过①。君子以独立不惧，遁世无闷②。"藉用白茅"，柔在下也。"老夫少妻"，过以相与也。"栋桡"之"凶"，不可以有辅也。"栋隆"之"吉"，不桡乎下

也。"枯杨生华",何可久也?"老妇士夫",亦可丑也。"过涉"之"凶",不可"咎"也。

【注释】

①泽灭木,大过:朱震《汉上易传》说:"泽,养木者也。过而灭没其木,大过也。"大过卦,巽下兑上,木下泽上,水泽淹没了林木,是太过分了,所以是《大过》。

②君子以独立不惧,遁世无闷:君子独立而无所恐惧(指初六一阴爻处四阳爻之下);不为世人所知而没有气闷(指上六处一卦之外)。朱震《汉上易传》说:"初六以一柔巽于四刚之下而不变……独立而不惧也,所谓以天下非之而不顾者乎!上六处一卦之外,遁也。兑为说(悦),无闷也。遁世无闷,所谓举世不知而不悔者乎!"

【译文】

《象传》说:水泽淹没林木,是大过卦。君子因此独立而不惧怕,不为人知而无气闷。〔初六〕"藉用白茅",是以阴柔处卑下的道理。〔九二〕"老夫少妻",这种配合太过。〔九三〕"栋桡"之"凶",不可以有辅助了。〔九四〕"栋隆"之"吉",不变直为曲以迁就下面的人。〔九五〕"枯杨生华",怎能持久呢?"老妇士夫",也是丑陋的。〔上六〕"过涉"之"凶",不可以有"咎"。

坎(卦第二十九)

䷜坎下坎上

习坎[①]:有孚[②]维[③]心,亨,行有尚[④]。

初六:习坎,入于坎窞[⑤],凶。

九二:坎有险,求小得。

六三:来之坎,坎险且枕[⑥]。入于坎窞,勿用。

六四:樽[⑦]酒,簋[⑧]贰,用缶,纳约自牖[⑨],终无咎。

九五:坎不盈,祗[⑩]既平,无咎。

上六:系用徽纆[⑪],置于丛棘[⑫],三岁不得,凶。

【注释】

①习坎:六十四卦卦名之一,简称坎卦。习,"重复"的意思,坎下坎上是坎的重复。坎,是"陷"的意思,陷于坑,很危险,故又有"险"的意思。程颐《伊川易传》说:"习,谓重。习,他卦虽重,不加其名,独坎加习者,见其重险。险中复有险,其义大也。卦中一阳上下二阴,阳实阴虚,上下无据,一阳陷于二阴之中,故为坎陷之义……习,重也,如学习、温习,皆重复之义也。坎,陷也。卦之所言,处险难之道。"习坎卦卦象,坎上坎下,坎为水为陷,陷本危险,加之重坎重陷,更加危险。坎是一根阳爻陷于两根阴爻之中,上下失据,就产生了危险。从爻辞看,六爻皆无吉。九二、九五都夹在阴爻中、陷于险境。六三在九二之上,失位乘阳而无功。六四在九五之下,得位承阳,仅得"无咎"。初六、上六在阳爻之外,初六居于险的最下、上六居于险的颠极。所以初六、上六都是"凶",九二"坎有险",六三"坎险且枕",六四和九五也仅得"无咎"。从爻辞看,险象丛生,令人生畏,也使人警惕。人们对危险,有了认识,有了警惕,可以克服危险,化险为夷。所以卦辞中提出要"有孚维心",即心中有诚。有了"孚"

即诚，就能克服一切险阻。《彖传》、《象传》对险不可怕、化险为夷的思想有所发展补充。提出“行险而不失其信”，行进在危险中也不失其诚信。迎着危险建功立业，即“行有尚（赏），往有功”。特别可贵的是，提出了利用险阻为之所用，“设险以守其国”。高声赞美“险之时用大矣哉”！《象传》提出“君子以常德行，习教事”，即经常保持美好的德行、学习教育的事情，就能克服险阻，成就事业。这种对待困难和险阻的认识与态度十分可取。

②孚：诚。

③维：语助词。

④尚：赏。

⑤窞（dàn 旦）：坑。

⑥枕：朱熹《原本周易本义》：“枕，倚着，未安之意。”

⑦樽：酒器。

⑧簋（guǐ 鬼）：李鼎祚《周易集解》：“簋，黍稷器。”

⑨牖（yǒu 有）：窗户。

⑩祇：陆德明《经典释文》引郑玄说：“当为坻，小丘也。”

⑪系用徽纆（mò 墨）：用绳索捆绑。来知德《周易集注》：“系，缚也。徽纆，皆索名，三股曰徽，二股曰纆。”

⑫丛棘：即牢狱。来知德《周易集注》：“今之法门囚罪人之处，以棘刺围墙是也。”

【译文】

习坎卦：有诚于心，亨通。行事有赏。

初六：重重陷坑，入于陷坑穴中，凶。

九二：陷坑有危险，所求仅有小得。

六三：来到陷坑，陷坑危险且倚着，入于陷坑深穴中，〔此爻占者〕勿用。

六四：一樽酒，两簋饭，用瓦器盛着，挤着从窗口送进去，终于无害。

九五：陷坑未填满，小丘已铲平，无害。

上六：用绳索捆绑着，置于棘刺围着墙的牢狱内，三年不得解脱，凶。

《彖》曰：习坎重险也。水流而不盈，行险而不失其信。“维心亨”，乃以刚中也。“行有尚”，往有功也。天险，不可升也。地险，山川丘陵也。王公设险以守其国。险之时、用大矣哉！

【译文】

《彖传》说：习坎卦，重重危险。水流而不满盈。在险境中行进不失去其诚信。“维心，亨”，乃因刚健正中也。“行有尚〔赏〕”前往有功效。天险，不可以再上升。地险，有山川丘陵。王公设置险要用以守卫国家。险阻的因时致用多么大啊！

《象》曰：水洊[①]至，习坎。君子以常德行，习教事。“习坎入坎”，失道“凶”也。“求小得”，未出中也。“来之坎坎”，终无功也。“樽酒簋贰”，刚柔际也。“坎不盈”，中未大也。上六失道，“凶”“三岁”也。

【注释】

①洊(jiàn 见):再。

【译文】

《象传》说:水来了又来,是习坎卦。君子因此经常保持美好的德行,学习教育的事情。〔初六〕"习坎入坎",迷失道路,凶。〔九二〕"求小得",未出中位。〔六三〕"来之坎坎",终于无功效。〔六四〕"樽酒、簋贰",刚〔指九五〕、柔〔指六四〕两相交际而相亲。〔九五〕"坎不盈",虽居中而未弘大。上六失正道,要"凶""三岁"。

离(卦第三十)

☲离下离上

离[①]:利贞,亨。畜牝牛[②]吉。

初九:履错然[③],敬之无咎。

六二:黄离[④],元吉。

九三:日昃[⑤]之离,不鼓缶而歌,则大耋之嗟[⑥],凶。

九四:突如其来如,焚如,死如,弃如。

六五:出涕沱若[⑦],戚嗟若,吉。

上九:王用出征,有嘉折首,获匪其丑[⑧],无咎。

【注释】

①离:六十四卦卦名之一。离为火,又为"光明"的意思。上下卦中间的主爻为阴爻,故又有"柔顺"的意思。程颐《伊川易传》说:"离,丽也,明也。取其阴丽于上下之阳,则为附丽之义。取其中虚则为明义。离为火,火体虚,丽于物而明者也。又为日,亦以虚明之象。"卦象为离下离上,离为火为附。所以是附丽、光明的意思。但因为六二、六五为阴爻,为柔,所以柔顺的意义更为突出。卦辞"畜牝牛吉",即以养母牛为比喻。因母牛非刚猛之物,是柔顺之物。程颐《伊川易传》说:"牛之情顺而又牝焉,顺之至也"。本卦卦义的可贵之处,在于不是无原则地讲柔顺。爻辞中讲敌人来侵略的时候,坚决以正义的战争反侵略。勇敢地"出征",将敌人"折首","获匪其丑"。《彖传》阐发了附丽和光明的卦义,"日月丽乎天,百谷草木丽乎土。重明以丽乎正,乃化成天下",并和"畜牝牛吉"联系起来。《象传》也阐发了光明的卦义,讲"大人以继明照于四方"。在《小象》中鲜明地表明了坚定的反侵略立场。认为"出征",反侵略,为民除害,是正邦国的正义行动。这就深化了本卦柔顺的意义。

②畜牝牛:养母牛。畜,养。牝牛,母牛。

③履错然:杂乱的脚步。

④黄离:黄色附着于物。黄为中色,表示中和柔顺的美德。程颐《伊川易传》说:"黄,中之色,文之美也。文明中正,美之盛也。"

⑤昃(zè 仄):日过中午偏西。

⑥大耋(dié 迭)之嗟:老年人的叹息。耋,九十岁的老人。朱震《汉上易传》:"八十曰耄,九十曰耋。……大耋,犹言大老。"嗟,叹息。

⑦沱若：滂沱状。流泪如雨的样子。

⑧有嘉折首，获匪其丑：嘉奖折服其魁首，胁从罔治，执获不及其类。有，副词。嘉，嘉许，嘉奖。丑，类。程颐《伊川易传》解释说："但当折取其魁首，所执获者，非其丑类则无残暴之咎也。《书》曰：歼厥渠魁，胁从罔治。"

【译文】

离卦：利于占问，亨通。养母牛吉利。

初九：脚步声杂乱，恭敬地对待则无害。

六二：黄色附着在物品上，大吉。

九三：太阳西斜附着在天，不敲缶而唱歌，那么老人叹息，凶。

九四：〔敌人来袭〕像这样突如其来，焚烧，杀死，抛弃。

六五：像这样涕泪滂沱，悲戚叹息，〔会转化为〕吉。

上九：君王用兵出征，有令嘉奖折服魁首，执获不及其类。无害。

《彖》曰：离，丽[1]也。日月丽乎天[2]，百谷草木丽乎土，重明以丽乎正，乃化成天下。柔丽乎中正，故"亨"，是以"畜牝牛吉"也。

【注释】

①丽：附着。

②日月丽乎天：来知德《周易集注》解释说："五为天位，故上离有日月丽天之象。此以气丽气者也。二为地位，故下离有百谷草木丽土之象，此以形丽形者也。离附物，故有气有形。重明者，上离明，下离明也。上下君臣皆丽乎正，则可以化成天下而成文明之俗矣。"

【译文】

《彖传》说：离卦，是附着。日月附着在天上，百谷草木附着在土地上。双重光明附着于中而有正位，就化育而成天下万物。阴柔附着在中正的位置上，所以"亨"，因此，以"畜牝牛"为"吉"。

《象》曰：明两作[1]，离。大人以继明照于四方。"履错"之"敬"，以辟[2]咎也。"黄离，元吉"，得中道也。"日昃之离"，何可久也。"突如其来如"，无所容也。六五之"吉"，离王公也。"王用出征"，以正邦也。"获匪其丑"，大有功也。

【注释】

①明两作：离卦上、下卦都是离。离为火为明，所以是明两作。

②辟：同避。

【译文】

《象传》说：两起光明是离卦。大人用相继而起的光明照耀四方。〔初九〕"履错"之敬，以避害。〔六二〕"黄丽元吉"，得中和柔退之道。〔九三〕"日昃之离"，怎能长久？〔九四〕"突如其来如"，不能容。六五之"吉"，附丽于王公。〔上九〕"王用出征"，以正邦国。"获匪其丑"，大有功劳。

下 经

咸(卦第三十一)

☱☶艮下兑上

咸[①]:亨,利贞,取[②]女吉。

初六:咸其拇。

六二:咸其腓,凶,居吉。

九三:咸其股,执其随[③],往吝。

九四:贞吉,悔亡。憧憧往来,朋从尔思[④]。

九五:咸其脢,无悔。

上六:咸其辅颊舌。

【注释】

①咸:六十四卦卦名之一。"感应"的意思,又引申为"动"的意思。卦象为艮下兑上。艮为山,为止,为少男。兑为泽,为悦,为少女。李鼎祚《周易集解》引郑玄曰:"山气下,泽气上,二气通而相应,以生万物,故曰咸也。"这种"二气通而相应"的现象引申为夫妇之道,以艮比为男,以兑比为女,少男少女,交相感应,以成夫妇。这是"天地万物之本,夫妇人伦之始,"程颐《伊川易经》先引《序卦》再加分析,阐述了本卦关于夫妇之道的含义,说:"咸。《序卦》:有天地,然后有万物。有万物然后有男女。有男女然后有夫妇。有夫妇然后有父子。有父子然后有君臣。有君臣然后有上下。有上下然后礼义有所错。天地万物之本,夫妇人伦之始。所以上经首乾、坤,下经首咸。……咸之为卦,兑上艮下,少女少男也。男女相感之深莫如少者,故二少为咸也。艮体笃实,止为诚悫之义。男志笃实以下交,女心说(悦)而上应。男感之先也,男先以诚感,则女说(悦)而应也。"这里讲的男女交相感应,可引申为君臣遇合。男以诚求,女以悦应,可喻为君求贤臣,贤臣择君。这就把夫妇之道和君臣之道联系起来了。在男求女应的过程中,男处于主动的地位,要讲究方式。除了"以诚感"外,还要暂抑阳刚之气,采取谦柔的态度,绝不可以躁急、冒失、孟浪。也比喻君王寻求贤臣时,一定要采取诚恳谦逊的态度。《咸》卦爻辞中讲到"咸其拇"、"咸其腓"、"咸其股"、"咸其脢"、"咸其辅颊舌"。拇是足大趾,腓(féi 肥)是腿肚子,股是大腿,脢(méi 梅)是背肉,辅颊是面颊。对身体上的这些部位,"咸"作感应讲,是不通的。有些注家硬是这样讲是牵强的。"咸"在这

些地方应作“动”讲。随便动人家的拇、腓、股、脢、辅颊、舌，是躁动，对人家的不尊重。以这种态度对人，不论是男求女或君王求贤臣，都不会得到对方的“说（悦）而应。”爻辞和《小象》着重通过这种告诫说明了男求女、君求贤要谦柔而勿躁动的道理。亦有注家提出，爻辞中的“咸”作“伤”讲，可备一说。《彖》讲“天地感而万物化生，圣人感人心而天下和平。观其所感，而天地万物之情可见矣”，是将感从男女之交、夫妇之道推衍到“天地万物之情”。《大象》讲“君子从虚受人”，也是突破男女的局限，扩展到世人的交往之道，都是对卦辞、爻辞的发挥。

②取：娶。

③执其随：制动其相随的部位。执，制动，牵动。

④憧憧（tóng 同）往来，朋从尔思：虽然往来不绝，只有朋友顺从其心思。憧憧，陆德明《经典释文》：“王肃云：‘往来不绝貌。’”程颐《伊川易传》说：“若往来憧憧，然用其私心以感物，则思之所及者，有能感而动；所不及者，不能感也。是其朋类则从其思也。”

【译文】

咸卦：亨通，利于占问，娶女吉利。

初六：动她的脚大趾。

六二：动她的腿肚子，凶。安居不动，吉利。

九三：动她的大腿，制动其相随的部位，前往有困难。

九四：占问吉利，后悔消失，虽然往来不绝，只有朋友随从心思。

九五：动她的背，无后悔。

上六：动她的面颊和舌头。

《彖》曰：咸，感也。柔上而刚下[①]，二气感应以相与，止而说[②]，男下女[③]，是以“亨，利贞，取女吉”也。天地感而万物化生，圣人感人心而天下和平。观其所感，而天地万物之情可见矣。

【注释】

①柔上而刚下：咸卦艮下兑上，艮为刚，兑为柔，故柔上而刚下。

②止而说：咸卦艮下兑上，艮为止，兑为说（悦），故止而说。

③男下女：咸卦艮下兑上，艮为阳卦，比男；兑为阴卦，比女，是男在女下。又，婚礼，男到女家迎娶，男下于女。

【译文】

咸卦，感应也。柔在上而刚在下，阴阳二气交相感应而与相处，艮止而兑悦，男下而求女，所以“亨，利贞，取女吉”。天地感应而万物化育而生，圣人感动人心而天下和平。观察其相感应，天地万物的情状就可以看清楚了。

《象》曰：山上有泽，咸，君子以虚受人[①]。“咸其拇”，志在外[②]也。虽“凶，居吉”，顺不害[③]也。“咸其股”，亦不处[④]也。志在“随”人，所“执”，下也。“贞吉，悔亡”，未感害[⑤]也。“憧憧往来”，未光大[⑥]也。“咸其脢”，志末也。“咸其辅颊舌”，滕

口[⑦]说也。

【注释】

①受人：来知德《周易集注》："受者，受人之善也。"

②志在外：虽动其大脚趾，志却不在行走，而在行走之外。

③顺不害：做事顺理不会有害。

④不处：不止。

⑤未感害：未感到害处。

⑥未光大：未广大。

⑦滕口：朱熹《原本周易本义》："滕、腾通用。"来知德《周易集注》："滕，张口骋辞貌。"

【译文】

《象传》说：山上有泽，为咸卦。君子以虚心受人之善。〔初六〕"咸其拇"，心意在行路之外。〔六二〕虽"凶，居吉"，做事顺理不会有害。〔九三〕"咸其股"，也不止。志向在于随着人，是所执守者卑下。〔九四〕"贞吉，悔亡"，未感到害处。"憧憧往来"，未能广大。〔九五〕"咸其脢"，志在微末小事。〔上六〕"咸其辅颊舌"，一定会逞其辩说〔为这行为辩解〕。

恒(卦第三十二)

䷟巽下震上

恒[①]，亨，无咎。利贞，利有攸往。

初六：浚恒[②]，贞凶，无攸利。

九二：悔亡[③]。

九三：不恒其德，或承之羞，贞吝。

九四：田[④]无禽。

六五：恒其德，贞，妇人吉，夫子凶。

上六：振恒[⑤]，凶。

【注释】

①恒：六十四卦卦名之一。为"久、常"等意。卦象巽下震上。巽为风，为入，为长女。震为雷，为动，为长男。巽为阴卦为柔，震为阳卦为刚。巽的下爻，震的中爻、上爻为阴爻。震的下爻，巽的中爻、上爻为阳爻。阴爻阳爻分别相应。又巽为谦逊，震为动。因此卦象呈现出风雷结合、柔下刚上、刚柔相应、谦逊而动的特点。代表着一种不变的常道。用以比喻男尊女卑的夫妇之道和以柔顺事君的君臣之道。所以程颐《伊川易传》解释说："咸，少男在少女之下，以男下女，是男女交义。恒，长男在长女之上，男尊女卑，夫妇居室之常道也。论交感之情，则少为亲切。论尊卑之序，则长当谨正。故兑、艮为咸，而震、巽为恒也。男在女上，男动于外，女顺于内，人理之常，故为恒也。又刚上柔下，雷风相与，巽而动，刚柔相应，皆恒之义也。"李鼎祚《周易集解》也说："郑玄曰：恒，久也。巽为风，震为雷，雷风相须而养物，犹长女承长男，夫妇同心而成家，久长之道也。"由此说明了恒久之道的存在，而恒久之道典型

的表现是男尊女卑的夫妇之道。这表现了时代的局限性。爻辞从爻象上讲恒，最能恒久的是德。要求“恒其德”，告诫“不恒其德”将有不好的后果。要人们正确地把握恒，像操之过急，行动过分的“浚恒””和“振恒”，都是错误的、可怕的。“浚恒”的结果是“贞凶，无攸利”。“振恒”的后果是“凶”。《彖传》和《象传》进一步阐发了恒的卦义。《彖传》大大拓展了恒的视野，把恒与日、月、四时等自然现象和圣人教化天下的社会现象联系起来，认为“日月得天而能久照，四时变化而能久成，圣人久于其道而天下化成”。《大象》提出君子要建立的是不可改变的、恒久的原则。《小象》在解释爻辞时，也进一步说明了恒的卦义。说“浚恒”“凶”的原因是“始求深”；“振恒”，“凶”，将“大无功”；“不恒其德”将“无所容”；田猎“无禽”，是因为“久非其位”。总之背离了恒，损坏了恒，就没有好结果。反之，好的结果，必来源于恒久，遵守恒必有好结果。如“悔亡”，是因为“能久中”；“恒其德贞”，妇人吉利等。总之，全卦都是对恒久的赞美。

②浚恒：过深的即过分的求恒，将损害恒。程颐《伊川易传》：“浚，深之也。浚恒，谓求恒之深也。”浚，是深挖河道。

③悔亡：悔消失。

④田：狩猎。

⑤振恒：动摇、破坏了常道。程颐《伊川易传》：“振者，动之速也，如振衣，如振书，抖擞运动之意。”

【译文】

恒卦：亨通，无灾祸，利于占问，利于有所往。

初六：过分地求常道，占问则凶险，无所利。

九二：后悔消失。

九三：保持德不能恒久，或者要承受羞辱，占问有困难。

九四：田猎没有禽兽。

六五：保持德行能恒久，占问，妇人吉，丈夫凶险。

上六：动摇、破坏常道，凶险。

《彖》曰：恒，久也。刚上而柔下。雷风相与，巽而动，刚柔皆应，恒。恒，“亨，无咎，利贞”，久于其道也。天地之道，恒久而不已也。“利有攸往”，终则有始也。日月得天而能久照，四时变化而能久成，圣人久于其道而天下化成。观其所恒，而天地万物之情可见矣。

【译文】

《彖传》说：恒卦，久的意思。刚阳在上而阴柔在下，雷与风相结合，谦逊而动，刚与柔都相应。是恒卦。恒卦“亨，利贞，无咎”，表示对道是恒久的。天地的道常久运行而不停止。“利有攸往”，终结了则又开始。日月在天上而能恒久照耀，四时变化着而能恒久成功。圣人恒久地掌握着道，而能教化天下取得成功。观察它们所把握的恒久之道，而天地万物的情状就可以看得清楚了。

《象》曰：雷风，恒，君子以立不易方[①]。“浚恒”之“凶”，始求深也。九二“悔亡”，能久中[②]也。“不恒其德”，无所容[③]也。久非其位，安得“禽”也。“妇人贞吉”，从一而终[④]也。“夫子”制义，从妇，“凶”[⑤]也。“振恒”在上，大无功也。

【注释】

①立不易方：确立不可改变的原则。来知德《周易集注》：“立者，止于此而不迁也。方者，大中至正之理，理之不可易者也。”

②能久中：朱震《汉上易传》说：九二阳爻“以正守中能久中也，能久中则能恒”。

③无所容：无容所，没有可容纳的地方。程颐《伊川易传》说：“人既无恒，何所容处？当处之地，既不能恒，处非其据，岂能恒哉！是不恒之人，无所容处其身也。”

④从一而终：妇女至终顺从丈夫。这是封建伦理教条。来知德《周易集注》说：“从一者，从夫也。妇人无专制之义，惟在从夫，顺从乃其宜也。”

⑤“夫子”制义，从妇，“凶”：丈夫以义制事，顺从妇人，则凶险。

【译文】

《象传》说：雷和风相结合，是恒卦。君子因此确立着不可改变的原则。〔初六〕“浚恒”之“凶”，在于开始有求太深入。九二“悔亡”，因阳爻以正守中能久。〔九三〕“不恒其德”，无处容处其身。〔九四〕长久地处在不是自己的位置上，哪里去获得禽兽呢！〔六五〕“妇人贞吉”，终其生顺从丈夫一人。“夫子”以义裁制处理事情，顺从妻子就会凶险。〔上六〕“振恒”居于上，大而无功。

遁(卦第三十三)

䷠艮下乾上

遁[①]：亨，小利贞[②]。

初六：遁尾[③]，厉，勿用有攸往。

六二：执之用黄牛之革，莫之胜说[④]。

九三：系遁[⑤]，有疾厉，畜臣妾吉。

九四：好遁[⑥]，君子吉，小人否。

九五：嘉遁[⑦]，贞吉。

上九：肥遁[⑧]，无不利。

【注释】

①遁：六十四卦卦名之一。“隐退、逃避”的意思。卦象艮下乾上。艮为山为止，乾为天为健。山在下，天在上，比喻贤人退隐，不在朝廷。初六是阴爻，六二也是阴爻，是阴的势力逐渐发展，所以阳爻只能退避。比喻小人势力逐渐发展，君子只得退避。来知德《周易集注》说：“遁者，退避也。……不言退而曰遁者，退止有退后之义，无避祸之义，所以不言退也。为卦天下有山，山虽高其性本止。天之阳性上进，违避而去，故有遁去之义。且二阴(指初六、六二)生于下，阴渐长，小人渐盛，君子退而避之，故为遁也。”在爻辞中，将隐遁分为“遁尾”、“系遁”、“好遁”、“嘉遁”、“肥遁”等不同的情况，加以分析、论说，是把隐遁具体化了。

《彖传》赞美“遁之时义大矣哉”,《象传》指出“君子以远小人,不恶而严”,表明了君子隐遁的根本原因“远小人”和严正的原则立场(不恶而严)。这是对卦意作了更为明确和更加深刻的阐发。

②小利贞:占问小有利。有的注家解为小人利于守正,如朱熹《原本周易本义》说:“小人则利以守正,不可以浸长之,故而遂侵迫于阳也。小,谓阴柔小人也。”亦可参阅。

③遁尾:隐遁在后,作尾巴。朱熹《原本周易本义》说:“遁而在后尾之象,危之道也。”

④说:脱。

⑤系遁:当隐遁又有所系挂。朱熹《原本周易本义》说:“下比二阴,当遁而有所系之象,有疾而危之道也。”

⑥好遁:既爱好其位,又能决然隐遁。朱熹《原本周易本义》说:“(九四)下应初六,而乾体刚健,有情好而能绝之以遁之象也。”来知德《周易集注》说:“好遁者,又好而又遁也。好者,爵位利禄爱慕之事也。遁者,审时度势见几之事也。”

⑦嘉遁:嘉,“赞美”的意思。嘉遁,虽是受到赞美的嘉耦,也要隐遁。元·吴澄《易纂言》说:“五(指九五)与二(指六二)中正相应如嘉耦。然虽嘉耦,亦当避之,故曰嘉遁。”

⑧肥遁:从容自如地隐遁。朱熹《原本周易本义》说:“肥者,宽裕自得之意。”清·惠栋《周易述》肥遁作“飞遯”,即遁而能飞。亦可备一说。

【译文】

遁:亨通。占问小有利。

初六:隐遁在后尾,凶险,不用有所往。

六二:用黄牛皮带将他捆绑着,使不能逃脱。

九三:隐遁又有所牵挂,将有疾患凶险,畜养男女奴隶吉利。

九四:虽然爱好其位,而能决然隐遁,君子吉利,小人不吉利。

九五:虽是嘉耦也隐遁,占问吉利。

上九:从容自如地隐遁,没有不利。

《彖》曰:遁“亨”,遁而亨通也。刚当位[①]而应[②],与时行也。“小利贞”,浸而长[③]也。遁之时义大矣哉!

【注释】

①刚当位:指九五阳爻为刚,居于阳位。

②应:这里指九五与六二相呼应。

③浸而长:指初六、六二两根阴爻所代表的阴柔势力逐渐发展。浸,逐渐的意思。

【译文】

《彖传》说:遁卦“亨”,是说隐遁而亨通。〔九五〕阳刚当位而〔与六二〕相呼应,与时共同行进。“小贞利”,阴柔势力逐渐向上发展。遁卦的现实意义是多么巨大呀!

《象》曰:天下有山[①],遁。君子以远小人,不恶而严。“遁尾”之“厉”,不往何灾

也？“执用黄牛”，固志也。“系遁”之“厉”，有疾惫[②]也。“畜臣妾吉”，不可大事也。君子“好遁”，“小人否”也。“嘉遁，贞吉”，以正志也。“肥遁，无不利”，无所疑也。

【注释】

①天下有山：遁卦艮下乾上，山下天上，所以是天下有山。天比喻朝廷，山比喻贤人。以喻贤人远离朝廷。

②惫(bèi 备)：疲乏。

【译文】

《象传》说：天的下面有山，为遁卦。君子因此远离小人，不厌恶而严格划清界限。〔初六〕“遁尾”的“厉”，不前往有什么灾呢？〔六二〕“执用黄牛”，意在固定志向。〔九三〕“系遁”之“厉”，好像患疾病而疲困不堪。“畜臣妾吉”，不可做大事。〔九四〕君子“好遁”而“小人否”。〔九五〕“嘉遁，贞吉”，是〔九五〕能端正〔六二〕的志向。〔上九〕“肥遁，无不利”，是没有什么可怀疑的。

大壮(卦第三十四)

䷡乾下震上

大壮[①]：利贞。

初九：壮于趾[②]，征凶，有孚。

九二：贞吉。

九三：小人用壮，君子用罔[③]。贞厉，羝羊触藩，羸其角[④]。

九四：贞吉，悔亡。藩决不羸，壮于大舆之輹。

六五：丧羊于易[⑤]，无悔。

上六：羝羊触藩，不能退，不能遂[⑥]，无攸利；艰则吉。

【注释】

①大壮：六十四卦卦名之一。“大而强盛”的意思。本卦卦象为乾下震上，乾为天为健，震为雷为动，天大无垠，雷动有威，都显示广大强盛。六根爻中，下面的四根为阳爻，也表示阳刚在发展，逐渐强盛。程颐《伊川易传》说：“为卦震上乾下，乾刚而震动。以刚而动，大壮之义也。刚阳大也，阳长已过中矣。大者，壮盛也。又雷之威震而在天上，亦大壮之义也。”吴澄《易纂言》也说：“大，谓阳也。壮，强盛也。阳长至四，大者强盛，故曰大壮。”大壮是阳刚势力发展的表现，是好事。但要正确地运用，不能莽撞，盛气凌人，否则大壮会走向反面。爻辞中反复说明了这一点。初九讲“壮于趾”，比喻行为莽撞，发展下去凶险。九三讲小人用壮，以强凌人，而君子以无取胜。羝羊触藩，形象地比喻小人肆用强力，结果陷于困境，羝羊损伤了自己的角。九四、六五、上六，都是用羊比喻，说明不能莽撞行事。《彖传》提出“大者，正也”，要“正大”。《象传》提出“君子以非礼弗履”，要“正”，要有礼，才能发展“大壮”，使“大壮”有好的结果。这就深化了卦意。另外，雷能击物，故“壮”还有伤的意思。如李鼎祚《周易集解》引虞翻曰：“壮，伤也。”

②壮于趾：趾，脚趾。人本用脚走路，而壮于趾，是用脚趾逞强走路，故征凶。程颐《伊川易

传》说："趾在下而进动之物，九在下用壮而不得其中。夫以刚处壮，虽居上犹不可行，况在下乎！故征则其凶有孚。孚，信也。谓以壮往，则得凶可必也。"

③罔：朱熹《原本周易本义》："罔，无也。视有如无。"

④羝羊触藩，羸其角：公羊角抵藩篱，挂住了角。羝羊，公羊。藩，藩篱，篱笆。羸，困的意思。

⑤易：容易的易，或疆场的场。朱熹《原本周易本义》："易，容易之意。言忽然不觉其亡也。或作疆场之场，亦通。"

⑥遂：进。

【译文】

大壮卦：利于占问。

初九：逞强用足趾走，出征有凶险，是必然无疑的。

九二：占问吉利。

九三：小人以盛壮凌人，君子视有如无。〔小人〕占问危厉，〔因为他〕像公羊抵触藩篱，挂住它的角。

九四：占问吉利。后悔消失。藩篱被决开，不再挂住羊角，它又在大车的车辐上逞强。

六五：平白无故轻易地丧失了羊，无所后悔。

上六：公羊抵触藩篱，不能退，不能进，无所利。预示着要经历艰苦磨难才能吉利。

《彖》曰：大壮，大者壮也。刚以动[①]，故壮。大壮"利贞"，大者正也。正大，而天地之情可见矣。

【注释】

①刚以动：大壮卦乾下震上，乾为刚，震为动，所以是刚以动。

【译文】

《彖传》说：大壮卦：大，是强壮。刚健而震动，所以强盛。大壮卦"利贞"，大是正。正而大，天地万物的情状就能看清楚了。

《象》曰：雷在天上，大壮。君子以非礼弗履[①]。"壮于趾"，其"孚"穷也。九二"贞吉"，以中也[②]。"小人用壮，君子用罔"也。"藩决不羸"，尚往也。"丧羊于易"，位不当也[③]。"不能退，不能遂"，不详[④]也。"艰则吉"，咎不长也。

【注释】

①履：践，行动。

②以中：指九二阳爻在下卦之中。朱震《汉上易传》说："九二刚中，壮而处中，其动也正，正则吉。正吉者，以中也。"

③位不当也：以阴爻处于五的位置，不当。来知德《周易集注》："位不当者，以柔居五位也。"

④不详：未能详审。朱震《汉上易传》："自处之不详审也。"

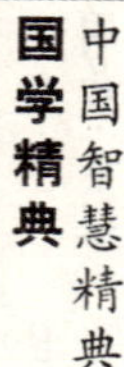

【译文】

《象传》说：雷在天的上面，为大壮卦。因此，君子不做非礼的事。〔初九〕“壮于趾”，他的“孚”完结了。九二“贞吉”，因为处在中位。〔九三〕“小人用壮，君子用罔”。〔九四〕“藩决不羸”，尚要前往。〔六五〕“丧羊于易”，所处位置不当。〔上六〕“不能退，不能遂”，对自己的处境未能详审。“艰则吉”，祸害不会长。

晋(卦第三十五)

䷢坤下离上

晋[①]：康侯用锡马蕃庶[②]，昼日三接[③]。

初六：晋如摧如[④]，贞吉。罔孚，裕无咎[⑤]。

六二：晋如愁如[⑥]，贞吉，受兹介福，于其王母[⑦]。

六三：众允[⑧]，悔亡。

九四：晋如鼫鼠[⑨]，贞厉。

六五：悔亡，失得勿恤[⑩]。往吉，无不利。

上九：晋其角[⑪]，维用伐邑，厉吉，无咎，贞吝。

【注释】

①晋：六十四卦卦名之一。“前进、光明”的意思。卦象为坤下离上。坤为地为顺，离为火为附，也为日。来知德《周易集注》说：“晋者，进也。以日出地上，前进而明也。不言进而言晋者，进止有前进之义，无明之义；晋，则有进而光明之义。所以不言进也。”因太阳在大地上升起，既上升前进，又放射出光明，所以叫“晋”。爻辞中讲到“晋如摧如”、“晋如愁如”、“晋如鼫鼠”、“晋其角”，都是“晋”的种种情况。从“维用伐邑”的话看，是讲到了战争。正义的战争，既有奋斗，也有光明的前途，就把前进和光明联系起来了。《彖传》讲：“晋，进也”，把晋卦的内涵揭示出来了。《象传》说：“君子以自昭明德。”是君子以自己的行动昭示光明磊落的德行。把晋卦的光明的意思与高尚的德行联系起来，深化了卦义。

②康侯用锡马蕃庶：康侯得到天子赏赐的很多马。程颐《伊川易传》：“康侯者，治安之侯也。”“是康民安国之侯也，故谓之康侯。”“蕃庶，众多也。”

③昼日三接：一天之内三次接见。程颐《伊川易传》：“昼日之间，三接见于天子也。”

④晋如摧如：前进和抑退。程颐《伊川易传》：“晋如，升进也。摧如，抑退也。”

⑤罔孚，裕无咎：未被信赖，则当宽容处之，才能无祸害。罔，无。孚，诚信。裕，宽裕，宽容。程颐《伊川易传》说：“苟上未见信，则当安中自守，雍容宽裕，无急于求上之信也。苟欲信之心切，非汲汲以失其守，则悻悻以伤于义矣，皆有咎也。故裕则无咎。君子处进退之道也。”

⑥晋如愁如：前进困难，实堪忧愁。程颐《伊川易传》：“六二在下，上无应援，以中正柔和之德，非强于进者也。故于进为可忧愁，谓其进之难也。”

⑦受兹介福，于其王母：在他祖母那里受此大福。兹，此。介，大。王母，祖母。

⑧允：从。

⑨鼫(shí石)鼠：老鼠的一种，形大于鼠，俗称田鼠。比喻贪而畏人者。

⑩恤：忧虑。

⑪晋其角:前进到顶角,无所进也。

【译文】

晋卦:康侯得到天子赏赐的很多马匹,一天之内受到三次接见。

初六:无论前进和抑退,占问吉利。未被信赖,只要宽容相处,就无祸害。

六二:前进中的困难使人忧愁,但占问吉利。从祖母那里,受此大福。

六三:众人允从,则无悔。

九四:进如田鼠,占问危厉。

六五:后悔消失,失与得不必忧虑,前往吉祥,没有不利。

上九:进到顶角,退无可退,只有讨伐邑国。虽有危厉,终吉祥。无灾祸。占问有困难。

《彖》曰:晋,进也。明[①]出地上,顺而丽乎大明[②],柔进而上行[③],是以"康侯用锡马蕃庶,昼日三接"也。

【注释】

①明:太阳。

②顺而丽乎大明:(地)柔顺而依附于太阳。晋卦坤下离上,坤为地为顺;离为日,为附丽。大明指太阳。

③柔进而上行:阴柔前进往上升。指阴爻从初六上升到六五。

【译文】

《彖传》说:晋卦,是前进。太阳一片光明从地上升起,柔顺的大地依附于太阳。阴爻柔弱,上行挺进。所以"康侯用锡马蕃庶,昼日三接"。

《象》曰:明出地上,晋。君子以自昭明德。"晋如摧如",独行正也。"裕无咎",未受命也。"受兹介福",以中正也。"众允"之志,上行也。"鼫鼠,贞厉",位不当也。"失得,勿恤",往有庆也。"维用伐邑",道未光也。

【译文】

《象传》说:太阳一片光明从地上升起,是晋卦。君子以自己的行为昭示光明磊落的德行。〔初六〕"晋如摧如",独自的行动是正确的。"裕无咎",未接受王命。〔六二〕"受兹介福",因为在中间正位。〔六三〕"众允"的志向,向上发展。〔九四〕"鼫鼠,贞厉",位置不当。〔六五〕"失得勿恤",前往有吉庆。〔上九〕"维用伐邑",正道未光大。

明夷(卦第三十六)

䷣离下坤上

明夷[①]:利艰贞。

初九:明夷于飞,垂其翼。君子于行,三日不食。有攸往,主人有言[②]。

六二：明夷，夷于左股，用拯马壮，吉[③]。

九三：明夷于南狩[④]，得其大首，不可疾，贞。

六四：入于左腹，获明夷之心，于出门庭。

六五：箕子[⑤]之明夷，利贞。

上六：不明晦[⑥]，初登于天，后入于地[⑦]。

【注释】

①明夷：六十四卦卦名之一。夷为伤、灭等义。明为光明。明夷即“光明受到损伤”的意思。卦象为离下坤上，离为火为日，闪耀着光明。坤为地。日出地上，光照太空。现在日反在地下，光照就受到损伤，所以叫做“明夷”。来知德《周易集注》说：“夷者，伤也。为卦坤上离下，日入地中，明见其伤。”李鼎祚《周易集解》引郑玄曰：“夷，伤也。日出地上，其明乃光，至其入地，明则伤矣，故谓之明夷。日之明伤，犹圣人君子有明德而遭乱世，抑在下位，则宜自艰无干事政，以避小人之害也。”光明受到损伤是比喻，比喻昏君在上，小人弄权，圣人君子有明德的人被排斥不用，受到伤害。爻辞中说“明夷于飞，垂其翼”，比喻伤了飞的翅膀；“明夷，夷于左股”；“明夷于南狩”；“箕子之明夷”等等，列举了明夷的部位、地点和代表人物，讲明夷是很具体、很详细的。明夷，即光明受损伤，比喻圣人君子受排斥，本是坏事，而圣人君子采取正确的态度和高明的策略，能够避难消灾，获得安全。所以，卦辞说：利艰贞。虽经艰难曲折以求其贞，却能有利。《彖传》提出“晦其明”的策略，并说箕子经历“内难而能正其志”，是正确对待“明夷”的典型人物。《象传》也赞扬君子“用晦而明”的策略。这些都是对“明夷”的卦义更深入的开掘。

②有言：有所谴责。

③夷于左股，用拯马壮，吉：伤在左股，用健壮的马救助，吉利。左股，左腿。这里以卦画比喻人体，初和二为腿，三和四为腹，五和上为头。来知德《周易集注》说：“明夷象人身，故初、二为股，三、四为腹，五、上为首，股居下体……。拯者，救也。……马，健壮之象也。言用健壮之马以救之则吉矣。文王囚于羑里，夷于左股也。散宜生之徒献珍物、美女，用拯马壮也。脱羑里之囚，得专征伐，吉也。”

④明夷于南狩：来知德《周易集注》：“南狩者，去南方狩也。……大首者，元恶也。……（九三）正与上六暗主为应，故有向明除害得其大首之象，然不可亟也，故有不可疾惟主于贞之戒。”

⑤箕子：商纣王的叔父，曾披发佯狂以避祸。

⑥晦：昏暗不明。

⑦初登于天，后入于地：最初升于天，后来入地下。丁寿昌《读易会通》引应劭曰：“初登于天者，初为天子，言以善同于天也。后入于地者，伤贤害仁，佞恶在朝，必以恶终入于地也。”

【译文】

明夷卦：经历艰难，有利于守正。

初九：光明受损伤，如同飞翔的鸟受伤，垂下它的翅膀。君子在行进中，三天不吃饭。有所前往，主人有谴责的话。

六二：光明受损伤，如同伤在左腿，用健壮的马救护，吉利。

九三：光明受损伤，如同到南方狩猎时受伤，但得到其元凶，不能操之过急，要

遵循正道。

六四：如同刺进左腹，取出光明受损伤的心，然后走出门去。

六五：光明磊落的箕子受损伤，利于守正。

上六：不明而阴晦，开初好像上了天堂，后来坠入地下。

《彖》曰：明入地中，明夷。内文明而外柔顺，以蒙大难。文王以之，利艰贞，晦其明也。内难而能正其志，箕子以之。

【译文】

《彖传》说，光明进入地之中，是明夷卦。内里文明而外在柔顺，因此蒙受大难。周文王有这种情况，经历艰苦利于守正，是隐晦了他的光明。经历内部的艰难，而能端正其志向，箕子有这种情况。

《象》曰：明入地中，明夷。君子以莅众，用晦而明①。"君子于行"，义不食②也。六二之"吉"，顺以则也。"南狩"之志，乃大得③也。"入于左腹"，获心意也。"箕子"之"贞"，"明"不可息④也。"初登于天"，照四国也。"后入于地"，失则也。

【注释】

①君子以莅众，用晦而明：君子临众治民，运用隐晦的方法，而善于明察。莅，临。来知德《周易集注》说："坤为众，故言莅众，用晦而明者，不用明为明，用晦为明也。言我本聪明睿智，乃不显其明，若似不明者，以晦为明，此之谓用晦而明也。……地在上，日在下，明在内也。君子以之则存其宽厚浑含之德，去其刻薄残忍之私，以之莅众，如小过必赦，使人不求备，罪疑惟轻，胁以罔治之类，皆是也。"

②义不食：为了义可以不吃饭。朱熹《原本周易本义》说："唯义所在，不食可也。"

③乃大得：乃大有作为，大得民心。来知德《周易集注》："故除残去暴，必大得民心。不然，以暴易暴，安能行南狩之志?"

④"明"不可息：明德不能熄灭。来知德《周易集注》："不可息者，耿耿不昧，常存而不息也。明不可息者，言明可晦不可息。以其在内不露，所以为贞也。"

【译文】

《象传》说，太阳的光明入于地中，是明夷卦。君子运用来临民治众，用隐晦的方法而保持明察。〔初九〕"君子于行"，为了义可以不吃饭。六二的"吉"，顺情势，合道理。〔九三〕"南狩"的志向，大得民心。〔六四〕"入于左腹"，心满意足。〔六五〕"箕子"之"贞"，明德不能熄灭。〔上六〕"初登于天"，光照四国。"后入于地"，违离法则。

家人(卦第三十七)

䷤离下巽上

家人①：利女贞。

初九：闲有家，悔亡[②]。

六二：无攸遂[③]，在中馈[④]，贞吉。

九三：家人嗃嗃[⑤]，悔厉，吉。妇子嘻嘻[⑥]，终吝。

六四：富家，大吉。

九五：王假有家，勿恤[⑦]，吉。

上九：有孚威如，终吉。

【注释】

①家人：六十四卦卦名之一。家人，多解作一家之人，如来知德《周易集注》："家人者，一家之人也。"朱熹《原本周易本义》也说："家人者，一家之人。"但从九三的爻辞看"家人嗃嗃"，与"妇子嘻嘻"相对，是家长在发号施令。九五王假有家，是以王者的天下比喻家，以王喻家人。所以，家人既指一家之人，也指主持一家的人，即家长。卦象为离下巽上。离为火，巽为风。火是明，风是化。风助火势，相辅相成，才能家道昌隆。先明正而后教化。父母明正，而后可以教化子女。"家道正"，而后才能"天下定"。爻辞着重讲如何处理家事和家庭成员的分工。初九："闲有家"，讲治家要有所防范，防患于未然。六二讲女正位于内，主"中馈"。九三讲家长治家要严，可以"嗃嗃"发令，而儿妇不应嘻嘻，失去家规。六四讲全家共同的目标是"富家"。九五从家论及国，讲如何治理国这个大的家。上九讲诚信与威望，这是治家治国的根本。家庭是社会的细胞，家庭与社会的治乱有密切的关系，儒家讲"修身、齐家、治国、平天下"。只有治好家，才能治好国。要治好家，女子起重要作用。所以卦辞将卦义归纳为"利女贞"。《彖传》提出"正家而天下定"，强调了家的重要性。但将家庭的分工，明确规定为"女正位乎内，男正位乎外"，规定父母处于至高无上的"严君"的地位，这就剥夺了女子参加家庭以外的社会活动的权利，也剥夺了子女参加家庭管理的权利。

②闲有家，悔亡：防范于家，无所悔恨。来知德《周易集注》："闲者，防也。……以是而处家，则有以潜消其一家之渎乱，而悔亡矣。"

③无攸遂：没有什么成就。遂，成，成就。程颐《伊川易传》："六二以阴柔之才而居柔不能治于家者。故无攸遂，无所为而可也。"

④中馈（kuì 愧）：古代指妇女在家中主持饮食之事。来知德《周易集注》说："馈者，饷也。以所治之饮食与人饮食也。馈食，内事，故曰中馈。……言六二无所专成，惟中馈之事而已。自中馈之外，一无所专成也。六二柔顺中正，女之正位乎内者也。"

⑤家人嗃嗃（hè 贺）：家长发出斥责声。家人，指家长。来知德《周易集注》："家人者，主乎一家之人也。"嗃嗃，孔颖达《周易正义》说："严酷之意也。"来知德《周易集注》说："嗃嗃，严大之声。"

⑥妇子嘻嘻：妇女孩子嘻嘻哈哈。嘻嘻，孔颖达《周易正义》说是"喜笑之貌也"。程颐《伊川易传》说："嘻嘻，笑乐无节也。"来知德《周易集注》说："嘻嘻，叹声。妇者，儿妇也。子者，儿子也。"不取"叹声"解。

⑦王假有家，勿恤：王的家道，达于至极，不必忧虑。假，至。恤，忧虑。程颐《伊川易传》说："五，君位，故以王言。假，至也。极乎有家之道也。夫王者之道，修身以齐家，家正则天下治矣。自古圣王未有不恭己正家为本，故有家之道既至，则不忧劳而天下治矣，勿恤而吉也。"

【译文】

家人卦：利于女人占问。

初九：家中有防范，悔事可消失。

六二：无所成就，只在家中主持饮食事务，占问吉利。

九三：家长严厉训斥，使人悔恨危厉，最终吉利。妇女孩子嘻嘻哈哈，最终艰困。

六四：富了家，大吉利。

九五：王的治家之道，达于至极，勿须忧虑，吉利。

上九：有诚信和威严，终将吉利。

《彖》曰：家人，女正位乎内，男正位乎外[①]。男女正，天地之大义也。家人有严君焉，父母之谓也。父父、子子、兄兄、弟弟、夫夫、妇妇，而家道正。正家而天下定矣。

【注释】

①女正位乎内，男正位乎外：女人以正道守位于内，男人以正道守位于外。孔颖达《周易正义》说："今此卦六二柔而得位，是女正位乎内也。九五刚而得位，是男正位乎外也。家人以内为本，故先说女也。"

【译文】

《彖传》说：家人卦，女人以正道守位于内，男人以正道守位于外。男女遵循正道，是天地间的大义。一家人中有严明的君主，这就是父母。父为父，子为子，兄为兄，弟为弟，夫为夫，妇为妇，而治家之道端正。家道正而天下可安定。

《象》曰：风自火出[①]，家人。君子以言有物而行有恒[②]。"闲有家"，志未变也。六二之"吉"，顺以巽[③]也。"家人嗃嗃"，未失也。"妇子嘻嘻"，失家节也。"富家，大吉"，顺在位[④]也。"王假有家"，交相爱也[⑤]。"威如"之"吉"，反身之谓[⑥]也。

【注释】

①风自火出：家人卦离下巽上，即火在下，风在上；火在内，风在外。火的燃烧影响空气流动，空气流动形成风，风助火势，使火更猛。来知德《周易集注》说："风自火出者，火炽则炎上而风生也。自内而及外之意。"

②言有物而行有恒：言之有物而行动持之以恒。程颐《伊川易传》说："君子观风自火出之象，知事之由内而出，故所言必有物，所行必有恒也。"来知德《周易集注》也说："有物者，有实物也，言之不虚也。……有恒者，能恒久也。行之不变也。"

③顺以巽：六二阴爻居于九三阳爻之下，象征柔顺而谦虚。

④顺在位：柔顺而又居于适当的位置。指六四阴爻居于九五阳爻之下，象征臣顺从君，六四以阴爻居于阴位，是在位，象征臣处在适当的位置上。

⑤交相爱：互相爱。孔颖达《周易正义》说："交相爱也者，王既明于家道，天下化之，六亲和

睦,交相爱乐也。”

⑥反身之谓:这是说反求诸己。即先对自己威严。程颐《伊川易传》说:“爻辞谓治家当有威严,而夫子又复戒云当先严其身也。威严不先行于己,则人怨而不服。故云威如而吉者能自反于身也。孟子所谓身不行,道不行于妻子也。”

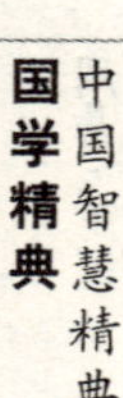

【译文】

《象传》说:风自火生出,是家人卦。君子因而言之有物而行之以恒。〔初九〕“闲有家”,用心于尚未发生的变故。六二之“吉”,在于顺从而谦虚。〔九三〕“家人嗃嗃”,没有过失。“妇子嘻嘻”,有失家规。〔六四〕“富家,大吉”,柔顺而在适当的位置上。〔九五〕“王假有家”,交相热爱。〔上九〕“威如”之“吉”,是说要反求诸己。

睽(卦第三十八)

䷥兑下离上

睽[①]:小事吉。

初九:悔亡。丧马勿逐[②],自复[③]。见恶人,无咎。

九二:遇主于巷,无咎。

六三:见舆曳,其牛掣[④],其人天且劓[⑤],无初,有终。

九四:睽孤遇元夫[⑥],交孚,厉[⑦],无咎。

六五:悔亡,厥宗噬肤[⑧],往何咎?

上九:睽孤见豕负涂[⑨],载鬼一车,先张之弧,后说之弧,匪寇,婚媾。往遇雨则吉。

【注释】

①睽(kuí 奎):六十四卦卦名之一。违背、乖异、乖离等意。卦象为兑下离上,兑为泽、离为火。火焰向上,泽水向下,是背道而驰,是乖离。泽储水,水火不相容,也是乖离。又,在八卦中,离象征中女,兑象征少女,二女同居志向不同,也是乖离。所以程颐《伊川易传》解释说:“为卦上离下兑,离火炎上,兑泽润下,二体相违,睽之义也。又中、少二女,虽同居而所归各异,是其志不同行也,亦为睽义。”睽就是矛盾,矛盾是广泛存在的。爻辞中讲到“丧马”、“见恶人”、“见舆曳”、“无初”、“见豕负涂、载鬼一车”等,都是乖离,都是矛盾。《彖传》加以发挥,说:“天地睽”、“男女睽”、“万物睽”,是矛盾无处不存在。在分析矛盾的时候,卦意不是只着眼一个方面,而看到了对立的另一个方面。即异中有同,离中有合,既矛盾又统一。爻辞中“丧马”是乖离,马自回是合顺;“见恶人”是乖离,无咎是合顺;在外漂泊是乖离,遇见主人是合顺;“无初”是乖离,“有终”是合顺;“见豕负涂,载鬼一车”是乖离,“匪寇、婚媾”是合顺。《彖传》加以归纳,阐明了这样的普遍规律,即“天地睽而其事同也,男女睽而其志通也,万物睽而其事类也”。既说明睽的普遍性,即“天地睽”、“男女睽”、“万物睽”,也说明睽的转化和作用,即睽而事同,睽而志通,睽而事类。《象传》也概括为“君子以同而异”。这样睽卦就以朴素的辩证观点,表述了宇宙间矛盾统一的根本规律。

②逐:追。

③复:返回。

④见舆曳,其牛掣:见车被向后拖,那牛向前拉。曳,拉。掣,拉牵;一作犎,兽角一仰一伏。

⑤天且劓:黥额又割鼻。李鼎祚《周易集解》引虞翻曰:"黥额为天,割鼻为劓。"

⑥睽孤遇元夫:孤独之际遇大人。元,大。程颐《伊川易传》解作"善"。九四为阳爻,夹在六三、六五两根阴爻中间,孤立无援,所以说是睽孤。程颐《伊川易传》说:"九四当睽时,居非所安,无应,而在二阴之间,是睽离孤处者也。以阳刚之德,当睽离之时,孤立无与,必以气类相求而合,是以遇之夫也。"

⑦交孚,厉:来知德《周易集注》:"交孚者,同德相信也。厉者,兢兢然危心以处之,惟恐交孚之不至也。"

⑧厥宗噬肤:其党一拍即合,深相结纳。厥,其。噬,咬。噬肤,咬合肌肤,比喻结合深牢。程颐《伊川易传》:"六(五)以阴柔当睽离之时而居尊位,有悔可知,然而下有九二刚阳之贤,与之为应,以辅翼之,故得悔亡。厥宗,其党也,谓九二正应也。噬肤,噬啮其肌肤而深入之也。当睽之时,非入之者深,岂能合也。(六)五虽阴柔之中,(九)二辅以阳刚之道而深入之,则可往而有庆,复何过咎之有!"

⑨见豕负涂:负,背。涂,泥。弧,弓。朱熹《原本周易本义》:"'见豕负涂',见其污也。'载鬼一车',以无为有也。'张弧',欲射之也。'说弧',疑稍释也。'匪寇婚媾',知其非寇而实亲也。'往遇雨则吉',疑尽释而睽合也。"

【译文】

睽卦:小事吉利。

初九:悔事消失。丢了马不必追寻,自会回来。见到恶人,无害。

九二:在巷里遇主人,无害。

六三:看到车被往后拖,牛在往前拉,驾车人受过黥额和割鼻刑。起初有磨难,但有好结果。

九四:孤独无应的时候得遇大人,同心同德,互相信赖,虽惴惴不安唯恐有失,但最终无害。

六五:悔事消失。朋党深相结纳,前往又有何害?

上九:孤独无应的时候,看到猪背上有泥,装载着一车鬼,先是张弓欲射,后来欢欢喜喜地放下弓。不是强盗,是迎亲的。前往遇雨则吉利。

《彖》曰:睽,火动而上,泽动而下。二女同居[①],其志不同行。说而丽乎明,柔进而上行[②],得中而应乎刚[③],是以"小事吉"。天地睽而其事同也,男女睽而其志通也,万物睽而其事类也。睽之时用大矣哉!

【注释】

①二女同居:二女居住在一起。二女指八卦的兑和离。离代表中女,兑代表少女。八卦分别象征父母和子女。《说卦》中说"离,再索而得女,故谓之中女。""兑三索而得女,故谓之少女。"

②柔进而上行:六三、六五都是阴爻,为柔。从六三进到六五,是自下往上升。所以叫"上行"。

③得中而应乎刚:六五以阴爻居上卦中位,与居下卦中位的阳爻九二相应,阳爻为刚,所以说是"应乎刚"。

【译文】

《彖传》说：睽卦，火焰运动着向上，水泽运动着往下。两个女子共居，她们各自有志，不向一处行动。和悦依附着光明，阴柔前进上升，〔六五〕得居中位而与〔九二〕阳刚相应，因此"小事吉"。天和地相乖离而养育万物的作用是共同的；男和女相乖离，而生育子女的心愿是相通的；万物不同，是乖离的，而生存和繁衍后代的功能是类似的。睽卦为时所用，意义太重大了。

《象》曰：上火下泽，睽。君子以同而异。"见恶人"，以辟[①]"咎"也。"遇主于巷"，未失道[②]也。"见舆曳"，位不当也。"无初有终"，遇刚也。"交孚无咎"，志行也。"厥宗噬肤"，"往"有庆也。"遇雨"之"吉"，群疑亡也。

【注释】

①辟：同"避"。

②道：一解作道理、规律，如孔颖达《周易正义》："既遇其主，虽失其位，亦未失道也。"一解作道路，如高亨《周易大传今注》："失道，迷失道路。"

【译文】

《象传》说：火向上，泽向下，是睽卦。君子从同探求异，从统一看矛盾。〔初九〕"见恶人"，以躲避祸害。〔九二〕"遇主于巷"，尚未失道。〔六三〕"见舆曳"，〔六居三，以阴爻居阳位〕是位置不当。"无初有终"，〔六三与上九阳刚相遇〕是阴柔遇阳刚。〔九四〕"交孚、无咎"，志向得以实现。〔六五〕"厥宗噬肤"，前往会有喜庆。〔上九〕"遇雨"之"吉"，各种疑惑全都消失。

蹇(卦第三十九)

䷦艮下坎上

蹇[①]：利西南，不利东北[②]。利见大人，贞吉。

初六：往蹇，来誉[③]。

六二：王臣蹇蹇，匪躬之故[④]。

九三：往蹇，来反[⑤]。

六四：往蹇，来连[⑥]。

九五：大蹇，朋来。

上六：往蹇，来硕，吉，利见大人[⑦]。

【注释】

①蹇(jiǎn 俭)：六十四卦卦名之一。原意为跛足，引申为难。卦象为艮下坎上，艮为山为止，坎为水为陷。水在山上流，备历艰辛险难，终将流出山，进入平坦的原野，得以宽舒平缓自由地泄流。程颐《伊川易传》说："蹇者，难也。……蹇，险阻之义。故为蹇，难。为卦坎上艮

下。坎，险也；艮，止也。险在前而止，不能进也。前有险陷，后有峻阻，故为蹇也。”卦辞中说：“不利东北”，就是指在东北方有险阻、困难。爻辞中初六、九三、六四、上六都讲“往蹇”，是反复讲前往困难。而六二讲“蹇蹇”，九五讲“大蹇”，是难上加难，大为艰难，简直是难得无以复加。但本卦贵在讲难而有发展变化，从难变为不难，有朴素的辩证观点。卦辞中既讲“不利东北”，是难，又讲“利西南”。还讲“利见大人”。虽在艰难之中，仍然“贞吉”，有光明的前途。爻辞中虽着力讲难，又都不是孤立、静止地讲难，都讲难的转化。初六：“往蹇，来誉。”前往有困难，但回来得到荣誉。“九三：往蹇，来反。”是前往有困难，返回有所安。“六四，往蹇，来连。”是前往有困难，就来联合克服困难。“九五，大蹇，朋来”，面临巨大的困难，有朋友来帮助克服。“上六，往蹇，来硕，吉”，是前往困难，但终能大有所得，有硕大之功，很吉利。使人在困难面前看到光明的前途，能鼓起克服困难的勇气。正因为如此，《彖传》才肯定和称道蹇卦“时用大矣哉”。《象传》提出君子在困难面前，要“反身修德”，把困难作为对自己的考验和磨炼。对“往蹇，来誉”，要“宜待”，善于等待时机。对“往蹇，来反”，“内喜”，即内心充满喜悦。即使面对“蹇蹇”，难上加难，也“终无尤”，始终没有怨尤。综观本卦卦意，是教人以正确的态度对待困难。

②利西南，不利东北：朱熹《原本周易本义》：“西南平易，东北险阻。”

③往蹇，来誉：前往经艰险，得来荣誉。朱熹《原本周易本义》：“往过险，来得誉。”

④王臣蹇蹇，匪躬之故：王之臣下，历经重重险阻，不是为了自身的缘故。匪，非。九五喻王，六二喻王臣。来知德《周易集注》：“王者，五也。臣者，二也。……六二当国家蹇难之时，主忧臣辱，故有王臣蹇蹇之象。然六二柔顺中正，盖事君能致其身者也，故又有匪躬之象。”

⑤往蹇，来反：前往经艰险，归来得平安。朱熹《原本周易本义》：“反就二阴（二阴爻），得其所安。”

⑥往蹇，来连：前往经艰险，连结合力来克服。朱熹《原本周易本义》：“连于九三，合力以济。”

⑦往蹇，来硕，吉，利见大人：前往历艰险，来共赴难，将建硕大功劳，吉利，宜于见大人。硕，大。朱熹《原本周易本义》：“（上六）已在卦极，往无所之，益以蹇耳！来就九五，与之济蹇，则有硕大之功。大人，指九五。”

【译文】

蹇卦：西南方向有利，东北方向不利。宜于见大人，得正吉利。

初六：前往经艰险，得来荣誉。

六二：王的臣下，历经重重险阻困难，不是为了自身的缘故。

九三：前往经艰险，归来得平安。

六四：前往经艰险，连结合力来克服。

九五：大为艰难，朋友来相助。

上六：前往历艰险，来共赴难，将建硕大功劳，吉利。宜于见大人。

《彖》曰：蹇难也，险在前也。见险而能止①，知②矣哉！蹇，“利西南”，往得中③也。“不利东北”，其道穷也。“利见大人”，往有功也。当位贞吉④，以正邦也。蹇

之时用大矣哉!

【注释】

①见险而能止:坎为水有险,艮为止,是见险而能止。

②知:智。

③往得中:前往能得中位。程颐《伊川易传》:"九上居五而得中正之位。"

④当位贞吉:在适当的位置上,得正吉利。据孔颖达《周易正义》:本卦二、三、四、五爻皆当位,所以得正而吉。

【译文】

《彖传》说:蹇卦,是难的意思,危险在前面。见危险而能停止,是很明智的。蹇卦讲"利西南",是〔九五〕前往得中正之位。"不利东北",是没有路。"利见大人",前往可建功。在适当的位置上,得正而吉利,使邦国方向正确。蹇卦因时致用太重要了!

《象》曰:山上有水,蹇。君子以反身修德①。"往蹇,来誉",宜待②也。"王臣蹇蹇",终无尤③也。"往蹇,来反",内喜之也。"往蹇来连",当位实④也。"大蹇,朋来",以中节⑤也。"往蹇,来硕",志在内⑥也。利见大人,以从贵⑦也。

【注释】

①反身修德:反求诸己以修明道德。

②宜待:宜于等待时机。孔颖达《周易正义》:"宜待者,既往则遇蹇,宜止以待时也。"

③终无尤:最终没有怨尤。朱熹《原本周易本义》:"事虽不济,亦无可尤。"

④当位实:实当其位。来知德《周易集注》认为:六四来连九三,阳实阴虚,实指九三。"九三得八卦之正位,实当其位也。阳刚得其正位,则才足以有为,可以济蹇矣。"

⑤中节:中正之德,有节制的能力。来知德《周易集注》:"中者,中德也。即刚健中正之德也。节者,节制也。言为五者,有刚健之中德,足以联属之;有九五之尊位,足以节制之,所以'大蹇,朋来'也。"

⑥志在内:据孔颖达《周易正义》:"有应在三,是志在内也。"是指九三阳爻。

⑦以从贵:来知德《周易集注》:"贵指九五。"

【译文】

《象传》说:山上面有水,是蹇卦。君子因此反求诸己,以修明道德。〔初六〕"往蹇,来誉",宜于等待时机。〔六二〕"王臣蹇蹇",最终无怨尤。〔九三〕"往蹇,来反",内心喜悦。〔六四〕"往蹇,来连",实当其位。〔九五〕"大蹇,朋来",有中正之德,足以节制。〔上六〕"往蹇,来硕",志在向内里求贤。"利见大人。"以跟从阳刚之贵。

解(卦第四十)

䷧坎下震上

解①:利西南。无所往,其来复,吉。有攸往,夙②吉。

初六:无咎。

九二:田获三狐,得黄矢[③],贞吉。

六三:负且乘,致寇至,贞吝。

九四:解而拇[④],朋至斯孚。

六五:君子维有解,吉,有孚于小人。

上六:公用射隼于高墉之上[⑤],获之,无不利。

【注释】

①解:六十四卦卦名之一。“消散险难、解脱、解除”的意思。卦象为坎下震上,坎为水为陷,震为雷为动。下为坎象征水的险阻,上为震象征雷的飞腾,雷冲出险阻飞入太空,是解脱了险难。所以孔颖达《周易正义》说:“解者,险难解释,物情舒缓,故为解也。”程颐《伊川易传》也解释说:“为卦震上坎下。震,动也。坎,险也。动于险外,出乎险也。故为患难解散之象。又震为雷、坎为雨。雷雨之作,盖阴阳交感,和畅而缓散,故为解。解者,天下患难解散之时也。”卦辞中讲“利”、“吉”、“夙吉”,都是与解除险难一致的。爻辞中:初六无咎、九二田获三狐,得黄矢、九四解而拇、六五君子维有解、上六公用射隼于高墙之上,获之,都是解除困难,获利得吉。《系辞上传》说:“负也者,小人之事也。乘也者,君子之器也。小人而乘君子之器,盗思夺之矣。”因此,“六三负且乘,致寇至,贞吝”,是从反面、从教训方面讲解的含义。即小人做这种蠢事,才不能“解”。《小象》又进而批评这是“可丑”的行为,是“自我致戎”。《彖》和《象》对解卦的含义有所发挥。《彖》提出“动而免乎险”的论断,说解不会从天上白白掉下来,要通过努力奋斗去获得,只有动、活动、斗争,才会免除危险,获得“解”。正如“雷雨作”,天地才能“解”。“雷雨作”,“百果草木”才能发芽生长。《象》把解的意义应用到社会活动中,提出“君子以赦过宥罪”,宽大治狱,以缓和社会矛盾,以达到“解”的目的。

②夙:早,平素,过去。

③黄矢:黄色箭头。为铜箭头,故黄。

④拇:足或手的大指。

⑤公用射隼于高墉之上:公在高墙上射鹰隼。公,显爵之一或最高的官位。孔颖达《周易正义》:“公者,臣之极。”隼,一种凶猛的鸟。有说为苍鹰之类。孙星衍《周易集解》说:“《九家易》曰:隼,鸷鸟也。今捕食雀者。其性疾害,喻暴君也。”

【译文】

解卦:西南方有利。无前往之处,返回来,吉利。如有所前往,早去吉利。

初六:无灾祸。

九二:田猎获得三只狐狸,得到黄色箭。占问吉利。

六三:肩背东西又乘车,招致盗寇来抢劫。占问有难。

九四:松解大拇指,朋友至而诚信。

六五:君子能释解险难,吉祥,对小人有诚信。

上六:王公在高墙上射鹰隼,射中获得它,没有不利。

《彖》曰:解,险以动,动而免乎险[①],解。解,“利西南”,往得众也。“其来复

吉”，乃得中也。”“有攸往，夙吉”，往有功也。天地解而雷雨作，雷雨作而百果草木皆甲坼[2]。解之时大矣哉！

【注释】

①险以动，动而免乎险：解卦坎下震上，坎为险，震为动，所以是险以动。震在坎之上，是动于险之上，即动而免乎险。也可进一步理解为动才能免于险。

②雷雨作而百果草木皆甲坼：雷雨兴作而百果草木都抽芽。百果，各种果树。坼，裂开。来知德《周易集注》说：“及至阴阳交泰，则气解而雷雨交作，由是形随气解，而百果草木皆甲拆矣。甲者，萌甲。拆者，拆开。”来知德将“坼”作“拆”，其意略同。

【译文】

《彖传》说：解卦，险而动，动而免于险，为解卦。解卦“利西南”，前往得众人之助。“其来复，吉”，乃得到中位。“有攸往，夙吉”，前往有功效。天地解除阻塞而雷雨兴作，雷雨兴作而百果草木都抽芽。解卦因时致用的意义太重大了！

《象》曰：雷雨作，解。君子以赦过宥罪[1]。刚柔之际，义“无咎”也。九二“贞吉”，得中道也[2]。“负且乘”，亦可丑也。自我致戎，又谁咎也？“解而拇”，未当位也[3]。“君子有解”，“小人”退也。“公用射隼”，以解悖也[4]。

【注释】

①君子以赦过宥罪：君子赦免、宽宥犯罪的人，以解除万民之难。这正是《杂卦传》中所说解卦宽缓的意旨。来知德《周易集注》：“赦过宥罪，君子以之解万民之难，此正《杂卦》解缓之意。”

②得中道也：九二阳爻居于下卦之中，所以是得中道。来知德《周易集解》：“居中而得中道也。”

③未当位也：九四以阳爻居于阴位，所以是未当位。

④以解悖也：悖，是逆，是乱。隼喻悖乱者，射中隼，即为解悖。程颐《伊川易传》：“至解，终而未解者，悖乱之大者也。射之所以解之也。解则天下平矣。”

【译文】

《象传》说：雷雨兴作，是解卦。君王因此赦免过失，宽宥罪犯。〔初六〕刚柔交接，应该是“无咎”的。九二“贞吉”，是得到中道。〔六三〕“负且乘”，也是可丑的。从我招致寇盗，又能怪谁呢！〔九四〕“解而拇”，未得到适当的位子。〔六五〕“君子有解”，“小人”退缩。〔上六〕“公用射隼”，以解除悖乱。

损(卦第四十一)

☶兑下艮上

损[1]：有孚，元吉，无咎，可贞，利有攸往。曷之用？二簋可用享[2]。

初九：已事遄往[3]，无咎，酌损之。

九二：利贞，征凶，弗损，益之。

六三：三人行则损一人，一人行则得其友④。

六四：损其疾，使遄有喜，无咎。

六五：或益之十朋之龟⑤，弗克违，元吉。

上九⑥：弗损，益之，无咎，贞吉，利有攸往。得臣无家。

【注释】

①损：六十四卦卦名之一。“减、失”的意思。卦象为兑下艮上。兑为泽，艮为山。泽中水浸蚀着山，是对山石的损。一说水自损耗，增山之高。亦通。来知德《周易集注》说：“损者，减损也。其卦损下刚卦，益上柔卦。此损之义也。”把损下益上的含义，应用到社会活动中，是比喻苛剥人民奉养君上。故朱熹在《原本周易本义》中说：“损，减省也。……损兑泽之深，益艮山之高，损下益上，损内益外，剥民奉君之象，所以为损也。”《彖》指出“损下益上，其道上行”，这在古代是常规，即朱熹所说的“剥民奉君”。但统治者为维护长久统治，不能对人民“竭泽而渔”，而应该“损刚益柔有时”，必要的时候，还要“损益盈虚”。《象》也对此作了发挥，提出“君子以惩忿窒欲”，即统治者要克制贪欲和私忿，对下应“弗损，益之”，不要过分苛剥，而要有所增益，才能得民心，巩固统治，从而“大得志也”。

②曷之用？二簋（guǐ 鬼）可用享：用什么（祭祀）？两簋粗饭即可用于祭祀。曷，通“何”。簋，古代盛食物的普通圆形器具。

③已事遄（chuán 传）往：祭祀的事，赶快前往。惠栋《周易述》：“巳，读为祀。祀谓祭祀。”李鼎祚《周易集解》“巳”即作“祀”。来知德《周易集注》：“巳者，我也。”朱震《汉上易传》：“巳事者，止其事也。”今取祭祀意。遄，速也。

④三人行则损一人，一人行则得其友：三人同行就损减一人，一人独行就得朋友。朱熹《原本周易本义》：“下卦本乾，而损上爻以益坤，三人行而损一人也。一阳上而一阴下，一人行而得其友也。”他是用卦变说作解释，是说下卦本是乾，三根阳爻；上卦本是坤，三根阴爻。三根阳爻损一根阳爻，变成阴爻六三。这是三人行损一人。一根阳爻上升变成上九。一根阴爻下降变成六三。这是一人行而得友。

⑤十朋之龟：龟甲可占卜，为贵重物品。朱熹《原本周易本义》：“两龟为朋。十朋之龟，大宝也。”

⑥上九：弗损，益之，无咎，贞吉，利有攸往。得臣无家：上九：未自损，而增益他人，无咎害，占问吉利，利于有所前往。得到广大臣属响应，并非一家一户。朱熹《原本周易本义》：“上九，当损下益上之时，居卦之上，受益之极。而欲自损以益人，然居上而益下，有所谓惠而不费，不待损己然后可以益人也。能如是，则无咎。然亦必以正则吉，而利有所往、惠而不费，其应广矣。故又曰得臣无家。”

【译文】

损卦：有诚信，大为吉利，无灾祸，可以守正，利于有所前往。用什么〔祭祀〕？两簋粗饭即可用于祭祀。

初九：祭祀的事，赶快前往，无灾祸。应酌情损减。

九二：利于占问。出征则凶险，不要损减，而要增益。

六三：三人同行就损减一人，一人独行就得朋友。

六四：减轻他的病，使他快快痊愈，才有喜悦。无灾祸。

六五：有人赠给价值十朋的大龟，不能谢绝，大为吉利。

上九：未自损，而增益他人，无咎害，占问吉利，利于有所前往。得到广大臣属响应，并非一家一户。

《彖》曰：损：损下益上，其道上行①。损而有孚②，"元吉，无咎，可贞，利有攸往。曷之用？二簋可用享"。二簋应有时。损刚益柔有时③。损益盈虚，与时偕行。

【注释】

①损下益上，其道上行：减损下面的，增益上面的，其方向是往上走。程颐《伊川易传》说："损之所以为损者，以损于下而益于上也。取下以益上，故云其道上行。夫损上而益下则为益，损下而益上则为损。损基本以为高者，岂可谓之益乎？"

②损而有孚：损减要有诚信。才能够元吉、无咎、可贞、利有攸往。程颐《伊川易传》说："谓损而以至诚，则有此元吉以下四者。损道之尽善也。"

③有时：有一定的时机。张载《横渠易传》说："损下益上，损刚益柔，非可常行。必有孚、元吉、无咎、可贞，然后利有进，故下云'有时'"。

【译文】

《彖传》说：损卦，损减下面的，增益上面的，其方向是向上走。损减而有诚信，"元吉，无咎，可贞，利有攸往。曷之用？二簋可用享"。两簋〔粗饭用于祭祀〕应有一定的时机。损减刚强增益柔弱有一定时机，损减盈余增益虚亏，跟随时机一起进行。

《象》曰：山下有泽，损。君子以惩忿窒欲①。"已事遄往"，尚合志也②。"九二利贞"，中以为志也。"一人行"，"三"则疑也③。"损其疾"，亦可"喜"也。"六五""元吉"，自上佑也。"弗损、益之"，大得志也。

【注释】

①山下有泽，损。君子以惩忿窒欲：山下有泽，是损卦。君子因此制止忿怒，克服贪欲。来知德《周易集注》说："泽深山高，损下以增高，损之象也。惩者，戒也。窒者，塞也。……忿不惩必迁怒，欲不窒必贰过，君子修身，所当损者，莫切于此。"

②尚合志也：志向相合。初九与六四相应，即阳与阴志向合，都欲"损其疾"。来知德《周易集注》说："尚与上通，指四也。阴阳正应，故合志。(六)四之志欲损其疾而初(九)遄往，合其志也。"

③"一人行"，"三"则疑也：一人行则可，三人行就疑惑。来知德《周易集注》："一人行得友而成两，则阴阳配合而专一。若三则杂乱而疑矣，所以损其一也。"李鼎祚《周易集解》："荀爽曰：一阳(爻)在上(指上九)则教令行，三阳(爻)在下则民众疑也。"(故而损一阳爻改为阴爻六三。)

【译文】

《象传》说：山下有泽，是损卦。君子因此制止忿怒，克服贪欲。〔初九〕"已事遄往”，志向相合。“九二利贞”，以中正之道为志向。〔六三〕一人行可以，三人行则疑惑。〔六四〕“损其疾”，也可喜。“六五”“元吉”，自天保佑。〔上九〕“弗损，益之”，大为得志。

益(卦第四十二)

䷩震下巽上

益[①]：利有攸往，利涉大川。

初九：利用为大作，元吉，无咎。

六二：或益之十朋之龟，弗克违，永贞吉。王用享于帝[②]，吉。

六三：益之用凶事，无咎。有孚、中行，告公用圭[③]。

六四：中行告公，从，利用为依迁国[④]。

九五：有孚，惠心，勿问元吉，有孚惠我德[⑤]。

上九：莫益之，或击之，立心勿恒，凶[⑥]。

【注释】

①益：六十四卦卦名之一。为“增益、增加、收益”的意思。卦象为震下巽上。震为雷为动，巽为风为入。风烈雷厉，雷激风怒，互相助益，故而为益。程颐《伊川易传》说：“为卦巽上震下，雷风二物相益者也。风烈则雷迅，雷激则风怒，两相助益，所以为益。此以象言之也。……下厚而上安，故益下为益。”益卦与损卦相反。损卦是“损下益上”，即苛剥下民以奉君上。益卦是“损上益下”，即对上有所损减，以助益下民。这对统治者虽然难以做到，但对其统治却是十分有利的。所以卦辞说“利有攸往，利涉大川”，是处处有利。爻辞中也多讲有利。“初九：利用为大作，元吉”，是有大兴作，大为吉利。“六二：王用享于帝，吉”，是王祭祀上帝得吉。六四，迁国，也是有益的。毛奇龄《仲氏易》说：“专以迁国为益下者也。夫殷王五迁，无非为民。”“九五：有孚惠心，勿问，元吉”，是有诚信，心存施惠之念，不用问，是大吉大利的。即如“六三：益之用凶事”，在凶事上有所增益，也无咎害。相反，如“上九：莫益之”，即不增益，才会有凶。所以卦爻辞是十分肯定和赞赏“益”的。《彖传》进一步阐发了“益”的重大意义，指出：“益，损上益下，民说(悦)无疆。自上下下，其道大光。”是说损减上面而增益下面，就大得人心，人民无限喜悦。从上面谦虚地对待下面，他的前途就大为光明。并指出“凡益之道，与时偕行”，认为“益”合于宇宙的自然规律，与时光同在，与日月同行。《象传》将益的含义进一步扩展到社会生活和人们的修身养性、日常活动方面。提出“君子以见善则迁，有过则改”，以增益善行美德，“以益志”，以增益意志。

②享于帝：供奉祭祀天帝。

③圭：帝王、诸侯朝会、祭祀时拿着的一种玉器。

④六四：中行告公，从，利用为依迁国；六四：持中而行，报告王公，得以见从，利于凭依迁都。朱熹《原本周易本义》：“(六)三、(六)四皆不得中，故皆以中行为戒。此言以益下为心而合于中行，则告公而见从矣。传曰周之东迁晋郑焉依。盖古者迁国以益下，必有所依。然后能立此爻，又为迁国之吉占也。”

⑤九五：有孚，惠心，勿问元吉，有孚惠我德：上有诚信、有施惠之心，不必问自会大吉。下亦

有诚信，以德行施惠于我。朱熹《原本周易本义》说："上有信，以惠于下，则下亦有信以惠于上矣，不问而元吉可知。"

⑥上九：莫益之，或击之，立心勿恒，凶：上九对下无所增益，下面可能有反抗、攻击。(上九)贪求，心无恒定，必然凶险。莫，无，没有。或，有的。孙星衍《周易集解》说："(上九)处《益》之极，过盈者也。求益不已，心无恒者也。无厌之求，人弗与也。独唱莫和，是偏辞也。人道恶盈，怨者非一，故曰或击之也。"

【译文】

益卦：利于有所往，利于涉越大河。

初九：有利于大的兴作，大吉，无灾祸。

六二：有人送给价值十朋的宝龟，不能谢绝，永远守正道获吉祥。君王以此祭天帝，吉利。

六三：增益用于凶险的事，无咎害。有诚信，持中而行，手执圭报告王公。

六四，持中而行，报告王公，得以见从，利于凭依迁都。

九五：上有诚信，有施惠之心，不必问自会大吉。下亦有诚信，以德行施惠于我。

上九：对下无所增益，下面可能有反抗、攻击。贪求，心无恒定，必然凶险。

《彖》曰：益，损上益下，民说无疆①。自上下下，其道大光②。"利有攸往"，中正有庆③。"利涉大川"，木道乃行④。益动而巽，日进无疆。天施地生，其益无方⑤。凡益之道，与时偕行⑥。

【注释】

①损上益下，民说无疆：损减上面，增益下面，民众无限高兴。程颐《伊川易传》："损于上而益下，则民说(悦)之。无疆，谓无穷极也。"

②自上下下，其道大光：自上面谦虚地对待下面，他的行道大放光明。程颐《伊川易传》："自上而降己以下下，其道之大光显也。阳下居初(爻)，阴上居四(爻)，为自上下下之义。"这里是说阳爻自上降下来居于初位，为初九。阴爻上升到四位，为六四。是自上下下的象征。

③中正有庆：指九五居于上卦中位，六二居下卦的中位，均为正位。是有福庆。程颐《伊川易传》："(九)五以阳刚中正居尊位，(六)二复以中正应之。是以中正之道益天下，天下受其福庆也。"

④木道乃行：利用木船乘风，水上道路才可通行。益卦震下巽上，震为动，巽为木为风，木可做船，乘风而动，才可驶行。程颐《伊川易传》认为是"益"误作"木"。说："益之为道，于平常无事之际，其益犹小，当艰危险难则所益至大，故利涉大川也。于济艰险，乃益道大行之时也。益误作木，或以为上巽下震，故云木道，非也。"此可备一说。

⑤天施地生，其益无方：天地生育万物，它的增益，没有限量。施，施予。生，化生。方，方所。无方，没有方所之限，谓广大无限。程颐《伊川易传》："以天地之功，言益道之大。圣人体之，以益天下也。无道资始，地道生物。天施地生，化育万物。各正性命，其益可谓无方矣。方，所也。有方所，则有限量。无方，谓广大无穷极也。天地之益，万物岂有穷际乎！"

⑥凡益之道，与时偕行：凡为益的道理与时共存。程颐《伊川易传》："圣人利益天下之道，应

时顺理，与天地合，与时偕行也。”

【译文】

《彖传》说：益卦，损减上面，增益下面，民众无限高兴。上面谦虚地对待下面，他的行道大放光明。“利有攸往”，是中正之位有福庆。“利涉大川”，以木为船，开辟航道，才可通行。益卦（震）动而（巽）谦逊，日日进益无限量。天地生育万物，它的增益无限量。凡为益的规律和道理，与时光同时存在，一同前进。

《象》曰：风雷，益。君子以见善则迁，有过则改[①]。“元吉，无咎”，下不厚事也[②]。“或益之”，自外来也。“益用凶事”，固有之也。“告公从”，以益志也[③]。“有孚惠心”，“勿问”之矣。“惠我德”，大得志也。“莫益之”，偏辞也。[④]“或击之”，自外来也。

【注释】

①风雷，益。君子以见善则迁，有过则改：君子借鉴风雷互相助益之象，以见善迁于善、有过改过来增益道德的修养。程颐《伊川易传》：“风烈则雷迅，雷激则风怒，二物相益者也。君子观风雷相益之象，而求益于己。为益之道，无若见善则迁、有过则改也。见善能迁则可以尽天下之善，有过能改则无过矣。益于人者，无大于是。”

②下不厚事也：不用大兴作的事项厚劳下民。李鼎祚《周易集解》：“侯果曰……若能不厚劳于下民，不夺时于农畯，则大吉无咎矣。”

③以益志也：以增益其勤王之志。李鼎祚《周易集解》：“崔憬曰：益其勤王之志也。”

④偏辞也：是普遍的说法。李鼎祚《周易集解》“偏”作“徧”。引虞翻曰：“徧，周匝也。”

【译文】

《象传》说：风雷相助，是益卦。君子因此见善就迁于善，见过就改过。〔初九〕“元吉，无咎”，不用大兴作的事项厚劳下民。〔六二〕“或益之〔十朋之龟〕”，是从外面来。〔六三〕“益用凶事”，本来就有。〔六四〕“告公从”，以增益其勤王之志。〔九五〕“有孚惠心”，“勿问”了。“惠我德”，大为得志。〔上九〕“莫益之”，是普遍的说法。“或击之”，从外面来。

夬(卦第四十三)

䷪乾下兑上

夬[①]：扬于王庭，孚号有厉[②]。告自邑，不利即戎，利有攸往。

初九：壮[③]于前趾，往不胜，为咎。

九二：惕号，莫[④]夜有戎，勿恤。

九三：壮于頄[⑤]，有凶。君子夬夬[⑥]，独行遇雨若濡，有愠，无咎。

九四：臀无肤[⑦]，其行次且[⑧]。牵羊悔亡，闻言不信[⑨]。

九五：苋陆夬夬，中行无咎[⑩]。

上六：无号，终有凶⑪。

【注释】

①夬：六十四卦卦名之一。“训决，冲决、决断、决定”的意思。卦象为乾下兑上，乾为天，兑为泽。水在天之上，必决。又卦画为一阴爻在上，五阳爻在下。阳爻势力将进一步发展，阴爻势力将削弱殆尽。是五阳决去一阴。故程颐《伊川易传》解作：“为卦兑上乾下，以二体言之，泽水之聚也，乃上于至高之处。有溃决之象。以爻言之，五阳在下，长而将极。一阴在上，消而将尽。众阳上进，决去一阴。所以为夬也。夬者，刚决之义。众阳进而决去一阴。君子道长，小人消衰将尽之之时也。”李鼎祚《周易集解》解作：“（引陆绩曰）水气上天，决降成雨，故曰夬。”夬卦五阳决一阴说，虽从趋势上肯定阳爻“长而将极”，一阴爻“消而将尽”。但实际上一根阴爻既已占据最高位置，阳爻决去它并非易事。要经过长期的艰苦斗争，甚至阳爻也要经受损伤。这样方可理解爻辞何以多处谈到受伤和凶险等情况。如初九伤前趾、九三伤脸面、九四臀部“无肤”，上六“无号，终有凶”。这些都说明五阳决一阴的艰巨和付出的巨大代价。卦辞“扬于王庭，孚号有厉”，正是阳与阴斗争状况的写照。《彖传》明确指明斗争的性质是“刚决柔”，斗争“危乃光”，是英勇而悲壮的。《象传》说：“君子以施禄及下”，显然是在争取人们的支持，也是斗争的需要。

②扬于王庭，孚号有厉：举事于王庭，诚恳地号召，但可能尚有危厉。扬，举。王庭，王者之庭。孔颖达《周易正义》：“王庭是百官所在之处，以君子决小人，故可以显然发扬决断之事于王者之庭，示公正而无私隐也。”程颐《伊川易传》：“当显行之于公朝，使人明知善恶，故云扬于王庭。孚，信之在中，诚意也。号者，命众之辞。君子之道，虽长盛而不敢忘戒备。故至诚以命众，使知尚有危道。”朱熹《原本周易本义》：“以五阳去一阴，决之而已。然其决之也，必正名其罪，而尽诚以呼号其众，相与合力，然亦当有危厉，不可安肆。又当先治其私，而不可专尚威武，则利有所往也。”

③壮：孙星衍《周易集解》：“虞翻曰：壮，伤也。”“马融曰：壮，伤也。”又引王肃曰：“壮，盛也。”

④莫：暮。

⑤壮于頄（qiú 球）：伤于面颧骨。来知德《周易集解》：頄，“面颧也”。

⑥君子夬夬：君子决然。程颐《伊川易传》：“夬夬，谓夬其夬，果决其断也。”

⑦肤：肉。

⑧次且：趑趄，行走不稳。

⑨牵羊悔亡，闻言不信：（九四）牵着羊（指另外的三根阳爻），后悔消亡。听到话，却不相信。来知德《周易集注》：“兑为羊，羊之象也。牵羊者，牵连三阳（爻）而同进也。”“九四以阳居阴，不中不正，有臀无肤，行不进而不决，小人之象。然当决之时，不容不决也。故教占者能牵连下三阳以同进，用人成事，则可以亡其不进之悔。但不中不正之人，不乐闻君子之言，度其虽言之亦不信也。”

⑩苋（xiàn 现）陆夬夬，中行无咎：山羊在路上决然前行不息，居中而行必无咎害。苋，古人多解作菜名、草名。朱熹云：“苋陆，今马齿苋。”程颐亦认为是马齿苋。朱震认为是泽草。来知德认作苋菜。吴澄《易纂言》引项氏曰：“苋音丸，土羊也。陆，其群行之路……澄案：项说是也。苋字上从十十，羊之角也。中从目，羊之目也。下从凡，象羊之足。苋字谐苋声，旧误作苋，从草从见。意解作草名。……夬夬者，行而不息也。”今从此说。土羊，即山羊。九五居于上卦之中，故云“中行”。

⑪无号，终有凶：无需号咷，(号咷没有作用)终将有凶险。吴澄《易纂言》："上当兑口(兑为口)，故为号呼之象。"朱熹《原本周易本义》："阴柔小人居穷极之时，党类已尽，无所号呼，终必有凶也。"

【译文】

夬卦：举事于王庭，诚恳地号召，可能尚有危厉。告诫自己封邑的人们，立即兴兵动武是不利的。有所前往则有利。

初九：伤在足前趾，前往不能取胜，反而有灾祸。

九二：警惕呼号，黑夜有战斗，不必忧虑。

九三：伤在面颧骨，有凶险。君子决然独行，遇雨受淋，有愠怒，无灾祸。

九四：臀部没有皮肉了，他行动趑趄艰难。牵着羊，后悔消亡。听到话，却不相信。

九五：山羊在路上决然前行不息，居中而行必无咎害。

上六：无需作无用的号夬，终将有凶险。

《彖》曰：夬，决也，刚决柔也[①]。健而说，决而和[②]。"扬于王庭"，柔乘五刚也。"孚号有厉"，其危乃光也[③]。"告自邑，不利即戎"，所尚乃穷也[④]。"利有攸往"，刚长乃终[⑤]也。

【注释】

①夬，决也，刚决柔也：五根阳爻决去一根阴爻，所以为决，为刚决柔。朱震《汉上易传》："五阳长于下，一阴消于上。五阳合力而决一阴，故曰夬，决也，刚决柔也。"

②健而说，决而和：刚健而和悦，决去但和蔼。乾为健，兑为悦。而且，五阳爻决去一阴爻，有很高的斗争艺术，"退人以礼"，不是以粗暴的方式。态度是和悦的。朱震《汉上易传》说："健者，乾也。决而和说(悦)者，兑也。健而说诸理，决而不失其和。非亢暴忿疾以力胜之。决之，至善者也。古人退人以礼，其用刑至于杀之而不怨，所以异于刑名家也。"

③"孚号有厉"，其危乃光也："诚恳的号召，但可能尚有危厉"，但其危险将变为光明。李鼎祚《周易集解》引荀爽曰："信其号令于下，众阳危。去上六，阳乃光明。"

④所尚乃穷也：所尚，即所看重的兴兵动武，必将穷困。李鼎祚《周易集解》引荀爽曰："不利即尚兵戎，而与阳争必困穷。"

⑤"利有攸往"，刚长乃终："有所前往则有利"，阳刚壮大至阴柔消亡才为终结。张载《横渠易说》："除恶(决去阴爻)务本，故利有所进而后为德乃终。"程颐《伊川易传》："阳刚虽盛长犹未终，尚有一明，更当决去，则君子之道纯一而无害之者矣，乃刚长之终也。"

【译文】

《彖传》说：夬卦，是决，阳刚决去阴柔。刚健而和悦，决去但和蔼。"扬于王庭"，阴柔凌驾于五阳刚之上。"孚号有厉"，但其危险将变为光明。"告自邑，不利即戎"，所看重的兴兵动武，必将穷困。"利有攸往"，阳刚壮大至阴柔消亡才为终结。

《象》曰:泽上于天,夬。君子以施禄及下,居德则忌[①]。不胜而往。咎也。"有戎,勿恤",得中道也[②]。"君子夬夬",终"无咎"也[③]。"其行次且",位不当也。"闻言不信",聪不明也[④]。"中行,无咎",中未光也[⑤]。"无号"之"凶",终不可长也[⑥]。

【注释】

①君子以施禄及下,居德则忌:君子以此分施俸禄给下民,处在有德的地位则能戒忌自满。程颐《伊川易传》:"泽水之聚也而上于天,至高之处,故为夬象。君子观泽决于上而注溉于下之象,则以施禄及下。谓施其禄泽以及于下也。观其决溃之象,则以居德则忌。居德,谓安处其德则约也。忌,防也。谓约立防禁。有防禁,则无溃散也。"朱熹在《原本周易本义》中说:"居德则忌未详。"吴澄在《易纂言》中解作"而居德则忌满盛",可通。

②"有戎,勿恤",得中道也:"有戎,勿恤",因为(九二),在下卦之中,得中道。程颐《伊川易传》:"莫(暮)夜有兵戎,可惧之甚也,然可勿恤者,以自处之善也。既得中道,又知惕惧,且有戒备,何事之足恤也。"

③君子夬夬,终"无咎"也:君子决然而行,终于无咎祸。君子以柔和而行刚强之事,才能终于无咎祸。来知德《周易集注》:"心夬夬而面目相合,是决而和矣,所以终无咎。"吴澄《易纂言》也说:"君子之夬夬也,不特其刚,虽和于柔而终能决去之,故无咎。"

④"其行次且",位不当也。"闻言不信",聪不明也:"其行次且",是因为位子不当。"闻言不信",是因为听觉不明。九四,以阳爻处于阴位四,是位子不当。程颐《伊川易传》:"九处阴位(四),不当也。以阳居柔,失其刚决,故不能强进,其行次且。刚然后能明,处柔,则迁失其正性,岂复有明也。故闻言而不能信者,盖其聪听之不明也。"

⑤中未光也:居中之位,但未能光大。九五居上卦之中,对决去上六起重要作用,但仅免咎祸,未能光大刚中之道。朱熹《原本周易本义》:"夬之主爻,比近所决之柔。以其中而无不及,故能引进群刚,同决一柔。然仅免咎而已,于刚中之道未为光也。"李鼎祚《周易集解》也说:"夫以至尊(指九五)而敌于至贱(指上六),虽其克胜,未足多也。处中而行,足以免咎而已,未为光益也。"

⑥终不可长也:最终不能长久。来知德《周易集注》:"言一阴(爻)在上,不可长久,终为五阳所决去也。"

【译文】

《象传》说:"泽上到天之上,是夬卦。君子以此分施俸禄给下民,处在有德的地位则能戒忌自满。〔初九〕"不胜"而"往",是有"咎"祸的。〔九二〕"有戎,勿恤",因为在下卦之中,得中道。〔九三〕"君子夬夬",终于无咎祸。〔九四〕"其行次且",是因为位子不当。"闻言不信",是因为听觉不明。〔九五〕"中行,无咎",居中之位,但未能光大。〔上六〕"无号"之"凶",最终不能长久。

姤(卦第四十四)

☴巽下乾上

姤[①]:女壮,勿用取女[②]。

初六:系于金柅,贞吉[③]。有攸往,见凶,羸豕孚蹢躅[④]。

九二：包有鱼，无咎，不利宾⑤。

九三：臀无肤，其行次且。厉，无大咎⑥。

九四：包无鱼，起凶⑦。

九五：以杞包瓜，含章，有陨自天⑧。

上九：姤其角，吝，无咎⑨。

【注释】

①姤(gòu 够)：六十四卦卦名之一。惠栋《周易述》作"遘"。"相遇"的意思。卦象为巽下乾上。巽为风，乾为天。风吹遍天下，抚育万物。又一阴爻在下，五阳爻在上，是阴与阳相遇。程颐《伊川易传》："为卦乾上巽下，以二体言之，风行天下。天之下者，万物也。风之行，无不经触，乃遇之象。又一阴始生于下，阴与阳遇也。故为姤。"事物只有相遇，相接触，才能产生各种各样的关系，才能相互发生作用。所以本卦从相遇出发，着重谈了男和女的关系，以及主和宾的关系等。卦辞说："女壮，勿用取女"，指女子壮健，女胜男，不要娶这女子。爻辞中说"初六：系于金柅"，使阴柔之道有所系牵，是女系于男，是宣扬了夫权。"九二：包有鱼，无咎，不利宾"，是谈及宾主关系。《彖传》和《象传》对姤卦的意义有所发挥。《彖传》除了重复卦辞中"勿用取女"的话并作了解释外，进一步提出了"天地相遇，品物成章"的观点，认为天地相遇，阴阳相交，产生了光怪陆离的大千世界、万事万物。而《象传》从巽下乾上，天下有风之象推衍出"后以施命诰四方"，联系到君主的施政活动。

②女壮，勿用取女：女子健壮(胜男)，不要娶这女子。壮，健壮，壮大，也有伤的意思。女壮勿娶，反映了夫权观念。程颐《伊川易传》："一阴(爻)始生，自是而长，渐以盛大，是女之将长壮也。阴长则阳消，女壮则男弱，故戒勿用取如是之女。"李鼎祚《周易集解》引虞翻曰："女壮，伤也。阴伤阳，柔消刚，故女壮也。"

③系于金柅，贞吉：系在金属刹车闸上，贞正之道吉利。柅为刹车闸。程颐《伊川易传》："柅，止车之物。金为之，坚强之至也。止之以金柅，而又系之，止之固也。固止，使不得进，则阳刚贞正之道吉也。"李鼎祚《周易集解》引《九家易》曰："丝系于柅，犹女系于男。故以喻初(六)宜系(九)二也。若能专心顺(九)二则吉，故曰贞吉。今既为(九)二所据，不可往应四。往则有凶，故曰有攸往见凶也。"

④羸豕孚蹢躅：羸弱的母猪躁动不安，徘徊不止。羸，弱。孚，务躁。蹢躅，徘徊不定。孙星衍《周易集解》："羸豕，谓牝豕也。群豕之中，豭强而牝弱，故谓之羸豕也。孚，犹务躁也。夫阴质而躁恣者，羸豕特甚焉。言以不贞之阴，失其所牵，其为淫丑，若羸豕务蹢躅也。""以喻蹢女望于五阳，如豕蹢躅也。"

⑤包有鱼，无咎，不利宾：包裹内有鱼，无咎祸，不宜于招待宾客。包，包裹。陆德明《经典释文》："包亦作庖。"亦可通。程颐《伊川易传》："包者，苴裹也。鱼，阴物之美者。阳之于阴，其所悦美，故取鱼象。(九)二于初(六)，若能固畜之，如包苴之有鱼，则于遇为无咎矣。宾，外来者也。不利宾，包苴之鱼，岂能及宾！谓不可更及外人也。"

⑥臀无肤，其行次且。厉，无大咎：臀部没有皮肉，他行动趑趄艰难。危厉，但无大咎祸。九三隔着九二，不能与初六相遇，上面也无所应，所以处境艰难。行动趑趄，如同"臀无肤"般不安。朱熹《原本周易本义》解："九三过刚不中。下不遇于初(六)，上无应于上。居则不安，行则不进。故其象占如此。然既无所遇，则无阴邪之伤。故虽危厉，而无大咎也。"

⑦包无鱼，起凶：包裹里没有鱼，要产生凶险。九四本与初六相应，初六与九二相遇，使九四

失去鱼一样美好的阴物。在上失其下民，所以将有凶。程颐《伊川易传》："包者，所裹畜也。鱼所美也。（九）四与初（六）为正应，当相遇者也。而初（六）已遇于（九）二矣，失其所遇，犹包之无鱼，亡其所有也。（九）四当梎遇之时，居上位而失其下，下之离由已之失德也……所以凶也。"

⑧以杞（qǐ起）包瓜，含章，有陨自天：用杞柳条包着瓜，有文采，如同从天上掉下来。毛奇龄《仲氏易》："薛虞记云，杞，杞柳也。杞性柔刃（韧）宜屈挠。"朱熹《原本周易本义》："有陨自天，本无而倏有之象也。"

⑨姤其角，吝，无咎：姤卦的角，有悔吝、无咎祸。上九居卦位最上，又为阳刚，如同动物的角在头最上方而刚硬。朱熹《原本周易本义》："角，刚乎上者也。上九以刚居上而无位，不得其遇，故其象占与九三类。"

【译文】

姤卦：女子过分强健，不宜娶作妻室。

初六：系在金属煞车闸上，贞正之道吉利。有所前往，出现凶险。羸弱的母猪躁动不安、徘徊不止。

九二：包裹内有鱼，无咎祸，不宜于招待宾客。

九三：臀部没有皮肉，他行动趑趄艰难，有危险，但无大咎祸。

九四：包裹里没有鱼，要产生凶险。

九五：用杞柳条包着瓜，有文采，如同从天上掉下来。

上九：姤卦的角，有悔吝，无咎祸。

《彖》曰：姤，遇也，柔遇刚也。"勿用取女"，不可与长也[①]。天地相遇，品物成章也[②]。刚遇中正，天下大行也[③]。姤之时义大矣哉[④]！

【注释】

①不可与长也：不能长久相处。程颐《伊川易传》："一阴既生渐长而盛，阴盛则阳衰矣。取女者，欲长久而成家也。此渐盛之阴，将消胜于阳，不可与之长久也。"

②天地相遇，品物成章也：天与地相遇，化育万物，盛大章明。程颐《伊川易传》："阴始生于下，与阳相遇，天地相遇也。阴阳不相交遇，则万物不生。天地相遇，则化育庶类。品物咸章，万物章明也。"

③刚遇中正，天下大行也：阳刚遇中正，其道可以大行于天下。程颐《伊川易传》："（九）五与（九）二，皆以阳刚居中与正，以中正相遇也。君得刚中之臣，臣遇中正之君。君臣以刚阳遇中正，其道可以大行于天下矣。"

④姤之时义大矣哉：姤卦为时所用的意义真是太大了。程颐《伊川易传》："赞姤之时与姤之义至大也。天地不相遇则万物不生，君臣不相遇则政治不兴，圣贤不相遇则道德不亨，事物不相遇则功用不成。姤之时与义皆甚大也。"

【译文】

《彖传》说：姤卦，是相遇，阴柔遇见阳刚。"勿用取女"，因为不能长久相处。天与地相遇，化育万物，盛大章明。阳刚遇中正，其道可以大行于天下。姤卦为时所用的意义真是太大了。

《象》曰：天下有风，姤。后以施命诰四方[①]。“系于金柅”，柔道牵也[②]。“包有鱼”，义不及宾也。“其行次且”，行未牵也[③]。“无鱼”之“凶”，远民也[④]。“九五”“含章”，中正也[⑤]。“有陨自天”，志不舍命也[⑥]。“姤其角”，上穷吝也[⑦]。

【注释】

①后以施命诰四方：君主发布命令告谕四方。孙星衍《周易集解》：“虞翻曰：后，继体之群。姤阴在下，故称后。诰，告。”来知德《周易集注》：“风行天下，物无不遇。姤之象也。施命者，施命令于天下也。兴利除害，皆其命令之事也。诰者，告也。晓谕警戒之意。”

②柔道牵也：柔道被牵引住。来知德《周易集注》：“牵者，牵连也。阴柔牵乎阳，所以戒其往。”

③行未牵也：行动未能与初六牵连在一起。来知德《周易集注》：“本卦主于相遇，（九）三其行未得与初（六）牵连所以次且。”

④远民也：远离了民众。程颐《伊川易传》：“下之离，由己致之。远民者，己远之也。为上者，有以使之离也。”

⑤“含章”，中正也：有文采，因为含蕴中正之德。程颐《伊川易传》：“所谓含章，谓其含蕴中正之德也。德充实则成章而有辉光。”

⑥志不舍命也：有志不违背命令。来知德《周易集注》：“志者，心志也。舍，违也。命者，命令也。”

⑦上穷吝也：处于最上，穷困悔吝。

【译文】

《象传》说：天下面有风，是姤卦。君主发布命令告谕四方。〔初六〕“系于金柅”，柔道被牵引住。〔九二〕“包有鱼”，以义揆之不可及于宾客。〔九三〕“其行次且”，行动未能与初六牵连在一起。〔九四〕“无鱼”的“凶”，是远离民众。“九五”“含章”，因为含蕴中正之德。“有陨自天”，有志不违背命令。〔上九〕“姤其角”，处于最上，穷困悔吝。

萃（卦第四十五）

䷬坤下兑上

萃[①]：亨，王假有庙[②]。利见大人，亨，利贞。用大牲[③]吉，利有攸往。

初六：有孚不终，乃乱乃萃。若号，一握为笑[④]，勿恤，往无咎。

六二：引吉，无咎，孚乃利用禴[⑤]。

六三：萃如嗟如，无攸利，往无咎，小吝。

九四：大吉，无咎。

九五：萃有位，无咎。匪孚，元永贞，悔亡。

上六：赍咨涕洟[⑥]，无咎。

【注释】

①萃：六十四卦卦名之一，“聚集”的意思。卦象为坤下兑上，坤为地为顺，兑为泽为悦。泽在地上，是水相聚。水滋润在地，使禴万物聚集而生，这都是相聚的意思。来知德《周易集注》云：“萃者，聚也。水润泽其地，万物群萃而生，萃之象也。又上悦而下顺，九五刚中，而（六）二以柔中应之，萃之由也。”在大自然中，万物相聚而生。在社会生活中，人们的聚集也是广泛的重要活动。卦辞中讲王到大庙搞祭祀活动，就是众人相聚。卦辞用两“亨”两“利”及“吉”，表现了对相聚的赞许。爻辞直接讲萃及说到相聚的活动，但有所区别，有好的聚会，有不好的聚会。初六“乃乱乃萃”，六三“萃如嗟如”，都不是好“萃”。九五的“萃有位”是与“匪孚”相连系，也不很好。只有六二“禴”，是一种节俭的祭祀活动，是好的“萃”。《彖传》和《象传》对“萃”进行了更加深入地分析。《彖传》提出“聚以正”的命题，即以正道相聚。不言而喻，与之相反的是不正道的相聚。并提出观察分析其聚会，可以洞悉天地万物的情状。《象传》“君子以除戎器、戒不虞”，是讲对聚会要防止意外变化。并分析了初六、九五等不能令人满意的聚会，原因在于“其志乱”“志未光”等。

②王假有庙：王至宗庙。假，至。有，大。大庙即王的宗庙。

③大牲：孙星衍《周易集解》：“大牲，牛也。”

④一握为笑：一屋子人笑。高亨《周易大传今注》：“一握汉帛书《周易》作‘一屋’。当是。”孙星衍《周易集解》：“郑康成曰：握，读为夫三为屋之屋。”程颐《伊川易传》：“一握，俗语一团也。谓众以为笑也。”亦通。

⑤引吉，无咎，孚乃利用禴（yuè 月）：引来吉，无咎祸，诚信乃利于春祭求福。孙星衍《周易集解》：“王肃曰：六二与九五相应，俱履贞正。引由迎也。为吉所迎，何咎之有？”“禴，殷春祭名也。四时祭之省者也。”虞翻、郑康成等以禴为夏祭名。

⑥赍（jī）咨涕洟（yí 夷）：嗟叹流泪。孙星衍《周易集解》：“郑康成曰：赍咨，嗟叹之辞也。自目曰涕，自鼻曰洟。”

【译文】

萃卦：亨通，王至宗庙。见大人有利。亨通，占问有利。用牛祭，吉利。利于有所前往。

初六：有诚信不终，是混乱，是妄聚。如若号哭，一屋子人笑。勿忧，前往无咎祸。

六二：引来吉，无咎祸，诚信乃利于春祭求福。

六三：聚会叹息，没有利。前往无咎祸，小有艰苦。

九四：大为吉利，无咎祸。

九五：聚会有其位，无咎祸。无诚信，中正之德，永久贞固，因而无悔。

上六：嗟叹流泪，无咎祸。

《彖》曰：萃，聚也。顺以说①，刚中而应②，故聚也。“王假有庙”，致孝享也。“利见大人，亨”，聚以正也。“用大牲吉，利有攸往”，顺天命也。观其所聚，而天地万物之情可见矣。

【注释】

①顺以说：萃卦坤下兑上，坤为顺，兑为悦，所以是顺而说。

②刚中而应：萃卦上兑九五以阳刚居中，与下坤的六二相应。所以是刚中而应。

【译文】

《彖传》说：萃卦，是聚集。顺而悦，阳刚居中而与之相应，所以聚集。“王假有庙”，致以孝之享。“利见大人，亨”，以正道相聚。“用大牲吉，利有攸往”，顺从天命行动。观察其所聚会，天地万物的情状就可以看清楚了。

《象》曰：泽上于地，萃。君子以除戎器，戒不虞[1]。“乃乱乃萃”，其志乱也[2]。“引吉，无咎”，中未变也[3]。“往无咎”，上巽也[4]。“大吉，无咎”，位不当也[5]。“萃有位”，志未光也[6]。“赍咨涕洟”，未安上也[7]。

【注释】

①君子以除戎器，戒不虞：君子因此修整兵器，戒备意外的变乱。除，修整。戎器，兵器。虞，度。不虞，意外的事。来知德《周易集注》：“除者，去旧取新之意。谓整理其敝坏也。戒者，备也。虞者，度也。众萃必有争夺之事，故君子除戎器者，非耀武也。所以戒不虞也。”

②其志乱也：其心志惑乱。程颐《伊川易传》：“其心志为同类所惑乱，故乃萃于群阴也。不能固其守，则为小人所惑乱而失其正矣。”

③中未变也：中正诚信之德没有变。来知德《周易集注》：“（六）二本中德，惟能如引诚信而中，则中德未变矣。所以吉而无咎。”

④上巽也：往上是会被谦逊巽顺接受的。程颐《伊川易传》：“上（六）居柔说之极。（六）三往而无咎者，上六巽顺而受之也。”

⑤位不当也：（阳爻处于阴位）位置不当。孙星衍《周易集解》：“虞翻曰：以阳居阴，故位不当。动而得正，承五（爻）应初（爻），故大吉而无咎矣。”

⑥志未光也：志向未能光大。程颐《伊川易传》：“《象》举爻上句，王者之志，必欲诚信著于天下，有感必通，含生之类莫不怀归，若尚有‘匪孚’，是其志之未光大也。”

⑦未安上也：（上六）不安于处上。上六为阴爻，被喻为小人。虽居上位而不能安然处之。程颐《伊川易传》：“小人所处，常失其宜。既贪而从欲，不能自择安地。至于困穷，则颠沛不知所为，（上）六之涕洟，盖不安于处上也。……未者，非遽之辞，犹俗云未便也。未便能安于上也。阴而居上，孤处无与，既非其据，岂能安乎。”

【译文】

《象传》说：泽水上到地上，是萃卦。君子因此修整兵器，戒备意外的变乱。〔初六〕“乃乱乃萃”，其心志惑乱。〔六二〕“引吉，无咎”，中正诚信之德没有变。〔六三〕“往无咎”，往上是会被谦逊巽顺接受的。〔九四〕“大吉，无咎”，位置不当。〔九五〕“萃有位”，志向未能光大。〔上六〕“赍咨涕洟”，不安于处上。

升（卦第四十六）

䷭巽下坤上

升[①]:元亨。用见大人,勿恤。南征吉。

初六:允升[②],大吉。

九二:孚乃利用禴,无咎。

九三:升虚邑[③]。

六四:王用亨于岐山[④],吉,无咎。

六五:贞吉,升阶[⑤]。

上六:冥升,利于不息之贞[⑥]。

【注释】

①升:六十四卦卦名之一。"上升、升高、登高"的意思。卦象为巽下坤上,巽为木、坤为地,是树木在地中生长,不断长高,喻为升。来知德《周易集注》:"升者,进而上也。为卦巽下坤上。木生地中,长而益高,升之象也。又综萃:萃下卦之坤上升,而为升之上卦,亦升之象也。"在自然界,生长、发展、壮大、升高是合于规律的,是吉祥的。在社会生活中,职位、权位的升高是某些人看重和追求的。所以卦辞说:"元亨"、"吉"。爻辞讲升的各种情况,如"允升"、"升虚邑"、"升阶"、"冥升"等,也加以区别情况,对正当、正常的"升",加以赞扬、肯定,如"允升,大吉","贞吉、升阶"等。对"冥升",解释不同,程颐《伊川易传》认为是"昏冥于升""小人贪求无已"。对这样的升,是加以批评和否定的。孔颖达《周易正义》解释为:"冥,犹暗也。"即不知不觉地升,就不必加以指责了。《彖传》提出要"柔以时升"即上升、升迁要等待时机。具备"以时升"、"巽而顺"、"刚中而应"等条件,才能大为亨通,即实现了进升。《大象》提出"积小以高大",是说要积小成大,从小处做起,脚踏实地,埋头苦干,才能实现"升"。《小象》中讲的"上合志"(初六)、"无所疑"(九三)、"大得志"(六五)等,对正当的上升进一步表示了赞许、肯定的态度。

②允升:信任跟从一同上升。允,朱震《汉上易传》解作"进";孙星衍《周易集注》解作"当";来知德《周易集解》解作"信"。程颐《伊川易传》解为:"允者,信从也。(六)初之柔,巽,唯信从于(九)二,信二而从之。同升乃大吉也。"

③升虚邑:九三上升将升到六四的位置,是阳升入虚,是升虚邑。邑为城邑。来知德《周易集注》:"阳实阴虚,上体坤有国邑之象……以三升四,以实升虚,故曰升虚邑。"孙星衍《周易集解》引马融曰:"虚,邱也。"亦可参考。

④王用亨于岐山:王祭祀于岐山。亨,同"享",祭祀。丁寿昌《读易会通》:"'亨'当读为'享',说见随卦。"朱熹《原本周易本义》随卦解:"亨,亦当作'祭享'之'享'。"岐山,在今陕西省岐山县东北。

⑤贞吉,升阶:守正则吉利,登阶而上升。来知德《周易集注》:"阶者,阶梯也。如梯之等差也。六五以柔居尊,下任刚中之贤,乃通于四以求之,贞而且吉者也。九二当升之时,因六五,用六四之求,即觐君而升阶矣。"

⑥冥升,利于不息之贞:昏冥于升进。只有不停息地守正道,才有利。程颐《伊川易传》:"(上)六以阴居升之极,昏冥于升,知进而不知止者也。其为不明甚矣。然求升不已之心,有时而用于贞正而当不息之事,则为宜矣。……如上六不已之心用之于此,则利也。"

【译文】

升卦:大为亨通,宜见大人,勿忧虑。南征吉利。

初六：信任跟从，一同上升。大为吉利。

九二：诚信乃利于春祭求福，没有灾祸。

九三：升到〔阴〕虚的位置〔如同空虚的城邑〕。

六四：王祭祀于岐山，吉利，无灾祸。

六五：守正则吉利，登阶而上升。

上六：昏冥于升进。只有不停息地守正道，才能有利。

《彖》曰：柔以时升①，巽而顺，刚中而应，是以大"亨"。"用见大人，勿恤"，有庆也②。"南征吉"，志行也。

【注释】

①柔以时升：柔按时上升。程颐《伊川易传》："以二体言，柔升谓坤上行也。巽既体卑而就下，坤乃顺时而上升以时也。谓时当升也。"

②有庆也：有福庆。孙星衍《周易集解》引荀爽曰："大人，天子。谓升居五，见为大人，群阴有主，无所复忧，而有庆也。"

【译文】

《彖传》说：阴柔按时上升。是逊而顺。阳刚居中与阴柔居中相呼应，因而大"亨"。"用见大人，勿恤"，有福庆。"南征吉"，志向得以实现。

《象》曰：地中生木，升。君子以顺德，积小以高大①。"允升，大吉"，上合志也②。"九二"之"孚"，有喜也③。"升虚邑"，无所疑也④。"王用亨于岐山"，顺事也⑤。"贞吉，升阶"，大得志也。"冥升"在上，消不富也⑥。

【注释】

①君子以顺德，积小以高大：君子因此将（坤的）柔顺之德，日积月累，由小到高大。来知德《周易集注》："本卦以坤土生木而得名，故曰：君子以顺德，坤顺之德，即敬以直内、义以方外也。积者，日积月累，如地中生木，不觉其高大也。"有些注本，解顺为慎，亦通，如朱熹《原本周易本义》说："王肃本'顺'作'慎'，今按它书引此亦多作'慎'，意尤明白，盖古字通用也。"

②上合志也：与上面的九二等爻志向相合，共同上升。程颐《伊川易传》："与在上者合志同升也。上谓九二。从二而升，乃与二同志也。"

③有喜也：有喜庆。来知德《周易集注》："有喜者，喜其得升也。盖诚信之至，则君必信任之专，得以升矣。"

④无所疑也：没有什么可疑阻。九三阳刚，往上升是六四阴虚的位置，如人虚城邑，没有阻力，对成功没有疑问。程颐《伊川易传》："入无人之邑，其进无疑阻也。"

⑤顺事也：是做事通顺。程颐《伊川易传》："（周）文王之亨（享）于岐山，亦以顺时而已。上顺于上，下顺乎下，已顺处其义，故云顺事也。"

⑥消不富也：只有消减，不会更加富有。程颐《伊川易传》："昏冥于升，极上而不知已。唯有消亡，岂复有加益也。不富，无复增益也。"来知德《周易集注》："消者，消其所升之业也。富者，富有也。"

【译文】

《象传》说：地中生树木，为升卦。君子因此将〔坤的〕柔顺之德，日积月累，由小到高大。〔初六〕"允升，大吉"，与上面的〔九二等〕爻志向相合，共同上升。"九二"的"孚"，有喜庆。〔九三〕"升虚邑"，没有什么疑阻。〔六四〕"王用亨于岐山"，是做事通顺。〔六五〕"贞吉，升阶"，大为得志。〔上六〕"冥升"在上，只有消减，不会更加富有。

困(卦第四十七)

䷮坎下兑上

困[①]：亨。贞，大人吉，无咎。有言不信[②]。

初六：臀困于株木，入于幽谷，三年不觌[③]。

九二：困于酒食，朱绂方来[④]，利用亨祀。征凶，无咎。

六三：困于石，据于蒺藜，入于其宫，不见其妻，凶[⑤]。

九四：来徐徐，困于金车，吝，有终[⑥]。

九五：劓刖，困于赤绂，乃徐有说，利用祭祀[⑦]。

上六：困于葛藟，于臲卼，曰动悔，有悔，征吉[⑧]。

【注释】

①困：六十四卦卦名之一。"穷困、窘迫、困难"的意思。卦象为坎下兑上，坎为水，兑为泽。水都是在泽上，现在泽在上，水在下，是水向下渗透，致使泽中无水，造成泽的窘迫和困乏。从卦画上看，上六在两根阳爻之上，居于卦的顶端，九二又陷于两根阴爻包围中，比喻君子处于困难之中。程颐《伊川易传》云："困者，惫乏之义。为卦兑上而坎下，水居泽上，则泽中有水也。乃在泽下，枯涸无水之象，为困乏之义。又兑以阴在上，坎以阳居下，与上六在二阳(爻)之上，而九二陷于二阴之中，皆阴柔揜于阳刚，所以为困也。君子为小人所揜蔽，穷困之时也。"困难，是人生经常遇到的问题，六个爻的爻辞都罗列了困难。初六臀困于株木，九二困于酒食，六三困于石，九四困于金车，九五困于赤绂，上六困于葛藟。困的形式和原因各有不同，但各爻均有困则同。有困难并不可怕，甚至不一定是坏事，关键在于怎样对待困难。本卦的可贵之处，在于给人正确对待困难的启发。正如来知德《周易集注》所说："此卦辞乃圣人教人处困之道也。"卦辞讲亨，贞，吉，无咎，表现了对困难的乐观态度。《彖传》论述得更加深刻，提出"险以说(悦)，困而不失其所亨"的论点，即处于险而悦(乐观)，困难之中，不失其所操守，保持亨通。《象传》中提出"君子以致命遂志"，即拼上生命，也要实现志向，表现了不向困难低头屈服、勇于拼搏的精神。

②有言不信：有话别人不信。程颐《伊川易传》："有言不信，当困而言，人谁信之？"

③臀困于株木，入于幽谷，三年不觌(dí 敌)：臀部碰倒在树桩上，落入幽暗的深谷，三年不见光明的前途。觌，见。朱熹《原本周易本义》说："臀，物之底也。困于株木，伤而不能安也。初六以阴柔处困之底，居暗之甚，故其象占如此。"朱熹将臀解为物的底部，不确。人与动物，臀非为底部，腿、脚方为底部。

④困于酒食，朱绂（fú 拂）方来：酒食上穷困艰难，衣着朱绂的王刚来。困于酒食，古今注家多以为是醉饱过度。朱熹《原本周易本义》："困于酒食，厌饫苦恼之意。酒食，人之所欲，然醉饱过宜，则是反为所困矣。"把酒食充足，说成是受困，使人难以接受。程颐《伊川易传》解为："（九）二未得遂其欲施其惠（泽民，济民），故为困于酒食也。"即被酒食限制住，使其不能实现济民之志，此解较合理些。但终不如解为酒食匮乏为困合于常情。孙星衍《周易集解》引郑康成曰："困于酒食者，采地薄不足已用也。"解释为佳。来知德《周易集注》解为"困于酒食者，言酒食之艰难穷困也"，最妥帖，可从。朱绂，李鼎祚《周易集解》解为"宗庙之服"；程颐《伊川易传》解为"王者之服，蔽膝也"；来知德《周易集注》解为"组绶用朱也"。诸解不一，在此可理解为王者所用的服饰而已。

⑤困于石，据于蒺藜，入于其宫，不见其妻，凶：朱熹《原本周易本义》以卦画分析："（六三）阴柔而不中正"，所以困难重重。"石指（九）四，蒺藜指（九）二，宫谓（六）三，而妻则（上）六也。"

⑥来徐徐，困于金车，吝，有终：缓缓而来，被金属车困阻，困难，但有结果。九二喻为金属车（以黄铜镶嵌）。九四与初六是正应，九四下来，寻找初六，但中间隔着九二这辆金属车。虽有困难，但有志者事竟成，必有终。朱熹《原本周易本义》："初六，九四之正应。九四处位不当（以阳处阴位），不能济物，而初六方困于下，又为九二所隔，故有象如此。然邪不胜正，故其占虽为可吝，而必有终也。金车，谓九二。"

⑦劓刖（yì yuè 义月），困于赤绂，乃徐有说，利用祭祀：（九五）如同受割鼻、断足刑，陷于困境。衣着赤绂的也受困。但慢慢好转，会有喜悦，宜于举行祭祀。劓为割鼻，刖为砍断足，均为古代刑罚。赤绂，在此解为臣下佩用的衣饰或系印的丝带。从卦画看，九五受困，该卦三根阳爻均陷于阴爻包围。九五的困境，如同受到劓、刖之刑。九二、九四是九五的臣下，所以比为衣着赤绂的人，也在受困。但它们对困境乐观，故"徐有说（悦）"并举行祭祀。来知德《周易集注》："若以六爻卦画论之，九五为困之主，三阳居中，上下俱阴圻，亦劓刖之象也。赤绂者，臣之绂也。……赤绂者，（九）四与（九）二也。……劓刖者，君受其困也。赤绂者，臣受其困也。兑为悦，悦之象也。乃徐有悦者，言迟久必有悦，不终于困也。利用祭祀者，乃徐有悦之象也。"孙星衍《周易集注》："荀（爽）、王肃本'劓刖'作'臲卼'（niè wù 聂误）。"荀爽曰："臲卼，不安貌。"亦通。

⑧困于葛藟（lěi 垒），于臲卼，曰动悔，有悔，征吉：被困于葛藤缠绕和动摇不安、动而有悔，若能有悔，出征则吉利。葛藟，葛藤，蔓生植物。臲卼，危动之状。曰，语助语。程颐《伊川易传》："物极则反，事极则变，困既极矣，理当变矣。葛藟，缠束之物，臲卼，危动之状。（上）六处困之极，为困所缠束，而居最高危之地，困于葛藟与臲卼也。动悔，动辄有悔，无所不困也。""能悔则往而得吉也，困极而征，则出于困矣。"

【译文】

困卦：亨通。占问，大人得吉，无害。有话别人不信。

初六：臀部碰倒在树桩上，落入幽暗的深谷，三年不见光明的前途。

九二：酒食上穷困艰难，衣着朱绂的王刚到来。利于用至诚亨通的祭祀。出征凶，无害。

六三：受困于乱石，蒺藜据于其间，进入居室，不见他的妻子，有凶险。

九四：缓缓而来，被金属车困阻，有困难，但有结果。

九五：如同受割鼻、断足之刑，陷于困境。衣着赤绂的也受困。但慢慢好转，会有喜悦，宜于举行祭祀。

上六：被困于葛藤缠绕和动摇不安，动辄有悔，若能有悔，出征则吉利。

《彖》曰：困，刚揜也①。险以说②，困而不失其所，"亨"③，其唯君子乎。"贞，大人吉"，以刚中也。"有言不信"，尚口乃穷也。

【注释】

①困，刚揜（yǎn 掩）也：困卦，刚被掩盖。来知德《周易集注》："坎刚为兑柔所揜，九二为二阴（爻）揜，（九）四、（九）五为上六所揜，此《困》之所由名也。兑之揜坎，上六之揜四、五者，小人在上位也。"揜：掩盖、遮蔽，也有罩住、夺去等意思。

②险以说（悦）：困卦坎下兑上，坎为险，兑为悦，所以是险而悦。程颐《伊川易传》："下险而上说，为处险而能说，虽在困穷艰险之中，乐天安义，自得其说（悦）乐也。"

③困而不失其所，亨：困难中不丧失其操守，亨通。程颐《伊川易传》："时虽困也，处不失义，则其道自亨。"

【译文】

《彖传》说：困卦，刚被掩盖。处险而能悦，困难中不丧失自己的操守，所以才能"亨"，唯有君子才能这样高尚吧！"贞，大人吉"，因为是刚中。"有言不信"，崇尚口辩，将碰壁穷困。

《象》曰：泽无水①，困。君子以致命遂志②。"入于幽谷"，幽不明也。"困于酒食"，中有庆也③。"据于蒺藜"，乘刚也④。"入于其宫，不见其妻"，不祥也。"来徐徐"，志在下也。虽不当位，有与也。"劓刖"，志未得也。"乃徐有说"，以中直也。"利用祭祀"，受福也。"困于葛藟"，未当也。"动悔，有悔"，吉行也。

【注释】

①泽无水：困卦坎下兑上，水下泽上，水往下漏，使泽无水。来知德《周易集注》："泽所以潴水，泽无水是水下漏而上枯矣。困之象也。"

②君子以致命遂志：君子因此能舍命实现志向。来知德《周易集注》："致者，送诣也……送命于天，惟遂我之志，成就一个是也。患难之来论是非，不论利害。论轻重，不论死生。杀身成仁，舍生取义。"

③中有庆也：九二爻在下卦之中，有中德。有中正之德，有可庆贺。

④乘刚也：乘九二之刚，指六三凌驾于九二之上。

【译文】

《象传》说：泽中无水，是困卦。君子因此能舍命实现志向。〔初六〕"入于幽谷"，幽暗不明。〔九二〕"困于酒食"，有中正之德，有可庆贺。〔六三〕"据于蒺藜"，凌驾于阳刚〔九二〕之上。"入于其宫，不见其妻"，是不祥的。〔九四〕"来徐徐"，志在下求〔初爻〕。虽然居不当位，正应相与有终。〔九五〕"劓刖"，志向未实现。"乃

徐有说”，因为守中直正道。“利用祭祀”，受福庆。〔上六〕“困于葛藟”。未能得当。“动悔，有悔”，出行吉利。

井(卦第四十八)

䷯巽下坎上

井[①]：改邑不改井。无丧无得。往来井井[②]。汔至，亦未繘井，羸其瓶，凶[③]。

初六：井泥不食，旧井无禽[④]。

九二：井谷射鲋，瓮敝漏[⑤]。

九三：井渫不食，为我心恻[⑥]。可用汲，王明，并受其福。

六四：井甃[⑦]，无咎。

九五：井洌寒泉，食[⑧]。

上六：井收勿幕，有孚元吉[⑨]。

【注释】

①井：六十四卦卦名之一。即水井。卦象为巽下坎上，巽为木、为入，坎为水。木可作水桶，汲水用。木桶往下，汲水向上，这正是井中汲水之象。程颐《伊川易传》："为卦坎上巽下。坎，水也。巽之象则木也，巽之义则入也。木器之象。木入于水下而上乎水，汲井之象也。"来知德《周易集注》："汲水者以木承水而上，亦井之义也。"水井具有广泛、深刻的比喻意义。靠水井饮水的广大人民，对井有深厚的情感。井与人们的生活是密切相关的。井水能养育万民。程颐《伊川易传》说"井以济用为功。"井对人民生活，永恒地做着无私的奉献。正如卦辞所说"改邑不改井，无丧无得"。人们"往来井井"，一直依赖着井。但井受到破坏，年久失修，就不能发挥"济用"之功。爻辞中说"井泥不食，旧井无禽""井谷射鲋"就是这种境况的形象写照。因此要求人们要爱护、保护井。要及时地疏浚水井。必要时要给井垒好四壁，即六四爻辞所说的"井甃"。这样，井才能给人们提供清甜的泉水，如九五爻辞所说"井洌，寒泉，食"。十分明显，井是比喻。井的济用之功，"井甃"、"井渫"，修井、浚井，都是比喻改善政治，希望君王贤明，重用贤人，刷新吏治，使政治清明，让人民安居乐业。因此九三爻辞提出"王明，并受其福"。《彖传》强调井的济用之功，"井养而不穷"，是切中卦意的。《象传》说："君子以劳民劝相。"是从掘井修井需要人们互助合作得到启示，因此劝民互助。这是对井卦卦意的进一步扩展。

②改邑不改井。无丧无得。往来井井：村邑改变井不变。井无得无失。人们往来于井利用井。程颐《伊川易传》："井之为物，常而不可改也。邑可改而之他，井不可迁也。故曰改邑不改井。汲之而不竭，存之而不盈，无丧无得也。"

③汔(qì 汽)至，亦未繘(jú 桔)井，羸其瓶，凶：快来到井边了，还未把井绳放入井中，汲水瓶碰破了，有凶险。孔颖达《周易正义》："汔，几也。几，近也。"繘，汲水绠。即系汲水瓶汲水的绳子。程颐《伊川易传》："汔，几也。繘，绠也。井以济用为功，几至而未及用，亦与未下繘于井同也。君子之道，贵乎有成，所以五谷不熟，不如荑稗。掘井九仞，而不及泉，犹为弃井。有济物之用，而未及物，犹无有也。羸败其瓶而失之，其用丧矣，是以凶也。羸，毁败也。"

④井泥不食，旧井无禽：井中有泥，水不可饮用。废旧的井，连禽鸟也不下顾。吴澄《易纂

言》："（初六）居卦之下，井在卑下之地而浅者也，有泥无水而不可食"，"不为人所食，则为荒废之井，故曰旧井。井在卑地者，禽鸟或食其水"，"泥而不可食，不但为人所弃，虽禽鸟亦不下顾"。孙星衍《周易集解》："井而为泥，则不可食，故曰不食。此托纣之秽政，不可以养民也。"

⑤井谷射鲋（fù 付），瓮敝漏：井中小谷，水向下冲射小鱼。瓮破漏水。井水本向上，但因九二阳爻无应于上，只与下面的初六阴爻相应，以喻水从上注下。孙星衍《周易集解》："溪谷出水，从上注下，水常射焉。井之为道，以下给上者也，而无应于上，反下与初。故曰井谷射鲋。鲋谓初也。"吴澄《易纂言》："鲋，谓小鱼，亦指初六。初六，巽下之阴，象鱼。水既下注，惟冲射以活小鱼而已，故曰射鲋。"亦有将射鲋解为以弓箭射鲋者。此爻辞比喻难以成功。来知德《周易集注》："故以井言，有旁水下注，仅射其鲋之象。以汲水言，不破瓮漏水之象。占者不能成功可知矣。"

⑥井渫（xiè 谢）不食，为我心恻：井已疏浚好，井水仍不被饮用。使我心悲伤。比喻贤能之人仍不被重用。来知德《周易集注》："渫者，治井而清洁也。"孙星衍《周易集解》："（九三）处下卦之上，履得其位，而应于上，得井之义也。当井之义而不见食，修己全洁而不见用，故为我心恻也。为，犹使也。"

⑦井甃：高亨《周易大传今注》："甃，以砖或石砌井壁也。"

⑧井洌寒泉，食：程颐《伊川易传》："洌，谓甘洁也。井泉以寒为美。甘洁之寒泉，可为人食也。于井道为至善也。"

⑨井收勿幕，有孚元吉：汲取完井水，不加盖，博施有常而大吉。程颐《伊川易传》："井以上出为用，居井之上，井道之成也。收，汲取也。幕，蔽覆也。取而不蔽，其利无穷。井之施，广矣大矣。有孚，有常而不变也。博施而有常，大善之吉也。"

【译文】

井卦：村邑改变井不变。井无得无失。人们往来于井利用井。快来到井边了，还未把井绳放入井中，汲水瓶碰破了，有凶险。

初六：井中有泥，水不可饮用。废旧的井，连禽鸟也不下顾。

九二：井中小谷，水向下冲射小鱼。瓮破漏水。

九三：井已疏浚好，井水仍不被饮用。使我心悲伤。可以汲而用，王道圣明，天下同受福泽。

六四：井壁砌好了，无咎害。

九五：井水清冽，甘洁的寒泉之水可食用。

上六：汲取完井水，不加盖，博施有常而大吉。

《彖》曰：巽乎水而上水，井[①]。井养而不穷也[②]。"改邑不改井"，乃以刚中也[③]。"汔至，亦未繘井"，未有功也[④]。"羸其瓶"，是从凶也。

【注释】

①巽乎水而上水，井：巽为木、为入。木桶入于水中把水汲上来，是井卦。程颐《伊川易传》："巽入于水下而上其水者，井也。"

②井养而不穷也：井水取之不尽，用之不竭，养人的功用无穷尽。

③乃以刚中也：指井卦的九二、九五两根阳爻，阳为刚，并分别居于下卦和上卦之中。

④未有功也：未见功用。程颐《伊川易传》："井以济用为功，水出乃为用，未出则何功也？"

【译文】

《象传》说：木桶入于水中把水汲上来，是井卦。井水养育人的功能是无穷的。"改邑不改井"，乃是阳爻刚而居中位。"汔至，亦未繘井"，未见功用。"羸其瓶"，因此为凶险。

《象》曰：木上有水，井[1]。君子以劳民劝相[2]。"井泥不食"，下也。"旧井无禽"，时舍也。"井谷射鲋"，无与也[3]。"井渫不食"，行恻也[4]。求"王明"，"受福"也。"井甃，无咎"，修井也。"寒泉"之"食"，中正也。"元吉"在上，大成也[5]。

【注释】

①木上有水，井：卦巽下坎上，木下水上。木桶上来而有水。

②君子以劳民劝相：来知德《周易集解》："相，助也。"程颐《伊川易传》："木承水而上之，乃器汲水而出井之象。君子观井之象，法井之德，以劳徕其民，而劝勉以相助之道也。"

③无与也：无与应和者。

④行恻也：行道之人也为之悲伤。来知德《周易集注》："行恻者，行道之人亦恻也。"

⑤大成也：得到大成功。宋书升《周易要义》："言养物之功，至此爻而成。"

【译文】

《象传》说：木桶上来而有水，是井卦。君子因此劳俫民众，劝勉相助。〔初六〕"井泥不食"，因阴浊在下。"旧井无禽"，为时所舍弃。〔九二〕"井谷射鲋"，无与应和者。〔九三〕"井渫不食"，行道之人也为之悲伤。求取"王明"，为了"受福"。〔六四〕"井甃，无咎"，把井修好。〔九五〕"寒泉"的"食"，因为中正。〔上六〕"元吉"在上面，大功告成。

革（卦第四十九）

䷰离下兑上

革[1]：巳日乃孚[2]。元亨，利贞，悔亡。

初九：巩用黄牛之革[3]。

六二：巳日乃革之，征吉，无咎。

九三：征凶，贞厉。革言三就，有孚[4]。

九四：悔亡，有孚，改命吉。

九五：大人虎变，未占有孚[5]。

上六：君子豹变，小人革面，征凶，居贞吉[6]。

【注释】

①革：六十四卦卦名之一。"改革、变革"的意思。《说文》："革，兽皮治去其毛，革更之象。"

本卦卦象为离下兑上，离为火、为中女。兑为泽、为少女。泽中有水。火在下烧，水在火上，水被烧沸而干涸，水如决溢则火灭，总要发生变化，是对原物的变革。又：二女同居，少女在上，中女在下，难以相得，必将变化。程颐《伊川易传》："为卦兑上离下，泽中有火也。革，变革也。水火相息之物。水灭火，火涸水。相变革者也。火之性上，水之性下，若相违行则暌而已。乃火在下水在上，相就而相克，灭息者也。所以为革也。又二女同居，而其归各异、其志不同，为不相得也，故为革也。"事物的变化、变革是普遍规律。顺应规律，勇敢地改革、革新，才能推动历史的进步和发展。改革又是复杂的，要冲破阻力和困难，才能得以实现。卦辞中"元亨、利贞、悔亡"，是对改革的赞美和肯定。"巳日乃孚"，说明改革要经历曲折，有所成就才能取得人们的相信。爻辞中"革言三就"，是说改革要多次商量才能下定决心去实行。改革尤其要有决心，要有雷厉风行的大无畏的气魄，就是要"虎变"、"豹变"，像虎、豹一样勇猛，才能成功。《彖传》对卦意作了较为深刻的阐发。指出变革和革新，是自然界的规律，也是社会进步的动力。歌颂社会革命顺天应人，符合规律，合于正义。即所谓"天地革而四时成，汤武革命，顺乎天而应乎人"并赞扬"革之时大矣哉"。同时强调改革要"文明以说(悦)，大亨以正，革而当"，要促进文明，取得人民的拥护，使人民喜悦，要把握正确的方向，这些都是关系改革成败的重要原则问题。《象传》把变革推广到"治历明时"方面，也是对卦意的扩展。

②巳日乃孚：到祭祀日才相信。巳借为祀。巳日，祭祀的日子。孚，信。

③巩用黄牛之革：用黄牛皮革捆结实牢固。吴澄《易纂言》："巩，以韦束物也。"即用熟牛皮捆绑。革，皮革。

④革言三就，有孚：改革的话，多次商量有成，才可信。来知德《周易集注》："革言者，革之议论也。""就者，商度其革之利害可否至再至三，而革之议论定也。""故虽事在所当革，亦有危厉，然当革之时，不容不革。故必详审其利害可否，至于三就，则人信而相孚，可以革矣。"

⑤大人虎变，未占有孚：大人变得像老虎一样威猛，未占就有诚信。李鼎祚《周易集解》："马融曰：大人虎变，虎变威德，折冲万里，望风而信。以喻舜，舞干羽而有苗自服；周公修文德，越裳献雉。故曰未占有孚矣。"

⑥君子豹变，小人革面，征凶，居贞吉：君子变得像豹一样威猛，小人的脸上显出支持改革的神情。出征有凶，居则得正而吉。孙星衍《周易集解》："陆绩曰：兑之阳爻称虎，阴爻称豹。豹，虎类而小者也。君子小于大人，故曰豹变。"宋书升《周易要义》："面为心表。革见于面，可心之革，不问而可知孚之至矣。"

【译文】

革卦：到祭祀之日才相信。大为亨通，利于占问，悔恨消失。

初九：用黄牛皮革捆结实牢固。

六二：祭祀之日乃加以变革，出征吉利，无咎祸。

九三：出征凶险，占问危厉。改革的话多次商量有成，才可信。

九四：悔恨消失。有诚信，改变命令吉利。

九五：〔改革的〕大人变得像老虎一样威猛，未占问就有诚信。

上六：〔改革的〕君子变得像豹子一样威猛，小人的脸上显出支持改革的神情。出征有凶险，居则得正而吉。

《彖》曰：革卦。水火相息[①]，二女同居[②]，其志不相得曰革。"巳日乃孚"，革而信之。文明以说，大亨以正。革而当，其悔乃亡。天地革而四时成，汤武革命[③]，顺乎天而应乎人。革之时大矣哉。

【注释】

①水火相息：息，同"熄"，熄灭。水火相息，即水灭火，火灭水。

②二女同居：《革》卦离下兑上，离为中女，兑为少女。共处一卦之中，是二女同居。

③汤武革命：指商汤以武力推翻夏桀，建商朝，周武王以武力推翻商纣王，建周朝。

【译文】

《彖传》说，革卦，水火相灭，二女共居，她们的意志不相得〔必发生变化〕，叫做革。"巳日乃孚"，改革了才相信。促进文明而欢悦，大亨通而方向正，改革而得当，其悔恨乃消失。天地变革而四季成功，商汤、周武王革去旧王朝的天命，顺天意而合人心。革卦应时而发挥作用太大了！

《象》曰：泽中有火，革[①]。君子以治历明时[②]。"巩用黄牛"，不可以有为也[③]。"巳日乃革之"，行有嘉也[④]。"革言三就"，又何之矣[⑤]。"改命"之"吉"，信志也[⑥]。"大人虎变"，其文炳也[⑦]。"君子豹变"，其文蔚也[⑧]。"小人革面"，顺以从君也。

【注释】

①泽中有火，革：离下兑上，火下泽上，是泽下有火。泽中有火，是火已烧到泽中草木。表示变革已在激烈进行。是为革卦。

②君子以治历明时：君子因此修治历法，明确时令。程颐《伊川易传》："君子观变革之象，推日月星辰之迁易，以治历数明四时之序也。夫变易之道，事之至大、理之至明、迹之至著，莫如四时。观四时而顺变革，则与天地合其序矣。"

③"巩用黄牛"，不可以有为也：被黄牛皮革紧紧捆绑住，束缚了手脚，就不可能有所作为。"巩用黄牛"应为"巩用黄牛之革"。

④行有嘉也：实行了有嘉庆。程颐《伊川易传》："行则有嘉庆也，谓可以革天下之弊，新天下之事。"

⑤"革言三就"，又何之矣："革言三就"，更何往也！还有什么不可以的！来知德《周易集注》："言议革之言，至于三就，则利害详悉，可否分明，又复何之！"

⑥"改命"之"吉"，信志也："改命"的"吉"，在于相信其志向。程颐《伊川易传》："改命而吉，以上下信其志也。诚既至，则上下信矣。革之道以上下之信为本。不当不孚则不信。当而不信，犹不可行也，况不当乎！"

⑦"大人虎变"，其文炳也："大人虎变"，其文采鲜明灿烂。程颐《伊川易传》："事理明著，若虎文之炳焕明盛也。天下有不孚乎！"

⑧"君子豹变"，其文蔚（wèi 为）也："君子豹变"，其文采华美。来知德《周易集注》："蔚，本益母草。其花对节相开。亦如公侯相对而并列，故以蔚言之。豹次于虎，兽不同也。炳从虎，蔚从草。文之大小显著不同也。"

【译文】

《象传》说：火已烧到泽中，是革卦。君子因此修治历法，明确时令。〔初九〕"巩

用黄牛”，就不可能有所作为了。〔六二〕“巳日乃革之”，实行了有嘉庆。〔九三〕“革言三就”，又何往！〔九四〕“改命”的“吉”，在于相信其志向。〔九五〕“大人虎变”，其文采鲜明灿烂。〔上六〕“君子豹变”，其文采华美。“小人革面”，顺从地跟随其君。

鼎(卦第五十)

☲巽下离上

鼎[①]:元吉,亨。

初六:鼎颠趾,利出否。得妾以其子,无咎[②]。

九二:鼎有实,我仇有疾,不我能即,吉。

九三:鼎耳革,其行塞。雉膏不食,方雨方悔。终吉[③]。

九四:鼎折足,覆公餗,其形渥。凶[④]。

六五:鼎黄耳,金铉。利贞[⑤]。

上九:鼎玉铉,大吉,无不利。

【注释】

①鼎:六十四卦卦名之一。为古代烹煮用的器具。多以青铜制成。多圆形,也有方形。多三足两耳,也有四足的。从鼎烹饪时,所用材料发生变化,成为新的物品即食物,所以比喻为“取新、立新”的意思。卦象为巽下离上,巽为木、为风、为入,离为火。以木入于火,加风吹,是燃火烹饪,使所用材料生变为熟,硬变为柔,革物成新,是“鼎新”的意思。从卦画上看,最下的断开的阴爻像鼎的足,九二、九三、九四三根阳爻像鼎的腹,上部断开的阴爻六五像鼎的耳,最上阳爻上九像一根横着的金属棍像铉,是抬鼎用的。程颐《伊川易传》:“鼎之为用,所以革物也。变腥而为熟,易坚而为柔。水火不可同处也。能使相合为用,而不相害,是能革物也。”“为卦上离下巽,所以为鼎,则取其象焉,取其义焉。取其象者有二:以全体言之,则下植为足;中实为腹,受物在中之象;对峙于上者,耳也;横亘乎上者,铉也。鼎之形也。以上下二体言之,则中虚在上,下有足以承之,亦鼎之象也。取其义:则木从火也,巽入也,顺从之义。以木从火为燃之象,火之用惟燔与烹。燔不假器,故取烹象,而为鼎。”鼎卦象征革故鼎新,符合事物发展规律。所以卦辞以“元吉,亨”加以肯定和赞扬。爻辞说(九二)“鼎有实”最终“吉”;(六五)“鼎黄耳,金铉”,“利贞”,也很好;(上九)“鼎玉铉”,是“大吉,无不利”。都是对鼎的赞扬。但鼎新的过程,亦即改革的过程,不会一帆风顺,会有曲折,困难,甚至付出代价。所以才有(初六)“鼎颠趾”,(九三)“鼎耳革”、(九四)“鼎折足”。《彖传》对鼎的作用有重要的发挥,提出“圣人亨(烹)以享上帝,而大亨(烹)以养圣贤”的思想,即圣人以鼎烹饪,固然对上要祭祀上帝,更重要的是“大烹”用以养圣贤,表现了对人才的高度重视。《象传》也从鼎的喻意加以引申,提出“君子以正位凝命”,即君子像鼎一样端正持重,完成其使命。

②鼎颠趾,利出否。得妾以其子,无咎:鼎颠覆,脚向上,利于倒出脏东西。得妾,因得其子,无咎害。颠,覆。趾,脚。孔颖达《周易正义》:“否者,不善之物。”朱熹《原本周易本义》:“(初六)居鼎之下,鼎趾之象也。上应九四,则颠矣。然当卦初,鼎未有实而旧有否恶之积

焉。因其颠而出之，则为利矣。得妾而因得其子，亦由是也。此爻之象如此，而其占无咎，盖因败以为功、因贱以致贵也。”

③鼎耳革，其行塞。雉膏不食，方雨方悔。终吉：鼎耳脱落，移行停止。野鸡肉未吃，正下雨，有食物损令人悔。终将吉。革，变，指脱落。塞，塞路不行。高亨《周易大传今注》：“盖有人用鼎煮雉肉，由厨房移往餐室，鼎耳忽脱落，其行停止。雉肉尚未食，天正下雨，雨水入鼎中，美味方毁，可谓悔矣，然雉肉可以改烹，终为吉。”

④鼎折足，覆公餗(sù 素)，其形渥。凶：鼎足折了，公的精美的食品翻倒了，其形一片湿，凶险。餗，为鼎中美食。渥，沾湿。李鼎祚《周易集解》：“九家易曰：鼎者，三足一体，犹三公承天子也。三公谓调阴阳，鼎谓调五味。足折，餗覆，犹三公不胜其任，倾败天子之美，故曰覆餗也。案餗者，雉膏之属。公者四，为诸侯上公之位，故曰公餗。”

⑤鼎黄耳，金铉(xuàn)。利贞：鼎，黄色耳、金属横杠。占问有利。黄耳、金铉，为天子华贵之器。耳，为鼎耳。铉为抬鼎用的金属棍。朱熹《原本周易本义》：“(六)五于象为耳，而有中德(指处上卦之中)，故云黄耳。金，坚刚之物。铉，贯耳以举鼎者也。”

【译文】

鼎卦：大为吉利，亨通。

初六：鼎颠覆，脚向上，利于倒出脏东西。得妾，因而得其子，无咎害。

九二：鼎里有食物，我的仇人有病，不能到我这儿〔夺取食物〕，吉利。

九三：鼎耳脱落，移行困难而停止。野鸡肉未吃，正下雨，有损食物令人悔。终将吉。

九四：鼎足折了，公的精美食品翻倒了，其形一片湿。凶险。

六五：鼎，黄色耳、金属横杠。占问有利。

上九：鼎，有镶玉的抬杠，大吉利，无不利。

《彖》曰：鼎象也以木巽火，亨饪也[①]。圣人亨以享上帝，而大亨以养圣贤。巽而耳目聪明[②]，柔进而上行，得中而应乎刚[③]，是以元亨。

【注释】

①鼎象也以木巽火，亨饪也：鼎的卦象是以木入火燃烧，烹饪食物。巽为入。亨为烹，为煮。饪，为熟。

②巽而耳目聪明：谦逊而耳目聪明。巽为谦逊。离为火、为明，借喻为聪明。程颐《伊川易传》：“下体巽为巽，顺于理。离，明，而中虚于上。为耳目聪明之象。”

③柔进而上行，得中而应乎刚：阴柔行进而上升，得居中位与阳刚相呼应。初六为阴爻是柔，六五又为阴爻是柔，似乎是阴柔从初上行到达五。九二、六五分处下卦、上卦的中位，六五与阳刚的九二相呼应。

【译文】

《彖传》说：鼎的卦象是以木入火燃烧、烹饪食物。圣人〔用鼎〕烹煮食物来祭祀上帝，而大规模地烹煮来供养圣贤。〔鼎卦〕谦逊而耳目聪明，阴柔行进而上升，得居中位与阳刚相呼应。因此大为吉利。

《象》曰：木上有火，鼎。君子以正位凝命[①]。“鼎颠趾”，未悖也[②]。“利出否”，以从贵也[③]。“鼎有实”，慎所之也[④]。“我仇有疾”，终无尤也。“鼎耳革”，失其义也[⑤]。“覆公餗”，信如何也[⑥]。“鼎黄耳”，中以为实也。“玉铉”在上，刚柔节也[⑦]。

【注释】

①君子以正位凝命：君子因此居位端正、发布命令沉着稳重。凝，凝结沉稳。程颐《伊川易传》：“君子观鼎之象，以正位凝命。鼎者，法象之器。其形端正，其体安重。取其端正之象。则以正其位，谓正其所居之位。”“取其安重之象，则凝其命令，安重其命令也。凝，聚止之义，谓安重也。”

②未悖也：不为谬误。鼎虽颠覆，但倒出了脏东西，所以不为谬误。孙星衍《周易集解》：“倒以泻否，故未悖也。”

③以从贵也：是跟从尊贵的。朱熹认为初六应九四，高亨认为初六从九二。九二、九四，均为阳刚，是从贵。孙星衍《周易集解》：“弃秽以纳新也。”

④“鼎有实”，慎所之也：“鼎有实”，谨慎前往。比中腹中有才学的人，要谨慎选择服务方向。程颐《伊川易传》：“鼎之有实，乃人之有才业也。当慎所趋向。不慎所往，则亦陷于非义。(九)二能不暱于初(六)，而上从六五之正，应乃是慎所之也。”

⑤“鼎耳革”，失其义也：“鼎耳革”，失去(鼎耳的)作用和意义。孙星衍《周易集解》：“虞翻曰：鼎以耳行。耳革行塞，故失其义也。”

⑥信如何也：信用和威信，将怎样呢！程颐《伊川易传》：“大臣当天下之任，必能成天下之治安，则不误君上之所倚、下民之所望，与己致身任道之志。不失所斯，乃所谓信也。不然则失其职、误上之委任，得为信乎！故曰信如何也。”

⑦刚柔节也：刚柔有节制。张载《横渠易说》：“(上九)以刚居上，能贞洁如玉，以成鼎道；不牵阴柔，以固其节，则吉无不利，鼎象也。足阴、腹阳、耳虚、铉刚，故曰刚柔节也。”

【译文】

《象传》说：木上有火，是鼎卦。君子因此居位端正，发布命令沉着稳重。〔初六〕“鼎颠趾”，不为谬误。“利出否”，是跟从尊贵的。〔九二〕“鼎有实”，谨慎前往。“我仇有疾”，终无灾害。〔九三〕“鼎耳革”，失去〔鼎耳的〕作用和意义。〔九四〕“覆公餗”，信用和威信，将怎样呢！〔六五〕“鼎黄耳”，以中正之道而成其实有。〔上九〕“玉铉”在上面，刚柔有节制。

震(卦第五十一)

䷲震下震上

震[①]：亨。震来虩虩，笑言哑哑[②]，震惊百里，不丧匕鬯[③]。

初九：震来虩虩，后笑言哑哑，吉。

六二：震来厉，亿丧贝。跻于九陵，勿逐，七日得[④]。

六三：震苏苏，震行无眚。[⑤]

九四：震遂泥[6]。

六五：震往来厉，亿无丧，有事[7]。

上六：震索索，视矍矍[8]，征凶。震不于其躬，于其邻，无咎。婚媾有言。

【注释】

①震：六十四卦卦名之一。震是雷，引申为震动，巨大的变动。卦象为震上震下，震为雷、为动。因为是自重卦(上下卦相同)，进一步强调了震动的剧烈。程颐《伊川易传》："震之为卦，一阳生于二阴之下，动而上者也，故为震。震，动也。不曰动者，震有动而奋发、震惊之义。""其象则为雷，其义则为动。雷有震奋之象，动为惊惧之义。"本卦讲震，重在讲怎样对待震。震以雷为形象，雷霆万钧，惊天动地，其威压和气势令人惊惧。卦辞首先肯定《震》为亨通。雷震来临，虽然"震惊百里"，令人恐惧，但正确对待，可以做到临震不惧，处变不惊，从容镇静，笑语自若，即"笑言哑哑"，"不丧匕鬯"。爻辞初九重复卦辞所说"震来虩虩"、"笑言哑哑"是吉利的。六三"震行无眚"，是说震来无灾。六二虽说"震来厉"，但从举例看，"亿丧贝"最终"七日得"，还是向好方向转化。《彖传》、《象传》对卦意有所发挥。提出"恐致福"，即恐惧、警惕能带来福庆，很有意义。并指出"'不丧匕鬯'，出可以守宗庙社稷，以为祭主也"，是说临震不惧，受得住突发猛烈事变考验、在强大的威压面前仍能镇静地坚守职守的人，才可作宗庙社稷的主持人。《象传》中的《大象》提出"君子以恐惧修省"，还是指导人们正确对待强烈的震动，即不是消极地恐惧，而是积极地修省。反省过失和错误，提高自身修养。正如孔颖达《周易正义》所说："君子恒自战战兢兢，不敢懈惰。今见天之怒，畏雷之威，弥自修身，省察已过，故曰：'君子以恐惧修省'也。"

②震来虩虩(xì 细)，笑言哑哑：雷霆袭来，令人恐惧，有人却能从容说笑。虩虩，恐惧四顾的样子。来知德《周易集注》："虩虩，恐惧也。虩本壁虎之名，以其善于捕蝇，故曰蝇虎。因捕蝇常周环于壁间，不自安宁而惊顾。此用虩字之意。"哑哑，笑声。

③震惊百里，不丧匕鬯(chàng 唱)：雷霆震惊百里，有人却能把握勺匙，不致洒落香酒。百里，方百里。周代分封诸侯，最大诸侯封百里。李鼎祚《周易集解》："郑玄曰雷发声闻于百里，古者诸侯之象。"匕是匙。据说是棘木所制，长三尺。祭祀之前，用它把煮好放鼎里的牲盛出来。鬯，是用黑黍酿成的祭祀用的香酒。来知德《周易集注》："匕，匙也。以棘为之、长三尺。未祭祀之先，烹牢于镬，实诸鼎，而加幕焉。将荐乃举幕以匕出之。升于俎上。鬯，以秬黍酒加郁金以灌地，降神者也。人君于祭之礼，亲匕牲荐鬯而已，其余不亲为也。"

④震来厉，亿丧贝。跻于九陵，勿逐，七日得：厉，猛烈。亿，度、估计。跻，升高、登上。九陵，九重山陵。程颐《伊川易传》："厉，猛也，危也。彼来既猛，则已处危矣。亿，度也。贝，所有之资也。跻，升也。九陵，陵之高也。逐，往追也。以震来之厉，度不能当，而必丧其所有，则升至高以避之也。""故远避以自守，过则复其常矣，是勿逐而自得也。""然时过事已，则复其常，故云七日得。"

⑤震苏苏，震行无眚(shěng 省)：雷霆使人恐惧苏软，但在雷霆中行走却能无灾祸。孔颖达《周易正义》：苏苏，"畏惧不安之貌"。眚，灾祸。张载《横渠易说》："苏苏亦索索之义。处非其地，故危困不一，能惧而改，行则无眚矣。"

⑥震遂泥：雷霆坠人泥中。陆德明《经典释文》："遂荀本作队。"朱骏声《六十四卦经解》："遂当作队，古坠字。"

⑦亿无丧，有事：不成灾祸，而能有事做。亿，发语词。朱熹《原本周易本义》："以六居五而

处震时，无时而不危也。以其得中，故无所丧，而能有事也。”

⑧震索索，视矍矍：孙星衍《周易集解》：“郑康成曰：索索犹缩缩，足不正也。矍矍，目不正。”指被雷震吓得不敢迈步，不敢正视。朱熹《原本周易本义》：“（上六）以阴柔处震极，故为索索矍矍之象。以是而凶也，必矣。业能及身之时，恐惧修省则可以无咎，而亦不能免于婚媾之有言。”

【译文】

震卦：亨通。雷霆袭来，令人恐惧，有人却能从容说笑。雷霆惊动百里，有人却能把握勺匙，不致洒落香酒。

初九：“震来虩虩”，后来“笑言哑哑”，吉利。

六二：雷霆来得猛烈，估计不能抵挡，将丧失财物，登上九陵高山去躲避。不必去追索，七天会复得。

六三：雷霆使人恐惧苏软，但在雷霆中行走，却能无灾祸。

九四：雷霆坠入泥中。

六五：雷霆来往猛烈，无所丧失，而能有事做。

上六：被雷霆吓得不敢迈步，不敢正视。出征有凶。雷不打在他身上，打到他邻居，无咎害。婚姻上有闲话。

《彖》曰：震，“亨”。“震来虩虩”，恐致福也。“笑言哑哑”，后有则也[①]。“震惊百里”，惊远而惧迩也[②]。“不丧匕鬯”[③]，出可以守宗庙社稷，以为祭主也。

【注释】

①“震来虩虩”，恐致福也。“笑言哑哑”，后有则也：程颐《伊川易传》：“震来而能恐惧，自修自慎，则可反致福吉也。笑言哑哑，言自若也。由能恐惧而后自处有法则也。有则则安而不惧矣。处震之道也。”

②惊远而惧迩也：程颐《伊川易传》：“雷之震，及于百里，远者惊，迩者惧，言其威远大也。”

③不丧匕鬯：本句脱漏。程颐《伊川易传》：“彖文脱不丧匕鬯一句。”据此补上。

【译文】

《彖传》说：震卦，亨通。“震来虩虩”，恐惧警惕能带来福庆。“笑言哑哑”，后来行动有法则。“震惊百里”，使远处震惊、近处惧怕。“不丧匕鬯”，则君出而可以守护宗庙和国家，作为祭祀的主持者。

《象》曰：洊雷[①]，震。君子以恐惧修省。“震来虩虩”，恐致福也。“笑言哑哑”，后有则也。“震来厉”，乘刚也[②]。“震苏苏”，位不当也。[③]“震遂泥”，未光也[④]。“震往来厉”，危行也。其事在中，大“无丧”也[⑤]。“震索索”，中未得也。虽“凶”“无咎”，畏邻戒也[⑥]。

【注释】

①洊（jiàn 见）雷：雷相重。洊，再。本卦卦象震下震上，是雷相重。孔颖达《周易正义》：“洊

者，重也，因仍也。雷相因仍，乃为威震也。此是重震之卦，故曰"洊雷，《震》也。"

②乘刚也：六二阴爻凌驾于初九阳爻之上，是为乘刚。

③位不当也：指六三阴爻处阳位(三)，是处位不当。程颐《伊川易传》："其恐惧自失苏苏然，由其所处不当故也。不中不正，其能安乎！"

④未光也：道德未能光大。九四阳爻处在众阴爻中间，如同雷霆坠入泥中，不能光大。张载《横渠易说》："处众阴之中，为众附比刚阳之德，而以位阴，故泥而未光也。"

⑤"震往来厉"，危行也。其事在中，大"无丧"也："震往来厉"，行动有危险。行事在于中正，以"无丧"为大。程颐《伊川易传》："往来皆厉，行则有危也。动皆有危，唯在无丧其事而已。其事谓中也。能不失其中，则可自守也。大无丧，以无丧为大也。"

⑥"震索索"，中未得也。虽"凶""无咎"，畏邻戒也："震索索"，未得中道。虽然"凶"，却"无咎"，见邻居惊戒而知惧怕。程颐《伊川易传》："所以恐惧自失如此，以未得于中道也。谓过中也。使之得中，则不至于索索矣。极而复征则凶也。若能见邻戒而知惧，变于未极之前，则无咎也。上六，动之极震，极则有变义也。"

【译文】

《象传》说：雷震相重，是震卦。君子因此恐惧警惕，修身反省。〔初九〕"震来虩虩"，恐惧警惕能带来福庆。"笑言哑哑"，"后"有法则。〔六二〕"震来厉"，阴柔凌驾于阳刚之上。〔六三〕"震苏苏"，处位不当。〔九四〕"震遂泥"，未光大。〔六五〕"震往来厉"，行动有危险。行事在于中正，以"无丧"为大。〔上六〕"震索索"，未得中道。虽然"凶"，却"无咎"，见邻居惊戒而知惧怕。

艮(卦第五十二)

䷳艮下艮上

艮[①]：艮其背，不获其身。行其庭，不见其人。无咎。

初六：艮其趾，无咎，利永贞。

六二：艮其腓，不拯其随，其心不快[②]。

九三：艮其限，列其夤，厉薰心[③]。

六四：艮其身，无咎。

六五：艮其辅[④]，言有序，悔亡。

上九：敦艮，吉[⑤]。

【注释】

①艮(gèn)：六十四卦卦名之一。"止、静止、抑止"的意思。卦象为艮下艮上，艮为山、为止。朱震《汉上易传》："以三画卦言之，阳止于二阴之上，止也。以重卦言之，上下对外各得其止，故曰艮，止也。"程颐《伊川易传》："艮者，止也。不曰止者，艮，山之象。有安重坚实之意，非止意可尽也。""艮，一阳居二阴之上。阳，动而上进之物。既至于上则止矣。阴者，静也。上止而下静，故为艮也。"艮卦象征山的巍然耸立、寂然静止；坚固、庄重、沉稳；不可动摇。在军事上可比喻固守阵地、坚不可摧；在政治上可比喻政权稳固、无为而治；在思想上

可比喻信仰坚定、始终如一；在行动上可比喻不妄动、不轻动、不躁动，持重行事、后发制人。静止和运动是物质存在的不同形式。静止是相对的，运动是绝对的。静止只是作为一种状态和手段相对存在。要在事物所处的环境中，在一定的条件下，在一事物与其他事物的关系中，决定动静行止。不能孤立地看静止。所以，卦爻辞中以人体各部分的关系和有机联系作比喻，来阐述卦意。卦辞讲"艮其背"，爻辞中讲"艮其趾"、"艮其腓"、"艮其限"、"艮其身"、"艮其辅"。用止住身体某一部分，造成对整体的影响，着重说明静止的相对性和协调动静行止的必要性。《彖传》阐明静止不是孤立的。动、静结合在一起，并和一定的时机、条件相配合，即"时止则止，时行则行，动静不失其时"，才能使"其道光明"。《大象》讲"君子思不出其位"，是说从艮卦得到启示，应遵循各得其所而止的原则，考虑问题不能越出应有的范围。要各负其责，不能侵权越限。这些都是对卦意的重要发挥。

②艮其腓(féi 肥)，不拯其随，其心不快：小腿肚子止住不动，不求救于所随从的腰部，心里不痛快。腓，小腿肚子。拯，救、求救。随，随从。六二比小腿肚子。它所出随从的是九三的限，即腰。来知德《周易集注》："拯者，救也。随者，从也。二比三，从三者也。不拯其随者，不求拯于所随之三也。""(六)二，艮止，不求救于三。(九)三，艮止，不退听于二。所以二心不快。"

③艮其限，列其夤，厉薰心：腰部止住不动，就将如同分裂脊背肉，危厉熏灼其心。朱震《汉上易传》："(九)三在上体之际，限也。限，腰也。"吴澄《易纂言》："凡人上下之际须转动屈伸，止其限而不转动屈伸，可乎？""列，分裂也。"

④辅：面颊。

⑤敦艮，吉：敦厚而止，吉利。程颐《伊川易传》："敦，笃实也。居止之极，故不过，而为敦。人之止，难于久终。故节或移于晚，守或失于终，事或废于久，人之所同患也。上九能敦厚于终，止道之至善，所以吉也。"

【译文】

艮卦：其背止住不动，整个身体就不能动弹，在庭院中行走，却见不到人，无咎害。

初六：脚趾止住不动，无灾祸，利于永远守正。

六二：小腿肚子止住不动，不求救于所随从的腰部，心里不痛快。

九三：腰部止住不动，就将如同分裂脊背肉，危厉熏灼其心。

六四：身子止住不动，无灾祸。

六五：其面颊止住不动，说话井然有序，悔恨会消失。

上九：敦厚而止，吉祥。

《彖》曰：艮，止也。时止则止，时行则行，动静不失其时，其道光明。艮其止，止其所也①。上下敌应，不相与也②。是以"不获其身，行其庭，不见其人，无咎"也。

【注释】

①艮其止，止其所也：其背止住不动，是止得其所。"艮其止"，应为"艮其背"。毛奇龄《仲氏易》：止，"晁氏谓当依卦辞作'背'，朱氏本义从之。熊过谓古文'背'作'北'，与'止'形近，故讹'止'"。"人身皆动，而惟背不动，有如山然。故以卦观艮，艮山也。而以人观艮，则艮其背也。"

②上下敌应，不相与也：上下相敌不相应，不相助。指艮卦的三组同位爻，即下卦的初六与上卦的六四，下卦的六二与上卦的六五、下卦的九三与上卦的上九，或同为阴爻，或同为阳爻，上下相敌而不呼应，自然也不会互相帮助。只有一阳一阴才可呼应而相助。程颐《伊川易传》："阴阳相应则情通而相与，乃以其敌，故不相与也。不相与则相背为艮，其背止之意也。"

【译文】

《彖传》说：艮卦，是静止。有时静止则静止，有时行动则行动，动和静不失去它们的时机，它的道就光明。艮其背〔止〕，停止于他的处所。上下相敌不相应，不相助。因此，"不获其身，行其庭，不见其人无咎"。

《象》曰：兼山，艮[①]。君子以思不出其位[②]。"艮其趾"，未失正也[③]。"不拯其随"，未退听也。"艮其限"，危"薰心"也[④]。"艮其身"，止诸躬也。"艮其辅"，以中正也[⑤]。"敦艮"之"吉"，以厚终也[⑥]。

【注释】

①兼山，艮：上、下卦兼为山，是艮卦。吴澄《易纂言》："此释艮下艮上也。一山之外又一山，兼山也。"

②君子以思不出其位：君子因此思考问题不超出他的职位。吴澄《易纂言》："在下则思止于下，在上则思止于上，取重艮之象也。"

③"艮其趾"，未失正也："艮其趾"，未至于丧失正事。程颐《伊川易传》："当止而行，非正也。止之于初，故未至失正事。止于始（指趾）则易而未至于失也。"

④危"薰心"也：危险"薰心"，即危险的焦虑在熏灼着心。程颐《伊川易传》："危惧之虑，常薰烁其中心也。"

⑤以中正也：六五只得中，不得为正。说中正，不当。所以朱熹《原本周易本义》说："'正'字羡文。"来知德《周易集注》说："'正'当作'止'，与'止诸躬''止'字同。以中而止，所以悔亡。"

⑥以厚终也：以敦厚为归宿。来知德《周易集注》："厚终者，敦笃于终而不变也。"

【译文】

《象传》说：兼为山，是艮卦。君子因此思考问题不超出他的职位。〔初六〕"艮其趾"，未至于丧失正事。〔六二〕"不拯其随"，未能退而听取下面的意见。〔九三〕"艮其限"，危险的焦虑在"薰心"。〔六四〕"艮其身"，使他的身体止住不动。〔六五〕"艮其辅"，因为居中。〔上九〕"敦艮"的"吉"，以敦厚为归宿。

渐(卦第五十三)

䷴艮下巽上

渐[①]：女归吉[②]，利贞。

初六：鸿渐于干[③]。小子厉，有言，无咎。

六二：鸿渐于磐。饮食衎衎[④]，吉。

九三：鸿渐于陆。夫征不复，妇孕不育，凶。利御寇[⑤]。

六四：鸿渐于木。或得其桷[⑥]，无咎。

九五：鸿渐于陵[⑦]。妇三岁不孕，终莫之胜，吉。

上九：鸿渐于陆[⑧]。其羽可用为仪，吉[⑨]。

【注释】

①渐：六十四卦卦名之一。"渐进"的意思，卦象为艮下巽上。艮为山，巽为木。山在下，树木在上。山上树木逐渐生长。又艮为少男，巽为长女，男在下，女在上。是男下于女，男求娶、女归嫁之象。婚姻要有发展过程，要有完备的程序，要合于正道才吉利。该卦六爻取象于鸿雁，自下而上，逐渐上进。又以此比喻为士进身之道。来知德《周易集注》："渐者，渐进也。为卦艮下巽上，有不遽进之义也。木在山上，以渐而高。渐之象也。"世界上，任何事物的发展，都是渐进的。树木的生长，孩子的成长，婚姻的结成，都有渐进的过程。因此，办事不能超越事物必要的发展阶段，不能操之过急，不切实际，好大喜功，要承认事物发展的过程。俗语说，心急吃不得热粥，饭要一口一口地吃，都是这个意思。《彖传》从渐的卦意出发，将渐进的一般含义延伸到治理国家的活动中，提出"进以正，可以正邦也"，即在渐卦卦意指导下，正确前进，就可以端正邦国。还提出："止而巽，动不穷也。"即懂得适可而止，又谦虚谨慎，行动起来就不会陷入困境。《大象》将渐卦卦意加以引申，提出"以居贤德善俗"，即用以培养贤德，移风易俗。

②女归吉：女子出嫁吉利。古往今来，婚姻都要有一定的过程、程序。《易经》作者记述当时的女子出嫁，程序颇繁。即如当今，从恋爱到结婚，也要有一定的发展过程。所以，婚姻颇为典型地体现了事物渐进的规律。来知德《周易集解》说："妇人谓嫁曰归。天下之事，惟女归为有渐。纳采、问名、纳吉、纳徵、请期、亲迎，六礼备而后成婚。是以渐者莫如女归也。本卦不遽进，有女归之象。"

③鸿渐于干：鸿雁渐进到河岸。鸿，鸿雁，鸟名。据说这种鸟定时南翔北归，飞行有序而不乱。又雌雄互相忠诚，不再择偶，所以古代婚礼上用此鸟，表示吉祥。故而此卦六爻皆取鸿为象。来知德《周易集注》："鸿，雁之大者。""且其为物，木落南翔；冰泮北归。其至有时，其群有序，不失其时与序。于渐之义为切。昏（婚）礼用鸿，取不再偶，于女归之义为切。所以六爻皆取鸿象也。"干，河岸。来知德注为"水旁也"；朱熹注为"水涯也"。

④鸿渐于磐，饮食衎衎（kàn看）：朱熹《原本周易本义》："磐，大石也。渐远于水。进，进于磐而益安矣。衎衎，和乐意。六二柔顺中正，进以其渐。而上有九五之应，故其象如此，而占则吉也。"

⑤鸿渐于陆。夫征不复，妇孕不育，凶。利御寇：来知德《周易集注》："地之高平曰陆。"朱熹《原本周易本义》："鸿，水鸟也。水鸟，陆非所安也。九三过刚不中，而无应，故其象如此。而其所占夫征则不复，妇孕则不育，凶莫甚焉。然以其刚，刚也故利御寇。"

⑥桷（jué角）：方形的椽子。

⑦陵：程颐《伊川易传》："陵，高阜也。"

⑧鸿渐于陆：鸿雁渐进到陆地。因上九与九三"渐于陆"重复，注家多改字成说。程颐《伊川易传》："安定胡公（胡瑗）以陆为逵，逵云路也。"江永《群经补义》本于顾绛，亦改为"阿"，高亨《周易大传今注》为"陆当作陂"等，似不可取。张载《横渠易说》注为"无应于下，羽洁无

汙，且处于高，故曰渐陆”，仍以陆解，可通。上九、九三皆为“渐于陆”，也可理解为雌、雄鸿雁，或多只鸿雁从不同的方向渐进，而会于陆。

⑨其羽可用为仪，吉：它的羽毛可用作仪仗旌旗的装饰。朱熹《原本周易本义》：“羽仪，旄旌纛之饰也。上九至高，出乎人位之外，而其羽毛可用为仪饰。盖虽极高，而不为无用之象，故其占为如是，则吉也。”

【译文】

渐卦：女子出嫁吉利，利于守正道。

初六：鸿雁渐进到河岸。小子有危厉，有闲话，无灾祸。

六二：鸿雁渐进到大石上。饮食和乐欢快，吉利。

九三：鸿雁渐进到高平之地。丈夫出征不回，妇人怀孕流产，凶险。利于抵御敌人。

六四：鸿雁渐进于树。有的得到方椽子歇息。无灾祸。

九五：鸿雁渐进到高阜。妇人三年不怀孕，最终不能取胜，吉利。

上九：鸿雁渐进到高平之地，它的羽毛可用作仪仗旌旗的装饰。

《彖》曰：渐之进也[1]。“女归吉”也。进得位[2]，往有功也。进以正，可以正邦也。其位刚得中也。止而巽，动不穷也。

【注释】

①渐之进也：朱熹《原本周易本义》：“‘之’字疑衍，或是‘渐’字。”如“之”字为衍文，即“渐，进也。”即渐卦为进的意思。如之为渐字，即“渐，渐进也”，即渐卦为“渐进”的意思。此说为佳。

②进得位：爻前进而得位。朱熹《原本周易本义》用卦变加以解释说：“盖此卦之变自涣而来，九进居三。自旅而来，九进居五。皆为得位之正。”自涣卦䷺变来，是九二上升到第三爻的位置上为九三，六三下降为六二，就成为渐卦䷴。自旅卦䷷变来，是九四上升到第五爻的位置上为九五，六五下降为六四，也就成为渐卦䷴。因三、五为阳位、阳爻（九三、九五）居之，是得位而正。

【译文】

《彖传》说：渐卦，是渐进。“女归吉”，前进得正位，前往有功。正确前进，可以端正邦国。位置刚而得中。止而谦，行动不会陷入穷困。

《象》曰：山上有木，渐。君子以居贤德善俗[1]。“小子”之“厉”，义“无咎”也。“饮食衎衎”，不素饱也[2]。“夫征不复”，离群丑也[3]，“妇孕不育”，失其道也[4]。“利用御寇”，顺相保也[5]。“或得其桷”，顺以巽也[6]。“终莫之胜，吉”，得所愿也。“其羽可用为仪，吉”，不可乱也[7]。

【注释】

①君子以居贤德善俗：君子因此在居处培养贤德、移风易俗。来知德《周易集注》：“君子法

渐进之象，择居处于贤德善俗之地。则耳濡目染，以渐而自成其有道之士矣。”

②不素饱也：来知德《周易集注》：“素饱即素餐也。”即白吃饭。

③离群丑也：程颐《伊川易传》：“离叛其群类为可丑也。”

④失其道也：没有遵从保胎之道，所以流产。程颐《伊川易传》：“妇孕不由其道，所以不育也。”

⑤顺相保也：和顺才能互相保护。来知德《周易集注》：“惟御寇之道，在于人和。”“则同心协力，顺以相保，故利也。”

⑥“或得其桷”，顺以巽也：“或得其桷”，安顺而谦逊。张载《横渠易说》：“故‘或得其桷’，居之可安也。顺巽则众所与也，故得所安。”

⑦不可乱也：不能乱，才能为仪。来知德《周易集注》：“不可乱者，鸿飞于云汉之间，列阵有序，与凡鸟不同。所以可用为仪。若以人事论，不可乱者，富贵利达不足以乱其心也。”

【译文】

《象传》说：山上有木，为渐卦。君子因此在居处培养贤德，移风易俗。〔初六〕“小子”的“厉”，宜于无咎祸。〔六二〕“饮食衎衎”，不是白吃饱饭。〔九三〕“夫征不复”，离开群类为丑行。“妇孕不育”，没有遵从保胎之道。“利用御寇”，和顺才能互相保护。〔六四〕“或得其桷”，安顺而谦逊。〔九五〕“终莫之胜，吉”，是实现了愿望。〔上九〕“其羽可用为仪，吉”，因其不可能乱。

归妹(卦第五十四)

䷵兑下震上

归妹[①]：征凶，无攸利。

初九：归妹以娣。跛能履，征吉[②]。

九二：眇能视，利幽人之贞[③]。

六三：归妹以须，反归以娣[④]。

九四：归妹愆期，迟归有时[⑤]。

六五：帝乙[⑥]归妹。其君之袂不如其娣之袂良[⑦]。月几望[⑧]吉。

上六：女承筐无实，士刲羊无血[⑨]，无攸利。

【注释】

①归妹：六十四卦卦名之一。其意为嫁少女。又有相从之义。卦象为兑下震上，兑为泽、为悦、为少女，震为雷、为动、为长男。雷震而泽动，有相从之象；悦(爱悦)而动(嫁娶)，才能结成婚姻；少女从长男，是为女嫁人，所以该卦叫《归妹》。程颐《伊川易传》：“归妹者，女之归也。妹，少女之称。为卦震上兑下，以少女从长男也。男动而女说，又以说而动，皆男说女、女从男之义。”“归妹为卦泽上有雷，雷震而泽动，从之象也。”该卦讲古代婚姻，反映了当时的婚姻状况。例如“归妹以娣”，讲的是先秦时代贵族嫁女，用新娘之妹陪嫁的习俗。又：“女承筐”、“士刲羊”，是婚礼习俗等。《彖传》、《象传》对本卦卦意作了重要的发挥。《彖传》说：“归妹，天地之大义也。天地不交而万物不兴。归妹，人之终始也。”指出了婚姻的重大

意义和严肃性。归妹讲男女相配,这符合天地大义。男女婚配才能产生人类。《彖传》还阐明了“说以动”的婚姻原则。即男女只有相爱悦,才能产生爱情,然后才可以结婚。把爱悦作为爱情婚姻的起点和基础,这是正确的。《大象》指出:“君子以永终知敝。”即要人们严肃认真地对待择偶结婚,以永其终。又要警惕择配婚偶中的种种流弊,防止婚姻中的不幸。这也是有益的劝告。

②归妹以娣。跛能履,征吉:嫁女以女弟陪嫁,跛子能走路。出征吉利。以,及。娣,古代随姐姐陪嫁的妹妹。跛,瘸了一条腿。

③眇能视,利幽人之贞:如同瞎了一只眼,能看看不远,利于幽静的人守正。眇,瞎一只眼的偏盲。幽人,幽静自守的正人君子。程颐《伊川易传》说九二阳刚得中,比为女中贤正者,但相应的六五不正,“故二虽贤不能自遂以成其内助之功,适可以善其身而小施之。如眇者之能视而已;言不能及远也。男女之际当以正礼。(六)五虽不正,(九)二自守其幽静贞正,乃所利也”。

④归妹以须,反归以娣:嫁女要等待,反回出嫁以女弟陪嫁。朱震《汉上易传》:“须,待也。”张载《横渠易说》:“女当待年于家。令待年夫家而反归,故曰未当。”

⑤归妹愆(qiān 铅)期,迟归有时:嫁女过期,迟嫁是有所等待。愆,超过。来知德《周易集注》:“愆,过也。言过期也。女子过期不嫁人,故曰愆期。”“天下岂有不归之女,特待时而归,归之迟耳。”

⑥帝乙:殷帝名乙。为纣之父。嫁女于周文王。

⑦其君之袂(mèi 妹)不如其娣之袂良:王后的衣袖不如她妹妹的衣袖美。君,帝乙之女为周文王的夫人,可称为君。袂,衣袖。来知德《周易集注》:“袂,衣袖也。所以为礼容者也。人之着衣,其礼容全在于袂。故以袂言之。良者,美好也。”

⑧月几望:《释文》:“几,荀作‘既’。”殷周历以阴历每月十五日十六日至二十二、二十三日为既望。后来称农历十五为望,望后一日为既望。

⑨女承筐无实,士刲(kuī 亏)羊无血:女捧筐,无实物;男刺羊不出血。刲,刺。古代贵族成婚,有祭祀之礼。女捧筐盛水果,男刺羊出血,以祭神。今筐中无物,刺羊无血,为不祥之兆。来知德《周易集注》:“凡夫妇祭祀,承筐而采刲蘩者,女之事也。刲羊而实鼎俎者,男之事也。”

【译文】

归妹卦:出征则凶险,无所利。

初九:嫁女以女弟陪嫁,跛子能走路,出征吉利。

九二:如同瞎了一只眼,能看看不远,利于幽静的人守正。

六三:嫁女要等待,反回出嫁以女娣陪嫁。

九四:嫁女过期,迟嫁是有所等待。

六五:帝乙嫁女。王后的衣袖不如她妹妹的衣袖美。时间在月既望,吉利。

上六:女捧筐,无实物;男刺羊,不出血,无所利。

《彖》曰:归妹,天地之大义也[①]。天地不交而万物不兴[②]。归妹,人之终始也[③]。说以动,所以归妹也[④]。“征凶”,位不当也[⑤]。“无攸利”,柔乘刚也[⑥]。

【注释】

①归妹，天地之大义也：归妹卦，符合天地的大义。程颐《伊川易传》："一阴一阳之谓道。阴阳交感，男女配合，天地之常理也。归妹，女归于男也，故云天地之大义也。"

②天地不交而万物不兴：天地阴阳二气不相交，则万物不生长。兴，生。来知德《周易集注》："盖男女不交则万物不生，而人道灭息矣。"

③《归妹》，人之终始也：男女婚配，是个人终身大事完成，也是人类生育繁衍的开始。朱熹《原本周易本义》："归者，女之终生育者，人之始。"

④所以归妹也：《释文》："所归妹也，本或作所以归妹。"今补上。

⑤位不当也：指九二以阳爻居阴位，六三以阴爻居阳位，九四以阳爻居阴位，六五以阴爻居阳位，都是位置不当。

⑥柔乘刚也：指阴爻六三居于阳爻初九、九二之上，阴爻上六、六五居于阳爻九四之上。为柔乘刚。

【译文】

《彖传》说：归妹卦，符合天地的大义。天地阴阳二气不相交，则万物不生长。归妹，标志着人的终和始。爱悦而行动，所以嫁少女。"征凶"，位置不当。"无攸利"，阴柔凌驾于阳刚之上。

《象》曰：泽上有雷，归妹。君子以永终知敝[①]。"归妹以娣"，以恒也[②]。"跛能履吉"，相承也[③]。"利幽人之贞"，未变常也[④]。"归妹以须"，未当也[⑤]。"愆期"之志，有待而行也[⑥]。"帝乙归妹"，"不如其娣之袂良"也，其位在中，以贵行也[⑦]。"上六""无实"，"承"虚"筐"也[⑧]。

【注释】

①君子以永终知敝：君子因此慎择而永其终，知弊而防其弊。敝即弊。张载《横渠易说》："永，常。礼之终，知人情之敝。"

②以恒也：乃是常规。恒，常也。程颐《伊川易传》："乃能以常也。"

③相承也：是因相助。承，助。程颐《伊川易传》："以其能相承，助也。"

④未变常也：未改变常道。来知德《周易集注》："今能守幽人之贞，则未变其常矣。"

⑤未当也：爻位不当。来知德《周易集注》："未当者，爻位不中不正也。"

⑥"愆期"之志，有待而行也："愆期"的目的，在于有所等待而嫁。行，指嫁。来知德《周易集注》："行者，嫁也。天下之事，自有其时。愆期之心，亦有待其时而后嫁耳。爻辞曰'有时'，象辞曰'有待'，皆待时之意。"

⑦其位在中，以贵行也：因其位置在正中，以尊贵出嫁。其位在中，指六五处于上卦中位。贵指贵为帝之女。来知德《周易集注》："在中者，德也。以贵者，帝女之贵也。行者，嫁也。有是中德，有是尊贵，以之下嫁，又何必尚其饰哉！此所以君之袂不如娣之袂良也。"

⑧"上六""无实"，"承"虚"筐"也：虚，空。言无以奉祭祀，女归无终。程颐《伊川易传》："筐无实是空筐也。空筐可以祭乎！言不可以奉祭祀也。女不可以承祭祀，则离绝而已。是女归之无终者。"

【译文】

《象传》说：泽上有雷，是归妹卦。君子因此慎择而永其终，知弊而防其弊。〔初九〕“归妹以娣”，乃是常规。“跛能履，吉”，是因相助。〔九二〕“利幽人之贞”，未改变常道。〔六三〕“归妹以须”，爻位不当。〔九四〕“愆期”的目的，在于有所等待而嫁。〔六五〕“帝乙归妹”“不如其娣之袂良”，因其位置在正中，以尊贵出嫁。“上六”“无实”，“承”的是空“筐”。

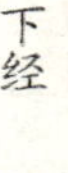

丰(卦第五十五)

䷶离下震上

丰[①]：亨，王假之。勿忧，宜日中[②]。

初九：遇其配主，虽旬无咎，往有尚[③]。

六二：丰其蔀，日中见斗[④]。往得疑疾，有孚发若[⑤]，吉。

九三：丰其沛，日中见沫[⑥]。折其右肱，无咎。

九四：丰其蔀，日中见斗，遇其夷主[⑦]，吉。

六五：来章，有庆誉[⑧]，吉。

上六：丰其屋，蔀其家，阚[⑨]其户，阒[⑩]其无人，三岁不觌[⑪]，凶。

【注释】

①丰：六十四卦卦名之一。有丰厚盛大之意。卦象为离下震上。离为火、为日、为电，因而也为明。震为动、为雷。明而动，动而能明，才能丰盛，所以叫丰卦。程颐《伊川易传》：“丰，盛大之义。为卦震上离下。震，动也。离，明也。以明而动，动而能明，皆致丰之道。明足以照，动足以亨，然后能致丰大也。”本卦主要阐明两点：一是如何“致其丰”，二是如何“保有丰”。丰厚盛大是事物发展的美好结果。丰大昌盛、重大的成就，是人们对事业的期望。怎样才能“致其丰”呢？《彖传》回答说：“明以动，故丰。”即明而动，动而明，为致丰之道。思想明确，而行动果敢，才能获得大的成就。《大象》引申到“君子以折狱致刑”。即像雷的威严、电的明察一样断狱和用刑，才能在法治方面有大的成就。有了成就，还有保持成就的问题，这就是如何“保有丰”。人们在思想上要提高警惕，要认识事物会向反面发展。有成就会丧失成就，有“丰”会丧失“丰”。《彖传》：“日中则昃，月盈则食。天地盈虚，与时消息，而况于人乎！况于鬼神乎！”是说日中则西斜，月圆则亏损，天地万物有盈必有虚，随时消长。何况于人呢！何况于鬼神呢！所以人在成就面前，不能骄傲自满。骄傲了，就不能保有丰，还会被成就遮住眼睛，看不到前进方向。爻辞“丰其蔀，日中见斗”，“往得疑疾”；“丰其沛，日中见沫，折其右肱”；“丰其屋，蔀其家”等，就形象地描述了丰被遮住，光明变成黑暗的情况。而只有谦虚谨慎，不断进取，才是“保丰”之道。

②亨，王假之。勿忧，宜日中：亨同享，祭祀。假，至。程颐《伊川易传》：“假，至也。”“丰之时，人民之繁庶，事物之殷盛，治之岂易周？为可忧虑。宜如日中之盛明广照，无所不及，然后无忧也。”

③遇其配主，虽旬无咎，往有尚：遇其配合的主爻，虽十日无咎害，前往在上面。本爻辞中配

主等多解，今依吴澄解。吴澄《易纂言》："配主谓六二，阴阳之合，曰配主者，六二，为卦之主爻也。""旬，十日也。……初二非正应，而以近比相遇，不可以久。然淹留十日，亦无咎也。""初往求合于二，则二在其上，而为之配，故曰往有尚。"

④丰其蔀(bù 部)，日中见斗：遮挡的东西加大了，日中见到北斗星。吴澄《易纂言》："蔀，障蔽之物。""斗，北斗七星。星之大而易见者。"

⑤往得疑疾，有孚发若：前往得多疑病，有诚信则去病。发，去，引申为消除。若，助词。

⑥丰其沛，日中见沬：遮光的幡幔加大了，日中看到小星。朱熹《原本周易本义》："沛，一作'旆'，谓幡幔也。其蔽甚于蔀矣。沬，小星也。"

⑦夷主：古今注者多解。今依吴澄解，谓遭伤之主。吴澄《易纂言》："故(九)四以(六)二为夷主，谓遭伤之主也。"指六二的光明被九四障蔽所伤害。

⑧来章，有庆誉：前来有文采，既有福庆，又有荣誉。吴澄《易纂言》："来，谓下求(九)四。""(六)五之柔若下求(九)四之刚，则阴阳相间而成章。""阴下从阳，是庸愚从贤智，既有福庆归于己，而又有名誉闻于人也。"

⑨闚：同"窥"，窃视。

⑩闃：寂静。

⑪觌：相见。

【译文】

丰卦：祭祀，王来到。勿忧虑，宜于中午进行。

初九：遇其配合的主爻，虽十日无咎害，前往在上面。

六二：遮挡的东西加大了，日中见到北斗星。前往得多疑病，有诚信则去病。吉利。

九三：遮光的幡幔加大了，日中见到小星。折断了他的右臂，无害。

九四：遮挡的东西加大了，日中见到北斗星。遇到它遭伤的主人。吉利。

六五：前来有文采，既有福庆，又有荣誉。吉利。

上六：把他的屋搞得又高又大，遮蔽了他的家，窥视他的门户，静悄悄无人迹，三年没见到人，凶险。

《彖》曰：丰，大也。明以动，故丰①。"王假之"，尚大也②。"勿忧，宜日中"，宜照天下也③。日中则昃④，月盈则食，天地盈虚，与时消息⑤。而况于人乎？况于鬼神乎？

【注释】

①明以动，故丰：明而动，所以丰。程颐《伊川易传》："丰者，盛大之义。离明而震动。明动相资，而成丰大也。"

②"王假之"，尚大也："王假之"，崇尚至大。

③宜照天下也：应该像中午的太阳普照天下。程颐《伊川易传》："所有既广，所治既众，当忧虑其不能周及。宜如日中之盛明，普照天下，而无所不至，则可勿忧矣。"

④昃(zè)：太阳西斜。

⑤消息：消长。

【译文】

《象传》说：丰卦，是大。明而动，所以是丰卦。“王假之”，崇尚至大。“勿忧，宜日中”，应该像中午的太阳普照天下。太阳过了中午就要西斜，月亮圆满了就要亏缺，天地万物有盈有虚，随时消长。何况对于人呢！何况对于鬼神呢！

《象》曰：雷电皆至，丰。君子以折狱致刑[①]。“虽旬无咎”，过旬灾也。“有孚，发若”，信以发志也[②]。“丰其沛”，不可大事也。“折其右肱”，终不可用也[③]。“丰其蔀”，位不当也。“日中见斗”，幽不明也。“遇其夷主”，吉行也。“六五”之吉，“有庆”也。“丰其屋”，天际翔也[④]。“窥其户，阒其无人”，自藏也。

【注释】

①君子以折狱致刑：君子因此威严明慎地断狱用刑。张载《横渠易说》：“盛明如天大之至也。动于上而明于下，故折狱致刑，民不惑矣。”

②信以发志也：靠诚信来启发心志。吴澄《易纂言》：“孚信于己以开发其心志，使之不昏暗也。”

③“丰其沛”，不可大事也。“折其右肱”，终不可用也：吴澄《易纂言》：“沛之蔽，虽轻于蔀，然蔽虽轻亦不可做大事矣。五居尊位，如日丽天而照临天下。此日不明，如人之折其右肱，终不复可用事矣！”

④“丰其屋”，天际翔也：高大其屋，是自己裹藏自己，飞翔于天，脱离群众。张载《横渠易说》：“丰屋蔀家，自蔽之甚。犹大明之世而夷墨其行，穷大而失居者也。处上之极，不交于下，而居动之末，故曰天际翔也。”

【译文】

《象传》说：雷电都来，是丰卦。君子因此威严明慎地断狱用刑。〔初九〕“虽旬无咎”，过了十天有灾。〔六二〕“有孚，发若”，靠诚信来启发心志。〔九三〕“丰其沛”，不可以做大事了。“折其右肱”，终究不可再用。〔九四〕“丰其蔀”，爻位不当。“日中见斗”，幽暗不明。“遇其夷主”，出行吉利。“六五”的“吉”，“有庆”。〔上六〕“丰其屋”，像鸟〔离开大地〕在天空飞。“阒其户，阒其无人”，是自己把自己藏起来。

旅(卦第五十六)

䷷艮下离上

旅[①]：小亨。旅贞吉。

初六：旅琐琐，斯其所取灾[②]。

六二：旅即次，怀其资，得童仆贞[③]。

九三：旅焚其次，丧其童仆贞，厉。

九四：旅于处，得其资斧，我心不快[④]。

六五：射雉，一矢亡，终以誉命[⑤]。

上九：鸟焚其巢，旅人先笑后号咷。丧牛于易[⑥]。凶。

【注释】

①旅：六十四卦卦名之一。去其故居，外出作客，即“旅行”之意。卦象为艮下离上。艮为山、为止。离为火、为明、为丽。山止于下，而火烧于上，只得离开所附丽的山而不处。是旅之意。程颐《伊川易传》说：“为卦离上艮下。山止而不迁，火行而不居，违去而不处之象。故为旅也。又丽（附丽）乎外（外卦为丽），亦旅之象。”旅途中有许多艰难，很不顺利。卦辞说：“小亨”，仅是小通顺。爻辞中写了旅途中的诸多困苦。如“旅琐琐，斯其所，取灾”、“旅焚其次，丧其童仆贞，厉”、“鸟焚其巢，旅人先笑后号咷。丧牛于易。凶”等等。就连“旅于处，得其资斧”也使“我心不快”。这是艰苦、多灾、不愉快的旅途生活写照。但也要认识到旅行有一定的意义。《彖传》甚至说：“旅之时义大矣哉。”即说旅为时所用的意义很大。《大象》也提出：君子从旅得到启发，认识到应该“明慎用刑而不留狱”。《彖传》还说“止而丽乎明”，只要依附着光明，就能实现“小亨，旅贞吉”，使旅行小通顺，占问也吉利。

②旅琐琐，斯其所取灾：旅行中细屑猥鄙，这将由此取灾。来知德《周易集注》：“琐者，细屑猥鄙貌。”吴澄《易纂言》：“旅贵乎得众。旅而琐琐，则失众心，此其所以取灾也。”

③旅即次，怀其资，得童仆贞：旅人住旅店，怀藏资财，得到童仆的忠贞。来知德《周易集注》：“即者，就也。次者，旅之舍也。”朱熹《原本周易本义》：“即次则安，怀资则裕，得其童仆之正信，则无欺而有赖。旅之最吉者也。（六）二有柔顺中正之德，故其象占如此。”

④旅于处，得其资斧，我心不快：旅途中在住处，得到自己的钱财和斧头，我心中仍不快。吴澄《易纂言》：“处谓暂时居处，非其次舍也。”来知德《周易集注》：“得资足以自利，得斧足以自防，皆旅之不可无者。”“但（九四）下应阴柔，所托非人，故又有我心不快之象。”

⑤射雉，一矢亡，终以誉命：射野鸡，丢失一只箭，最终得到荣誉和天命保佑。来知德《周易集注》：“六五当羁旅之时，以其阴柔，故有射雉雉飞矢亡之象。然文明得中，能顺乎四而应乎二，故终以誉命也。”

⑥丧牛于易：此处易多解。来知德《周易集注》：“易即场，田畔也。”张载《横渠易说》：“易，肆也。”吴澄《易纂言》：“旅人丧其服车之牛于境外也。”高亨《周易大传今注》：“易，国名。此记殷之祖先王亥之故事。……王亥曾作客于有易之国，从事畜牧牛羊，而行淫享乐，有易之君绵臣杀王亥，而取其牛。”今取“易即场”说。

【译文】

旅卦：小通顺。占问旅行吉利。

初六：旅行中细屑猥鄙，这将由此取灾。

六二：旅人住旅店，怀藏资财，得到奴仆的忠诚侍候。

九三：旅行中，所住旅店被焚烧，丧失了奴仆的忠诚侍候。有危厉。

九四：旅途中，在住处，得到自己的钱财和斧头，我心中仍不快。

六五：射野鸡，丢失一只箭，最终得到荣誉和天命保佑。

上九：鸟巢被焚烧，旅人先笑后号咷大哭，丧失牛于场，有凶险。

《彖》曰：旅“小亨”。柔得中乎外[①]，而顺乎刚[②]，止而丽乎明[③]，是以“小亨，旅贞吉”也。旅之时义大矣哉。

【注释】

①柔得中乎外：指六五阴爻为柔，居于外卦的中间。

②顺乎刚：指六五向上顺着阳爻的上九。阳爻为刚。

③止而丽乎明：指下卦依附上卦，下卦为艮，为山，为止。上卦为离，为火，为明。丽是附丽、依附。

【译文】

《彖传》说：旅卦为"小亨"。是阴柔的爻在外卦得中，而顺着阳刚〔上九〕，静止而依附着光明，因此"小亨，旅贞吉"。旅卦为时所用的意义多么大啊！

《象》曰：山上有火，旅①。君子以明慎用刑而不留狱②。"旅琐琐"，志穷灾也③。"得童仆贞"，终无尤也④。"旅焚其次"，亦以伤矣。以旅与下，其义丧也⑤。"旅于处"，未得位也⑥。"得其资斧"，心未快也。"终以誉命"，上逮也⑦。以旅在上，其义焚也。"丧牛于易"，终莫之闻也⑧。

【注释】

①山上有火，旅：卦象艮下离上，为山下火上。所以说山上有火，是旅卦。

②君子以明慎用刑而不留狱：君子因此在用刑方面谨慎明察而不拖延滞留狱讼案件。朱熹《原本周易本义》："谨刑如山，不留如火。"程颐《伊川易传》："火之在高，明无不照。君子观明照之象，则以明慎用刑。明不可恃、故戒于慎。明而止，亦慎象。观火行不处之象，则不留狱。狱者不得已而设。民有罪而入，岂可留滞淹久也。"

③志穷灾也：孔颖达《周易正义》："'志穷灾'者，志意穷困，自取此灾也。"程颐《伊川易传》："志意穷迫，益自取灾也。"

④终无尤也：程颐《伊川易传》："羁旅之人所赖者，童仆也。既得童仆之忠贞，终无尤悔矣。"

⑤以旅与下，其义丧也：因在羁旅中，与下人相处得这样不好，按道理讲是要丧失（童仆贞）的。程颐《伊川易传》："以旅之时，而与下之道如此，义当丧也。在旅而以过刚自高待下，必丧其忠贞，谓失其心也。"

⑥未得位也：指九四以阳爻居于阴位，没有得到恰当的位置。

⑦上逮也：朱熹《原本周易本义》："上逮，言其誉命闻于上也。"

⑧以旅在上，其义焚也。"丧牛于易"，终莫之闻也：因旅人高高在上（指上九爻在最上爻位），住处被焚（如鸟焚巢）是应该的。"丧牛于易"，最终无人告知。张载《横渠易说》："以阳极上，旅而骄肆者也。失柔顺之正。""虽有凶危，其谁告之！故曰终莫之闻也。"

【译文】

《象传》说：山上有火，是旅卦。君子因此在用刑方面谨慎明察而不拖延滞留狱讼案件。〔初六〕"旅琐琐"，志意穷困，自取灾祸。〔六二〕"得童仆贞"，终究没有尤悔。〔九三〕"旅焚其次"，也受伤害。因在羁旅中，与下人相处得这样不好，按道理讲是要丧失〔童仆贞〕的。〔九四〕"旅于处"，没有得到适当位置。"得其资斧"，心中未能快活。〔六五〕"终以誉命"，闻于上。〔上九〕因旅人高高在上，住处被焚是应该的。"丧牛于易"，最终无人告知。

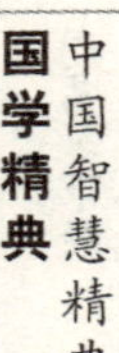

巽（卦第五十七）

☴巽下巽上

巽[①]：小亨。利有攸往，利见大人。

初六：进退，利武人之贞[②]。

九二：巽在床下，用史巫纷若，吉，无咎[③]。

九三：频巽，吝[④]。

六四：悔亡，田获三品[⑤]。

九五：贞吉，悔亡，无不利，无初有终。先庚三日，后庚三日，吉[⑥]。

上九：巽在床下，丧其资斧，贞凶。

【注释】

①巽（xùn 训）：六十四卦卦名之一，为“顺服”的意思。又为“入”的意思。卦象为巽下巽上。巽为风，又为入。上下齐吹风，将被吹之物吹倒，使其顺伏。又：卦画为一阴爻处于两阳爻之下，是顺服于阳而善于人，所以为巽卦。程颐《伊川易传》：“巽者，入也。”“为卦一阴在二阳之下，巽顺于阳，所以为巽也。”该卦着重讲要广泛贯彻教命，使行政命令像疾风劲吹，无处不入，得以全面贯彻。而人们对教命，要认真执行，像被风吹倒的什物一样顺服。《彖传》说：“重巽以申命。”即要像上下风吹一样，申明教命。《大象》说“君子以申命行事”，也是说要申明教命，推行政事。

②进退，利武人之贞：进退犹豫不决，利于武人守正。程颐《伊川易传》：“或进或退不知所从，其所利在武人之贞。若能用武人刚贞之志，则为宜也。勉为刚贞，则无过卑恐畏之失矣。”

③巽在床下，用史巫纷若，吉，无咎：卑顺如伏于床下，用史巫多人纷乱忙碌（以矫其柔懦之偏），吉利，无灾祸。李鼎祚《周易集解》：“宋衷曰：巽为木，二阳在上，初阴在下，床之象也。”来知德《周易集注》：“纷者，缤纷杂乱貌。若，助语辞。”“然（九二）居下体亦过于卑巽者，必不自安宁。如史巫之纷若，鼓舞动作，则有以矫其柔懦之偏，不惟得其吉，而在我亦无过咎矣。”

④频巽，吝：总是卑顺，有灾祸。来知德《周易集注》：“频者，数也。”“九三过刚不中，又居下体之上，本不能巽，但当巽之时，不容不巽矣。然屡巽屡失，吝之道也。”

⑤田获三品：田，打猎。猎获兽类分三等。射中心脏的为“上杀”，作祭品；射中腿的为“中杀”，供宾客享用；射中腹部的为“下杀”，自己食用。李鼎祚《周易集解》：“案《穀谷梁传》曰：春猎曰田。”“田获三品，一为乾豆，二为宾客，三为充君之庖。注云：上杀中心，乾之为豆实；次杀中髀骼，以供宾客；下杀中腹，充君之庖厨。尊神敬客之义也。”

⑥贞吉，悔亡，无不利，无初有终。先庚三日，后庚三日，吉：朱熹《原本周易本义》：“九五刚健中正而居巽体，故有悔。以有贞而吉也。故得亡其悔而无不利。有悔是无初也，亡之是有终也。庚，更也。事之变也。先庚三日，丁也。后庚三日，癸也。丁者所以丁宁于其变之前。癸者，所以揆度于其变之后。有所变更而得此占者，如是则其吉可知也。”上古历法，每月三旬，每旬十日，以甲、乙、丙、丁、戊、己、庚、辛、壬、癸记日。先庚三日即庚日以前第三日

即丁日，后庚三日为癸日。按朱熹说，丁是叮咛；癸是揆度。而来知德《周易集注》认为先庚为丁，后庚为癸，其说始于郑玄，不成其说。他说："先三后三者，六爻也。先三者，下三爻也。""后三者，上三爻也。"

【译文】

巽卦：小通顺。有所往有利，利于见大人。

初六：进退犹豫不决，利于武人守正道。

九二：卑顺如伏于床下，用史巫多人纷乱忙碌〔以矫其柔懦之偏〕，吉利，无灾祸。

九三：总是卑顺，有灾祸。

六四：悔恨消失，田猎所得的野兽有三类。

九五：守正吉利，悔恨消亡，无所不利，没有好起始，却有好终结，庚前三日和庚后三日，吉利。

上九：卑顺如伏于床下，丧失了资财和斧子，占问有凶险。

《彖》曰：重巽以申命[①]。刚巽乎中正而志行[②]。柔皆顺乎刚[③]。是以"小亨，利有攸往，利见大人。"

【注释】

①重巽以申命：巽上巽下，为两巽相重。以反复申明命令。程颐《伊川易传》："重巽者，上下皆巽也。上顺道以出命，下奉命而顺从。上下皆顺，重巽之象也。又重为重复之义。君子体重巽之义，以申复其命令。申，重复也，丁宁之谓也。"

②刚巽乎中正而志行：指九五、九二为阳爻，为刚，而分别居于上、下卦的中位，是刚入于中正。巽为入。表明意志得以实行。

③柔皆顺乎刚：指上下卦的阴爻六四和初六，分别在两根阳爻之下，即六四在九五、上九之下，初六在九二、九三之下。阴爻为柔，是柔皆顺乎刚。

【译文】

《彖传》说：两巽相重，以反复申明命令。阳刚之爻入于中正而意志得以实现。阴柔之爻都顺从刚阳之爻。因此"小亨，利有攸往，利见大人。"

《象》曰：随风，巽。君子以申命行事[①]。"进退"，志疑也。"利武人之贞"，志治也[②]。"纷若"之吉，得中也[③]。"频巽"之"吝"，志穷也[④]。"田获三品"，有功也。"九五"之"吉"，位中正也。"巽在床下"，上穷也。"丧其资斧"，正乎？凶也[⑤]。

【注释】

①随风，巽。君子以申命行事：上下风相随，是巽卦。君子因此申明命令，推行政事。程颐《伊川易传》："两风相重，随风也。随，相继之义。君子观重巽相继以顺之象，而以申命令行政事。随与重上下皆顺也。上顺下而出之，下顺上而从之，上下皆顺，重巽之义也。命令政事，顺理则合民心，而民顺从矣。"

②“进退”，志疑也。“利武人之贞”，志治也：“进退”，心中疑惧。“利武人之贞”，其志修立。程颐《伊川易传》：“进退不知所安者，其志疑惧也。利用武人之刚贞，以立其志，则其志治也。治，谓修立也。”

③得中也：本爻居下卦之中，是得中。来知德《周易集注》：“得中者，得中而不过于卑巽也。”

④志穷也：孔颖达《周易正义》：“志意穷屈，不得申遂。”

⑤“巽在床下”，上穷也。“丧其资斧”，正乎？凶也：“巽在床下”，最上穷尽。“丧其资斧”，是正道吗？乃是凶道。程颐《伊川易传》：“‘巽在床下’，过于巽也。处卦之上，巽至于穷极也。居上而过极，于巽至于自失，得为正乎？乃凶道也。巽本善行，故疑之曰：得为正乎？复断之曰：乃凶也。”

【译文】

《象传》说：正下风相随，是巽卦。君子因此申明命令，推行政事。〔初六〕“进退”，心中疑惧。“利武人之贞”，其志修立。〔九二〕“纷若”的“吉”，因得中道。〔九三〕“频巽”的“吝”，志意穷困。〔六四〕“田获三品”，有功。“九五”的“吉”，位在中正。〔上九〕“巽在床下”，最上穷尽。“丧其资斧”，是正道吗？是凶道。

兑(卦第五十八)

䷹兑下兑上

兑[①]：亨，利贞[②]。

初九：和兑，吉[③]。

九二：孚兑，吉，悔亡[④]。

六三：来兑，凶[⑤]。

九四：商兑未宁，介疾有喜[⑥]。

九五：孚于剥，有厉[⑦]。

上六：引兑。

【注释】

①兑：六十四卦卦名之一。为“喜悦”之意。卦象为兑上兑下，兑为泽、为说(悦)。泽能润养万物，使万物喜悦。从卦象看，上下卦各为一阴爻进于二阳爻之上，大为喜悦。朱熹《原本周易本义》：“兑，说(悦)也。一阴进乎二阳之上，喜之见乎外也。其象为泽，取其悦万物。”该卦着重讲使民怡悦。所以卦辞为“亨，利贞”(亨通，利于正道)。要使民怡悦，当领导的必须以身作则，吃苦在前。“先天下之忧而忧，后天下之乐而乐。”这样民众不但怡悦，而且感奋。这就是《彖传》所说：“说以先民，民忘其劳。说以犯难，民忘其死。”就是说：身先于民劳苦，民欢悦而忘却劳苦。先于民犯难，民欢悦而不惜牺牲生命。除了领导的带头作用以外，《彖传》还强调，要“刚中而柔外”，“顺乎天而应乎人”，才能使民欢悦。这些话包含着十分深刻的道理。爻辞讲“和兑”(是无所偏私以和为悦)、“孚兑”(本于诚信而怡悦)、“来兑”(非诚非当、贸然来求悦)、“商兑”(商谈而求怡悦)、“引兑”(延引无限的怡悦)，把使民怡悦更加具体化了。《大象》讲“君子以朋友讲习”，是说朋友之间切磋交流学问，也是使人怡悦的事情。

总之，该卦认为民的怡悦，意义十分重大。能使人民得到劝勉，即“说之大，民劝矣哉”。

②亨，利贞：亨通，利于正。程颐《伊川易传》：“兑，说也。说，致亨之道也。能说于物，物莫不说而与之，足以致亨。然为说之道，利于贞正。非道求说，则为邪谄，而有悔咎，故戒利贞也。”

③和兑，吉：无所偏私，以和为悦，吉利。程颐《伊川易传》：“初（九）虽阳爻居说体，而在最下，无所系应。是能卑下和顺以为说，而无所偏私者也。以和为说而无所偏私，说之正也。阳刚则不卑，居下则能巽，处说则能和，无应则不偏。处说如是，所以吉也。”

④孚兑，吉，悔亡：本于诚信而怡悦，吉利，悔事消亡。朱熹《原本周易本义》：“刚中为孚，居阴为悔。占者以孚而说，则吉而悔亡矣。”

⑤来兑，凶：非诚非当，贸然来求悦，凶险。朱熹《原本周易本义》：“阴柔不中正，为兑之主，上无所应，而反来就二阳以求其说，凶之道也。”

⑥商兑未宁，介疾有喜：商谈求怡悦尚未决定，刚介守正、疾远邪恶，可喜。程颐《伊川易传》：“（九）四上承中正之（九）五，而下比柔邪之（六）三。虽刚阳而处非正。（六）三阴柔，阳所说也。故不能决，而商度未宁，谓拟议所从而未决，未能有定也。”“故人有节守谓之介，若介然守正而疾远邪恶，则有喜也。”

⑦孚于剥，有厉：诚被损害，有危厉。于，被。剥，剥蚀、损害。来知德《周易集注》：“剥，谓阴能剥阳，指上六也。”“上六阴柔，为说之主，处说之极，乃妄说以剥阳者也。故戒占者，若信上六，则有危矣。”

【译文】

兑卦：亨通，利于正。

初九：无所偏私，以和为悦，吉利。

九二：本于诚信而怡悦，吉利，悔事消亡。

六三：非诚非当，贸然来求悦，凶险。

九四：商谈求怡悦，尚未决定，刚介守正、疾远邪恶，可喜。

九五：诚被损害，有危厉。

上六：引而无悦的喜悦。

《彖》曰：兑，说也。刚中而柔外[①]，说以“利贞”，是以顺乎天而应乎人。说以先民，民忘其劳。说以犯难，民忘其死[②]。说之大，民劝矣哉！

【注释】

①刚中而柔外：指九二、九五为阳爻，为刚，分别处于下卦、上卦的中位，所以是刚中；六三、上六为阴爻，为柔，分别处于下卦、上卦之外，所以是柔外。程颐《伊川易传》：“阳刚居中，中心诚实之象。柔爻在外，接物和柔之象。”

②说以先民，民忘其劳。说以犯难，民忘其死：先于民劳苦，民喜悦。民会忘记其劳苦。带领民犯难，民喜悦，民会不顾牺牲生命。程颐《伊川易传》：“故以之先民，则民心说，随而忘其劳。率之以犯难，则民心说，服于义而不恤其死。”

【译文】

《彖传》说：兑卦，为悦。〔九二、九五〕阳刚处于中而〔六三、上六〕阴柔显于外。

使人喜悦而“利贞”，因此上顺天道而下应人心。先于民劳苦，民喜悦。民会忘记其劳苦。带领民犯难，民喜悦，民会不顾牺牲生命。悦的意义很大，人民顺从而劝勉。

《象》曰：丽泽，兑。君子以朋友讲习①。“和兑”之“吉”，行未疑也②。“孚兑”之“吉”，信志也③。“来兑”之“凶”，位不当也④。“九四”之“喜”，有庆也。“孚于剥”，位正当也⑤。“上六”“引兑”，未光也⑥。

【注释】

①丽泽，兑。君子以朋友讲习：卦象兑下兑上，泽下泽上，泽连水交流，为兑卦。君子因此与朋友讲习，交流学问。丽，连。朱熹《原本周易本义》：“两泽相丽，互相滋益。朋友讲习，其象如此。”

②行未疑：行动不相疑，才有“和兑”之“吉”。朱熹《原本周易本义》：“居卦之初，其说也正，未有所疑也。”

③信志也：志在诚信。程颐《伊川易传》：“心之所存为志，(九)二刚实居中，孚信存于中也，志存诚信。”

④位不当也：指以阴爻六居于阳位三，为位置不正。又不在下卦之中，为不中。不中不正，为不当。程颐《伊川易传》：“自处不中正，无与而妄求说(悦)，所以凶也。”

⑤位正当也：指阳爻九居于五的阳位，又在上卦的中间，是得中又正。程颐《伊川易传》：“以(九)五所处之位正当戒也，密比阴柔，有相说之道，故戒在信之也。”

⑥未光也：其德未光明。张载《横渠易说》：“与三为类而引升之，虽不伤类，然未足多也。”

【译文】

《象传》说：泽连水交流，为兑卦。君子因此与朋友讲习、交流学问。〔初九〕“和兑”的“吉”，行动不相疑。〔九二〕“孚兑”的“吉”，志在诚信。〔六三〕“来兑”的“凶”，位置不当。“九四”的“喜”，是有可庆贺。〔九五〕“孚于剥”，位置正当。“上六”“引兑”，其德未光明。

涣(卦第五十九)

䷺坎下巽上

涣①：亨。王假有庙②。利涉大川，利贞。

初六：用拯马壮，吉③。

九二：涣奔其机，悔亡④。

六三：涣其躬，无悔⑤。

六四：涣其群，元吉。涣有丘，匪夷所思⑥。

九五：涣汗其大号，涣王居，无咎⑦。

上九：涣其血，去逖出，无咎⑧。

【注释】

①涣：六十四卦卦名之一，为“流散、消除、散布”的意思。卦象为坎下巽上，坎为水，巽为风，

风吹水流散。风比喻德教，涣又指传布德教。风吹水动，又有“荡涤污秽”的意思。程颐《伊川易传》：“为卦巽上坎下，风行于水上，水遇风则涣散，所以为涣也。”朱熹《原本周易本义》：“涣，散也。为卦下坎上巽，风行水上，离披解散之象，故为涣。”该卦卦意主要是传布德教，消除污秽。这对个人改正错误，消除缺点，加强修养，成为新人，是极为重要的。对国家革故鼎新、兴旺发达，也是极为重要的。所以卦辞有“亨，王假有庙。利涉大川，利贞”。《大象》：“先王以享于帝，立庙。”也是以神道设教，以加强思想统治。爻辞“涣奔其机”、“涣其躬”、“涣其群”、“涣王居”、“涣其血”，都是讲以水冲刷，除其不洁，荡涤旧污，使之焕然一新。这是德教作用的形象写照。

②王假有庙：王至于庙。假，至。有，于。

③用拯马壮，吉：如用壮马加以拯救，吉利。拯，救。有解作骟马者。程颐《伊川易传》：“(初)六居卦之初，涣之始也。始涣而拯之，又得马壮，所以吉也。”朱熹《原本周易本义》：“居卦之初，涣之始也。始涣而拯之，为力既易，又有壮马，其吉可知。”

④涣奔其机，悔亡：水冲洗奔向台阶，悔事消亡。奔，急赴。机，汉帛书《周易》作“阶”。即台阶。前人多解机为几，即茶几。

⑤涣其躬，无悔：水冲洗自身，没有悔恨。躬，自身。比喻清除自身品德方面的污垢。

⑥涣其群，元吉。涣有丘，匪夷所思：水冲洗群众，大吉。水冲洗到丘陵，不是平常所能想到的。群，群众。元，大。匪，非。夷，常。

⑦涣汗其大号，涣王居，无咎：王者大发号令，如汗流而不返。水冲洗王宫，无咎害。据汉帛书《周易》，“涣汗其”，当作“涣其汗”。王居，王者所居，即王宫。

⑧涣其血，去逖出，无咎：水冲洗他的血，去而远出，无咎害。血指血出受伤。逖，远。朱熹、程颐等解作“惕”。来知德《周易集注》：“依小象，涣其血作句。血者，伤害也。涣其血者，涣散其伤害也。逖者，远也。当涣之之时，干戈扰攘，生灵涂炭，民之逃移而去乡土者多矣。去逖出者，言去远方者，得出离其远方而还也。”

【译文】

涣卦：亨通。王至于庙。利于涉越大河。利于守正。

初六：如用壮马加以拯救，吉利。

九二：水冲洗奔向台阶，悔事消亡。

六三：水冲洗自身，没有悔恨。

六四：水冲洗群众，大吉。水冲洗至丘陵，不是平时所能想到的。

九五：王者大发号令，如汗流出而不返。水冲洗王宫，无咎害。

上九：水冲洗他的血，离开而远出，无咎害。

《彖》曰：涣，亨。刚来而不穷①，柔得位乎外而上同②。“王假有庙”，王乃在中也③。“利涉大川”，乘木有功也④。

【注释】

①刚来而不穷：指九二、九五皆为阳爻，为刚。九二为内卦主爻，九五居一卦之尊位，象征王居位用权而不穷困。

②柔得位乎外而上同：指六四以阴爻居阴位，是柔得位。外指外卦。六四居九五之下，是六

四顺从刚，象征民顺从王，言行同于王，是上同。

③王乃在中也：指九五，以阳爻居一卦之尊，象征王位。居上卦之中，是在中，象征王守中正之道。

④乘木有功也：涣卦坎下巽上，坎为水，巽为木，木在水上，象征乘船渡河，平安得渡，是为有功。程颐《伊川易传》："治涣之道，当济于险难，而卦有乘木济川之象。上巽，木也。下坎，水，大川也。利涉险以济涣也。木在水上，乘木之象。乘木所以涉川也。涉则有济涣之功。"

【译文】

《彖传》说：涣卦，亨通。阳刚来而不穷困，阴柔得位于外而与上面相同。"王假有庙"，王在中正。"利涉大川"，乘木船渡河有功效。

《象》曰：风行水上，涣。先王以享于帝，立庙[1]。"初六"之"吉"，顺也[2]。"涣奔其机"，得愿也[3]。"涣其躬"，志在外也[4]。"涣其群，元吉"，光大也[5]。"王居，无咎"，正位也[6]。"涣其血"，远害也。

【注释】

①先王以享于帝，立庙：《象传》以风比喻德教。享帝、立庙，尊天孝祖，是以神道设教，加强思想统治。享，祭祀。

②顺也：顺从人意。来知德《周易集注》："顺（九）二也。"

③得愿也：得其所愿。来知德《周易集注》："得遂其济涣之愿。"

④志在外也：志在外能建功立业，故"涣其躬"。

⑤光大也：使其德发扬光大。来知德《周易集注》："凡树私党者，皆心之暗昧狭小者也。惟无一毫之私，则光明正大，自能涣其群矣。故曰光大也。"

⑥正位也：指九五以阳爻居阳位，又居上卦之中。是为正位。

【译文】

《象传》说：风行于水上，是涣卦。先王因此祭祀天帝、建立宗庙。"初六"的吉，是马顺从人意。〔九二〕"涣奔其机"，得其所愿。〔六三〕"涣其躬"，志在外能建功立业。〔六四〕"涣其群，元吉"，发扬光大其德。〔九五〕"王居，无咎"，是其位中正。〔上九〕"涣其血"，远去避害。

节（卦第六十）

䷻兑下坎上

节[1]：亨。苦节，不可贞[2]。

初九：不出户庭，无咎[3]。

九二：不出门庭，凶[4]。

六三：不节若，则嗟若，无咎[5]。

六四：安节，亨。

九五：甘节，吉，往有尚⑥。

上六：苦节，贞凶。悔亡⑦。

【注释】

①节：六十四卦卦名之一，为“节制、节度”之义。卦象为兑下坎上，兑为泽，坎为水。泽畜水，对水有所节制。引申为人的行为也要有所节制。程颐《伊川易传》：“为卦泽上有水，泽之容有限。泽上置水，满则不容，为有节之象。故为节。”朱熹《原本周易本义》：“节，有限而止也。为卦下兑上坎，泽上有水，其容有限，故为节。”该卦以泽与水的关系，说明事物要有限度，有节制。如泽容水，如不加节制，水就会泛滥成灾。有所节制，极为重要，具有普遍意义。所以卦辞说：“节，亨”，而“苦节，不可贞”，即如以节制为苦，则不合正道。《彖传》进一步指出：“苦节不可贞”，是“其道穷也”。《彖传》还指出：“天地节而四时成。”把节看成是大自然的规律。连天地也有节制，并由此产生四季。没有节制，简直不成其为世界。不仅自然界的万事万物要有节制，人类社会也同样要有节制。怎样才能做到节？首先要人们认识节的重要性，提高节的自觉性。对节的态度，人们往往有一个从不自觉到自觉的过程。即卦辞、爻辞中说的“苦节”和爻辞中说的“不节”、“安节”、“甘节”。苦节，是以节制为苦。不节，是不受节制。安节，是安于节，即遵守制度，受其节制。甘节，以节为甘而乐。即以遵守制度、受其节制为乐。爻辞说“苦节，贞凶”，“不节若，则嗟若”，“安节，亨”，“甘节，吉，往有尚”。《小象》说：“‘苦节，贞凶’，其道穷也。”“不节之嗟，又谁咎也?”“安节之亨，承上道也。”“甘节之吉，居位中也。”都对苦节、不节给予否定和批评，对安节、甘节给予肯定和赞扬。表明对节积极、明确的支持态度。要做到节，还有一个重要的方面，是要有相应的适宜的制度。《彖传》说“节以制度”，才能做到“不伤财，不害民”。《大象》也提出：“君子以制数度，议德行。”都强调了制度的重要性。既有受节制的自觉性，又有行之有效的好的制度，二者相辅相成，节就可以畅行无阻了。

②不可贞：来知德《周易集注》：“不可贞者，不可因守以为常也。”

③不出户庭，无咎：不出内院，无咎害。户庭，内院。来知德《周易集注》：“门在外，户在内。故二爻取门象，此爻取户象。前有阳爻蔽塞，闭户不出之象也。”“初九阳刚得正，居节之初。知前爻蔽塞，又所应险难，不可以行，故有不出户庭之象。此则知节之时者也，故占者无咎。”

④不出门庭，凶：不出外院，凶险。门庭，指外院。来知德《周易集注》：“九二前无蔽塞，可以出门庭矣。但阳德不正，又无应与，故有不出门庭之象。此则惟知有节，而不知通其节，节之失时者也，故凶。”

⑤不节若，则嗟若，无咎：不受节制，就要嗟叹，无咎害。来知德《周易集注》：“用财恣情忘费，则不节矣，修身纵情肆欲，则不节矣。嗟者，财以费而伤，德以纵而败，岂不自嗟！若，助语辞。自作之孽，何所归咎。六三当节之时，本不容不节者也。但阴柔不正，无能节之德，不节之后，自取穷困，惟嗟叹而已。此则不能节者也，占者至此，将何咎哉，故无所归咎。”

⑥甘节，吉，往有尚：以受节制为甘美而快乐，吉利，前往有赏。尚，赏。来知德《周易集注》：“甘者，乐易而无艰苦之谓。”“九五为节之主，节之甘美者也。故占者不惟吉，而且往有尚。”

⑦苦节，贞凶。悔亡：以受节制为苦，虽得正而终有凶险，悔事消亡。朱熹《原本周易本义》：“(上六)居节之极，故为苦节。既处过极，故虽得正而不免于凶。然礼奢宁俭，故虽有悔而终亡之也。”

【译文】

节卦：亨通。以节为苦，不可以看作正常。

初九：不出内院，无咎害。

九二：不出外院，凶险。

六三：不受节制，就要嗟叹，无咎害。

六四：安于节，亨通。

九五：以受节制为甘美而快乐，吉利，前往有赏。

上六：以节为苦，虽得正而终有凶险，悔事消亡。

《彖》曰：节，亨。刚柔分而刚得中①。"苦节，不可贞"，其道穷也。说以行险②，当位以节，中正以通③。天地节而四时成。节以制度，不伤财，不害民。

【注释】

①刚柔分而刚得中：刚柔分指上卦坎为阳卦，为刚；下卦兑为阴卦，为柔。刚得中指九五、九二分别居于上、下卦的中位。来知德《周易集注》："坎，刚卦。兑，柔卦。""在节则刚外而柔内，则刚柔分也。刚得中者，二、五也。(九)二、(九)五皆刚居中也。言刚柔虽分内外，而刚皆得中。此其所以亨也。"

②说以行险：节卦兑下坎上，兑为说(悦)；坎为险。卦爻自下而上行。所以说：说以行险。朱震《汉上易传》："兑，说也。坎，险也。人情易则行，险则止。凡止而行，皆有险之道。节，止而不行者也。"

③当位以节，中正以通：指九五处于君位，是当位。并加以节制。又处上卦之中，有中正之德，并顺利地畅通行事。朱震《汉上易传》："九五，节之位也。中正，节之道也。当位以中正，为上下之节，各适其宜，无所不行，故曰当位以节，中正以通。"来知德《周易集注》："当位指九五，八卦正位。坎在五，故以当位言之。中正者，(九)五中正也。通者，推行不滞，而通之天下也。"

【译文】

《彖传》说：节卦，亨通。内外卦分刚柔，而阳刚〔九二、九五〕得中位。"苦节，不可贞"，乃是穷困之道。喜悦行于险地，当位加以节制，中正得以通畅。天地有节制，而产生四季。以制度节制，不浪费财物，不为害人民。

《象》曰：泽上有水，节①。君子以制数度，议德行②。"不出户庭"，知通塞也③。"不出门庭，凶"，失时极也④。"不节"之嗟，又谁咎也⑤。"安节"之"亨"，承上道也⑥。"甘节"之"吉"，居位中也⑦。"苦节，贞凶"，其道穷也⑧。

【注释】

①泽上有水，节：(兑下坎上，泽下水上)泽上有水要节制，是节卦。朱震《汉上易传》："泽之容水，固有限量。虚则纳之，满则泄之。水以泽为节也。君子于民亦然。制其多寡，制其隆杀，制数度也。"

②君子以制数度，议德行：君子因此创立制度，议定德行的准则。制，创立。数度，数量等级限度，即制度。程颐《伊川易传》："君子观节之象，以制立数度。凡物之大小、轻重、高下，文质皆有数度，所以为节也。数多寡、度法制，议德行者，存诸中为德，发于外为行。人之德行当义则中节。议，谓商度，求中节也。"

③知通塞也：知道通畅或阻塞。今知道阻塞不通，所以不出户庭。不出户庭，能慎言保密以成事。程颐《伊川易传》："云虽当谨守不出户庭，又必知时之通塞也。通则行，塞则止，义当出则出矣。"

④失时极也：失去极为良好的时机。程颐《伊川易传》："是失时之至极，所以凶也。失时，失其所宜也。"

⑤"不节"之嗟，又谁咎也："不节"的嗟叹，又能追究谁的过失！程颐《伊川易传》："节则可以免过，而不能自节，以致可嗟，将谁咎乎！"

⑥承上道也：遵奉君上之道。承，遵奉。指六四上承九五中正之道。

⑦居位中也：指九五以阳爻居于五，为居位，又在上坎之中，为得中。

⑧"苦节，贞凶"，其道穷也："苦节，贞凶"，是陷入穷途末路。

【译文】

《象传》说：泽上有水要节制，是节卦。君子因此创立制度，议定德行标准。〔初九〕"不出户庭"，知道通畅或阻塞。〔九二〕"不出门庭，凶"，失去极好的时机。〔六三〕"不节"的嗟叹，又能追究谁的过失！〔六四〕"安节"的亨通，遵奉君上之道。〔九五〕"甘节"的吉利，得位又中正。〔上六〕"苦节，贞凶"，是陷入穷途末路。

中孚（卦第六十一）

䷼兑下巽上

中孚[①]：豚鱼吉[②]。利涉大川。利贞。

初九：虞吉，有它不燕[③]。

九二：鸣鹤在阴，其子和之。我有好爵，吾与尔靡之[④]。

六三：得敌，或鼓，或罢，或泣，或歌[⑤]。

六四：月几望，马匹亡。无咎[⑥]。

九五：有孚挛如，无咎[⑦]。

上九：翰音登于天，贞凶[⑧]。

【注释】

①中孚：六十四卦卦名之一，其意为诚信发于中。卦象为兑下巽上。兑为泽，巽为风。风行泽上，无所不周，如同诚信泽及万物，无所不至。朱熹《原本周易本义》："孚，信也。为卦二阴在内，四阳在外，而二、五之阳皆得其中。以一卦言之为中虚，以二体言之为中实，皆孚信之象也。又下说以应上，上巽以顺下，亦为孚意。"程颐《伊川易传》："为卦泽上有风，风行泽上而感于水中，为中孚之象。"朱震《汉上易传》："二爻（指九二、九五）在中而孚，中孚也。易传曰中孚者，信之本；中实者，信之质。夫信之未彰无形矣，其中已有信也，非中虚乎！"按朱

震解释，孚因此而称为中孚。本卦讲的孚，是《周易》主观唯心主义的本体。《彖传》说："中孚以利贞，乃应乎天也。"它顺应于天，具有巨大的意义。不仅作用于人，也作用于自然界的万事万物。以至化及豚鱼。并利于涉越大河，利于守正道。爻辞中说孚感化、教育人的作用是无与伦比的。如同"鸣鹤在阴，其子和之。我有好爵，吾与尔靡之"，自由唱合，开怀畅饮，说明孚所化育的人无比快乐，无比纯正。孚还能克敌制胜，"得敌，或鼓，或罢，或泣或歌"，使人们成为战争的胜利者。只要有了孚，即使有一些小的损失，也无妨碍。即"月几望，马匹亡，无咎"，因此，希望孚能充实一切"有孚，挛如"。孚的作用，是别的东西不能代替的，如以别的东西排斥它，将不得安宁，即"虞吉，有它不燕"。对孚，要一心服膺，而摒弃其他虚妄的东西。例如，"轮音（鸡）登于天"就是虚妄之举，所以"贞凶"。孚能化育万物，但最重要的作用，如同《彖传》所说"孚乃化邦也"。即用它作指导，治理国家，使之繁荣昌盛。《大象》说："君子以议狱缓死"，也是把孚运用于建立德政，治理国家。

②豚鱼吉：高亨《周易大传今注》认为"'中孚'二字当重，上'中孚'二字乃卦名，下'中孚'二字乃卦辞也。"乃补"中孚"二字。为"《中孚》：中孚豚鱼吉"。豚鱼，吴澄《易纂言》解为鱼名："豚鱼，泽中之物。似猪，俗谓江豚。泽将有风，则浮出水面。有南风则口向南，有北风则口向北，舟人称为风信。唐人诗曰：'江豚吹浪夜还风'。风泽之卦，故取以为象，中实之孚，其信如豚鱼。"亦有解豚为猪者。豚鱼吉，诚信化及豚鱼，则吉。朱熹《原本周易本义》："至信可感豚鱼"，"占者能致豚鱼之应，则吉"。

③虞吉，有它不燕：虞度而后信则吉，（信则当诚一）有他则不得安宁。程颐《伊川易传》："虞，度也"，"故虞度而信则吉也。既得所信，则当诚一，若有他，则不得其燕安矣。燕，安裕也。"朱熹《原本周易本义》："当中孚之初，上应六四，能度其可信而信之，则吉。复有他焉，则先其所以度之之正，而不得其所安。"

④鸣鹤在阴，其子和之。我有好爵，吾与尔靡之：鹤在树荫下鸣叫，小鹤随叫应和。我有美酒在杯，我愿与你共饮它。阴，树荫。和，应和。爵，饮酒器，如今酒杯。靡，共。来知德《周易集注》："九二以刚中居下，有中孚之实。而九五刚中居上，亦以中孚之实应之。故有此象。占者有是德，方有是感应也。"

⑤得敌，或鼓，或罢，或泣，或歌：营得敌人，有的击鼓，有的疲惫，有的哭泣，有的高歌。罢，同疲。

⑥月几望，马匹亡。无咎：月既望之时，失去马匹，无灾祸。几望，即既望。望为农历十五。既望为十六日。

⑦有孚挛如，无咎：有诚信连续不绝，无灾祸。挛如，连续不绝的样子。

⑧翰音登于天，贞凶：鸡飞升于天，占问凶险。翰音，鸡。朱熹《原本周易本义》："（上九）居信之极而不知变，虽得其正亦凶道也。故其象如此。鸡曰翰音。乃巽之象。居巽之极，为登于天。鸡非登天之物而欲登天，信非所信，而不知变，亦犹是也。"

【译文】

中孚：诚信化及豚鱼，吉利。利于涉越大河。利于守正。

初九：虞度而后信则吉，有他则不得安宁。

九二：鹤在树荫下鸣叫，小鹤随叫应和。我有美酒在杯，我愿与你共饮它。

六三：营得敌人，有的击鼓、有的疲惫、有的哭泣、有的高歌。

六四：月既望之时，失去马匹，无灾祸。

九五：有诚信连续不绝，无灾祸。

上九：鸡飞升于天，占问凶险。

《彖》曰：中孚，柔在内而刚得中[①]，说而巽，孚乃化邦也[②]。“豚鱼吉”，信及豚鱼也[③]。“利涉大川”，乘木舟虚也[④]。中孚以“利贞”，乃应乎天也。

【注释】

①柔在内而刚得中：指二阴爻六三、六四在该卦之内。柔指阴爻。而四根阳爻在外面。九二、九五为阳爻，为刚，居下卦、上卦的中位。程颐《伊川易传》：“二柔在内，中虚，为诚之象。二刚得上下体之中，中实，为孚之象。卦所以为中孚也。”

②说而巽，孚乃化邦也：兑下巽上，兑为悦，巽为谦。是悦而谦逊。这样的诚信能教化邦国。程颐《伊川易传》：“上巽下说，为上至诚以顺巽于下，下有孚以说从其上。如是其孚乃能化于邦国也。若人不说从，或违拂事理，岂能化天下乎！”

③信及豚鱼也：诚信及于豚鱼。程颐《伊川易传》：“信能及于豚鱼，信道至矣！所以吉也。”

④乘木舟虚也：吴澄《易纂言》：“乘木，言巽木在兑泽之上。舟虚，言全卦之形象。”

【译文】

《彖传》说：中孚卦，是阴爻在内部而阳刚得中位。悦而谦逊，这样的诚信能教化邦国。“豚鱼吉”，诚信及于豚鱼。“利涉大川”，乘着中空的木船。内中诚信以“利贞”，是顺应天的规律。

《象》曰：泽上有风，中孚。君子以议狱缓死。“初九”“虞吉”，志未变也[①]。“其子和之”，中心愿也[②]。“或鼓或罢”，位不当也[③]。“马匹亡”，绝类上也[④]。“有孚挛如”，位正当也[⑤]。“翰音登于天”，何可长也。

【注释】

①志未变也：志向未改变。孔颖达《周易正义》：“志未变者，所以得专一之吉，以志未改变，不更亲于他也。”

②中心愿也：中心愿意。程颐《伊川易传》：“中心愿，谓诚意所愿也。故通而相应。”

③位不当也：指阴爻六三居于阳位。

④绝类上也：绝其类而上从九五。程颐《伊川易传》：“绝其类而上从五也。类，谓应也。”高亨《周易大传今注》解作：“言失马之后，加强警惕，预为防止，以杜绝类似上次之事件，故无咎也。”

⑤位正当也：指阳爻九五居于阳位。又在上卦之中，为得中。程颐《伊川易传》：“五居君位之尊，由中正之道，能使天下信之。”

【译文】

《象传》说：泽上有风，是中孚卦。君子因此讨论刑狱，延缓死刑。“初九”“虞吉”，志向未改变。〔九二〕“其子和之”，中心愿意。〔六三〕“或鼓或罢”，位置不当。〔六四〕“马匹亡”，绝其类而上从九五。〔九五〕“有孚挛如”，位置恰当。〔上九〕“翰

音登于天”，岂可长久。

小过(卦第六十二)

䷽艮下震上

小过[1]：亨，利贞[2]。可小事，不可大事。飞鸟遗之音，不宜上，宜下。大吉。

初六：飞鸟以凶[3]。

六二：过其祖，遇其妣[4]。不及其君，遇其臣。无咎。

九三：弗过防之，从或戕之，凶[5]。

九四：无咎，弗过遇之，往厉必戒，勿用永贞[6]。

六五：密云不雨，自我西郊。公弋[7]取彼在穴。

上六：弗遇过之。飞鸟离[8]之，凶，是谓灾眚[9]。

【注释】

①小过：六十四卦卦名之一，意为小有超过，稍有过之。卦象为艮下震上。艮为山，震为雷。山上有雷，雷声过高，超过平常传播的范围，是小过之意。程颐《伊川易传》：“为卦山上有雷，雷震于高，其声过常，故为小过。又阴居尊位，阳失位而不中。小者过其常也。盖为小者过，又为小事过，又为过之小。”朱熹《原本周易本义》：“为卦四阴在外，二阳在内，阴多于阳，小者过也。”小过卦主要讲战略策略、斗争艺术和思想方法。概括起来是“小过”，即小有超过，不能太过。小过是脚踏实地实现目标、完成任务。太过，则锋芒毕露，过分刚强。小过具体表现为“可小事，不可大事”，“不宜上，宜下”。即从细微做起，埋头苦干，不好高骛远，不脱离实际。要柔弱胜人，不要以刚强自居，要后发制人，不要一意取先。爻辞中说“飞鸟以凶”，飞鸟凌驾于云霄，是太刚强，就会凶险。爻辞中“祖”和“君”代表刚强，“妣”和“臣”代表柔弱。所以“过其祖，遇其妣；不及其君，遇其臣”，这样才“无咎”。“弗过防之”就会“从或戕之，凶”。“弗过遇之”则“无咎”。“弗遇过之”，否则，也是凶险。总之不能太过，只能小过。“小过”的战略战术思想十分重要，它是矫枉就正的重要手段。事情不当过而过是过错，当过而过是必要的。所以卦辞说：“小过，亨，利贞”。《大象》所列举的“行过乎恭、丧过乎哀、用过乎俭”三个小过，就是适宜的，是当过而过。总之从本卦，人们可以认识掌握小过、运用小过的重要性。

②亨，利贞：言小过卦亨通，利于正。程颐《伊川易传》：“过者，过其常也。若矫枉而过正，过，所以就正也。事有时而当然，有待过而后能亨者，故小过自有亨义。利贞者，过之道，利于贞也。不失时宜之谓正。”

③飞鸟以凶：程颐《伊川易传》：“其过如飞鸟之迅疾，所以凶也。躁疾如是，所以过之速且远，救止莫及也。”

④妣：祖母。

⑤弗过防之，从或戕之，凶：不努力防止过分行为，从而有人杀害他，凶险。戕，杀害，残杀。朱熹《原本周易本义》：“小过之时，事每当过，然后得中。九三以刚居正，众阴所欲害者也。而自恃其刚，不肯过为之备。故其象占如此。若占者能防之，则可以免矣。”

⑥无咎，弗过遇之，往厉必戒，勿用永贞：无灾祸，不要过分地(过刚)对待事情。前往危厉，

必须戒备，不可固守。朱熹《原本周易本义》："当过之时，以刚处柔，过乎恭矣，无咎之道也。弗过遇之，言弗过于刚而适合其宜也。往则过矣，故有厉，而当戒。阳性坚刚，故又戒以勿用永贞。言当随时之宜，不可固守也。"

⑦弋：用带绳子的箭射。

⑧离：通罹，遭遇。被捕捉。

⑨眚：灾祸。

【译文】

小过卦：亨通，利于正。可以从小事做起，不可贸然做大事。飞鸟传来声音，不宜向上，宜于向下。大吉利。

初六：飞鸟因此凶险。

六二：越过祖父，见其祖母。不到君王处，却与臣下相见。无害。

九三：不努力防止过分行为，以致有人杀害他，凶险。

九四：无灾祸，不要过分地〔过刚〕对待事情，前往危厉，必须戒备，不可固守。

六五：浓云密布未下雨，从我城邑的西郊升上来。公射野兽，在穴中得到它。

上六：不要对待事物太过分。飞鸟被捕捉，凶险，这叫灾祸。

《彖》曰：小过，小者过而亨也①。过以利贞，与时行也②。柔得中③，是以小事吉也。刚失位而不中④，是以"不可大事"也。有飞鸟之象焉。"飞鸟遗之音，不宜上，宜下，大吉"，上逆而下顺也。

【注释】

①小过，小者过而亨也：小过卦，小的事物有所超过而亨通。程颐《伊川易传》："小者与小事，有时而当过，过之亦小。故为小过。事固有待过而后能亨者，过之所以能亨也。"

②过以利贞，与时行也：过而利于正，是因为应时而行动。程颐《伊川易传》："过而利于贞，谓与时行也。时当过而过，乃非过也，时之宜也。乃所谓正也。"

③柔得中：指六二、六五以柔居中。

④刚失位而不中：指九四失位不在上卦中间、九三虽得位而不在下卦中间。九四、九三阳爻为刚。

【译文】

《彖传》说：小过卦，小的事物有所超过而亨通，过而利于正，是因为应时而行动。阴柔得处中位，所以小事吉利。阳刚失位而不居中，所以"不可大事"。有飞鸟的象征。"飞鸟遗之音，不宜上，宜下，大吉"，因为向上是逆动，向下是顺行。

《象》曰：山上有雷，小过。君子以行过乎恭，丧过乎哀，用过乎俭①。"飞鸟以凶"，不可如何也②。"不及其君"，臣不可过也。"从或戕之"，凶如何也？"弗过遇之"，位不当也③。"往厉必戒"，终不可长也。"密云不雨"，已上也④。"弗遇过之"，已亢也⑤。

【注释】

①山上有雷，小过。君子以行过乎恭，丧过乎哀，用过乎俭：程颐《伊川易传》："雷震于山上，其声过常，故为小过。天下之事，有时当过而不可过甚，故为小过。君子观小过小象，事之宜过者，则勉之。行过乎恭，丧过乎哀，用过乎俭是也。当过而过乃其宜也。不当过而过，则过矣。"

②"飞鸟以凶"，不可如何也："飞鸟以凶"，无可奈何。程颐《伊川易传》："其过之疾，如飞鸟之迅，岂容救止也，凶其宜矣。不可如何，无所用其力也。"

③位不当也：指阳爻九四处于阴位。

④已上也：指阴爻六五已在较上位置，阴阳难以合而成雨。程颐《伊川易传》："阳降阴升合，则和而成雨。阴已在上，云虽密，岂能成雨乎？"

⑤已亢也：孔颖达《周易正义》："已在亢极之地。"程颐《伊川易传》："过已亢极，其凶宜也。"

【译文】

《象传》说：山上有雷，是小过。君子因此行事过于恭敬，丧事过于悲哀，用钱过于俭省。〔初六〕"飞鸟以凶"，无可奈何。〔六二〕"不及其君"，臣下不可逾越君主。〔九三〕"从或戕之"，怎样对付凶险呢？〔九四〕"弗过遇之"，位置不当。"往厉必戒"，最终不可长久。〔六五〕"密云不雨"，阴已在上。〔上六〕"弗遇过之"，已在亢极的地方。

既济(卦第六十三)

䷾离下坎上

既济[①]：亨小，利贞。初吉终乱[②]。

初九：曳其轮，濡其尾，无咎[③]。

六二：妇丧其茀[④]，勿逐，七日得。

九三：高宗伐鬼方[⑤]，三年克之。小人勿用。

六四：𦄂有衣袽[⑥]，终日戒。

九五：东邻杀牛，不如西邻之禴祭[⑦]，实受其福。

上六：濡其首，厉[⑧]。

【注释】

①既济：六十四卦卦名之一。为"事已成功"的意思。卦象为离下坎上，离为火，坎为水。火在下，水在上，水火相济，以成事功。朱熹《原本周易本义》："既济，事之既成也。为卦水火相交，各得其用。六爻之位各得其正。故为既济。"既济是人们从事各种活动的目的。要实现既济，首先要经过艰苦奋斗。《周易》在安排六十二卦之后才安排既济卦，寓意深刻，说明是经过重重艰难险阻，最终才获得成功，达到既济。爻辞"高宗伐鬼方，三年克之"，用殷高宗经三年努力打败鬼方来比喻既济来之不易。"曳其轮，濡其尾"，"濡其首"，也是在受阻中艰苦行进的写照。要实现既济，还要善于用人，做到"小人勿用"。还要讲究实效，不搞形式主义。如同"东邻杀牛，不如西邻之禴祭，实受其福"。既济实现了人们的目的，是好事，但

要警惕走向反面。水火相济也相克。相济成功，相克成乱。卦辞说："初吉终乱"，是说开始吉，最终会致乱。既济成功了，不能有万事大吉的麻痹思想。要时刻警惕，会出现新的困难和问题，既济又变成未济。朱熹《原本周易本义》说："大抵此卦及六爻占辞，皆有警戒之意。"《大象》也说："君子以思患而豫防之。"爻辞说："繻衣有袽，终日戒。"都是要人们提高警惕，防患于未然。

②亨小，利贞。初吉终乱：小者亨，利于正。开初吉，最终乱。程颐《伊川易传》："既济之时，大者既已亨矣，小者尚有亨也。虽既济之时，不能无小未亨也，小字在下语当然也。若言小亨，则为亨之小也。利贞，处既济之时，利在贞固以守之也。初吉，方济之时也。终乱，既济则反也。"

③曳其轮，濡其尾，无咎：(渡水时)牵引车轮，沾湿尾部，无灾祸。曳，牵引。曳其轮，可看作使车前进。也有人认为是相反用力，阻止车进。濡，可看作是沾湿车尾，也有人认为是沾湿狐尾。程颐《伊川易传》："兽之涉水，必揭其尾。濡其尾则不能济。"朱熹《原本周易本义》："轮在下、尾在后，初之象也。曳轮则车不前，濡尾则狐不济。既济之初，谨戒如是，是无咎之道。"

④茀：妇人的首饰。

⑤高宗伐鬼方：高宗，殷代君主，名武丁。鬼方为当时华夏西北部的一个部落。《竹书记年》曾记载武丁三十二年伐鬼方，三十四年克之。

⑥繻(rú 如)有衣袽(rú 如)：(船漏)水沾湿，用衣败絮塞漏船。繻，通"濡"，湿。袽，败絮。当时无棉，絮乃丝麻等物。朱熹《原本周易本义》："既济之时，以柔居柔，能预备而戒惧者也。故其象如此。程子曰：'繻'当作'濡'。衣袽所以塞舟之罅漏。"

⑦东邻杀牛，不如西邻之禴祭：东邻杀牛盛祭，不如西邻的薄祭。禴，一种薄祭名称，只用饭菜，不用大牲。程颐《伊川易传》："杀牛，盛祭也。禴，薄祭也。盛不如薄者，时不同也。"

⑧濡其首，厉：湿了头，有危厉。朱熹《原本周易本义》："既济之极，险体之上，而以阴柔处之，为狐涉水而濡其首之象，占者不戒，危之道也。"

【译文】

既济卦：小者亨，利于正。开初吉，最终乱。

初九：〔渡水时〕，牵引车轮，沾湿尾部，无灾祸。

六二：妇人丢失了首饰，不要追寻，七天可复得。

九三：殷高宗讨伐鬼方，三年才攻克。不可任用小人。

六四：〔船漏〕水沾湿，用衣败絮塞漏船。终日戒备。

九五：东邻杀牛盛祭，不如西邻的薄祭，实得上天赐福。

上六：湿了头，有危厉。

《彖》曰：既济，亨，小者亨也[①]。"利贞"，刚柔正而位当也[②]。"初吉"，柔得中也[③]。终止则乱，其道穷也[④]。

【注释】

①既济，亨，小者亨也：程颐《伊川易传》："既济之时，大者固已亨矣，唯有小者亨也。"

②刚柔正而位当也：指阳爻初九、九三、九五，居于阳位；阴爻六二、六四、上六，居于阴位。

阳爻的刚、阴爻的柔各得正位而当位。

③柔得中也：指六二为阴爻，为柔。居于下卦的中位，为得中。

④终止则乱，其道穷也：指上六为一卦终爻，故谓终止。上六居九五阳刚之上，为臣欺凌君上之象，是为乱。上六居一卦尽头，象征臣下处于穷困的境地。

【译文】

《彖传》说：既济卦，亨通，小者亨通。“利贞”，刚柔端正而位置恰当。“初吉”，阴柔得中位。终止就乱，它陷入穷途末路。

《象》曰：水在火上，既济。君子以思患而豫防之[①]。“曳其轮”，义“无咎”也。“七日得”，以中道也[②]。“三年克之”，惫也。“终日戒”，有所疑也[③]。“东邻杀牛”，不如西邻之时[④]也。“实受其福”，吉大来也。“濡其首，厉”，何可久也[⑤]。

【注释】

①君子以思患而豫防之：程颐《伊川易传》：“时当既济，唯虑患害之生，故思而豫防，使不至于患也。自古天下既济而致祸乱者，盖不能思患而豫防也。”

②以中道也：指六二居于下卦之中。比喻以中正之道行事。

③有所疑也：有所怀疑。指担心祸患将至。程颐《伊川易传》：“终日戒惧，常疑患之将至也。处既济之时，当畏慎如是也。”

④时：善。

⑤何可久也：程颐《伊川易传》：“既济之穷危至于濡首，其能长久乎！”

【译文】

《象传》说：水在火之上，是既济卦。君子因此思虑祸患而预为防范。〔初九〕“曳其轮”，应该“无咎”。〔六二〕“七日得”，因为守中正之道。〔九三〕“三年克之”，太疲惫了。〔六四〕“终日戒”，有所怀疑。〔九五〕“东邻杀牛”，不如西邻薄祭的完美至善。“实受其福”，吉利大来到。〔上六〕“濡其首，厉”，怎能长久？

未济（卦第六十四）

䷿坎下离上

未济[①]：亨，小狐汔济，濡其尾，无攸利[②]。

初六：濡其尾，吝[③]。

九二：曳其轮，贞吉。

六三：未济，征凶，利涉大川[④]。

九四：贞吉，悔亡。震[⑤]用伐鬼方，三年有赏于大国。

六五：贞吉，无悔，君子之光，有孚，吉[⑥]。

上九：有孚于饮酒，无咎。濡其首，有孚失是[⑦]。

【注释】

①未济：六十四卦卦名之一，“事功未成”的意思。卦象为坎下离上，坎为水，离为火。火在

水下才能烧开水。今火在水之上，不相为用，事功无成之象。程颐《伊川易传》说："为卦离上坎下，火在水上，不相为用，故为未济。"朱熹《原本周易本义》也说："未济，事未成之时也。水火不交，不相为用。卦之六爻，皆失其位，故为未济。"为什么《易经》在大功告成的既济之后，又安排未济呢？这是独具匠心、意味无穷的。《易经》泰卦九三爻辞"无平不陂，无往不复"；复卦卦辞"反复其道，七日来复"、爻辞"不远复，无祇悔"；震卦六二、既济卦六二的爻辞"勿逐，七日得"等，都反映出《易经》循环论的思想。依据循环论，既济不能凝定，它必然发展变化，从既济向未济变化。由此不断重复，促使事物永远发展下去。对事物的发展进程而言，既济是相对的、暂时的、阶段性的，未济才是绝对的、永久的、全局性的。正如程颐《伊川易传》所说："易者，变易而不穷也。故既济之后，受之以未济而终焉。未济则未穷也。未穷则有生生之义。"既济之后，受之以未济，以终结六十四卦，是言有尽而意无穷。反映了事物永恒发展变化的规律。从这个意义上讲，未济是好事，所以卦辞赞之以"亨"，表示充分肯定。

②小狐汔济，濡其尾，无攸利：小狐狸快要渡过河时，湿了尾巴，无所利。朱熹《原本周易本义》："汔，几也。几济而濡尾，犹未济也。占者如此，何所利也哉！"

③濡其尾，吝：程颐《伊川易传》："兽之济水必揭其尾。尾濡则不能济。濡其尾，言不能济也。不度其才力而进，终不能济。可羞吝也。"

④未济，征凶，利涉大川：尚未成功，出征有凶险，利于涉越大河。程颐《伊川易传》："（六）三以阴柔不中正之才，而居险不足以济。未有可济之道出险之用而征，所以凶也。然未济有可济之道；险，终有出险之理。上有阳刚之应，若能涉险而往从之，则济矣。故利涉大川也。"

⑤震：朱震《汉上易传》："震为威怒。"吴澄《易纂言》："震，谓动其奋发如雷之震也。"

⑥贞吉，无悔，君子之光，有孚，吉：得正而吉，无悔恨，君子有光辉盛德，有诚信，吉利。朱熹《原本周易本义》："以六居五，亦非正也。然文明之主，居中应刚，虚心以求下之助，故得正而吉，且无悔。又有辉光之盛，信实而不妄。咎而又吉也。"

⑦有孚于饮酒，无咎。濡其首，有孚失是：有诚信去饮酒，无害。（象狐涉水）湿了头，有诚信也失其意义。朱熹《原本周易本义》："以刚明居未济之极时，将可以有为，而自信自养以俟无咎之道也。若纵而不反，如狐之涉水而濡其首，则于自信而失其义矣。"

【译文】

未济卦：亨通，小狐狸快要渡过河时，湿了尾巴，无所利。

初六：湿了尾，有险难。

九二：牵引车轮，占问吉利。

六三：尚未成功，出征有凶险，利于涉越大河。

九四：得正而吉，悔恨消亡，震怒威武讨伐鬼方，历时三年，从大国（殷）得到封赏。

六五：得正而吉，无悔恨，君子有光辉盛德，有诚信，吉利。

上九：有诚信去饮酒，无害，〔像狐涉水〕湿了头，有诚信也失其意义。

《彖》曰：未济，"亨"，柔得中也[①]。"小狐汔济"，未出中也[②]。"濡其尾，无攸

利”，不续终也[3]。虽不当位，刚柔应也[4]。

【注释】

①柔得中也：指阴爻六五居于上卦中间，为得中。阴爻为柔。

②“小狐汔济”，未出中也：“小狐汔济”，未出险中。程颐《伊川易传》：“据二而言也。二以刚阳居险中，将济者也。又上应于五，险非可安之地。五有当从之理，故果于济，如小狐也。既果于济，故有濡尾之患，未能出于险中也。”

③不续终也：不能继续而使之终结。程颐《伊川易传》：“其进锐者，其退速。始虽勇于济，不能继续而终之，无所往而利也。”

④虽不当位，刚柔应也：虽不当位指初六、六三、六五以阴爻居于阳位；九二、九四、上九以阳爻居于阴位。刚柔应，指初六与九四、九二与六五、六三与上九以阴阳爻即刚、柔分别相呼应。

【译文】

《彖传》说：未济卦，亨通，阴爻居中位。“小狐汔济”，未出险中。“濡其尾，无攸利”，不能继续而使之终结。虽然诸爻不当其位，但刚柔是相应的。

《象》曰：火在水上，未济。君子以慎辨物居方[1]。“濡其尾”，亦不知极也[2]。“九二”“贞吉”，中以行正也[3]。“未济，征凶”，位不当也[4]。“贞吉，悔亡”，志行也。“君子之光”，其晖吉也[5]。饮酒濡首，亦不知节也[6]。

【注释】

①君子以慎辨物居方：君子因此谨慎地辨别物品所处的适当方位。程颐《伊川易传》：“火在水上，非其处也。君子观其处不当之象，以慎处于事物，辨其所当，各居其方，谓止于其所也。”朱熹《原本周易本义》：“水火异物，各居其所，故君子观象而审辨之。”

②亦不知极也：是无知之极。程颐《伊川易传》：“不度其才力而进，至于濡尾，是不知之极也。”

③中以行正也：朱熹《原本周易本义》：“九居二，本非正，以中故得正也。”程颐《伊川易传》：“九二得正而吉者，以曳轮而得中道乃正也。”

④位不当也：指六三以阴爻居阳位，是不当位。

⑤其晖吉也：其品德光辉灿烂，吉利。程颐《伊川易传》：“光盛则有晖。晖，光之散也。君子积充而光盛，至于有晖，善之至也。故重云吉。”

⑥亦不知节也：吴澄《易纂言》：“饮酒过多，而不知节，遂至被水濡其（首）者也。”

【译文】

《象传》说：火在水之上，是未济卦。君子因此谨慎地辨别物品所处的适当方位。〔初六〕“濡其尾”，是无知之极。“九二”“贞吉”，因居中所以得正道。〔六三〕“未济，征凶”，位置不当。〔九四〕“贞吉，悔亡”，志向得以实现。〔六五〕“君子之光”，其品德光辉灿烂，吉利。〔上九〕饮酒濡首，也是不知道节制。

系辞[1]上传

天尊地卑，乾坤定矣。卑高以陈，贵贱位矣。动静有常，刚柔断矣。方以类聚，物以群分[2]，吉凶生矣。在天成象，在地成形，变化见矣。是故刚柔相摩，八卦相荡，鼓之以雷霆，润之以风雨。日月运行，一寒一暑。乾道成男，坤道成女。乾知大始[3]，坤作成物。乾以易知，坤以简能[4]。易则易知，简则易从。易知则有亲，易从则有功。有亲则可久，有功则可大。可久则贤人之德，可大则贤人之业。易简则天下之理得矣。天下之理得而成位乎其中矣。

【注释】

①系辞：是从总体上阐述、解释《易经》经文之辞。系，为联系、系属，即系属于经文，如朱熹《原本周易本义》所说"系于卦爻之下者"。《系辞》分上下传，与《文言》、《彖》上下传、《象》上下传、《说卦传》、《序卦传》、《杂卦传》共七种十篇，称为《十翼》。翼为鸟翅膀，有"辅翼、辅助"的意思。这十篇对《易经》的解释性文辞，起着辅翼作用。解释经文时，各有重点，角度有所不同。系辞传对《易经》的作者和成书年代有所推测，对其阴阳之理、八卦之象、乾坤要旨及观物取象均有所阐发，并选择部分文辞加以说明。研读《系辞》对理解《周易》会有一定的帮助。《系辞》上下传按朱熹的分法，各分为十二章。

②方以类聚，物以群分：方，事情的方向，指事情。事情以类聚，人物以群分。

③乾知大始：乾的作为是创始万物。朱熹《原本周易本义》："知，犹主也。乾主始物，而坤作成之。"王念孙《读书杂志》："知，犹为也，为亦作也。乾知大始，万物资始也。"又孙星衍《周易集解》："大，王肃作泰。"泰始，"创始"的意思。

④乾以易知，坤以简能：乾坤以容易简单显示其智慧和才能，知同智。

【译文】

天是尊贵的，地是卑下的，乾和坤的尊卑也就确定了。天高地卑排列已定，贵贱的位置也就确定了。天动地静有常规，天刚地柔界限明。事情以类聚集，人物以群分合，就会产生出吉和凶。在天上呈现象〔如日月风雷云雨〕，在地上成形体〔如山川草木鸟兽〕，变化就显现出来了。因此，刚柔相摩擦，八卦相激荡，雷电加以鼓动，风雨加以滋润。日月运动行进，出现一寒一暑。乾之道成为男，坤之道成为女。乾的作为是创始万物，坤的作为是养成万物。乾和坤都以容易和简单显现其智慧和才能。平易就容易知道，简单就容易遵从。容易知道就有亲附，容易遵从就有功

效。有亲附就可以长久，有功效就可以扩大。可以长久，是贤人道德的原则。可以扩大，是贤人事业的方向。把握容易简单的原则，就是获得了天下之理。获得了天下之理，〔阴阳刚柔上下贵贱的〕位置就可以在这中间确定了。

（以上为第一章。以乾坤比喻天地。认为天地万物的矛盾对立与运动变化规律，可以用八卦来说明。指出宇宙的真理即乾坤的道理是简单明了的，号召人们研究并掌握它。朱熹《原本周易本义》说："此第一章以造化之实，明作经之理。又言乾坤之理，分见于天地而人兼体之也。"）

圣人设卦观象，系辞焉而明吉凶，刚柔相推而生变化。是故吉凶者，失得之象也。悔吝者，忧虞之象也。变化者，进退之象也。刚柔者，昼夜之象也。六爻之动，三极[①]之道也。是故君子所居而安者，《易》之象也。所乐而玩者，爻之辞也。是故君子居则观其象而玩其辞，动则观其变而玩其占，是以"自天佑之，吉，无不利"[②]。

【注释】

①三极：指天、地、人。

②自天佑之，吉，无不利：引自《大有》卦上九爻辞。佑，助。

【译文】

圣人创设八卦、六十四卦，观察卦象，把卦、爻辞系于卦爻之下以说明吉凶，推衍阳刚阴柔而产生变化。因此，卦爻辞中的吉和凶，是人事得和失的映象。卦爻辞中的不幸和困难，是人心惊忧的映象。卦爻辞中的变化，是事物前进或后退的映象。卦爻辞中的刚和柔是昼夜明暗的映象。六根爻的变动，反映了宇宙三极天、地、人的规律。因此，君子平时严格遵守的，是《周易》映象显示的道理，心中喜欢而不断揣摩的，是爻的文辞。因此，君子平日就观察卦象而研究它的文辞，有所行动就观察其变化而揣摩其占问，所以"自天佑之，吉，无不利。"

（以上为第二章。论述《易经》卦爻是宇宙事物发展变化的映象，指出君子认真学《易经》的重要性。朱熹《原本周易本义》说："此第二章，言圣人作《易》、君子学《易》之事。"）

彖[①]者，言乎象者也。爻者，言乎变者也。吉凶者，言乎其失得也。悔吝者，言乎其小疵也。无咎者，善补过也。是故列贵贱者存乎位[②]，齐小大者存乎卦[③]，辨吉凶者存乎辞，忧悔吝者存乎介[④]，震无咎者存乎悔。是故卦有小大，辞有险易。辞也者，各指其所之。

【注释】

①彖：指卦辞，不是《彖传》。也训断，指据卦象进行论断。

②列贵贱者存乎位：贵与贱的排列要看爻位。例如初爻为卑、上爻为高、二爻为臣、五爻为君等。

③齐小大者存乎卦：排列大小要看卦。据说卦，凡经卦主爻是阳爻的为阳卦，为大。如八卦

中的乾、震、坎、艮。凡经卦主爻是阴爻的为阴卦，为小。如八卦中的坤、巽、离、兑。

④介：纤细，细小。

【译文】

卦辞，是讲卦象的。爻辞，是讲爻变的。吉和凶，是讲得失的。悔和吝，是讲小毛病的。无咎，是善于补过的。因此，排列贵和贱，在于爻位，区别大和小在于卦。辨别吉和凶在于卦爻辞，为悔吝而忧愁就注意细小的过错。行动无困难在于能追悔过失。因此，卦有大小，卦爻辞有险难平易。卦爻辞，各自指出其发展方向。

（以上为第三章，论述《易经》对人事的指导意义。朱熹《原本周易本义》说："此第三章，释卦爻辞之通例。"）

《易》与天地准，故能弥纶[①]天地之道。仰以观于天文，俯以察于地理，是故知幽明[②]之故。原始反终[③]，故知死生之说。精气为物，游魂为变，是故知鬼神之情状。与天地相似，故不违。知[④]周乎万物而道济天下，故不过。旁[⑤]行而不流，乐天知命，故不忧。安土敦乎仁，故能爱。范围天地之化而不过，曲成万物而不遗，通乎昼夜之道而知，故神无方而《易》无体[⑥]。

【注释】

①弥纶：包括一切。毛奇龄《仲氏易》："弥，满也。《说文》云：开弓也。谓弓开则满也。王肃云：纶者，缠裹也。统之为包络之义。故虞翻曰：易在天下，包络万物。"

②幽明：毛奇龄《仲氏易》："幽明即阴阳。"

③原始反终：考察开始，寻求终结。原，考察。反，返回，寻求。孙星衍《周易集解》："《九家易》曰：阴阳交合，物之始也。阴阳分离，物之终也。合则生，离则死。故原始反终，故知死生之说矣。"

④知：智。

⑤旁：广。

⑥神无方而《易》无体：神无方所而《易》无形体。孙星衍《周易集解》引干宝曰："否泰盈虚者，神也。变而周流者，易也。言神之鼓万物无常方，易之应变化无定体也。"又注："神则阴阳不测，易则唯变所适，不可以一方一体明。"朱熹《原本周易本义》："至神之妙无有方所，易之变化无有形体也。"

【译文】

《易》的道与天地等同，因此能包括天地间的一切。〔圣人〕仰面观察天文，俯首详视地理，因此，知道隐幽和光明的奥秘。考察万物的起始，寻求其发展的结果，因而知道生与死的哲理。宇宙间的精气聚集起来，形成万物，聚极则散，变为游离的魂灵。由此，知道鬼神的情状。圣人的德行与天地相似，所以，不违背天地之道。智慧遍及万物，而能以其道兼济天下，故而没有过失。广泛地大有作为而不流于邪辟，乐天知命，故而无忧虑。安于所居之地，仁德敦厚，故而能施爱于人。《易》道包括天地的变化而不过分，曲折地成就万物而无所遗漏，贯通昼夜阴阳之道而具有高度的智慧，故而其神妙没有一定的方所，《易》道没有一定的形体。

（以上为第四章。极力渲染《易》道的博大神妙，也提出了如“精气为物”这样的朴素唯物主义命题。宣扬掌握《易》道能深通天地万物之理、可以兼济天下的巨大作用。朱熹《原本周易本义》说：“此第四章，言易道之大，圣人用之如此。”）

一阴一阳之谓道。继之者善也，成之者性也。仁者见之谓之仁，知者见之谓之知，百姓日用而不知，故君子之道鲜矣。显诸仁，藏诸用，鼓万物而不与圣人同忧。盛德大业至矣哉！富有之谓大业，日新之谓盛德。生生之谓《易》。成象之谓乾，效法之谓坤。极数知来之谓占，通变之谓事，阴阳不测之谓神。

【译文】

一阴一阳叫做“道”，按道的规律办事有好结果。规律的存在，是必然性的表现。仁者见到它叫做“仁”，智者见到它叫做“智”。百姓每天运用它而并不认识它。所以，掌握君子之道的人太少了。〔阴阳之道〕显示出来的是生育万物的仁厚，隐藏不显露的是生育万物的作用。一任自然地鼓动万物生长，与圣人忧虑天下不同，昌盛的德行、伟大的事业达于极点。如此富有，才能算是伟大的事业，日日更新才能算是昌盛的德行。产生万物、生生不息，叫做《易》，形成映象叫做“乾”，效法规律叫做“坤”，穷极运数预知未来，叫做“占”。变而通顺，叫做事。阴阳变化不可预测，叫做神。

（以上为第五章，论述阴阳的对立统一和道的作用。朱熹《原本周易本义》说：“此第五章，言道之体用不外乎阴阳，而其所以然者，则未尝倚于阴阳也。”）

夫《易》广矣大矣，以言乎远则不御①，以言乎迩则静②而正，以言乎天地之间则备矣。夫乾，其静也专，其动也直，是以大生焉。夫坤，其静也翕，其动也辟③，是以广生焉。广大配天地，变通配四时，阴阳之义配日月，易简之善配至德。

【注释】

①不御：无止境。孙星衍《周易集解》：“虞翻曰：御，止也。”“穷幽极深，无所止也。”

②静：精审。《说文》：“静，审也。”

③其静也翕，其动也辟：它静止时，收敛其气，它起动时开辟以生育万物。孙星衍《周易集解》：“宋衷曰：翕，犹闭也。坤静不用事，闭藏微伏，应育万物矣。动而用事，则开辟群蛰，敬导沉滞矣。一翕一辟，动静不失时，而物无灾害，是以广生也。”

【译文】

《易》是太广大了。说到远，则无止境。说到近，则精审而正确。说到天地之间则包罗万象。乾，它静止的时候专一，它起动的时候刚直。因此产生了大。坤，它静止的时候，收敛其气；它起动的时候，奋力开辟以生育万物。因此产生了广。乾坤的广大与天地相配，乾坤的变通与四时相配，乾坤的阴阳之义与日月相配，乾坤平易简单的好处与至德相配。

（以上为第六章，极言《易》道的广大。）

子曰[①]："《易》，其至矣乎！夫《易》，圣人所以崇德而广业也。知崇礼卑，崇效天，卑法地。天地设位而《易》行乎其中矣。成性存存[②]，道义之门。"

【注释】

①子曰：夫子说。是附会孔子说。来知德《周易集注》："子曰二字，后人所加。"

②成性存存：成就万物，是其本性，存之又存，保存万物的存在。孙星衍《周易集解》："成性，谓成之者性也。"朱熹《原本周易本义》："存存，谓存而又存不已之意也。"

【译文】

夫子说："《易》之道，是至高无上的吧！《易》，圣人用它来崇高德行而扩大产业。智慧崇高，礼节谦卑。崇高效法天，谦卑效法地。天地确立了上下的位置，而《易》运行在天地中间。成就万物，是它的本性。存之又存，保存万物的存在，成为道和义的门户。"

（以上为第七章，极言《易》道的功用。）

圣人有以见天下之赜[①]，而拟[②]诸其形容，象其物宜[③]，是故谓之象。圣人有以见天下之动，而观其会通[④]，以行其典礼[⑤]，系辞焉以断其吉凶，是故谓之爻。言天下之至赜而不可恶[⑥]也，言天下之至动而不可乱也。拟之而后言，议之而后动，拟议以成其变化。"鸣鹤在阴，其子和之。我有好爵，吾与尔靡之[⑦]。"子曰："君子居其室，出其言善，则千里之外应之，况其迩者乎？居其室，出其言不善，则千里之外违之，况其迩者乎？言出乎身，加乎民。行发乎迩，见乎远。言行，君子之枢机[⑧]。枢机之发，荣辱之主也。言行，君子之所以动天地也，可不慎乎！""同人[⑨]，先号咷而后笑。"子曰："君子之道，或出或处，或默或语。二人同心，其利断金。同心之言，其臭如兰[⑩]。""初六：藉用白茅，无咎[⑪]。"子曰："苟错[⑫]诸地而可矣，藉之用茅，何咎之有？慎之至也。夫茅之为物薄，而用可重也。慎斯术也以往，其无所失矣"。"劳谦，君子有终，吉[⑬]。"子曰："劳而不伐，有功而不德，厚之至也。语以其功下人者也。德言盛，礼言恭。谦也者，致恭以存其位者也"。"亢龙有悔[⑭]。"子曰："贵而无位，高而无民，贤人在下位而无辅，是以动而有悔也"。"不出户庭，无咎[⑮]"。子曰："乱之所生也，则言语以为阶。君不密则失臣，臣不密则失身，几事不密则害成，是以君子慎密而不出也。"子曰："作《易》者，其知盗乎！《易》曰：'负且乘，致寇至。[⑯]'负也者，小人之事也。乘也者，君子之器也。小人而乘君子之器，盗思夺之矣。上慢下暴，盗思伐之矣。慢藏诲盗，冶容诲淫。《易》曰：'负且乘，致寇至。'盗之招也。"

【注释】

①赜（zé 责）：复杂。

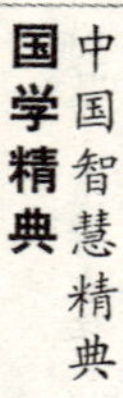

②拟：比拟。

③物宜：万物的相宜。

④会通：会合贯通。孙星衍《周易集解》："荀爽曰：谓三百八十四爻，阴阳动移，各有所会，各有所通。"

⑤典礼：典章礼仪。孙星衍《周易集解》："典礼，适时之所用。"

⑥恶：厌。

⑦鸣鹤在阴，其子和之。我有好爵，吾与尔靡之：引《中孚》(卦第六十一)九二爻辞。爵，盛酒器。好爵，指好酒。靡之，共同享用。李鼎祚《周易集解》："虞翻曰：靡，共也。"

⑧枢机：弩弓的关键机件，对发射箭起主要作用。

⑨同人：《同人》(卦第十三)。

⑩二人同心，其利断金。同心之言，其臭如兰：二人同心合力，如同可以切断金属，锋利无比。同心的语，如同兰花，气味相投。来知德《周易集注》："断金者，物不能间也。言利刃断物，虽坚金亦可断，不能阻隔也。如兰者，气味之相投。言之相入，如兰之馨香也。"

⑪藉用白茅，无咎：用白茅草作铺垫，无害。引《大过》(卦第二十八)初六爻辞。

⑫错：措，放置。

⑬劳谦，君子有终，吉：勤劳而谦让，君子有好结果，吉利。引《谦》(卦第十五)。

⑭亢龙有悔：处在最高处的龙有悔恨。引《乾》(卦第一)上九爻辞。

⑮不出户庭，无咎：不出门户庭院，无害。引《节》(卦第六十)初九爻辞。

⑯负且乘，致寇至：背着东西乘车，不把东西放在车上，引得盗寇认为有珍贵物品，故来抢劫。引《解》(卦第四十)六三爻辞。

【译文】

圣人得以看到天下事物的复杂，从而比拟它们的形态，象征事物所宜，所以叫做"象"。圣人得以看到天下事物的变动，从而观察它们的会合贯通，用以推行典章仪礼，系结卦爻辞来判断吉凶，所以叫做爻。说到天下事物至为复杂而不可讨厌，说到天下事物极为变动而不可混乱。比拟了以后再说，研究了以后再动，经过比拟和研究以促成事物的变化。"鹤在树荫里鸣叫，它的小鹤应和着。我有好酒，我与你共同享用。"夫子说："君子住在家中，说出的话是善的，那么千里之外的人应和他。何况近处的人呢！住在家中，说出的话不善，那么千里之外的人反对他，何况近处的人呢！话说出口，人民会听到。行为发生在近处，远处能看到。言论行动，是君子的关键。关键发动了，就会成为荣辱的主宰。言论行动，是君子用以影响天地的，能不慎重对待吗！""聚集众人，先是号哭，而后笑"。夫子说："君子的处世之道，或出山，或静处；或沉默，或执言。两人同心，刀锋可切断金属。同心的话语。像兰花的幽香沁人肺腑。""初六爻：用白茅草作铺垫，无害。"夫子说："如能安放到地上就可以了，用茅草作铺垫，有什么害处？是慎重到极点。茅草是微薄的东西，而用起来可要慎重。从今后用这种慎重的方法办事，就不会有什么过失了。""有功劳而谦虚，君子有好结果，吉利。"夫子说："有辛劳而不自夸，有功绩而不炫耀，是厚道之至。总把功劳说到别人身上，自甘居下。说德，在于昌盛。说礼，在于恭敬。谦让，是运用恭敬来保存其地位。""处在最高处的龙有悔恨。"夫子说："尊贵了无地位，位高了无人民。贤人在下位，使他无辅佐，因此动辄有悔恨。”“不出门户庭院，无害。”夫子说：“所以产生乱，则以说话不慎为阶梯。君主不会保密则失掉大臣，大臣不会保密则丧失自身。机要大事不保密则危及成功。因君子谨慎保密，不轻易而出。”夫子说：“《易》的作者，是很了解寇盗的吧！《易经》说：‘背着东西乘车，招致寇盗来抢。’背东西，是小民的事情。乘坐的车，是君子应用的工具。小民而乘坐君子的交通工具，寇盗就想抢夺他了。上边怠慢，下边强暴，寇盗就想攻打他了。怠慢收藏引来寇盗，妖冶的容貌引来淫乱。《易》说：‘背着东西乘车，招致寇盗来。’是招引寇盗。”

（以上为第八章，讲卦爻的应用。并附会孔子解释七条爻辞。朱熹《原本周易本义》说：“此第八章，言卦爻之用。”）

天一，地二；天三，地四；天五，地六；天七，地八；天九，地十[①]。天数五，地数五[②]，五位相得而各有合。天数二十有五，地数三十[③]。凡天地之数五十有五。此所以成变化而行鬼神也。大衍之数五十[④]，其用四十有九[⑤]。分而为二以象两[⑥]；挂一以象三[⑦]；揲之以四以象四时[⑧]；归奇于扐以象闰[⑨]，五岁再闰，故再扐而后挂[⑩]。乾之策二百一十有六，坤之策百四十有四[⑪]，凡三百有六十，当期之日[⑫]。二篇之策[⑬]，万有一千五百二十，当万物之数也。是故四营而成易[⑭]，十有八变而成卦[⑮]，八卦而小成[⑯]。引而伸之，触类而长之，天下之能事毕矣。显道神德行，是故可与酬酢，可与佑神矣[⑰]。子曰：“知变化之道者，其知神之所为乎？”

【注释】

①天一……地十：这一节原在第十章“《易》有圣人之道四焉”的前面。张载、程颐、朱熹等都认为应调到这里来。朱熹《原本周易本义》说：“此简本在第十章之首。程子曰宜在此，今从之。此言天地之数，阳奇阴耦。即所谓河图者也。”

②天数五、地数五：朱熹《原本周易本义》：“天数五者，一、三、五、七、九皆奇也。地数五者，二、四、六、八、十皆耦也。”

③天数二十有五，地数三十：天的数，即一、三、五、七、九相加，等于二十五。地的数，即二、四、六、八、十相加，等于三十。

④大衍之数五十：重大的演算数字是五十。陆德明《经典释文》引郑玄曰：“衍，演也。”大衍，指占筮。用来运算的竹签或蓍草数当是五十五根。上文有“凡天地之数五十有五”，这里的大衍之数亦当有五十五。故金景芳《易通》说：“‘大衍之数五十’有脱文，当作‘大衍之数五十有五’，脱‘有五’二字。”

⑤其用四十有九：大衍之数五十有五，但在演算时，减去六（表示六根爻），只用四十九，所以说“其用四十有九”。

⑥分而为二以象两：将四十九分作两组以象两仪，两，指天地。

⑦挂一以象三：从一组中抽取一，与原来的两组一起，象征三才，即天、地、人。朱熹《原本周易本义》说：“挂起其一于左手小指之间也。三，三才也。”

⑧揲（shé 舌）之以四以象四时：四根一组分开以象征四时。揲，用手抽点成批或成束物品的数目，即把物品分组。朱熹《原本周易本义》：“揲，间而数之也。”

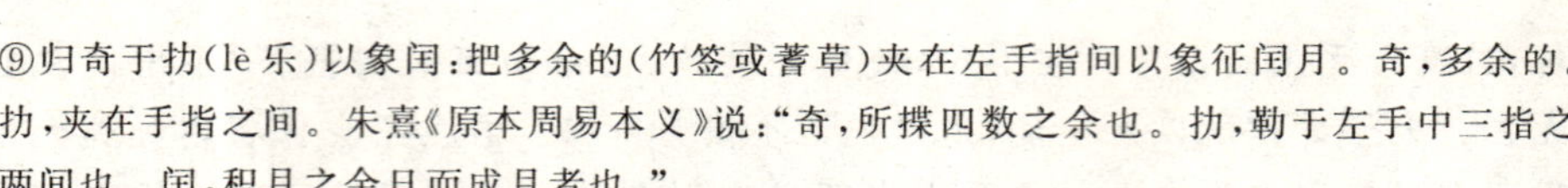

⑨归奇于扐（lè乐）以象闰：把多余的（竹签或蓍草）夹在左手指间以象征闰月。奇，多余的。扐，夹在手指之间。朱熹《原本周易本义》说："奇，所揲四数之余也。扐，勒于左手中三指之两间也。闰，积月之余日而成月者也。"

⑩五岁再闰，故再扐而后挂：五年中有两次闰月，所以两次夹在手指间而后挂起来。古代历法五年中有两次闰月。四十九根分作两组，从一组中取出一根，两组共剩四十八根。从两组每次四根抽点，结果是：一组余一，另一组必余三；一组余二，另一组必余二；一组余三，另一组必余一；一组余四，另一组必余四。这样两组所余的"奇"，两次归扐，即两次夹在手指间，而后挂起来，这象征五年两闰。

⑪乾之策二百一十有六，坤之策百四十有四：占到乾卦的竹签或蓍草数为二百一十六根，占到坤卦的为一百四十四根。策，本是成编的竹简，在此指竹签或蓍草的根数。乾卦六根爻，每爻九揲，每揲四根，共二百一十六策。坤卦六根爻，每爻六揲，每揲四根，共一百四十四策。

⑫当期之日：与一年日数相当。乾卦二百一十六策，坤卦一百四十四策，相加为三百六十策，与一年三百六十天的日数相当。期，一年的意思。

⑬二篇之策：《易经》上下二篇，共六十四卦，每卦六爻，共三百八十四爻。阴、阳爻各占一半，各为一百九十二爻。一根阳爻九揲，每揲四策，全部阳爻为六千九百一十二策。一根阴爻六揲，每揲四策，全部阴爻为四千六百零八策。全部阴阳爻合起来为一万一千五百二十策。合于万物之数。

⑭四营而成易：占筮过程中，经过分而为二以象两、挂一以象三、揲之以四以象四时、归奇于扐以象闰等四个步骤，叫做"四营"。经过四营才能完成《易》的变的程序。朱熹《原本周易本义》说："四营谓'分二'、'挂一'、'揲四'、'归奇'也。"

⑮十有八变而成卦：经过十八变而成一卦。四十九策经分二，挂一、揲四、归奇，完成第一变。这时，不算夹到手指中间的，两组竹签或蓍草的数目有两种情况，即四十策或四十四策。再经一次演算，即第二变。不再挂一，只对余策分二、揲四、归奇，结果是竹签或蓍草可能有三种情况，即四十策，或三十六策、或三十二策。再经第三变，所余可能是三十六策，或三十二策、或二十八策、或二十四策四种情况，各用四去除，得九，或八，或七，或六。七或九，为奇数，即阳数，为少阳、老阳，是阳爻。八或六为偶数，即阴数，为少阴、老阴，是阴爻。所以，经过以上三变才出现一根爻。每卦为六爻，要经十八变，才成一卦。

⑯八卦而小成：八卦均由三爻组成，与六爻组成的六十四卦相比，是小成。

⑰显道神德行，是故可与酬酢（zuò坐），可与佑神矣：《易》道显现，德行神妙，因此，可以应对，可助神化之功。酢，客人用酒回敬。酬酢，应对。朱熹《原本周易本义》："道因辞显，行以数神。酬酢，谓应对。佑神，谓助神化之功。"

【译文】

天为一，地为二；天为三，地为四；天为五，地为六；天为七，地为八；天为九，地为十。天的数字五个〔都是奇数〕，地的数字五个〔都是偶数〕。天地的五个数字各自相加，各得一个和的数。天数的和〔一加三加五加七加九〕是二十五，地数的和〔二加四加六加八加十〕是三十。天数、地数的和是五十五。应用这个数字可以形成变化而贯通鬼神。重大的演算数字为五十〔当为五十五〕，其中所用的是四十九。把四十九根〔竹签或蓍草〕分为两组以象征天地。抽出一根挂起来以象征天、地、人三才。然后每次四根从两组中抽点，以象征四时。把多余的〔竹签或蓍草〕夹在左手指间以象征闰月。五年中有两次闰月，所以，两次夹在手指间而后挂起。占到乾卦的〔竹签或蓍草〕数为二百一十六根，占到坤卦的数为一百四十四根。合计三百六十根，相当于一年三百六十日的数字。《易经》上下二篇，共一万一千五百二十策，相当于万物之数。因此经过四个步骤才能完成变的程序，经十八变而成一卦。八卦是小成。加以引申，触类旁通而加以扩大，天下的智能之事就包括无遗了。《易》道显现，德行神妙。因此，可以应对，可助神化之功。夫子说："掌握变化之道的人，大概知道神灵的所作所为吧！"

（以上为第九章，讲求卦的具体方法、步骤。无所可取。朱熹《原本周易本义》说："此第九章，言天地大衍之数，揲蓍求卦之法，然亦略矣。意其详具于太卜筮人之官，而今不可考耳。其可推者，启蒙备言之。"）

《易》有圣人之道四焉：以言者尚其辞，以动者尚其变，以制器者尚其象，以占筮者尚其占。是以君子将有为也，将有行也，问焉而以言。其受命也如响。无有远近幽深，遂知来物。非天下之至精，其孰能与[①]于此。参伍以变，错综其数[②]。通其变，遂成天下之文；极其数，遂定天下之象。非天下之至变，其孰能与于此。《易》无思也，无为也，寂然不动，感而遂通天下之故。非天下之至神，其孰能与于此。夫《易》，圣人之所以极深而研几[③]也。唯深也，故能通天下之志；唯几也，故能成天下之务；唯神也，故不疾而速，不行而至。子曰："《易》有圣人之道四焉"，此之谓也。

【注释】

①与：至，达。

②参伍以变，错综其数：在揲蓍求卦中，有参数、伍数的变化，其数交错综合。朱熹《原本周易本义》说："参者，三数之也。伍者，五数之也。既参以变，又伍以变，一先一后，互相考核，以审其多寡之实也。错者，交而互之，一左一右之谓也。综者，总而絜之，一低一昂之谓也。此亦皆谓揲蓍求卦之事。盖通三揲、两手之策，以成阴阳老少之画。究七八九六之数，以定卦爻动静之象也。"

③极深而研几：穷极深隐，研求几微。朱熹《原本周易本义》："研，犹审也。几，微也。所以极深者，至精也。所以研几者，至变也。"

【译文】

《易经》有四个方面的圣人之道：从语言方面看重视卦爻辞，从行动方面看重视它的变化，从制作器物方面看重视它的卦象，从卜筮方面看重视它的占吉凶。因此，君子将有所作为、将有所行动，即用语言询问用以卜筮的蓍草。它受人之命，就会报告吉凶，如同应和响声，不论远近，幽暗难明，深奥难懂，遂即知道未来的事物。如果不是天下最神奇，谁能达到这地步！在揲蓍求卦中，有参数、伍数的变化，其数交错综合。通晓它的变化，遂能成为佳天下的文辞，极尽卦爻数的变化，遂能把握天下最复杂的现象。不是天下最善变化的，谁能达到这样的地步。《易经》本来是没有思维功能、没有作为、寂静不动的，但(用它占事)与人交感，遂即能通晓天下事变，不是天下最神奇，谁能达到这地步。圣人运用《易经》穷极深隐，研求其微妙。正因为《易》道深隐，所以能贯通天下人的意志。正因为《易》道微妙，所以能成就天下的事务。正因为《易》道神奇，所以能不急而快、不行走而到达。夫子说："《易经》有四个方面的圣人之道，就是这个意思。"

(以上为第十章，赞扬《易》道的"至精"、"至变"、"至神"和"尚其辞"、"尚其变"、"尚其象"、"尚其占"等四方面的"圣人之道"。朱熹说："此第十章，承上章之意，言《易》之用有此四者。")

子曰："夫《易》何为者也？夫《易》开物成务，冒天下之道[①]，如斯而已者也。"是故圣人以通天下之志，以定天下之业，以断天下之疑。是故蓍之德园而神，卦之德方以知，六爻之义易以贡[②]。圣人以此洗心[③]，退藏于密，吉凶与民同患。神以知来，知以藏往，其孰能与于此哉！古之聪明睿知神武而不杀[④]者夫！是以明于天之道，而察于民之故，是兴神物[⑤]以前民用。圣人以此齐戒，以神明其德夫[⑥]。是故阖户谓之坤，辟户谓之乾[⑦]，一阖一辟谓之变，往来不穷谓之通，见乃谓之象，形乃谓之器，制而用之谓之法[⑧]，利用出入，民咸用之谓之神。是故《易》有太极，是生两仪。两仪生四象。四象生八卦[⑨]。八卦定吉凶。吉凶生大业。是故法象莫大乎天地。变通莫大乎四时。悬象著明莫大乎日月。崇高莫大乎富贵。备物致用，立功[⑩]成器，以为天下利，莫大乎圣人。探赜[⑪]索隐，钩深致远，以定天下之吉凶，成天下之亹亹[⑫]者，莫大乎蓍龟。是故天生神物，圣人则之。天地变化，圣人效之。天垂象，见吉凶，圣人象之。河出图，洛出书[⑬]，圣人则之。《易》有四象，所以示[⑭]也。系辞焉，所以告也。定之以吉凶，所以断也。

【注释】

①夫《易》开物成务，冒天下之道：《易》揭开事物的规律，完成宇宙的任务，将天下的道都包括在内。冒，复，复盖，包括。朱熹《原本周易本义》："开物成务，谓使人卜筮以知吉凶而成事业。冒天下之道，谓卦爻既设，而天下之道，皆在其中。"

②蓍之德园而神，卦之德方以知，六爻之义易以贡：蓍草的性能于园中而有神奇，卦的性能于方中有智慧，六爻的意义以变化告知人。易，变易，变化。贡，告。朱熹《原本周易本义》："园、神，谓变化无方。方、知，谓事有定理。易以贡，谓变易以告人。"

③洗心：开导、启发其心，洗去心中之疑。

④睿(ruì瑞)知神武而不杀：智慧、聪明、有远见、神奇勇武而不残暴。知同智。朱熹《原本周易本义》："神武不杀，得其理而不假其物之谓。"

⑤神物：指筮龟。

⑥圣人以此齐戒，以神明其德夫：圣人用它(《周易》)肃敬并警惕自己，使德行神奇英明。齐，敬。戒，警戒，警惕。朱熹《原本周易本义》："湛然纯一之谓齐，肃然警惕之谓戒。明天道故知神物之可与察民故。故知其用之，不可不有以开其先，是以作为卜筮以教人于此焉。齐戒以考其占，使其心神明不测，如鬼神之能知来也。"

⑦阖(hé 合)户谓之坤,辟户谓之乾:闭门叫做"坤",开门叫做"乾"。阖,关闭。辟,开张。朱熹《原本周易本义》:"阖、辟,动静之机也。先言坤者,由静而动也。"

⑧法:方法,法则。朱熹《原本周易本义》:"法者,圣人修道之所为而神者百姓自然而日用也。"

⑨《易》有太极,是生两仪。两仪生四象,四象生八卦:《易经》有太极,因而产生两仪。两仪产生四象,四象产生八卦。大极即太极,是至高无上之物,是宇宙的本体。两仪指日月,四象指四时。朱熹《原本周易本义》说:"一每生二,自然之理也。《易》者,阴阳之变,大极者,其理也。两仪者,始为一画以分阴阳。四象者,次为二画以分太、少。八卦者,次为三画而三才之象始备。此数言者,实圣人作《易》自然之次第。有不假丝毫知力而成者。画卦揲蓍,其序皆然。"

⑩功:今本脱此字,补上。高亨《周易大传今注》:"《汉书》引《易》曰:'立功成器。'今据增。"

⑪赜(zé 责):精微,深奥,复杂。

⑫亹亹(wěi 尾):勤勉。朱熹《今本周易本义》:"亹亹,犹勉勉也。疑则怠决,故勉。"

⑬河出图,洛出书:黄河里出现图,洛水里出现书。传说龙马负图出于黄河,身有纹如八卦,伏羲仿照它画八卦;有神龟出洛水,背上有文字,大禹仿照它作《尚书·洪范》。

⑭《易》有四象,所以示:《易经》有少阳、老阳、少阴、老阴四种爻象,以此显示其变化。朱熹《原本周易本义》说:"四象,谓阴阳老少。示,谓示人以所值之卦爻。"

【译文】

夫子说:"《易经》有什么作为呢?《易经》是揭开事务规律,完成宇宙的任务的,将天下的道包括在内,如此而已罢了。"因此,圣人用它来通畅天下人的思想、决定天下人的事业,判断天下人的疑惑。所以,蓍草的性能于园中而有神奇,卦的性能于方中有智慧,六爻的意义以变化告知人。圣人用它来开导、启发其心,退下来将结果藏在隐密的地方,吉和凶,与民同欢乐同忧患。运用《易》道的神奇预知未来,运用《易》道的智慧记存往事。谁能达到这样的地步呢!那只有古代聪明、智慧、有远见、神奇、武勇而不残暴的人吧!因此,明了天的道、考察人民的事,运用蓍占的神物,作人民动作的先导。圣人用《易》肃敬并警惕自已,使德行神奇英明。因此,闭门叫做"坤",开门叫做"乾"。一闭一开叫做"变",往来不停叫做"通",显现出来的叫做"象"、具有形体的叫做"器",裁制出来加以运用叫做"法",被人利用、可出可入,叫做"神"。因此,《易经》有太极,而产生两仪,两仪产生四象,四象产生八卦。八卦确定事物的吉凶,吉凶产生大事业。因此,效法映象,没有比天地再伟大的了,变化交通,没有比四时更伟大的了;悬挂映象、最为显明,没有比日月更伟大的了;地位崇高,没有比富贵更伟大的了;准备物品供时用,建立功业制成器具,用来为天下人谋福利,没有比圣人更伟大了;探求精微隐蔽的事物,摸索深奥幽远的道理,来确定天下的吉凶,促成天下勤勉奋进的人,没有比蓍草、龟甲更伟大了。因此,上天产生了蓍龟神奇之物,圣人奉为法则。天地不停地变化,圣人仿效它。上天垂示映象,显现吉凶,圣人用卦象加以反映。黄河里出图画,洛水里出文字,圣人奉为法则。《易经》有少阳、老阳、少阴、老阴四种爻象,用以显示卦爻。卦爻上系上文辞,

用以告知人们。用以确定吉凶，得以作判断。

（以上为第十一章，论述卜筮之法的产生、作用、意义，有些为玄奥虚夸之词。朱熹《原本周易本义》说："此第十一章，专言卜筮。"）

《易》曰："自天佑之，吉，无不利[①]。"子曰："佑者，助也。天之所助者，顺也；人之所助者，信也。履信思乎顺，又以尚贤也。是以'自天佑之，吉，无不利'也。"子曰："书不尽言，言不尽意。"然则圣人之意其不可见乎？子曰："圣人立象以尽意，设卦以尽情伪[②]，系辞焉以尽其言，变而通之以尽利，鼓之舞之以尽神。"乾坤，其《易》之缊耶[③]？乾坤成列而《易》立乎其中矣。乾坤毁则无以见《易》。《易》不可见，则乾坤或几乎息矣，是故形而上者谓之道，形而下者谓之器[④]。化而裁之谓之变。推而行之谓之通。举而错之天下之民谓之事业。是故夫[⑤]象，圣人有以见天下之赜，而拟诸其形容，象其物宜，是故谓之象。圣人有以见天下之动，而观其会通，以行其典礼，系辞焉以断其吉凶，是故谓之爻。极天下之赜者存乎卦。鼓天下之动者存乎辞。化而裁之存乎变。推而行之存乎通。神而明之存乎其人。默而成之，不言而信，存乎德行。

【注释】

①自天佑之，吉，无不利：从天保佑他，吉利，无有不利。引自《大有》（卦第十四）上九爻辞。从"《易》曰：'自天佑之……'"至"是以'自天佑之，吉，无不利'也。"这一节与上下文联属不顺，故朱熹《原本周易本义》说："或恐是错简，宜在第七章之末。"高亨《周易大传今注》也认为是错简。

②情伪：实、伪，真、假。孔颖达《周易正义》："情谓情实，伪谓虚伪。"

③"乾坤，其《易》之缊（yùn）耶"全句：缊，藏。朱熹《原本周易本义》："缊所包蓄者，犹衣之著也。《易》之所有，阴阳而已，凡阳皆乾，凡阴皆坤。画卦定位，则二者成列，而《易》之体立矣。乾坤毁，谓卦画不立；乾坤息，谓变化不行。"

④形而上者谓之道，形而下者谓之器：形象以上（无形体）的叫做"道"，形象以下（有形体）的叫做"器"。张载《横渠易说》："形而上是无形体者也，故形以上者谓之道也。形而下是有形体者，故形以下者谓之器。无形迹者即道也，如大德敦化是也。有形迹者即器也，见于事实，如礼义是也。"

⑤夫：高亨《周易大传今注》："'夫'当作'爻'，形似而误。此乃举爻象二字以起下文。下文正是分释爻象二字，故曰：'是故谓之象'，'是故谓之爻'。则夫当作爻明矣。"兹备一说。

【译文】

《易经》说："从天保佑他，吉利，无有不利。"夫子说："保佑，是帮助。天所帮助的，是顺；人所帮助的，是信。履行诚信心向顺，又尊重贤人。因此，从天保佑他，吉利，无有不利。"夫子说："书里容纳不下所有的话，话表达不了全部思想。"那么，圣人的思想就不能全部显现吗？夫子说："圣人树立象，用以完全表达他的思想；设置卦完全区别真假，系上文辞使语言十分详尽。变化而通畅得以完全获益，欢呼鼓舞歌颂《易》道达到最高的神妙"。乾和坤，是《易》的缊藏吧！乾坤确定位列，而《易》

就站立在它们中间了。乾坤毁灭，就无从见到《易》道。《易》道看不到了，那么乾坤就近于熄灭了。因此，形象以上的叫做道，形象以下的叫做器。变化而加以裁制的叫做变，推动而实行的叫做通，振举而施用于天下人民的叫做事业。至于象，圣人得以看到天下事物的复杂，从而比拟它们的形态，象征事物所宜，所以叫做象。圣人得以看到天下事物的变动，从而观察它们的会合贯通，用以推行典章仪礼，系结上卦爻辞来判断吉凶，所以叫做爻。将天下最为复杂的事物寓存于卦中，鼓舞天下事物的变动寓存于卦爻辞中，变化而加以裁制以寓存于变，推动而加以实行以寓存于通，神妙而彰明的道理寓存于某些人，静默完成，不言而有诚信，寓存于德行。

（以上为第十二章，论述乾坤是《易》的基础。又指出圣人善于以卦象表达思想，要人们理解卦爻的指导作用，利用道与器又加以变通，以成就事业。）

系辞下传

八卦成列，象在其中矣。因而重之，爻在其中矣[①]。刚柔相推，变在其中矣。系辞焉而命之，动在其中矣。吉凶悔吝者，生乎动者也[②]。刚柔者，立本者也。变通者，趣[③]时者也。吉凶者，贞胜者也[④]。天地之道，贞观[⑤]者也。日月之道，贞明者也。天下之动，贞夫一者也[⑥]。夫乾确然，示人易矣。夫坤隤然，示人简矣[⑦]。爻也者，效此者也。象也者，像此者也。爻像动乎内，吉凶见乎外，功业见乎变，圣人之情见乎辞。天地之大德曰生。圣人之大宝曰位。何以守位曰仁。何以聚人曰财。理财正辞，禁民为非曰义。

【注释】

①八卦成列，象在其中矣。因而重之，爻在其中矣：八卦成序列，象就在它们中间了。因八卦而相重(成六十四卦)爻就在它们中间了。朱熹《原本周易本义》说："成列，谓乾一、兑二、离三、震四、巽五、坎六、艮七、坤八之类。象，谓卦之形体也。因而重之，谓各因一卦而以八卦次第加之，为六十四也，爻，六爻也。既重而后卦有六爻也。"

②吉凶悔吝者，生乎动者也：吉凶悔吝产生于卦爻的变动。朱熹《原本周易本义》说："吉凶悔吝，皆辞之所命也，然必因卦爻之动而后见。"

③趣：趋向、奔赴。

④吉凶者，贞胜者也：吉凶之事，以正取胜。朱熹《原本周易本义》说："贞，正也，常也。物以其所正为常者也。天下之事，非吉则凶，非凶则吉，常相胜而不已也。"

⑤观：示。

⑥天下之动，贞夫一者也：天下事物的变动，端正于一。一指天地之道。夫，于。朱熹《原本周易本义》说："天下之动，其变无穷。然理顺则吉，逆理则凶。则其所正而常者亦一理而已矣。"

⑦夫乾确然，示人易矣。夫坤隤(tuí 颓)然，示人简矣：乾卦刚劲，向人显示平易。坤卦柔顺，向人显示简约。确然，刚劲地。隤然，柔顺地。朱熹《原本周易本义》说："确然，健貌。隤然，顺貌。所谓贞观者也。"

【译文】

八卦创成而排成序列，万物的象征就在其中了。因八卦而相重〔成六十四卦〕，爻就在其中了。阳刚阴柔互相推动，变化就在其中了。卦爻之后连系着辞语传达

吉凶之命。人们的行动就在其中了。吉凶悔吝,产生于人们的行动。刚和柔,是确立根本的。变和通,是趋向时机的。吉和凶,是以正取胜的。天地的道,在于向人昭示正确的东西。日月的道,在于向人昭示光明。天下的变动,端正于一个天地之道上。乾卦刚劲,向人显示平易。坤卦柔顺,向人显示简约。爻,是仿效这天地之道的。象,是展示这天地之道的形象的。爻象在卦内变动,吉凶在卦外显现。功业就在这变动中出现。圣人的思想情感就在卦爻辞中体现。天地的最大恩德叫做生,圣人的重大宝物叫做位。凭什么守住权位,那叫仁,凭什么把人聚拢起来,那叫财。管理财富、端正法令,禁止人民做坏事,叫做义。

(以上为第一章,论述《易经》的义缊与功用,并把卦爻的吉凶与正令理财结合起来,指出了守位治民的要点。朱熹《原本周易本义》说:"此第一章,言卦爻、吉凶、造化、功业。")

古者包牺氏[①]之王天下也,仰则观象于天,俯则观法于地,观鸟兽之文与地之宜,近取诸身,远取诸物,于是始作八卦,以通神明之德,以类万物之情。作结绳而为网罟,以佃以渔,盖取诸离[②]。包牺氏没,神农氏作,斲木为耜,揉木为耒[③],耒耨之利,以教天下,盖取诸益[④]。日中为市[⑤],致天下之民,聚天下之货,交易而退,各得其所,盖取诸噬嗑,神农氏没,黄帝、尧、舜氏作,通其变,使民不倦,神而化之,使民宜之。《易》,穷则变,变则通,通则久。是以"自天佑之,吉,无不利"。黄帝、尧、舜,垂衣裳而天下治,盖取诸乾、坤[⑥]。刳木为舟,剡木为楫[⑦],舟楫之利,以济不通,致远以利天下,盖取诸涣。服牛乘马,引重致远,以利天下,盖取诸随[⑧]。重门击柝,以待暴客,盖取诸豫[⑨],断木为杵,掘地为臼[⑩],杵臼之利,万民以济,盖取诸小过。弦木为弧[⑪],剡木为矢,弧矢之利,以威天下。盖取诸睽。上古穴居而野处[⑫],后世圣人易之以宫室,上栋下宇,以待风雨,盖取诸大壮。古之葬者,厚衣之以薪,葬之中野,不封不树,丧期无数。后世圣人易之以棺椁,盖取诸大过[⑬]。上古结绳而治,后世圣人易之以书契[⑭],百官以治,万民以察,盖取诸夬。

【注释】

①包牺氏:亦作伏羲氏。传说中原始社会渔猎时代的氏族代表。《系辞传》认为包牺氏始作八卦。又说包牺氏结绳为网罟,是取则于六十四卦的离卦。可见,也认定重为六十四卦的同样是包牺氏。

②作结绳而为网罟(gǔ 古),以佃以渔,盖取诸离:结绳作网,用以捕捉鸟兽和捕鱼。是取自离卦。罟,网也。佃,本亦作田,猎取鸟兽。渔,捕鱼。离卦为离上离下,是重离。离为目,重目象网之形。

③神农氏作,斲(zhuó 浊)木为耜(sì 四),揉木为耒:神农氏兴起,砍木头作锄,使木头弯曲作犁,神农氏,传说中原始社会最早从事农业的氏族代表人物。斲,砍削。耜,锄。揉,使木头弯曲。耒,犁。

④耒耨(nòu)之利,以教天下,盖取诸益:犁、锄的好处,用以教天下人,这取则于益卦。耨,锄草工具。益卦上巽下震,巽为木,震为动。木锄、木犁在地上动,是取象于益。

⑤“日中为市”句：日中，正午。市，市场交易。致，聚集、招来。噬嗑卦震下离上、震为动，离为日。象征日下有人动，是“日中为市”之象。

⑥垂衣裳而天下治，盖取诸乾、坤：始制衣裳，垂示天下而天下大治，是取象于乾卦、坤卦。乾为天，在上复物。坤为地，在下含物。衣裳的制作，即取象于此。李鼎祚《周易集解》说：“九家易曰黄帝以上，羽皮草木以御寒暑。至乎黄帝，始制衣裳，垂示天下。衣取象乾，居上复物。裳取象坤，在下含物也。虞翻曰乾为治，在上为衣，坤下为裳。乾坤，万物之缊，故以象衣裳。”

⑦“刳（kū 哭）木为舟，剡（yǎn 眼）木为楫”句：刳，劈开、挖空。剡，削尖。楫，船桨。涣卦：坎下巽上。坎为水，巽为木。木在水上。故李鼎祚《周易集解》引《九家易》曰：“木在水上流，行若风，舟楫之象也。”

⑧服牛乘马，引重致远，以利天下，盖取诸随：牛马驾车，载重远行，使天下人得益，这是取象于随卦。服、乘，驾车。引重，拉引重物。致，向、到。随卦：震下兑上，兑前震后。兑为泽，处卑下，比喻牛马。震为雷为动。比喻车在动，车声辚辚作响。所以说牛马驾车取象于随卦。

⑨重门击柝（tuò 拓），以待暴客，盖取诸豫：安装重门，敲梆子，以对付盗贼。这是取象于豫卦。重门，层层门。柝，巡夜打更用的梆子。暴客，指盗贼。豫卦：坤下震上，坤为地，震为雷。地上击柝之声如雷。又豫，有备的意思。对盗贼有所防范、准备。所以“重门击柝，以待暴客”，是取象于豫卦。

⑩断木为杵（chǔ 楚），掘地为臼：杵，捣物的棒槌。臼，捣物用的穴状受捣器具。小过卦：艮下震上，艮为山为止，震为雷为动。雷动于山、石之上，发出声响，象征杵。艮静止于下，象征臼。所以说杵臼取象于小过卦。

⑪弦木为弧：弧，弓。矢，箭。睽卦：兑下离上。李鼎祚《周易集解》引虞翻曰：“兑为小木。”高亨《周易大传今注》：“离为绳。”木可作弓矢。绳与木结合，即可“弦木为弧”。所以说弓箭取象于睽卦。

⑫“上古穴居而野处”句：宫室，房屋。栋，屋梁。宇，屋檐。大壮卦：乾下震上，乾为天、震为雷。天上雷雨大作，需有房屋躲避。故取象于大壮卦 。

⑬后世圣人易之以棺椁，盖取诸大过：后世的圣人改用棺和椁埋葬死者，这是取象于大过卦。椁，套在棺外面的大棺。大过卦：巽下兑上，巽内兑外，巽为木，指棺椁。兑为泽，指坑洼，指棺椁葬在土穴中。所以说，这是取象于大过卦。

⑭后世圣人易之以书契：契（qì 泣），刀刻。书契，指文字。夬卦：乾下兑上。《说卦》：“乾为金。”金属可作刀，刀可在木上刻字。兑为小木。所以，书契是取象于夬卦。

【译文】

古时候，包牺氏治理天下，仰视就观察天上的表象；俯视就考察大地的变化规律，观察鸟兽之迹和地上所宜，近的取自身，远的取自各种物品，于是开始创立八卦，用以畅通神妙昌明的德性，用以分类区别万物的性情。结绳而做网，以便捕捉野兽和捉鱼。这是取象于离卦。包牺氏死后，神农氏兴起，砍削木头制做锄头，将木头弯曲制作犁。将锄、犁的作用教给天下人民，这是取象于益卦。日中为集市，招引天下的民众，聚集天下的货物，交易完毕而退回，各自得到所需要的东西。这是取象于噬嗑卦。神农氏死后，黄帝、尧、舜兴起，畅通其变化，使民众不倦怠，作用神奇而潜移默化，与民众相宜。《易经》之道：穷途末路就变，变化则豁然开通，通畅了则能长久。因此"从天帮助它，吉，无有不利"。黄帝、尧、舜创制衣裳、垂示天下而天下大治。这是取象于乾卦、坤卦。挖空大木做船，削制木料做楫。船和楫的作用，是使不通的河流得以渡过，到达远方使天下人获利。这是取象于涣卦。用牛、马驾车，拉着重物到达远方，使天下人获利。这是 取象于随卦。安装层层门，敲着梆子，以对付盗贼，这是取象于豫卦。截断木料做杵，掘地为洞做臼，杵和臼的作用，使万民得以克服困难，这是取象于小过卦。把弦安装在木料上做弓，削尖木材做箭，弓箭的作用，以威慑天下，这是取象于睽卦。上古时代，人们居于洞穴，身处野地。后世圣人改用房屋，上有房梁，下有屋檐，以对付风雨，这是取象于大壮卦。古代埋葬死者，用柴草厚厚地掩盖起来，葬在原野中，不堆坟，不种树，服丧期限没有定数。后世的圣人改用棺和椁。这是取象于大过卦。上古时期结绳记事以治理天下，后世的圣人用文字来代替。百官得以治政，万民得以明察事理，这是取象于夬卦。

（以上为第二章，论述了包牺氏创制八卦和古人观象制器的事情。创制器物，是历史上劳动人民的智慧和长期实践的结晶。不是一人一时的功劳。传说中创制器物的人物，是劳动人民集体智慧和实践的代表。创制器物来源于生活和实践，不是取自卦象的结果。而卦象是从生活和实践中总结归纳出来的。说观象制器，是本末倒置，是唯心主义。朱熹《原本周易本义》说："此第二章，言圣人制器尚象之事。"）

是故《易》者，象也①。象也者，像也②。彖者，材也③。爻也者，效天下之动者也。是故吉凶生而悔吝著也④。

【注释】

①是故《易》者，象也：所以，《易经》的根本在卦象。李鼎祚《周易集解》说："言易者，象于万物。象者，形像之象也。"来知德《周易集注》说："易卦者，写万物之形象之谓也。舍象不可以言《易》矣。"

②象也者，像也：象，就是万物之像。来知德《周易集注》说："象也者，像也。假象以寓理，乃事理仿佛近似而可以想象者也。非造化之贞体也。"

③彖者，材也：彖，为一卦主干，卦之德也。彖，断也。断定一卦之义。又指卦辞。来知德《周易集注》说："木挺曰材。材，干也。一卦之材，即卦德也。"材又通"裁"，裁断也。

④是故吉凶生而悔吝著也：所以，吉凶产生而悔吝显著。李鼎祚《周易集解》说："虞翻曰爻象动内，则吉凶见外。吉凶悔吝者，生乎动者也，故曰著。"

【译文】

所以《易经》的根本在卦象。象，就是万物之像。彖，为一卦主干的卦德。爻，仿效天下事物的变动。所以，吉凶产生而悔吝显著。

（以上为第三章，论述卦象和卦爻辞的重大作用。卦象为一卦的根本。卦

象和卦爻辞反映人事的吉凶悔吝。）

阳卦多阴，阴卦多阳[①]。其故何也？阳卦奇，阴卦耦[②]。其德行何也？阳一君而二民[③]，君子之道也。阴二君而一民[④]，小人之道也。

【注释】

①阳卦多阴，阴卦多阳：阳卦多阴爻，阴卦多阳爻。八卦中，三根爻中，有一根爻为阳爻的，如震、坎、艮三卦，是阳卦。八卦中，三根爻中，有一根爻是阴爻的，如巽、离、兑，是阴卦。阳卦都有两根阴爻，是阳卦多阴。阴卦都有两根阳爻，是阴卦多阳。

②阳卦奇，阴卦耦：阳卦为奇数，阴卦为偶数。阳卦有一根阳爻、两根阴爻。阳爻为一个爻画，阴爻为两个爻画。所以，阳卦共有五个爻画。五为奇数，所以说阳卦奇。阴卦有一根阴爻、两根阳爻，共有四个爻画。四为偶数。所以说阴卦耦（偶）。

③阳一君而二民：阳卦一位君主而有两位臣民。阳卦有一根阳爻、两根阴爻，分别表示一位君主、两位臣民。

④阴二君而一民：阴卦两位君主而只有一位臣民。阴卦有两根阳爻、一根阴爻，分别表示两位君主、一位臣民。

【译文】

阳卦多阴爻，阴卦多阳爻。这是什么缘故？阳卦为奇数，阴卦为偶数。它们代表的德行是什么？阳卦一位君主而有两位臣民，这是君子的道。阴卦两位君主而只有一位臣民，这是小人的道。

（以上为第四章，讲述阳卦，阴卦的特点和性质。）

《易》曰："憧憧往来，朋从尔思[①]。"子曰："天下何思何虑？天下同归而殊途，一致而百虑。天下何思何虑？"日往则月来，月往则日来，日月相推而明生焉。寒往则暑来，暑往则寒来，寒暑相推而岁成焉。往者屈也，来者信[②]也，屈信相感而利生焉[③]。尺蠖[④]之屈，以求信也。龙蛇之蛰，以存身也。精义入神，以致用也。利用安身，以崇德也。过此以往，未之或[⑤]知也。穷神知化，德之盛也。

《易》曰："困于石，据于蒺藜，入于其宫，不见其妻，凶[⑥]。"子曰："非所困而困焉，名必辱。非所据而据焉，身必危。既辱且危，死期将至，妻其可得见邪！"

《易》曰："公用射隼于高墉之上，获之，无不利[⑦]。"子曰："隼者，禽也。弓矢者，器也。射之者，人也。君子藏器于身，待时而动，何不利之有？动而不括[⑧]，是以出而有获，语成器而动者也。"

子曰："小人不耻不仁，不畏不义，不见利不劝，不威不惩。小惩而大诫，此小人之福也。《易》曰：'屦校灭趾，无咎[⑨]。'此之谓也。"

善不积，不足以成名。恶不积，不足以灭身。小人以小善为无益而弗为也，以小恶为无伤而弗去也。故恶积而不可掩，罪大而不可解。《易》曰："何校灭耳，凶[⑩]。"

子曰："危者，安其位者也。亡者，保其存者也。乱者，有其治者也。是故君子安而不忘危，存而不忘亡，治而不忘乱，是以身安而国家可保也。《易》曰：'其亡其亡，系于苞桑[11]。'"

子曰："德薄而位尊，知小而谋大，力小而任重，鲜不及矣！《易》曰：'鼎折足，覆公𫗧，其形渥，凶[12]。'言不胜其任也。"

子曰："知几，其神乎！君子上交不谄，下交不渎，其知几乎？几者，动之微，吉之先见者也[13]。君子见几而作，不俟终日。《易》曰：'介于石，不终日，贞吉[14]。'介如石焉，宁用终日，断可识矣。君子知微知彰，知柔知刚，万夫之望。"

子曰："颜氏之子，其殆庶几乎[15]！有不善未尝不知，知之未尝复行也。《易》曰：'不远复，无祇悔，元吉[16]。'"天地絪缊，万物化醇[17]。男女构精，万物化生。《易》曰："三人行则损一人，一人行则得其友[18]。"言致一也。

子曰："君子安其身而后动，易其心而后语，定其交而后求。君子修此三者，故全也。危以动，则民不与也。惧以语，则民不应也。无交而求，则民不与也。莫之与，则伤之者至也。《易》曰：'莫益之，或击之，立心勿恒，凶[19]。'"

【注释】

①憧憧往来，朋从尔思：往来不绝，朋友跟从你。憧憧，往来不绝的状况。从，跟从。尔，你。思，语助词。此句引自咸（卦第三十一）九四爻辞。

②信：同"伸"。

③屈信相感而利生焉：屈伸相感应而产生作用。利，作用，功用。来知德《周易集注》说："成功者退谓之屈，方来者进谓之信（伸）。一往一来，一屈一信（伸），循环不已，谓之相感。利者，功也。日月有照临之功。岁序有生成之功也。应时而往，自然而往。应时而来，自然而来。此则造化往来相感一定之数，惟在乎气之自运而已。非可以思虑而往也，非可以思虑而来也。以物理言之，屈者乃所以为信（伸）之地，不屈则不能信（伸）矣。"

④尺蠖（huò 获）：蛾类幼虫，行动时身体先屈后伸。

⑤或：有。

⑥困于石，据于蒺藜，入于其宫，不见其妻，凶：困在乱石堆，蒺藜挡着道。进入他的居室，不见他的妻，凶。引自困（卦第四十七）六三爻词。

⑦公用射隼（sǔn 损）于高墉之上，获之，无不利：公在高高的城墙上射隼，将它抓获，无有不利。公，地位很高的大臣。用，用以，因而。隼，据说是贪残之鸟。墉，城墙。引自解（卦第四十）上六爻辞。

⑧动而不括：发动而不受阻。括，塞。

⑨屦校灭趾，无咎：脚上戴刑具，遮住脚趾。无害。校，刑具。引自噬嗑（卦第二十一）。

⑩何校灭耳，凶：戴着枷，遮住耳朵。凶。何，荷，戴。校，刑具。引自噬嗑（卦第二十一）上九爻辞。

⑪其亡其亡，系于苞桑：将亡，将亡，寄托于苞草和桑枝上。引自《否》（卦第十二）九五爻辞。

⑫鼎折足，覆公𫗧（sù 素），其形渥（wò 沃），凶：鼎折断足，王公的美食倾覆，沾濡了鼎身，凶。𫗧，美食。渥，沾濡稠黏状。引自鼎（卦第五十）九四爻辞。

⑬几者，动之微，吉之先见者也：几，是细微的变动，吉的预兆。李鼎祚《周易集解》说："韩康

伯曰：几者，去无入有理而未形者，不可以名寻，不可以形睹也。唯神也不疾而速，感而遂通，故能玄照鉴于未形也。合抱之木，起于毫末，吉凶之彰，始乎微兆。故言吉之先见。"

⑭介于石，不终日，贞吉：坚如石，不到一整天，占问吉利。介，坚。引自豫（卦第十六）六二爻辞。

⑮其殆庶几乎：大概差不多吧！殆，大概。庶几，差不多、近乎。

⑯不远复，无祇悔，元吉：不远即返回，无大悔，大吉。祇，大。引自复（卦第二十四）初九爻辞。

⑰天地絪（yīn 因）缊（yūn 晕），万物化醇（chún 纯）：天地阴阳二气交融，万物衍化，更加普遍。絪缊，气体地交融。醇，普遍。李鼎祚《周易集解》说："絪缊，气附著之义。言天地无心，自然得一，唯二气氤氲，更相和会，感应变化而有精醇之生，万物自化。若天地有心为一，则不能使万物化醇者也。"

⑱三人行则损一人，一人行则得其友：三人同行，（因意见不同）损减一人。一人独行，则能得到朋友。引自损（卦第四十一）六三爻辞。

⑲莫益之，或击之，立心勿恒，凶：没有人帮他，却有人攻击他，树立信心不恒久，凶。引自益（卦第四十二）上九爻辞。

【译文】

《易经》说："往来不绝，朋友跟从你。"夫子说："天下人何必多想，何必多虑？天下人要归于同一个地方，只是道路不同，达到同一个目的，只是思虑多种多样。天下人何必多想，何必多虑！"太阳落下去，月亮升起来；月亮落下去，太阳升起来。太阳和月亮互相推移而产生光明。寒季过去了，暑季到来；暑季过去了，寒季到来。寒季和暑季互相推移而形成一年的岁月。前往是屈，到来是伸。屈和伸互相感应而产生作用。尺蠖曲身，是为了求伸。龙蛇的蛰伏，是为了存身。精通义理，达于神妙，以达到运用的目的。利用来使自身安泰，使德行崇高。除此之外，不知有它。深入研究事物的神妙，了解事物的变化，这是道德的盛事。

《易经》说："困在乱石堆，蒺藜挡着道，进入他的居室，不见他的妻。凶。"夫子说："不该困窘的将其困窘，名必受辱。不该挡道的却在挡道，身必危险。既受辱而且危险，死期将到，妻岂可得见啊！"

《易经》说："公在高高的城墙上射恶鹰，捉获了它，无有不利。"夫子说："恶鹰，是禽鸟。弓箭，是器具。射它的，是人。君子将器具藏在身上，等待时机而动用。有什么不利呢？动用而不受阻，因此出动而有收获。是说器具已成而后因时而动。"夫子说："小人不以不仁为可耻，不以不义为可怕，不见有利不劝勉，不加威制不惩诫。小加惩治而大为警诫，这是小人的福分。《易经》说：'脚上戴刑具，遮住脚趾，无害。'就是说的这种情况。"

不积累善行达不到成名，不积累恶行达不到灭身。小人认为微小的善事没有益处而不做，认为微小的恶事没有害处而不改。因此，恶行积累不可掩藏，罪行太大而可解脱。《易经》说："戴着枷，遮住耳朵，凶。"

夫子说："安享其位的人，是危险者。死保其存在，是将亡者。满足已有治绩，

是将乱者。因此，君子平安而不忘危险，存在时不忘灭亡，已治而不忘将乱。因此自身平安而国家可以保存。《易经》说，‘难道要亡？难道要亡？寄托于苞草和桑枝上。’”

夫子说：“德行薄而地位尊贵，智慧少而谋划大，力量小而任务重，很少不及于祸患。《易经》说：‘鼎折断足，王公的美食倾覆，沾濡了鼎身，凶。’是说不能担当他的任务。”

夫子说：“知几（感知预兆），大概是神明吧！君子对上交往不谄媚，对下交往不轻慢，大概能够知几吧！几，是细微的变动，吉凶的预兆。君子预见几微而行动，等不到一天就完了。《易经》说：‘坚如石，不到一整天，占问吉利。’坚如石，何用一整天，断然可识。君子知道微渺，知道彰明，知道柔婉，知道刚健，是万人的希望。”

夫子说：“颜氏的儿子（颜回），他大概差不多吧！有缺点没有不自知的，知道缺点错误没有再犯的。《易经》说：‘不远即返回，无大悔，大吉。’”天地阴阳二气交融，万物衍化更加普遍。男女构成精气，万物衍化而产生。《易经》说：“三人同行（因意见不合）损减一人。一人独行，则能得到朋友。是说达于一致。”

夫子说：“君子安下身来而后行动，心情平静以后再说话，确定了交情而后才有所求。君子讲求这三点，所以安全。有危险而行动，则民众不赞成。有惧怕而说话，则民众不响应。没有交情而求助，则民众不给予。没有人给予帮助，那么，伤害他的人就来了。《易经》说：‘没有人帮他，却有人攻击他，树立信心不恒久，凶。’”

（以上为第五章，对九卦十一条爻辞作了解释。）

子曰：“乾坤，其《易》之门邪①？”乾，阳物也；坤，阴物也。阴阳合德②，而刚柔有体③。以体天地之撰④，以通神明之德。其称名也，杂而不越。于稽其类⑤，其衰世之意邪？

夫《易》彰往而察来⑥，而微显阐幽⑦，开而当名辨物，正言断辞，则备矣⑧。其称名也小，其取类也大。其旨远，其辞文，其言曲而中，其事肆而隐⑨。因贰以济民行，以明失得之报⑩。

【注释】

①乾坤，其《易》之门邪：乾卦、坤卦，大概是《易经》的门户吧！其，大概。来知德《周易集注》说：“门者，物之所从出者也。阴、阳二卦，六十四卦、三百八十四爻皆从所出，故为《易》之门。”

②阴阳合德：阴阳的性质相配合。德，性质、属性。

③刚柔有体：刚柔各有质体。来知德《周易集注》说：“以（乾、坤）二物之体言，则刚自刚，柔自柔，而其质不同，以者用也。”

④以体天地之撰：（刚柔）以天地之数为形体。李鼎祚《周易集解》说：“九家易曰：撰，数也。万物形体，皆受天地之数也。谓九，天数；六，地数也。刚柔得以为体矣。”朱熹《原本周易本义》说：“撰，犹事也。”亦备一说。

⑤于稽其类：考察其事类。于，语助词。稽，考察。类，事类、内容。

⑥夫《易》彰往而察来:《易经》彰明已经过往的(天道),详察即将到来的(人事)。来知德《周易集注》说:"彰往者,明天道之已然也。阴阳消息、卦爻之变象,有以彰之。察来者,察人事之未然也。吉凶悔吝、卦爻之占辞,有以察之。"

⑦而微显阐幽:显现细微而阐明幽隐。"而微显",应为"微显而"。朱熹《原本周易本义》说:"而微显,恐当作微显而。"

⑧开而当名辨物,正言断辞,则备矣:开列所当卦名,明辨事物,以正确的言辞判断吉凶,这就完备了。开,开列。李鼎祚《周易集解》说:"干宝曰:辨物,类也。正言,言正义也。断辞,断吉凶也。"来知德《周易集注》说:"开而当名辨物者,各开六十四卦所当之名,以辨其物。如乾,马;坤,牛;乾,首;坤,足之类,不使之至于混淆也。正言断辞者,所断之辞,吉则正言其吉,凶则正言其凶。无委曲、无回避也。如是,则精及无形,粗及有象,无不备矣。"

⑨其称名也小,其取类也大。其旨远,其辞文,其言曲而中,其事肆而隐:它所取名微小,它所选取类比的事理极大。它的旨意深远,它的词语文雅,它的言论曲折而中肯,它的叙事详备而含蓄。肆,详备。朱熹解作"陈",李鼎祚解作"直"。来知德《周易集注》说:"易辞纤细无遗,其称名小矣。然无非阴阳之理,默寓乎中,而取类又大。天地阴阳、道德性命,散见于诸卦爻之中,其旨远矣。然其辞,昭然有文,明白显然以示人,而未常远也。卦爻之言,委曲婉转,谓之曲。曲则若昧正理矣。然曲而中乎曲礼,正直而不私焉。叙事大小本末,极其详备,谓之肆。肆则若无所隐矣,然理贯于大小本末之中,显而未必不隐焉。"

⑩因贰以济民行,以明失得之报:以(乾、坤)二卦帮助民众的行动,明确地报以得失。贰,朱熹解作"疑",来知德解作"副"。引虞翻《说解》作"乾与坤"。

【译文】

夫子说:"乾卦和坤卦,大概是《易经》的门户吧!"乾,为阳性物;坤,为阴性物。阴阳的性质相配合,而刚柔各有质体。(刚柔)以天地之数为形体,得以通达神奇而鲜明的属性。它所取的名称,复杂而不相逾越。考察其事类,大概反映了衰败时代的思想特点吧!

《易经》彰明已经过往的(天道),详察即将到来的(人事),显现细微而阐明幽隐。开列所当卦名,明辨事物,以正确的言辞判断吉凶,这就完备了。它所取名微小,它所选取类比的事理极大。它的旨意深远,它的辞语文雅,它的言论曲折而中肯,它的叙事详备而含蓄。以(乾、坤)二卦帮助民众的行动,明确地报以得失。

(以上为第六章,论述了乾、坤两卦,作为《易经》门户的极端重要性,论述了卦爻辞的特点和作用。)

《易》之兴也,其于中古[①]乎?作《易》者,其有忧患乎?是故履,德之基[②]也。谦,德之柄[③]也。复,德之本[④]也。恒,德之固[⑤]也。损,德之修[⑥]也。益,德之裕[⑦]也。困,德之辨[⑧]也。井,德之地[⑨]也。巽,德之制[⑩]也。履,和而至。谦,尊而光[⑪]。复,小而辨于物[⑫]。恒,杂而不厌[⑬]。损,先难而后易。益,长裕而不设[⑭]。困,穷而通[⑮]。井,居其所而迁[⑯]。巽,称而隐[⑰]。履,以和行。谦,以制礼。复,以自知[⑱]。恒,以一德。损,以远害。益,以兴利。困,以寡怨。井,以辨义[⑲]。巽,以行权[⑳]。

【注释】

①中古:指殷周之际。

②履,德之基:李鼎祚《周易集解》:"侯果曰:履,礼。蹈礼不倦,德之基也。"

③谦,德之柄:李鼎祚《周易集解》:"干宝曰:柄,所以持物。谦,所以持礼者也。"

④复,德之本:复,回复到善,是德行的根本。来知德《周易集注》:"人性本善,其不善者,蔽于物欲也。今知自反不善而复于善,则善端萌。"

⑤恒,德之固:来知德《周易集注》:"故所守恒久,则长久而坚固,故恒者,德之固也。"

⑥损,德之修:来知德《周易集注》:"君子修德,必去其所以害德者,如或忿欲方动,则当惩窒,损而又损,以此于无,此乃修身之事,故曰损者,德之修也。"

⑦益,德之裕:李鼎祚《周易集解》:"荀爽曰:见善则迁,有过则改,德之优裕也。"

⑧困,德之辨:李鼎祚《周易集解》:"郑玄曰:辨,别也。遭困之时,君子固穷。小人穷则滥,德于是别也。"

⑨井,德之地:李鼎祚《周易集解》:"姚信曰:井养而不穷,德居地也。"

⑩巽,德之制:朱熹《原本周易本义》:"巽,顺于理以制事变也。"

⑪谦,尊而光:朱震《汉上易传》:"谦卑而人尊之,其道光也。"

⑫复,小而辨于物:来知德《周易集注》:"暗昧而小者,则必不能辨物矣。今复一阳居于群阴暗昧之下,虽阴盛阳微,从一阳之小,而能知辨其五阴,皆为物欲,所以反其不善,以复其善。小而辨物,此复之才德,所以极其善也。"

⑬恒,杂而不厌:李鼎祚《周易集解》:"荀爽曰:'夫妇虽错居,不厌之道也。'"

⑭益,长裕而不设:使人受益,长久宽裕,必须顺应自然,而不必有意设制。李鼎祚《周易集解》:"虞翻曰:谓天施地生,其益无方,凡益之道,与时偕行,故不设也。"

⑮困,穷而通:来知德《周易集注》:"困则身穷而道通。"

⑯井,居其所而迁:来知德《周易集注》:"井虽居其所而不动,然泉脉流通,日迁徙而常新,居其所而迁,此井之才德所以极其善也。"

⑰巽,称而隐:来知德《周易集注》:"巽则能顺其理,因时以称其宜,然其性入而伏,则又形迹之不露。"

⑱复,以自知:李鼎祚《周易集解》:"虞翻曰:有不善,未尝不知,故自知也。"

⑲井,以辨义:井水养人为义,所以用井辨别义。

⑳巽,以行权:孙星衍《周易集解》:"必合乎巽顺,而后可以行权也。"

【译文】

《易经》的创作,大概在中古吧!创作《易经》的人,大概有所忧患吧!因此履卦,是德行的基础;谦卦,是德行的握柄;复卦,是德行的根本;恒卦,是德行的固定;损卦,是德行的修养;益卦,是德行的宽裕;困卦,是德行的区分;井卦,是德行的源地;巽卦,是德行的裁制。履卦,和而到达礼;谦卦,受尊敬而发扬光大;复卦,小而能辨别事物;恒卦,杂乱而不厌;损卦,先是困难后容易;益卦,长久宽裕而勉强设置;困卦,穷困了而道通;井卦,位置原地不动,而施惠于四面八方;巽卦,受称道而自己掩隐不张扬;履卦,用和行动;谦卦,以礼节制;复卦,有自知之明;恒卦,德行专一;损卦,得以远远地避害;益卦,用以兴利;困卦,怨恨极少;井卦,用以分辨义;巽

卦，用以实行权变。

（以上为第七章，说明有忧患，就必须修德，并三次、用九卦反复论述加强修德。朱熹《原本周易本义》说："此第七章，三陈九卦，以明处忧患之道。"）

《易》之为书也不可远，为道也屡迁[①]，变动不居，周流六虚[②]，上下无常，刚柔相易，不可为典要，唯变所适[③]。其出入以度，内外使知惧[④]。又明于忧患与故。无有师保，如临父母[⑤]。初率其辞而揆其方，既有典常[⑥]。苟非其人，道不虚行。

【注释】

①为道也屡迁：作为道屡屡变迁。李鼎祚《周易集解》说："虞翻曰：迁，徙也。日月周流，上下无常，故屡迁也。"

②变动不居，周流六虚：变动不停，周遍于六爻位。居，停。六虚，六爻位。来知德《周易集注》说："一阴一阳之谓道。故曰道变动者，卦爻之变动也。不居者，不居于一定也。六虚者，六位也。"

③上下无常，刚柔相易，不可为典要，唯变所适：六爻上下爻变，没有一定；阳刚阴柔互相替代，不可为定规，唯有适于变。朱震《汉上易传》说："或自上而降，或自下而升，上下无常也。刚来则柔往，柔来则刚往。刚柔相易也。无常则不可为典，相易则不可为要。流行散徙，唯变所适。"

④其出入以度，内外使知惧：出入有一定的法度，使内外都知道警惕、惧怕。李鼎祚《周易集解》说："韩康伯曰：明出入之度，使物知内外之戒也。"来知德《周易集注》说："然其所系之辞，或出或入，皆有一定之法度，立乎内外爻辞之间，使人皆知如朝廷之法度，惧之而不敢犯也。"

⑤无有师保，如临父母：虽无师保的教训，也如同父母在身边。李鼎祚《周易集解》说："虞翻曰：临，见也。""干宝曰：虽无师宝切磋之训，其心敬戒，常如父母之临己者也。"

⑥初率其辞而揆其方，既有典常：开初就遵循卦爻辞体会其义理，就会有规律可掌握。率，循。揆，度，体会。方，义。

【译文】

《易经》作为书，不能远离它。作为道屡屡变化，变动不停，周遍于六爻位，上下爻变，没有一定，阳刚阴柔互相替代，不可为定规，唯有适于变。它出入有一定法度，使内外都知道惊惕害怕。又对忧患和事故有明察。虽无师保的教训，也如同父母在身边。开初就遵循卦爻辞，体会其义理，就会有规律可掌握。如果不得其人，《易》道不会凭空得到实行。

（以上为第八章，进一步强调《易》道"变动不居"的特点和"为书也不可远"的重要性。）

《易》之为书也，原始要终，以为质也[①]。六爻相杂，唯其时物[②]也。其初难知，其上易知，本末也[③]。初辞拟之，卒成之终[④]。若夫杂物撰德，辩是与非，则非其中爻不备[⑤]。噫，亦要存亡吉凶，则居可知矣。[⑥]。知者观其彖辞[⑦]，则思过半矣。二与

四同功而异位，其善不同[⑧]，二多誉；四多惧，近也[⑨]。柔之为道，不利远者[⑩]，其要无咎，其用柔中也[⑪]。三与五同功而异位，三多凶，五多功[⑫]，贵贱之等也。其柔危，其刚胜耶[⑬]？

【注释】

①原始要终，以为质也：推原事物的开始，探求事物的终结，将事物作为整体看待。原，察。要，求。质，体。孙星衍《周易集解》："崔憬曰：质，体也。言易之书，原穷其事之初，若初九潜龙勿用，是原始也。又要会其事之末，若上九亢龙有悔，是要终也。"

②六爻相杂，唯其时物：六爻相错杂，唯象一定时间内的事物。来知德《周易集注》说："若六爻之刚柔相杂，则惟取其时物而已。故周公之爻辞，亦惟取诸时物以为辞。如乾之'龙'，物也。而有潜、见、跃、飞之不同者，时也。渐之'鸿'，物也。而有于磐、陆、木之不同者，时也。《易》之为书也，不过卦与爻而已。一卦分而为六爻，六爻合而为一卦，卦则举其始终以为体。爻之刚柔虽相杂而不一，然占者之决吉凶，惟观其所值之时、所值之物而已。"

③其初难知，其上易知，本末也：从一卦的初爻，难知全卦；从一卦的上爻，易知全卦。因为有本也有末。孙星衍《周易集解》引侯果曰："本末，初、上也。初（爻）则事微，故难知，上（爻）则事彰，故易知。"来知德《周易集注》说："此言初，上二爻。初爻难知者，以初爻为爻之本，方有初爻，而一卦之形体未成，是其质未明，所以难知。易知者，上爻为卦之末，卦至上爻，则其质已著，其义毕露，所以易知。"

④初辞拟之，卒成之终：初爻之辞，可拟议事物的开始，到上爻才可决定事物的终结。来知德《周易集注》说："惟难知，故圣人系初爻之辞，则必拟而议之。当拟何象，何占，不敢轻率。惟易知，故圣人系上爻之辞，不过因下文以成其终。"

⑤若夫杂物撰德，辩是与非，则非其中爻不备：至于错杂事物，陈述德性，辨别是非，没有中间四根爻不完备。撰，述。辩，同辨。中爻，中间四根爻，即二、三、四、五爻。朱震《汉上易传》说："若夫糅杂八卦之物，撰定六爻之德，辩得失是非，则非中爻不备。"

⑥噫，亦要存亡吉凶，则居可知矣：唉！也求存亡吉凶，那么安坐不动就可知道了。噫，感叹词。要，求。孙星衍《周易集解》引崔憬曰："噫，叹声也。言中四爻亦能要定卦中存亡吉凶之事，居然可知也。"来知德《周易集注》说："噫者，叹中爻之妙也。"

⑦彖辞：在此指卦辞。孙星衍《周易集解》引马融曰："彖辞，卦辞也。"

⑧二与四同功而异位，其善不同：第二爻、第四爻功业相同而位置不同，表示的吉也不同。来知德《周易集注》："同功者，二与四互成一卦，三与五互成一卦，皆知存亡吉凶，其功同也。善不同者，二中而四不中，故不同也。"

⑨二多誉；四多惧，近也：第二爻多称誉。第四爻多惧怕，是因为靠近第五爻的君位。李鼎祚《周易集解》引韩康伯曰："二处中和，故多誉也。四近于君，故多惧也。"

⑩不利远者：不利于远离（第五爻君位）者。来知德《周易集注》说："不利远者，既柔不能自立，又远于君，则孤臣矣，所以不利。"

⑪其要无咎，其用柔中也：它大要无害，它的作用柔而得中。来知德《周易集注》："要者，约也。用者，发之于事也。柔中者，柔而得中也。"

⑫三多凶，五多功：第三爻凶多，第五爻功多。来知德《周易集注》："五为君，君则贵，有独运之权，故多功。三为臣，贱不能专成，故多凶。"

⑬其柔危，其刚胜耶：大概阴柔危险，大概阳刚胜利吧！李鼎祚《周易集解》："侯果曰：'三、

五阳位，阴柔处之，则多凶危。刚正居之，则胜其任。言耶者，不定之辞也。或有柔居而吉者，得其时也；刚居而凶，私其应也。”朱熹《原本周易本义》也说：“三五同阳位而贵贱不同，然以柔居之，则危；惟刚则能胜之。”

【译文】

《易经》作为书，推原事物的开始，探求事物的终结，将事物作为整体看待。六爻相错杂，唯象一定时间内的事物。从一卦的初爻，难知全卦；从一卦的上爻，易知全卦。因为有本也有末。初爻之辞，可拟议事物的开始，到上爻才可决定事物的终结。至于错杂事物，陈述德性，辨别是非，没有中间四根爻不完备。唉！也求存亡吉凶，那么，安坐不动就可知道了。聪明人观看卦辞，那么，思想上的理解就超过一半了。第二爻、第四爻功业相同而位置不同，表示的吉也不同。第二爻多称誉，第四爻多惧怕，是因为靠近第五爻的君位。阴柔之道，不利于远离。它大要无害，它的作用柔而得中。第三爻、第五爻功业相同而位置不同。第三爻凶多，第五爻功多。因为贵贱有差等。大概阴柔危险，大概阳刚取胜吧！

（以上为第九章，论述卦象、爻象是研究《周易》的根据。指出六爻的特点。）

《易》之为书也，广大悉备[①]。有天道焉，有人道焉，有地道焉。兼三材而两之，故六[②]。六者非它也，三材之道也。道有变动，故曰爻[③]。爻有等，故曰物。物相杂，故曰文。文不当，故吉凶生焉[④]。

【注释】

①广大悉备：又广又大，全都具备。孙星衍《周易集解》引崔憬曰：“广无不被，大无不包，悉备有万物之象也。”

②兼三才而两之，故六：兼有天地人三才，而两相重复，故成六爻。材同才。朱熹《原本周易本义》说：“三画已见三材，重之故六。而以上二爻为天，中二爻为人，下二爻为地。”孙星衍《周易集解》说：“崔憬曰：言重卦六爻，亦兼天地人道。两爻为一才，六爻为三才，则是兼三才而两之，故六。六者，即三才之道也。”

③道有变动，故曰爻：道有变动，所以称作爻。孙星衍《周易集解》引陆绩曰：“天道有昼夜日月之变，地道有刚柔燥湿之变，人道有行止动静吉凶善恶之变。圣人设爻，以效三者之变动，固谓之爻者也。”来知德《周易集注》：“爻也者，言乎其变，效天下之动者也。”

④爻有等，故曰物。物相杂，故曰文。文不当，故吉凶生焉：爻有类，所以称作物。物相错杂，所以称作文。文理有（恰当）不恰当，所以产生了吉凶。等，类。爻有阴阳两个类别。象征阴阳两类事物。孙星衍《周易集解》说：“等，类也。乾，阳物也。坤，阴物也。爻有阴阳之类，而后有刚柔之用。故曰：爻有等，故曰物。”朱熹《原本周易本义》说：“等，谓远近贵贱之差。相杂，谓刚柔之位相间。不当，谓爻不当位。”

【译文】

《易经》作为书，内容广大，全都具备。有天道，有人道，有地道。兼有天、地、人三才，而两相重复，故成六爻。六爻并非其他，而是三才之道。道有变动，所以称作

爻。爻有类别，所以称作物。物相错杂，所以称作文。文理有〔恰当〕不恰当，所以产生了吉凶。

（以上为第十章，夸张地论述了《易经》包涵天道、人道、地道，无所不包，“广大悉备”，并铺陈了吉凶得以产生的复杂玄妙的过程。）

《易》之兴[①]也，其当殷之末世，周之盛德邪？当文王与纣之事邪？是故其辞危，危者使平[②]，易者使倾[③]。其道甚大，百物不废。惧以终始，其要无咎。此之谓《易》之道也[④]。

【注释】

①兴：产生、创作。

②危者使平：危惧能使人平安。李鼎祚《周易集解》引陆绩曰：“文王在纣世，有危亡之患，故于易辞多趋危亡。本自免济，建成王业。故易爻辞‘危者使平’，以象其事。《否》卦九五‘其亡，系于苞桑’之属，是也。”

③易者使倾：平易能使人倾覆。李鼎祚《周易集解》引陆绩曰：“易，平易也。纣安其位，自谓平易，而反倾覆。故易爻辞‘易者使倾’，以象其事。《明夷》上六‘初登于天，后入于地’之属是也。”

④此之谓《易》之道也：这叫做《易经》的道。“危者使平，易者使倾”，是《易经》的道。朱熹《原本周义本义》说：“危惧故得平安，慢易则必倾覆，易之道也。”来知德《周易集注》：“危者使平，易者使倾。此圣人传心之言。如以小而一身论，一饮一食，易而不谨，必至终身之疾。一言一语，易而不谨，必至终身之玷。此一身易者之倾也。以大而国家论、越王卧薪尝胆，冬持冰，夏持火，卒擒吴王，此危者之平也。玄宗天宝以前，海内富庶，遂深居禁中，以声色自娱，悉以政事委之李林甫，京师遂为安禄山所陷，此易者之倾也。其道甚大，百物不废于此。”

【译文】

《易经》的创作，大概在殷商的末世、周德兴隆旺盛的时候吧？正当周文王和商纣王时的事情吧？所以，它的卦爻辞表现出危惧。危惧能使人平安，平安能使人倾覆。它的道甚为广大，一切事物都不排除在外。以警惧贯彻始终，其大要归于无害。这叫做《易经》的道。

（以上为第十一章，认定《易经》可能创作于殷商末世，认为可能是周文王所作，所以多警惕自危之词。强调了“危者使平，易者使倾”为“易经”之道。）

夫乾，天下之至健也，德行恒易以知险。夫坤，天下之至顺也，德行恒简以知阻[①]。能说诸心，能研诸侯之虑，定天下之吉凶，成天下之亹亹者[②]。是故变化云为，吉事有祥[③]。象事知器，占事知来[④]。天地设位，圣人成能。人谋鬼谋[⑤]。百姓与能。八卦以象告，爻彖以情言，刚柔杂居，而吉凶可见矣[⑥]。变动以利言，吉凶以情迁[⑦]。是故爱恶相攻而吉凶生，远近相取而悔吝生，情伪相感而利害生。凡《易》之情，近而不相得[⑧]则凶，或害之，悔且吝。将叛者其辞惭，中心疑者其辞枝[⑨]，吉人

之辞寡，躁人之辞多[10]，诬善之人其辞游[11]，失其守者其辞屈[12]。

【注释】

①夫乾，天下之至健也，德行恒易以知险。夫坤，天下之至顺也，德行恒简以知阻：健，刚健。易，平易。险，险难。顺，柔顺。简，简约。阻，阻塞。朱熹《原本周易本义》："至健，则所行无难，故易。至顺，则所行不烦，故简。然其于事，皆有以知其难，而不敢易以处之。是以其有忧患，则健者如自高临下，而知其险。顺者如自下趋上，而知其阻。虽易而能知险，则不陷于险矣。既简而又知阻，则不困于阻矣。所以能危能惧，而无易者之倾也。"

②能说诸心，能研诸侯之虑，定天下之吉凶，成天下之亹亹者：说，同"悦"。诸，之于。朱熹《原本周易本义》："'侯之'二字衍。"朱震《汉上易传》说："天下之吉凶藏于无形，至难定也。天下之亹亹，来而不已，至难成也。定之成之者，简易而已。"

③是故变化云为，吉事有祥：所以，乾坤的变化，有语言表述，也有动作行为。吉祥的事情有先兆。朱震《汉上易传》说："乾坤变化有云有为。云者，言也。为者，动也。吉事有祥，祥者，言之先见，有祥必先知之，兼言动也。"

④象事知器，占事知来：（《易经》）取象于事，知道制作器物；通过占筮，知道未来的情况。朱熹《原本周易本义》说："变化云为，故象事可以知器，吉事有祥，故占事可以知来。"

⑤人谋鬼谋：人谋，与人谋。鬼谋，指占筮。

⑥八卦以象告，爻彖以情言，刚柔杂居，而吉凶可见矣：朱震《汉上易传》说："伏羲氏始画八卦，不言而告之以象者，至简易也。后世圣人演之为六十四卦，有爻、有彖。以人情变动，言之于辞，知险阻也。且八卦成列，刚柔杂居，吉凶已可见矣。"朱熹《原本周易本义》说："象，谓卦画。爻彖，谓卦爻辞。"

⑦变动以利言，吉凶以情迁：卦爻的变动以趋利避害为言，吉凶也随情况变化、转移。朱震《汉上易传》说："然道有变动，变则通，通则其用不穷，所以尽利者，不可不言也。故变动以利言，吉凶以情而迁。

⑧不相得：即相恶。朱熹《原本周易本义》说："不相得，谓相恶也。凶、害、悔、吝皆由此生。"

⑨疑者其辞枝：自疑的人，他的话如树枝分散。李鼎祚《周易集解》引侯果曰："中心疑二，则失得无从，故枝分不一也。"

⑩躁人之辞多：急躁的人话多。李鼎祚《周易集解》引侯果曰："躁人烦急，故辞多。"

⑪诬善之人其辞游：诬蔑行善的人，话游移不定。孙星衍《周易集解》引崔憬曰："妄称有善，故自叙其美，而辞必浮游不实。"朱震《汉上易传》："诬善之人，妄，故其辞游。"

⑫失其守者其辞屈：失掉操守的人，说话屈服。孙星衍《周易集解》引侯果曰："失守则沮辱而不申，故其辞屈也。"

【译文】

乾，是天下最为刚健的，德行总是平易的，却知道险难。坤，是天下最为柔顺的，德行总是简约的，却知道阻塞。能够使人心欢悦，能够研究思虑，确定天下事物的吉凶，成就天下人的勤勉。因此，乾坤的变化，有语言表述，也有动作行为，吉祥的事情有先兆可知。（《易经》取象于事，知道制作器物；通过占筮，知道未来的情况。天地设立上下尊卑之位，圣人成就难能之事。与人谋划，通过占筮与鬼神谋划，百姓都能参与运用。八卦以卦象告知人们，卦爻辞以实情加以表述。阳刚阴柔

错杂共处，就可以看清吉凶了。卦爻的变动以趋利避害为言，吉凶也随情况变化转移。因此，喜爱和憎恶互相攻击而产生吉凶；以亲近疏远的不同或取或弃，而产生悔吝；真情和虚伪互相感触，而产生利害。从《易经》的全部情况看，互相接近而又不相得，就凶，甚至相戕害，使之既悔又吝。将要背叛的人，他的话有所惭愧；心中怀疑的人，他的话多有枝蔓；纯真的人，他的话少；急躁的人，他的话多；诬蔑好人的人，他的话游移不定；失掉操守的人，他的话屈服。

（以上为第十二章，首先论述乾坤的特点和巨大作用。然后论及《易经》占筮方面的作用。联系人事上爱恶、远近、情伪的差别，及所形成的相攻、相取、相感的不同态度，及其与《易经》的吉凶、悔吝、利害的关系，探讨了卦爻辞的变化。）

说卦传①

昔者圣人之作《易》也，幽赞于神明而生蓍②，参天两地而倚数③，观变于阴阳而立卦，发挥于刚柔而生爻，和顺于道德而理于义，穷理尽性以至于命④。昔者圣人之作《易》也，将以顺性命之理⑤，是以立天之道曰阴与阳，立地之道曰柔与刚，立人之道曰仁与义⑥。兼三才而两之，故《易》六爻而成卦。分阴分阳，迭用柔刚，故《易》六位而成章⑦。

【注释】

①说卦传：说卦传是解说卦爻的专论。主要讲八卦的基本卦象及相对应的象征意义。即乾为天为健，坤为地为顺，震为雷为动，巽为风为入，坎为水为陷，离为火为丽，艮为山为止，兑为泽为悦。这些基本卦象和象征意义，广泛应用于六十四卦的象征义理中，成为必不可少的组成部分。说卦传在基本卦象和象征意义之外，还列举了大量的引申卦象，以乾为例，除了为天以外，还有为园、为君、为父、为王、为金、为寒、为冰、为大赤、为良马、为老马、为瘠马、为驳马、为木果等。这些派生的卦象，有些毫无理由，只是穿凿附会。连宋朝的朱熹也弄不明白。他在《原本周易本义》中说，此章“广八卦之象，其间多不可晓者，求之于经，亦不尽合也”。

②幽赞于神明而生蓍：受神明暗中赞助而生出蓍草。幽：隐、深、暗。赞：帮助。蓍：占筮所用的草。

③参天两地而倚数：以三的奇数为天，以两的偶数为地，确立卦爻之数。孙星衍《周易集解》说：“参，奇也。两，耦(偶)也。”“王肃曰：倚，立也。”李鼎祚《周易集解》说：“虞翻曰：倚，立。参，三也。谓分天象为三才，以地两之。立六画之数，故倚数也。”

④穷理尽性以至于命：穷尽理义和人的性情，以至于天命。孙星衍《周易集解》说：“命者，生之极。穷理则尽其极也。郑康成曰：言穷其义，尽人之情性，以至于命。”

⑤将以顺性命之理：将用以顺从自然的道理。孙星衍《周易集解》引虞翻曰：“谓乾道变化，各正性命，以阳顺性，以阴顺命。”

⑥是以立天之道曰阴与阳，立地之道曰柔与刚，立人之道曰仁与义：因此确立天的道，叫做阴与阳；确立地的道，叫做柔与刚；确立人的道，叫做仁与义。孙星衍《周易集解》：“在天成象，在地成形。阴阳者，言其气；刚柔者，言其形。变化始于气象而后成形。万物资始乎天，成形乎地，故天曰阴阳，地曰柔刚也。”

⑦分阴分阳，迭用柔刚，故《易》六位而成章：(六爻)分为阴爻，分为阳爻，交替运用柔和刚，

所以《易经》以六爻位而成文理。惠栋《周易述》:“阴阳,位也。柔刚,爻也。迭,递也。章,谓文理。乾三画成天文,坤三画成地理。”孙星衍《周易集解》:“六位,爻所处之位也。二四为阴,三五为阳,故曰分阴分阳。六爻升降,或柔或刚,故曰迭用柔刚也。”

【译文】

从前圣人创作《易经》时,受神明暗中赞助而产生了蓍草。以三的奇数为天,以两的偶数为地,确立卦爻之数。观察万物的阴阳变化而确立阴卦、阳卦,发挥万物的刚柔而创设刚爻和柔爻,应和顺从于道德而显示义理,深入探讨,穷尽理义和人的性情,以至于天命。从前圣人创作《易经》,将用以顺从自然的道理,因此确立天的道,叫做阴与阳;确立地的道,叫做柔与刚;确立人的道,叫做仁与义。兼天地人三才而两相重复,所以,《易经》六爻而成一卦。(六爻)分为阴爻,分为阳爻,交替运用柔和刚,故而《易经》以六爻位而成文理。

(以上为第一章。说明圣人取象于天道、地道、人道而创作《易经》,分析了《易经》和卦爻及义理的关系。)

天地定位,山泽通气[①],雷风相薄,水火不相射[②],八卦相错。数往者顺,知来者逆,是故《易》逆数也[③]。雷以动之,风以散之,雨以润之,日以烜[④]之,艮以止之,兑以说[⑤]之,乾以君之,坤以藏之[⑥]。帝出乎震[⑦],齐乎巽,相见乎离,致役乎坤[⑧],说[⑨]言[⑩]乎兑,战乎乾[⑪],劳乎坎,成言乎艮。万物出乎震。震,东方也[⑫]。齐乎巽。巽,东南也。齐也者,言万物之絜[⑬]齐也。离也者,明也,万物皆相见,南方之卦也。圣人南面而听天下,向明而治,盖取诸此也。坤也者,地也,万物皆致养焉,故曰:致役乎坤。兑,正秋也,万物之所说也,故曰:说言乎兑。战乎乾,乾,西北之卦也,言阴阳相薄也。坎者,水也,正北方之卦也,劳卦也[⑭],万物之所归也,故曰:劳乎坎。艮,东北之卦也,万物之所成终而成始也,故曰:成言乎艮。神也者,妙万物而为言者也[⑮]。动万物者莫疾乎雷[⑯],挠万物者莫疾乎风[⑰],燥万物者莫熯乎火[⑱],说万物者莫说乎泽,润万物者莫润乎水,终万物始万物者莫盛乎艮。故水火相逮[⑲],雷风不相悖[⑳],山泽通气,然后能变化,既成万物也。

【注释】

①天地定位,山泽通气:天与地位置确定,山与泽同气相通。李鼎祚《周易集解》说:天地定位“谓乾坤五贵三贱,故定位也”。山泽通气“谓艮、兑同气相求,故通气”。

②雷风相薄,水火不相射:雷和风相逼近,水和火不厌而相通。毛奇龄《仲氏易》:“薄,迫也,近也。”“射者,相对发也。”孙星衍《周易集解》:水火不相射“谓坎、离。射,厌也。水火相通。”

③数往者顺,知来者逆,是故《易》逆数也:计数以往的,是顺时;预知未来的,是逆时。因此,《易经》是逆时计数。计数以往,是由远及近,如公元前 3 世纪、公元前 2 世纪、公元前 1 世纪、公元 1 世纪、公元 2 世纪;如宋、元、明、清,这是顺。知来者,是由近及远,如 1991 年、1992 年、1993 年等,这是逆数。《说卦传》认为《易经》是逆数。其六爻位是由下往上逆数的。孙星衍《周易集解》说:“《易》八卦相错,变化理备。于往,则顺而知之。于来,则逆而数

之。""作《易》以逆观来事,以前民用。"

④烜(xuān宣):晒干。

⑤说:同"悦"。

⑥坤以藏之:坤用以包藏万物。孙星衍《周易集解》:"坤在乾下,包藏万物也。"

⑦帝出乎震:天帝(即阳)用雷震使万物生长。来知德《周易集注》说:"帝者,阳也。阳为君,故称帝。乾以君之,乃其证也。且言帝,则有主宰之意,故不言阳而言帝。孔子下文,不言帝,止言万物者,亦恐人疑之也。"

⑧致役乎坤:役使坤(地)养育万物。来知德《周易集注》:"致者,委也。坤乃顺承天,故为阳所委役。"

⑨说:同"悦"。

⑩言:此言字与下文"成言"的言,都是语助词,作焉讲。

⑪战乎乾:万物在乾的方位上阴阳相搏斗。来知德《周易集注》:"曰战乎乾者,非与乾战也。阳与阴战于乾之方也。"朱震《汉上易传》解作:"战乎乾,言阴阳相薄而乾胜也。"均可参阅。

⑫万物出乎震。震,东方也:万物出于雷震。震,是东方。《说卦传》将八卦与季节和方位相配。配四时,配八方。古代历法一年约三百六十天,分为八,各四十五日。震为正东,为正春。巽为东南,为春末夏初。离为正南,为正夏。坤为西南,为夏末秋初。兑为正西,为正秋。乾为西北,为秋末冬初。坎为正北,为正冬。艮为东北,为冬末春初。

⑬絜:同洁。

⑭坎者,水也,正北方之卦也,劳卦也:坎是水,是正北方的卦,是劳卦。朱震《汉上易传》:"坎,劳卦也。水性劳而不倦,万物之所归也。"

⑮神也者,妙万物而为言者也:神,是说万物生长变化极为神妙。朱震《汉上易传》:"郑康成曰:共成万物,物不可得而分,故合谓之神。"孙星衍《周易集解》:"于此言神者,明八卦运动、变化推移,莫有使之然者,神则无物,妙万物而为言也。明则雷疾风行,火炎水润,莫不自然相与而为变化,故能万物既成。"

⑯动万物者莫疾乎雷:鼓动万物,没有比雷更迅猛的。孙星衍《周易集解》:"崔憬曰:谓春分之时,雷动则草木滋生,蛰虫发起,所动万物,莫急于此也。"

⑰挠万物者莫疾乎风:吹动万物,没有比风更迅速的。挠,弯曲,屈服。孙星衍《周易集解》:"言风能鼓挠万物。春则发散草木枝叶,秋则摧残草木枝条,莫急于风者也。"

⑱燥万物者,莫熯(hàn汗)乎火:干燥万物,没有比火更能烘烤的了。熯,以火烘干。孙星衍《周易集解》:"言火能干燥万物,不至润湿。于阳物之中,莫过乎火。"

⑲相逮:相及,达到。

⑳相悖(bèi背):相违背。

【译文】

天与地位置确定,山与泽同气相通,雷和风相逼近,水和火不厌而相通,八卦相互交错。计数以往的,是顺时;预知未来的,是逆时。因此,《易经》是逆时计数。雷得以震动万物,风得以吹散万物,雨得以滋润万物,日得以晒干万物。艮〔山〕得以止住万物,兑〔泽〕得以取悦万物,乾〔天〕得以主宰万物,坤〔地〕得以储藏万物。至春分,天帝〔即阳〕以震〔雷〕为主使万物生长;至立夏,以巽〔风〕为主,使万物洁齐;至夏至,以离〔日〕为主使万物彼此相见;至立秋,以坤〔地〕为主使万物得养;至秋分，以兑〔泽〕为主使万物成熟而喜悦；至立冬，以乾（天）为主使万物的阴阳二气搏斗，至冬至，以坎〔水〕为主使万物得以归藏；至立春，以艮〔山〕为主使万物成终成始。万物出于震〔雷〕，震是东方。在巽〔风〕中洁齐，巽是东南方。齐，是说万物的洁齐。离〔日〕，是明亮。万物都相见，是南方的卦。圣人面向南而听天下的事，向光明而治天下，大概是取这个意思。坤，是地。万物都得到养育，所以说："得养于坤〔地〕。兑，是正秋，万物因成熟而喜悦，所以说，悦于兑〔泽〕。搏斗于乾，乾是西北的卦，是说阴阳二气相通。坎，是水，是正北方的卦，是劳卦。为万物之所归藏，所以说：劳于坎。艮〔山〕，是东北的卦。万物得以成终成始，所以说：成于艮。神，是说万物生长变化极为神妙。鼓动万物，没有比雷更迅猛的；吹动万物，没有比风更迅速的；干燥万物，没有比火更能烘烤的；取悦万物，没有比泽更令其喜悦的；滋润万物，没有比水更能湿润的；使万物善终又起始，没有更胜过艮〔山〕的。所以，水与火相济，雷与风不违背，山与泽气相通，然后能发生变化，尽成万物。

（以上为第二章，是对八卦卦象的总论。从八卦的对立和统一入手，结合八卦配八方、配四时的特点，论述了八卦的主要象征意义。）

乾，健也。坤，顺也[①]。震，动也。巽，入也。坎，陷也[②]。离，丽也。艮，止也。兑，说也[③]。

乾为马，坤为牛，震为龙[④]，巽为鸡，坎为豕，离为雉[⑤]，艮为狗，兑为羊[⑥]。

乾为首，坤为腹，震为足，巽为股[⑦]，坎为耳，离为目，艮为手，兑为口[⑧]。

乾，天也，故称乎父。坤，地也，故称乎母。震一索而得男，故谓之长男[⑨]。巽一索而得女，故谓之长女。坎再索而得男，故谓之中男。离再索而得女，故谓之中女。艮三索而得男，故谓之少男。兑三索而得女，故谓之少女。

乾为天，[⑩]为圜，为君，为父，为玉，为金，为寒，为冰，为大赤，为良马，为老马，为瘠马，为驳马，为木果。

坤为地[⑪]，为母，为布，为釜，为吝啬，为均，为子母牛，为大舆，为文，为众，为柄，其于地也为黑。

震为雷[⑫]，为龙，为玄黄，为旉，为大途，为长子，为决躁，为苍筤竹，为萑苇。其于马也，为善鸣，为馵足，为作足，为的颡。其于稼也，为反生。其究为健，为蕃鲜。

巽为木[⑬]，为风，为长女，为绳直，为工，为白，为长，为高，为进退，为不果，为臭。其于人也，为寡发，为广颡，为多白眼，为近利市三倍，其究为躁卦。

坎为水[⑭]，为沟渎，为隐伏，为矫輮，为弓轮。其于人也，为加忧，为心病，为耳痛，为血卦，为赤。其于马也，为美脊，为亟心，为下首，为薄蹄，为曳。其于舆也，为多眚。为通、为月，为盗。其于木也，为坚多心。

离为火[⑮]，为日，为电，为中女，为甲胄，为戈兵。其于人也，为大腹。为乾卦，为鳖，为蟹，为蠃，为蚌，为龟。其于木也，为科上槁。

艮为山[⑯]，为径路，为小石，为门阙，为果蓏，为阍寺，为指，为狗，为鼠，为黔喙

之属。其于木也，为坚多节。

兑为泽[17]，为少女，为巫，为口舌，为毁折，为附决。其于地也，为刚卤。为妾，为羊。

【注释】

①乾，健也。坤，顺也：乾是刚健。地是柔顺。李鼎祚《周易集解》说："虞翻曰：精刚自胜，动行不休，故健也。""纯柔承天时行，故顺。"

②震，动也。巽，入也。坎，陷也：震是动。巽是入。坎是陷。震为雷，震动四方，所以是动。巽是风，无孔不入，所以是入。坎为水，物进则陷，故为陷。

③离，丽也。艮，止也。兑，说也：离是附丽。艮是静止。兑是喜悦。离为火，必附着于物才能燃烧，所以是附丽。艮为山，魏然不动，所以是止。兑为泽，鱼类生活于泽中，人畜野兽饮用泽中水，泽为万物所欢悦，所以兑是悦。

④乾为马，坤为牛，震为龙：乾是马，坤是牛，震是龙。乾为天，象征行健，所以是马。坤为地，象征牛的柔顺，所以是牛。震为雷，震动于天空，如同龙，所以是龙。李鼎祚《周易集解》说："孔颖达曰：乾象天行健，故为马"，"坤象地任重而顺，故为牛"，"震象龙动，故为龙"。

⑤巽为鸡，坎为豕，离为雉：巽是鸡，坎是猪，离是野鸡。巽为风，风吹而万物动，如同鸡鸣而人起，所以巽为鸡。坎为水，水成坑洼，坑洼为卑污之处。而猪喜玩水洼卑污之地。所以坎为猪。离为火，为文明之象，而野鸡羽毛鲜丽有文彩。所以离为野鸡。雉为野鸡。李鼎祚《周易集解》说："《九家易》曰：应八风也。风应节而变，变不失时。鸡时至而鸣，与风相应也。""《九家易》曰：(坎为豕)污辱卑下也。""孔颖达曰：离为文明，雉有文章，故离为雉。"

⑥艮为狗，兑为羊：艮是狗，兑是羊。艮为止，狗守家吠叫，能使人止步，所以艮是狗。兑为喜悦，羊柔顺，使人喜悦。所以兑为羊。来知德《周易集注》说："狗，止人之物。羊，悦群之物。"

⑦乾为首，坤为腹，震为足，巽为股：乾是头，坤是腹，震是脚，巽是大腿。乾为天，天在上，如同人的头在身体上部。所以乾为首。坤为地，地能含藏万物，如同腹能容纳食物。所以坤为腹。震为动，动用足。所以震为足。巽为木，股如同木杆。所以，巽为股。李鼎祚《周易集解》说："乾尊而在上故为首"。"坤能包藏含容，故为腹也。""震动用故为足。"

⑧坎为耳，离为目，艮为手，兑为口：坎是耳，离是眼，艮是手，兑是口。坎为水，水成坑洼，如耳为头上的坑洼。所以坎为耳。离为火，火为明，如目之明。所以，离为目。艮为山，山峰如指。所以艮为手。兑为泽，大地有泽，如人有口。所以，兑为口。

⑨震一索而得男，故谓之长男：一求为震卦而得男，所以称为长男。这一句与下文"巽一索而得女，故谓之长女。坎再索而得男，故谓之中男。离再索而得女，故谓之中女。艮三索而得男，故谓之少男。兑三索而得女，故谓之少女"，是讲通过变爻变卦，从乾卦和坤卦产生新卦形，及乾坤六子的产生。乾卦为三根阳爻，使它的第一根爻变为阴爻，即变为巽卦，因女性属阴，就叫做得女，因是第一爻变，就叫做长女。索，是求的意思，即求其爻变。因是第一次爻变，所以叫做一索。以下类推。乾卦第二根爻变为阴爻，即变为离卦，即离再索而得女，叫做中女。乾卦第三根爻变为阴爻，即变为兑卦，就是兑三索而得女，叫做少女。坤卦为三根阴爻，使它的第一根爻变为阳爻，即变动为震卦，因男性属阳，就叫做得男，因是第一爻变，就叫做一索得长男。坤卦第二根爻变为阳爻，即变为坎卦，就是坎再索而得男，叫做中男。坤卦第三根爻变为阳爻，即变为艮卦，就是三索而得男，叫做少男。这三男三女，叫

做乾坤六子。吴澄《易纂言》说:"万物资始于天,犹子之气始于父也。万物资生于地,犹子之形生于母也。故乾称父、坤称母。索,求而取之也。坤交于乾,求取乾之初画、中画、上画,而得长、中、少三男。乾交于坤,求取坤之初画、中画、上画,而得长、中、少三女。一索谓交初,再索谓交中,三索谓交上。以索之先后,为长、中、少三次也。此以人家之八属拟八卦也。"

⑩"乾为天"句:乾比为天。天是圆的,又比为园。乾属阳性,故比为君、父。天清明而刚、故比为金、玉。乾主立冬至冬至,故比为寒、冰。大赤为纯阳之色,故乾比为大赤。乾为健,马亦健,故比为马。乾道变化,又比为各种有变化的马。天上群星,犹如树上有果实,故比为木果。瘠马,瘦马。驳马,毛色斑驳的马。

⑪"坤为地"句:坤比为地。坤属阴性,故比为母。大地遍布万物,故比为布。大地能使万物生长成熟,如同釜可煮物使熟,故比为釜。大地生万物而不能移动,似吝啬,所以比为吝啬。大地生养万物而无不载之,所以比为均。大地能生育万物,如同母牛生小牛。所以比为子母牛。大地能载物,如同车能装载。所以比为大舆。万物相杂而成文彩,所以比为文。地上有民众,又三根阴爻组成,所以比为众。大地为生物的根本,所以比为柄。大地有土,土主要为黑色。又坤为阴,阴色黑,所以又比为黑。毛奇龄《仲氏易》说:"布者,播也。釜者,孔氏曰:化生成熟也。吝啬者,受而不施也。均者,土均匀也。子母牛者,孳牛也。《九家易》曰:万物相杂,故曰文。柄者,生物之根。黑,阴氏。"

⑫"震为雷"句:震动如雷,故比为雷。雷震动于空中如龙飞于空中,故比为龙。李鼎祚《周易集解》龙作駹(máng 忙),駹为青色的马。天玄地黄,代表天地的颜色。雷,震动天地万物。所以,比作玄黄。旉(fū 敷),同"敷",为布、施之意。春雷震动,草木敷布而生长,所以比作旉。春雷震动,万物出生,如同大路,所以比作大途。震一索而得男,所以比作长子。雷震急速刚动,所以比作决躁。苍筤(láng 狼)竹,是青色的竹子。震配青色,苍筤竹也是青色。所以比为苍筤竹。萑(huán 还)苇,芦类植物。丛生蔓衍相连,如同打雷时电闪蜿蜒。所以,比为萑苇。雷鸣,马亦嘶鸣,所以比作几种马的善鸣。馵(zhù 注)足,后左足白色的马。作足,动作矫健的马。的颡,白额的马。春雷震动,稼禾生而反出,所以比为反生。震为正春,草木茂盛。所以比为蕃鲜。

⑬"巽为木"句:巽卦卦画两根阳爻在上,一根阴爻在下,安静得如同木头。所以比为木。巽是坤产生的,风是土的气产生的。所以比为风。巽一索而得女,所以比为长女。二阳爻端正一根阴爻,如同绳一样直,所以比为绳。以绳加工木头,是木工。所以比为工。风吹去尘使物洁白。所以比为白。树木生长不断增高。所以比为长、为高。风吹有进有退,所以比为进退。风吹或东或西,方向不定。所以比为不果。臭是气味,风吹知气味。所以比为臭。头发属血,阴性。阴爻在下,血不往上走,所以头发少。因此比为寡发。广颡,既宽额。两根阳爻在上,阳气盛。所以比为广颡。眼白为阳,眼黑为阴,两根阳爻在上。所以比为多白眼。巽为木,木工市场之利可近三倍。所以比为近利市三倍。巽为风,风吹动不止。所以比为躁动。

⑭"坎为水"句:水内明亮。坎卦卦画一根阳爻在中间,两根阴爻在两边。是内明亮似水。所以比为水。水流成沟渎,所以比为沟渎。阳爻藏在阴爻中间,所以比为隐伏。水流有曲直,所以比为矫輮。弓和轮都是矫輮加工而成,所以比为弓轮。阳爻陷于阴爻包围中,危虑深而增加忧虑,所以比为加忧。心和耳都中间虚空,现阳爻在中,故心病耳痛。所以,比为心病、耳痛。水在天地为水;在人身为血。血,赤色。所以为血卦,比为赤。阳爻在中间,像

马脊。所以比为美脊之马。亟心，中心。阳爻在中，所以比为亟心。阴爻在上，是柔在上，马头低而不昂。阴爻在下，是柔在下，马蹄薄而不厚。所以比为下首，比为薄蹄。水上可牵曳运物，所以比为曳。眚（shěng 省），疾苦，破败。阳爻陷于上下两阴爻的包围中，险陷而多阻，如同车辆（舆）陷于困境。所以比为舆也，为多眚。水流动可通，所以比为通。月光如水，所以比为月。水总是悄悄地流，如同盗窃，所以比为盗。阳爻在中间，是中心刚而实，所以比为木坚多心。

⑮“离为火”句：离卦卦画，中间为阴爻，外为两根阳爻。像火之外照，所以比为火。像外有光，所以比为日。火光明似电，所以比为电。离再索得女，所以比为中女。阳爻在外则外刚，所以比为甲胄，比为戈兵。阴爻在内则内柔，象腹，所以比为大腹。火和日可烤干东西，所以说是乾卦。因外刚内柔，如同鳖、蟹等，所以比为鳖，比为蟹，比为蠃，比为蚌，比为龟。阴爻在中，是中虚，而日、火炎热，而树木必枯槁。科，有作折，有借为棵。所以比为科上槁。

⑯“艮为山”句：艮卦卦画一根阳爻在上，两根阴爻在下。阴为土，阳为木。土积于下，木生于上，为山之象。所以比为山。山中有径路，所以比为径路。山中有小石，所以比为小石。两小山，象门象阙。所以比为门阙。果蓏（luǒ 洛），木本植物结实为果，草本植物结实为蓏。山中多产果蓏，所以比为果蓏。守门的叫阍人，守巷的叫寺人。都是禁止人们妄入。艮为止，所以比为阍寺。山峰如指，所以比为指。狗看门，禁止人入内。艮为止，所以比作狗。李鼎祚《周易集解》“狗”作“拘”。山中有鼠，所以比为鼠。黔为黑。喙为兽口。黔喙之属是豺狼之类的动物，居于山中。所以比为黔喙之属。阳爻在上，故坚。枝在上多节。所以比为木坚多节。

⑰“兑为泽”句：兑卦一根阴爻在上。阴在上令下湿为泽，所以比为泽。兑三索得女，所以比为少女。兑为女，为口，女巫依恃口取食得利，所以比为巫。兑为口，所以比为口舌。兑为泽，泽中水振荡，冲决堤岸，所以比为毁折，比为附决。泽水久滞形成碱，碱地不长庄稼，故为刚卤。所以比为刚卤。泽位低下，如同妾卑贱，所以比为妾。羊柔顺，使人喜悦。泽安于卑下，使人喜悦。所以比为羊。

【译文】

乾是刚健。坤是柔顺。震是动。巽是入。坎是陷落。丽是附丽。艮是静止。兑是喜悦。

乾为马。坤为牛。震为龙。巽为鸡。坎为猪。离为野鸡。艮为狗。兑为羊。

乾为头。坤为腹。震为脚。巽为大腿。坎为耳。离为眼。艮为手。兑为口。

乾是天，所以称为父。坤是地，所以称为母。一求为震卦而得男，所以称为长男。一求为巽卦而得女，所以称为长女。二求为坎卦而得男，所以称为中男。二求为离卦而得女，所以称为中女。三求为艮卦而得男，所以称为少男。三求为兑卦而得女。所以称为少女。

乾为天，为园，为君，为父，为玉，为金，为寒，为冰，为大赤，为良马，为老马，为瘦马，为杂色马，为树果。

坤为地，为母，为布，为釜，为吝啬，为平均，为小牛母牛，为大车，为文彩，为众多，为持柄，它在地为黑色。

震为雷，为龙，为玄黄色，为敷，为大路，为长子，为急躁，为青色竹，为芦苇。它

在马，为善鸣，为后左足白色马，为动作矫健马，为白额马。它在庄稼为返生。它终究为健，为茂盛新鲜。

巽为木，为风，为长女，为绳子直，为工，为白，为生长，为增高，为进退，为不果决，为臭味。它对于人，为少头发，为宽额，为白眼多，为三倍利市。它终究为躁动的卦。

坎为水，为沟渎，为隐伏，为矫輮，为弓和车轮。它对于人，为增加忧虑，为心头病，为耳朵痛，为血的卦，为赤色。它对于马，为美脊梁，为中心，为低头，为马蹄薄，为牵曳。它对于车，为多险阻。为通，为月，为盗。它对于木，为坚而多内心。

离为火，为日，为电，为中女，为盔甲，为戈等兵器。它对于人，为大腹，为乾卦，为鳖，为蟹，为螺，为蚌，为龟。它对于木，为折了上部枯槁。

艮为山，为小路，为小石，为阙门，为瓜果，为看门守巷人，为指，为狗，为鼠，为黑嘴兽之类。它对于木，为坚硬多节。

兑为泽，为少女，为巫，为口舌，为摧折毁坏，为溃决。它对于地，为硬碱地，为妾，为羊。

（以上为第三章。叙述了八卦卦象。列举了八卦所象征的事、动物、人体部位和器官、父母子女家庭成员。又分别单独列举了乾、坤、震、巽、坎、离、艮、兑各卦各自象征的事物。象征的事物丰富多彩，光怪陆离，代表了天地宇宙万事万物，表现了八卦的丰富内涵。象征事物中，乾为天，坤为地，震为雷，巽为风、坎为水、离为火、艮为山，兑为泽，为基本卦象，能够言之有理，在六十四卦中有广泛的应用。其余的为引申卦象，多为牵强附会之说。在六十四卦中也极少应用。没有什么实际意义。）

序卦传[①]

有天地，然后万物生焉。盈天地之间者唯万物，故受[②]之以屯。屯者，盈也。屯者，物之始生也。物生必蒙[③]，故受之以蒙。蒙者，蒙也，物之稚[④]也。物稚不可不养也，故受之以需。需者，饮食之道也。饮食必有讼[⑤]，故受之以讼。讼必有众起，故受之以师。师者，众也。众必有所比[⑥]，故受之以比。比者，比也。比必有所畜[⑦]，故受之以小畜。物畜然后有礼，故受之以履。履者，礼也[⑧]。履而泰然后安，故受之以泰。泰者，通也。物不可以终通，故受之以否。物不可以终否，故受之以同人。与人同者，物必归焉，故受之以大有。有大者不可以盈，故受之以谦。有大而能谦必豫，故受之以豫。豫必有随，故受之以随。以喜随人者必有事，故受之以蛊。蛊者，事也。有事而后可大，故受之以临。临者，大也。物大然后可观，故受之以观。可观而后有所合，故受之以噬嗑。嗑者，合也。物不可以苟合而已，故受之以贲。贲者，饰也。致饰然后亨[⑨]则尽矣，故受之以剥。剥者，剥也。物不可以终尽剥，穷上反下，故受之以复。复则不妄矣，故受之以无妄。有无妄，物然后可畜，故受之以大畜。物畜然后可养，故受之以颐。颐者，养也。不养则不可动，故受之以大过。物不可以终过，故受之以坎。坎者，陷也。陷必有所丽，故受之以离。离者，丽也。

【注释】

①序卦传：序指排列顺序。本文解释论述《易经》六十四卦的顺序，揭示各卦相承的意义。这种相承，有相反相因之序，有好事坏事之变。乾为天，坤为地。有天地而后生万物。万物充满天地间，所以用屯卦继续它。屯是万物生长的开始。万物生长，必有蒙昧时期，所以用蒙卦继续它。蒙昧是幼稚，幼稚需养育，所以用需卦继续它。这里，乾卦、坤卦、屯卦、蒙卦、需卦等，就是相因为序。泰卦是通，但事物不能总是通，所以用否卦继续它。事物也不能总是否，所以用同人卦继续它。这泰卦、否卦、同人卦等，就是相反为序。从人事的角度看，序卦传的顺序，有从好事变坏，如泰卦，是通泰，是好。变为否卦，否是闭塞，是不好。晋卦，是前进，是好。变为明夷卦，是光明殒伤，是不好。也有从坏事变好的，如遁卦，是不得已而隐遁，不是好事。变为大壮卦，大壮是强盛，是好事。损卦是减损，是不好。变为益卦，益是增益，是好事。《序卦传》反映的各卦之间相因相反的关系和好事坏事互相转换的变化，具有朴素的辩证观点。

②受：继续。《广雅·释诂》："受，继也。"

③蒙：蒙昧。

④稚：幼稚。

⑤讼：争讼。因争夺饮食而发生争讼。

⑥比：亲比，亲附。

⑦畜：积蓄。

⑧履者，礼也：吴澄《易纂言》有此句。朱熹《原本周易本义》等版本无此句。毛奇龄《仲氏易》在此句上面注道："吴澄云，此下宜有'履者，礼也'四字，今韩注有之，而王弼略例引此四字。当是后人误以正文书作注字者。"

⑨亨：华美。

【译文】

有了天地，然后，万物才产生。充满天地之间的，只有万物，所以用屯继续它。屯，是充满。屯，是万物生长的开始。万物生长必有蒙昧，所以用蒙继续它。蒙，是蒙昧，是万物的幼稚时期。万物幼稚不可不养育，所以以需来继续它。需，是饮食之道。为了饮食必有争执诉讼，所以以讼来继续它。争讼必有众人奋起，所以以师来继续它。师，是众人，有众人必有亲附，所以以比来继续它。比，是亲比。亲比必有积蓄，所以以小畜来继续它。物积蓄了然后有礼让，所以以履来继续它。履是礼让。履行而安泰然后可平安，所以以泰来继续它。泰是通畅。事物不能总是通畅，所以以否来继续它。事物不能总是阻塞不通，所以以同人来继续它。善与人同，物必归附，所以以大有来继续它。有大的不能满盈，所以以谦来继续它。有大的而又能够谦虚必定安乐，所以以豫来继续它。安乐必定有人追随，所以以随来继续它。以欣喜追随人的必定有事，所以以蛊继续它。蛊，是事。有事而后可以光大，所以以临来继续它。临，是大。事物光大然后可观，所以以观来继续它。可观而后有所配合，所以以噬嗑来继续它。嗑，是合。事物不可以苟合就算完了，所以以贲来继续它。贲，是文饰。致尽文饰，然后华美丧失完了。所以以剥继续它。剥，是剥落。物体不能总是剥落，上面穷尽回到下面，所以以复继续它。回复就不谬妄了，所以以无妄继续它。有了无妄，然后物体可以积蓄，所以以大畜来继续它。万物积蓄了，然后可以养育，所以以颐来继续它。颐，是养育。不养育就不能活动，所以以大过来继续它。事物不能总是过分，所以以坎来继续它。坎，是陷落。陷落了必会有依托，所以以丽来继续它。丽，是附丽。

（以上为第一章。解说了上经三十卦的顺序。）

有天地然后有万物，有万物然后有男女，有男女然后有夫妇①，有夫妇然后有父子，有父子然后有君臣，有君臣然后有上下，有上下然后礼义有所错②。夫妇之道不可以不久也，故受之以恒。恒者，久也。物不可以久居其所，故受之以遁。遁者，退也。物不可以终遁，故受之以大壮。物不可以终壮，故受之以晋。晋者，进也。进必有所伤，故受之以明夷。夷者，伤也。伤于外者必反于家③，故受之以家人。家道穷必乖，故受之以睽。睽者，乖也。乖必有难，故受之以蹇。蹇者，难也。物不可以终难，故受之以解。解者，缓也。缓必有所失，故受之以损。损而不已必益，故受之以益。益而不已必决[4]，故受之以夬。夬者，决也。决必有遇，故受之以姤。姤者，遇也。物相遇而后聚，故受之以萃。萃者，聚也。聚而上者谓之升，故受之以升。升而不已必困，故受之以困。困乎上者必反下，故受之以井。井道不可不革[5]，故受之以革。革物者莫若鼎[6]，故受之以鼎。主器[7]者莫若长子，故受之以震。震者，动也。物不可以终动[8]，止之，故受之以艮。艮者，止也。物不可以终止，故受之以渐。渐者，进也。进必有所归，故受之以归妹。得其所归者必大[9]，故受之以丰。丰者，大也。穷大者必失其居[10]，故受之以旅。旅而无所容，故受之以巽。巽者，入也。入而后悦之[11]，故受之以兑。兑者，说也。说而后散之[12]，故受之以涣。涣者，离也。物不可以终离，故受之以节。节而信之，故受之以中孚[13]。有其信者必行之，故受之以小过[14]。有过物者必济，故受之以既济[15]。物不可穷也，故受之以未济，终焉[16]。

【注释】

①有男女然后有夫妇：下经从咸卦开始。咸卦艮下兑上，艮为少男，兑为少女。男在女下，为男下女，男到女家迎娶。指男女结为夫妇。此处即指《咸》卦。

②错：置。

③伤于外者必反于家：孙星衍《周易集解》："伤于外，必反修诸内。"

④益而不已必决：孙星衍《周易集解》："益而不已则盈，故必决也。"

⑤井道不可不革：井有淤积，所以用久必须淘。孙星衍《周易集解》："井久则浊秽，宜革易其故。"

⑥革物者莫若鼎：鼎能煮熟食物，亦即变革食物。所以说革物者莫若鼎；朱震《汉上易传》："鼎之革物，以水济火而熟之。"

⑦主器：主宗庙之器。

⑧物不可以终动：毛奇龄《仲氏易》注："李鼎祚本，此下有'动必'二字。"

⑨得其所归者必大：得到归附的，必能壮大。来知德《周易集注》："细流归于江海，则江海大；万民归于帝王，则帝王大；至善归于圣贤，则圣贤大。"

⑩穷大者必失其居：大而穷必丧失立足之地。来知德《周易集注》："穷大而骄奢无度，则必亡国败家，而失其所居之位矣。唐明皇、宋徽宗是也。"朱震《汉上易传》："已大矣而又穷之，必至于无所寄托而失其所居之常。"

⑪入而后悦之：进入而后喜悦。来知德《周易集注》："人情相拒则怒，相入则悦，入而后悦之，故继之以《兑》。"

⑫说而后散之：喜悦而后舒散。来知德《周易集注》："人之气忧则郁结，悦则舒散。"

⑬节而信之，故受之以中孚：有节制而信从，所以以中孚来继续它。来知德《周易集注》："节，所以止离也。节者，制之于外；孚者。信之于中。节得其道而上能信守之，则下亦以信从之矣。所谓节而信之也。故受之以中孚。"

⑭有其信者必行之，故受之以小过：自己有信心一定要决然推行（难免有小错），所以以小过来继续它。来知德《周易集注》："有者自恃其信而居其有也。必者不加详审而必于其行也。

事当随时制宜。若自有其信而必行之，则小有过矣。故受之以小过。”

⑮有过物者必济，故受之以既济：对事物有过头才必能成功，所以以《既济》继续它。朱震《汉上易传》说：“物各有量，不过则不能相济。”李鼎祚《周易集解》说：“韩康伯曰：行过乎恭，礼过乎俭，可以矫世励俗，有所济也。”

⑯物不可穷也，故受之以未济，终焉：事物不可穷尽，所以以未济继续它。终结。来知德《周易集注》说：“然物无终穷之理，故受之以《未济》终焉。物不可穷，乃一部《易经》之本旨。故曰：物不可以终通以至终离，言物不可者十一，皆此意也。”

【译文】

有天地然后有万物，有万物然后有男女，有男女然后有夫妇，有夫妇然后有父子，有父子然后有君臣，有君臣然后有上下，有上下然后礼义有所实施。夫妇之道不能不长久，所以以恒来继续它。恒，是长久。事物不能长久地停留在它的处所，所以以遁来继续它。遁，是隐退。事物不能总是隐退，所以以大壮来继续它。事物不能总是壮，所以以晋来继续它。晋，是前进。前进必然会有损伤，所以以明夷来继续它。夷是伤。在外受伤，必定要返还家。所以以家人来继续它。家道穷困必定乖违，所以以睽来继续它。睽，是乖违。乖违必定有困难，所以以蹇来继续它。蹇，是困难。事物不能总是困难，所以以解来继续它。解，是缓和。缓和必定会有损失，所以以损来继续它。损失不停必定要转而得益，所以以益来继续它。增益不停必定盈而决，所以以夬来继续它。夬，是溃决。溃决必能遇到解救，所以以姤来继续它。姤，是遇。事物相遇以后聚集，所以以萃来继续它。萃，是聚集。聚集而上叫做升，所以以升来继续它。不停地上升必然有困难，所以以困来继续它。困在上面必定要反回下面，所以以井来继续它。用井的道理不能不改革，所以以革来继续它。变革事物没有比得上鼎的，所以以鼎来继续它。主管鼎这种器物，没有比长子更适合的，所以以震来继续它。震，是动。事物不能总是动，要使它静止。所以以艮来继续它。艮是静止。事物不能总是静止，所以以渐来继续它。渐是渐进，进必定要有归宿，所以以归妹来继续它。得到归宿的必定可以壮大，所以以丰来继续它。丰，是大。大而穷，必丧失立足之地，所以以旅来继续它。旅游在外而无所容身，所以以巽来继续它。巽，是进入。进入而后喜悦，所以以兑来继续它。兑，是喜悦。喜悦而后舒散，所以以涣来继续它。涣，是离散。事物不能总是离散，所以以节来继续它。有节制而信从，所以以中孚来继续它。自己有信心，一定要决然推行，所以以小过来继续它。对事物有过头才必定成功，所以以既济来继续它。事物不可穷尽，所以以未济来继续它。到此终结。

（以上为第二章。解说了下经三十四卦的顺序。）

杂卦传①

乾刚坤柔②。比乐师忧③。临、观之义，或与或求④。屯见而不失其居。蒙杂而著⑤。震，起也。艮，止也。损、益，盛衰之始也。大畜，时也。无妄，灾也⑥。萃聚而升不来也⑦。谦轻而豫怠也⑧。噬嗑，食也。贲，无色也⑨。兑见而巽伏也⑩。随，无故也。蛊则饬也⑪。剥，烂也。复，反也。晋，昼也。明夷，诛也⑫。井通而困相遇也⑬。咸，速也⑭。恒，久也。涣，离也。节，止也⑮。解，缓也。蹇，难也。睽，外也。家人，内也⑯。否、泰，反其类也。大壮则止，遁则退也⑰。大有，众也。同人，亲也⑱。革，去故也。鼎，取新也⑲。小过，过也。中孚，信也。丰，多故也。亲寡，旅也⑳。离上而坎下也㉑。小畜，寡也。履，不处也㉒。需，不进也。讼，不亲也㉓。大过，颠也㉔。姤，遇也，柔遇刚也。渐，女归待男行也㉕。颐，养正也㉖。既济，定也㉗。归妹，女之终也㉘。未济，男之穷也㉙。夬，决也，刚决柔也㉚。君子道长，小人道忧也㉛。

【注释】

①杂卦传：毛奇龄《仲氏易》："杂者，错也。"杂卦传，是将六十四卦原来的顺序打乱，重新排列。每两卦对举，以精炼提要的词语概括卦旨。卦形或错或综。错是六爻相互交变；综是卦体相互倒置，也叫"反对"。卦义多成相反。吉凶祸福动静刚柔多相对。通过卦义相反和卦形错综，使卦旨对比、衬托、补充，而更加鲜明和深刻。李鼎祚《周易集解》说："韩康伯曰：杂卦者，杂糅众卦，错综其义，或以同相类，或以异相明矣。"朱震《汉上易传》也说："杂卦传以刚柔升降，反复取义。又杂糅众卦，以畅无穷之用。"

②乾刚坤柔：李鼎祚《周易集解》："虞翻曰：乾刚金坚，故刚；坤阴和顺，故柔也。"

③比乐师忧——亲比则快乐，出师动众扰众则忧虑。孙星衍《周易集解》："亲比则乐，动众则忧。"

④临、观之义，或与或求：临民施政，所以为施与；观民求民情，所以为求取。李鼎祚《周易集解》："荀爽曰：临者，教思无穷，故为与；观者，观民设教，故为求也。"

⑤屯见而不失其居，蒙杂而著：屯卦的阳爻出现而不失其所居位置；蒙卦的一根阳爻杂处于阴爻之中，另一阳爻光明显著。吴澄《易纂言》说："屯、蒙，皆二阳之卦。屯九五(爻)见于上卦二阴之中，而为主。其下一阳(爻)则动于坎险之内，而固守。故曰：不失其居。蒙九二(爻)杂于下卦二阴之中，而为主。其上一阳(爻)则止于坎险之外而光明，故曰著。"

⑥大畜,时也。无妄,灾也:大畜要因时。无妄,妄,成灾。孙星衍《周易集解》说:“因时而畜,故能大也。无妄之世,妄则灾也。”

⑦萃聚而升不来也:萃卦三根阴爻相聚,而升卦三根阴爻升于上而不降。吴澄《易纂言》说:“萃以观之四往上为主,而同类之三阴聚于下。升以临之三来初为主,而同类之三阴升于上。升上为往,降下为来。不来,谓升而不降也。”

⑧谦轻而豫怠也:谦虚心而自轻,豫自满而懈怠。

⑨贲,无色也:贲,是“文饰”的意思。诸色相合才是文饰,所以无定色。孙星衍《周易集解》说:“饰贵合众,无定色也。”

⑩兑见而巽伏也:兑喜悦显现而巽谦逊隐伏。朱震《汉上易传》说:“阴随阳升,说而见乎外,故曰兑见也。阳随阴降,巽而伏乎内,故曰巽伏也。”

⑪随,无故也。蛊则饬也:随是随时制宜,不拘泥于旧规。蛊是办坏了事,则加以整治。朱震《汉上易传》:“随,随时也。”“蛊,坏也。”陆德明《经典释文》:“蛊音古。事也,惑也,乱也。”朱熹《原本周易本义》说:“随前无故,蛊后当饬。”孙星衍《周易集解》说:“随时之宜,不系于故也。随时有事,受之以蛊。饬,整治也。蛊,所以整治其事也。”

⑫晋,昼也。明夷,诛也:晋卦:坤下离上。坤为地;离为火,为日。日在地上,升至天空,一片光明,是为白昼。明夷卦:离下坤上。是日在下,地在上。是日受伤的表现。诛,是伤。所以,孙星衍《周易集解》说:“诛,伤也。离日在上,故昼也。明入地中,故诛也。”

⑬井通而困相遇也:井卦是通达而困卦是安于所遇。孙星衍《周易集解》说:“井,物所通用而不吝也。困,安于所遇,而不滥也。”

⑭咸,速也:咸训感。感动,在人是心理活动,是极快的,所以是速。孙星衍《周易集解》说:“相感者,不行而至,故速也。”“物之相应,莫速乎咸(感)。”

⑮涣,离也。节,止也:涣散。所以分离。节制,才能制止。孙星衍《周易集解》说:“涣散故离,节制数度故止。”

⑯睽,外也。家人,内也:睽卦:兑下离上。离为中女,在上。“女正位乎内”,现中女在上,不是正位,所以为外。家人卦:离下巽上。离为中女,在下,在内,为正位。李鼎祚《周易集解》说:“离,女在上,故外也。家人,女正位乎内,故内者也。”

⑰大壮则止,遁则退也:大壮卦《彖》曰:“大壮利贞,大者正也。”大者正,则小人的活动无市场,只得停止。而小人如果得势,则君子被迫退隐。所以孙星衍《周易集解》说:“大正,则小人止;小人亨,则君子退。”

⑱大有,众也。同人,亲也:大有卦卦画为☲,有五根阳爻,一根阴爻,是五阳并应阴爻,所以是众。同人卦:离下乾上。离为中女,乾为刚健,为天,为父,比为男。所以同人卦可比为夫妻二人,很是亲密。所以李鼎祚《周易集解》说:“五阳并应,故众也。夫妇同心,故亲也。”

⑲革,去故也。鼎,取新也:革,本为皮革,用旧、用坏了,要改用新的,丢弃旧的,这叫去故。鼎可以烹饪。烹饪要取新鲜食物加工,所以是取新。李鼎祚《周易集解》:“革,更故去。鼎,烹饪,故取新也。”

⑳丰,多故也。亲寡,旅也:丰卦,多故友。旅卦,少亲人。来知德《周易集注》说:“此以综言,旅下卦之艮,即丰上卦之震(的倒置)。人处丰盛,故多故旧。人在穷途,故寡亲识。”高亨《周易大传今注》认为:“‘亲寡旅’,当作‘旅,寡亲’。”

㉑离上而坎下也:离为火,坎为水。火势向上,水势流下。所以李鼎祚《周易集解》说:“韩康伯曰:火炎上水润下也。”

㉒小畜，寡也。履，不处也：小畜卦：有五根阳爻，而只有一根阴爻，是所蓄有的阴爻太少，为寡。履卦：六三为阴爻，履（踩）着两根阳爻（初九、九二），是所处不当，故不处为善。朱震《汉上易传》说："小畜五阳而畜一阴，所畜者寡。故曰：小畜，寡也。履一柔而履二刚，不处为善，故曰：履不处也。"朱熹《原本周易本义》解作"不处，行进之意"。即不处是不停步，是继续行进，也就是履，履是行走。亦通。

㉓需，不进也。讼，不亲也：需卦为"等待"的意思，所以是不进。又需卦卦象为乾下坎上，坎为水，为险。险在上，在前，所以不进。《讼》卦为争讼、斗争之义，自然不亲近。又讼卦卦象为坎下乾上，坎为水，乾为天，水冲击天，也是不亲近。李鼎祚《周易集解》说："险在前也，故不进。天水违行，故不亲也。"

㉔大过，颠也：大过卦卦象为巽下兑上，巽为木，兑为泽。是泽中大水压在木上，木被压倒而颠。李鼎祚《周易集解》说："颠，殒也。顶载泽中，故颠也。"自此句以下错乱不顺。朱熹《原本周易本义》说："自遘（姤）以下卦不反对，或疑其错简，今以韵协之，又似非误，未详何义。"朱震《汉上易传》说："自'大过，颠也'而下，简册错乱。当曰：颐，养正也。大过，颠也。遘，遇也。遘，当作'姤'，柔遇刚也。夬，决也。刚决柔也。君子道长，小人道忧也。渐，女归待男行也。归妹，女之终也。既济，定也。未济，男之穷也。"来知德《周易集注》从此句以下，改动句子的排列顺序为："大过，颠也。颐，养正也。既济，定也。未济，男之穷也。归妹，女之终也。渐，女归待男行也。姤，遇也。柔遇刚也。夬，决也。刚决柔也。君子道长，小人道消也。"

㉕渐，女归待男行也：渐，由渐进，徐行不速。是女子出嫁等待男方迎娶方行。

㉖颐，养正也：颐，是养的意思。又颐卦卦画为䷚，是一根阳爻在上，而养四根阴爻。上养下为正。朱震《汉上易传》说："颐，一阳在上，而养四阴，正也。"

㉗既济，定也：既，已经。济，成功。《吕氏春秋》高诱注："定犹成也。"既济卦的六爻䷾各当其位，所以能定，能成功。李鼎祚《周易集解》："济成六爻得位，定也。"

㉘归妹，女之终也：归妹，是嫁出少女。是女子得到归宿。李鼎祚《周易集解》："归妹，人之终始，女终于嫁，从一而终，故女之终也。"

㉙未济，男之穷也：未济卦卦象为坎下离上，坎为水，离为火。火在水的上面，不能完成烹饪，所以是未济。比喻男子在事业上没有取得成功。

㉚夬，决也，刚决柔也—夬，训为决，决断，决去、决掉的意思。夬卦五根阳爻在下，一根阴爻在上，是刚决柔。朱震《汉上易传》："夬以五刚而决一柔，故曰：决，夬也，刚决柔也。"

㉛君子道长，小人道忧也：李鼎祚《周易集解》"忧"作"消"，并说："《易》之为书，凶吉、消长、进退、存亡，不过此理此数而已，故以是终之。"忧作"消"，古音相近而通用。

【译文】

乾卦刚健，坤卦柔顺。比卦快乐，师卦忧虑。临卦观卦的意义，或者施与，或者求取。屯卦的阳爻出现而不失其所居位置；蒙卦的一根阳爻杂处于阴爻之中，另一阳爻光明显著。震卦是起动。艮卦是停止。损卦和益卦，是盛衰的起始。大畜卦，要因时；无妄卦，妄成灾。萃卦三根阴爻相聚，而升卦三根阴爻升于上而不降。谦卦谦虚而自轻，豫卦自满而懈怠。噬嗑卦进食。贲卦文饰而无定色。兑卦喜悦显现，而巽卦谦逊隐伏。随卦随时制宜，不拘泥于旧规。蛊卦是办坏了事，则加以整顿。剥卦是剥落腐烂。复卦是回复返还。晋卦是白昼。明夷卦是受伤。井卦为通

达而困卦是安于所遇。咸卦是快速。恒卦是永久。涣卦是分离。节卦是制止。解卦是缓解。蹇卦是艰难。睽卦为外。家人卦为内。否卦、泰卦互相转化，相反成类。大壮卦〔小人〕止步，遁卦〔君子〕隐退。大有卦是众多。同人卦是亲密。革卦，是革去旧的。鼎卦是取得新的。小过卦是过失。中孚卦是诚信。丰卦，多故友。旅卦，少亲人。离卦是火势向上，坎卦是水势流下。小畜卦，是积蓄少。履卦是行走，而不处于停顿状态。需卦是等待不进。讼卦是争讼不亲。大过卦是颠覆，姤卦是相遇。是阴柔遇阳刚。渐卦是女子出嫁，等待男方迎娶方行。颐卦是正当颐养。既济卦是大事已成。归妹卦是〔女子出嫁〕得到归宿。未济卦是男子事业没有成功。夬卦是决断，刚能对柔决断。君子的道发展壮大，小人的道逐渐消亡。

孙子兵法

◎（春秋）孙武 撰
张大同 译注

前言

《孙子兵法》是我国古代最负盛名的军事学著作。它总结并揭示了具有普遍意义的战争的一般规律，在历代战争中显示了其军事思想的精博深邃和恒久的生命力。

《孙子兵法》的作者孙武，字长卿，是春秋末期时齐国人，原为陈国公子完之后。公元前672年，陈国发生内乱，陈完逃奔齐国，被齐桓公任为负责管理手工业生产的“工正”。陈完后改称田完。齐景公时，田完的第四代孙田桓子作为齐国大夫，与公室争夺民众，采用大斗借粮、小斗收进的作法，使民众“归之如流水”。田完的五世孙田书，因“伐莒有功”，被齐景公赐姓孙氏，并把乐安城赏给他作采邑。田书就是孙武的祖父。孙武后来为避难离开齐国到了南方的吴国，经伍子胥力荐，被吴王阖闾任用为将，与伍子胥一起协助吴王经国治军，为吴国立下了卓越的战功，“西破强楚，入郢，北威齐晋，显名诸侯，孙子与有力焉”(《史记·孙子吴起列传》)。孙武的军事才能为当时与后世所极为推崇。《尉缭子·制谈》曰：“有提十万之众而天下莫当者谁？曰桓公也。有提七万之众而天下莫当者谁？曰吴起也。有提三万之众而天下莫当者谁？曰武子也。”形象地表明了孙武用兵艺术的高超。

孙武出身于军事世家的田氏家族，他在继承前人军事思想的基础上，结合自己军旅战事的经验，写出了被誉为“兵学圣典”的《孙子兵法》。《孙子兵法》在战国时期就引起人们的重视，广为流传。韩非在《五蠹》中提到：“境内皆言兵，藏孙、吴之书者家有之。”《孙子兵法》的军事理论对稍后的《孙膑兵法》、《吴子》、《尉缭子》等军事著作有着明显的影响。三国时大军事家曹操第一次对《孙子兵法》进行了整理和注释，他说：“吾观兵书战策多矣，孙武所著深矣。”唐太宗李世民与名将李靖问对兵法时，也认为“观诸兵书，无出孙武”。近代以来，《孙子兵法》更受到国内外各界的广泛重视。

本书译注的《孙子兵法》原文系根据《诸子集成》本《孙子十家注》。有的地方参照宋《武经七书》本及出土汉简，在注释中略加校勘。

张大同

卷一 计 篇

孙子曰：兵者国之大事①，死生之地，存亡之道②，不可不察也③。

【注释】

①兵者国之大事：战争是国家的重大事务。兵，兵器，武器；引申为士兵、军队。此处意为用兵，指战争。《左传·成公十三年》："国之大事，在祀与戎。"张预注："国之安危在兵，故讲武练兵，实先务也。"

②死生之地，存亡之道：战争直接关系着军民的安危和国家的存亡。贾林注："地，犹所也。亦谓陈师振旅战阵之地，得其利则生，失其便则死，故曰死生之地。道者，权机立胜之道，得之则存，失之则亡，故曰不可不察也。"

③不可不察也：不能不慎重考察，认真研究。察，考察，研究。

【译文】

孙武说：战争是国家的大事，它关系到军民的安危，关系到国家的存亡，是不可不认真考察研究的。

故经之以五事①，校之以计而索其情②：一曰道，二曰天，三曰地，四曰将，五曰法。道者，令民与上同意也③，故可以与之死，可以与之生，而不畏危④。天者，阴阳、寒暑、时制⑤也。地者，远近、险易、广狭、死生⑥也。将者，智、信、仁、勇、严⑦也。法者，曲制、官道、主用⑧也。凡此五者，将莫不闻⑨，知之者胜，不知者不胜。故校之以计而索其情，曰：主孰有道⑩？将孰有能？天地孰得⑪？法令孰行？兵众孰强？士卒孰练？赏罚孰明？吾以此知胜负矣。

【注释】

①经之以五事：即要从道、天、地、将、法五个方面分析研究战争。经，衡量，此处指分析、研究。竹简本作"经之以五"。

②校之以计而索其情：分析比较敌对双方的各种条件，来从中探求战争胜负的情形。校，比较。计，此处指下文所说的"主孰有道"等七计。索，考察，探索。贾林注："校量彼我之计谋，搜索两军之情实，则长短可知，胜负易见。"

③道者，令民与上同意也：在政治条件方面，要使民众与君主的意愿一致。道，此处指政治

条件。上，君主，统治者。同意，意愿相同。张预注："以恩信道义抚众，则三军一心，乐为上用。"

④可以与之死，可以与之生，而不畏危：民众能够为君主而出生入死，不害怕危难。杜佑注："上有仁施，下能致命也，故与处存亡之难，不畏惧于危疑。"

⑤阴阳、寒暑、时制：阴阳，指昼夜、晴雨等天时气象的变化。寒暑，指寒冷、炎热的气温差异。时制，指四时季节的更替。杜佑注："谓顺天行诛，因阴阳四时刚柔之制。"

⑥远近、险易、广狭、死生：远近，指作战路程的距离。险易，指战场地形的险要或平坦。广狭，指作战地区的宽广或狭小。死生，指地形条件是否宜于攻守进退。梅尧臣注："知远近则能为迂直之计，知险易则能审步骑之利，知广狭则能度众寡之用，知死生则能识战散之势也。"汉简本作"地者，高下、广狭、远近、险易、死生也"。

⑦智、信、仁、勇、严：指领兵将帅所应当具备的智谋才干、赏罚有信、爱抚部下、勇敢果决、军纪严明这五方面的素质。杜牧注："兵家者流，用智为先。盖智者，能机权识变通也。信者，使人不惑于刑赏也。仁者，爱人悯物，知勤劳也。勇者，决胜乘势，不逡巡也。严者，以威刑肃之军也。"

⑧曲制、官道、主用：曲制，关于军队的组织编制及通讯联络方面的制度。官道，关于各级将吏的统辖管理等制度。主用，关于军需物资的供应管理制度。梅尧臣注："曲制，部曲队伍分画必有制也。官道，裨校首长统率必有道也。主用，主军之资粮万物必有用度也。"

⑨将莫不闻：作为将帅，对"五事"都必须有深切的了解。闻，知道，了解。张预注："以上五事，人人同闻，但深晓变极之理则胜，不然则败。"

⑩主孰有道：在君主方面，哪一方政治清明治国有方。孰，谁，此处指哪一方。有道，政治清明。杜牧注："言我与敌人之主，谁能远佞亲贤任人不疑也。"

⑪天地孰得：在天时、地利方面，哪一方更占优势。得，获得，拥有。天，亦即上文所指阴阳、寒暑、时制。地，即上文所指远近、险易、广狭、死生。

【译文】

所以，必须从五个方面去分析研究，通过对敌我双方各种条件的比较，来探求战争胜负的规律：一是道，二是天，三是地，四是将，五是法。所谓"道"，就是要使民众与国君的意愿一致，这样，可以使他们在战争中为君主出生入死而不避危难。所谓"天"，是指昼夜阴晴、严寒酷暑、四时季节的变化更替。所谓"地"，是指路程的远近、地势的险要与平坦、作战地域的宽广与狭小、地形条件是否宜于攻守进退。所谓"将"，是指将帅要有智谋才干，赏罚有信，爱抚部下，勇敢果断，军纪严明。所谓"法"，是指军队的组织编制，各级将吏的统辖管理，军用物资的供应。以上五个方面，作为将帅都不能不有深切的了解。对此有深切了解的，就能打胜仗。如没有深切了解，就不能赢得胜利。因此要通过以下七个方面的分析比较，以探求对战争情势的认识，即：哪一方的国君比较贤明？哪一方的将帅更有才能？哪一方在天时地利方面占据优势？哪一方能切实贯彻执行法令？哪一方的武器装备精良？哪一方的士卒训练有素？哪一方赏罚严明？我们根据这些情况即可推断谁胜谁负。

将听吾计①，用之必胜②，留之。将不听吾计，用之必败，去之③。

【注释】

①将听吾计：如果能听从我的计谋。"将"，此处表示假设。另一说，"将"用作名词，意为：将帅们能听从我的计谋。

②用之必胜：作战一定能够取胜。

③去之：去，离去，离开。据陈皞、梅尧臣等注，以上是孙武对吴王阖闾的进言，"以此辞激吴王而求用"。

【译文】

如能听从我的计谋，用兵作战则一定胜利，我就留下。如不能听从我的计谋，用兵作战则必然失败，我就离去。

计利以听[①]，乃为之势[②]，以佐其外[③]。势者，因利而制权也[④]。

【注释】

①计利以听：分析敌我双方的利害关系，使国君听从采纳。计利，分析双方的利害条件。杜牧注："计算利害是军事根本。"

②乃为之势：然后造成一种有利的军事态势。

③以佐其外：作为外在的辅助条件。佐，辅佐、辅助。贾林注："我乃设奇谲之势以动之外者，或傍攻，或后蹑，以佐正阵。"

④势者，因利而制权也：所谓势，就是根据有利的态势而采取适当措施。因，根据，利用。制，采取。权，权变，机动。制权，即根据情况采取相应行动。杜牧注："势者，不可先见，或因敌之害见我之利，或因敌之利见我之害，然后始可制机权而取胜也。"

【译文】

分析计算双方的利害得失，意见已被采纳，然后造成一种有利的态势，以作为外在的辅助条件。所谓"势"，就是根据有利的条件采取适当的措施。

兵者，诡道也[①]。故能而示之不能[②]，用而示之不用[③]，近而示之远，远而示之近[④]，利而诱之[⑤]，乱而取之[⑥]，实而备之[⑦]，强而避之[⑧]，怒而挠之[⑨]，卑而骄之[⑩]，佚而劳之[⑪]，亲而离之[⑫]。攻其无备，出其不意。此兵家之胜，不可先传也[⑬]。

【注释】

①兵者，诡道也：用兵作战是一种诡诈的行为。诡，诡谲、诡诈、奇诡。曹操注："兵无常形，以诡诈为道。"

②能而示之不能：有攻或守的能力却故意装作没有能力的样子。能，有能力。示，故意显示。张预注："实强而示之弱，实勇而示之怯。"

③用而示之不用：要采取行动却有意装出不想行动的样子。用，用兵，行动。杜牧注："此乃诡诈藏形，夫形也者，不可使见于敌，敌人见形必有应。"

④近而示之远，远而示之近：本意要进攻近处，却故意装作进攻远处；本意要进攻远处，却故意装作进攻近处。杜牧注："欲近袭敌，必示以远去之形。欲远袭敌，必示以近进之远。"

⑤利而诱之：敌人贪利，就以小利去引诱它。贾林注："以利动之，动而有形。我所以因形制

胜也。"

⑥乱而取之：敌人处于混乱状态，则要乘机攻取。杜牧注："敌有昏乱，可以乘而取之。"另一说，我军故作混乱，引诱敌人上当而乘机攻取，如张预注："诈为纷乱，诱而取之。"

⑦实而备之：如果敌人实力雄厚，应加强防备。陈皞注："敌若不动，完实谨备，则我亦自实以备敌也。"

⑧强而避之：对于强盛的敌军，应暂时避开它的锋芒。杜牧注："敌人乘兵强气锐，则当须且回避之，待其衰懈，候其间隙而击之。"

⑨怒而挠之：对于易怒的敌人，要设法挑逗激怒它。挠，挑逗。张预注："彼性刚忿，则辱之命怒，志气挠惑，则不谋而轻进。"

⑩卑而骄之：卑，怯，此处指胆小、谨慎。敌人如果谨小慎微，就要设法让它虚骄自傲。另一说，我方以卑辞厚礼以骄敌，乘其无备而攻击。王皙注："示卑弱以骄之，彼不虞我，而击其间。"梅尧臣注："示以卑弱，以骄其心。"综观全篇，细玩句意，当以前说为善。

⑪佚而劳之：对于休整充分的敌军，要用袭扰等法使它疲劳。佚，通"逸"，安逸。此处指休整充分。

⑫亲而离之：对于内部和睦的敌人，要设法加以离间分化。亲，亲近，团结。离，离间。陈皞注："彼恡爵禄，此必捐之；彼啬财货，此必轻之；彼好杀罚，此必缓之。因其上下相猜，得行离间之说。"

⑬此兵家之胜，不可先传也：这是军事家取胜的奥妙所在，不可预先作不变的规定。兵家，军事家。胜，奥妙。传，规定，也可解作透露。曹操注："传，犹泄也。"

【译文】

用兵是以诡诈作为指导思想的。所以要做到，有攻守能力却装作没有能力的样子，要采取行动却装出不想行动的样子，本意要进攻近处，却装作要进攻远处；本意要进攻远处，却装作要进攻近处；敌人贪利，就以小利去引诱它；敌人处于混乱状态，则应乘机攻取；敌人实力雄厚，应加强防备；对于强盛的敌军，应暂时避开它的锋芒；对于易怒的敌人，要设法挑逗扰乱它；敌人如谨小慎微，就应设法使它虚骄自傲；敌人如休整充分，要用袭扰等法使它疲劳；敌人如内部团结，要设法加以离间分化。要在敌人无防备的情况下发动进攻，要在敌人意料不到的状态下采取行动。这是军事家取胜的奥妙所在，不可预先作不变的规定。

夫未战而庙算[①]胜者，得算多[②]也；未战而庙算不胜者，得算少也。多算胜，少算不胜，而况于无算乎[③]！吾以此观之，胜负见矣。

【注释】

①庙算：古代用兵之前常在庙堂举行会议，商讨作战方略，称之为"庙算"。张预注："古者兴师命将，必致斋于庙，授以成算，然后遣之，故谓之庙算。"

②得算多：筹划周密，则取胜的条件充分，所以能够在未战之前就先胜。算，计数用的筹码，此处指取胜的条件。

③多算胜，少算不胜，而况于无算乎：事先预计取胜条件多则可以获胜，取胜条件少则不能获胜，何况不具备取胜的条件呢？张预注："筹策深远，则其计所得者多，故未战而先胜。谋

虑浅近，则其计所得者少，故未战而负。多计胜，少计不胜，其无计者安得无败。”

【译文】

用兵之前通过谋划预计能够取胜的，是由于计算周密，胜利的条件充分；用兵之前预计不能取胜的，是由于计算不周，胜利的条件不充分。计算周密，胜利条件充分的就可以取胜，计算不周，胜利条件不足的就不能取胜，何况预先不作谋划筹算呢？我们根据这些来看，就可以预见胜负的结果。

卷二　作战篇

孙子曰：凡用兵之法[①]，驰车千驷[②]，革车千乘[③]，带甲[④]十万，千里馈粮[⑤]，则内外之费[⑥]，宾客之用[⑦]，胶漆之材[⑧]，车甲之奉[⑨]，日费千金[⑩]，然后十万之师举矣[⑪]。

【注释】

①用兵之法：用兵的准则。法，准则、规律。

②驰车千驷：驰车，装载甲士的轻便战车。驰，奔驰，驰驱。驷，原指驾一辆车的四匹马，这里用作量词，千驷即千辆。《太平御览》作"驰车千乘"。

③革车千乘：革车，运载军需物资的辎重车辆。乘，辆。梅尧臣注："驰车，轻车也；革车，重车也。凡轻车一乘，甲士步卒二十五人；重车一乘，甲士步卒七十五人。举二车各千乘，是带甲者十万人。"

④带甲：穿戴铠甲，此处指全副武装的士卒。

⑤千里馈粮：从千里之外运送供应粮食。馈，馈送、供应。

⑥内外之费：前后方的开支费用。内外，这里指前方与后方。王皙说："内，谓国中；外，谓军所也。"

⑦宾客之用：招待各诸侯国宾客使节的用度。杜牧注："军有诸侯交聘之礼，故曰宾客也。"

⑧胶漆之材：胶漆，制作和修理弓箭甲盾的物资，这里泛指修造作战器具所需的各种物资。

⑨车甲之奉：战车及铠甲的保养费用。车甲，车辆、铠甲。奉，费用、花费。

⑩日费千金：每天要花费巨额钱财。张预注："千金，言重费也。赠赏犹在外。"

⑪十万之师举矣：举，出动。梅尧臣注："举师十万，馈粮千里，日费如久，师久之戒也。"《通典》、《太平御览》作"十万之众举矣"。

【译文】

孙武说：凡兴兵作战，通常要动用战车千辆，辎重车千辆，军士十万，从千里之外运送军粮。前方后方的开销，招待外交使节的花费，胶漆等器材的供应，车辆铠甲的保养，每天都要耗费千金，然后十万大军才能出动。

其用战也胜[①]，久则钝兵挫锐[②]，攻城则力屈[③]，久暴师则国用不足[④]。夫钝兵挫锐，屈力殚货[⑤]，则诸侯乘其弊而起[⑥]，虽有智者，不能善其后矣[⑦]。故兵闻拙速，未睹巧之久也[⑧]。夫兵久而国利者，未之有也[⑨]。故不尽知用兵之害者，则不能尽

知用兵之利[10]也。

【注释】

①其用战也胜：在这样动员大规模兵力的情况下，作战则要求速胜。

②久则钝兵挫锐：如果旷日持久就会军队疲惫、锐气受挫。钝，不锋利，此处作“疲惫”解。钝兵，使军队疲惫；挫锐，使锐气受挫。钝、挫皆为使动用法。贾林注：“战虽胜人，久则无利，兵贵全胜，钝兵挫锐，士伤马疲则屈。”

③攻城则力屈：进攻城邑就会使兵力耗尽。屈，竭尽、耗尽。张预注：“千里攻城，力必困屈。”

④久暴师则国用不足：长期使军队在外就会造成国家供应困难。暴，露，通“曝”。孟氏注：“久暴师露众千里之外，则军国费用不足相供。”

⑤屈力殚货：兵力消耗物资枯竭。殚，枯竭。货，财货、物资。《通典》、《太平御览》皆作“力屈货殚”。

⑥诸侯乘其弊而起：弊，疲惫、危机，包括上文所指的“钝兵挫锐、屈力殚货”的情况。此句意谓别的诸侯国就会利用这种危机，起兵前来进攻。何延锡注：“兵不胜而敌乘其危殆。”

⑦虽有智者，不能善其后矣：一旦到了这种时候，即便是才智出众的人也无法挽回危局了。贾林注：“人离财竭，虽伊、吕复生，亦不能救此亡败也。”

⑧兵闻拙速，未睹巧之久也：只听说用兵宁拙而求速胜，没见过为求用巧而长期拖延的。拙，笨拙，此处意为不刻意求巧。速，迅速取胜。巧，巧妙、工巧。杜牧注：“攻取之间，虽拙于机智，然以神速为上，盖无老师费财钝兵之患，则为巧矣。”

⑨兵久而国利者，未之有也：利，有利。用兵旷日持久而对国家有利的情况，从来没有过。贾林注：“兵久无功，诸侯生心。”

⑩不尽知用兵之害者，则不能尽知用兵之利：不能完全了解用兵的危害的人，就无法充分认识用兵的好处。尽知，完全了解、充分认识。李筌注：“利害相依之所生，先知其害，然后知其利也。”

【译文】

用兵作战贵在速胜，旷日持久就会使军队疲惫、锐气挫伤。攻打城邑就会使兵力耗尽。长期使军队在外作战会造成国家的财政困难。若军队疲惫，锐气受挫，兵力耗损，国家财力枯竭，其他诸侯国就会利用这种危机起兵前来进攻，到那时，即便是才智出众的人也无法挽回危局了。因此，只听说用兵宁拙而求速胜的情况，却没见过为讲求用巧而久拖不决的。用兵旷日持久而对国家有利的情况，是从来没有过的。所以，不能完全了解用兵的危害的人，就无法充分认识用兵的好处。

善用兵者，役不再籍[1]，粮不三载[2]；取用于国[3]，因粮于敌[4]，故军食可足也。

【注释】

①役不再籍：征集兵役不用两次。役，兵役。再，两次。籍，户籍、名册，这里指征集。张预注：“籍，谓调兵之符籍，故汉制有尺籍伍符。言一举则胜，不可再籍兵役于国也。”

②粮不三载：粮草不用多次运送。三载，多次运送。曹操注：“始载粮，后遂因食于敌，还兵入国，不复以粮迎之也。”《太平御览》作“粮不再载”。

③取用于国：武器装备从国内取用。张预注：“器用取于国者，以物轻而易致也。”

④因粮于敌：军需粮草靠在敌国境内就地征发。因，依靠。何延锡注：“兵出境钞聚掠野，至

于克敌拔城，得其储积也。”

【译文】

善于用兵的人，兵员不用征集两次，粮草不用重复运送。武器装备从国内取用，粮秣给养在敌国就地解决，这样，军队的粮草供应就可以充足了。

国之贫于师者远输[①]，远输则百姓贫[②]。近于师者贵卖[③]，贵卖则百姓财竭，财竭则急于丘役[④]。力屈、财殚，中原内虚于家[⑤]。百姓之费，十去其七；公家之费，破车罢马[⑥]，甲胄矢弩[⑦]，戟楯蔽橹[⑧]，丘牛大车[⑨]，十去其六。

【注释】

①国之贫于师者远输：国家因用兵而导致贫乏的，在于军需物资的远道运输。远输，长途运输。

②远输则百姓贫：长途运输就会使百姓贫困。张预注：“以七十万家之力，供饷十万之师于千里之外，则百姓不得不贫。”

③近于师者贵卖：离军队近的地方物价会上涨。贵卖，物价上涨。贾林注：“师徒所聚，物皆暴贵，人贪非常之利，竭财物以卖之。初虽获利殊多，终当力疲货竭。”

④财竭则急于丘役：财源枯竭，就要急于加征军赋。丘役，军赋。丘，古代地亩面积单位，作为征收赋税徭役的计算单位。杜牧引《司马法》注：“六尺为步，步百为亩，亩百为夫，夫三为屋，屋三为井，四井为邑，四邑为丘。”

⑤中原内虚于家：国内百姓家产虚耗。中原。这里指国内。

⑥破车罢马：战车损毁，战马疲惫。罢，同“疲”。

⑦甲胄矢弩：甲，护身的铠甲。胄，头盔。矢，箭。弩，弩机，发射箭矢的简易机械装备。

⑧戟楯蔽橹：戟，具有戈与矛两种功能的兵器。楯，同“盾”，盾牌。蔽橹，一种大盾牌，用于战车的防护。

⑨丘牛大车：丘牛，丘役中征发的牛。大车，此处指运载辎重的车辆。

【译文】

国家之所以因兴师作战而贫困，是由于运输路途遥远。远道运输就会导致百姓贫困。靠近军队驻扎的地方物价必然上涨，物价上涨就会使百姓财力耗尽。财力耗尽就要急于加征赋役。力量耗尽、财源枯竭，国内家家产业虚耗。百姓的财物消耗掉十分之七；国家的资财，也由于战车损毁，马匹疲病，盔甲、弓箭、戟盾等兵器装备的损耗以及征发大牛和运载辎重的车辆等，损失十分之六。

故智将务食于敌[①]。食敌一钟[②]，当吾二十钟；萁秆[③]一石[④]，当吾二十石。

【注释】

①智将务食于敌：聪明的将帅力求在敌国就地取粮。

②钟：古时容量单位，一钟相当于六十四斗。杜牧注：“六石四斗为一钟。”

③萁秆：牲畜饲料。萁(qí 其)，同“萁”，豆秸。秆，禾茎。

④石：古时的重量单位。一石相当于一百二十斤。

【译文】

所以聪明的将领务求在敌国就地解决粮草的供应。食用敌国的粮食一钟，相当于从本国运送二十钟。消耗敌国的饲草一石，相当于从本国运送二十石。

故杀敌者，怒[①]也；取敌之利者，货也[②]。故车战，得车十乘已上[③]，赏其先得者，而更其旌旗[④]，车杂而乘之[⑤]，卒善而养之[⑥]，是谓胜敌而益强[⑦]。

【注释】

①怒：此处主要指士气。李筌注："怒者，军威也。"

②取敌之利者，货也：夺取敌人的资财，必须以财货奖赏将士。杜牧注："使士见取敌之利者，货财也。谓得敌之货财，必以赏之，使人皆有欲，各自为战。"

③已上：以上。已，同"以"。

④更其旌旗：夺取敌军的车辆并换上我军的旗帜。李筌注："令色与我同。"

⑤车杂而乘之：把缴获的敌军车辆与我军车辆混合在一起。杂，掺杂、混合。乘，使用。张预注："己车与敌车参杂而用之，不可独任也。"

⑥卒善而养之：对俘获的敌军士卒要给予优待，为我所用。

⑦是谓胜敌而益强：这就是说，越是战胜敌人自己就越强大。何延锡注："因敌以胜敌，何往不强。"

【译文】

要使军队奋力杀敌，就要激励将士们的士气；要夺取敌人的物资财货，就要用财物奖赏将士。所以在车战中凡缴获战车十辆以上的，要奖励最先夺得战车的人，并更换上我军的旗帜，混合编入我军的车队。对俘获的士卒要善待。这就是说，越是战胜敌人，自己就越是强大。

故兵贵胜，不贵久[①]。

故知兵之将[②]，生民之司命[③]，国家安危之主[④]也。

【注释】

①兵贵胜，不贵久：用兵贵在尽快取胜，而不在时间久。曹操注："久则不利，兵犹火也，不戢，将自焚也。"

②知兵之将：深知用兵之道的将帅。

③生民之司命：民众命运的主宰。生民，一般民众。司命，《楚辞·九歌·大司命》五臣注："司命，星名，主知生死。"这里借喻为命运的主宰者。《通典》、《太平御览》均作"民之司命"。

④国家安危之主：关系到国家安危存亡的决定性人物。李筌注："将有杀伐之权，威欲却敌，人命所系，国家安危在于此矣。"

【译文】

因此，用兵贵在尽快取胜，而不宜旷日持久。

深明用兵之道的将帅，是民众命运的掌握者，是国家安危存亡的主宰者。

卷三 谋攻篇

孙子曰:凡用兵之法,全国为上,破国次之[①];全军为上,破军次之[②];全旅为上,破旅次之[③];全卒为上,破卒次之[④];全伍为上,破伍次之[⑤]。是故百战百胜,非善之善者[⑥]也;不战而屈人之兵[⑦],善之善者也。

【注释】

①全国为上,破国次之:全,全部、完整。国,敌国,也可解作"国都、大城邑"。这句是说迫使敌国完整地降服是最上策,而经过战争交锋攻破敌国的就要差一等。曹操注:"兴师深入长驱,距其城郭,绝其内外,敌举国来服为上。以兵击破,败而得之,其次也。"

②全军为上,破军次之:军,此处有两层含义:一是指整个敌军,一是特指军队的一个编制单位。曹操注引《司马法》:"一万二千五百人为军。"此句意为:能使敌军完整地降服是上策,用武力击破它就差一等。

③全旅为上,破旅次之:使敌人整个旅降服为上策,击破它就差一等。旅,春秋时以五百人为旅。

④全卒为上,破卒次之:卒,此处为军队的编制单位。张预注:"百人为卒。"

⑤全伍为上,破伍次之:伍,古代军队中的基本编制单位,五人为伍。何延锡注:"自军之伍,皆次序上下言之,此意以策略取之为妙,不惟一军,至于一伍,不可不全。"

⑥善之善者:最高明的,好中最好的。贾林注:"兵威远振,全来降伏,斯为上也。诡诈为谋,摧破敌众,残人伤物,然后得之,又其次之。"

⑦不战而屈人之兵:不用经过交战而迫使敌军屈服。屈,屈服、降服,此处为使动用法。陈皞注:"韩信用李左车之计,驰咫尺之书,不战而下燕城也。"

【译文】

孙武说:大凡用兵的指导法则是:使敌国完整地降服为上策,而经过交战击破敌国就次一等;使敌人的"军"完整地降服为上策,而击破敌人的"军"就次一等;使敌人的"旅"完整地降服为上策,而击破敌人的"旅"就次一等;使敌人的"卒"完整地降服为上策,而击破敌人的"卒"就次一等;使敌人的"伍"完整地降服为上策,而击破敌人的"伍"就次一等。因此,百战百胜,并不算是高明之中最高明的;不用经过交战就能使敌人屈服,才是高明之中最高明的。

故上兵伐谋[①]，其次伐交[②]，其次伐兵[③]，其下攻城[④]。攻城之法，为不得已[⑤]。修橹轒辒[⑥]，具器械[⑦]，三月而后成，距闉[⑧]，又三月而后已。将不胜其忿而蚁附之[⑨]，杀士三分之一而城不拔者[⑩]，此攻之灾也[⑪]。

【注释】

①上兵伐谋：用兵的最上乘之法是在谋略上战胜敌人。上兵，上乘的用兵方法。伐，攻伐。伐谋，以谋略战胜敌人。杜佑注："敌方设谋，欲举众师，伐而抑之，是其上。故太公云：善除患者理于未生，善胜敌者胜于无形也。"

②伐交：交，外交。通过外交手段分化瓦解敌国的联盟，扩大、巩固自己的联盟，以孤立敌人，在外交上战胜敌人。

③伐兵：这里的"兵"指军队。伐兵，通过交战来战胜敌人。李筌注："临敌对阵，兵之下也。"

④其下攻城：《通典》、《太平御览》作"下政攻城"。

⑤攻城之法，为不得已：运用攻打城池的手段是不得已才采取的。

⑥修橹轒辒：修造盾牌及攻城用的兵车。橹，以藤革为材料制成的大盾牌。轒辒，以排木制作，上蒙生牛皮，下有四轮，可掩护十人，用来运土填塞护城河，能防城上以矢石攻击。

⑦具器械：准备攻城用的器械。具，准备。

⑧距闉：闉，通"堙"，此处为高于敌方城墙的土山。距闉，即构筑用以攻城的小土山。张预注："积土与城齐，使士卒上之，或观其虚实，或毁其楼橹，欲必取也。"

⑨将不胜其忿而蚁附之：指挥攻城的将领忿怒焦躁，驱使士卒像蚂蚁一样去爬梯攻城。忿，愤怒，恼怒。蚁附，像蚂蚁一样附在上面。曹操注："将忿不待攻城器，而使士卒缘城而上，如蚁之缘墙，杀伤士卒也。"

⑩杀士三分之一而城不拔者：士卒被杀三分之一，城池仍没有攻下的。士，士卒。拔，攻取。

⑪此攻之灾也：这是攻城造成的祸害。攻，此处指攻城。

【译文】

所以，用兵的最上乘之法是以谋略战胜敌人，其次是通过外交取胜，再次是打败敌人的军队，下策是攻打敌方城邑。攻打城邑是实在不得已才采取的手段。修造攻城的大盾和四轮车，筹备攻城器械，要三个月才能完成。构筑攻城用的土山，又要用三个月才能结束。将帅抑制不住焦躁忿怒，驱使士卒像蚂蚁一样爬梯攻城，士卒伤亡三分之一，城邑还是没被攻下，这就是攻城带来的灾害。

故善用兵者，屈人之兵而非战[①]也，拔人之城而非攻[②]也，毁人之国而非久也[③]，必以全争于天下[④]，故兵不顿而利可全[⑤]，此谋攻之法也[⑥]。

【注释】

①屈人之兵而非战：迫使敌人屈服而并不用直接交战的办法。屈人之兵，使敌人的军队降服。杜佑注："伐谋伐交，不至于战，故《司马法》曰：上谋不斗。"

②拔人之城而非攻：占领敌方的城邑而不依靠强行攻城。张预注："或攻其所必救，使敌弃城而来援，则设伏取之……或外绝其强援，以久持之，坐俟其毙。"

③毁人之国而非久：灭亡敌国而不需旷日持久。何延锡注："善攻者不以兵攻，以计困之，命

其自拔，命其自毁，非劳久守而取之也。”

④必以全争于天下：务求以全胜谋略争胜于天下。全，指以上所举“全国”、“全军”、“全旅”、“全卒”、“全伍”之“全”。梅尧臣注：“全争者，兵不战，城不攻，毁不久，皆以谋而屈敌，是曰谋攻，故不钝兵利自完。”

⑤兵不顿而利可全：军队不会受到挫折，而利益可以保全。顿，通“钝”，受挫。利，利益。张预注：“无顿兵血刃之害，而有国富兵强之利。”

⑥此谋攻之法也：谋攻，运用谋略以战胜敌人。法，法则、原则。

【译文】

所以善于用兵的人，使敌人屈服而不靠直接交战，夺取敌人的城邑而不是靠强攻，灭亡敌人的国家而不靠长久作战，务求以全胜的战略争胜于天下，因此，军队不会疲惫受挫，而胜利可以完满取得，这是运用谋略取胜的法则。

故用兵之法，十则围之①，五则攻之②，倍则分之③，敌则能战之④，少则能逃之⑤，不若则能避之⑥。故小敌之坚，大敌之擒⑦也。

【注释】

①十则围之：在数量上有十倍于敌人的优势兵力，就采取包围的战术。杜牧注：“围者，谓四面垒合，使敌不得逃逸，凡围四合，必须去敌城稍远，占地既广，守备须严，若非兵多，则有阙漏，故用兵有十倍也。”

②五则攻之：有五倍于敌人的兵力，就可以主动进攻。曹操注：“以五敌一，则三术为正，二术为奇。”

③倍则分之：有比敌人多一倍的兵力，就应分散敌人，目的是为了在局部造成超过两倍的兵力优势。陈皞注：“分兵趋其所必救，即我倍中更倍，以击敌之中分也。”

④敌则能战之：敌我双方兵力相等，在一定的情况下要设法战胜敌人。敌，匹敌，此处指双方势均力敌。曹操注：“己与敌人众等善者，犹当设伏，奇以胜之。”

⑤少则能逃之：兵力数量上少于敌人时，要设法摆脱敌人。张预注：“彼众我寡，宜逃去之，勿与战。”逃，摆脱、脱离。

⑥不若则能避之：实际力量不如敌人时，要避免与敌人交战。不若，不如。杜佑注：“强弱不敌，势不相若，则引军避之，待利而动。”

⑦小敌之坚，大敌之擒：小敌，力量弱小的军队。坚，这里指坚守硬拼。大敌，力量强大的军队。擒，俘获。这句是说，弱小的军队如果一味坚守硬拼，就会被强大的军队所俘获。杜牧注：“言坚者，将性坚忍，不能逃，不能避，故为大者之所擒也。”

【译文】

所以，用兵的原则是，兵力十倍于敌就包围它，兵力五倍于敌就进攻它，兵力两倍于敌就要设法分散它，兵力与敌相等就要善于抗击它，兵力少于敌人就要善于摆脱它，实力比敌人弱就要避免与它交战。因此弱小的军队如果只知固守硬拼，就会成为强大敌人的俘虏。

夫将者，国之辅也[①]，辅周则国必强[②]，辅隙则国必弱[③]。

【注释】

①国之辅：辅，辅木，用以增强车轮支力。引申为辅助、辅佐。这句是说，将帅是国君的助手。

②辅周则国必强：周，周密。辅佐周密国家就会强盛。何延锡注："周，谓才智具也，得才智周备之将，国乃安强也。"

③辅隙则国必弱：隙，缺漏、缺陷。辅佐有疏漏缺失，国家就会危弱。王皙说："隙，谓有所缺也。"

【译文】

将帅是国君的辅佐，辅助得周密，国家就会强盛；辅助得有缺失，国家就会衰弱。

故君之所以患于军者三[①]：不知军之不可以进而谓之进[②]，不知军之不可以退而谓之退，是谓縻军[③]。不知三军之事，而同三军之政[④]者，则军士惑[⑤]矣。不知三军之权，而同三军之任[⑥]，则军士疑矣。三军既惑且疑，则诸侯之难至[⑦]矣，是谓乱军引胜[⑧]。

【注释】

①君之所以患于军者三：作为国君对军队行动的危害有三种情况。患，危害。《武经七书直解》作"军之所以患于君者三"。

②而谓之进：谓，告诉，此处意为命令。

③縻军：束缚军队。縻，束缚。梅尧臣注："君不知进退之宜，而专进退，是谓縻系其军。"

④不知三军之事，而同三军之政：不了解军队的内部事务而干预军队的行政。三军，周制，大国设三军，分为上、中、下三军，或分左、中、右三军。这里泛指军队、全军上下。同，这里是"干预、干涉"的意思。政，行政事务。《通典》作"不知军中之事，而欲同三军之政"。

⑤则军士惑：那么将士们就会困惑。军士，这里指所有的将领及士卒。杜佑注："治国尚礼义，兵贵于权诈。形势各异，教化不同，而君不知其变，军国一政，以用治民，则军士疑惑，不知所措。"

⑥不知三军之权，而同三军之任：不了解军队行动的权变机动，而干预军队的指挥。权，权变。任，统率、指挥。

⑦诸侯之难至：别的诸侯国就要乘机进犯，招致灾难。难，这里指战乱、兵灾。张预注："军士疑惑，未肯用命，则诸侯之兵乘隙而至。"

⑧乱军引胜：扰乱自己的军队，导致敌人胜利。引，引导、导致。

【译文】

国君对军队行动的危害有三种情况：不了解军队不宜前进而命令军队前进，不了解军队不宜后退而命令军队后退，这叫做束缚军队；不了解军队内部的事务，而干预军队的行政，将士们就会困惑；不知道军队行动的权变，而干预军队的指挥，将士们就会产生疑虑。军队既困惑又有疑虑，就会招致别的诸侯国乘机进犯的灾难。

这就叫做扰乱自己而致使敌人获胜。

故知胜有五[①]：知可以战与不可以战者胜[②]；识众寡之用者胜[③]；上下同欲[④]者胜；以虞待不虞[⑤]者胜；将能而君不御者胜[⑥]。此五者，知胜之道[⑦]也。

【注释】

①知胜有五：预见胜利的情况有五种。知，预知、预见。

②知可以战与不可以战者胜：武经本作"知可以与战与不可以与战者胜"。汉简本作"知可而战与不可而战者胜"。

③识众寡之用者胜：众寡，双方兵力的多少。用，使用、运用。懂得根据双方兵力多少而正确运用不同战法的就能获胜。张预注："用兵之法，有以少而胜众者，有以多而胜寡者，在乎度其所而不失其宜则善。"《通典》、《太平御览》作"知众寡之用者胜"。

④上下同欲：全军上下齐心协力。同欲，意愿一致。

⑤以虞待不虞：以有充分准备对付没有准备。虞，有准备。

⑥将能而君不御者胜：御，驾驭，此处指制约、干预。这句是说，将帅有才能而君主不加以牵制的就可获胜。张预注："将有智勇之能，则当任以责成功，不可从中御也。故曰，阃外之事，将军裁之。"

⑦知胜之道：预见胜利的方法。道，方法、规律。

【译文】

预见胜利可以根据以下五种情况：知道可以打或不可以打的，能够获胜；懂得根据双方兵力多少而正确运用不同战法的，能够获胜；全军上下齐心协力的，能够获胜；自己有充分准备来对付没有准备之敌的，能够获胜；将帅有才能而君主不加以牵制的，能够获胜。这五条，是预见胜利的方法。

故曰：知彼知己者，百战不殆[①]；不知彼而知己，一胜一负；不知彼，不知己，每战必殆[②]。

【注释】

①知彼知己者，百战不殆：既了解对方也了解自己的，每次作战都不会有危险。殆，危险。杜牧注："以我之政料敌之政，以我之将料敌之将，以我之众料敌之众，以我之食料敌之食，以我之地料敌之地。校量已定，优劣短长皆先见之，然后兵起，故有百战百胜也。"

②每战必殆：张预注："攻守之术皆不知，以战则败。"

【译文】

所以说：了解敌人，又了解自己，即使百战也不会有危险；如不了解敌人，而了解自己，则会有时胜利，有时失败；既不了解敌人，又不了解自己，则每次作战都有危险。

卷四 形篇

孙子曰：昔之善战者，先为不可胜[①]，以待敌之可胜[②]。不可胜在己，可胜在敌[③]。故善战者，能为不可胜，不能使敌之可胜[④]。故曰：胜可知而不可为[⑤]。

【注释】

①先为不可胜：首先要使自己能不被敌人战胜。为，造成。

②以待敌之可胜：等待敌人可能被我战胜的时机。梅尧臣注："藏形内治，伺其虚懈。"

③不可胜在己，可胜在敌：使自己不被敌人战胜，主动权在于自己；而要战胜敌人，则取决于敌人有可乘之机。杜牧注："自整军事，长有待敌之备，闭迹藏形，使敌人不能测度。因伺敌人有可乘之便，然后出而攻之。"

④能为不可胜，不能使敌之可胜：能创造不被敌人战胜的条件，但是不能使敌人一定会有被我战胜的时机。张预注："若敌强弱之形不显于外，则我岂能必胜于彼。"《通典》、《太平御览》后句作"不能使敌必可胜"。

⑤胜可知而不可为：胜利可以预见，而不能强求。张预注："己有备则胜可知，敌有备则不可为。"

【译文】

孙武说：过去善于用兵作战的人，总是首先做到自己不会被敌人战胜，然后等待敌人可能被我战胜的时机。使自己不被敌人战胜，主动权在自己；而要战胜敌人，则在于敌人有可乘之机。所以善于用兵的人，能创造条件不被敌人战胜，但不能使敌人一定会被我战胜。因此说，胜利可以预见，而不能强求。

不可胜者，守也[①]；可胜者，攻也[②]。守则不足，攻则有余[③]。善守者，藏于九地之下[④]；善攻者，动于九天之上[⑤]。故能自保而全胜[⑥]也。

【注释】

①不可胜者，守也：使自己不被敌人战胜，关键在于防守得当。何延锡注："未见敌人形势虚实有可胜之理，则宜固守。"

②可胜者，攻也：要想战胜敌人，则关键在于进攻得当。张预注："知彼有可胜之理，则攻其心而取之。"

③守则不足，攻则有余：采取守势是由于取胜条件不充分，采取攻势则是由于取胜条件有

余。“不足”、“有余”也可理解为兵力的少与多。张预注：“吾所以守者，谓取胜之道有所不足，故且待之。吾所以攻者，谓胜敌之事已有其余，故出击之。”汉简本作“守则有余，攻则不足”。

④善守者，藏于九地之下：善于防守的人，如同藏在极深的地下一样，巧妙地隐蔽军队的行动，使敌人难以探明实情。九，古人认为是数中之最大者。九地，形容极深的地下。杜佑注：“善守备者，务因其山川之阻丘陵之固，使不知所攻，言其深密藏于九地之下。”

⑤善攻者，动于九天之上：善于进攻的人，如同自高不可测的天上而降一样，使敌人不及防备。形容进攻行动的突然、迅速。九天，极高的天上，犹言九霄。动，行动，这里指进攻的行动。杜佑注：“善攻者，务因天时地利水火之变，使敌不知所备，言其雷震发动若于九天之上也。”

⑥自保而全胜：既能使自己保全，又能取得完全的胜利。张预注：“守则固，是自保也。攻则取，是全胜也。”

【译文】

要使自己不被敌人战胜，在于防守得当；要想战胜敌人，在于进攻适时。采取防守，是由于兵力不足；采取进攻，则是由于兵力有余。善于防守的人，隐蔽自己的行动像深藏于地下；善于进攻的人，行动时像自九霄而降。因此，既能保全自己，又能夺取完全的胜利。

见胜不过众人之所知[①]，非善之善者也；战胜而天下曰善[②]，非善之善者也。故举秋毫不为多力[③]，见日月不为明目，闻雷霆不为聪耳[④]。古之所谓善战者，胜于易胜者也[⑤]。故善战者之胜也，无智名，无勇功[⑥]。故其战胜不忒[⑦]，不忒者，其所措必胜[⑧]，胜已败者[⑨]也。故善战者，立于不败之地，而不失敌之败也。是故胜兵先胜而后求战[⑩]，败兵先战而后求胜[⑪]。善用兵者，修道[⑫]而保法[⑬]，故能为胜败之政[⑭]。

【注释】

①见胜不过众人之所知：能预见胜利，但是超不出一般人的认识。杜牧注：“众人之所见，破军杀将然后知胜；我之所见，庙堂之上樽俎之间已知胜负者矣。”

②战胜而天下曰善：经过交战而取胜，天下人都夸赞。张预注：“战而后能胜，众人称之曰善，是有智名勇功也，故云非善。若见微察隐，取胜于无形，则真善者也。”《太平御览》作“战胜而天下曰军善”。

③举秋毫不为多力：能举起秋毫算不上力气大。秋毫，兽类在秋季新生的细毛，比喻极为轻微的物体。

④闻雷霆不为聪耳：能听见雷声算不得耳朵灵敏。聪，听力敏锐。

⑤胜于易胜者也：取胜于容易战胜的对手。易胜者，容易取胜的敌人。《太平御览》作“胜胜易胜者也”。

⑥故善战者之胜也，无智名，无勇功：善于用兵作战的人取得胜利，并不显出智谋的名声和勇武的战功。张预注：“阴谋潜运，取胜于无形，天下不闻料敌制胜之智，不见搴旗斩将之功，若留侯未尝有战斗功是也。”汉简本作“故善者之战，无奇胜，无智名，无勇功”。

⑦不忒：忒，差错、失误。不忒，即无差错。

⑧其所措必胜：措，措置、举措。

⑨胜已败者：战胜的是已经处于失败地位的敌人。李筌注："师老卒惰，法令不一，谓已败也。"

⑩胜兵先胜而后求战：打胜仗的军队总是先争取得胜的条件，然后再去与敌人交战。胜兵，取胜的军队。先胜，先创造取胜的条件。《尉缭子·攻权》："兵不必胜，不可以言战；攻不必拔，不可以言攻。"同样强调要打有把握之仗。

⑪败兵先战而后求胜：打败仗的军队总是贸然交战，然后期求侥幸取胜。何延锡注："若不先谋而欲恃强，胜未必也。"

⑫修道：修明不被敌所胜之道。曹操注："善用兵者，先自修治为不可胜之道。"

⑬保法：确保必能胜敌之法度。张预注："保守制敌之法。"

⑭故能为胜败之政：所以能够主宰胜败。政，此处为主宰、决定之意。

【译文】

能预见胜利但不超出一般人的见识，不是高明中最高明的；经过交战而取胜，天下人都说好，也不是高明中最高明的。这就如同能举起秋毫算不上力大，能看见日月算不上眼明，能听见雷声算不上耳灵一样。古时候所谓善于用兵的人，总是战胜那些容易取胜的敌人。所以善于用兵的人取得胜利，并不显露智谋的名声和勇武的战功。他们的获胜是不会出差错的。之所以不会出差错，在于他们的作战措施建立在确有把握的基础上，战胜的是已经处于失败地位的敌人。善用用兵的人，总是使自己立于不败之地，同时不放过任何战胜敌人的机会。因此，打胜仗的军队总是先去创造胜利的条件，而后才去与敌人交战；而打败仗的军队，总是先贸然与敌人交战，而后企求侥幸取胜。善于用兵的，要修明不被敌所胜之道，确保必能胜敌之法度，所以能够掌握胜败的决定权。

兵法①：一曰度②，二曰量③，三曰数④，四曰称⑤，五曰胜。地生度⑥，度生量⑦，量生数⑧，数生称⑨，称生胜⑩。故胜兵若以镒称铢⑪，败兵若以铢称镒。胜者之战民也⑫，若决积水于千仞之溪者⑬，形⑭也。

【注释】

①兵法：用兵的原则。汉简本作"法"。

②度：贾林注："度土地也。"指的是国土面积的大小。

③量：贾林注："量人力多少，仓廪虚实。"

④数：兵力数量的多寡。

⑤称：实力状况的对比。

⑥地生度：双方地域的差异，产生"度"的不同。

⑦度生量：地域面积的差异，产生物资资源的"量"的不同。

⑧量生数：物资资源的差异，产生兵力众寡的"数"的不同。

⑨数生称：兵力数量的差异，产生军事实力对比的"称"的不同。

⑩称生胜：双方军事实力对比的差异，决定了战争胜负的不同。

⑪胜兵若以镒称铢：胜利的军队对失败的军队拥有实力上的绝对优势，就像用镒称铢一样

轻而易举。镒、铢，都是古代的重量单位。一镒为二十四两，一两为二十四铢。按此换算，一镒等于五百七十六铢，二者轻重悬殊。

⑫胜者之战民也：胜利者指挥士卒作战。民，这里指士卒。战民，指挥士卒作战，与卷五《势篇》中“任势者，其战人也，如转木石”之“战人”意思相同。

⑬若决积水于千仞之溪者：就像在千仞高处决开溪中的积水那样。仞，古时长度单位。曹操注：“八尺曰仞。”千仞，非确数，用以形容极高。张预注：“水之性避高而趋下，决之赴深溪，固湍浚而莫之御也。兵之形像水，乘敌之不备，掩敌之不意，避实而击虚，亦莫之制也。”

⑭形：此处指的是军事实力。

【译文】

用兵的原则有五条：一是“度”，二是“量”，三是“数”，四是“称”，五是“胜”。由于双方所处地域的差异，产生土地幅员“度”的不同；地域幅员的差异，产生物资资源“量”的不同；由物资资源的差异，产生兵力众寡“量”的不同；由兵力数量的差异，产生军事实力强弱“称”的不同；由军事实力强弱的差异，决定战争的胜败。因此，胜利的军队与失败的军队相比，就像以“镒”来称“铢”一样，处于绝对优势；失败的军队与胜利的军队相比，就像以“铢”称“镒”那样，处于绝对劣势。胜利者指挥士卒作战，就像在千丈高处决开山涧中的积水一样势不可当，这就是表现为军事实力的“形”。

卷五　势　篇

孙子曰：凡治众如治寡①，分数②是也；斗众如斗寡③，形名④是也；三军之众，可使必受敌而无败⑤者，奇正⑥是也；兵之所加，如以碫投卵⑦者，虚实⑧是也。

【注释】

①治众如治寡：治理人数众多的军队与治理人数很少的军队一样。众、寡，这里指军队人数的多与少。

②分数：军队的组织编制。杜牧注："分者，分别也；数者，人数也。言部曲行伍皆分别其人数多少，各任偏裨长伍，训练升降，皆责成之，故我所治者寡也。"

③斗众如斗寡：指挥人数众多的军队作战与指挥人数很少的军队作战一样。斗众，指挥人数多的军队作战，使动用法。

④形名：军队的军事号令。"形"指目所见者，"名"指耳可闻者。与《军政篇》中的"言不相闻，故为鼓铎；视不相见，故为旌旗"意近。

⑤必受敌而无败：即便受到敌军攻击，也不致失败。必，即使、一旦。一说，必是"毕"的通假字，完全、全部之意。全句意为：整个军队受到敌军攻击而没有失败。王皙注："必，当作毕，字误也。奇生还相生，故毕受敌而无败也。"汉简本作"毕受敌而无败"。

⑥奇正：古代兵法中的重要术语，含义颇广。在兵力部署上，正面受敌者为正，机动突击者为奇。在作战方式上，正面攻击为正，迂回侧击为奇。按一般原则作战为正，采取特殊方法作战为奇，等等。何延锡注："大抵用兵皆有奇正，无奇正而胜者，倖胜也。"

⑦以碫投卵：拿坚硬的石头去砸禽蛋。碫，磨刀石，一种坚硬的石块。这里用来比喻以实击虚。

⑧虚实：古代兵法中的重要术语。常指军事实力上的强弱、优劣等。

【译文】

孙武说：一般来说，治理人数多的军队与治理人数少的军队一样，这是军队的组织编制问题。指挥人数多的军队作战与指挥人数少的军队作战一样，这是指挥号令的问题。整个军队受到敌人的进攻而不会失败，这是"奇正"战术的运用问题。军队攻击敌人，就像以石击卵一样，这是正确运用"虚实"的问题。

凡战者，以正合，以奇胜①。故善出奇者，无穷如天地，不竭如江河②。终而复

始,日月是也;死而复生,四时是也[③]。声不过五,五声之变[④],不可胜听[⑤]也。色不过五,五色之变[⑥],不可胜观也。味不过五,五味之变[⑦],不可胜尝也。战势不过奇正[⑧],奇正之变,不可胜穷也。奇正相生[⑨],如循环之无端[⑩],孰能穷之[⑪]?

【注释】

①以正合,以奇胜:以正兵交战,以奇兵制胜。合,合战、交战。曹操注:"正者当敌,奇兵从旁击不备也。"

②善出奇者,无穷如天地,不竭如江河:善于出奇制胜的人,其战法的奇正变化就像天地万物那样变化无穷,像江河之水那样奔流不息。

③死而复生,四时是也:死、生,这里是指四季的更替。

④五声之变:古代以宫、商、角、徵、羽五个基本音阶表示乐音的高低,称为五声,或五音。变,变化。

⑤不可胜听:听来不可穷尽。胜(shēng 生),尽、穷尽。

⑥五色之变:古代以青、赤、黄、白、黑五种基本颜色为正色,称为五色。

⑦五味之变:甜、酸、苦、辣、咸五种味道的变化。

⑧战势不过奇正:作战的形式不外乎奇和正的运用,战势,作战形式。张预注:"战阵之势,止于奇正一事而已,及其变而用之,则万途千辙,乌可穷尽也。"

⑨奇正相生:奇正之间的相互依存和转化关系。这里强调的是奇正双方的统一性问题。

⑩如循环之无端:就像顺着圆环旋转一样,无止无休。循,顺着、沿着。环,圆环。无端,没有尽头。何延锡注:"奇正生而转相为变,如循历其环,求首尾之莫穷也。"

⑪孰能穷之:谁能够穷尽它呢?孰,何、谁。之,指代奇正的变化。

【译文】

凡是用兵作战,都是用正兵当敌,用奇兵取胜。所以,善于出奇制胜的指挥者,其战法的变化有如天地那样不可穷尽,像江河那样不会枯竭。周而复始,如同日月的运行;去而复来,如同四季的更替。乐音不过五个音阶,然而这五音的变化,却会听不胜听;颜色不过五种色素,然而这五色的变化,却能看不胜看;滋味不过五种,然而这五味的变化,却是尝不胜尝。作战的形式不过是奇、正两种,然而奇、正的变化,却是无穷无尽的。奇、正之间的相互转化,就像顺着圆环绕行一样,无始无终,谁又能穷尽它呢?

激水之疾[①],至于漂石者,势也;鸷鸟之疾[②],至于毁折[③]者,节[④]也。是故善战者,其势险,其节短。势如彍弩[⑤],节如发机[⑥]。

【注释】

①激水之疾:激,湍急。疾,迅猛、快速。湍急的流水飞速奔泻。杜佑注:"水性柔弱,石性刚重,至于漂转大石,投之洿下,皆由急疾之流,激得其势。"

②鸷鸟之疾:猛禽迅飞搏击。鸷鸟,凶猛的飞禽,如鹰、雕、鹫等。

③毁折:这里指鸷鸟捕杀鸟兽。

④节:节奏。这里指搏击的动作既迅疾又有节制。杜牧注:"节者,节量远近则攫之,故能毁

折物也。”

⑤彍弩：拉满待发的弩弓。彍（guō 郭），把弓拉满。杜佑注：“彍，张也。言形势之彍如弩之张。”

⑥节如发机：发机，击发弩机，将箭射出。机，弩上的机钮，类似枪上的扳机。陈皞注：“弩之发机，近则易中；战之遇敌，疾则易捷。”

【译文】

湍急的水流飞速奔泻，以致可以漂移石头，这是流速迅疾形成的“势”；猛禽迅飞搏击，以致能捕杀鸟兽，这是短促迅捷的“节”。所以善于用兵作战的人，他所造成的态势险峻逼人，他所掌握的进攻节奏短促有力。这种态势的险峻，如同张满的弓弩；这种迅疾的节奏，就像击发弩机。

纷纷纭纭[①]，斗乱而不可乱也[②]；浑浑沌沌[③]，形圆而不可败[④]也。乱生于治[⑤]，怯生于勇[⑥]，弱生于强[⑦]。治乱，数也[⑧]；勇怯，势也；强弱，形也。故善动敌者，形之，敌必从之[⑨]；予之，敌必取之。以利动之，以卒待之[⑩]。

【注释】

①纷纷纭纭：这里指旌旗杂乱的情形。

②斗乱而不可乱也：在混乱的状态中作战却要做到有序不乱。斗乱，在乱中作战。杜佑注：“视之若散，扰之若乱，然其法令素定，度帜分明，各有分数，扰而不乱者也。”

③浑浑沌沌：混杂迷蒙不清。

④形圆而不可败：阵势部署首尾呼应，能应付各方面的攻击。梅尧臣注：“形无首尾，应无前后，阳旋阴转，欲败而不能败。”

⑤乱生于治：混乱产生于严整之中。贾林注：“恃治则乱生。”另一说，军队要示敌以混乱，必须有严整的组织。

⑥怯生于勇：怯懦产生于勇敢之中。另一说，军队要示敌以怯懦，必须具备勇敢的素质。杜牧注：“欲伪为怯形以伺敌人，先须至勇，然后能为伪怯也。”

⑦弱生于强：弱小产生于强大之中。贾林注：“恃勇强则怯弱生。”另一说，军队要示敌以弱小，必须具有强大的实力。张预注：“能示敌以羸弱，必己之强也。”

⑧治乱，数也：军队的严整与混乱，取决于组织纪律的约束是否有序。王皙注：“治乱者数之变。数，谓法制。”

⑨形之，敌必从之：以假象迷惑敌人，让他判断失误，他必定会上当。形，示形。张预注：“形之以羸弱，敌必来从。”

⑩以利动之，以卒待之：用小利去调动敌人，用伏兵伺机破敌。动，调动。卒，这里意为伏兵。何延锡注：“敌贪我利，则失行列，利既能动，则以所待之卒击之，无不胜也。”

【译文】

在战旗纷乱的混杂状态中作战，要做到队伍严整不乱。在浑沌迷蒙的情况下，要部署阵势首尾呼应，对各方面的攻击应付自如。军队要示敌以混乱，必须有严整的组织。示敌以怯懦，必须具备勇敢的素质。示敌以弱小，必须拥有强大的实力。

军队的严整或混乱，取决于组织纪律的约束是否严密。军队的勇敢或怯懦，取决于作战态势的优劣。军队的强大或弱小，取决于双方的实力对比。所以，善于调动敌人的指挥者，以假象迷惑欺骗敌人，敌人就会上当；予敌以利，敌人就会受骗。用小利去调动敌人，同时以伏兵伺机攻击它。

故善战者，求之于势，不责于人[①]，故能择人而任势[②]。任势者，其战人[③]也，如转木石。木石之性[④]，安则静，危则动[⑤]，方则止，圆则行。故善战人之势，如转圆石于千仞之山者，势也。

【注释】

①求之于势，不责于人：把注意力放在追求有利的战略态势方面，而不是单纯苛求部属。

②择人而任势：选择适宜的人才，充分驾驭形势。李筌注："得势而战，人怯者能勇。故能择其所能任之。夫勇者可战，谨慎者可守，智者可说，无弃物也。"

③战人：即指挥士卒作战。与《形篇》中"战民"含义相同。

④木石之性：木、石的特性。

⑤安则静，危则动：在地势平坦之处则静止，在地势陡峭之地则滚动。安，安稳，此处指平坦的地势。静，平静、静止。危，危险、陡峭，此处指险峻的地势。梅尧臣注："木石，重物也，易以势动，难以力移。三军，至众也，可以势战，不可以力使。自然之道也。"

【译文】

所以善于用兵作战的人，总是致力于创造有利的作战态势，而不去苛求部属，因此他能够选择适宜的人才以充分驾驭形势。善于利用军事态势的将帅指挥作战，就像滚动木头、石头一样。木、石的特性是，放在安稳平坦的地方就静止，放在险峻陡峭的地方就滚动。方形的东西静止不动，圆形的东西容易滚动。所以，善于用兵作战的人所造成的有利态势，好像把圆石从千丈高峰滚落下来一样，这就是所谓"势"。

卷六 虚实篇

孙子曰:凡先处战地而待敌者佚[①],后处战地而趋战者劳[②]。故善战者,致人而不致于人[③]。能使敌人自至者,利之也[④]。能使敌人不得至者,害之也[⑤]。故敌佚能劳之[⑥],饱能饥之[⑦],安能动之[⑧]。

【注释】

①凡先处战地而待敌者佚:处,占据,占领。《太平御览》作"据"。佚,汉简本作"失",通"逸",闲逸;从容。张预注:"形势之地,我先据之,以待敌人之来。则士马闲逸,而力有余。"

②后处战地而趋战者劳:趋,疾走,快步而行。这里有仓促之意。趋战,即仓促间奔赴应战。劳,劳倦;疲弊。孟氏注:"若敌已处便势之地,己方赴利,士马劳倦,则不利矣。"在战争中如有利地形、时机被敌人占据而仓促之间应战,则易陷于被动、疲弊。

③致人而不致于人:致,招致;引致。杜佑注:"言两军相远,强弱俱敌,彼可使历险而来,我不可历险而往。必能引致敌人,己不往从也。"致人,调动对方。致于人,被对方所调动。

④能使敌人自至者,利之也:自至,自动前来。利之,以利相诱。此谓以利诱使敌人自来就歼。

⑤能使敌人不得至者,害之也:害,阻挠,扰乱。杜佑注:"出其所必趋,攻其所必救,能守其险害之要路,敌不得自至。"此句谓使敌人无法到达战地,是由于对它进行了牵制、阻挠。

⑥敌佚能劳之:李筌注:"攻其不意,使敌疲于奔命。"劳,疲弊。使敌人由安逸变为疲弊、劳倦。

⑦饱能饥之:曹操注:"绝粮道以饥之。"饥之,使它饥饿、匮乏。使敌人由供应充足变为饥乏。

⑧安能动之:李筌注:"出其所必趋,击其所不意,攻其所必爱,使不得不救也。"设法调动敌人,使之不能安稳。

【译文】

孙武说:凡先到达战地等待敌人前来的就从容主动,后到达战地匆忙应战的就疲倦被动。因此善于作战的人,总是调动敌人而不被敌人调动。能让敌人自动前来就歼,是因为用小利引诱它。能让敌人无法到达它的预定地域,是因为设法阻挠它。所以敌人如在从容休整,就要设法让他疲弊。敌人粮饷供应充足,就要设法让他饥饿匮乏。敌人守备稳固,就要设法调动它。

出其所不趋[①],趋其所不意[②]。行千里而不劳者,行于无人之地也[③]。攻而必取者,攻其所不守也[④]。守而必固者,守其所不攻也[⑤]。故善攻者,敌不知其所守。善守者,敌不知其所攻[⑥]。微乎微乎,至于无形[⑦];神乎神乎,至于无声[⑧],故能为敌之司命[⑨]。

【注释】

①出其所不趋:趋,奔赴,此指进军。曹操注:“使敌不得不相往而救之也。”汉简本作“出于其所必趋也”,《太平御览》作“出其所必趋”。此句谓进军要指向敌人不及救援的地方。

②趋其所不意:与上句意相近,谓进攻敌人意料不到的地方。

③行千里而不劳者,行于无人之地也:无人之地,指敌人没有防备的地方。汉简本“不劳”作“不畏”,“无人之地”前无“于”字。杜牧注:“言不劳者,空虚之地,无敌人之虞。行止在我,故不劳也。”

④攻而必取者,攻其所不守也:张预注:“善攻者动于九天之上,使敌人莫之能备,则吾之所攻者,乃敌之所不守也。”进攻而必定取得胜利,是由于进攻的是敌人防守不严的地方。

⑤守而必固者,守其所不攻也:杜牧注:“不攻尚守,何况其所攻乎。”汉简本作“守而必固,守其所必攻也”。防守而必定使阵地稳固,是由于防守在敌人无法攻取的地方。

⑥故善攻者,敌不知其所守。善守者,敌不知其所攻:汉简本二句皆无“其”字。王皙注:“善攻者待敌有可胜之隙,速而攻之,则使其不能守也。善守者,常为不可胜,则使其不能攻也。云不知者,攻守之计不知所出耳。”

⑦微乎微乎,至于无形:微,微妙。杨倞注:“微妙,精尽也。”张预注:“攻守之术,微妙神秘,至于无形之可睹。”

⑧神乎神乎,至于无声:神,神奇。杜佑注:“言变化之形倏忽若神,故能料敌死生,如天之司命也。”

⑨故能为敌之司命:司命,星官名。《周礼·春官大宗伯》有“文昌司命”。《楚辞·九歌》中有少司命。此处指命运的主宰。张预注:“故敌人生死之命,皆主于我也。”

【译文】

要出兵向敌人无法救援的地方,进攻敌人预料不到的地方。千里行军而不疲劳,是因为行进在敌人没有防备的地区。进攻而必定取得胜利,是因为攻击的是敌人未加防守的地方。防守而必定使阵地稳固,是因为防守的是敌人无法攻破的地方。所以善于进攻的人,让敌人不知道如何防守。善于防守的人,让敌人不知道如何进攻。微妙啊微妙,以至于使人看不出任何形迹。神奇啊神奇,以至于使人听不到一点声息。所以能够主宰敌人的命运。

进而不可御者,冲其虚也[①];退而不可追者,速而不可及也[②]。故我欲战,敌虽高垒深沟,不得不与我战者,攻其所必救[③]也;我不欲战,画地而守之,敌不得与我战者,乖其所之[④]也。

【注释】

①进而不可御者,冲其虚也:御,抵御、抗衡。冲,进击、攻击。虚,空虚懈怠。杜佑注:“冲突

其空虚也。”张预注：“对垒相持之际，见彼之虚隙，则急进而捣之，敌岂能御我也。”

②退而不可追者，速而不可及也：汉简本“追”作“止”。《太平御览》“速”作“远”。及，追上。杜牧注：“既攻其虚，敌必败。败丧之后，安能追我，我故得以疾退也。”

③攻其所必救：攻击敌人必定要救援的地方。梅尧臣注：“攻其要害。”

④乖其所之：乖，违背。这里有改变、有意诱导之意。李筌注：“乖，异也。设奇异而疑之，是以敌不可得与我战。”

【译文】

进攻时使敌人无法抵御的，是因为攻击了敌人虚弱懈怠的地方；退却时使敌人无法追击的，是由于行动神速而使敌人来不及追赶。如果我们要交战，敌人虽然有高垒深沟也不得不出来应战，是因为我军攻击的是敌人所必定要救援的要害；我们不打算交战时，虽然是画地防守，敌人也不能前来交战，是因为我们引导敌人改变了进攻的方向。

故形人而我无形①，则我专而敌分②。我专为一，敌分为十，是以十攻其一也③，则我众而敌寡；能以众击寡者，则吾之所与战者约矣④。吾所与战之地不可知⑤，不可知，则敌所备者多⑥，敌所备者多，则吾所与战者寡矣⑦。故备前则后寡，备后则前寡；备左则右寡，备右则左寡；无所不备，则无所不寡⑧。寡者，备人者也⑨；众者，使人备己者也⑩。

【注释】

①形人而我无形：形，此处为动词，使之暴露，显露。形人，使敌人暴露其兵力部署等情况。我无形，此“形”字为名词，即我军不显露形迹。

②我专而敌分：专，集中。分，分散。梅尧臣注：“他人有形，我形不见，故敌分兵以备我。”

③是以十攻其一也：汉简本作“以十击一”。杜佑注：“以我之专，击彼之散，是为十共击一也。”

④吾之所与战者约矣：约，少，寡。张预注：“夫势聚则强，兵散则弱。以众强之势，击寡弱之兵，则用力少而成功多矣。”

⑤吾所与战之地不可知：指行动秘密，我军计划与敌人交战之地使敌人无法预知。

⑥不可知，则敌所备者多：敌人既然无法了解战况，只好处处防备。

⑦敌所备者多，则吾所与战者寡矣：曹操注：“形藏敌疑，则分离其众备我也。言少而易击也。”敌人兵力分散，则便于我军集中兵力各个击破。

⑧无所不备，则无所不寡：汉简本及《太平御览》作“无不备者，无不寡”。杜佑注：“言敌之所备者多，则士卒无不分散而少。”

⑨寡者，备人者也：兵力薄弱，是由于分散力量多处设防。梅尧臣注：“使敌愈备则愈寡也。”

⑩众者，使人备己者也：兵力强大，是由于敌人处处防备，而我军兵力集中。张预注：“所以众者，为专而使人备己也。”

【译文】

我们要察明敌人的情况而自身不显露形迹，这样我们就可以集中兵力而敌人

却不得不分散兵力。我军的兵力集中在一处，而敌人的兵力分散在十处，那么我军就能以十倍的兵力去进攻敌人，以造成我众而敌寡的优势。能够集中优势兵力进攻少数敌人，这样与我们作战的敌人力量就相对小了。我军所要进攻的地方敌人无从知道，既然无从知道，那么敌人所要防备的地方就很多；敌人防备的地方多，与我们交战的兵力就必然会少。所以防备了前面，后面的兵力就会薄弱；防备了后面，前面的兵力就会薄弱；防备了左面，右面的兵力就会薄弱；防备了右面，左面的兵力就会薄弱。到处防备就会到处兵力薄弱。之所以兵力薄弱，是由于到处分兵设防；之所以兵力集中，是由于迫使敌人处处设防。

故知战之地，知战之日，则可千里而会战[①]。不知战地，不知战日，则左不能救右，右不能救左，前不能救后，后不能救前，而况远者数十里，近者数里乎？以吾度之[②]，越人之兵虽多[③]，亦奚益于胜败哉[④]？故曰：胜可为也[⑤]。敌虽众，可使无斗[⑥]。

【注释】

①知战之地，知战之日，则可千里而会战：张预注："凡举兵伐敌，所战之地，必先知之。师至之日，能使人人如期而来，以与我战。"竹简本无"会"字。

②以吾度之：度，推测、判断。

③越人之兵虽多：春秋时代，吴国与越国之间互为敌国，长年攻战。孙武为吴王阖闾论兵法，所以这里以越国军队作为敌方举例。

④奚益于胜败哉：奚，何。益，帮助、助益。汉简本无"败"字。

⑤胜可为也：《太平御览》作"胜可知而不可为也"。杜牧注："为胜在我，故言可为之。"此言胜利是可以争取的。

⑥敌虽众，可使无斗：贾林注："敌虽众多，不知己之兵情，常使急自备，不暇谋斗"。汉简本作"敌唯众，可毋斫也"。

【译文】

因此，如果了解作战地点的地形，知道作战的时间，那么就是远出千里也可以去与敌人交战。不了解作战地点的地形，不知道作战的时间，就将使左翼无法救援右翼，右翼无法救援左翼，前军无法救援后军，后军无法救援前军，更何况要在远至数十里近至数里的距离内互相救援呢？根据我的分析，越国的军队虽然多，但对战争的胜败又有什么帮助呢？所以说，胜利是可以经过努力来争取的。敌人虽多，却能使它无法与我军较量。

故策之而知得失之计[①]，作之而知动静之理[②]，形之而知死生之地[③]，角之而知有余不足之处[④]。故形兵之极，至于无形[⑤]；无形，则深间不能窥，智者不能谋[⑥]。因形而错胜于众[⑦]，众不能知；人皆知我所以胜之形[⑧]，而莫知吾所以制胜之形[⑨]。故其战胜不复[⑩]，而应形于无穷[⑪]。

【注释】

①策之而知得失之计：策，筹算。得失之计，作战计划的得失利害。杜佑注："策度敌情，观

其所施，计数可知。”梅尧臣注：“彼得失之计，我以算策而知。”

②作之而知动静之理：作，此处指诱使，挑动。动静之理，行动的规律。有意挑动敌人，以了解敌人的行动规律。

③形之而知死生之地：形，此处指以假象示敌。张预注：“形之以弱，则彼必进。形之以强，则彼必退。因其进退之际，则知彼据之地死与生也。”死生之地，指敌人所处地形的优势和短处。

④角之而知有余不足之处：角，较量，此处指试探性的进攻。张预注：“有余强也，不足弱也。角量敌形，知彼强弱之所。”以试探性的进攻来察明敌人的虚实强弱。

⑤故形兵之极，至于无形：形兵，军队部署时有意表现的假象。无形，略无形迹。杜牧注：“此言用兵之道，至于臻极，不过于无形。”

⑥深间不能窥，智者不能谋：深间，隐藏很深的间谍。窥，窥测，刺探。智者，此处指有计谋的敌人。谋，谋划。汉简本作“知者弗能谋也”。

⑦因形而错胜于众：因形，凭借敌情变化而应变。错，通“措”，放置。错胜于众，胜利摆在人们面前。

⑧人皆知我所以胜之形：形，形态。此处指作战的方式方法。人们都看到了我军取得胜利的情况。

⑨而莫知吾所以制胜之形：制胜之形，取得胜利的原因。人们并不知道我军之所以获胜的原因。

⑩战胜不复：取胜的方法每次都不重复。李筌注：“不复前谋以取胜，随宜制变也。”

⑪应形于无穷：应形，适应敌情，根据敌情。张预注：“但随敌之形而应之，出奇无穷也。”

【译文】

所以要认真分析判断，来了解敌人作战计划的优劣得失，挑动敌人来了解敌人的活动规律。通过佯动示形，以掌握敌人地形的有利及不利。通过试探性的进攻，以探明敌人兵力的虚实强弱。因此，示形以诱敌的方法如运用到最高境界，就会让人看不出一点形迹。既然看不出形迹，就是有深藏的间谍也窥探不出虚实，深于谋略的敌人也无计可施。将根据敌情变化而灵活运用战法取得的胜利摆在人们面前，人们也无法领略其中的奥妙。人们都知道我取胜的一般办法，但是不知道我是怎样根据敌情变化灵活运用这些办法以取胜的。所以，每次战胜，都不是重复老一套，而是根据敌情的发展，而变化无穷。

夫兵形象水[①]，水之形，避高而趋下；兵之形，避实而击虚[②]。水因地而制流，兵因敌而制胜[③]。故兵无常势，水无常形[④]；能因敌变化而取胜者，谓之神[⑤]。故五行无常胜[⑥]，四时无常位[⑦]，日有短长，月有死生[⑧]。

【注释】

①兵形象水：兵形，用兵作战的规律。孟氏注：“兵之形势如水流，迟速之势无常也。”

②兵之形，避实而击虚：用兵的规律是避开敌人坚实的地方，而攻击敌人虚弱的地方。张预注：“水趋下则顺，兵击虚则利。”

③水因地而制流，兵因敌而制胜：水因受地形高下的制约而决定流向，用兵则根据敌情的不

同来决定取胜的方法。

④兵无常势，水无常形：用兵没有固定不变的程式，就像水流没有固定不变的形态一样。汉简本作“兵无成埶(势)，无恒刑(形)”。

⑤能因敌变化而取胜者，谓之神：能根据敌情变化运用谋略而取得胜利者，可称作用兵如神。神，神妙，智谋高超。曹操注：“势盛必衰，形露必败，故能因敌变化，取胜若神。”

⑥五行无常胜：五行，指金、木、水、火、土，古代认为它们是构成万物的基本要素。五行之间有相生与相克两种关系。所谓相生，顺序为：“木生火，火生土，土生金，金生水，水生木。”相克亦称相胜，顺序为：“水胜火，火胜金，金胜木，木胜土，土胜水。”无常胜，就是说五行中没有一种是固定独胜的。

⑦四时无常位：四时，春、夏、秋、冬四季。无常位，四时依次更替，循环往复永无止息，都没有固定不变的位置。

⑧日有短长，月有死生：白昼的时间随季节变化而有短有长，月亮随循环往复而有盈有亏。杜佑注：“兵无常势，盈缩随敌。日月盛衰，犹兵之形势，或弱或强也。”

【译文】

用兵的规律好像流水，水流动的规律是避开高处而流向低处；而用兵的规律是避开敌人坚实的地方而攻击其虚弱之处。水因地形的高低而制约其流向，用兵则根据敌情而制定不同的取胜方针。所以，用兵作战没有固定不变的方式，就像水的流动没有固定的形态一样。能够依据敌情变化而克敌制胜的，就称作用兵如神。所以用兵也像自然规律一样，五行相生相克没有固定的常胜，四季依次交替没有不变的位置，白天有长有短，月亮有圆有缺。

卷七 军争篇

孙子曰:凡用兵之法,将受命于君[①],合军聚众[②],交和而舍[③],莫难于军争[④]。军争之难者,以迂为直,以患为利[⑤]。故迂其途,而诱之以利[⑥],后人发,先人至[⑦],此知迂直之计者也[⑧]。

【注释】

①将受命于君:主将接受国君的命令。

②合军聚众:召集民众,组织军队。张预注:"合国人以为军,聚兵众以为阵。"

③交和而舍:两军营垒对峙。交,两军相对。和,古时军门称"和门"。舍,舍营,驻扎。张预注:"军门为和门。言与敌对垒而舍,其门相交对也。"

④莫难于军争:最难的是两军争夺制胜的条件。张预注:"与人相对而争利,天下之至难也。"

⑤军争之难者,以迂为直,以患为利:争夺制胜条件的难点,在于通过看似迂远曲折的途径以达到近便直接的目的,把不利变为有利。

⑥故迂其途,而诱之以利:故意绕道迂回,并以小利引诱敌人。杜佑注:"已外张形势,回从远道,敌至于应,争从其近,皆得敌情,诳之以利。"

⑦后人发,先人至:后,先,均用作动词。虽比敌人后出动,却能先到达战略要地。

⑧此知迂直之计者也:这是掌握以迂为直之计谋的人。

【译文】

孙武说:凡是用兵的法则,将帅接受国君之命,从组织民众编制军队到开赴前线与敌军对阵,最难的莫过于与敌人争夺制胜条件。争夺制胜条件中的难点,又在于通过迂远曲折的途径达到近直的目的,把困难转化为有利。所以要有意绕道迂回,并以小利引诱敌人,这样就能做到比敌人后出动而先到达所要争夺的要地。这就是懂得了以迂为直的计谋。

故军争为利,军争为危[①]。举军而争利则不及[②],委军而争利则辎重捐[③]。是故卷甲而趋[④],日夜不处,倍道兼行[⑤],百里而争利,则擒三将军[⑥],劲者先,疲者后,其法十一而至[⑦];五十里而争利,则蹶上将军,其法半至[⑧];三十里而争利,则三分之二至[⑨]。是故军无辎重则亡,无粮食则亡,无委积则亡[⑩]。

【注释】

①军争为利，军争为危：军争既有其有利的一面，也有其危险的一面。曹操注："善者则以利，不善者则以危。"

②举军而争利则不及：全军带着装备辎重去争利，就会无法及时赶到预定地点。举军，全军连同装备辎重。张预注："竭军而前，则行缓而不能及利。"

③委军而争利则辎重捐：如丢弃笨重的装备器械轻装前进，辎重物资就将遭到损失。委，丢弃。辎重，随军运载的军用器械、粮秣、服装等。捐，损失。杜佑注："举一军之物行，则重滞迟缓，不及于利，委弃辎重，轻兵前追，则恐辎重因此而捐也。"

④是故卷甲而趋：因此收起铠甲轻装行进。

⑤日夜不处，倍道兼行：昼夜兼程，不停顿地以加倍的速度连续行军。处，停止，休息。倍道，加倍的速度。兼行，昼夜兼程。

⑥则擒三将军：那么三军的主将可能被俘，意即全军覆没。三将军，三军将帅。春秋时大国一般有三军。晋设中军、上军、下军。楚设中军、左军、右军。

⑦劲者先，疲者后，其法十一而至：人马强壮的先到，疲弱的落后掉队，这样做只有十分之一的兵力能够赶到。十一，十分之一。

⑧五十里而争利，则蹶上将军，其法半至：如奔趋五十里去争利，则先头部队的将领会受挫败，这样做只有半数兵力可以到达。蹶，挫败，折损。上将军，前军将领。

⑨三十里而争利，则三分之二至：如奔趋三十里去争利，则能有三分之二的兵力能够到达。杜佑注："道近则至者多，故不言死败，胜负未可知也。"

⑩是故军无辎重则亡，无粮食则亡，无委积则亡：因此，军队如果没有辎重装备，没有粮草，没有物资储备，就无法生存。梅尧臣注："三者不可无，是不可委军而争利也。"

【译文】

军争有有利的方面，但也有危险的方面。如果全军带着所有辎重去争利，就不能按时到达预定的地域；如果丢下辎重去争利，辎重就会损失。因此卷甲急进，昼夜兼程，走百里之遥去争利，三军的将领就可能要被俘获，身强体壮的士卒先赶到，疲弱的落后掉队，结果可能只有十分之一的人马到达。从五十里远的地方赶去争利，前军的将领就会折损，结果只有半数兵力到达。从三十里远的地方赶去争利，可能有三分之二的人马到达。所以，军队没有辎重就无法生存，没有粮饷就无法生存，没有物资储备就无法生存。

故不知诸侯之谋者，不能豫交[①]，不知山林、险阻、沮泽之形者，不能行军[②]，不用乡导[③]者，不能得地利。故兵以诈立[④]，以利动[⑤]，以分合为变[⑥]者也。故其疾如风[⑦]，其徐如林[⑧]，侵掠如火[⑨]，不动如山[⑩]，难知如阴[⑪]，动如雷震[⑫]。掠乡分众[⑬]，廓地分利[⑭]，悬权而动[⑮]。先知迂直之计者胜[⑯]，此军争之法[⑰]也。

【注释】

①不知诸侯之谋者，不能豫交：如果不了解诸侯列国的战略谋划的，就不能与之结交。豫交，与诸侯结交。张预注："先知诸侯之实情，然后可以结交。不知其谋，则恐翻覆为患。"

②不知山林、险阻、沮泽之形者，不能行军：不了解山林等地形情况，就无法行军。沮泽，水草丛生的沼泽地带。曹操注："高而崇者为山，众树所聚者为林，坑堑者为险，一高一下者为阻，水草渐洳者为沮，众水所归而不流者为泽。"

③乡导：即向导，熟悉地形为军队带路的人。

④兵以诈立：用兵作战以多变、诡诈而用奇的办法取胜。张预注："以变诈为本，使敌不知吾奇正所在，则我可为立"。立，此处指成功、取胜。

⑤以利动：用兵以是否有利来采取适当行动。

⑥以分合为变：作战时应根据情况变化，以兵力的分散或集中来变换战术。分，分散兵力。合，集中兵力。杜牧注："分合者，或分或合，以惑敌人，现其应我之形，然后能变化以取胜也"。

⑦其疾如风：军队行动迅速时，如疾风一般。疾，快速。

⑧其徐如林：军队行动舒缓时，如森然不乱之林木。徐，舒缓。杜牧注："言缓行之时，须有行列如林木也，恐为敌人之掩袭也。"

⑨侵掠如火：向敌军发起攻击时如同燎原烈火，猛不可当。侵掠，此处指进攻、袭击。

⑩不动如山：部队驻军防守时像山岳一样不可动摇。张预注："若山石之不可移，犯之者其角立毁"。

⑪难知如阴：我军的作战意图等使敌人莫测高深，就像阴云蔽天难辨日月星辰。李筌注："其势不测，如阴不能睹万象。"

⑫动如雷震：军队行动时如迅雷闪电，使敌人不知所避。《太平御览》、《通典》皆作"动如雷霆"。

⑬掠乡分众：分兵多路以掠取敌国乡邑的粮秣、资财。《太平御览》作"指乡分众"。杜佑注："因敌而制胜也，旌旗之所指向，则分离其众。"

⑭廓地分利：开拓疆土，分别利害轻重而据守。廓，原为扩。因南宋避宁宗赵扩讳，改为廓。李筌注："得敌地，必分守利害。"

⑮悬权而动：权衡敌我形势之利弊得失来决定如何采取行动。权，秤锤。悬权，把秤锤挂在秤杆上，比喻衡量利害关系。张预注："如悬权于衡，量知轻重，然后动也。"

⑯先知迂直之计者胜：懂得以迂为直之计谋的将领可以取胜。杜牧注："言军争者，先须计远近迂直，然后可以为胜。"

⑰军争之法：军争中争胜的法则。

【译文】

因此，不了解各诸侯国的战略意图，就不能与其结交；不熟悉山林、险阻、沼泽等地形，就不能行军；不使用向导，就不能得地利。所以说用兵作战要靠奇诡多变来争取胜利，根据是否有利来决定行动，随情况的变化而分散或集中使用兵力。这样，军队行动迅速时如疾风忽至，行动舒缓时如森林一样严整，攻击敌人时如燎原之烈火，驻守防御时如巍然之山岳。隐蔽时如阴云密布不辨星辰日月，冲锋陷阵时如雷霆万钧。掠取敌国的乡邑要分兵数路，拓展疆土要分兵据守，要慎重权衡得失利弊，然后相机而动。谁先懂得以迂为直之计谋的就可以取胜，这就是军争的法则。

《军政》[①]曰:“言不相闻,故为金鼓[②];视不相见,故为旌旗[③]。”夫金鼓、旌旗者,所以一人之耳目[④]也。人既专一,则勇者不得独进,怯者不得独退,此用众之法[⑤]也。故夜战多火鼓,昼战多旌旗[⑥],所以变人耳目[⑦]也。

【注释】

①《军政》:上古兵书,已佚。梅尧臣注:“军之旧典。”

②言不相闻,故为金鼓:战场上难以听清语言命令,所以设置锣鼓作为指挥的号令设施。金鼓,锣鼓。擂鼓进军,鸣金收兵。金鼓,汉简本作“鼓金”,《通典》作“鼓铎”。

③视不相见,故为旌旗:作战时难以看见相互间的行动,所以设置旌旗作为联络指挥的信号。杜佑注:“瞻见指麾,以为目候。”

④所以一人之耳目:金鼓、旌旗是用来统一军队行动的。张预注:“夫用兵既众,占地必广,首尾相辽,耳目不接,故设金鼓之声,使之相闻;立旌旗之形,使之相见。视听均齐,则虽百万之众,进退如一矣。”

⑤用众之法:指挥人数众多的军队的办法。

⑥夜战多火鼓,昼战多旌旗:夜间作战主要用火光及鼓声,白天作战主要用旗帜来作为指挥和联络的信号。

⑦变人耳目:适应士兵在夜间或白天视听感觉的不同特点。变,此处意为适应。杜牧注:“令军士耳目皆随旌旗火鼓而变也。”

【译文】

《军政》中说:“因为语言指挥听不清,所以使用金鼓;动作指挥看不清,所以使用旌旗。”金鼓、旌旗都是用来统一军队行动的。军队上下行动既然一致,那么勇敢的将士就不能单独前进,怯懦的将士也不能单独后退。这就是指挥人数众多的军队作战的办法。因此夜间作战主要使用火光和锣鼓,白天作战主要使用旗帜,都是为了适应士卒视听特点的需要。

故三军可夺气[①],将军可夺心[②]。是故朝气锐,昼气惰,暮气归[③]。故善用兵者,避其锐气,击其惰归[④],此治气者也[⑤]。以治待乱[⑥],以静待哗[⑦],此治心者也[⑧]。以近待远,以佚待劳,以饱待饥,此治力者也[⑨]。无邀正正之旗[⑩],勿击堂堂之陈[⑪],此治变者也[⑫]。

【注释】

①三军可夺气:军队的勇锐士气可以打击和挫伤。夺,此处指打击、挫伤。李筌注:“夺气,夺其锐勇。”

②将军可夺心:可以设法扰乱动摇敌将的意志和决心。张预注:“心者,将之所主也。夫治乱勇怯,皆主于心。故善制敌者,挠之使之乱,激之而使惑,迫之而使惧,故彼之心谋可以夺也。”

③朝气锐,昼气惰,暮气归:军队初战时士气旺盛,既久则趋懈怠,最后完全低落。这里用早上的朝气、中午的昼气、傍晚的暮气来分别形容军队初、中、后期的士气。

④避其锐气,击其惰归:避开敌人的锐气,等它懈怠、低落再去攻击。梅尧臣注:“谓兵始而

锐,久则惰而思归,故可击。"

⑤此治气者也:这是掌握士气规律的方法。

⑥以治待乱:以我军之井然有序来对付敌人的混乱。贾林注:"以我之整治,待敌之挠乱。"

⑦以静待哗:以镇静沉着来对付噪动嘈杂。贾林注:"以我之清静,待敌之喧哗。"

⑧此治心者也:这是掌握将帅心理的法则。

⑨此治力者也:这是掌握运用军队战斗力的法则。

⑩无邀正正之旗:不要迎击部署严整、旗帜整齐的敌军。无,即勿。邀,拦击,截击。

⑪勿击堂堂之陈:不要攻击阵容壮大、实力雄厚的敌人。陈,同"阵"。

⑫此治变者也:这是掌握临机应变、因敌制胜的办法。

【译文】

可以挫伤打击三军的士气,可以动摇扰乱敌军将帅的意志决心。军队初战时士气旺盛,继而渐趋懈怠,最后疲乏衰竭。所以善于用兵的人,要避开敌人的锐气,等敌人士气松懈疲惫后再去攻击,这就是掌握军队士气的方法。以自己的严整对付敌人的混乱,以自己的镇静对付敌人的浮躁,这是掌握战将心理的办法。以自己的靠近战场来对付敌人的长途跋涉,以自己的安逸休整来对付敌人的奔走疲劳,以自己的粮饷足备来对付敌人的粮缺人饥,这是掌握军队战斗力的办法。不要迎击部署周密旗帜严整的敌人,不要攻击阵容整肃实力雄厚的敌人,这是掌握机动应变的原则。

故用兵之法:高陵勿向①,背丘勿逆②,佯北勿从③,锐卒勿攻④,饵兵勿食⑤,归师勿遏⑥,围师必阙⑦,穷寇勿迫⑧,此用兵之法也。

【注释】

①高陵勿向:不要进攻已经占据高地的敌军。陵,山地。向,此处指仰攻。张预注:"敌处高为阵,不可仰攻,人马之驰逐,弧矢之施发,皆不便也。"

②背丘勿逆:不要正面进攻背靠丘陵险阻地势的敌军。背,倚靠、倚托。逆,迎击。汉简本作"倍丘勿迎"。梅尧臣注:"背丘勿逆者,敌自高而来,不可逆战,势不便也。"

③佯北勿从:不要跟踪追击假装战败而走的敌军。这是为了防备遭敌军伏击。佯,假装。北,败逃。贾林注:"敌未衰,忽然奔北,必有奇伏要击我兵,谨勒将士,勿命逐追。"

④锐卒勿攻:不要进攻锐气正盛的敌军。

⑤饵兵勿食:不要贪图敌人故意引诱的小利。饵兵,即诱人就范的小股部队。杜牧所注:"敌忽弃饮食而去,先须尝试,不可便食,虑毒也。"非孙子本意。张预注:"夫饵兵非止谓置毒于饮食,但以利留敌,皆为饵也。"

⑥归师勿遏:不要拦截正向其本国撤退的敌军。杜佑注:"若穷寇退还,依险而行,人人怀归,故能死战,徐观其变,而勿遏截之。"

⑦围师必阙:包围敌军作战时要留有缺口。阙,通"缺",缺口。汉简本作"围师遗阙"。李筌注:"夫围敌必空其一面,示不固也。若四面围之,敌必人守不拔也。"

⑧穷寇勿迫:不要过分地逼迫已陷入绝境的敌人。梅尧臣注:"困兽犹斗,物理然也。"

【译文】

所以，用兵的法则是：敌军如占领山地就不要仰攻，敌军如背靠高地就不可从正面攻击，敌人假装败逃不要去跟踪追击，敌军锐气正盛时不要去攻击，对敌人的饵兵不要去理睬，对撤退回国的敌军不要去截击，包围敌人要留有缺口，对陷入绝境的敌军不要过分逼迫。这都是用兵应掌握的法则。

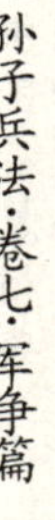

卷八　九变篇

孙子曰：凡用兵之法，将受命于君，合军聚众，圮地无舍[①]，衢地交合[②]，绝地无留[③]，围地则谋[④]，死地则战[⑤]。涂有所不由[⑥]，军有所不击[⑦]，城有所不攻[⑧]，地有所不争[⑨]，君命有所不受[⑩]。故将通于九变之利者，知用兵矣[⑪]；将不通于九变之利者，虽知地形，不能得地之利矣[⑫]。治兵不知九变之术，虽知五利，不能得人之用矣[⑬]。

【注释】

①圮地无舍：在难以通行的地方不可宿营。圮，毁坏，倒塌。曹操注："水毁曰圮。"圮地，通行困难之地。《九地篇》有："山林、险阻、沮泽，凡难行之道者，为圮地。"舍，舍营，宿营。张预注："凡难行之道为圮地，以其无所依，故不可舍止。"

②衢地交合：在四通八达的地区要结交诸侯以求援助。衢地，四通八达之地。交合，与诸侯相结交。张预注："四通之地，旁有邻国，先往结之，以为交援。"

③绝地无留：在难以生存的地方不宜停留。绝地，没有泉、井，缺乏柴草的地方。《九地篇》："去国越境而师者，绝地也。"

④围地则谋：在容易被围困的地区要设计摆脱险境。围地，出入通道狭窄，地形四面险阻之地。谋，谋划奇计。张预注："居前隘后固之地，当发奇谋，若汉高为匈奴所围，用陈平奇计得出，兹近之。"

⑤死地则战：在没有退还生路的地方就要奋力死战。死地，没有退路，不奋力死战就无法求生的地方。《九地篇》有："疾战则存，不疾战则亡，为死地。"李筌注："置兵于必死之地，人自为私斗。韩信破赵，此是也。"

⑥涂有所不由：有些道路不可通过。贾林注："途且不利，虽近不从。"王皙注："途虽可从，而有所不从，虑奇伏也。"

⑦军有所不击：有的敌军不要攻击。汉简本《四变》有："军之所不击者，曰：两军交和而舍，计吾力足以破其军，獾其将。远计之，有奇势……如此者，军虽可击，弗击也。"曹操注："军虽可击，以地险难，久留之，失前利，若得之则利薄，因穷之兵，必死战也。"

⑧城有所不攻：有的城邑不一定要去攻占。汉简本《四变》有："城之所不攻者，曰：计吾力足以拔之，拔之而不及利于前，得之而后弗能守，若力□之，城必不取。及于前，利得而城自降，利不得而不为害于后。若此者，城虽可攻，弗攻也。"

⑨地有所不争：有的地方不一定要去争夺。汉简本《四变》有："地之所不争者，曰：山谷水□无能生者，……如此者，弗争也。"王皙注："谓地虽要害，敌已据之，或得之无所用，若难

守者。”

⑩君命有所不受:即便是国君的命令,有的也可以不接受。张预注:“苟便于事,不从君命。……但临时制宜,故统之以君命有所不受。”

⑪将通于九变之利者,知用兵矣:将领能通晓各种机变的利弊,就算得上懂得用兵之道了。九变,杜佑注:“九事之变,皆临时制宜,不由常道,故言变也。”

⑫将不通于九变之利者,虽知地形,不能得地之利矣:将领如不能懂得各种机变的利弊,虽然了解地形,也不能善于利用地形。张预注:“凡地有形有变,知形而不晓变,岂能得地之利。”

⑬治兵不知九变之术,虽知五利,不能得人之用矣:九变之术,各种机变的手段。五利,指“涂有所不由,军有所不击,城有所不攻,地有所不争,君命有所不受”。张预注:“凡兵有利有变,知利而不识变,岂能得人之用?”

【译文】

孙武说:大凡用兵的法则是,主将领受国君的命令,征集兵员组织军队出征时,在“圮地”不宜驻军宿营,在“衢地”要结交邻国诸侯,在“绝地”上不可久留,在“围地”中要巧设奇谋,陷入“死地”要奋力死战。有的道路不要通过,有的敌军不要攻击,有的城邑不要攻占,有的地方不要争夺,国君的命令有的可以不接受。将领如能懂得各种机变的利弊,就算是会用兵了。将领如果不懂得各种机变的利弊,虽然了解地形,也不能从地利中得到好处。指挥军队作战而不懂得各种机变的手段,虽然知道“五利”,也不能充分发挥军队的应有作用。

是故智者之虑[①],必杂于利害[②]。杂于利而务可信[③]也,杂于害而患可解[④]也。

【注释】

①智者之虑:聪明的将领的思考。

②必杂于利害:杂,兼有,兼顾。张预注:“智者虑事,虽处利地,必思所以害;虽处害地,必思所以利;此亦通变之谓也。”

③杂于利而务可信:在不利的情况下要考虑到有利的一面,事情才能顺利进行。张预注:“以所害而参所利,可以伸己之事。”务,此处指军队的作战任务。信,通“伸”,此处指伸展,达到。汉简本作“杂于利故务可信”。

④杂于害而患可解:在有利的情况下要考虑到不利的一面,危难才可以消除。张预注:“以所利而参所害,可以解己之难。”患,祸害,意外。解,消除。

【译文】

明智的将帅考虑问题,总是同时兼顾到利和害两个方面。在不利的情况下要看到有利的方面,事情才可以顺利进行;在有利的情况下要看到不利的方面,祸患才可以消除。

是故屈诸侯者以害[①],役诸侯者以业[②],趋诸侯者以利[③]。

【注释】

①屈诸侯者以害:用诸侯所害怕的事情去伤害它,以使之屈服。杜牧注:"言敌人苟有所恶之事,我能乘而害之,不失其机,则能屈敌也。"

②役诸侯者以业:以消耗国力的事情驱使敌国为之疲于奔命。役,役使,驱使。业,此处指危险的事情。《尔雅》:"业业翘翘,危也。"杜佑注:"能以事劳役诸侯之人,命不得安佚。"

③趋诸侯者以利:以小利引诱迫使诸侯被动奔走。趋,奔走。杜牧注:"言以利诱之,使自来至我也,堕我画中。"

【译文】

为使各国诸侯屈服,就要用诸侯最害怕的事情去伤害它;为使各国诸侯穷于应付,就要用诸侯感到危险的事情去困扰它;为使各国诸侯被动奔走,就要用小利去引诱它。

故用兵之法,无恃其不来,恃吾有以待也①;无恃其不攻,恃吾有所不可攻也②。

【注释】

①无恃其不来,恃吾有以待也:不要指望敌人不来,而是要依靠我们有充分准备以等待它。恃,依靠,指望。《太平御览》作"恃吾有能以待之也",意同。

②无恃其不攻,恃吾有所不可攻也:不要指望敌人不来攻打,而要依靠我们确有实力使敌人攻打不下。《太平御览》作:"无恃其不攻也,恃吾有能以待之也。"意同。杜佑注:"安则思危,存则思亡,常有备。"

【译文】

所以用兵的法则是,不要寄希望于敌人不会来,而是要依靠自己有充分的准备;不要寄希望于敌人不会进攻,而是要依靠自己确有实力使敌人无法攻下。

故将有五危①:必死,可杀也②;必生,可虏也③;忿速,可侮也④;廉洁,可辱也⑤;爱民,可烦也⑥。凡此五者,将之过也,用兵之灾⑦也。覆军杀将,必以五危⑧,不可不察也。

【注释】

①将有五危:作为将帅有五种性格上的弱点。

②必死,可杀也:张预注:"勇而无谋,必欲死斗,不可与力争,当以奇伏诱致而杀之。"必死,即指勇而无谋,固执死拼。

③必生,可虏也:将帅如临阵畏怯,只知贪生,就要被俘获。

④忿速,可侮也:将帅如急躁易怒,就可以设计轻侮他。杜牧注:"忿者刚怒也,速者偏急也,性不原重也。若敌人如此,可以凌侮使之轻进而败之也。"

⑤廉洁,可辱也:将帅如过分追求名节,清廉自守,就容易受到污辱。

⑥爱民,可烦也:将帅如一味爱惜民众,就容易因之而烦劳。烦,烦劳。杜牧注:"言仁人爱民者,唯恐杀伤,不能舍短从长,弃彼取此。不度远近,不量事力,凡为我攻,则必来救。如

此，可以烦之，命其劳顿而后取之也。”

⑦用兵之灾：用兵的危害。灾，此处指危害。

⑧覆军杀将，必以五危：军队被消灭，将帅被杀戮，一定是由于“五危”导致的。五危，指以上所说的“必死”至“爱民”等五种情况。贾林注：“此五种之人不可任为大将，用兵必败也。”

【译文】

所以说作为将领有五种危险的弱点：固执死拼，容易被杀；畏怯贪生，容易被俘；急躁易怒，易被轻侮；过分追求清廉名节，容易受到污辱；一味爱民，容易引起烦劳。所有这五条，都是为将的过失，用兵的危害。兵败将死，一定是由这“五危”所致，不能不明察。

卷九　行军篇

孙子曰：凡处军[①]、相敌[②]：绝山依谷[③]，视生处高[④]，战隆无登[⑤]，此处山之军也。绝水必远水[⑥]；客绝水而来[⑦]，勿迎之于水内，令半济而击之[⑧]，利；欲战者，无附于水而迎客[⑨]；视生处高，无迎水流[⑩]，此处水上之军也。绝斥泽，惟亟去无留[⑪]；若交军于斥泽之中，必依水草而背众树[⑫]，此处斥泽之军也。平陆处易[⑬]而右背高[⑭]，前死后生[⑮]，此处平陆之军也。凡此四军之利[⑯]，黄帝之所以胜四帝也。

【注释】

①处军：军队行军作战中在不同的地形条件下的处置要领。处，处置，部署。

②相敌：观察和判断敌情。

③绝山依谷：行军通过山地时要靠近有水草的谷地。绝，横渡，穿越，此处指通过。贾林注："两军相当敌，宜择利而动。绝山，跨山。依谷，傍谷也。跨山无后患，依谷有水草也。"

④视生处高：驻扎在向阳的高处，以使视界开阔。视生，此处指向阳。张预注："视生谓面阳也，处军当在高阜。"

⑤战隆无登：如敌军占据高地，不宜正面仰攻。隆，高地。登，登高，此处指仰攻。杜牧注："言敌人在高，我不可自下往高迎敌人而接战也。"

⑥绝水必远水：横渡江河要在离江河较远的地方驻扎，以便有进退回旋的余地。张预注："凡行军过水欲舍止者，必去水稍远，一则引敌使渡，一则进退无碍。"

⑦客绝水而来：敌军如渡水而来。客，此处指敌军。

⑧令半济而击之：趁敌军渡江河至一半时予以攻击。因为这时敌人首尾不接，队伍混乱，无力反攻。济，渡过江河。半济，渡过一半。张预注："敌若引兵渡水来战，不可迎之于水边，候其半济，行列未定，首尾不接，击之必胜。"

⑨欲战者，无附于水而迎客：要想与敌军交战，不要靠近江河去迎击它。无，通"勿"。附，靠近。迎，此处指迎击。张预注："我欲必战，勿近水迎敌，恐其不得渡，我不欲战，则阻水拒之，使不能济。"

⑩无迎水流：不要驻扎在敌军的下游，以防敌军顺流来攻或决水灌淹。张预注中还提到"兼虑敌人投毒于上流。"

⑪绝斥泽，惟亟去无留：军队通过盐碱沼泽地带时，要尽快离开，不可驻军停留。斥，盐碱地。贾林注："碱卤之地，多无水草，不可久留。"

⑫若交军于斥泽之中，必依水草而背众树：如果与敌军在盐碱沼泽地带相遇交战，一定要尽

量靠近有水草之处,并且背靠树林。张预注:"不得已而会兵于此地,必依近水草以便樵汲,背倚林木以为险阻。"

⑬平陆处易:在平原开阔的地区驻军,要选择在平坦的地方安营。张预注:"平原广野,车骑之地,必择其坦易无坎陷之处以居军,所以利于驰突也。"

⑭右背高:将军队的主要翼侧部署在背靠高地的地方。右,此处指上,先秦时中原诸侯国以右为上。

⑮前死后生:前低而后高。死、生,此处分别指低、高。《淮南子·墬形训》:"高者为生,低者为死。"张预注:"虽是平陆,须有高阜,必右背之,所以恃为形势者也。前低后高,所以便乎奔击也。"

⑯凡此四军之利:以上所述山地、河流、盐碱沼泽、平陆四种地形条件下的治军法则。

【译文】

孙武说:大凡军队行军作战和观察判断敌情,应注意如下原则:通过山地时必须靠近有水草的谷地行进,驻扎时要选择居高向阳之处,如果敌人已占据高地,则不可仰攻。这是在山地部署行军作战的原则。横渡江河时,应该在离江河稍远的地方驻扎;敌军渡水前来,不可在水中迎击,而应趁其渡过一半时发起攻击,这样有利。如果想和敌人交战,不要在江河边布军列阵。在江河地带驻军,也应居高向阳,不要驻扎在敌军的下游。这是在江河地带部署行军作战的原则。在通过盐碱沼泽地带时要尽快离开,不应久留;如若在盐碱沼泽地带与敌人相遇交战,那就必须占领有水草而且背靠树林的地方。这是在盐碱沼泽地带部署行军作战的原则。在平原地带驻军,要选择在平坦开阔的地方安营,将军队的主要翼侧部署在背靠高地的地方,前低而后高。这是在平原地带部署行军作战的原则。以上四种行军作战原则的好处,正是黄帝能够战胜四帝的原因。

凡军好高而恶下①,贵阳而贱阴②,养生而处实③,军无百疾,是谓必胜④。丘陵堤防,必处其阳而右背之⑤。此兵之利,地之助⑥也。上雨,水沫至⑦,欲涉者,待其定⑧也。凡地有绝涧⑨、天井⑩、天牢⑪、天罗⑫、天陷⑬、天隙⑭,必亟去之,勿近也。吾远之,敌近之⑮;吾迎之,敌背之⑯。军行有险阻⑰、潢井⑱、葭苇⑲、山林、蘙荟⑳者,必谨复索之㉑,此伏奸之所处㉒也。

【注释】

①好高而恶下:军队驻扎喜欢高处而忌在低处。恶,厌恶,此处有"忌讳"之意。梅尧臣注:"高则爽垲,所以安和,亦以便势;下则卑湿,所以生疾,亦以难战。"

②贵阳而贱阴:以向阳之地为贵,而回避阴湿地带。王皙注:"久处阴湿之地,则生忧疾,且弊军器也。"

③养生而处实:军队驻扎要选在靠近水草并且物资供应便利的地方。养生,指靠近水草,粮秣充足,便于生存。处实,指驻扎在地势高的地方。张预注:"养生谓就善水草放牧也,处实谓倚隆高之地以居也。"

④军无百疾,是谓必胜:杜牧注:"言养之于高阳,则无卑湿阴翳,故百疾不生,然后必可胜

也。"汉简本无此句。

⑤必处其阳而右背之:驻军要占据向阳的地方并使军队的主力背靠丘陵或堤防高地。

⑥地之助:地形地势方面的助力。

⑦上雨,水沫至:河流上游下雨,就会先有水沫冲来,然后必有河水暴涨。

⑧欲涉者,待其定:如军队要过河,要等洪峰过后水势平稳再渡。涉,徒步过河。定,此处指水势平定。杜佑注:"恐半渡水而遂涨,上雨,水当清,而反浊沫至,此敌人权遏水之占也,欲以中绝军。凡地有水欲涨沫先至,皆为绝军,当待其定也。"

⑨绝涧:两岸陡峭险峻、水流其间的地形。贾林注:"两岸深阔,断人行,为绝涧。"

⑩天井:四周高峻、中间低洼的地形。杜牧注:"地形坳下,大水所及,谓之天井。"

⑪天牢:山险环绕、入口狭小的地形。贾林注:"四边涧险,水草相兼,中央倾侧,出入皆难,为天牢。"

⑫天罗:荆棘丛生、草木深密,如同天然设置的罗网一样。张预注:"林木纵横、葭苇隐蔽者为天罗。"

⑬天陷:地势低洼、道路泥泞易陷的地方。杜牧注:"涧水澄阔,不测深浅,道路泥泞,人马不通,谓之天陷。"

⑭天隙:两山之间狭窄险恶的谷地。贾林注:"两边险绝,形狭长而数里,中间难通人行,可以绝塞出入,为天隙。"

⑮吾远之,敌近之:以上所述六种不利地形,我军必须远离它,让敌人去接近它。

⑯吾迎之,敌背之:我军要面向这些不利地形,而让敌人背靠它。张预注:"六害之地,我既远之向之,敌自近之倚之,我则行止有利,彼则进退多凶也。"

⑰军行有险阻:军行,行军途中。《通典》、《太平御览》作"军旁"。险阻,有悬崖绝壁的隘路。

⑱潢井:低洼沼泽地带。潢,积水地。

⑲葭苇:芦苇。此处指芦苇丛生之处。

⑳山林、蘙荟:草木繁茂的山林之地。杜佑注:"山林者,众木所居也;蘙荟者,可以屏蔽之处也。"

㉑必谨复索之:必须要反复仔细地加以搜索。

㉒此伏奸之所处:这些地方是敌军侦探或伏兵容易隐藏的地方。杜佑注:"翳荟草木之相蒙蔽,可以藏兵处,必覆索之也。"

【译文】

一般说来,驻军总是喜好干燥的高地,而讨厌潮湿的低洼地;要求向阳而回避阴湿;接近水草地区,物资供应方便,将士们不生疾病,这是军队取胜的重要保证。在丘陵、堤防驻军,一定要驻扎面南向阳的一面,并把主力背靠着它。这些用兵的便利之处,得自地形的辅助。江河上游下雨,水沫飘来时,必须等水势平稳以后再渡,以防洪水暴涨。凡是遇到"绝涧"、"天井"、"天牢"、"天罗"、"天陷"、"天隙"这些地形,必须尽快离开而不要靠近。我们远离这些地方,让敌军去靠近;我们面向这些地方,让敌军去背靠着它。在山川险阻、湖沼、水网、芦苇丛生处及草木茂盛的地方行军,必须谨慎地反复搜索,这些都是敌人可能设有伏兵或隐伏奸细的地方。

敌近而静者，恃其险也①；远而挑战者，欲人之进也②；其所居易者，利也③。众树动者，来也④；众草多障者，疑也⑤。鸟起者，伏也⑥；兽骇者，覆也⑦。尘高而锐者，车来也⑧；卑而广者，徒来也⑨；散而条达者，樵采也⑩；少而往来者，营军也⑪。辞卑而益备者，进也⑫；辞强而进驱者，退也⑬；轻车先出居其侧者，陈也⑭；无约而请和者，谋也⑮；奔走而陈兵车者，期也⑯；半进半退者，诱也。杖而立者，饥也⑰；汲而先饮者，渴也⑱；见利而不进者，劳也⑲。鸟集者，虚也⑳；夜呼者，恐也㉑；军扰者，将不重也㉒；旌旗动者，乱也㉓；吏怒者，倦也㉔；粟马肉食，军无悬甀，不返其舍者，穷寇也㉕。谆谆翕翕，徐与人言㉖者，失众也；数赏者，窘也㉗；数罚者，困也㉘；先暴而后畏其众者，不精之至也㉙；来委谢者，欲休息也㉚。兵怒而相迎，久而不合，又不相去㉛，必谨察之。

【注释】

①敌近而静者，恃其险也：敌军近而不动，是有险要的地形为仗恃。王皙注："恃险故不恐也。"

②远而挑战者，欲人之进也：敌人驻扎很远而派兵前来挑战，目的是引诱我军前进。

③其所居易者，利也：敌人不占据险要而驻扎于平地，一定是对它有利。易，此处指无险要的平易之地。张预注："敌人舍险而居易者，必有利也。或曰，敌欲人之进，故处于平易，以示利而诱我也。"

④众树动者，来也：许多树木摇动，说明有军队前来。张预说："凡军必遣善视者登高觇敌，若见林木摇动者，是斩木除道而来也。"

⑤众草多障者，疑也：在杂草丛生的地方布置有许多障碍，是敌人的疑兵之计。张预注："或敌欲追我，多为障蔽，设留形而遁，以避其追，或欲袭我，丛聚草木，以为人屯，使我备东而击西，皆所以为疑也。"

⑥鸟起者，伏也：林中鸟雀突然惊飞，说明下面设有伏兵。杜佑注："下有伏兵往藏，触鸟而惊起也。"

⑦兽骇者，覆也：野兽惊骇逃奔，说明有敌军大举来袭。骇，马受惊，此处指野兽受惊而逃。覆，覆盖，此处指铺天盖地。张预注："凡欲掩覆人者，必由险阻草木中来，故惊起伏兽奔骇也。"

⑧尘高而锐者，车来也：见有飞尘高扬而直升，是战车驰来的表现。杜牧注："车马行疾，仍须鱼贯，故尘高而尖。"锐，此处意为直。

⑨卑而广者，徒来也：飞尘低而面积广，是步兵行进的表现。卑，位置低。徒，步卒。张预注："徒步行缓而迹轻，又行列疎速，故尘低而来。"

⑩散而条达者，樵采也：飞尘散乱而细长，并断断续续，是敌人在砍柴。条达，纵横断续的样子。张预注："分遣厮役，随处樵采，故尘埃散乱。"

⑪少而往来者，营军也：飞尘较少而且时起时落，是敌人在察看地形，准备设营。杜佑注："欲立营垒，以轻兵往来为斥候，故尘少也。"

⑫辞卑而益备者，进也：敌人的使臣言辞谦卑，实际上敌军却加强作战准备，这说明敌人是在准备进攻。益，增加，增强。杜牧注："敌人使来言辞卑逊，复增垒坚壁，若惧我者，是欲骄我使懈怠，必来攻我也。"

⑬辞强而进驱者，退也：敌人的使臣措辞强硬，并且摆出军队进逼姿态的，其实往往是要撤退。王皙注："辞强示进形，欲我不虞其去也。"

⑭轻车先出居其侧者，陈也：先派战车在旁边，是为了掩护军队布阵。陈，即"阵"。张预注："轻车，战车也。出军其旁，陈兵欲战也。按鱼丽之阵，先偏后伍。言以车居前，以伍次之，然则是欲战者，车先出其侧也。"

⑮无约而请和者，谋也：敌人来请议和而又不订立盟约，是另有阴谋。约，历代注家所解不一，此处取"质盟之约"的说法。

⑯奔走而陈兵车者，期也：敌军往来奔走而部署兵车阵势，是期待和我军交战。期，期待，期求。贾林注："寻常之期，不合奔走，必有远兵相应，有晷刻之期，必欲合势同来攻我，宜速备之。"

⑰杖而立者，饥也：以手中兵器倚持站立，说明敌军饥饿缺粮。杖，拄杖，挟杖，此处指倚兵器而立。张预注："凡人不食则困，故倚兵器而立。"

⑱汲而先饮者，渴也：负责取水的人自己先喝水，说明敌军干渴缺水。汲，从井中取水。杜牧注："命之汲水，未汲而先饮者，渴也。睹一人，三军可知也。"

⑲见利而不进者，劳也：发现战术上有利可图，然而敌军并不前进，表明他们已疲惫不堪，无力争取。张预注："士卒疲劳，不可使战，故虽见利，将不敢进也。"

⑳鸟集者，虚也：敌军营地鸟雀群集，说明敌营空虚。陈皞注："此言敌人若去，营幕必空，禽鸟既无畏，乃鸣集其上。"

㉑夜呼者，恐也：敌军夜间惊呼，表明其军心不稳，惊恐不安。张预注："三军以将为主，将无胆勇，不能安众，故士卒恐惧而夜呼。"

㉒军扰者，将不重也：军中惊扰混乱，说明将领缺乏威严。杜牧注："言进退举止轻佻率易无威重，军士亦扰乱也。"

㉓旌旗动者，乱也：军中旗帜动摇，说明阵脚混乱。张预注："旌旗所以齐众也，而动摇无定，是部伍杂乱也。"

㉔吏怒者，倦也：军官动辄发怒，说明敌军已厌倦。杜牧注："众悉倦弊，故吏不畏而忿怒也。"

㉕粟马肉食，军无悬缻，不返其舍者，穷寇也：用军粮喂马，杀牲口吃肉，收拾起炊具，军队不归营房，表明敌军已成为孤注一掷的穷寇。粟马，用粮喂马，粟用作动词。缻，同"缶"，此处指陶制炊具。梅尧臣注："给粮以秣乎马，杀畜以饷乎士，弃缻不复炊，暴露不返舍，是欲决战而取胜也。"

㉖谆谆翕翕，徐与人言：低声下气、委婉温和地与士卒讲话。《通典》、《太平御览》作"徐言人人"。

㉗数赏者，窘也：屡次犒赏士卒，表明穷于应付困难。窘，窘迫。杜牧注："势力穷窘，恐众为叛，数赏以悦之。"

㉘数罚者，困也：不断惩罚部下，表明陷入困境。王皙注："众困而不精勤，则数罚以胁之也。"

㉙先暴而后畏其众者，不精之至也：对部下先是凶暴无礼而后又害怕的，是最不精明的将领。张预注："先刻暴御下，后畏众叛己，是用威行爱不精之甚。"

㉚来委谢者，欲休息也：敌方派使者婉辞谈判的，说明敌人希望休战。梅尧臣注："力屈欲休兵，委质以来谢。"

㉛久而不合，又不相去：久不交战，而又不撤兵。合，交战。杜牧注："盛怒出阵，久不交刃，复不解去，有所待也，当谨伺察之，恐有奇伏旁起也。"

【译文】

敌军逼近而仍保持镇静，是倚仗自己据有险要的地形；敌军距离很远而来挑战，是打算引诱我军前进；敌军不居险要而驻扎于平坦地带，是因为有对它有利的意图。林中树木摇动，是有敌人隐蔽袭来；草丛里有许多障碍，是敌人布设的疑阵；鸟雀被惊起，说明下面有伏兵；野兽受惊狂奔，是敌人大举突袭；飞尘高而且尖，是敌军的战车驰来；飞尘低而且面广，是敌军的步兵开来；飞尘四散而且细长，是敌军在山上砍柴；飞尘稀少并且时起时落，是敌军在察看地形安营扎寨。敌方使者言辞谦恭而又在加紧作战准备，是在准备进攻；敌方使者言辞强横而又作出进军姿态的，是在准备撤退；敌军战车先出并部署在翼侧，是在布列阵势；敌军来请议和而又不订立盟约，是它另有阴谋；敌军往来奔走而部署兵车阵势，是期求与我军交战；敌军半进半退，是想引诱我军深入。敌军士卒倚挟兵器站立，是饥饿缺粮的表现；敌军取水的人先喝水，是干渴缺水的表现；敌军发现战术上有利可图而不进兵，表明他们已疲惫不堪；敌军营帐鸟雀群集，说明敌营空虚；敌军夜间惊呼，说明他们惊恐不安；敌军惊扰混乱，说明将领缺乏威严；敌人军中旗帜动摇，说明它阵脚混乱；敌人军官动辄发怒，说明敌军已厌倦；用军粮喂马，杀牲口吃肉，收起炊具，军队不归营地，表明敌军已成孤注一掷的穷寇。敌军将领低声下气地与士卒讲话，表明将领失去人心；屡次犒赏部下，表明敌军已穷于应付困境；屡次处罚部下，表明敌军处境困顿；将帅对部下先是凶暴无礼继而又惧怕，是最不精明的做法。敌方派使者婉辞谈判，说明敌军希望休战；敌军气势汹汹前来对阵，但久不交战而又不撤兵，必须慎重地观察它的企图。

兵非益多[①]也，惟无武进[②]，足以并力、料敌、取人而已[③]；夫惟无虑而易敌者，必擒于人[④]。

【注释】

①兵非益多：并非兵越多越好。贾林注："不贵众击寡，所贵寡击众。"

②惟无武进：不过不能恃勇轻进。武进，恃武轻进。王皙注："不可但恃武也，当以计智料敌而行。"

③足以并力、料敌、取人而已：能足以集中力量、判明敌情、善于用人就可以了。李筌注："兵众武，用力均，惟得人者胜也。"

④无虑而易敌者，必擒于人：缺乏深谋远虑而又轻敌的人，一定会被敌人俘获。张预注："不能料人，反轻敌以武进，必为人所擒也。"

【译文】

作战并不在于兵越多越好，不过不能轻敌而恃勇轻进，要能够集中力量、判明敌情、善于用人就可以了。只有那种缺乏深谋远虑而又轻敌的人，必然会被敌人

俘获。

卒未亲附而罚之则不服[①]，不服则难用也，卒已亲附而罚不行，则不可用也。故令之以文，齐之以武[②]，是谓必取[③]。令素行以教其民[④]，则民服；令不素行以教其民，则民不服。令素行者，与众相得也[⑤]。

【注释】

①卒未亲附而罚之则不服：对于士卒，在他们尚未亲近依附时就加以处罚，他们就会不服。张预注："骤居将帅之位，恩信未加于民，而遽以刑罚齐之，则怒恚而难用。"

②令之以文，齐之以武：用道义来教育、安抚，用军纪军法来约束军队。《吴子·论将》："总文武者，军之将也；兼刚柔者，兵之事也。"

③是谓必取：这样训练出来的军队打仗一定可以取胜。取，取胜。梅尧臣注："命以仁恩，齐以威刑，恩威并著，则能必胜。"

④令素行以教其民：平素就认真实行严格要求来管教士卒。张预注："将令素行，其民已信，教而用之，人人听服。"

⑤令素行者，与众相得也：平素能严格执行军令的，说明将领与士卒之间相互信任。

【译文】

在士卒尚未亲近依附时就施以处罚，士卒就会怨愤不服，怨愤不服就难以使用他们；士卒已经亲近依附后，仍不能执行军法军纪，那么也不能用来打仗。所以，要用道义来教育、安抚，用军法军纪来约束军队，这样训练出来的军队作战必定能够取胜。平时能认真贯彻军令、教育士卒，士卒就可以养成服从的习惯；平时不认真贯彻军令、教育士卒，士卒就会养成不服从的习惯。平时能认真执行军令的，说明将领与士卒之间相互信任。

卷十 地形篇

孙子曰：地形有通者[①]，有挂者[②]，有支者[③]，有隘者[④]，有险者[⑤]，有远者。我可以往，彼可以来，曰通；通形者，先居高阳[⑥]，利粮道，以战则利[⑦]。可以往，难以返，曰挂；挂形者，敌无备，出而胜之[⑧]；敌若有备，出而不胜，难以返，不利。我出而不利，彼出而不利，曰支；支形者，敌虽利我，我无出也[⑨]；引而去之，令敌半出而击之[⑩]，利。隘形者，我先居之，必盈之以待敌[⑪]；若敌先居之，盈而勿从，不盈而从之[⑫]。险形者，我先居之，必居高阳以待敌[⑬]；若敌先居之，引而去之，勿从也。远形者，势均，难以挑战[⑭]，战而不利。凡此六者，地之道[⑮]也；将之至任，不可不察也。

【注释】

①地形有通者：地形，即地理形势。通，四通八达。

②挂者：易进难退的地形。梅尧臣注："网罗之地，往必挂缀。"

③支者：敌我双方可以据险对峙而不宜进攻的地形。

④隘者：两山之间的狭窄险要地带。

⑤险者：形势险要的地带。

⑥先居高阳：首先占领地势高而且向阳的地方。

⑦利粮道，以战则利：保持运粮通道的畅通，就能有利于作战。杜牧注："利粮道者，每于津阨或敌人要冲，则筑垒或作甬道以护之。"

⑧挂形者，敌无备，出而胜之：在易进难退的挂形地带，敌军没有防备时，就可以出击以取胜。杜牧注："挂者，险阻之地，与敌其有犬牙相错，动有挂碍也，往攻敌，敌若无备，攻之必胜，则虽与险阻相错，敌人已败，不得复邀我归路矣。"

⑨敌虽利我，我无出也：敌军即便以利引诱，我军也不要出击。利，以利相诱。无，通"勿"。梅尧臣注："各居所险，先出必败，利而诱我，我不可爱，伪去引敌，半出而击。"

⑩令敌半出而击之：让敌人出动至一半时再回击。陈皞注："我若引去，敌止则已。若来袭我，候其半出，则急袭之。"

⑪必盈之以待敌：必须以足够的兵力堵守隘口，以便等敌军到来。杜佑注："盈，满也。以兵陈满隘形，欲使敌不得进退也。"

⑫盈而勿从，不盈而从之：敌人在隘形地带如已派充足的兵力防守，就不可去攻打；如敌人虽已占领该处，但兵力并不充足，就可以去攻打。张预注："敌若先居此地，盈塞隘口而陈者，不可从也。若虽守隘口，俱不满齐者，入而从之，与敌共此险阻之利。"

⑬险形者，我先居之，必居高阳以待敌：遇到险要地形，我军应抢先到达占领向阳的制高点，以待敌军。杜佑注："居高阳之地以待敌人，敌人从其下阴而来，此之则胜。"

⑭远形者，势均，难以挑战：两军相距较远而且势力相当的情况下，不宜主动挑战。

⑮地之道：关于利用地形行军作战的原则。此处指以上所述六种地形情况下的行动特点。

【译文】

孙武说：地形有"通"、"挂"、"支"、"隘"、"险"、"远"六种。我军可以去，敌军也可以来的地带，就叫做"通"；在"通形"地带，要抢先占据向阳的高地，并保持运粮通道的畅通，这样有利于对敌作战。可以前进而不易返回的地带，就叫做"挂"；在"挂形"地带，如果敌军无防备，就要突然出击战胜他们；如果敌军已有防备，我军出击就难以取胜，这样就很难返回，对我们不利。我军出击不利，敌军出击也不利的地带，就叫做"支"；在"支形"地带，敌军即使以利相诱，我军也不要出击，要带领军队假装退走，引诱敌军出动一半时再回军反击，这样有利。在"隘形"地带，我军如能先占领，要用足够的兵力堵守隘口，以等待敌人来攻。若敌军已先占领隘口，并有足够的兵力据守，我军不可去攻，若敌人并未派足够兵力防守隘口，就可以去攻取。在"险形"地带，若我军先占领，就应该占据向阳的高地，以等待敌人到来；若被敌军先占据，则应率军退去，不可去进攻。在"远形"地带，并且敌我双方势力相当时，则不宜主动挑战，勉强求战，对我方不利。以上六条是利用地形的原则。这是作为将帅者的重大责任，不可不慎重考察研究。

故兵有走者[①]，有弛者，有陷者，有崩者，有乱者，有北者。凡此六者，非天之灾，将之过也。夫势均，以一击十，曰走[②]。卒强吏弱，曰弛[③]。吏强卒弱，曰陷[④]。大吏怒而不服[⑤]，遇敌怼而自战[⑥]，将不知其能，曰崩。将弱不严[⑦]，教道不明[⑧]，吏卒无常[⑨]，陈兵纵横[⑩]，曰乱。将不能料敌[⑪]，以少合众，以弱击强，兵无选锋[⑫]，曰北[⑬]。凡此六者，败之道也；将之至任，不可不察也。

【注释】

①兵有走者：这里的"兵"系指败兵，走，败走，奔逃。

②夫势均，以一击十，曰走：双方势均力敌的情况下，一方以一击十而失败的，就叫做"走"。杜牧注："夫以一击之十之道，先须敌人与我将之智谋，兵之勇怯，天时地利，饥饱劳佚，十倍相悬，然后可以奋一击十。若势均力敌，不能自料，以我之一，击敌之十，则须奔走，不能返舍复为驻止矣。"

③卒强吏弱，曰弛：士卒强悍而军吏懦弱，不能指挥得当，军纪松弛而失败的，就叫做"弛"。

④吏强卒弱，曰陷：军吏刚强而士卒怯弱，队伍涣散而失败的，叫做"陷"。张预注："将吏刚勇欲战，而士卒素乏训练，不能齐勇同奋，苟用之，必陷于败亡。"

⑤大吏怒而不服：偏将怨怒，不服从主将指挥。大吏，小将，偏裨将佐。

⑥遇敌怼而自战：遇到敌军时心怀怨愤，擅自率领所部出战。怼，怨恨。梅尧臣注："小将心怒而不服，遇敌怨怼而不顾，自取崩败者，盖将不知其能也。"

⑦将弱不严：将领懦弱无能而军纪不严。

⑧教道不明:对部下缺乏教育和训练。

⑨吏卒无常:军中下级将佐与士卒不遵法纪、军规。常,常法,军纪。

⑩陈兵纵横:出兵列阵横冲直撞,没有章法。张预注:"将弱不严,谓将帅无威德也;教道不明,谓教阅无古法也;吏卒无常,谓将臣无久任也;陈兵纵横,谓士卒无节制也。为将若此,自乱之道。"

⑪将不能料敌:将帅不了解和分析敌情。

⑫兵无选锋:不能挑选英勇善战的士卒组成的精锐部队做先锋。《尉缭子·战威》:"武士不选,则众不强。"贾林注:"兵锋不选利钝,士卒不知勇怯,如此用兵,自取北道也。"

⑬北:败,败北。李筌注:"军败为北。"

【译文】

军队战败可分为"走"、"弛"、"陷"、"崩"、"乱"、"北"六种情况。大凡这六种情况的出现,都不是天灾所造成,而在于将帅自身的过错。在敌我双方势力相当的情况下以一击十而导致战败的,叫做"走"。士卒强悍而将吏懦弱造成的失败,叫做"弛"。将吏强悍而士卒怯弱造成的失败,叫做"陷"。部将愤怒不服从指挥,遇敌而擅自出战,主将又不了解其能力以便控制,这样失败的叫做"崩"。将帅软弱而缺乏威严,训练军队没有章法,吏卒不遵军法军纪,出兵列阵杂乱无章,这样失败的叫做"乱"。将帅不能正确判断敌情,以少击多,以弱击强,没有挑选精锐军队作为先锋,这样失败的叫做"北"。以上六种情况,都必然会导致失败。这些是将帅的重大责任所在,是不可不认真加以研究的。

夫地形者,兵之助也[①]。料敌制胜[②],计险阨、远近[③],上将之道[④]也。知此而用战者必胜,不知此而用战者必败。故战道[⑤]必胜,主[⑥]曰无战[⑦],必战可也;战道不胜,主曰必战,无战可也。故进不求名,退不避罪,唯人是保[⑧],而利合于主,国之宝也[⑨]。

【注释】

①地形者,兵之助也:地形是用兵作战的重要辅助条件。贾林注:"战虽在兵,得地易胜,故曰兵之易也。山可障,水可灌,高胜卑,险胜平也。"

②料敌制胜:准确地分析判断敌情以制定取胜计划。

③计险阨、远近:考察地势的险易虚实,计算道路的远近。

④上将之道:高明将领的用兵之道。杜牧注:"馈用之费,人马之力,攻守之便,皆在险阨远近也。言若能料此以制敌,乃为将臻极之道。"

⑤战道:战争的必然规律。

⑥主:国君,君主。

⑦无战:不要交战。无,通"勿"。

⑧唯人是保:人,民,民众。王晳注:"战与不战,皆在保民利主而已矣。"

⑨国之宝也:国家的宝贵财富。张预注:"进退违命,非为己也。皆所以保民命而合主利。此忠臣,国家之宝也。"

【译文】

地形是用兵的辅助条件。正确判断分析敌情，制定取胜计划，考察地形险易，计算道路远近，这些是高明的将帅应该掌握的方法。懂得这些道理去指导作战就一定能胜利，不懂得这些道理去指导作战就必然会失败。所以，根据战争自身的规律来看确有必胜把握的，即使君主说不要打，也可以去打；根据战争规律来看不能取胜的，即使君主说要打，也可以不打。作为将帅要进不求战胜的功名，退不回避违抗命令的责任，只求保护民众而符合君主的根本利益，这样的将帅是国家的宝贵人才。

视卒如婴儿[①]，故可与之赴深溪；视卒如爱子，故可与之俱死。厚而不能使，爱而不能令[②]，乱而不能治[③]，譬若娇子，不可用也。

【注释】

①视卒如婴儿：把士兵们像自己的婴儿一样看待。张预注："将视卒如子，则卒视将如父，未有父在危难而子不致死。"

②厚而不能使，爱而不能令：对士卒只知厚待而不善于使用，只一味溺爱而不知教育。张预注："恩不可以专用，罚不可以独行。专用恩，则卒如娇子而不能使。"

③乱而不能治：发生违犯军纪的混乱情况而不能约束管教。

【译文】

将帅对待士卒像对待婴儿，士卒就能随将帅一起赴汤蹈火；将帅对待士卒像对待爱子，士卒就能与将帅同生共死。但若对士卒厚养而不善于使用，溺爱而不知教育，违纪而不知惩处，那就好像娇养的子女一样，是不能让他们打仗的。

知吾卒之可以击，而不知敌之不可击，胜之半也[①]；知敌之可击，而不知吾卒之不可以击，胜之半也；知敌之可击，知吾卒之可以击，而不知地形之不可以战，胜之半也[②]。故知兵者[③]，动而不迷[④]，举而不穷[⑤]。故曰：知彼知己，胜乃不殆[⑥]；知天知地，胜乃不穷。

【注释】

①知吾卒之可以击，而不知敌之不可击，胜之半也：只知道我军方面的情况可以出战，而不了解敌军方面的情况不可出战，胜利与失败的可能性各占一半。梅尧臣注："知己而不知彼，或有胜耳。"

②不知地形之不可以战，胜之半也：不了解地形因素不宜出战，即使知己知彼，胜利的可能性也只有一半。张预注："既知己又知彼，但不得地形之助，亦不可全胜。"

③知兵者：真正通晓用兵之道的将领。

④动而不迷：举措不会受迷惑。

⑤举而不穷：行动方案变化无穷。陈皞注："穷者，困也。我若识彼此之动否，量地形之得失，则进而不迷，战而不困者也。"

⑥胜乃不殆：胜利而不会有危险。

【译文】

只知道自己的情况可以出战，而不了解敌军的情况不可出战，取胜的可能性只有一半；只知道敌军的情况可以出战，而不了解自己的情况不可出战，取胜的可能性只有一半；既知道敌军的情况可以出战，也知道自己的情况可以出战，而不了解地形条件不利于作战，取胜的可能性也只有一半。因此，懂得用兵之道的将帅，行动不会受迷惑，举措变化无穷。所以说，了解敌人也了解自己，胜利就不会有危险。懂得天时也懂得地利，胜利就会不可穷尽。

卷十一 九地篇

孙子曰：用兵之法，有散地，有轻地，有争地，有交地，有衢地，有重地，有圮地，有围地，有死地。诸侯自战之地，为散地①。入人之地而不深者，为轻地②。我得则利，彼得亦利者，为争地③。我可以往，彼可以来者，为交地④。诸侯之地三属⑤，先至而得天下之众者，为衢地⑥。入人之地深，背城邑多者，为重地⑦。行山林、险阻、沮泽，凡难行之道者，为圮地⑧。所由入者隘，所从归者迂，彼寡可以击吾之众者，为围地⑨。疾战则存，不疾战则亡者，为死地⑩。是故散地则无战⑪，轻地则无止⑫，争地则无攻⑬，交地则无绝⑭，衢地则合交⑮，重地则掠⑯，圮地则行⑰，围地则谋⑱，死地则战⑲。

【注释】

①诸侯自战之地，为散地：战争如在诸侯自己的领土上进行，因战场离家较近，士卒在遇到危急时容易溃散逃亡，所以叫做“散地”。杜佑注：“战其境内之地，士卒意不专，有溃散之心，故曰散地。”

②入人之地而不深者，为轻地：军队在进入敌方境内不远的地区作战，由于士卒离本土不远，遇有危害可轻易逃亡返回，所以叫做“轻地”。杜牧注：“师出越境，必焚舟梁，示民无返顾之心。”

③我得则利，彼得亦利者，为争地：敌我双方谁先占领谁就有利的必争要地。陈皞注：“彼我若先得其地者，则可以少胜众，弱胜强也。”

④我可以往，彼可以来者，为交地：地势平坦、交通便利的地区叫做“交地”，这样的地方敌我双方都可以往来。张预注：“敌有数道往来，通达而不可阻绝者，是交错之地也。”

⑤诸侯之地三属：敌我双方与其他诸侯国相连之地。曹操注：“我与敌相当，而旁有他国也。”

⑥先至而得天下之众者，为衢地：先到达的一方就能得到周边诸侯的帮助，这样的地带叫做“衢地”。杜佑注：“先至其地，交结诸侯之众为助也。”

⑦入人之地深，背城邑多者，为重地：深入敌国境内，越过许多敌方的城镇的地区，叫做“重地”。杜牧注：“入人之境已深，过人之城已多，津梁皆为所恃，要冲皆为所据，还师返旆，不可得也。”

⑧行山林、险阻、沮泽，凡难行之道者，为圮地：山林、险要隘路、水网地、湖泊沼泽等难以通行的地带，叫做“圮地”。梅尧臣注：“水所毁圮，行则犹难，况战守乎。”

⑨围地：所由进入的道路狭窄，退回的道路迂远，敌军以少数兵力即可战胜我军的地带，叫做“围地”。杜佑注：“所从入阨险，归道远也。持久则粮乏，故敌可以少击吾众者，为围地也。”

⑩死地：只有极力拼搏才能生存，不奋勇作战就面临绝路的地带，叫做“死地”。

⑪散地则无战：在“散地”上不宜交战。然此说不可绝对，如贾林注：“地无关阂，卒易散走，居此地者，不可数战。地形之说，一家之理，若号令严明，士卒爱服，死且不顾，何散之有。”甚为有理。

⑫轻地则无止：军队在“轻地”上不可停留。王晳注：“无故不可止也。”

⑬争地则无攻：在敌我双方必争之地，应抢先占领，如敌人已先占领，就不可再强行攻取。王晳注：“敌居形胜之地，先据乎利，而我不得其处，则不可攻。”

⑭交地则无绝：军队在“交地”要做到各部之间互相策应，保持联系。杜牧注：“川广地平，四面交战，须车骑部伍首尾联属，不可使断绝，恐敌人因而乘我。”

⑮衢地则合交：在交通便利的“衢地”上要加强与周围诸侯国的外交活动，以结外援，孤立敌军。张预注：“四通之地，先结交旁国也。”

⑯重地则掠：深入敌方的“重地”，要征取当地的粮草物资以供给自己的军队，这是“因粮于敌”的理论。王晳注：“深入敌境，则掠饶野，以丰储也，难地食少则危。”掠，夺取。

⑰圮地则行：遇到“圮地”应该设法迅速通过。李筌注：“不可为沟隍，宜急去之。”

⑱围地则谋：在“围地”中必须善于运用奇谋以摆脱被动局面。张预注：“难以力胜，易以谋取也。”

⑲死地则战：在“疾战则存，不疾战则亡”的死地，必须拼死作战以求脱险。陈皞注：“陷在死地，则军中人人自战，故曰：置之死地而后生。”

【译文】

孙武说：根据用兵原则，作战的地区可分为散地、轻地、争地、交地、衢地、重地、圮地、围地、死地九类。诸侯在自己国土上作战，这样的地区叫做“散地”。进入敌国领土不远的地区，叫做“轻地”。我军先占领有利，敌军先占领也有利的地区，叫做“争地”。我军可以往，敌军也可以来的地区，叫做“交地”。敌我与其他诸侯国相接壤，先到达就能够得到各诸侯国支援的地区，叫做“衢地”。深入敌国境内，越过许多敌方城邑的地区，叫做“重地”。山林、险阻、沼泽等难以通行的地区，叫做“圮地”。进入的道路狭窄，退回的道路迂远，敌军能以少量兵力击败我军多数兵力的地区，叫做“围地”。迅速奋力作战就能生存，不迅速奋力作战就会被消灭的地区，叫做“死地”。所以，在“散地”上不宜作战，在“轻地”上不宜停留，在“争地”不要在敌人先占领的情况下强行进攻。在“交地”要保持各部之间的联系。在“衢地”要结交诸侯以为援助。在“重地”应夺取粮草物资，因粮于敌。在“圮地”应迅速通过。在“围地”要善于设奇谋以求脱险。在“死地”应奋勇作战，死里求生。

所谓古之善用兵者，能使敌人前后不相及[①]，众寡不相恃[②]，贵贱不相救[③]，上下不相收[④]，卒离而不集[⑤]，兵合而不齐[⑥]。合于利而动，不合于利而止[⑦]。敢问：“敌众整而将来[⑧]，待之若何？”曰：“先夺其所爱，则听矣[⑨]。”兵之情主速[⑩]，乘人之不

及[11]，由不虞之道[12]，攻其所不戒也[13]。

【注释】

①前后不相及：前后部队不能相互策应。及，顾及，照应。

②众寡不相恃：主力部队与小分队之间无法相互依靠，协同作战。众，此处指主力部队。寡，此处指小分队。

③贵贱不相救：贵贱，身份高贵和卑微的人，此处分别指将官和士卒。官兵之间不能相互救应。

④上下不相收：由于军队建制被打乱，上下级之间失去联系，不能集结。收，聚集，收拢。《太平御览》作"上下不相扶"。

⑤卒离而不集：士卒离散杂乱不能聚集。

⑥兵合而不齐：即便士卒集合起来也不能做到整齐统一。综合前几句，张预注为："出其不意，掩其无备，骁兵锐卒，猝然突击，彼救前则后虑，应左则右隙，使仓皇散乱，不知所御，将吏士卒，不能相赴，其卒已散而不复聚，其兵虽合而不能一。"

⑦合于利而动，不合于利而止：符合于我军利益的就可采取相应行动，不符合于我军利益的则停止行动。

⑧敌众整而将来：如果敌军数量众多而且队伍整齐地攻来。汉简本作"敌众以正将来"。

⑨先夺其所爱，则听矣：应首先夺取敌军所赖以生存的要害之处，敌人就会不得不听从我军的摆布了。爱，此处指关键部位、要害所在。听，顺从。杜牧注："据我便地，略我田野，利其粮道，斯之者，敌人之所爱惜倚恃者也，若能俱夺之，则敌人虽强，进退胜败皆须听我也。"

⑩兵之情主速：用兵的要诀重在迅速。情，主旨。

⑪乘人之不及：乘敌人措手不及的时候。张预注："乘人之仓卒，使不及为备也。"

⑫由不虞之道：从敌人意料不到的路径通过。不虞，意料不到。

⑬攻其所不戒也：进攻敌人不加戒备的地方。戒，戒备，守备。梅尧臣注："兵机贵速，当乘人之不备。乘人之不备者，行不虞之道，攻不戒之所也。"

【译文】

所谓从前善于用兵的人，能使敌人的前后各部无法互相策应，主力部队与小分队不能互相依恃，官兵之间不能互相救援，上下隔绝而无法聚集，即使勉强聚集阵形也不整齐。我军应坚持有利而动，无利则停的原则。如果要问："敌军人数众多并且阵势严整地攻来，应该怎样对付它呢？"回答是："首先夺取敌人的要害之处，就能使它不得不听从我军的摆布了。"用兵的要诀是贵在神速，乘敌人猝不及防的时机，走敌人意想不到的道路，进攻敌人不加戒备的地方。

凡为客之道[1]，深入则专[2]，主人不克[3]；掠于饶野[4]，三军足食；谨养而勿劳，并气积力[5]，运兵计谋，为不可测[6]。投之无所往[7]，死且不北。死焉不得[8]，士人尽力。兵士甚陷则不惧[9]，无所往则固[10]，深入则拘[11]，不得已则斗[12]。是故其兵不修而戒[13]，不求而得，不约而亲[14]，不命而信[15]。禁祥去疑[16]，至死无所之[17]。吾士无余财，非恶货也[18]；无余命，非恶寿也[19]。令发之日，士卒坐者涕沾襟[20]，偃卧者涕交颐[21]，投之无所往者，诸、刿之勇[22]也。

【注释】

①为客之道:离开本土进入敌国境内作战的原则。客,客军,即离开本国到敌境内作战的军队。

②深入则专:深入到敌国境内,士卒无法轻易逃散,就会专心一致地作战。

③主人不克:在本国领土作战的一方就无法战胜客军。主人,在本国境内作战的军队。克,战胜。张预注:"深入敌境,士卒心专,则为主者不能胜也。客在重地,主在轻地故耳。"

④掠于饶野:在敌国富饶的田野上夺取粮草,即"因粮于敌"。

⑤谨养而勿劳,并气积力:利用作战间隙休整兵力,不可使队伍过分疲劳,提高士卒斗志,积蓄作战锐气。杜牧注:"深入敌人之境,须掠田野,使我足食,然后闭壁守之,勿使劳苦,气全力盛,一发取胜。"

⑥运兵计谋,为不可测:调动军队,设谋定计,使敌人难以判断。测,推测,判断。王皙注:"形藏谋密,使敌不测,俟其有可胜之隙,则进之。"

⑦投之无所往:把军队放在无路可走的绝境。投,投置,置于。杜牧注:"谓前后进退皆无所之。"

⑧死焉不得:士卒死都置之度外,还有什么不能做到呢?梅尧臣注:"兵焉得不用命。"

⑨兵士甚陷则不惧:兵士们越是深陷危险的境地,反而不再恐惧了。杜牧注:"陷于危险,势不独死,三军同心,故不惧也。"

⑩无所往则固:在无路可走的情况下军心就会稳定。梅尧臣注:"投无所往,则自然心固,人深,则自然志专也。"

⑪深入则拘:深入敌方境内,军心就会专一而不散漫。张预注:"动无所之,人心坚固,兵在重地,走无所适,则如拘系也。"

⑫不得已则斗:到了万不得已的时候就会殊死拼斗。

⑬其兵不修而戒:军队不用整治督导就会主动加强戒备。张预注:"危难之地,人自同力,不修整而戒慎。"

⑭不约而亲:不用故意去约束就会自然亲密团结。杜牧注:"不待约令而自亲信也。"

⑮不命而信:不须严命就能遵守纪律。信,信从,服从。

⑯禁祥去疑:禁止迷信活动,消除谣言疑虑。祥,妖祥,占卜等迷信活动。梅尧臣注:"妖祥之事不作,疑惑之言不入,则军士必不乱,死而后已。"

⑰至死无所之:直到战死也不会逃避。之,往。

⑱吾士无余财,非恶货也:我们的将士没有多余的财物,并非不喜爱财物。恶,厌恶。货,财货,财物。杜牧注:"若有财货,恐士卒顾恋,有苟生之意,无必死之心也。"

⑲无余命,非恶寿也:没有多余的命(不怕死战),并非不爱惜生命,不想长寿。寿,寿命,长寿。张预注:"货与寿,人之所爱也。所以烧掷财宝,割弃性命者,非憎恶之也,不得已也。"

⑳令发之日,士卒坐者涕沾襟:颁布军令的时候,坐着的士卒涕泪沾湿了衣襟。涕,眼泪。襟,衣襟。李筌注:"弃财与命,有必死之志,故感而流涕也。"

㉑偃卧者涕交颐:躺着的士卒泪流满面。偃,躺倒。颐,面颊。

㉒诸、刿之勇:像专诸与曹刿一样英勇无畏。张预注:"人怀必死,则所向皆有专诸、曹刿之勇也。"诸,专诸,春秋时吴国勇士。公元前515年,被伍子胥推荐,在吴公子光(即后来的吴王阖闾)为吴王僚特设的宴席上,从鱼腹中取出暗藏的短剑刺杀吴王僚,当吴王卫士用长矛

刺中他的背部时，他仍奋力把吴王僚杀死。为公子光取代吴王僚而自立为吴王立了首功。刿，曹刿，又名曹沫，春秋时鲁国武士。鲁庄公十年（公元前684年），随鲁庄公与齐军战于长勺，大胜。齐、鲁两国在柯（今山东东阿）会盟时，曹刿持剑相从，劫持齐桓公订立盟约，收回鲁国失地。此处把这两人作为勇士的典范。

【译文】

大凡在敌国境内作战的通常原则是：越是深入敌境，军心就越是稳固，敌人无法战胜我们。在敌国丰饶的田野里夺取粮秣，以保障全军有足够的给养供应。休整队伍，不要使之过分疲劳。提高士气，积蓄力量，部署兵力，巧设计谋，使敌人无法了解我军的意图。把军队置于无路可走的绝境，士卒就能虽死而不败还。既然士卒连死都不怕，又怎么能不殊死作战呢？士卒深陷于危险境地，就不再感到恐惧。没有退路可走，军心就会稳定。深入敌国境内，队伍就不易涣散。在迫不得已的时候，就会坚决战斗。因此，这样的军队不须整治就会加强戒备，不待强求就能完成任务，不用约束就能亲附一致，不用申令就能遵守军纪。禁止迷信活动，消除谣言疑虑，士卒至死也不会逃避。将士们没有多余的财物，并不是他们厌恶钱财；将生死置之度外，也并不是他们不想长寿。当战令颁布的时候，坐着的士兵泪湿衣襟，躺着的士兵泪流面颊。把军队置于无路可走的绝境，他们就会像专诸、曹刿那样英勇无畏。

故善用兵者，譬如率然①；率然者，常山②之蛇也。击其首则尾至，击其尾则首至，击其中则首尾俱至。敢问："兵可使如率然乎？"曰："可。"夫吴人与越人相恶也，当其同舟而济，遇风，其相救也如左右手。是故方马埋轮，未足恃也③；齐勇若一，政之道也④；刚柔皆得，地之理也⑤。故善用兵者，携手若使一人⑥，不得已也。

【注释】

①率然：古代传说中的一种蛇的名字。据《神异经·西荒经》："西方山中有蛇，头尾差大，有色五彩。人、物触之者，中头则尾至，中尾则头至，中腰则头尾并至，名曰率然。"张预注："率，犹速也，击之则速然相应，此喻阵法也。八阵图曰：以后为前，以前为后，四头八尾，独处为首。敌冲其中，首尾相救。"

②常山：即恒山。汉简本作"恒山"。在山西浑源南，为五岳中之北岳。西汉为避汉文帝刘恒之讳，改称"常山"。北周武帝时复称恒山。

③方马埋轮，未足恃也：把马并排拴在一起，把车轮埋住，想以此来防止士卒逃跑，是靠不住。方，并列，此处指系在一起。杜牧注："缚马埋轮，使为方阵，使为不动，虽如此，亦未足称为专固而足为恃。须任权变，置士于必死之地，使人自为战，相救如两手，此乃守固必胜之道，而足为恃也。"

④齐勇若一，政之道也：要使士卒齐心协力奋勇作战，才是治军的原则。政，此处指治理、管理。张预注："要使士卒相应如一体也。"

⑤刚柔皆得，地之理也：让强者和弱者都能各尽其力，关键在于恰当地利用地形。张预注："得地利，则柔弱之卒亦可以克敌，况刚强之兵乎。刚弱俱获其用者，地势使之然也。"

⑥携手若使一人：使全军携手作战像一个人一样协调。携手，拉着手。贾林注："携手翻迭之道，便于回运，以后为前，以前为后，以左为右，以右为左，故百万之众如一人也。"

【译文】

所以善于用兵的人，能使军队灵活自如像"率然"一样。"率然"是生在常山的一种蛇，打着它的头部，它的尾巴就来救应；打着它的尾巴，头部就来救应；打着它的中间部位，头尾都来救应。如果要问："能让军队像'率然'一样吗？"回答是："可以。"吴国人与越国人虽是互相仇视，但是当他们同船渡河时遇上大风，也能互相救援，配合得像人的左右手一样。因此，想用把马并排绑在一起、埋住车轮的办法来稳定住军队，那是靠不住的。要使全军上下齐心协力奋勇作战，重要的是组织指挥得法。要使强弱不同的士卒都能发挥各自的作用，关键在于恰如其分地利用地形。所以善于指挥作战的人，能使全军携手像一个人一样，是因为使军队处于不得不这样的境地中。

将军之事[①]，静以幽[②]，正以治[③]。能愚士卒之耳目，使之无知[④]；易其事，革其谋，使人无识[⑤]；易其居，迂其途，使人不得虑[⑥]。帅与之期，如登高而去其梯[⑦]。帅与之深入诸侯之地，而发其机[⑧]，焚舟破釜[⑨]，若驱群羊，驱而往，驱而来，莫知所之。聚三军之众，投之于险，此谓将军之事也。九地之变，屈伸之利[⑩]，人情之理，不可不察。

【注释】

①将军之事：统率军队作战的事。将，用作动词，"指挥、统率"之意。

②静以幽：沉着冷静而幽深莫测。梅尧臣注："静以幽邃，人不能测。"

③正以治：严正而有条理。杜牧注："平正无偏，故能致治。"

④能愚士卒之耳目，使之无知：对于作战意图，不能让士卒了解真情。李筌注："为谋未熟，不欲令士卒知之，可以乐成，不可与谋始，是以先愚其耳目，使无见知。"

⑤易其事，革其谋，使人无识：改变行动，更新计谋，让别人不能识破内情。易，改变。革，变更，改变。王皙注："已行之事，已施之谋，当革易之，不可再也。"

⑥易其居，迂其途，使人不得虑：变动驻军位置，进军路线迂回，使人们无法得知其意图。迂，迂回。虑，图谋。张预注："其居则去险而就易，其途则舍近而从远。人初不晓其旨，及取胜乃服。"

⑦帅与之期，如登高而去其梯：主帅向部队授予作战任务时，要如同使人登高然后抽去梯子一样，断绝其归路，使士卒们义无反顾地前进。梅尧臣注："可进而不可退也。"

⑧帅与之深入诸侯之地，而发其机：主帅率领军队深入敌国境内，要像击发弩机而射出箭矢一样勇往直前。机，弩机。张预注："发其机，可往而不可返。"

⑨焚舟破釜：烧毁渡江的船只，打破做饭的炊具，即破釜沉舟，以示决一死战。李筌注："还师者皆焚舟梁，坚其志，既不知谋，又无返顾之心，是以如驱羊也。"

⑩九地之变，屈伸之利：对各种地形条件下的应变处置，根据实际情况使军队屈伸自如。王皙注："明九地之利害，亦当极其变耳。言屈伸之利者，未见便则屈，见便则伸。"

【译文】

统率军队的事情，设谋定计要沉着冷静而幽深莫测，治理军务要严正而有条不紊。要瞒过士卒的耳目，让他们对军事计划不知底细；改变行动，更新计谋，使别人无从识破内情；变动驻军位置，进军路线迂回，使人们不能推断行动意图。将帅向军队授予作战任务时，要如同使人登高然后抽去梯子一样，断绝其归路，使部队义无返顾地前进。主帅带领军队深入敌国境内，要像击发弩机而射出箭矢一样一往无前。烧毁船只，打破炊具，以示决一死战的意志。对士卒象驱赶羊群一样，赶过去又赶过来，让他们不知要到哪里去。聚集全军士卒，置于危险的境地，这就是指挥作战的要务。对各种地形条件下的应变处置，根据情况使军队屈伸自如，掌握官兵们的心理变化，这些都是不可不认真研究和仔细考察的。

凡为客之道，深则专，浅则散①。去国越境而师者，绝地也②；四达者，衢地也；入深者，重地也；入浅者，轻地也；背固前隘者，围地也③；无所往者，死地也。是故散地，吾将一其志④；轻地，吾将使之属⑤；争地，吾将趋其后⑥；交地，吾将谨其守⑦；衢地，吾将固其结⑧；重地，吾将继其食⑨；圮地，吾将进其涂⑩；围地，吾将塞其阙⑪；死地，吾将示之以不活⑫。故兵之情，围则御⑬，不得已则斗，过则从⑭。

【注释】

①深则专，浅则散：在敌国境内作战，深入就会士卒专心一致，浅进则士卒容易离散。梅尧臣注："此下重言九地者，孙子勤勤于九变也。"

②去国越境而师者，绝地也：离开本土，跨越别国边界进入敌境作战的，就是进入了"绝地"。张预注："去己国越人境而用师者，危绝之地也。"

③背固前隘者，围地也：背后地势险要而前面进路狭隘，前进困难而后退受阻的地区，叫做围地。张预注："前狭后险，进退受制于人也。"

④散地，吾将一其志：在"散地"作战，我军要做到上下统一意志。一，统一。梅尧臣注："保城备险，可一志坚守，候其虚懈，出而袭之。"

⑤轻地，吾将使之属：在"轻地"作战，要使自己的部队部署连贯。属，连接。杜牧注："部伍营垒，密近联属，盖以轻散之地，一者备其逃逸，二者恐其敌至，使易相救。"

⑥争地，吾将趋其后：在"争地"作战，要迅速前进，抄到敌军的后面。

⑦交地，吾将谨其守：在我可以往、敌可以来的"交地"，要严密戒备，谨慎守卫。

⑧衢地，吾将固其结：在"衢地"用兵，要巩固与周围诸侯国的结盟。张预注："财帛以利之，盟誓以要之，坚固不渝，则必为我助。"

⑨重地，吾将继其食：在"重地"，要注意保障粮草给养的补充。梅尧臣注："道既遐绝，不可归国取粮，当掠彼以食军。"

⑩圮地，吾将进其涂：在"圮地"行军，应该迅速通过。杜佑注："疾过去也，疾行无留。"

⑪围地，吾将塞其阙：陷于"围地"，要堵塞缺口，使士卒杜绝幻想，不得不拚死而战。阙，缺口。杜牧注："兵法围师必阙，示以生路，令无死志，因而击之。今若我在围地，敌开生路以诱我卒，我返自塞之，令士卒有必死之心。"

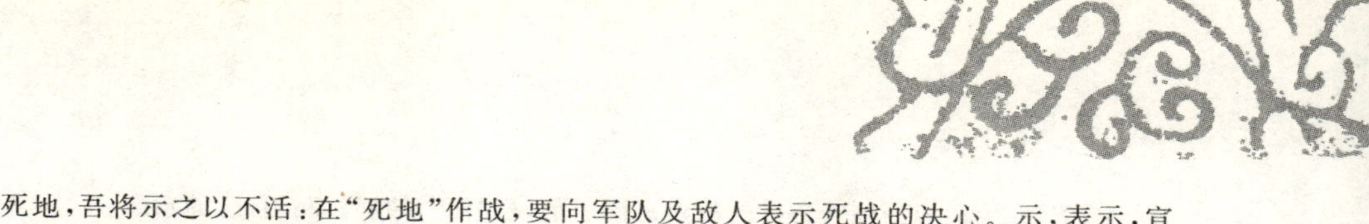

⑫死地，吾将示之以不活：在"死地"作战，要向军队及敌人表示死战的决心。示，表示，宣示。贾林注："焚财弃粮，塞井破灶，示必死也。"

⑬兵之情，围则御：士卒们的心理状态是，被包围就要奋起抵抗。杜牧注："兵在围地，始乃人人有御敌持胜之心。"

⑭过则从：陷入危险境地的士卒就会服从指挥。过，此处指深陷危境。从，服从，听从。张预注："深陷于危难之地，则无所不从。"

【译文】

大凡进入敌国境内作战的原则是：进入敌国境内越深，军队就越是稳固团结；进入敌国境内越浅，军队就越容易涣散。离开本国，跨越边界进入敌国境内作战的，叫做进入了"绝地"；交通便利的地区叫做"衢地"；进入敌国境内深的地区叫做"重地"；进入敌国境内浅的地区叫做"轻地"。背后有险阻前面是狭路的地区叫做"围地"。无处可走的地区叫做"死地"。因此，在"散地"上作战，我军要做到上下统一意志。在"轻地"作战，要使自己的军队部署连贯。在"争地"作战，要迅速抄到敌军的后面。在"交地"，要严密戒备，谨慎守卫。在"衢地"，要巩固与周围诸侯国的结盟。在"重地"，要注意保障粮草给养的补充。在"圮地"行军，必须迅速通过。陷于"围地"，要堵塞缺口。在"死地"，要表示死战的决心。士卒们的心理状态是，被包围就要奋起抵抗，迫不得已就会拼死战斗，陷入危险境地就会服从指挥。

是故不知诸侯之谋者，不能预交；不知山林、险阻、沮泽之形者，不能行军；不用乡导者，不能得地利①。四五者，不知一，非霸王之兵②也。夫霸王之兵，伐大国，则其众不得聚③；威加于敌，则其交不得合④。是故不争天下之交⑤，不养天下之权⑥，信己之私⑦，威加于敌，故其城可拔，其国可隳⑧。施无法之赏⑨，悬无政之令⑩，犯三军之众⑪，若使一人。犯之以事，勿告以言⑫；犯之以利，勿告以害⑬。投之亡地然后存，陷之死地然后生⑭。夫众陷于害，然后能为胜败⑮。故为兵之事，在于顺详敌之意⑯，并敌一向，千里杀将⑰，此谓巧能成事者也。

【注释】

①首句至"不能得地利"：与卷七《军争篇》中相同。或认为衍文。但曹操等注家认为是有意重复。王皙注："再陈者，勤戒之也。"

②四五者，不知一，非霸王之兵：九地的利害，有一不知，就不能成为霸者、王者的军队。霸，称霸诸侯的强国。王，号令天下的共主。汉简本"霸王"作"王霸"。张预注："四五，谓九地之利害，有一不知，未能全胜。"

③其众不得聚：被进攻的国家来不及动员集中民众。杜牧注："权力有余也，能分散敌也。"

④威加于敌，则其交不得合：以强大的声威加之于敌人，使各诸侯国不敢与之结成联盟。梅尧臣注："威加敌，则旁国惧；旁国惧，则敌交不得合也。"

⑤不争天下之交：不必争着与其他国家结交为盟。《太平御览》作"不事天下之交"。

⑥不养天下之权：不必在别的国家中培植自己的势力。养，培养，培植。杜牧注："不蓄养机权之计。"

⑦信己之私：应当施展自己的战略意图。信，通“伸”，伸展。私，自己的意图。

⑧威加于敌，故其城可拔，其国可隳：将兵威施加于敌国，就能够攻占敌人的城邑，摧毁敌人的国都。拔，攻占。国，都城，国都。隳，通“毁”，摧毁。

⑨施无法之赏：实行法外之赏，即超出惯例规定的奖赏。无法，不合于常法。曹操注：“军法令不应预施悬也。《司马法》曰：见敌作誓，瞻功作赏，此之谓也。”

⑩悬无政之令：颁行政外之令，即打破常规的命令。悬，此处意为颁布。无政，不合于常规。张预注：“政不预告，皆临事立制，以励士心。”汉简本作“无政之令”。

⑪犯三军之众：指挥全军上下行动。犯，此处指使用、驱使。梅尧臣注：“犯，用也。赏罚严明，用多若用寡也。”

⑫犯之以事，勿告以言：让士卒去执行任务，但不要告诉他们这样做的意图。张预注：“任用之于战斗，勿谕之以权谋，人知谋则疑也。”

⑬犯之以利，勿告以害：让士卒执行任务时，只可告诉他们有利的方面，而不要告诉有害的方面。张预注：“人情见利则进，知害则避，故勿告以害也。”

⑭投之亡地然后存，陷之死地然后生：把军队置于危亡之处，反而能够保存；使士卒陷入死绝之地，反而可以得生。张预注：“置之死亡之地，则人自为战，乃可存活也。”

⑮众陷于害，然后能为胜败：将军队放在险恶的境地中，然后才能决定胜败。梅尧臣注：“既陷危难，然后胜，胜败在人为之耳。”

⑯为兵之事，在于顺详敌之意：指挥作战，在于谨慎地考察敌军的意图。顺，通“慎”，谨慎。详，详细考察。曹操、李筌等以“详”为“佯”，全句解作“佯顺敌之意”。

⑰并敌一向，千里杀将：集中兵力向敌人的一点进攻，长驱千里，擒杀敌将。王皙注：“并兵一力以向之，可以覆其军，杀其将。”

【译文】

因此，不了解各诸侯国的战略意图，就不能与其结交；不熟悉山林、险阻、沼泽等地形，就不能行军；不使用向导，就不能得地利。这些利害关系，有一方面不了解，都不能成为争霸称王者的军队。凡是争霸称王者的军队，攻伐敌国时，可使被进攻的国家来不及动员集中民众；以强大的声势加于敌国，可使各诸侯国不敢与之结成联盟。因此，没有必要去争着与其他诸侯结交为盟，也没有必要在其他国家培植自己的势力。只要施展自己的作战意图，把兵威加之于敌，就能够攻取敌人的城邑，毁灭敌国的都城。实行超出惯例规定的奖赏，颁发不拘常规的军令，指挥调动全军就像指挥一个人一样。让部下执行任务，而不要告诉其中的意图。使用兵力，只告知他们有利的方面，而不要说明有害的方面。把士卒置于危地，才能保全；把士卒陷于死地，才能生存。军队陷于危险的境地，然后能夺取胜利。所以，指挥作战，在于审慎地考察敌人的意图。集中兵力向敌人的一点进攻，这样可以长驱千里，擒杀敌将。这就是所谓巧妙运谋以达到预期作战目的。

是故政举之日①，夷关折符②，无通其使③；厉于廊庙之上，以诛其事④。敌人开阖，必亟入之⑤。先其所爱⑥，微与之期⑦。践墨随敌⑧，以决战事。是故始如处女，敌人开户⑨；后如脱兔，敌不及拒⑩。

【注释】

①政举之日:决定进行战争行动的时候。政,此处指军政大事。《左传》:"国之大事,在祀与戎。"举,举措,决断。

②夷关折符:封锁关口,废除通行符志。杜绝边境双方居民来往。夷,夷平,此处指封闭,封锁。符,符志,证件。杜牧注:"夷关折符者,不令国人出入,盖恐敌人有间使潜来。"

③无通其使:不许敌国的使节来往。使,使节,使臣。梅尧臣注:"使不通者,恐泄我事也。"

④厉于廊庙之上,以诛其事:在庙堂之上认真研究,以决定战争行动方案。厉,通"砺",此处指反复推敲、琢磨。廊庙,即庙堂,此处借指国家最高决策机构。诛,即治,此处指商议决定。张预注:"兵者大事,不可轻议,当惕厉于庙堂之上,密治其事,贵谋不外泄也。"

⑤敌人开阖,必亟入之:敌人如有可乘之机,必须急速乘隙而入。阖,门扇。

⑥先其所爱:首先夺取敌人最看重的关键地方。爱,珍爱,此处指关键、要害。杜牧注:"凡是敌人所爱惜倚恃以为军者,则先夺之也。"

⑦微与之期:微,没有,此处作"勿"字解。不要和敌人约定交战日期。

⑧践墨随敌:不要墨守成规,而应随敌情变化需要决定作战方案。践,通"划",除。墨,墨守成规。一说践墨即遵循法度,梅尧臣注:"举动必践法度。"王皙注:"践兵法如绳墨。"

⑨始如处女,敌人开户:开始时要像处女一样沉静,不露声色,以诱使敌人放松戒备。开户,开门,此处指放松戒备,露出空隙。张预注:"守则如处女之弱,令敌懈怠,是以启隙。"

⑩后如脱兔,敌不及拒:在敌人"启隙"之后,要像脱逃的兔子那样迅疾采取行动,使敌人来不及抵抗。脱兔,脱逃的兔子。张预注:"攻则犹脱兔之疾,乘敌仓卒,是以莫御。"

【译文】

因此在制定战争计划的时候,就要封锁关口,废除通行凭证,停止和敌国的使臣来往,在庙堂之上反复筹划,决定战略方案。发现敌人方面有隙可乘,就应迅速乘机而入。首先要夺取对方的战略要地,但不要与敌人约期交战。不可墨守成规,应随敌情变化决定行动。所以,战事开始之前要像处女一样沉静而不露声色,以使敌人放松戒备。然后则像脱逃的野兔一样迅疾行动,使敌人来不及抵抗。

卷十二　火攻篇

孙子曰：凡火攻有五[①]：一曰火人[②]，二曰火积[③]，三曰火辎[④]，四曰火库[⑤]，五曰火队[⑥]。行火必有因[⑦]，烟火必素具[⑧]。发火有时，起火有日[⑨]。时者，天之燥也[⑩]；日者，月在箕、壁、翼、轸也[⑪]，凡此四宿者，风起之日也。

【注释】

①凡火攻有五：火攻可分为五种情况。汉简本作“凡攻火有五”。

②火人：火烧敌军人马。火，焚烧，用作动词，下同。张预注：“焚彼营舍，以杀其士，火攻之先也。”

③火积：以火烧毁敌人的粮草积储。积，积储，这里指粮草。杜牧注：“积者，积蓄也，粮食薪刍是也。”

④火辎：焚烧敌军的辎重装备。杜牧注：“器械财货及军士衣装，在车中上道未止，曰辎，在城营垒已有止舍，曰库。”

⑤火库：焚烧敌军的库室仓储。库，仓库，府库。张预注：“焚其府库，使财货不充。故曰军无财则士不来。”

⑥火队：焚烧敌军的后勤运输设施。队，通“隧”，即道路，此处指运输设施。贾林注：“烧绝粮道及转运。”

⑦行火必有因：使用火攻必须具备相应的条件和环境。行，实行，进行。

⑧烟火必素具：火攻所需的器具燃料等物必须经常准备好。烟火，火攻用的器材。素具，平时就有准备。杜牧注：“艾蒿荻苇薪刍膏油之属，先须修事以备用。兵法有火箭、火簾、火杏、火兵、火兽、火禽、火盗、火弩，凡此者皆可用也。”

⑨发火有时，起火有日：放火要根据季节气候方面的条件。时，季节，时令。

⑩时者，天之燥也：用火攻要在气候干燥的季节进行。燥，气候干燥。张预注：“天时旱燥，则火易燃。”

⑪日者，月在箕、壁、翼、轸也：日期要选定在月亮运行到箕、壁、翼、轸的方位时。箕、壁、翼、轸，四宿之名，同属于二十八宿。二十八宿都在赤道附近，中国古代天文学用作测天象的方位标准。古时天文学家认为月亮行经箕、壁、翼、轸这四个星宿时多风。梅尧臣注：“箕，龙尾也；壁，东壁也；翼、轸，鹑尾也。宿在者，谓月之所次也。四宿好风，月离必起。”所以下文说：“凡此四宿者，风起之日也。”但现代天文学认为，这种说法是没有科学根据的。

【译文】

孙武说：火攻的形式大致有五种：一是焚烧敌军的人马，二是焚烧敌军的粮草积聚，三是焚烧敌军的辎重装备，四是焚烧敌军的库室仓储，五是焚烧敌军的后勤运输设施。使用火攻必须具备相应的条件，火攻所用的器材必须经常准备好。放火要根据季节，起火要选择日期。所谓时令，要选在气候干燥的季节；所谓日期，是指月亮运行到“箕”、“壁”、“翼”、“轸”这四个星宿方位的时候。凡是月亮经过这四个星宿的日子，就是起风的时候。

凡火攻，必因五火之变而应之①。火发于内，则早应之于外②。火发而兵静者，待而勿攻③，极其火力④，可从而从之，不可从而止⑤。火可发于外，无待于内，以时发之⑥。火发上风，无攻下风⑦。昼风久，夜风止⑧。凡军必知有五火之变，以数守之⑨。

【注释】

①必因五火之变而应之：必须根据五种火攻所引起的敌情变化，及时地采取行动以进行策应。因，利用。五火，即五种火攻的方法。应，应付，策应。张预注：“因其火变，以兵应之。”

②火发于内，则早应之于外：火从敌军内部引发，要及早在外面用兵策应。杜佑注：“以兵应之，使间人纵火于敌营内，当速进以攻其外也。”

③火发而兵静者，待而勿攻：火烧起来而敌军安静不乱，应先不急于发动进攻。张预注：“火虽发而兵不乱者，敌有备也，复防其变，故不可攻。”

④极其火力：使火势达到最旺的程度。

⑤可从而从之，不可从而止：杜佑注：“见利则进，知难而退。”王皙注：“伺其变乱则乘之；终不变乱，则自治而蓄力。”从，跟从，此处指进攻。

⑥火可发于外，无待于内，以时发之：若从外面放火，可不必等待内应，要在适当的时候放火。陈皞注：“以时发之，所谓天之燥，月之宿在四星也。”

⑦火发上风，无攻下风：火势若在上风口，不要从下风处进攻。张预注：“烧之必退，退而逆击之，必死战，则不便也。”

⑧昼风久，夜风止：白日里风刮得时间久，夜间就会风停。梅尧臣注：“凡昼风必夜止，夜风必昼止，数当然也。”

⑨以数守之：要等待具备火攻的条件。数，季节特点及星宿运行情况等条件。张预注：“不可止知以火攻人，亦当防人攻己。推四星之度数，知风起之日，则严备守之。”

【译文】

凡是使用火攻，必须根据五种火攻方式所引起的敌情变化，及时采取行动以进行策应。从敌营内部放火，就要及早在外面用兵策应。火烧起后而敌军安静不乱，要观察等待，不应急于进攻，等火势达到最旺的程度，再根据情况可以进攻就进攻，不能进攻就停止。火如从外面引放，就不必等待内应，只要在适当的时机放火就可以。火势若在上风口，不可从下风处进攻。白天风刮的时间久，夜间就会风停。军队必须知道五种火攻方法的变化运用，掌握推算季节气候条件。

故以火佐攻者明①，以水佐攻者强。水可以绝②，不可以夺③。

【注释】

①以火佐攻者明：用火来辅助攻战，可取得明显效果。佐，辅佐，帮助。明，梅尧臣注："明白易胜。"

②水可以绝：用水可以隔断敌军。曹操注："可以绝敌道分敌军。"

③不可以夺：不能夺走敌军的物资积蓄。张预注："水止能隔绝敌军，使前后不相及，取其一时之胜，然不若火能焚夺敌之积聚，使之灭亡者。"

【译文】

用火来辅助攻战，可取得明显效果，用水来辅助攻战，能加强攻势。水能分割、隔断敌军，但不能像火攻那样能夺去敌军的物资积蓄。

夫战胜攻取，而不修其功者，凶①。命曰费留②。故曰：明主虑之③，良将修之④。非利不动⑤，非得不用⑥，非危不战⑦。主不可以怒而兴师⑧，将不可以愠而攻战⑨。合于利而动，不合于利而止⑩。怒可以复喜，愠可以复悦；亡国不可以复存，死者不可以复生⑪。故明君慎之，良将警之⑫，此安国全军之道也⑬。

【注释】

①夫战胜攻取，而不修其功者，凶：打了胜仗，夺取了城邑土地，而不能巩固胜利成果，将是危险的。梅尧臣注："欲战必胜攻必取者，在因时乘便，能作为功也。作为功者，修火攻水攻之类，不可坐守其利也。"

②命曰费留：费留，耗费资财和时日。杜牧注："徒留滞费耗，终不成事也。"

③明主虑之：明智的君主要认真考虑用兵之事。虑，谋虑。

④良将修之：贤良的将帅要慎重处理征战之事。修，治理，处理。张预注："君当谋虑攻战之事，将当修举克捷之功。"

⑤非利不动：没有利可图则不行动。梅尧臣注："凡兵非利于民，不兴也。"《太平御览》作"非利不起"。

⑥非得不用：没有胜利把握就不用兵。得，得胜，取胜。用，用兵。

⑦非危不战：不是危急关头不开战端。李筌注："非至危不战。"

⑧主不可以怒而兴师：国君不能单凭出于愤怒而发兵。张预注："因怒兴师，不亡者鲜。"汉简本作"主不可以怒兴军"。

⑨将不可以愠而致战：将帅不能仅凭恼恨而开战。愠，恼怒，怨愤。致战，《太平御览》作"合战"。

⑩合于利而动，不合于利而止：合乎国家利益才行动，不合乎国家利益就停止。张预注："见胜则兴，不见胜则止。"汉简本作："合于利而用，不合而止。"

⑪亡国不可以复存，死者不可以复生：杜佑注："凡主怒兴军伐人，无素谋明计，则破亡矣；将愠怒而斗，仓卒而合战，所伤杀必多。怒愠复可以悦喜，言亡国不可复存，死者不可复生者，言当慎之。"

⑫明君慎之，良将警之：国君和将帅应当以慎重警惕的态度对待用兵作战。

⑬此安国全军之道也：这是安定国家保全军队的根本道理。全军，保全军队，“全”字用作动词。张预注：“君常慎于用兵，则可以安国。将常戒于轻战，则可以全军。”《通典》、《太平御览》作“此安国之道也”。

【译文】

凡打了胜仗，攻取了土地城池，而不能够设法巩固胜利成果，将是危险的，这叫做“费留”。所以说，明智的国君应该慎重地考虑这个问题，贤良的将帅应该认真地对待这个问题。对国家没有利益不要行动，没有取胜的把握不轻易用兵，不到危急紧迫时刻不要开战。国君不能凭一时的恼怒而发动战争，将帅不能因一时怨愤而开启战端。合乎国家利益才能行动，不合乎国家利益则停止。恼怒还可以转变为欢喜，怨愤也可以转变高兴。然而国家灭亡就不能存在，人死也不能再生。所以，对待战争，明智的国君一定要慎重，贤良的将帅一定要警惕，这些都是安定国家和保全军队的根本道理。

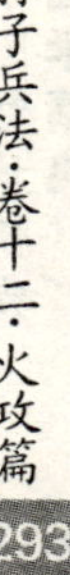

卷十三 用间篇

孙子曰：凡兴师十万，出征千里，百姓之费，公家之奉[1]，日费千金；内外骚动[2]，怠于道路[3]，不得操事者[4]，七十万家[5]。相守数年，以争一日之胜[6]，而爱爵禄百金[7]，不知敌之情者，不仁之至也[8]，非人之将也[9]，非主之佐也，非胜之主也[10]。故明君贤将，所以动而胜人[11]，成功出于众者，先知[12]也。先知者，不可取于鬼神[13]，不可象于事[14]，不可验于度[15]，必取于人，知敌之情者也[16]。

【注释】

①公家之奉：公室负担的军费开支。公家，公室、国家。奉，供奉，此处指军队费用。

②内外骚动：全国上下动乱不安。内外，指前方与后方。

③怠于道路：在路上运送军需物资的疲惫不堪。杜牧注："怠，疲也。言七十万家奉十万之师，转输疲于道路也。"

④不得操事者：不能操持农事的。事，此处指农事。

⑤七十万家：曹操注："古者八家为邻，一家从军，七家奉之。言十万之师举，不事耕稼者七十万家。"这里说明用兵对广大民众生产生活的影响。

⑥相守数年，以争一日之胜：双方相持多年，为的争一朝的胜利。相守，相持。

⑦而爱爵禄百金：如果吝惜爵禄和钱财。而，如果。爱，吝惜、吝啬。爵，爵位、官位。禄，俸禄。杜牧注："言不能以厚利使间也。"

⑧不仁之至也：不讲仁德达到了极点。张预注："不以啗间求索知敌情者，不仁之甚也。"

⑨非人之将也：梅尧臣注："非将人成功者也。"汉简本作"非民之将也"。

⑩非胜之主也：不是胜利的取得者。主，主宰者、主人。一说为君主。

⑪动而胜人：动用兵力就可以战胜敌人。动，举动，这里指出兵、用兵。梅尧臣注："主不妄动，动必胜人。"

⑫先知：事先察明敌军情况。

⑬不可取于鬼神：不能通过占卜、祭祀鬼神等迷信方法达到先知。张预注："不可以祷祀而取。"

⑭不可象于事：不能用对事物进行机械类比的方法去推测。张预注："不可以事之相类者拟象而求。"

⑮不可验于度：不能靠推算日月星辰的运行位置去判断敌情。验，验算，验证。度，度数，此处指日月星辰运行的位置。

⑯必取于人，知敌之情者也：必须取之于人，从熟悉了解敌军情况的人那里取得。

【译文】

孙武说：凡是出兵十万，千里征战，百姓们的耗费，国家的开支，每天要花费千金。举国上下纷乱不安，民众为运输物资而在路上疲惫地奔波，因而无法进行耕作生产的，就有七十万家。战争双方相持多年，是为了争一朝胜利，如果吝惜爵位俸禄和钱财，不肯重用间谍，以致因不能了解敌军情况而失败，那就是不讲仁德到了极点。这样的人不配作军队的将帅，不是国君的辅佐，不能成为胜利的主宰者。英明的国君和贤良的将帅之所以一出兵就能战胜敌人，功业超出于众人之上，在于他们能预先了解敌情。而要做到预先了解敌情，不可用迷信鬼神或占卜问卦的方式取得，不可用以前相似的事情作类比，也不可从观察日月星辰运行位置的度数去验证，必须从熟悉了解敌情的人那里去获得。

故用间有五：有因间，有内间，有反间，有死间，有生间。五间俱起，莫知其道[①]，是谓神纪[②]，人君之宝[③]也。因间者，因其乡人而用之[④]。内间者，因其官人而用之[⑤]。反间者，因其敌间而用之[⑥]。死间者，为诳事于外[⑦]，令吾间知之，而传于敌间也[⑧]。生间者，反报也[⑨]。

【注释】

①五间俱起，莫知其道：五种间谍同时发挥作用，能使敌人无法摸清其中的规律。梅尧臣注："五间俱起以间敌，而莫知我用之之道。"

②是谓神纪：这可称作神秘莫测的法则。是，这。纪，法则、道理。神纪，神秘莫测的道理。贾林注："纪，理也。言敌人俱莫知我以何道，如通神理也。"

③人君之宝：是国君的法宝。人君，国君、君主。

④因间者，因其乡人而用之：所谓因间，是利用敌国的当地人作为间谍。因，凭借、根据，此处指利用。乡人，本地之人，一说即乡大夫的略称，是春秋战国时的地方官。杜佑注："因敌乡人，知敌表里虚实之情，故就而用之，可使伺候也。"

⑤内间者，因其官人而用之：所谓内间，是利用敌国的官吏为间谍。官人，此处指敌国的官僚吏员。杜牧注："敌之官人，有贤而失职者，有过而被刑者，亦有宠嬖而贪财者，有屈在下位者，有不得任使者，有欲因败丧以求展己之材能者，有翻覆变诈常持两端之心者。如此之官，皆可以潜通问遗，厚赐金帛而结之，因求其国中之情，察其谋我之事，复间其君臣使不和同也。"可谓分析透彻。

⑥反间者，因其敌间而用之：所谓反间，就是收买敌方的间谍为我所用，成为我方的间谍。张预注："敌有间来，或重赂厚礼以结之，告以伪辞。或佯不知，疏而慢之，示以虚事，使之归报，则反为我利也。"

⑦为诳事于外：有意向外散布虚假情报，以欺骗和迷惑敌人。杜佑注："作诳诈之事于外，佯泄漏之。"

⑧令吾间知之，而传于敌间也：让我方间谍知道故意散布泄漏的虚假情报，并传给敌方间谍，以使敌人中计。因为事发之后我方间谍往往不能生还，故称之为死间。王皙注："诈而间，使敌得之，间以吾诈告敌，事决必杀之也。"《通典》、《太平御览》皆作"令吾间知之，而待

于敌。"

⑨生间者，反报也：所谓生间，就是能够活着回来报告敌情的人。反，同"返"，返回。杜佑注："择己之有贤材智能，能自开通于敌之亲贵，察其动静，知其事计所为，已知其实，还以报我，故曰生间。"

【译文】

使用间谍的方式有五种：即因间、内间、反间、死间、生间。如果五种间谍都同时发挥作用，能使敌人无法摸清其中的规律，这是神秘莫测的方法，是君主克敌制胜的法宝。所谓"因间"，是利用敌国的当地人作为间谍。所谓"内间"，是收买利用敌方的官吏作为间谍。所谓"反间"，是指利用敌方派来的间谍为我所用。所谓"死间"，是指故意散布虚假情报，让我方间谍知道而传给敌方间谍，以诱使敌人中计，事发后往往被敌人处死。所谓"生间"，是指能够活着回来报告敌情的人。

故三军之事，莫亲于间[①]，赏莫厚于间[②]，事莫密于间[③]。非圣智不能用间[④]，非仁义不能使间[⑤]，非微妙不能得间之实[⑥]。微哉微哉[⑦]！无所不用间也。间事未发，而先闻者，间与所告者皆死[⑧]。

【注释】

①三军之事，莫亲于间：全军上下没有比间谍更亲信的。杜佑注："若不亲抚，重以禄赏，则反为敌用，泄我情实。"汉简及《通典》、《太平御览》皆作"三军之亲，莫亲于间"。

②赏莫厚于间：赏赐没有比间谍更优厚的。张预注："非高爵厚利，不能使间。"

③事莫密于间：了解军务内情没有比间谍更为机密的。杜佑注："间事不密，则为己害。"

④非圣智不能用间：没有超人的智慧，不能够使用间谍。圣智，超凡杰出的才智。王晳注："圣，通而先识；智，明于事。"

⑤非仁义不能使间：如若吝惜赏赐，不能以诚相待，就不能使用间谍。仁义，此处指不吝封赏，以诚相待。张预注："仁则不爱爵赏，义则果决无疑。既啗以厚利，又待以至诚，则间者竭力。"

⑥非微妙不能得间之实：如不是用心精细、手段巧妙，就不能从间谍方面获取真实的情报。微妙，精细巧妙。实，实情。梅尧臣注："防间反为敌所使，思虑故宜几微臻妙。"《通典》、《太平御览》"微妙"作"微密"。

⑦微哉微哉：微妙啊，微妙！梅尧臣注："微之又微，则何所不知。"

⑧间事未发，而先闻者，间与所告者皆死：用间的计谋尚未施行，如果走漏了消息，那么间谍和知情者必须处死。先闻，事先听说。陈皞注："间者未发其事，有人来告其闻者，所告者亦与间者俱杀以灭口，无令敌人知之。"

【译文】

所以全军上下，没有比间谍更亲信的，论奖赏没有比间谍更加优厚的，了解军机内情没有比间谍更机密的。没有超人的才智，不能够使用间谍，吝惜封赏不推诚待人者也不能使用间谍，如果不是用心精细、手段巧妙，就不能从间谍方面获取真实的情报。微妙啊，微妙！无时无处不可以使用间谍。用间的计谋尚未施行，如果

泄漏了机密，那么间谍和知道了机密的人必须处死。

凡军之所欲击，城之所欲攻，人之所欲杀，必先知其守将、左右、谒者、门者、舍人[①]之姓名，令吾间必索知[②]之。

【注释】

①守将、左右、谒者、门者、舍人：守将，守城将领。左右，守城将领的身边亲随。谒者，负责通报传达的官吏。门者，负责守门的官吏。舍人，守将的幕僚、门客。杜牧注："凡欲攻战，必须知敌所用之人贤愚巧拙，则量材以应之。"

②索知：侦察探明。索，侦察，探听。

【译文】

对于凡是要攻击的敌军，要攻占的敌国城邑，要杀掉的敌方人员，必须事先了解主管将领、左右亲信、通报传达官吏、守门官吏以及门客幕僚的姓名，让我方间谍务必将这些情况侦察清楚。

必索敌人之间来间我者[①]，因而利之[②]，导而舍之[③]，故反间可得而用也。因是而知之[④]，故乡间、内间可得而使也[⑤]。因是而知之，故死间为诳事，可使告敌[⑥]。因是而知之，故生间可使如期[⑦]。五间之事，主必知之，知之必在于反间，故反间不可不厚也[⑧]。

【注释】

①必索敌人之间来间我者：必须搜查出敌方派来刺探我情报的间谍。《通典》、《太平御览》无"必索"二字。武经本作"必索敌间之来间我者"。

②因而利之：乘机收买利用敌方间谍。

③导而舍之：设法对敌间进行开导，然后交给他任务，放他回去。导，劝导、开导。舍，释放、放开。

④因是而知之：从反间那里了解敌方情况。是，此处指反间。杜佑注："因反敌间而知敌情。"

⑤乡间、内间可得而使也：乡间、内间可以得到更有效的使用。乡间，即上文所说的"因间"，因为以敌方"乡人"为间，故又称"乡间"。梅尧臣注："其国人之可使者，其官人之可用者，皆因反间而知之。"

⑥死间为诳事，可使告敌：这样就可以使死间把假情报传给敌人。张预注："因是反间，知彼可诳之事，使死间往告之。"《通典》、《太平御览》在此句下有"因是可得而攻也"句。

⑦生间可使如期：可以使生间按时返回汇报敌情。如期，按期。张预注："因是反间知彼之情，故生间可往复如期也。"

⑧反间不可不厚也：五种间谍中，反间是最重要的，所以不能不给予优厚的待遇。厚，厚待。杜牧注："乡间、内间、死间、生间四间者，皆因反间知敌情而能用之，故反间最切，不可不厚也。"

【译文】

必须搜查出敌方派来刺探我情报的间谍，以便乘机收买利用，加以劝导后放

回。这样，反间就能够为我所用了。通过反间可以得知敌情，因而乡间、内间可以得到有效的使用。通过反间可以得知敌情，因而可以使死间把假情报传给敌人。通过反间可以得知敌情，因而可以使生间按期返回汇报敌情。对于五种间谍的使用，主持者都必须掌握。了解情况最重要的在于使用反间，所以对反间不能不给予优厚的待遇。

昔殷之兴也[①]，伊挚在夏[②]；周之兴也，吕牙在殷[③]。故惟明君贤将，能以上智为间者[④]，必成大功。此兵之要[⑤]，三军之所恃而动也[⑥]。

【注释】

①昔殷之兴也：殷，殷朝，即商朝。公元前17世纪，商汤灭夏桀，建立商朝，以亳（今河南商丘北）为都。商王盘庚迁都至殷（今河南安阳），所以又称殷朝。兴，兴起。

②伊挚在夏：伊挚，即伊尹。原为夏桀的臣下，商汤任用他为相，打败了夏桀。夏，夏朝。

③吕牙在殷：吕牙，即吕尚，又叫姜尚，字子牙。曾为殷纣王的臣下。周武王姬发伐纣时，任用他为"师"，打败了殷纣王。

④以上智为间者：用具有很高智谋的人做间谍的。上智，有高超智谋的人。

⑤此兵之要：要，要害，关键。

⑥三军之所恃而动也：整个军队都要依靠间谍提供的情报来采取行动。恃，依靠。杜牧注："不知敌情，军不可动。知敌之情，非间不可，故曰：三军所恃而动。"

【译文】

过去商朝的兴起，是由于重用了在夏为臣、了解夏朝内情的伊挚；周朝的兴起，是由于重用了曾在殷朝为官、熟知殷朝内情的吕牙。所以，明智的君主和贤能的将帅，如能任用智谋高超的人作为间谍，一定能成就大功业。这是用兵运筹的关键所在，整个军队都要依靠间谍所提供的情报来采取行动。

论 语

◎马　新 译注

前言

《论语》是一部记载孔子及其弟子言行的集子。是孔子死后，由他的弟子和再传弟子们根据直接记录和传闻整理编辑而成，成书时间约在春秋战国之际。其内容有孔子谈话、答弟子问、弟子间相与谈论、孔子与时人谈论、孔子的主要活动等。

《论语》在秦时也遭火焚。西汉时仅有口头传授及从孔子住宅壁中所得的本子，计有今文本的《鲁论》和《齐论》及古文本的《古论》三种，今本《论语》系东汉郑玄混合各本而成，共二十篇。东汉时，《论语》连同《孝经》及《诗》、《书》、《礼》、《易》、《春秋》五经合为“七经”，从此《论语》被奉为经书，到宋代，朱熹又把它和《大学》、《中庸》、《孟子》合为《四书》。

《论语》是研究孔子及初期儒家思想的主要材料。

孔子(前551～前479年)，名丘，字仲尼，春秋鲁国陬邑(今山东曲阜东南)人。他是儒家学派创始人，是我国古代伟大的教育家、思想家和政治家，对我国的文化思想有着巨大贡献和影响。孔子的祖先本是宋国贵族，因避乱逃至鲁国；父亲孔纥，为鲁国大夫，在孔子三岁时即死去。孔子幼年丧父，又失去了贵族地位，经受过贫贱的磨难，且生活在文化气氛浓厚的鲁国，故十五岁时就坚定了学习志向，决心追求仁和道。二十岁后，曾做过相礼(司礼)、委吏(管理仓库)和乘田(管畜牧)之类的小官。三十岁左右，他打破学在官府的传统，首开私人讲学的途径，实行“有教无类”的教学原则，广招学徒，使一大批下层平民可以受到教育，进而踏入仕途，这是有进步意义的大事。孔子一生主要从事于聚徒讲学和整理古籍，据说他总共有弟子三千，其中贤达者七十二位。约在四十七岁时，他当了鲁国的中都宰(鲁国都城曲阜的行政长官)，后又升任司空(主管工程建筑)、司寇(主管司法)。五十四岁时，因对鲁执政者季桓子和鲁定公所为不满，便离开鲁国，带领一批弟子，周游了卫、曹、宋、郑、陈、蔡、楚等七国，长达十四年。晚年回到鲁国，致力于文化教育工作，整理了《诗》、《书》、《礼》、《易》等古代文献，并把鲁史官所记《春秋》加以删修，成为我国第一部编年体史著。所以孔子又是古代杰出的历史学家和古典文献专家，对保存、整理古代文化遗产，做出了不容抹煞的伟大贡献。七十三岁时，孔子逝世。

虽然孔子在政治上很不得志，一生奔波，但他与弟子们为后世留下的《论语》却

闪烁着智者的光芒，是中国历史上的一份丰厚的文化遗产。

在哲学方面，《论语》有独特的建树。它在巫鬼势力旺盛的时代，对鬼神采取了比较谨慎的态度，“不语怪、力、乱、神”，主张“敬鬼神而远之”；提出了以“仁”来调节统治阶级内部的矛盾，宣扬了原始无神论和人本主义思想。它肯定人的主观能动性，赞扬“进而不止”的精神，它认为齐桓公九合诸侯，不以兵车，靠的是人（管仲）的力量。在认识论上，它肯定世界是可知的，把认识过程分为“多闻”、“多见”和“择善”、“识之”两个阶段，坚持认识的客观性，主张“毋意，毋必，毋固，毋我”，强调“行”在认识中的作用，坚信“言之必可行”。认为评价人要“听其言而观其行”，要求人们“讷于言而敏于行”，“先行其言，而后从之”。它还宣扬理论与实际相结合的思想，主张以使用的效果作为检验学习成绩的标准。如它说：“诵《诗》三百，授之以政，不达；使于四方，不能专对；虽多，亦奚以为？”它承认有所谓“生而知之”的天才，但特别强调学习的重要性。在方法论上，它肯定世界万物都像“不舍昼夜”奔流的河水一样永恒地运动着；它认为“不知”与“知”是对立的，但又可以互相转化，即“不知为不知，是知也”，“不善”与“不贤”也可以转化为“善”、“贤”，条件是“不善者而改之”、“见不贤而内自省”。

在教育方面，《论语》提出了许多有价值的主张。它倡导“有教无类”，对教育对象不加限制，打破了教育由贵族垄断的局面，扩大了教育对象。它指出对新旧知识不能割裂，而要“温故而知新”、“学而时习之”；主张学习知识和善于思索要结合起来，“学而不思则罔，思而不学则殆”，而且在学与思的过程中，要坚持实事求是，“知之为知之，不知为不知”。它提倡“好学”，做到“学而不厌”，学无常师，认为“三人行，必有我师”，虚心向人学习，要“每事问”，甚至“不耻下问”。它还提出因材施教、循循善诱、身体力行、多闻阙疑等教学方法，主张要善于启发学生独立思考，学会举一反三，即“不愤不启，不悱不发，举一隅不以三隅反，则不复也”。这些思想对我们今天仍有一定的借鉴意义。

在政治方面，《论语》提出种种政治主张，它力倡“为政以德”，对老百姓要“道之以德，齐之以礼”，反对虐民苛政，断言“不教而杀谓之虐”，做到“胜残去杀”，对百姓要“宽则得众”，“惠则足以使人”。它主张使民富庶，反对过重剥削，做到“节用而爱人，使民以时”；统治者要“因民之所利而利之”，“博施于民而能济众”等，使百姓安、足、富，然后“教之”。在用人上，主张举贤才，要“先有司，赦小过，举贤才”，“举直错诸枉”，反对“举枉错诸直”，要“不以言举人，不以人废言”。它反对用暴力去压服少数民族，主张用“文德”去感化，所谓“远人不服，则修文德以来之”。通过上述措施，使得人民、国家“和无寡，安无倾”。当然，《论语》的政治思想总的说来是保守的，它希望通过实行上述“德政”、“仁政”，来调整统治阶级的内部关系，缓和阶级矛盾，从而出现一个“君君，臣臣，父父，子子”的等级有序和“老者安之，朋友信之，少者怀之”的理想社会，这种政治主张，在当时是根本无法实现的。

在伦理思想方面，《论语》提出了“仁”的学说，认为“仁”就是“爱人”。在处理人

际关系上，要以仁为准则，要“己所不欲，勿施于人”，“己欲立而立人，己欲达而达人”，以达到“四海之内皆兄弟”的境界。它还向统治者提出了“修己”、“正身”的要求。关于修己，它说：“修己以敬”，“修己以安人”，“修己以安百姓”。通过修己即修身，达到正身。关于正身，它说：“子帅以正，孰敢不正？”“其身正，不令而行；其身不正，虽令不从。”《论语》还十分重视人的道德的培养和修养，主张人要有志气，要清直淡泊。它说：“三军可夺帅也，匹夫不可夺志也。”“不患人之不己知，患不知人也。”“不义而富且贵，于我如浮云。”“人而无信，不知其可。”这些话，即使在今天，仍有值得学习和借鉴之处。

在写作方法上，《论语》是语录体散文的典范。它语言简练明快，寓意深刻。书中有很多妙语警句，哲思睿理，脍炙人口，历千百年而不衰。

总之，《论语》作为一部中国传统文化的经典之作，很值得我们认真阅读与分析，取其精华，弃其糟粕。

近年来，国学热方兴未艾，《论语》蓦然间成为大众话题，从电视网络到报刊杂志，以至街头巷尾，多有谈论者。为了给广大读者提供一个可信可行的门径，使更多的读者越过这千百年的“万仞宫墙”而信步其中，更准确地撷取两千年前的《论语》要义，我藉此次修订改版之机，对旧作重新整理，增补了更多诠释，订正了一些译文，校勘了全部文字。不当之处，请广大读者不吝赐教。

马　新

学而第一

1.1 子[①]曰："学而时习之[②]，不亦说乎[③]？有朋[④]自远方来，不亦乐乎？人不知而不愠[⑤]，不亦君子[⑥]乎？"

【注释】

①子：古代对男子的尊称。按《论语》中凡单称"子"者均是指孔子。

②学而时习之：学习之后再时常进行体会、实践。时，时时、时常。习，温习、实习、练习、实践。

③不亦说（yuè 月）乎：不也很愉快吗？不亦……乎，即"不也……吗？"说，同"悦"，高兴、愉快。

④朋：朋友，同门为朋，也指志同道合者。

⑤人不知而不愠（yùn 运）：别人不了解我，我也不怨恨。知，了解、理解。愠，怨恨、恼怒。

⑥君子：古代的君子有时指贵族及做官的人，有时指道德高尚的人，此处"君子"指后者。

【译文】

孔子说："学习之后再时常温习实践，不也很愉快吗？有志同道合者从远方而来，不也令人高兴吗？别人不了解我，我也不怨恨，不也很有君子风度吗？"

1.2 有子[①]曰："其为人也孝弟[②]，而好犯上者，鲜矣[③]；不好犯上，而好作乱者，未之有也[④]。君子务本[⑤]，本立而道[⑥]生。孝弟也者，其为仁[⑦]之本与[⑧]！"

【注释】

①有子：即有若，姓有，名若，字子胡，鲁国人。孔子的弟子。有子是时人对他的尊称。

②其为人也孝弟（tì 替）：那些孝顺父母、尊敬兄长的人。其，代词，那，那些。弟，通"悌"。孝、悌是儒家思想中两个道德伦理概念。善事父母为孝，善事兄长为弟。

③而好（hào 号）犯上者，鲜（xiǎn 显）矣：很少有冒犯上级的。好，喜好。鲜，少。

④未之有也：即"未有之也"的倒装，意为"是从来没有的"。

⑤务本：致力于根本。务，从事、致力于。本，原意为草木的根或茎干，此指根本、基础的东西。

⑥道：古代"道"的义项十分广泛，内容也十分丰富，歧义也很多。此处"道"是指最高的社会原则和社会理想。

⑦仁：是孔子思想及儒家学说中最基本也是最重要的范畴之一。大致有三项意思：一是指孔子的道德标准和人生的最高精神境界；二是指仁爱、仁慈；三是同“人”。此篇意为第三项。

⑧与：语助词，用于句末表示感叹、疑问或反诘。

【译文】

有子说：“那些孝顺父母、尊敬兄长的人，很少有冒犯上级的，不好冒犯上级而好造反的人是从未有过的。君子要致力于根本，根本确立了，道便会产生。孝悌就是仁的根本。”

1.3 子曰：“巧言令色①，鲜矣仁②。”

【注释】

①巧言令色：指用花言巧语和谄媚的神色取悦于人。巧，虚浮不实。令，美好的、动人的。色，神色、表情、面貌。

②鲜矣仁：是很少有仁德的。鲜，少。矣，语气词，表示感叹。

【译文】

孔子说：“花言巧语、装出一副善良面孔的人，是很少有仁德的。”

1.4 曾子①曰：“吾日三省吾身②：为人谋而不忠乎？与朋友交而不信③乎？传④不习乎？”

【注释】

①曾子（前505～前435年）：名参（shēn身），字子舆，南武城（今山东枣庄市附近）人。孔子的弟子。

②吾日三省（xǐng醒）吾身：我每天再三地反省自己。吾，我。三，表示多次的意思；省，反省，自我检查、反思。

③信：诚实、不欺，讲信用。

④传（chuán船）：传授。

【译文】

曾子说：“我每天再三地反省自己：替别人出主意办事情是否尽心尽力了呢？与朋友交往是否诚实可信呢？老师传授的知识是否常常温习和实践呢？”

1.5 子曰：“道①千乘之国②，敬事而信③，节用而爱人④，使民以时⑤。”

【注释】

①道：同“导”，治理。

②千乘（shèng胜）之国：乘，指古代军队的基层单位。每乘拥有用四匹马拉的兵车一辆，车上甲士三人，车下步卒七十二人，后勤人员二十五人，共一百人。春秋时代，作战使用战车，所以国家的强弱都以车辆的数目来衡量。春秋初期，大国都没有千辆兵车。但到孔子之

时，千乘之国已经不是大国了。

③敬事而信：严肃认真地处理政事，诚实无欺。敬事，“敬”字一般用于表示工作态度，即“严肃认真”之义，常与“事”字连用。

④节用而爱人：节约费用，爱护官民。人，古代“人”字有广、狭两义。广义的“人”指一切人群；狭义的人只指士大夫以上各阶层的人。这里指的是后者。

⑤使民以时：役使百姓而不违农时。民，指平民百姓。以时，按时，此指在农耕不忙时节，不违农时。

【译文】

孔子说：“治理一个拥有千辆兵车的国家，要严肃认真地处理政事，信实无欺，节约费用，爱护官吏臣属，役使老百姓要不误农时。”

1.6 子曰：“弟子[①]入则孝，出则弟[②]，谨而信，泛爱众[③]，而亲仁[④]。行有余力[⑤]，则以学文[⑥]。”

【注释】

①弟子：一般有两层意思，一是指年纪幼小的人，二是指学生。这里用的是第一种意思。

②弟（tì 涕）：通“悌”，敬爱兄长。

③泛爱众：博爱大众。泛，广泛。

④而亲仁：同时亲近有仁德的人。而，连词，表示并列，同时。仁，这里指有“仁德”的人。

⑤行有余力：这样实行了还有多余的精力。

⑥学文：指学习《诗》、《书》、《礼》、《乐》及典章制度等方面的知识。

【译文】

孔子说：“后生少年，在家要孝顺父母，出门要顺从师长，言行谨慎而诚实，博爱大众，亲近有仁德的人。这些都做了还有多余的精力，就用来学习文化知识。”

1.7 子夏[①]曰：“贤贤[②]易色[③]；事父母，能竭其力；事君，能致其身[④]；与朋友交，言而有信。虽曰未学，吾必谓之学矣。”

【注释】

①子夏（前 507～？年）：姓卜，名商，字子夏。春秋晋国温（今河南温县西南）人，一说卫国人。孔子的弟子。

②贤贤：前一个“贤”字为动词，尊重的意思。后一个“贤”字是名词，指贤人。

③易色：易，轻视、简慢。色，容貌、脸色，这里指女色。

④致其身：豁出生命，献出自己的身心力量。致，献纳。

【译文】

子夏说：“尊重贤人，能不以女色为重；事奉父母，能够尽心竭力；事奉君主，能鞠躬尽瘁；同朋友交往，能信守诺言。这样的人即使他没有学习过，我也一定要说他是有教养的。”

1.8　子曰："君子不重①则不威，学则不固②。主忠信③，无友不如己者④。过则勿惮⑤改。"

【注释】

①重：庄重。

②固：巩固。

③主忠信：以忠和信两种道德为主，即崇尚忠、信。主，以……为主，指重视、崇尚。忠、信是孔子思想体系中两项重要范畴，指的也是道德品质和伦理规范。

④无友不如己者：不要同不如自己的人交朋友。无，不要。友，以……为友，交……朋友。不如己，不如自己。

⑤惮(dàn 但)：害怕、畏惧。

【译文】

孔子说："君子不庄重就没有威严，学习的知识也不会巩固。为人处世要以忠和信两种道德为主。不要与不如自己的人交朋友。有了过错，就不要害怕改正。"

1.9　曾子曰："慎终①追远②，民德归厚③矣。"

【注释】

①慎终：慎重地对待父母的丧事。指对父母的丧事要依礼尽哀。慎，慎重、认真地。终，人死为终，此指父母去世。

②追远：追念前人祖先。追，追念，回溯往事。远，指祖先。

③归厚：归于淳厚朴实 。归，归趋、归向。厚，指人们道德风尚的淳朴忠厚。

【译文】

曾子说："慎重地办理父母的丧事，虔诚地追念祖先，这样百姓的道德风尚就归于淳厚了。"

1.10　子禽①问于子贡②曰："夫子③至于是邦④也，必闻其政。求之与⑤？抑与之与⑥？"子贡曰："夫子温、良、恭、俭、让以得之。夫子之求之也，其诸⑦异乎人之求之与？"

【注释】

①子禽：姓陈，名亢(kàng 抗)，字子禽。孔子的弟子。

②子贡(前 520～？年)：姓端木，名赐，字子贡。孔子的弟子。

③夫子：古代称大夫为"夫子"。夫，大夫；子，敬称。孔子曾为鲁大夫，故孔子弟子亦称孔子为夫子。后因以为学生对老师的尊称。

④是邦：某个国家。是，任何、每一个、凡。邦，国，指当时的诸侯国。

⑤与：语助词，用于句末，表示疑问、感叹或反诘。

⑥抑与之与：还是别人主动提供给他的？抑，或是、还是。与，前一个"与"意为"给予"、"提供给"；后一个"与"为句末语助词，表示疑问。

⑦其诸：表示推测的语气词，有“或许”、“大概”的意思。

【译文】

子禽向子贡问道：“老师每到某个国家，一定要与闻该国的政事。这是他求人告诉他的呢？还是人家主动告诉他的呢？”子贡说：“老师是靠温和、善良、恭敬、俭朴、谦让来取得的。老师求取的办法，大概不同于别人求取的办法吧？”

1.11 子曰：“父在观其[①]志，父没[②]观其行，三年无改于父之道，可谓孝矣。”

【注释】

①其：他的，指儿子。

②没：去世。

【译文】

孔子说：“父亲在世时看他的志向，父亲去世后看他的行为，如果三年内不改变父亲的规矩法度，就可以说他是孝子了。”

1.12 有子曰：“礼之用，和[①]为贵。先王之道[②]，斯[③]为美，小大由之[④]。有所不行，知和而和[⑤]，不以礼节[⑥]之，亦不可行也。”

【注释】

①和：和谐、恰当。

②先王之道：指尧、舜、禹、汤、文、武、周公等古代君王治国的办法。

③斯：这。此处指礼、和。

④小大由之：无论大事小事都按这条去做。由，依照、按照。

⑤知和而和：只知道一味地为和谐而和谐。

⑥节：节制、约束。

【译文】

有子说：“礼的效用，以和谐为贵。古代君王的治国办法，也以和谐为美，无论小事大事都从和谐的目的出发。但是，有时也行不通，一味地为和谐而和谐，不以礼加以节制，也是不可行的。”

1.13 有子曰：“信[①]近[②]于义，言可复[③]也。恭近于礼，远[④]耻辱也。因[⑤]不失其亲，亦可宗[⑥]也。”

【注释】

①信：守信用、诚实不欺。

②近：接近、符合。

③复：实行、履行。

④远：远离、避开。

⑤因:依靠。

⑥宗:依靠、可靠、尊崇。

【译文】

有子说:“信约符合义,作出的承诺才能办到。恭敬符合礼,才能避免耻辱。依靠亲密可靠的人,同样也值得推崇了。”

1.14 子曰:“君子食无求饱,居无求安,敏于事而慎于言,就[①]有道[②]而正[③]焉,可谓好学也已[④]。”

【注释】

①就:看齐、靠近。

②有道:有道德的人。

③正:匡正、端正。

④已:语气词,用法同“矣”。

【译文】

孔子说:“君子饮食不要求饱足,居住不要求安逸,做事敏捷,说话谨慎,向有道德的人看齐以改正自己的错误,这样就可以说是好学了。”

1.15 子贡曰:“贫而无谄[①],富而无骄,何如[②]?”子曰:“可也,未若[③]贫而乐,富而好礼者也。”

子贡曰:“《诗》[④]云:‘如切如磋,如琢如磨。’[⑤]其斯之谓与[⑥]?”子曰:“赐[⑦]也,始可与言《诗》已矣,告诸往而知来者[⑧]。”

【注释】

①谄(chǎn 产):巴结、奉承、谄媚。

②何如:如何、怎么样。

③未若:不如、比不上。

④《诗》:指《诗经》,我国最早的诗歌总集。全书分《风》、《雅》、《颂》三部分,共三百零五篇。创作年代上起西周初年,下至春秋中叶,约五百多年。编成年代当在春秋末叶,相传曾经孔子删订。

⑤这两句诗见于《诗经·卫风·淇奥》。切,用刀把骨头做成各种形状;磋,用锉把象牙锉成各种形状。琢,用刀雕刻玉石;磨,用物磨光。这两句诗以制象牙、琢玉石说明君子要反复不断、精益求精地修养自己。

⑥其斯之谓与:大概说的就是这个意思吧?其,句首语气词,表示推测。斯,这、这个。谓,说、指。与,句末语气词,表示疑问或感叹。

⑦赐:即子贡。

⑧告诸往而知来者:告诉他已知的事情,他便联想到未知的事情,即能举一反三。诸,之于。往,指过去的或已知的事情。来,指将来的或未知的事情。

【译文】

子贡说："贫穷而不谄媚，富贵而不骄横，这样的人怎么样？"孔子说："可以，但是比不上贫穷而仍然快乐、富贵而好礼节的人。"

子贡说："《诗经》中说：'修治骨器的切削了还要再仔细地锉平，修治玉器的雕刻了还要再反复磨光。'就是这个意思吧。"孔子说："赐呀，我现在可以和你谈论《诗经》了，因为我告诉你这一点，你便可以有所发挥，举一反三了。"

1.16 子曰："不患[①]人之不己知[②]，患不知人也。"

【注释】

①患：忧虑、担心。

②不己知：是"不知己"的倒装。

【译文】

孔子说："不要担忧别人不了解自己，应担忧自己不了解别人。"

为政第二

2.1　子曰："为政以德，譬如北辰①，居其所而众星共②之。"

【注释】

①北辰：即北极星，是在正北天空中的一颗较亮的星，属小熊星座，古人在夜晚常靠它来辨别方向。在中国北方看来，北极星是相对静止的，它周围的其他星座都环绕它运动，孔子在这儿是以北极星喻国君，以众星喻民众。

②共：通"拱"，环绕、围绕。

【译文】

孔子说："用道德仁政治理国家，〔国君〕就会像北极星安居自己的方位而被群星环绕那样〔受到百姓拥戴〕。"

2.2　子曰："《诗》三百①，一言以蔽之②，曰：'思无邪③。'"

【注释】

①《诗》三百：《诗经》共收诗三百零五首，"三百"是举其整数。

②一言以蔽（bì 闭）之：用一句话来概括它。一言，一句话。蔽，概括。

③思无邪：思想纯正，没有虚情假意。无邪，纯正、不邪恶。

【译文】

孔子说："《诗》三百篇的微言大义，用一句话便可概括，即'思想纯正'。"

2.3　子曰："道①之以政②，齐③之以刑，民免④而无耻；道之以德，齐之以礼，有耻⑤且格⑥。"

【注释】

①道：通"导"，治理、引导。

②政：指政策法令。

③齐：即"使之齐"，约束、制约。

④免：避免。

⑤有耻：有知耻之心。

⑥格:匡正、纠正。

【译文】

孔子说:“用政令治理百姓,用刑法约束百姓,百姓虽然会避免犯罪,但没有羞耻心;用道德引导百姓,用礼制制约百姓,百姓不但会有羞耻心,而且能纠正自己的过失。”

2.4　子曰:“吾十有[①]五而志于学,三十而立[②],四十而不惑[③],五十而知天命[④],六十而耳顺[⑤],七十而从心所欲[⑥],不逾矩[⑦]。”

【注释】

①有:即“又”,“十有五”即“十五”。

②立:立身、自立,指能独立地处世立身。

③惑:迷惑、疑惑。

④天命:上天的意志,又指人们的命运。

⑤耳顺:指能听出他人言语中的是非,能容得下各种毁誉,即有主见。后以“耳顺”为六十岁的代称。

⑥从心所欲:即随心所欲,想干什么就干什么。

⑦不逾(yú 余)矩:不超越礼法规矩。逾,超越、超出。矩,规矩、规则、法度。

【译文】

孔子说:“我十五岁便立志于学问,三十岁能独立地处世立身,四十岁能明达人情世故而不再迷惑,五十岁能悟透命运而顺应天道,六十岁能明辨是非而容逆耳之言,七十岁能随心所欲但又不超越礼法规矩。”

2.5　孟懿子[①]问孝。子曰:“无违[②]。”

樊迟[③]御[④],子告之曰:“孟孙[⑤]问孝于我,我对曰‘无违’。”樊迟曰:“何谓也[⑥]?”子曰:“生,事之以礼[⑦];死,葬之以礼,祭之以礼。”

【注释】

①孟懿子:为鲁“三桓”之一的孟孙氏贵族,姓仲孙,名何忌,鲁国大夫。懿是其谥号。

②无违:不要违背礼节。违,违背、违反。

③樊迟(前 505～? 年):名须,字子迟,亦称樊迟。鲁国人(一说齐国人)。孔子的弟子。其求知心切,兴趣广泛,曾多次向孔子问仁、问知,请学稼圃。

④御:驾车。

⑤孟孙:即孟懿子。

⑥何谓也:即“什么意思呢”。

⑦事之以礼:即“以礼事之”的倒装,以下两句的语法结构同此。事,侍奉。

【译文】

孟懿子请教什么是孝。孔子说:“孝就是不要违背礼节。”

樊迟为孔子驾车，孔子告诉他："孟孙向我问孝，我告诉他'孝就是不要违背礼节'。"樊迟问："这是什么意思？"孔子说："父母在世，要按礼节侍奉；去世，要按礼节安葬，按礼节祭祀。"

2.6 孟武伯[①]问孝。子曰："父母，唯其疾之忧[②]。"

【注释】

①孟武伯：名彘(zhì 志)，又作仲孙，孟懿子之子，武是其谥号，鲁国大夫。

②唯其疾之忧：要特别为他们的疾病担忧。唯，只是，引申为特别。其，指孟武伯的父母。

【译文】

孟武伯请教什么是孝。孔子说："对父母，要特别为他们的疾病担忧。"

2.7 子游[①]问孝。子曰："今之孝者，是谓能养[②]。至于犬马[③]，皆能有养[④]。不敬，何以别乎[⑤]？"

【注释】

①子游(前506～？年)：姓言，名偃，字子游。孔子的弟子。后人尊称之为言子，吴国人。

②是谓能养：只是认为能供养父母而已。

③至于犬马：即使是犬马。至于，就是、即使。

④皆能有养：都能得到饲养。

⑤何以别乎：如何将孝与饲养犬马相区别呢？何以，即"以何"，如何、用什么。

【译文】

子游请教什么是孝。孔子说："如今的孝子，只是能供养父母而已。然而，即使是犬马也能得到饲养。如果不能按礼的要求敬事父母，如何将供养父母与饲养犬马相区别呢？"

2.8 子夏问孝。子曰："色难[①]。有事，弟子[②]服其劳；有酒食，先生[③]馔[④]：曾[⑤]是[⑥]以为孝乎？"

【注释】

①色难：色，指儿子侍奉父母时的容色。难，难以做到。

②弟子：年轻人，这里指儿子。

③先生：长辈，这里指父母。

④馔(zhuàn 撰)：吃喝。

⑤曾(zēng 增)：副词，表示出乎意料，相当于"却"、"简直"、"竟"、"竟然"。

⑥是：此，这个。

【译文】

子夏请教什么是孝。孔子说："经常和颜悦色地侍奉父母是最难做到的。如果仅仅是有了事情,子女为父母去做;有酒食时,子女请父母先享用,难道这就能称为孝吗?"

2.9 子曰:"吾与回[①]言终日,不违[②],如愚[③]。退而省其私[④],亦足以发[⑤],回也不愚。"

【注释】

①回:颜回(前511~前480年),姓颜名回,字子渊,又称颜渊。孔子的弟子。

②不违:此处指不提出不同意见,没有异议。

③如愚:好像有些愚笨、迟钝。

④退而省(xǐng 醒)其私:授课后考察他私下的言行。省,观察,反省。此处为前义。

⑤发:阐发、发挥。

【译文】

孔子说:"我整天为颜回讲谈,他从不提出什么疑问,像是个愚笨的人。但过后考察他私下的言行,却能够阐发我所讲的道理。颜回呀,并不愚笨。"

2.10 子曰:"视其所以[①],观其所由[②],察其所安[③]。人焉[④]廋[⑤]哉?人焉廋哉?"

【注释】

①以:原因、根据。这里指言行的动机。

②由:经由的道路。此处指做事的方法或手段。

③安:满足、安心。此指满足、安心于什么。

④焉:如何、怎么。

⑤廋(sōu 搜):隐藏、隐瞒。

【译文】

孔子说:"了解一个人,要看他言行的动机,观察他做事的方法和手段,了解他安心于什么。这样,谁能隐藏得住呢?谁能隐藏得了呢?"

2.11 子曰:"温[①]故[②]而知新[③],可以为师矣。"

【注释】

①温:温习。

②故:已学过的或旧有的知识。

③新:此指新体会、新认知。

【译文】

孔子说:"如果能在温习旧有知识时获取新体会,就可以做人师了。"

2.12 子曰："君子不器①。"

【注释】

①器：器皿、器物。器皿的用途比较狭窄、有限，孔子在这儿代指知识、才用的狭窄。

【译文】

孔子说："君子不要像器皿那样（才用狭窄）。"

2.13 子贡问君子。子曰："先行①其言而后从②之。"

【注释】

①行：践行，常与"言"对举。

②从：跟随，此指"言"。

【译文】

子贡请教怎样才能做一个君子。孔子说："把自己要说的言论先付诸行动，然后再说出来。"

2.14 子曰："君子周①而不比②，小人③比而不周。"

【注释】

①周：亲近、相合，指正常的交往与团结。

②比（bì 毕）：朋比、勾结，指因共同利益而相互勾结。

③小人：古代的"小人"有两个意思：一是指地位低微的人，一是指道德低下的人。此处指后者。

【译文】

孔子说："君子与人正常地交往而不朋比勾结，小人则朋比勾结而不正常地交往。"

2.15 子曰："学而不思则罔①，思而不学则殆②。"

【注释】

①罔（wǎng 往）：同"惘"，迷惑而无所收获。

②殆（dài 代）：疑惑不解。

【译文】

孔子说："只是读书而不思考，就会迷惘而无所得；只是思考而不读书，就会疑惑不决。"

2.16 子曰："攻①乎异端②，斯③害也已④。"

【注释】

①攻：攻读、钻研。

②异端：不同的主张与学说，又特指不正确的或不合乎正统思想的学说和主张。

③斯：这，代指“攻乎异端”。

④也已：句末语气词，表示肯定。

【译文】

孔子说：“钻研异端学说，这就是祸害呀！”

2.17　子曰：“由[①]！诲女知之乎[②]？知之为知之，不知为不知，是知[③]也。”

【注释】

①由：即子路（前542～前480年），姓仲，名由，字子路，又字季路。山东卞（今山东泗水泉林）人。孔子的弟子。

②诲（huì 汇）女（rǔ 乳）知之乎：我教给你的懂了吗？诲，教诲。女，通“汝”，你。知，知道、明白。

③知（zhì 志）：同“智”，聪明、明智。

【译文】

孔子说：“由！我教给你的懂了吗？懂了就是懂了，不懂就是不懂，这才是聪明啊。”

2.18　子张[①]学干禄[②]。子曰：“多闻阙疑[③]，慎言其余[④]，则寡尤[⑤]；多见阙殆[⑥]，慎行其余，则寡悔[⑦]。言寡尤，行寡悔，禄在其中矣。”

【注释】

①子张（前503～？年）：姓颛（zhuān 专）孙，名师，字子张。陈国人。孔子的弟子。

②干禄：求取官职。干，求取。禄，官员的俸禄。

③多闻阙疑：多听，对有疑问之处采取保留态度。阙，通“缺”，保留、回避。

④慎言其余：谨慎地说出其余有把握的看法。

⑤则寡尤：就会减少过火。寡，少、缺少。尤，过失。

⑥殆：疑惑。

⑦悔：悔恨、懊恼。

【译文】

子张请教如何求取官职。孔子说：“多听，保留有怀疑的地方，谨慎地说出其余有把握的看法，就会减少过失；多看，保留有怀疑的地方，谨慎地去做其余有把握的事情，就会减少懊悔。言语的过失少，行为的懊悔少，官职俸禄便在其中了。”

2.19　哀公[①]问曰：“何为则民服[②]？”孔子对曰：“举直[③]错[④]诸[⑤]枉[⑥]，则民服；举枉错诸直，则民不服。”

【注释】

①哀公（前494～前476年在位）：姓姬，名蒋，鲁国国君，哀是其谥号。

②何为则民服：如何做才能使百姓信服。何为，怎样做、如何做。为，做。服，信服、服从。

③举直：举，选拔、举用。直，正直，此处指正直贤能之人。

④错：同“措”，放置、弃置。

⑤诸：代词“之”和介词“于”的合音字，相当于“之于”。

⑥枉：邪佞，此处指奸邪不正派之人。

【译文】

哀公问：“怎样做才会使百姓信服呢？”孔子答道：“选用正直贤能之人，弃奸置邪不正派之人，民众就会信服；选用奸邪不正派之人，弃置正直贤能之人，民众就不会信服。”

2.20 季康子[①]问：“使民敬、忠以[②]劝[③]，如之何[④]？”子曰：“临之以庄[⑤]，则敬；孝慈[⑥]，则忠；举善而教不能[⑦]，则劝。”

【注释】

①季康子（？～前468年）：季孙氏，名肥，康是其谥号。鲁哀公时的宰臣，摄掌国政。

②以：连词，相当于“而”、“且”。

③劝：勉励、鼓励、督促。

④如之何：即“如何之”，意即对此该如何做、怎么办。

⑤临之以庄：对待他们神态庄重。临，从高处往低处看，引申为上对下，统治、治理。庄，庄重、庄严、严肃。

⑥孝慈：孝顺父母，爱恤百姓。

⑦举善而教不能：推举选用好人，教诲愚笨者。举，提拔、推举。不能，没才能、能力差的人。

【译文】

季康子问：“要使民众对我尊敬、尽忠而又勤勉，应当怎么办呢？”孔子说：“用庄重的态度对待他们，他们就会对你尊敬；对父母孝顺，对百姓慈爱，他们就会忠顺；选用好人，教诲愚笨，他们就会勤勉。”

2.21 或谓孔子曰[①]：“子奚不[②]为政[③]？”子曰：“《书》云：‘孝乎惟孝，友于兄弟。施于有政。’[④]是亦为政，奚其为为政[⑤]？”

【注释】

①或谓孔子曰：有人对孔子说。或，有人。谓，对……说。

②奚（xī 希）不：何不，为什么不。奚，疑问代词，何、为什么、怎么。

③为政：从政，治理国政。

④《书》云：“……施于有政”句：大意为：孝敬父母，友爱兄弟，把孝悌的道理应用于政治。施，施用、作用。有，名词词头，无实义。《书》，即《尚书》，商周时代政令文诰的汇编。以上引文，《伪古文尚书·君陈篇》作“惟尔令德孝恭，惟孝，友于兄弟，克施有政”。

⑤是亦为政，奚其为为政：这也就是从政了，为什么要亲自从政呢？是，这。其，句中语助词，无实义，起调节音节的作用。为为政，前一个“为”意思为“参与”；后一个“为”意思为“从

事”、“治理”。

【译文】

有人对孔子说：“您为何不从政？”孔子说：“《尚书》说：‘孝敬父母，友爱兄弟，把孝悌的道理应用于政治。’这也就是从政，为什么要亲自从政呢？”

2.22 子曰：“人而[①]无信，不知其可也。大车无輗[②]，小车无軏[③]，其何以行之哉？”

【注释】

①而：连词，表示假设，相当于“如果”、“假若”。

②輗（ní 泥）：古代大车车辕前面横木上的木销子。大车，即牛车。

③軏（yuè 月）：古代小车车辕前面横木上的木销子。小车，即马车。车上若无輗軏，便无法套驾牲口。古人往往用輗軏比喻事物的关键。

【译文】

孔子说：“一个人如果不讲信用，不知他怎么立身处世。这如同大车没有輗，小车没有軏，又怎么能够行走呢？”

2.23 子张问：“十世[①]可知也？”子曰：“殷因于夏礼[②]，所损益可知也；周[③]因于殷礼，所损益可知也；其或继周者，虽百世，可知也。”

【注释】

①十世：十个朝代。

②殷因于夏礼：殷，即殷商（前16世纪～前11世纪）；夏，我国第一个奴隶制王朝（前21世纪～前16世纪）。因，因循、继承。

③周：周王朝。周王朝是继商而起的王朝，分西周（前11世纪～前770年）与东周（前770～前256年）两个时期，东周又分“春秋”和“战国”两个时期，从公元前770年周平王东迁洛邑（今河南洛阳）起，到前256年被秦所灭为止。“春秋”（前770～前475年）是孔子所生活的时代。

【译文】

子张问：“十个朝代以后的事情可以知道吗？”孔子说：“殷商继承夏朝的礼仪制度，其中的减损与增加是可以知道的；周朝继承殷商的礼仪制度，其中的减损与增加是可以知道的；以后如果有继承周朝的王朝，即使是百代以后，它的礼仪制度也是可以由此类推而可以知道的。”

2.24 子曰：“非其鬼[①]而祭[②]之，谄[③]也。见义[④]不为，无勇也。”

【注释】

①鬼：指已死去祖先的亡灵，这里泛指鬼神。

②祭：祭祀。此处指为祈福进行的祭祀。

③谄（chǎn 产）：阿谀、谄媚。

④义：正义的事情。

【译文】

孔子说："不是你应当祭祀的鬼神却去祭祀它，这是谄媚。见到正义的事而不敢去做，这是没有勇气。"

八佾第三

3.1 孔子谓[①]季氏[②]:“八佾[③]舞于庭,是[④]可忍也,孰[⑤]不可忍也?”

【注释】

①谓:议论、评价。

②季氏:此处当指季平子,鲁国大夫。鲁昭公时,季平子势力膨胀,削弱公室,把持国政。鲁昭公与其争夺政治权力,兵败,先是逃到齐国,又到晋国,最后死于晋国的乾侯。

③八佾(yì 意):佾,古代奏乐舞蹈的行列。按周礼规定,每佾八人,天子使用八佾,诸侯使用六佾,大夫使用四佾,士使用二佾。季平子只是鲁国大夫,应使用四佾,然而他却擅自使用八佾,是严重的僭越行为。

④是:代词,这,此处代指“八佾舞于庭”。

⑤孰(shú 熟):什么。

【译文】

孔子议论季氏时说:“季氏在庭院中竟僭用天子的八佾舞乐,若对这样的事情能够容忍的话,还有什么事情不能容忍呢?”

3.2 三家[①]者以《雍》彻[②]。子曰:“‘相维辟公,天子穆穆[③]。’奚取于三家之堂[④]?”

【注释】

①三家:又称“三桓”、“三子”,指鲁国的孟孙氏、叔孙氏、季孙氏,为鲁桓公之子仲庆父、叔乐、季友的后裔,均为大夫,但实际掌握了鲁国政权。

②彻:同“撤”,指祭祀完毕撤去祭品。

③相维辟公,天子穆穆:《诗经·周颂·雍》中的诗句。相,助,此指助祭者;维,语助词;辟公,诸侯;穆穆,严肃静穆。

④堂:祭祀的庙堂。

【译文】

三家使用《雍》诗撤除祭品。孔子说:“‘诸侯恭谨助祭,天子庄严主祭。’这样的诗句怎能用于三家的庙堂?”

3.3 子曰："人而[①]不仁，如礼何[②]？人而不仁，如乐[③]何？"

【注释】

①而：连词，表示假设。

②如礼何：怎么能行礼呢？如……何，对……怎么办。

③乐：音乐，与礼合称，指礼仪音乐的规范。

【译文】

孔子说："人若是没有仁德，怎么能行礼呢？人若是没有仁德，怎么能行乐呢？"

3.4 林放[①]问礼之本[②]。子曰："大哉问[③]！礼，与其奢也，宁俭[④]；丧，与其易[⑤]也，宁戚[⑥]。"

【注释】

①林放：字子丘，鲁国人，孔子的弟子。

②本：本原、本质、根本。

③大哉问：即"问之大哉"。哉，感叹词。"问"在这里是主语后置。意为：你问的这个问题太重大了！这是一个大问题啊！

④与其……宁：选择连词，比较两方面的利害得失，选取一方面，舍弃另一方面。"与其"表示舍弃的一面，"宁"表示肯定的一面。可译为"与其……不如……"。

⑤易：办理、治理。此处指仪式办理得妥当、周全。

⑥戚：悲哀、哀戚。

【译文】

林放请教什么是礼的根本。孔子说："这是一个大问题啊！就礼仪来说，与其奢侈，不如俭约；就丧礼来说，与其仪式周全，不如心中真正悲伤。"

3.5 子曰："夷狄[①]之有君，不如[②]诸夏[③]之亡[④]也。"

【注释】

①夷狄：夷，本指东方的部族；狄，本指北方的部族。这儿泛称居于中原地区以外的少数民族。

②不如：比不上、不及。

③诸夏：华夏，此指居于中原一带的华夏诸侯国。

④亡：无。

【译文】

孔子说："夷狄有君主，还不如华夏诸国无君主好。"

3.6 季氏旅[①]于泰山。子谓冉有[②]曰："女[③]弗[④]能救[⑤]与[⑥]？"对曰："不能。"子曰："呜呼[⑦]！曾谓泰山不如林放乎[⑧]？"

【注释】

①旅：祭祀的一种，古时称祭祀山川为旅。

②冉有（前522～？年）：名求，字子有，孔子的弟子。此时为季氏家臣。

③女（rǔ乳）：同“汝”，你。

④弗：不。

⑤救：匡正、挽救。

⑥与：句末疑问词，同“吗”。

⑦呜呼：叹词，表示感慨。

⑧“曾谓”句：孔子认为林放作为一个凡人尚且知礼，泰山作为山神更应知晓礼仪，不会接受季氏越礼的祭杞。曾，竟、难道。

【译文】

季氏去祭祀泰山。孔子对冉有说：“你不能劝阻此事吗？”冉有答道：“不能。”孔子说：“唉！难道说泰山之神还不如林放知礼吗？”

3.7 子曰：“君子无所争。必也射[①]乎！揖让而升[②]，下而饮。其争也君子。”

【注释】

①射：射礼，古代六艺（礼、乐、射、御、书、数）之一，系使用射箭的方法进行竞赛。

②揖（yī衣）让而升：相互作揖行礼后升堂射箭。揖让，古代宾主相见的礼节，拱手、低首、弯腰相让，以示礼让。

【译文】

孔子说：“君子无所争。如果一定要相争，也就是射礼吧！作揖相让，然后升堂射箭，下堂后又相互敬酒。这种相争就是君子之争。”

3.8 子夏[①]问曰：“‘巧笑倩兮，美目盼兮，素以为绚兮[②]。’何谓也？”子曰：“绘事后素[③]。”

曰：“礼后乎[④]？”子曰：“起予者商也[⑤]！始可与言《诗》已矣。”

【注释】

①子夏（前507～？年）：姓卜，名商，字子夏。孔子的弟子。

②“巧笑倩兮”三句：前两句见《诗经·卫风·硕人》，后一句不见于今本《诗经》。巧笑，甜蜜的笑容。倩（qiàn欠），清俊、美丽。盼，眼睛黑白分明。素，白、白皙，此指女子的肤色。绚（xuàn眩），色彩艳丽。原诗用此赞美一位女子的容貌。

③绘事后素：绘画要在打好白底之后。绘事，画画。后，后于，在……之后。素，白底，此指白底素净的绘图材料，如帛、绢等。

④礼后乎：礼的产生也在仁后面吧！这里是说礼如同绘画一样，要先具备一定的条件才能产生。

⑤起予者商也：起，阐发、发挥。予，我。商，卜商，即子夏。

【译文】

子夏问道："'甜蜜的笑容清俊可爱，美丽的双眸透澈明亮，白皙的面庞再打扮一番更衬出华丽姿色。'是指什么呢？"孔子说："作画要在打好白底之后。"

子夏说："礼也是在仁之后吗？"孔子说："能阐发我的思想的人就是商啊！现在可以和你谈论《诗经》了。"

3.9　子曰："夏礼，吾能言之，杞不足征[①]也；殷礼，吾能言之，宋[②]不足征也。文献[③]不足故也。足，则吾能征之矣。"

【注释】

①杞（qǐ 起）不足征：杞，古国名，在今河南杞县一带，相传为夏禹之后。征，证明、印证。

②宋：古国名，都于今河南商丘，为殷商之后。

③文献：文，典籍；献，熟知典籍和史实的贤人。

【译文】

孔子说："夏朝的礼仪制度，我能说出，杞国的礼仪却无法为证；殷商的礼仪制度，我能说出，宋国的礼仪却无法为证。这是由于缺乏典籍与谙熟典籍的贤人。如果他们的典籍与贤人充足，我就能够考证了。"

3.10　子曰："禘[①]自既灌[②]而往者，吾不欲观之矣。"

【注释】

①禘（dì 帝）：古代一种极为隆重的祭祀祖先的典礼，五年进行一次，只限天子举行。周成王因周公旦对周王朝的功勋，特许他举行禘祭，他的后人鲁国国君们也都沿用这一成例。

②灌：祭祀中的一个程序，向受祭者第一次献酒叫"灌"。

【译文】

孔子说："禘祭自灌以后，我就不想观看了。"

3.11　或问禘之说。子曰："不知也。知其说者之于天下也，其如示诸斯乎[①]！"指其掌[②]。

【注释】

①其如示诸斯乎：那就像把东西放在这儿一样。示，同"置"，放置的意思。

②指其掌：指着他的手掌。

【译文】

有人问禘祭的仪式规则。孔子说："不知道。知晓这些的人若治理天下，就像把东西摆在这儿一样轻松自如吧！"一边说，一边指着手掌。

3.12　祭如在，祭神如神在。子曰："吾不与[①]祭，如不祭。"

【注释】

①与(yù 预):参与、参加。

【译文】

祭祀祖先就如同祖先真在面前,祭祀神灵时如同神灵真在面前。孔子说:“如果我不亲自参与祭祀,便如同不祭一样。”

3.13　王孙贾[①]问曰:“与其媚于奥,宁媚于灶[②]。何谓也?”子曰:“不然[③],获罪于天,无所祷[④]也。”

【注释】

①王孙贾:卫国大夫,卫灵公的大臣。

②与其媚于奥,宁媚于灶:与其向奥神讨好,不如讨好灶神。与其……宁,选择连词,“与其”表示舍弃的一面,“宁”表示选取的一面。奥,屋内西南角为奥,古人认为那儿有奥神,是居室中的最高神。媚,讨好、奉承。灶,炉灶,此处指灶君、灶神。古人认为灶神能上天禀报所在一家人的情况,而奥神则不能,所以从实用角度出发,格外地讨好、尊敬灶神。

③不然:不这样的话。

④祷:祈祷。

【译文】

王孙贾问:“‘与其向奥神讨好,不如讨好灶神。’是指什么而言呢?”孔子说:“不这样的话,如果得罪了上天,便没有祈祷的地方了。”

3.14　子曰:“周监于二代[①],郁郁乎文哉[②]!吾从[③]周。”

【注释】

①监(jiàn 见):同“鉴”,借鉴。二代,指夏、商二代。

②郁郁(yù 玉)乎文哉:礼乐制度多么丰富多彩呀!郁郁,丰富、繁盛的样子。文,此处指礼乐制度。

③从:遵循、跟从。

【译文】

孔子说:“周朝借鉴了夏、商二代的礼乐,礼乐制度多么繁盛啊!我愿意遵从周朝的礼乐制度。”

3.15　子入太庙[①],每事问。或曰:“孰谓鄹人之子[②]知礼乎?入太庙,每事问。”子闻之,曰:“是礼也。”

【注释】

①太庙:祭祀开国君主之庙。鲁国开国君主是周公旦,所以,孔子所入的太庙即周公庙。

②鄹(zōu 邹)人之子:即孔子。鄹,春秋鲁国地名,在今山东曲阜东南一带。孔子的父亲叔

梁纥曾做过郰大夫，被称为“郰人”。

【译文】

孔子入太庙，每事必问。有人说：“谁说孔子知晓礼仪？他入太庙，每事必问。”孔子听到后，说：“这就是礼呀！”

3.16 子曰：“射不主皮①，为力不同科②，古之道也。”

【注释】

①皮：用兽皮做成的箭靶子。

②科：等级、类别。

【译文】

孔子说：“射礼中射箭的目的不在于要穿透箭靶，〔重要的是中的〕，因为每人的气力是不同的，这是古时的规矩。”

3.17 子贡欲去①告朔②之饩羊③。子曰：“赐④也！尔⑤爱其羊，我爱其礼。”

【注释】

①去：免去、去掉。

②告朔：古代制度，周天子在每年秋冬之际把第二年的历书颁发给诸侯，诸侯把历书放在祖庙里，并按照历书规定，每月初一来到祖庙，杀一只活羊祭庙，表示每月听政的开始，这就是“告朔”。当时，鲁君已不亲自前来“告朔”，“告朔”完全流于形式，所以子贡主张去掉饩羊。朔，每月的初一。

③饩（xì 戏）羊：祭祀用的活羊。

④赐：即子贡。

⑤尔：你、你们。

【译文】

子贡想把告朔用的羊去掉。孔子说：“赐！你爱惜的只是一只羊，我却珍惜那个祭祀的仪礼。”

3.18 子曰：“事君尽礼①，人以为谄②也。”

【注释】

①事君尽礼：完全以礼制的要求事奉君主。事，侍奉，为……服务。尽，全部用出。

②谄：谄媚、巴结、奉承。

【译文】

孔子说：“完全按礼的要求事奉君主，人们却认为这是谄媚。”

3.19 定公①问：“君使②臣，臣事君，如之何③？”孔子对曰：“君使臣以礼，臣事

君以忠。”

【注释】

①定公:鲁国国君,名宋,襄公之子,昭公之弟。公元前509~前495年在位。

②使:使用、驱使。

③如之何:如……何,怎么办、怎么样。之,代上二句。

【译文】

定公问:“君主使用臣子,臣子事奉君主,应当怎样做呢?”孔子答道:“君主要按照礼的要求使用臣子,臣子要忠诚不渝地事奉君主。”

3.20　子曰:“《关雎》[①]乐而不淫[②],哀而不伤。”

【注释】

①《关雎(jū居)》:《诗经》中的首篇,是一首描写青年男女相思的恋爱诗。

②淫:过分而失当。

【译文】

孔子说:“《关雎》这首诗快乐而不失分寸,哀怨而不过分伤感。”

3.21　哀公[①]问社[②]于宰我[③]。宰我对曰:“夏后氏以松[④],殷人以柏,周人以栗,曰:使民战栗[⑤]。”子闻之,曰:“成事不说[⑥],遂事不谏[⑦],既往不咎[⑧]。”

【注释】

①哀公:鲁国国君,姓姬名蒋,公元前494~前476年在位。

②社:土地神,此处指祭祀土地神的牌位(神主)。一说“社”是指立社所栽的树。

③宰我:名予,字子我,通称宰我。鲁国人。孔子的弟子。

④夏后氏以松:夏代人用松。夏后氏,指夏代人。以,用、使用。

⑤战栗:战战兢兢。

⑥成事不说:对已完成的事情不必再说。

⑦遂事不谏:对已做过的事情无须规劝。遂,已经完成。谏,劝诫、规劝,指规劝君主、尊长或朋友,使之改正错误和过失。

⑧既往不咎:对已过去的错误也不再指责追究。既,已经。咎,指责、归罪、责怪。

【译文】

哀公向宰我询问社主应用什么树木。宰我答道:“夏人用松,商人用柏,周人用栗,说要使民战栗。”孔子听后说:“已完成的事情不必再解释了,已做过的事情无须再规劝了,已过去的错误也不要追究责备了。”

3.22　子曰:“管仲[①]之器[②]小哉!”

或曰:“管仲俭乎?”曰:“管氏有三归[③],官事不摄[④],焉得俭[⑤]?”

“然则管仲知礼乎?”曰:“邦君树塞门[⑥],管氏亦树塞门;邦君为两君之好[⑦],有反坫[8]，管氏亦有反坫。管氏而[9]知礼，孰不知礼？”

【注释】

①管仲（？～前645年）：姓管，字仲，名夷吾，齐国人，齐桓公时为宰相，助桓公成就霸业。

②器：器量、器度。

③三归：指市租，即商税。另有三说：一说谓娶三姓之女；一说是管仲自筑的台名；一说谓齐桓公赐给管仲的封地名。

④不摄：不是兼职而是专职。摄，兼职。

⑤焉得俭：怎么称得上节俭？焉，疑问代词，怎么、哪里。

⑥树塞门：在大门口建置影壁。树，树立、建置。塞门，在大门口修筑的短墙，遮挡门外人的视线，即影壁。

⑦邦君为两君之好：国君为了两国交好，即为了搞好两国关系。邦，国家。

⑧反坫（diàn 店）：又称“反爵”，一种土台子。古代国君招待他国国君时，用以放置献过酒的空杯，其他人不得拥有。

⑨而：假设连词，假如、如果。

【译文】

孔子说：“管仲的器量太小了！”

有人问：“管仲节俭吗？”孔子说：“管仲收取市租，手下官员都是专职而不兼职，怎么谈得上节俭？”

“然而管仲知晓礼仪吗？”孔子说：“国君建起塞门，管仲也建塞门；国君为两国交好，设有反坫，管氏也有反坫。如果说管氏知礼，还有谁不知礼呢？”

3.23 子语鲁大师乐[1]，曰：“乐其可知也：始作，翕[2]如也；从[3]之，纯[4]如也，皦[5]如也，绎[6]如也，以成[7]。”

【注释】

①子语鲁大师乐：孔子与鲁国大师谈论乐。语，谈论。大师，即太师，主管音乐的官员。

②翕（xī 希）：协调。

③从：同“纵”，展开、放纵。

④纯：和谐、美好。

⑤皦（jiǎo 绞）：清晰、分明。

⑥绎（yì 义）：连续不断。

⑦以成：而后告成、结束。

【译文】

孔子与鲁国太师谈论乐，说：“乐是可知的：开始演奏，各种乐器协调一致；展开来，悠扬悦耳，音节分明，连绵不断，以至曲终。”

3.24 仪封人[1]请见，曰：“君子之至于斯也，吾未尝不得见也。”从者见之。出曰：“二三子[2]何患于丧[3]乎？天下之无道[4]也久矣，天将以夫子为木铎[5]。”

【注释】

①仪封人：管理仪地边界的长官。姓名不详。仪，卫国地名，在今河南省兰考境内。封，边界。封人是管理边界的长官。

②二三子：诸位，你们这些人。

③丧：失去。此处指文化的衰落。

④无道：指君主昏庸，政治黑暗。

⑤木铎（duó 夺）：木舌铜铃。古代发布政令时用它召集听众。

【译文】

仪地的边界长官请见孔子，说："君子来到这儿，我未有不见的。"孔子随行的弟子带他见了孔子。出来后说："诸位何愁无官？天下无道有很久了，上天将把孔子用作木铎，号令天下。"

3.25　子谓《韶》[1]："尽美矣，又尽善也。"谓《武》[2]："尽美矣，未尽善也[3]。"

【注释】

①子谓《韶》（sháo 勺）：孔子评论《韶》乐。《韶》，相传为颂扬虞舜的乐曲名。

②《武》：相传为颂扬周武王的乐曲名。

③尽美矣，未尽善也：在艺术上格外优美，但在思想内容上并不是无懈可击的。本篇中的"美"是指乐曲的艺术形式，"善"是指乐曲所反映的内容。

【译文】

孔子谈到《韶》乐时说："此曲的艺术形式美极了，内容也好极了。"讲到《武》乐时说："此曲的艺术形式美极了，但内容却差一些。"

3.26　子曰："居[1]上不宽[2]，为礼不敬，临[3]丧不哀，吾何以观之哉！"

【注释】

①居：处于。

②宽：宽厚、宽宏大量。

③临：遭遇、面对，此处意为参与、参加。

【译文】

孔子说："居于执政地位不宽厚待人，举行礼仪时不严肃认真，参与丧事时不哀痛，这种情况我如何看得下去呢！"

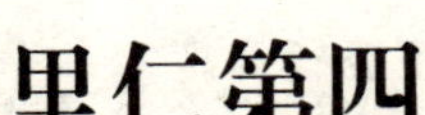

里仁第四

4.1 子曰:“里[①]仁为美。择不处[②]仁,焉得知[③]?”

【注释】

①里:居住地、住所,此处用作动词。

②处:安置、居住。

③焉得知:哪能称得上明智?焉,哪里、怎么。知,同“智”,聪明、明智。

【译文】

孔子说:“居住在有仁爱氛围的地方为好。不选择居住在这样的地方,怎能说是明智?”

4.2 子曰:“不仁者不可以久处约[①],不可以长处乐[②]。仁者安仁,知者利仁。”

【注释】

①约:穷困。

②乐:安乐、欢乐。

【译文】

孔子说:“不仁的人不能长处穷困,不能长处安乐。仁者不论贫富贵贱时都会安于仁,智者会认识到仁的长远利处而施行仁德。”

4.3 子曰:“唯仁者能好[①]人,能恶[②]人。”

【注释】

①好(hào 号):喜爱。

②恶(wù 务):厌恶、憎恨。

【译文】

孔子说:“只有仁者才能正确地去爱人,正确地去恨人。”

4.4　子曰："苟[①]志[②]于仁矣，无恶也。"

【注释】

①苟：假若。

②志：立志、有志于。

【译文】

孔子说："假若有志于仁，便不会行恶。"

4.5　子曰："富与贵，是人之所欲也，不以其道[①]得之，不处[②]也。贫与贱，是人之所恶也，不以其道得之[③]，不去[④]也。君子去[⑤]仁，恶乎[⑥]成名？君子无终食之间违仁[⑦]，造次必于是[⑧]，颠沛[⑨]必于是。"

【注释】

①道：道义、正当。

②处：接受。

③得之：此指得以摆脱贫贱。

④去：摆脱。

⑤去：离开。

⑥恶(wū 乌)乎：相当于"何"、"怎么"。

⑦无终食之间违仁：不能有片刻时间背离仁。终食之间，吃完一顿饭的时间，喻时间短促。

⑧造次必于是：紧迫仓促时必须如此。造次，仓促、紧迫。于是，如此，指不背离仁，按仁办事。

⑨颠沛：跌倒在地，引申为流离失所。

【译文】

孔子说："富贵是人人所向往的，但不用正当的方法得到它，君子便不接受。贫贱是人人所厌恶的，但不用正当的方法摆脱它，君子也不摆脱。君子离开了仁，还算什么君子？君子不能片刻离开仁，在紧迫仓促时必须按仁办事，在颠沛流离时也必须按仁办事。"

4.6　子曰："我未见好仁者，恶不仁者。好仁者，无以尚之[①]；恶不仁者，其为仁矣，不使不仁者加乎其身[②]。有能一日用其力于仁矣乎？我未见力不足者。盖[③]有之矣，我未之见也[④]。"

【注释】

①无以尚之：没有什么可以超过它。无以，没有什么(方法或东西)。尚，超过。

②不使不仁者加乎其身：只是不让不仁德的东西施加在自己身上。加，施加、影响。

③盖：副词，大概、可能的意思。

④我未之见也：即"我未见之也"的倒装。

【译文】

孔子说："我未见过爱好仁与厌恶不仁的人。爱好仁的人，把仁看得无法超越；厌恶不仁的人，其对于仁，只是不让不仁德的东西影响到自身。有谁能一天尽自己的力量去实践仁的吗？我未见过力量不够的。这种人必定是有的，我还未见过。"

4.7 子曰："人之过也，各于其党①。观过，斯②知仁③矣。"

【注释】

①各于其党：各有种类。各，都，皆。党，类别、集团。
②斯：就、则、乃。
③仁：此处同"人"。

【译文】

孔子说："人的过错，都可分成不同的类别。观察他的过错，就知道他是哪种人了。"

4.8 子曰："朝①闻道②，夕③死可矣。"

【注释】

①朝（zhāo 招）：清晨、早晨。
②道：真理。
③夕：晚上。

【译文】

孔子说："假若早上悟知了真理，即使当晚死去也没什么遗憾。"

4.9 子曰："士①志于道，而耻②恶衣恶食③者，未足④与议也。"

【注释】

①士：本指西周春秋时代贵族的最低一个层次，此处泛指读书人。
②耻：以……为羞耻。
③恶（è 饿）衣恶食：破旧的衣服，粗劣的食物。恶，丑、坏、不好。
④未足：不值得。

【译文】

孔子说："士有志于追求真理，而又以衣食不好为耻辱，这种人不值得与他谈论什么。"

4.10 子曰："君子之于天下也，无适①也，无莫②也，义之与比③"

【注释】

①适（dí 敌）：可、适宜、适合。

②莫：不可。

③比：比较、比照。此处可译为“衡量”、“以……为标准”。

【译文】

孔子说：“君子对于天下的人和事，既无可又无不可，只以义为衡量标准。”

4.11　子曰：“君子怀[①]德，小人怀土；君子怀刑[②]，小人怀惠。”

【注释】

①怀：关注、注重、关心。

②刑：法度。

【译文】

孔子说：“君子思念道德，小人思念乡土；君子关注法度，小人关注恩惠。”

4.12　子曰：“放[①]于利而行，多怨。”

【注释】

①放（fǎng 仿）：通“仿”，效法，引申为追求。

【译文】

孔子说：“为追求私利而行，必会招致许多怨恨。”

4.13　子曰：“能以礼让[①]为国[②]乎？何有[③]？不能以礼让为国，如礼何？”

【注释】

①礼让：按礼的原则谦让。

②为国：治理国家。

③何有：即“有何”，此处指有什么困难。

【译文】

孔子说：“果真能用礼让来治理国家吗？若能这样，治国有什么困难呢？不能以礼让治国，怎能实行礼呢？”

4.14　子曰：“不患[①]无位，患所以立[②]。不患莫己知，求为可知也。”

【注释】

①患：怕、忧虑。

②立：在社会中立身，站得住。《论语》中的“三十而立”、“不学礼，无以立”，均为此义。

【译文】

孔子说：“不怕没有官位，就怕自己无法立身。不怕别人不知道自己，只求自己成为值得别人知道的人。”

4.15　子曰:“参[①]乎,吾道一以贯[②]之。”曾子曰:“唯[③]!”

子出,门人[④]问曰:“何谓也?”曾子曰:“夫子之道,忠恕而已矣。”

【注释】

①参(shēn 身):曾参,孔子的弟子。

②贯:贯穿、统摄。

③唯:是。

④门人:同门弟子、同学。

【译文】

孔子说:“参啊,我的学说始终有一个基本原则贯通其中。”曾子说:“是。”

孔子出去后,其他弟子问曾参:“这是指什么呢?”曾参说:“老师的学说,只是忠和恕罢了。”

4.16　子曰:“君子喻[①]于义,小人喻于利。”

【注释】

①喻:明白、懂得。

【译文】

孔子说:“君子通晓礼义,小人了解私利。”

4.17　子曰:“见贤[①]思齐[②]焉,见不贤而内自省[③]也。”

【注释】

①贤:有道德、有才能的人。

②齐:看齐。

③内自省(xǐng 醒):从内心里进行自我反省、自我检查。省,反省、检查。

【译文】

孔子说:“看到贤人就希望向他看齐,见到不贤的人就自我反省。”

4.18　子曰:“事父母几[①]谏。见志不从[②],又敬不违[③],劳而不怨[④]。”

【注释】

①事父母几(jī 基)谏(jiàn 见):侍奉父母时,对其过失要委婉劝阻。几,委婉、轻微。谏,用言语规劝尊长改正错误。

②见志不从:看到自己的意见没有被(父母)听从。志,此指儿女的意向、心意。从,听从。

③又敬不违:也要恭敬孝顺。又,也、仍然。违,冒犯、触忤。

④劳而不怨:心中忧虑而不怨恨。劳,忧虑。

【译文】

孔子说："对父母的过失要委婉劝阻。看到父母不愿听从自己的劝阻，也要恭敬顺从，心中忧虑而不怨恨。"

4.19 子曰："父母在，不远游，游必有方[1]。"

【注释】

①方：方位。

【译文】

孔子说："父母在，不远离家乡，如果必须离开，也必须要有一定的地方。"

4.20 子曰："三年无改于父之道，可谓孝矣。"[1]

【注释】

①本章重出，见《学而第一》。

4.21 子曰："父母之年[1]，不可不知也。一则以喜，一则[2]以惧[3]。"

【注释】

①年：年龄、年事。

②一则……一则：相当于"一方面……，一方面……"。

③惧：忧虑。

【译文】

孔子说："父母的年龄，不可不知。一方面为他们的高寿而喜悦，一方面为他们的衰老而担忧。"

4.22 子曰："古者言之不出[1]，耻躬[2]之不逮[3]也。"

【注释】

①言之不出：言论不轻易出口。

②躬：自己、自身。

③逮：赶上、及、达到。

【译文】

孔子说："古时人们不轻易把话说出，是怕自身的行动做不到。"

4.23 子曰："以约[1]失[2]之者鲜[3]矣。"

【注释】

①约：约束。

②失：犯错误、有过失。

③鲜（xiǎn 显）：少。

【译文】

孔子说："因为约束自己而犯过失的人是很少了。"

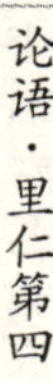

4.24　子曰："君子欲讷[①]于言而敏[②]于行。"

【注释】

①讷（nè）：言语迟钝，又引申为言语谨慎。

②敏：敏捷、勤勉，此处指行事疾迅而勤勉。

【译文】

孔子说："君子要言语谨慎而行为勤勉。"

4.25　子曰："德不孤[①]，必有邻[②]。"

【注释】

①孤：孤立、孤单。

②邻：伙伴、志同道合者。

【译文】

孔子说："有道德的人不会孤立，必有志同道合者。"

4.26　子游曰："事君数[①]，斯[②]辱矣；朋友数，斯疏[③]矣。"

【注释】

①数：多次、频繁，此指琐细。

②斯：就、就会。

③疏：疏远、不亲近。

【译文】

子游说："服事君主过于琐细，就会蒙受耻辱；对待朋友过于琐细，就会使关系疏远。"

公冶长第五

5.1　子谓[1]公冶长[2]:"可妻也[3],虽在缧绁[4]之中,非其罪也。"以其子[5]妻之。

【注释】

①谓:评价、谈论。

②公冶长:姓公冶,名长,字子长(一说名苌,字子芝),齐国人(一说鲁国人)。孔子的弟子。

③可妻(qì 气)也:可以将女儿嫁给他。妻,此处作动词,嫁出女儿。

④缧绁(léi xiè 雷谢):本为捆绑犯人的绳索,又代指监狱。

⑤子:儿女的泛称,此指女儿。

【译文】

孔子评论公冶长时说:"可以将女儿嫁给他,他虽被关在监狱之中,但并不是他的罪过。"于是,孔子将自己的女儿嫁给了他。

5.2　子谓南容[1]:"邦有道[2],不废[3];邦无道,免于刑戮[4]。"以其兄之子妻之。

【注释】

①南容:名适(kuò 括),字子容,通称南容。《史记·仲尼弟子列传》司马贞《索隐》认为他是鲁大夫孟僖子之子南宫敬叔,原名仲孙阅,因居于南宫,故以此为氏。孔子的弟子。

②有道:与"无道"相对,指社会太平,君主贤明,政治清明。

③不废:被任用。废,废置、不任用。

④刑戮(lù 鹿):刑罚。

【译文】

孔子评论南容时说:"国家有道时,他不会被废黜;国家无道时,也不会遭受刑罚。"于是将自己的侄女嫁给了他。

5.3　子谓子贱[1]:"君子哉若人[2]! 鲁无君子者,斯焉[3]取斯?"

【注释】

①子贱(前 521～? 年):姓宓(fú 伏),名不齐,字子贱。孔子的弟子。

②若人:此人、这个人。若,此、这个。

③鲁无君子者，斯焉取斯：如果鲁国没有君子的话，他从哪里学得这种君子品德！斯，代词，这、这个、这种。前一个“斯”代指宓子贱，后一个“斯”代指君子品德。焉，哪里。

【译文】

孔子称子贱：“此人真是君子呀！如果鲁国没有君子的话，他又是从哪儿学得这种品德的呢？”

5.4　子贡问曰：“赐[①]也何如？”子曰：“女[②]，器[③]也。”曰：“何器也？”曰：“瑚琏[④]也。”

【注释】

①赐：子贡名。在古代，学生对老师或下对上、卑对尊、幼对长交谈时要自称名，以示尊敬。

②女（rǔ 乳）：同“汝”，你、你们。

③器：器具。

④瑚琏：古代祭祀时盛粮食的器具，外饰以玉，十分贵重。

【译文】

子贡问孔子：“我这个人怎么样呢？”孔子说：“你呀，好比一种器具。”子贡又问：“什么器具？”孔子答道：“瑚琏。”

5.5　或曰：“雍[①]也仁而不佞[②]。”子曰：“焉用佞[③]？御人以口给[④]，屡憎于人[⑤]。不知其仁，焉用佞？”

【注释】

①雍（前522～？年）：姓冉，名雍，字仲弓。鲁国人。孔子的弟子。

②佞（nìng 宁）：能说会道、巧言谄媚。此指能言善辩。

③焉用佞：何必要能言善辩呢？焉，疑问代词，哪里、怎么。

④御人以口给（jǐ 挤）：即“口给以御人”，用能言善辩对付别人。给，足，言辞不穷的意思。口给，指嘴快话多，口才敏捷，善于答辩。御，防御、统治。御人，即控制、应付人。

⑤屡憎于人：常常会引起别人的憎恶。屡，经常。憎于人，被人憎恶。于，介词，在被动句中引出动作的主动者。

【译文】

有人说：“冉雍有仁德但不善辩。”孔子说：“何必善辩？用能言善辩去对付别人，常会引起别人的憎恶。我不知雍是否真有仁德，但何必要能言善辩呢？”

5.6　子使漆雕开[①]仕，对曰：“吾斯之未能信。”子说[②]。

【注释】

①漆雕开（前540～？年）：姓漆雕，名开，字子开（一说字子若）。孔子的弟子。

②说：同“悦”，高兴。

【译文】

孔子让漆雕开去做官，漆雕开说："我对做官还未有信心。"孔子听了很高兴。

5.7 子曰："道不行[①]，乘桴浮于海[②]。从我者[③]，其由与[④]！"子路闻之喜。子曰："由也好勇过我，无所取材[⑤]。"

【注释】

①道不行：政治主张行不通。道，指一定的人生观、世界观、政治主张或思想体系。

②乘桴(fú 浮)浮于海：乘着大木筏漂洋出海。桴，木筏。

③从我者：能随从我而去的，跟随我的。

④其由与：大概只有仲由吧！其，句首语气词，表示猜测，大概、可能。与，句末语气词。由，即子路，姓仲，名由，字子路，孔子的得意弟子。

⑤材：通"才"，才能。

【译文】

孔子说："如果我的学说行不通，就乘筏出海。能随我而去的，大概只有仲由吧！"子路听后很高兴。孔子说："由啊，好勇超过了我，但没有其他可取的才能。"

5.8 孟武伯[①]问："子路仁乎？"子曰："不知也。"又问。子曰："由也，千乘之国，可使治其赋[②]也，不知其仁也。"

"求[③]也何如？"子曰："求也，千室之邑[④]，百乘之家[⑤]，可使为之宰[⑥]也，不知其仁也。"

"赤[⑦]也何如？"子曰："赤也，束带[⑧]立于朝，可使与宾客言也，不知其仁也。"

【注释】

①孟武伯：姓孟孙，名彘(zhì 志)，武是其谥号。鲁国大夫。

②千乘(shèng 胜)之国，可使治其赋：在一个千乘之国中可以让他主掌军务。千乘之国，参见 1.5 章注释。治，管理、治理。赋，即军赋，春秋时向民众征收的军事费用，此处代指军事事务。

③求：即冉求，姓冉，名求，字子有。孔子的弟子。

④千室之邑：即有一千户居民的城邑。邑，西周春秋时代的居民聚居点，包括它周围的土地。分公邑、采邑两种。公邑直辖于诸侯，采邑是由诸侯分封给卿、大夫的领地。

⑤百乘之家：指卿大夫的采地。一般来说，当时的大夫拥有车百乘者属于采地较大的。家，卿、大夫的管辖范围。

⑥宰：卿、大夫家中的总管。

⑦赤(前 509～？年)：即公西赤，复姓公西，名赤，字子华。孔子的弟子。

⑧束带：整理服装，束紧衣带。此指穿上朝服或礼服。

【译文】

孟武伯问孔子："子路能做到仁吗？"孔子说："不知道。"又问。孔子说："仲由

呀，千乘之国，可以让他主掌军务，但我无法说他是否能做到仁。”

“冉求这个人怎么样？”孔子说：“冉求呀，在千室之邑，百乘之家，可以让他当总管，但我无法说他是否能做到仁。”

“公西赤这个人怎么样？”孔子说：“公西赤呀，身着朝服立于朝堂，可以委派他接待宾客，但我无法说他是否能做到仁。”

5.9 子谓子贡曰：“女与回[①]也，孰愈[②]？”对曰：“赐[③]也何敢望[④]回？回也闻一以知十，赐也闻一以知二。”子曰：“弗如[⑤]也，吾与[⑥]女弗如也。”

【注释】

①回：颜回。

②孰愈（yù 遇）：哪一个较强？孰，疑问代词，表示选择，哪一个。愈，更好、更强。

③赐：子贡自称其名。

④望：望其项背，指相比。

⑤弗如：不如。弗，不。

⑥与：同意、赞成。

【译文】

孔子问子贡：“你与颜回相比，谁更出色呢？”子贡说：“赐怎敢与颜回相比？颜回知道一件事，便能推知十件事；我知道一件事，只能推知两件事。”孔子说：“是不如，我同意你说的，是不如他。”

5.10 宰予昼寝[①]。子曰：“朽木不可雕也，粪土[②]之墙不可圬[③]也。于予与何诛[④]？”子曰：“始吾于人[⑤]也，听其言而信其行；今吾于人也，听其言而观其行。于予与改是[⑥]。”

【注释】

①昼寝：白天睡觉。

②粪土：腐土、脏土。

③圬（wū 乌）：本为涂墙工具，此指涂墙，即粉刷墙壁。

④于予与何诛：对宰予这个人啊，有什么可责备的。于，对于。与，语气词，表示停顿。诛，谴责。

⑤始吾于人：最初我对于人。于，对于。

⑥是：代词，指上两句中由“信其行”到“观其行”的态度。

【译文】

宰予白天睡觉。孔子说：“腐朽的木头无法雕制，粪土制成的墙壁也无法粉刷。对宰予这个人何必再谴责？”又说：“起初我对于人，听了他的言论便相信他的行动；现在我对于人，是听了他的言论还要观察他的行为。在宰予这儿我改变了观察人的方法。”

5.11　子曰："吾未见刚者①。"或对曰："申枨②。"子曰："枨也欲③，焉得刚？"

【注释】

①刚者：刚毅的人，有阳刚之气的人。

②申枨（chéng 橙）：姓申，名枨，字周。孔子的弟子。

③欲：欲望。

【译文】

孔子说："我未见过刚强的人。"有人对答："申枨就是。"孔子说："申枨欲望太多，怎能刚强？"

5.12　子贡曰："我不欲人之加诸我①也，吾亦欲无加诸人。"子曰："赐也，非尔所及②也。"

【注释】

①加诸我：强加于我。加，凌驾、强迫、强加。诸，相当于"之于"。

②非尔所及：这不是你所能做到的。尔，你。及，达到、做到。

【译文】

子贡说："我不愿别人强加在我身上的事，我也不愿强加到别人身上。"孔子说："赐呀，这不是你所能做到的。"

5.13　子贡曰："夫子之文章①，可得而闻②也；夫子之言性与天道③，不可得而闻也。"

【注释】

①文章：古代文章是指规范社会人事的礼乐文化和典章制度。此指孔子讲授的《诗》、《书》、《礼》、《乐》等文化知识。

②可得而闻：可以看得见、听得到。闻，见闻、看到、听到。

③性与天道：性，人性；天道，天命。

【译文】

子贡说："老师讲授的《诗》、《书》、《礼》、《乐》知识，听过之后便可掌握；老师所说的人性与天命，仅凭耳闻却难以掌握。"

5.14　子路有闻①，未之能行②，唯恐有闻③。

【注释】

①有闻：有所闻知，此指听到孔子的教诲。

②未之能行：即"未能行之"。行，践行、实践。

③唯恐有（yòu 又）闻：只怕又有所闻。有，同"又"。

【译文】

子路听到孔子的〔某一〕教诲，在尚未践行时，唯恐又听到新的教诲。

5.15 子贡问曰："孔文子[①]何以谓之'文'也？"子曰："敏而好学[②]，不耻下问[③]，是以[④]谓之'文'也。"

【注释】

①孔文子：名圉（yǔ 宇），又叫仲叔圉。卫国大夫，谥（shì 示）号为文。

②敏而好（hào 浩）学：聪敏又爱好学习。

③不耻下问：不以向比自己地位低或知识少的、能力差的人求教为耻。耻，以……为耻。下，此指次序、等级、能力和地位在后的人。

④是以：所以。

【译文】

子贡问道："孔文子为什么会有'文'的谥号呢？"孔子说："聪敏而又好学，谦虚下问，不以为耻，所以给他'文'这一谥号。"

5.16 子谓子产[①]："有君子之道[②]四焉：其行己也恭[③]，其事上也敬，其养民也惠，其使民也义。"

【注释】

①子产（？～前522年）：姓公孙，名侨，字子产，又字子美，谥号成子。郑国大夫。在任正卿、主持国政期间，曾进行了"作封洫"、"作丘赋"等一系列改革。

②君子之道：指君子的道德、品行、操守。

③行己也恭：要求自己的行为操守谦恭谨慎。

【译文】

孔子评价子产："他具有君子的四项美德：自己的言行谦逊谨慎，事奉国君恭敬认真，教养百姓布泽施惠，役使百姓合乎义理。"

5.17 子曰："晏平仲[①]善与人交，久而敬之。"

【注释】

①晏平仲（？～前500年）：名婴，字仲，谥号为"平"。齐国大夫，曾为齐景公时宰相。

【译文】

孔子说："晏平仲善于与人交往，时间越久，人们越敬重他。"

5.18 子曰："臧文仲[①]居蔡[②]，山节藻棁[③]，何如其知[④]也？"

【注释】

①臧文仲（？～前617年）：即鲁国大夫臧孙辰，"文"是谥号，"仲"是弟兄排行第二。其历事

鲁庄公、鲁闵公、鲁僖公、鲁文公四君，曾实行过一些废除关卡以利流通的措施。

②居蔡：蓄养蔡地出产的乌龟。蔡，蔡龟，即蔡地出产的乌龟，被古人称为“元龟”，体积较大。龟壳当时多用作祭祀、占卜。居，收藏，此引申为蓄养。

③山节藻棁(zhuō 卓)：节，柱子上的斗拱。棁，大梁上的短柱。此句意为：蓄养蔡龟的家庙的节与棁上都雕饰着山水草藻的图案。

④何如其知(zhì 智)也：这怎么能说是明智呢？知，同“智”，明智。

【译文】

孔子说：“臧文仲收藏神龟，雕梁画栋，这怎么能说是明智呢？”

5.19 子张问曰：“令尹子文[①]三仕为令尹，无喜色；三已[②]之，无愠色[③]。旧令尹之政，必以告新令尹。何如？”子曰：“忠矣。”曰：“仁矣乎？”曰：“未知。焉得仁？”

“崔子弑齐君[④]，陈文子有马十乘[⑤]，弃而违之[⑥]，至于他邦，则曰：‘犹吾大夫崔子也。’违之。之[⑦]一邦，则又曰：‘犹吾大夫崔子也。’违之。何如？”子曰：“清[⑧]矣。”曰：“仁矣乎？”曰：“未知。焉得仁？”

【注释】

①令尹子文：子文，姓斗，名谷於菟(gòu wū tú 构乌徒)，字子文。令尹，楚国辅弼国君的执政长官，类似后世的相。

②已：废止、罢免。

③愠(yùn 运)色：怨恨、生气的样子。

④崔子弑(shì 试)齐君：崔杼(zhù 住)杀害齐庄公。弑，古代称子杀父、臣杀君为“弑”。齐君，此指齐庄公，姓姜，名光。

⑤陈文子有马十乘：陈文子仅是一位拥有十乘马车的下大夫。陈文子，名须无，“文”是其谥号，齐国大夫。崔杼杀庄公后，文子为表示清高，曾离开齐国两年。

⑥弃而违之：舍弃不要，离开而去。违，离开、避开。

⑦之：到……去。

⑧清：清廉、清高。

【译文】

子张问孔子：“令尹子文几次出任令尹，并不显得高兴；几次被罢免，也不显得怨恨。每次都把自己任令尹的政务完全移交给新的令尹。这个人怎么样？”孔子说：“这是忠。”子张问：“达到仁了吗？”说：“不知道。这怎么能算作仁呢？”

子张又问：“崔子杀齐庄公，陈文子有十乘车马，舍弃不顾，远走他国。到了一个国家，就说：‘〔这儿的执政者〕像我们国家的大夫崔子。’于是又离开这个国家。到另一国，又说：‘〔这儿的执政者〕像我们国家的大夫崔子。’于是又离去另找地方。这个人怎么样呢？”孔子说：“这是清高。”问：“达到仁了吗？”说：“不知道。这怎么能算作仁呢？”

5.20 季文子[①]三思而后行[②]。子闻之，曰：“再[③]，斯可矣[④]。”

【注释】

①季文子：季孙氏，名行父，鲁国大夫。成公、襄公时曾任正卿，“文”是其谥号。

②三思而后行：做事情前要反复考虑后才付诸行动。三思，多次考虑。

③再：两次。

④斯可矣：就可以了。斯，连词，那么、就。矣，句末语气词。

【译文】

季文子每做一件事都要考虑多次。孔子听说后说：“考虑两次，也就可以了。”

5.21 子曰：“宁武子[①]，邦[②]有道则知；邦无道则愚[③]。其知可及[④]也，其愚不可及也。”

【注释】

①宁武子：姓宁，名俞，又称宁子，谥号武。卫国大夫。

②邦：国家，此指诸侯国。

③愚：愚昧、糊涂。

④及：赶上、追上，此指做得到。

【译文】

孔子说：“宁武子这个人，当国家政治清明时，他就显得聪慧有谋；当国家政治昏暗时，他便假装愚昧糊涂。他的这种聪慧别人可以学得到，他的这种愚昧糊涂别人就做不到了。”

5.22 子在陈[①]，曰：“归与[②]！归与！吾党[③]之小子[④]狂简[⑤]，斐然[⑥]成章，不知所以裁[⑦]之。”

【注释】

①陈：西周春秋时的诸侯国，拥有今河南开封以东、安徽亳州市以北一带地方，都于宛丘（今河南淮阳）。

②归与：回去吧！与，句末语气词，相当于“吧”。

③吾党：春秋时五百家为一党，吾党即我的家乡。

④小子：年轻人，此章中指孔子的弟子。

⑤狂简：志向远大而思想粗率简单。

⑥斐然：有文采的样子。

⑦裁：仲裁、裁决。

【译文】

孔子在陈国说：“回去吧！回去吧！故乡的学子们志向远大但思想简单，虽有文采却不知如何利用。”

5.23 子曰：“伯夷、叔齐不念旧恶[①]，怨是用希[②]。”

【注释】

①不念旧恶(è 鄂):不记过去的怨仇。恶,不好,此指怨仇。

②怨是用希:怨恨因此很少。是用,因此。希,同“稀”,少。

【译文】

孔子说:“伯夷、叔齐不记旧怨,因此就很少被人怨恨。”

5.24 子曰:“孰谓微生高[①]直?或乞醯焉[②],乞诸[③]其邻而与之。”

【注释】

①微生高:当为尾生高,鲁人。

②或乞醯(xī 西)焉:有人讨借点醋。或,有人。醯,醋。焉,句末语气词。

③诸:相当于“之于”。

【译文】

孔子说:“谁说微生高这个人信直?有人向他讨点醋,〔他不直说自己没有,〕却到邻居那儿转借一点给人家。”

5.25 子曰:“巧言、令色、足恭[①],左丘明[②]耻之,丘[③]亦耻之。匿怨[④]而友其人,左丘明耻之,丘亦耻之。”

【注释】

①足恭:十足的恭顺。

②左丘明:春秋时史学家,相传为《左传》的作者。

③丘:孔丘。孔子自称其名,以示谦恭。

④匿怨:把对别人的怨恨隐藏在心中,不露声色。

【译文】

孔子说:“花言巧语,伪装和颜悦色,低三下四地过分恭顺,这种人左丘明认为可耻,我也认为可耻。内心隐藏着怨恨,表面上却同他亲近友好,这种人左丘明认为可耻,我也认为可耻。”

5.26 颜渊、季路侍[①]。子曰:“盍[②]各言尔志?”

子路曰:“愿车马衣裘[③],与朋友共,敝[④]之而无憾[⑤]。”

颜渊曰:“愿无伐[⑥]善,无施[⑦]劳。”

子路曰:“愿闻子之志。”

子曰:“老者安之,朋友信之,少者怀[⑧]之。”

【注释】

①侍:站立一旁。

②盍:何不。

③裘：皮袍。

④敝：坏、破旧，此处为动词，意即用坏了、用旧了。

⑤憾：不满、遗憾。

⑥伐：夸耀。

⑦施：表白、张扬。

⑧怀：关怀、爱护。

【译文】

颜渊、子路陪侍站在孔子身边。孔子说："何不各人说说自己的志向？"

子路说："我愿将我的车马衣裘与朋友共同享用，用坏了也没有什么遗憾。"

颜渊说："我愿做一个不夸耀自己的好处、不表白自己辛劳的人。"

子路说："希望听听老师的志愿。"

孔子说："使老者安逸，使朋友信任，使年青人得到关怀。"

5.27　子曰："已矣乎①！吾未见能见其过②而内自讼③者也。"

【注释】

①已矣乎：完了！真的完了！已，止、结束。

②见其过：认识（觉察）自己的过错。

③自讼：自责。

【译文】

孔子说："完了！我还未见到能觉察自己的过失而自责的人。"

5.28　子曰："十室之邑①，必有忠信如丘者焉，不如丘之好学也。"

【注释】

①十室之邑：只有十几户人家的小村子。邑，邑落、村落。

【译文】

孔子说："即使十户人家的小村子，也一定有像我这样讲究忠信的人，只是不如我这样好学罢了。"

雍也第六

6.1　子曰："雍[①]也可使南面[②]。"

【注释】

①雍：姓冉，名雍，字仲弓。孔子的弟子。

②南面：面向南坐。古代以面向南的座位为尊位。无论天子、诸侯、卿大夫，当他作为长官出现的时候，总是面南而坐。这里指可以做卿大夫之类的官。

【译文】

孔子说："冉雍这个人可以让他做大官。"

6.2　仲弓问子桑伯子[①]。子曰："可也，简[②]。"

仲弓曰："居敬而行简[③]，以临其民[④]，不亦可乎？居简而行简，无乃[⑤]大[⑥]简乎？"子曰："雍之言然[⑦]。"

【注释】

①子桑伯子：人名，鲁人，事迹不详。

②简：简要、简约、不烦琐。

③居敬而行简：态度严肃认真而办事简要。居，处于、在于。敬，表示工作态度，即严肃认真之意。

④以临其民：用来治理百姓。临，监察、统管，此处有治理的意思。

⑤无乃：相当于"岂不是"，只用于反问句。

⑥大：同"太"。

⑦雍之言然：冉雍，你说得对呀！雍，冉雍，即仲弓。然，正确、对。

【译文】

仲弓向孔子询问子桑伯子的为人。孔子说："还可以，办事很简要。"

仲弓说："一个人若能态度严肃认真而又办事简要，用来治理百姓，不也可以吗？若态度简单而办起事来也简单了事，岂不是太简单了吗？"孔子说："冉雍，你说得对。"

6.3　哀公[①]问:"弟子孰为好学?"孔子对曰:"有颜回[②]者好学,不迁怒[③],不贰过[④]。不幸短命[⑤]死矣。今也则亡[⑥],未闻好学者也。"

【注释】

①哀公:鲁国的君主。在位时间为公元前494~前476年。

②颜回:姓颜,名回,字子渊。孔子的弟子。

③不迁怒:不将怒气转移发泄到别人身上。迁,转移。

④不贰过:不重犯同样的错误。贰,重复、再次。

⑤短命:据《公羊传》、《孔子家语》,颜回于鲁哀公十四年(前481年)卒,时年仅四十,孔子时年七十一岁,故孔子称颜回"不幸短命死矣"。一说认为颜回生于周景王二十四年(前521年),卒于周敬王三十年(前490年)。

⑥亡:同"无"。

【译文】

鲁哀公问:"你的弟子中,哪个好学?"孔子答道:"有一个叫颜回的人好学,他不迁怒于人,也不重犯同样的错误。不幸短命死了。现在没有这样的人了,没有听到有好学的人了。"

6.4　子华[①]使于齐,冉子[②]为其母请粟[③]。子曰:"与之釜[④]。"

请益[⑤]。曰:"与之庾[⑥]。"

冉子与之粟五秉[⑦]。

子曰:"赤[⑧]之适[⑨]齐也,乘肥马[⑩],衣轻裘[⑪]。吾闻之也:君子周急不继富[⑫]。"

【注释】

①子华:姓公西,名赤,字子华。孔子的弟子。

②冉子:即冉有,名求,字子有。孔子的弟子。

③粟(sù 素):未去壳的谷粒称粟,去壳的称为小米。但古籍中也有把米称为粟、或把粮食总称为粟的。

④釜(fǔ 府):古代的容量单位,六斗四升为一釜。

⑤益:增加。请,相当于"之于"。

⑥庾(yǔ 羽):古代容量单位,二斗四升为一庾。

⑦秉(bǐng 丙):古代容量单位,十六斛(hú 胡)为一秉。十斗为一斛。

⑧赤:即公孙赤,字子华。孔子的弟子。

⑨适:往、去。

⑩乘肥马:乘坐肥马驾的马车。乘,乘坐……车。

⑪衣轻裘:穿着轻暖的皮袍。衣,动词,穿着。裘,皮衣、皮袍。

⑫君子周急不继富:君子只救济贫急的人,而不接济富有的人。周,周济、救济。继,接济、帮助。

【译文】

子华出使齐国,冉有为子华的母亲向孔子请求谷米。孔子说:"给她六斗

四升。”

冉有请求增加一些。孔子说：“再给她二斗四升。”

冉有却给她八十斛。

孔子说：“公孙赤到齐国去，坐着肥马驾的车子，穿着轻暖的皮袍。我听说过：君子只周济贫困的人，而不必接济富有的人。”

6.5 原思[①]为之宰[②]，与之粟九百[③]，辞[④]。子曰：“毋[⑤]！以与尔邻里乡党乎[⑥]！”

【注释】

①原思（前515～？年）：姓原，名宪，字子思。孔子的弟子。孔子在鲁当司寇时，原思曾做他家的总管。

②宰：官名。商代始置。西周及春秋各国沿用。为卿一级内朝长官，掌王家事务，或在王之左右侍奉。又，卿大夫的家臣及卿大夫所属私邑的长官也称“宰”。

③九百：下无量名，不知是斛还是斗。人们习惯上常把最通用的度、量、衡单位省略不说，故疑为斗。

④辞：推辞不要。

⑤毋（wú 无）：表示禁止，有“别”、“不要”的意思，即不要推辞。

⑥以与尔邻里乡党乎：可以把粟送给你家乡的人嘛！以，介词，把、用。与，给。尔，你、你们。邻里乡党，都是古代地方的居民组织。一般以五家为邻，二十五家为里，一万二千五百家为乡，五百家为党。这里指原思家乡的人。乎，语气词，用在句末表示感叹，相当于现代汉语的“啊”、“呀”、“嘛”。

【译文】

原思在孔子家任总管，孔子给他谷米九百斗，原思推辞不要。孔子说：“不要推辞！你可以给你家乡的人嘛！”

6.6 子谓仲弓，曰：“犁牛之子骍且角[①]，虽欲勿用[②]，山川[③]其[④]舍诸[⑤]？”

【注释】

①犁牛之子骍（xīng 新）且角：耕牛之子长着红色的毛，端正的角。犁牛，耕牛。骍，指红色的牲畜皮毛。角，牛角，此指两角长得端正。古代祭祀用的牛必须皮毛红色、两角端正，而且要单独饲养，不能用耕牛代替。据说仲弓（冉雍）的父亲出身卑贱，这句的“犁牛”比喻仲弓的父亲；“耕牛之子”比喻仲弓；“骍且角”比喻仲弓德行等方面的素质好，有做官的才能，虽出身贫贱，但仍可以做官。

②用：使用、采用。这里指杀牲畜用以祭祀。

③山川：山川之神。这里比喻上层统治者。

④其：句中语气词，表示反问。相当于“岂”、“难道”。

⑤诸：“之乎”二字的合音。

【译文】

孔子谈论到仲弓时说：“耕牛之子长着红色的毛、端正的角，虽然不想用它去祭

祀，山川之神难道会舍弃它吗？”

6.7　子曰：“回也[①]，其心三月[②]不违仁[③]，其余则日月[④]至焉而已矣。”

【注释】

①回也：颜回呀！回，颜回。也，句末语气词。

②三月：指长时间、长久地。

③违仁：不离开仁。违，离开、避开。

④日月：指短时间、偶尔地。

【译文】

孔子说：“颜回呀，他的心能长久地不离开仁，其余的学生只是短时期地偶尔做到而已。”

6.8　季康子[①]问：“仲由[②]可使从政也与[③]？”子曰：“由也果[④]，于从政乎何有[⑤]？”

曰：“赐也可使从政也与？”曰：“赐也达[⑥]，于从政乎何有？”

曰：“求[⑦]也可使从政也与？”曰：“求也艺[⑧]，于从政乎何有？”

【注释】

①季康子：姓季孙，名肥，康是谥号。鲁国的大夫，哀公时为正卿。

②仲由（前542～前480年）：仲氏，名由，字季路、子路。孔子的弟子。

③与（yú 于）：句末语气词，表示疑问或感叹。表示这个意义的“与”后写作“欤”。

④由也果：仲由处事果断。也，句中语气词，表示语气的停顿，以引其下文。果，果断。

⑤于从政乎何有：即“于从政乎何难之有”，意思是说，对于治理政事有什么困难呢？

⑥达：通达事理。

⑦求：即冉求（前522～前489年），春秋鲁国人。姓冉，名求，字子有。孔子的弟子。

⑧艺：有技艺、有才能。

【译文】

季康子向孔子问道：“仲由这人，可以让他治理政事吗？”孔子说：“仲由果断，对于治理政事有什么难的呢？”

又问：“端木赐这人，可以让他治理政事吗？”孔子说：“端木赐通达事理，对于治理政事有什么难的呢？”

又问：“冉求这个人，可以让他治理政事吗？”孔子说：“冉求多才多艺，对于治理政事有什么难的呢？”

6.9　季氏[①]使闵子骞[②]为费[③]宰。闵子骞曰：“善为我辞焉[④]！如有复我者[⑤]，则吾必在汶上[⑥]矣。”

【注释】

①季氏:季孙氏,鲁国的大夫。

②闵子骞(前515～?):姓闵,名损,字子骞。孔子的弟子。

③费:地名。季氏的封邑,在今山东费县西北。

④善为我辞焉:请你妥善地替我辞掉吧!善,副词,好好地、妥善地。辞,推辞、辞谢。

⑤如有复我者:如果再来召我。复,再。

⑥汶上:汶,水名,指汶水,即今山东的大汶河,当时流经齐、鲁之间。上,古代凡言水上者,皆指水北。汶上,汶水之北,暗指齐国。

【译文】

季氏派人召请闵子骞做费邑的长官。闵子骞说:"请你好好地替我辞掉吧!如果再来召我,那么我一定逃到汶水之北去了。"

6.10 伯牛有疾[①],子问之,自牖[②]执其手,曰:"亡之[③],命矣夫[④]!斯[⑤]人也而有斯疾也!斯人也而有斯疾也!"

【注释】

①伯牛有疾:伯牛患上恶疾。伯牛,姓冉,名耕,字伯牛。孔子的弟子。疾,病。

②牖(yǒu 有):窗户。

③亡之:要死了,不能活了。

④命矣夫:这是命啊!夫,语气词,表示感叹。

⑤斯:这、此。

【译文】

伯牛有病,孔子去探望他,从窗外握着他的手,说:"要死了,这是命啊!这样的人竟患了这种病!这样的人竟患了这种病!"

6.11 子曰:"贤哉,回也!一箪食[①],一瓢饮[②],在陋巷[③],人不堪[④]其忧,回也不改其乐。贤哉!回也!"

【注释】

①一箪(dān 单)食:一竹筒饭。箪,古代盛饭用的圆形竹器。

②一瓢饮:一瓢冷水。

③在陋巷:生活在简陋的巷子里。

④不堪:不能忍受。

【译文】

孔子说:"颜回多么有修养呀!用一个竹器吃饭,一个瓢喝水,住在简陋的巷子里,别人都忍受不了这种困苦,颜回却不改变他的快乐。颜回多么有修养呀!"

6.12 冉求曰:"非不说[①]子之道,力不足也。"子曰:"力不足者,中道而废,今

女[②]画[③]。”

【注释】

①说：同“悦”，喜欢。

②女：同“汝”，你。

③画：划分，划分界线。此处指划地自限，不再前进。

【译文】

冉求说：“不是我不喜欢先生的学说，是我能力不够。”孔子说：“能力不足的人是走到中途才停止，而现在你是划地自限而止步不前。”

6.13 子谓子夏[①]曰：“女为君子儒[②]，无为小人儒。”

【注释】

①子夏（前507～？年）：名商，字子夏。春秋末晋国人。孔子的弟子。

②儒：先秦时期熟悉诗、书、礼、乐，活动于礼仪、教育等方面的一类人。

【译文】

孔子对子夏说：“你要做个君子式的儒者，不要做那小人式的儒者。”

6.14 子游[①]为武城[②]宰。子曰：“女得人焉耳乎[③]？”曰：“有澹台灭明[④]者，行不由径[⑤]，非公事，未尝至于偃之室也。”

【注释】

①子游（前506～？年）：春秋时吴国人。姓言，名偃，字子游。孔子的弟子。

②武城：地名，在今山东费县西南。

③汝得人焉耳乎：你得到人才了吗？焉耳乎，三字均为句末语气词。

④澹（dàn 但）台灭明：姓澹台，名灭明，字子羽。武城人，后为孔子的弟子。

⑤行不由径：不走邪路，指人品行端正。径，小路，这里指邪路。

【译文】

子游做武城的长官。孔子问他：“你在这里得到什么人才没有？”子游答道：“有个叫澹台灭明的人，从不走邪路，若不为公事，从不到我的私所拜访。”

6.15 子曰：“孟之反[①]不伐[②]，奔[③]而殿[④]，将入门，策[⑤]其马，曰：‘非敢后也，马不进也。’”

【注释】

①孟之反：姓孟之，名侧，字反。鲁国大夫。

②伐：夸耀。

③奔：跑。这里指战败逃跑。

④殿：行军走在最后的称殿。这里指留在最后掩护全军撤退。鲁哀公十一年（前484年）鲁

与齐作战，鲁军败，孟之反留在最后作掩护。

⑤策：鞭打。

【译文】

孔子说："孟之反不夸耀自己，他在军队败退时留在最后掩护全军，将进城门时，他鞭打着他的马说：'不是我敢于殿后，是这匹马跑不快呀。'"

6.16　子曰："不有祝鮀[①]之佞[②]，而有宋朝[③]之美，难乎免于今之世矣。"

【注释】

①祝鮀(tuó 驼)：又称"祝佗"，卫国的大夫，字子鱼，能言善辩，受到卫灵公的重用。

②佞(nìng 泞)：能说会道，巧言谄媚。

③宋朝：宋国的公子朝。以貌美得到卫灵公及其夫人南子的幸宠，也因此惹出不少乱子。

【译文】

孔子说：如果没有祝鮀的口才，而仅有宋朝的美貌，在当今的社会里就难于避免祸害了。

6.17　子曰："谁能出不由户[①]？何莫[②]由斯道[③]也？"

【注释】

①户：门。

②何莫：为什么没有。

③斯道：这条路。这里以路比喻孔子倡导的主张。

【译文】

孔子说："谁能够不经过屋门而走出去呢？为什么没有人走〔我所指出的〕这条道路呢？"

6.18　子曰："质[①]胜文[②]则野[③]，文胜质则史[④]。文质彬彬[⑤]，然后君子。"

【注释】

①质：朴实、质朴，即内在的本质。与"文"相对。

②文：文采、华美，即外在的言辞、仪容、风貌。与"质"相对。

③野：朴拙、粗俗简鄙。

④史：言辞华丽，这里有"虚伪、浮夸"的意思。

⑤彬彬：掺杂搭配适当，即内在本质与外在风采相称、协调统一。

【译文】

孔子说："质朴胜过文采就会粗俗，文采胜过质朴就会虚浮。文采和质朴配合适当，这才是君子的气质。"

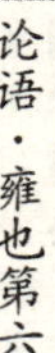

6.19　子曰："人之生也直[1]，罔[2]之生也幸[3]而免。"

【注释】

①直：正直。

②罔(wǎng 往)：不正直、邪曲。

③幸：侥幸。

【译文】

孔子说："人生在世靠的是正直，不正直的人也可以生存，那是由于侥幸地避免了灾祸。"

6.20　子曰："知之者不如好[1]之者，好之者不如乐之者。"

【注释】

①好(hào 号)：喜好、爱好。

【译文】

孔子说："〔对于某种专业或知识〕懂得它的人不如喜好它的人，喜好它的人不如以它为乐的人。"

6.21　子曰："中人[1]以上，可以语上[2]也；中人以下，不可以语上也。"

【注释】

①中人：指资质、天赋中等的人。

②语上：讲解高深的东西。语，告诉、谈论。上，高的、深的，此处指高深的学问、知识、道理等。

【译文】

孔子说："中等水平以上的人，可以给他讲高深的道理；中等水平以下的人，不可以给他讲高深的道理。"

6.22　樊迟[1]问知[2]。子曰："务民之义[3]，敬鬼神而远之[4]，可谓知[5]矣。"问仁。曰："仁者先难而后获[6]，可谓仁矣。"

【注释】

①樊迟(前 515～？年)：春秋末齐国人。姓樊，名须，字子迟。孔子的弟子。

②知：同"智"，智慧、聪明之义。

③务民之义：致力于老百姓认为合理的事情。务，从事、致力于。义，指合乎正义的道德、行为或道理。

④敬鬼神而远之：对鬼神采取敬重但又回避的态度。远，不亲近、远离。

⑤知(zhì 志)：同"智"，聪明、智慧。

⑥先难而后获：先付出艰苦努力，而后获得成果。难，艰苦。

【译文】

樊迟问怎样才算智。孔子说："致力于百姓认为合理的事情，尊敬鬼神但要远离它，就可以算作智了。"又问怎样才算仁。孔子说："先经过艰苦努力，而后获得成果，可以说算作仁了。"

6.23 子曰："知者[1]乐[2]水，仁者[3]乐山。知者动，仁者静。知者乐[4]，仁者寿。"

【注释】

①知者：即"智者"，聪慧的人、明智的人。

②乐（yuè 月）：动词，喜欢、爱好、热爱。

③仁者：有仁德的人。

④乐（lè 勒）：快乐。

【译文】

孔子说："聪慧的人乐于水，仁德的人乐于山。聪慧的人喜欢动，仁德的人喜欢静。聪慧的人快乐，仁德的人长寿。"

6.24 子曰："齐一变[1]，至于鲁；鲁一变，至于道[2]。"

【注释】

①齐一变：齐国社会一旦变革。一，副词，一旦、一经。

②道：先王之道，即孔子追求和向往的理想境界。

【译文】

孔子说："把齐国社会变革一下，便可达到鲁国社会的样子；把鲁国社会变革一下，便可达到先王之道了。"

6.25 子曰："觚不觚[1]，觚哉[2]！觚哉！"

【注释】

①觚（gū 孤）不觚：觚，古代盛酒的器具，上圆下方，有四条棱角，后来改成圆筒形，没有棱角了，故孔丘叹息它觚不像觚。

②觚哉：这也是觚吗！意即"这哪里是觚呀！"

【译文】

孔子说："觚不像个觚，这也是觚吗！这也是觚吗！"

6.26 宰我[1]问曰："仁者，虽[2]告之曰，'井有仁焉[3]'，其从[4]之也？"子曰："何为其然也[5]？君子可逝[6]也，不可陷[7]也；可欺也，不可罔[8]也。"

【注释】

①宰我(前522～前458年):春秋鲁国人。姓宰,名予,字子我。孔子的弟子。以擅长言语著称。

②虽:即使、纵然、假使。

③井有仁焉:有人掉到井里了。仁,同“人”。

④从:跟从、听从,指跟着跳下井去救人。

⑤何为其然也:为什么要这样做呢?何为,为何、为什么。

⑥逝:去。指到井边去救人。

⑦陷:指陷入井中。

⑧罔:愚弄、陷害。

【译文】

宰我问道:“对于有仁德的人,即使告诉他说:‘有人掉到井里了!’他也会跟着跳下井救人吗?”孔子说:“为什么要这样做呢?君子可以到井边去搭救他,却不能自己陷入井中;君子可以被欺骗,却不能被愚弄。”

6.27 子曰:“君子博学于文[①],约之以礼[②],亦可以弗畔矣夫[③]!”

【注释】

①博学于文:广泛地学习诗、书、礼、乐和典章制度。博,多、丰富、广泛。文,文献典籍,此指儒家的典籍及礼仪制度。

②约之以礼:用礼来约束自己。约,约束、节制。

③亦可以弗叛矣夫:也就可以不离经叛道了。畔,同“叛”。矣夫,句末语气词。

【译文】

孔子说:“君子博学多识,并用礼来约束自己,也就不至于离经叛道了。”

6.28 子见南子[①],子路不说[②]。夫子矢[③]之曰:“予所否者[④],天厌[⑤]之!天厌之!”

【注释】

①南子:卫灵公宠爱的夫人。

②说(yuè 月):同“悦”,高兴。

③矢:通“誓”,发誓。

④予所否(pǐ 痞)者:我假如做了不当的事。予,我。所,如果、假若。否,恶、邪恶、不好。

⑤厌:厌弃。

【译文】

孔子拜见了南子,子路不悦。孔子对他发誓道:“我假若做了什么不当的事情,让上天厌弃我!让上天厌弃我!”

6.29　子曰："中庸之为德也[①]，其至矣乎[②]！民鲜[③]久矣。"

【注释】

①中庸之为德也：中庸作为一种道德。中庸，中，不偏不倚，无过无不及。庸，经常，守旧不变。

②其至矣乎：可以说是至高无上的啊！其，句中语气词，表示揣测、期望等。至，达到顶点。

③鲜：缺少、缺乏。

【译文】

孔子说："中庸作为一种道德，是至高无上的啊！老百姓缺乏这种道德已经很久了。"

6.30　子贡曰："如有博施于民而能济众，何如？可谓仁乎？"子曰："何事于仁[①]！必也圣乎[②]！尧、舜其犹病诸[③]！夫仁者，己欲立而立人，己欲达而达人。能近取譬[④]，可谓仁之方[⑤]也已[⑥]。"

【注释】

①何事于仁：何止是仁人。何事，何止、岂止。仁，指有仁德的人。

②必也圣乎：一定是圣人了。圣，圣人，谓道德智能极高的人。

③尧、舜其犹病诸：尧，唐尧；舜，虞舜。传说中远古时代的两位部落联盟首领，十分圣明。其，句中语气词，表示推测，恐怕、可能。病诸，对它感到为难。病，担忧。诸，相当于"之乎"。

④近取譬：就自身打比方，即推己及人，能联系身边的事情或从自身做起。譬，打比方、譬喻。

⑤仁之方：实行(践)仁道的办法。方，方法。

⑥也已：句末语气词。

【译文】

子贡说："如果有人能博施恩惠给百姓而且能周济大众，怎么样？可以算是仁人吗？"孔子说："何止是仁人！一定是圣人了！尧、舜都难以做到哩！所谓仁人，就是要想自己在社会上站得住脚，同时也要使别人站得住脚；自己要想通达，同时也要使别人通达。能够推己及人，可以说这就是实践仁道的办法了。"

述而第七

7.1　子曰："述而不作，信而好古，窃比于我老彭[1]。"

【注释】

①老彭：人名，说法不一，或认为是商代的一位"好述古事"的贤大夫彭祖，或认为是老子和彭祖的合称，或认为是孔子同时代的人。

【译文】

孔子说："传述成说而不创新，真实而且喜好古代文献，我私下把自己比作老彭。"

7.2　子曰："默而识之[1]，学而不厌[2]，诲人不倦[3]，何有于我哉[4]？"

【注释】

①默而识（zhì 志）之：把所学的知识默默地记住。识，记住。

②学而不厌：努力学习而不满足。厌，满足。

③诲人不倦：教导别人而不知疲倦。诲，教诲、教导。

④何有于我哉：我做到了哪些呢？

【译文】

孔子说："把所学的知识默默地记住，努力学习而不知满足，教诲别人而不知疲倦，这些事情我做到了哪些呢？"

7.3　子曰："德之不修，学之不讲[1]，闻义不能徙[2]，不善不能改，是吾忧也。"

【注释】

①讲：讲求、探讨。

②徙：迁移。这里为"靠近、从事、追求"的意思。

【译文】

孔子说："不修养道德，不讲求学问，听到合乎义理的事不能去做，有了过错不能改正，这些都是我所忧虑的。"

7.4　子之燕居[①]，申申如[②]也，夭夭如[③]也。

【注释】

①燕居：退朝而居，安居，闲居。燕，通“宴”，安闲、安逸、闲适。
②申申如：安详舒适的样子。如，形容词词尾，表示“……的样子”。
③夭夭如：颜色和悦的样子。

【译文】

孔子闲居在家时，衣冠楚楚，和舒悠闲。

7.5　子曰：“甚矣，吾衰也[①]！久矣，吾不复梦见周公[②]！”

【注释】

①甚矣，吾衰也：此为倒装句，即“吾衰甚矣”。我衰老得多么厉害呀！甚，厉害、严重。
②周公：姓姬，名旦，周文王的儿子，武王的弟弟，成王的叔父。鲁国始祖。传说西周的典章制度是由他制定的。是孔子最崇拜的古代圣人。

【译文】

孔子说：“我衰老得多么厉害呀！我已很久没有梦见周公了！”

7.6　子曰：“志于道[①]，据[②]于德，依[③]于仁，游于艺[④]。”

【注释】

①志于道：立志于道。道，此处指孔子所追求、坚持的社会原则和社会理想。
②据：据守。
③依：依靠、依从。
④游于艺：游，游艺、交往、游学。艺，指六艺，即礼、乐、射、御、书、数。孔子以这六方面的知识传授学生。

【译文】

孔子说：“以道为志向，以德为根据，以仁为归依，以六艺为游习范围。”

7.7　子曰：“自行束脩[①]以上，吾未尝无[②]诲焉。”

【注释】

①束脩（xiū 修）：脩，干肉。每条干肉叫一脡（挺），十脡为一束。束脩即十条干肉，是古代用来初次拜见的礼物。又因为古人一般十五岁入学，入学初见老师时必用束脩，因指入学为束脩。还有一说认为，古代人十五岁时将幼少年时期的两个结扎成一个结，盘在头上，表示成年。所以以“束脩”代指十五岁。
②未尝无：从来没有。

【译文】

孔子说：“只要有自愿送给我十条以上干肉的人，我从来没有不加以教诲的。”

7.8 子曰："不愤[1]不启[2]，不悱[3]不发[4]。举一隅[5]不以三隅反[6]，则不复[7]也。"

【注释】

①愤：心里苦思冥想而仍未想通。

②启：启发、开导。

③悱（fěi 匪）：口里想说而又说不出。

④发：启发。

⑤隅（yú 余）：角落。

⑥反：类推。

⑦不复：不再重复，即不用再施教了。

【译文】

孔子说："〔教育学生〕不到他苦思冥想而仍想不通的时候，不去开导他；不到他想说又说不出来的时候，不去启发他。如告诉他一个角落的样子，而他不能由此推知其他三个角落的样子，我就不再教他了。"

7.9 子食于有丧者[1]之侧，未尝饱也。

【注释】

①有丧者：指死了亲属、有丧事的人。

【译文】

孔子在有丧事的人旁边吃饭，从未吃饱过。

7.10 子于是[1]日哭[2]，则不歌。

【注释】

①是：这。

②哭：这里指在吊丧时哭泣。

【译文】

孔子在这一天如果为吊丧哭泣过，就不再唱歌。

7.11 子谓颜渊[1]曰："用之则行，舍[2]之则藏，惟[3]我与尔有是夫！"

子路曰："子行三军[4]，则谁与[5]？"

子曰："暴虎[6]冯河[7]，死而无悔者，吾不与也。必也临事而惧[8]，好谋而成者也。"

【注释】

①颜渊（前521～前490年）：春秋末鲁国人。姓颜，名回，字子渊。孔子的弟子。

②舍：舍弃、不用。

③惟：只、仅。

④子行三军：如果您统率军队的话。三军，军队的统称。

⑤与：在一起。这里指相处、共事。

⑥暴虎：赤手空拳和老虎搏斗。

⑦冯河：即不用船涉水过河。冯，同“凭”。

⑧临事而惧：遇事小心谨慎。惧，戒惧、警惕。

【译文】

孔子对颜渊说：“用我，就去干；不用我，就隐居起来。只有你和我持这种态度吧？”

子路问孔子说：“如果您统率军队的话，那么您和谁共事呢？”

孔子说：“空手和老虎搏斗，蹚水过河，死了都不后悔的人，我不和他共事。和我共事者，一定是遇事小心谨慎、善于谋划而能完成任务的人才行。”

7.12 子曰：“富而[①]可求也，虽执鞭之士[②]，吾亦为之。如不可求，从吾所好。”

【注释】

①而：假设连词，含有“如果”的意思。

②执鞭之士：拿着鞭子为人开路、看门者，意即做下等差役的人。

【译文】

孔子说：“如果可以求得财富的话，就是拿着鞭子开路、看门的事我也干。如果没机会求得财富，我还是干我所爱好的事情。”

7.13 子之所慎：齐[①]、战、疾。

【注释】

①齐：同“斋”，即斋戒。古人祭祀前要整洁身心，不吃荤，不饮酒，清心寡欲，以示虔诚。

【译文】

孔子所小心慎重的事有斋戒、战争和疾病。

7.14 子在齐闻《韶》[①]，三月[②]不知肉味，曰：“不图为乐之至于斯也[③]。”

【注释】

①《韶》(sháo 勺)：相传是古代歌颂虞舜的一种乐曲名。

②三月：这里不是指具体时间，而是泛指长时间。

③不图为乐之至于斯也：没想到古人创作的音乐达到这样迷人的水平。不图，想不到、未料到。

【译文】

孔子在齐国听到《韶》乐，长时间不知道吃肉的滋味，说：“想不到古人创作的音

乐达到这样迷人的水平。"

7.15 冉有曰:"夫子为[①]卫君[②]乎?"子贡曰:"诺[③],吾将问之。"

入,曰:"伯夷、叔齐[④]何人也?"曰:"古之贤人也。"曰:"怨乎?"曰:"求仁[⑤]而得仁,又何怨?"

出,曰:"夫子不为也。"

【注释】

①为:此句与最后一句的"为"都是"帮助"的意思。

②卫君:指卫出公蒯辄(kuài zhé 快哲)。蒯辄是卫灵公的孙子,蒯聩(kuì 溃)的儿子。蒯聩因谋杀卫灵公的夫人南子被卫灵公驱逐出国,逃到晋国。灵公死后,蒯辄立为国君。晋国这时故意又把蒯聩遣送回卫国,与蒯辄争夺君位。

③诺:答应的话,表示同意。

④伯夷、叔齐:商朝末年孤竹君的两个儿子。传说孤竹君死后两人互相让位,谁也不肯做国君,最后都逃奔到周文王那儿去了。

⑤求仁:追求仁德。仁,此处指仁德。

【译文】

冉有问子贡说:"老师会帮助卫国的国君吗?"子贡说:"嗯,我去问问他。"

子贡进去问孔子道:"伯夷、叔齐是怎样的人呢?"孔子说:"是古代的贤人。"子贡又问:"他们有怨恨吗?"孔子说:"他们求仁而得到了仁,又怨恨什么呢?"

子贡出来,对冉有说:"老师不会帮助卫君。"

7.16 子曰:"饭疏食[①],饮水[②],曲肱而枕之[③],乐亦在其中矣。不义而富且贵,于我如浮云。"

【注释】

①饭疏食:吃粗粮。饭,动词,吃。疏食,粗粮。

②水:古代常以"汤"和"水"对言。汤,指热水;水,指凉水。

③曲肱(gōng 公)而枕(zhèn 震)之:弯着胳膊当枕头。肱,由肩到肘的部分,这里指胳膊。枕,动词,枕着。

【译文】

孔子说:"吃粗粮,饮凉水,弯着胳膊当枕头,乐趣也在其中。用不义的手段而得到的富贵,对于我如同浮云一样。"

7.17 子曰:"加我数年[①],五十以学《易》[②],可以无大过矣。"

【注释】

①加我数年:让我多活几年。加,增加。

②《易》:书名,又称《易经》、《周易》,是古代占卜用的一部书,相传系周人所作,故称《周易》。

内容包括《经》、《传》两部分。《经》主要是六十四卦和三百八十四爻，卦、爻各有说明（卦辞、爻辞），作为占卦之用。旧传伏羲画卦，文王作辞，说法不一。《传》是对《经》的最早解说，包含解释卦辞、爻辞的七种文辞共十篇，统称《十翼》，旧传孔子作。

【译文】

孔子说："让我多活几年，五十岁去学习《周易》，便可以无大的过错了。"

7.18 子所雅言[①]，《诗》、《书》、执礼[②]，皆雅言也。

【注释】

①雅言：与"方言"对称，指周王朝时以京都地区的语言为标准的官话，相当于现在的普通话。

②执礼：执行典礼。

【译文】

孔子有时用雅言，在诵读《诗》、《书》和执行典礼时，都用雅言。

7.19 叶公[①]问孔子于子路[②]，子路不对[③]。子曰："女[④]奚[⑤]不曰：其为人也[⑥]，发愤忘食，乐以忘忧，不知老之将至云尔[⑦]。"

【注释】

①叶（shè 社）公：姓沈，名诸梁，字子高。楚国的大夫，封地在叶城（今河南叶县南），故称叶公。

②问孔子于子路：向子路询问孔子为人如何。问，询问、打听。于，向。

③不对：不作回答。

④女：同"汝"，你。

⑤奚（xī 西）：疑问代词，为什么。

⑥其为人也：他的为人啊。

⑦云尔：如此罢了。云，如此、这样。尔，语气词，相当于"罢了。"

【译文】

叶公向子路询问孔子的为人，子路不答。孔子说："你为什么不说：他的为人是，发愤读书便忘记了吃饭，沉醉于快乐便忘记了忧愁，不知道衰老就要到来，如此而已。"

7.20 子曰："我非生而知之者，好古[①]，敏[②]以求之者也。"

【注释】

①古：指古代的诗书礼乐文化。

②敏：努力、奋勉。

【译文】

孔子说："我不是生来就有知识的人，而是喜好古代文化、努力去求知的人。"

7.21　子不语[1]怪[2]，力[3]，乱，神。

【注释】

①语：谈论、议论。

②怪：怪异的现象。

③力：暴力之事。

【译文】

孔子不谈论怪异、暴力、叛乱和鬼神。

7.22　子曰："三人行，必有我师焉。择其善者而从之[1]，其不善者而改之。"

【注释】

①择其善者而从之：选择他们的优点来学习。从，听从、跟随。

【译文】

孔子说："三个人在一起走路，其中必定有人可以做我的老师。我选择他们的优点来学习，把他们的缺点作为借鉴而改掉。"

7.23　子曰："天生德于予[1]，桓魋[2]其如予何[3]！"

【注释】

①天生德于予：上天赋予我圣德。于，向、给。予，我。

②桓魋（tuí 颓）：即宋国司马（主管军事行政的官）向魋，因是宋桓公的后代，所以又叫桓魋。

③其如予何：能将我怎么样！其，句中语气词，表示诘问、感叹。

【译文】

孔子说："上天赋予我圣德，桓魋能把我怎么样！"

7.24　子曰："二三子[1]以我为隐乎[2]？吾无隐乎尔[3]。吾无行[4]而不与[5]二三子者，是[6]丘也。"

【注释】

①二三子：诸位、诸君、几个人。这里孔子指的是他的弟子们。

②以我为隐乎：以为我会隐瞒什么吗？以，以为、认为。为，做、有。隐，隐匿、隐瞒。

③吾无隐乎尔：我没有什么可隐瞒的。乎尔，复合语气词。

④行：所行之事、行为。

⑤与：给予，此引申为"告知"。

⑥是：指示代词，这、这个、这样。

【译文】

孔子说："你们以为我对你们有所隐瞒而不肯讲的事吗？我没有什么可对你们隐瞒的。我做的事都让你们知道，这就是我孔丘的为人。"

7.25　子以四教[1]：文[2]、行[3]、忠、信。

【注释】

①以四教：从四个方面施教。以，从、在。

②文：文献知识，指古代的诗、书、礼、乐等文化知识及典章制度。

③行：实践，指对所学知识的践行。

【译文】

孔子从四个方面教育学生：文化知识，社会实践，忠诚老实，遵约守信。

7.26　子曰："圣人，吾不得而见之矣[1]；得见君子者，斯[2]可矣。"

子曰："善人[3]，吾不得而见之矣；得见有恒者[4]，斯可矣。亡而为有[5]，虚而为盈[6]，约而为泰[7]，难乎有恒矣[8]。"

【注释】

①吾不得而见之矣：我不能看见了。得，能、能够。而，语气助词。

②斯：就。

③善人：有道德的人，行为善良的人。

④有恒者：有恒心、立志不贰者。

⑤亡而为有：没有却假装有。亡，同"无"。而，表示转折，相当于"却"、"但是"。

⑥虚而为盈：空虚却假装充实。盈，满。

⑦约而为泰：贫穷却假装富裕。约，穷困。泰，用度豪华而不吝惜，宽裕。

⑧难乎有恒矣：（这样的人）很难有恒心的。乎，介词，于、以。

【译文】

孔子说："圣人，我不能够看见了；能够看见君子，就可以了。"

孔子又说："善人，我不能够看见了；能够看见有恒心的人，就可以了。没有却假装有，空虚却假装充实，穷困却假装富足，这样的人是难有恒心的。"

7.27　子钓而不纲[1]，弋[2]不射宿[3]。

【注释】

①纲：渔网上的总绳。这里指用网捕鱼。

②弋（yì 易）：用带绳子的箭射。这里泛指一般射猎。

③宿：指归巢歇宿的鸟。

【译文】

孔子只用鱼竿钓鱼，而不用网捕鱼；他只射飞鸟，而不射巢中歇宿的鸟。

7.28 子曰："盖[①]有不知而作之者[②]，我无是也[③]。多闻，择其善者而从之，多见而识[④]之，知之次[⑤]也。"

【注释】

①盖：副词，大概、或许。

②不知而作之者：自己不知不懂而凭空创造的人。作，创作、创造。

③我无是也：我没这么做过。是，指示代词，这、这样。

④识（zhì 志）：记住。

⑤次：次一等、差一等。这里指学而知之比生而知之次一等。

【译文】

孔子说："大概有那么一些自己不懂而生编硬造的人，我没这么做过。多听，选择其中好的加以学习；多看，牢记在心，这是仅次于'生而知之'的认知方法。"

7.29 互乡难与言[①]，童子[②]见，门人[③]惑。子曰："与[④]其进也，不与其退也，唯何甚[⑤]！人洁己以进，与其洁也，不保[⑥]其往也。"

【注释】

①互乡难与言：互乡这地方的人难与交谈。互乡，地名，详址已不可考。与，和、跟。难与言，难与交谈，难与打交道。

②童子：儿童，未成年的人。

③门人：即弟子。古代弟子、门人无别。至东汉后，亲受业者为弟子，转相授者为门人。

④与：赞许、允许。

⑤唯何甚：何必做得太过分！唯，句首语气词，无意义。甚，过分。

⑥保：保持、守住。这里有"抓住不放"的意思。

【译文】

互乡这地方的人难与交流沟通，但互乡的一个少年得到孔子的接见，弟子们对此疑惑不解。孔子说："我们应当鼓励他们的进步，不鼓励他们的退步，何必做得太过分呢！人家清除了自身的污点以求进步，就要鼓励他们，不要抓住人家过去的缺点不放。"

7.30 子曰："仁远乎哉[①]？我欲仁，斯[②]仁至矣。"

【注释】

①仁远乎哉：仁德离我们很远吗？

②斯：那么、就。

【译文】

孔子说："仁离我们很远吗？我只要想为仁，仁就会来到。"

7.31　陈司败[①]问："昭公[②]知礼乎？"孔子曰："知礼。"

孔子退[③]，揖巫马期而进之[④]，曰："吾闻君子不党[⑤]，君子亦党乎？君取[⑥]于吴，为同姓[⑦]，谓之吴孟子[⑧]。君而知礼，孰不知礼？"

巫马期以告。子曰："丘也幸，苟[⑨]有过，人必知之。"

【注释】

①陈司败：人名，事迹不详。有人认为陈是指陈国，司败是官名，即司寇。

②昭公：鲁国国君，名裯（chóu 稠）。公元前 541～前 510 年在位。

③退：离去、离开。

④揖（yī 一）巫马期而进之：陈司败向巫马期作了揖，请他走近些。揖，古时拱手礼。先将手著胸前，然后上下左右拱手，以示礼让。这里作动词。巫马期，春秋鲁国人，姓巫马，名施，字子期。孔子的弟子。

⑤党：袒护、包庇。

⑥取：同"娶"。

⑦为同姓：鲁为周公之后，姬姓；吴为太伯之后，也是姬姓。按当时礼法，同姓不能结婚。

⑧吴孟子：鲁昭公夫人。春秋时代，国君夫人的称号一般应是她出生的国名加上她的姓。这位夫人出生于姬姓的吴国，应称吴姬。但是当时礼法规定，吴、鲁两国同姓，不得通婚。为隐瞒真相，便不称吴姬而称吴孟子。孟子是鲁昭公夫人的名字。

⑨苟：如果、假若。

【译文】

陈司败问孔子："鲁昭公懂得礼吗？"孔子说："懂礼。"

孔子出去后，陈司败向巫马期作了揖，请他走近些，说道："我听说君子无所偏袒，难道像孔子这样的君子也有所偏袒吗？鲁君从吴国娶了位女子做夫人，鲁国和吴国是同姓国，便称她为吴孟子。如果鲁君算是知礼，还有谁不知礼呢？"

巫马期将这话告诉了孔子。孔子说："我真幸运，假若有过错，人家一定会知道。"

7.32　子与人歌而[①]善，必使反[②]之，而后和[③]之。

【注释】

①而：若、如。

②反：反复、重复、再一次。

③和（hè 贺）：跟着唱。

【译文】

孔子跟别人一起唱歌，如果有人唱得好，就一定请他再唱一遍，然后自己跟着唱。

7.33　子曰："文，莫吾犹人也[①]。躬行君子[②]，则吾未之有得[③]。"

【注释】

①莫吾犹人也：大概我同别人差不多。莫，大约、大概。犹，如同、好像。

②躬行君子：在身体力行君子之道方面。躬行，亲自实践、身体力行。

③得：得到、获得。

【译文】

孔子说："就文化知识来说，大约我同别人差不多。至于在亲身实践君子之道方面，我还没有所得。"

7.34　子曰："若[①]圣与仁，则[②]吾岂敢！抑[③]为之不厌，诲人不倦，则可谓云尔已矣[④]。"公西华曰："正唯[⑤]弟子不能学也。"

【注释】

①若：如果说、至于。

②则：那、那么。

③抑：转折语气词。"不过"、"只是"之义。

④云尔已矣：如此而已。云尔，如此、这样。已矣，句末语气词，相当于"罢了"、"而已"。

⑤唯：句中语气词，帮助判断。

【译文】

孔子说："如果说到圣和仁，那我怎么敢当！只不过向圣与仁方面努力从不厌烦，教诲别人也从不觉疲倦，如此罢了。"公西华说："这正是我们弟子所学不到的。"

7.35　子疾病[①]，子路请祷[②]。子曰："有诸[③]？"子路对曰："有之。《诔》[④]曰：'祷尔于上下神祇[⑤]。'"子曰："丘之祷久矣[⑥]。"

【注释】

①疾病：患了病，病得很重。古代的"疾"常指一般的生病；"病"含有"病重"的意思。

②祷（dǎo 岛）：祷告、祈祷。

③诸：相当于"之乎"；"之"为代词，这里指鬼神；"乎"是疑问语气词，相当于现代汉语里的"吗"。

④诔（lěi 垒）：哀悼死者的悼文及向鬼神祈福的祷文称"诔"，这里指后者。

⑤神祇（qí 奇）：古代称天神为神，地神为祇。

⑥丘之祷久矣：这句话是孔丘表示推辞的一种委婉方式。意思是说：我早就祈祷过了，不必再祈祷了。孔子平时对鬼神的存在与否一贯持怀疑态度。

【译文】

孔子病重，子路请求向鬼神祈祷。孔子说："有鬼神这事吗？"子路说："有的，《诔》文上说：'为你向天神地祇祷告。'"孔子说："我早就祈祷过了。"

7.36 子曰："奢则不孙①，俭则固②。与其不孙也，宁③固。"

【注释】

①不孙：孙，同"逊"，谦逊、恭顺。不孙即不恭顺。

②固：鄙陋，这里是寒碜的意思。

③与其……宁……：选择连词，比较两方面的利害得失，选取一方面，舍弃另一方面。"与其"表示舍弃的一面，"宁"表示肯定的一面。

【译文】

孔子说："奢侈就会不恭顺，节俭就会寒碜。与其不恭顺，宁可寒碜。"

7.37 子曰："君子坦荡荡①，小人长戚戚②。"

【注释】

①坦荡荡：坦，平坦。荡荡，宽广的样子。这里"坦荡荡"是指心胸宽广。

②长戚戚：长，经常。戚戚，忧愁的样子。

【译文】

孔子说："君子心胸宽广，小人经常忧愁。"

7.38 子温而厉①，威而不猛，恭而安。

【注释】

①厉：指表情严厉、严肃。

【译文】

孔子温和而严厉，威严而不凶狠，谦逊而安详。

泰伯第八

8.1 子曰："泰伯①，其可谓至德②也已矣。三以天下让③，民无得而称焉④。"

【注释】

①泰伯：又作"太伯"。周代吴国始祖。周太王古公亶（dǎn 胆）父的长子。太王欲立幼子季历，他与弟仲雍同避江南，改从当地风俗，断发文身，成为当地君长，是春秋时代吴国的始祖。

②至德：最高的德行。

③三以天下让：多次将王位推让。三，这里指多次。以，把、将。天下，此指周政权、周王位。

④民无得而称焉：老百姓不知该怎么称赞他。无得，不能、无法。

【译文】

孔子说："泰伯可以说是道德最高尚的人了。他多次把王位让给季历，老百姓简直不知道怎么称赞他才好。"

8.2 子曰："恭而无礼则劳①，慎而无礼则葸②，勇而无礼则乱③，直而无礼则绞④。君子笃⑤于亲，则民兴于仁⑥，故旧⑦不遗⑧，则民不偷⑨。"

【注释】

①恭而无礼则劳：只是谦恭而不知礼，就会倦劳。恭，谦逊、恭敬。礼，古代社会的法则、礼仪。在孔子思想中"礼"是一个非常重要的范畴，是孔子思想的核心观念。"礼"自"周礼"演化而来，它是协调社会关系，制约人们行为的规范和标准。劳，徒劳、烦劳。

②葸（xǐ 洗）：畏缩、拘谨。

③乱：作乱、犯上作乱。

④绞：说话尖刻，为人刻薄。

⑤笃（dǔ 堵）：忠诚、厚道。

⑥则民兴于仁：那么百姓中就会盛行仁德。兴，兴盛、盛行。

⑦故旧：即老朋友。

⑧遗：遗弃。

⑨偷：淡薄、不厚道。

【译文】

孔子说："只是谦恭而不知礼，就会烦劳；只是谨慎而不知礼，就会拘谨；只是勇猛而不知礼，就会闯祸；只是直率而不知礼，就会尖刻。君子如果对亲族厚道，那么百姓中就会风行仁德；如果君子不遗弃自己的老朋友，那么老百姓就会厚道。"

8.3 曾子[①]有疾，召门弟子曰："启予足，启予手[②]！《诗》云：'战战兢兢，如临深渊，如履薄冰[③]。'而今而后，吾知免[④]夫！小子[⑤]！"

【注释】

①曾子：姓曾，名参，字子舆。孔子的弟子。

②启予足，启予手：摆正我的脚，摆正我的手。启，开，此为"摆正"之义。予，我。

③这三句诗引自《诗经·小雅·小旻》，曾参借用来形容自己一生小心谨慎。临，面临。履（lǚ 吕），践踏、踩。

④免：避免。这里指身体免于毁伤。

⑤小子：对弟子的称呼。

【译文】

曾子病了，把他的弟子召集到身边，说："摆正我的脚，摆正我的手！《诗经》说：'战战兢兢，如临深渊，如履薄冰。'从今以后，我知道自己可以解脱了！弟子们！"

8.4 曾子有疾，孟敬子[①]问[②]之。曾子言曰："鸟之将死，其鸣也哀；人之将死，其言也善。君子所贵乎道者三[③]：动容貌[④]，斯远暴慢矣[⑤]；正颜色[⑥]，斯近信矣；出辞气[⑦]，斯远鄙倍[⑧]矣。笾豆之事[⑨]，则有司[⑩]存[⑪]。"

【注释】

①孟敬子：即仲孙捷，鲁国的大夫。

②问：探问、看望、慰问。

③君子所贵乎道者三：君子所重视的礼有三方面。贵，重视、崇尚。道，曾子这里所讲的道（即"动容貌"、"正颜色"、"出辞气"）皆属礼的范围，是君子的修身之道，是道的具体表现。

④动容貌：严肃（注重）自己的容貌。动，变动。

⑤斯远暴慢矣：就可以避免粗暴和傲慢。斯，就、乃。远，远离、避开、避免。暴慢，粗暴和傲慢。

⑥颜色：指脸色。

⑦出辞气：在说话时注意措辞和语气。出，出言、说话。辞，言辞。气，口气、语气。

⑧鄙倍：倍，同"背"。鄙倍，即粗野、悖理。

⑨笾（biān 边）豆之事：祭祀、典礼等方面的具体事情。笾，古代祭祀和典礼时用来盛果品的竹器。豆，木制器皿，有盖，用以盛有汁的食物，祭祀典礼时也用。此处以"笾"、"豆"代指祭祀、典礼之事。

⑩有司：主管某方面的官吏。

⑪存：过问、负责。

【译文】

曾子有病，孟敬子前来探望。曾子对他说："鸟将要死的时候，鸣叫的声音是悲哀的；人将要死的时候，说的话是和善的。君子所重视的礼有三方面：严肃自己的容貌，就可以避免粗暴和傲慢；端正自己的态度，就可以让人觉得诚实可信；说话时多注意措辞和语气，就可以避免浅陋和悖理。至于祭祀和礼仪等方面的具体事情，则有主管部门的官吏负责。"

8.5 曾子曰："以能问于不能，以多问于寡，有若无，实若虚，犯而不校[①]。昔者吾友尝从事于斯矣。"

【注释】

①校(jiào 叫)：计较、对抗、较量。

【译文】

曾子说："有才能却向没才能的人请教，知识多却向知识少的人请教；有学问就像没学问一样；满腹经纶却像一无所知一样，被人冒犯却不计较。从前我的一位朋友曾这么做过。"

8.6 曾子曰："可以托[①]六尺之孤[②]，可以寄百里之命[③]，临大节[④]而不可夺[⑤]也。君子人与[⑥]？君子人也！"

【注释】

①托：托付、委托。

②六尺之孤：死去父亲的孩子称"孤"。六尺之孤在此特指未成年而继位的年幼君主。古代尺短，六尺约合今四尺多些(约一米三)。

③寄百里之命：可以把一国的命运寄托给他。寄，寄托、托付。百里，这里指一个诸侯国。命，命运。

④大节：指生死存亡。

⑤夺：指丧失志气，动摇屈服。

⑥君子人与：这种人是君子吗？与，同"欤"，句末语气词。

【译文】

曾子说："可以把幼小的君主托付给他，可以把国家的命运寄托给他，面临生死的紧要关头而不屈服动摇。这种人是君子吗？是君子啊！"

8.7 曾子曰："士不可以不弘毅[①]，任重而道远。仁以为己任[②]，不亦重乎？死而后已[③]，不亦远乎？"

【注释】

①弘毅：胸襟宽广，意志坚忍。弘，大，这里指心胸宽广。毅，意志坚毅、刚强。

②仁以为己任：即"以仁为己任"，把实行仁德作为自己的责任。

③已：停止。

【译文】

曾子说："士不可以不心胸宽广，意志坚强。因为他们责任重大，道路遥远。以实现仁为己任，难道还不重大吗？为此死而后已，难道路程还不遥远吗？"

8.8 子曰："兴[①]于《诗》，立于礼，成于乐。"

【注释】

①兴：兴起，这里引申为"振奋"、"激发"。

【译文】

孔子说："《诗》可使人振奋，礼可使人立足于社会，音乐可使人学以有成。"

8.9 子曰："民可使由[①]之，不可使知[②]之。"

【注释】

①由：从、遵从。

②知：知道、了解。

【译文】

孔子说："对于老百姓，可以让他们按照命令去做，不可以让他们知道为什么要这样做。"

8.10 子曰："好勇疾贫[①]，乱也。人而不仁，疾之已甚[②]，乱也。"

【注释】

①疾贫：厌恶、憎恨贫穷。疾，厌恶、憎恨。

②已甚：太过分。已，太。甚，严重、厉害。

【译文】

孔子说："喜好勇敢而厌恶贫穷，就会造成祸乱。对于不仁的人，如果嫉恨太甚，也会造成祸乱的。"

8.11 子曰："如有周公之才之美，使[①]骄且吝[②]，其余不足观也矣。"

【注释】

①使：连词。假若、如果。

②吝：吝啬、小气。

【译文】

孔子说："一个人即使有周公那样完美的才能，如果骄傲而且小气，那么其他方面也不值得一看了。”

8.12　子曰：“三年学，不至[①]于谷[②]，不易得也。”

【注释】

①至：这里指意念所至，即想到。

②谷：古代以谷米为俸禄，这里“谷”即“禄”的意思，表示做官。

【译文】

孔子说：“读书三年，还没有做官的念头，难得呀！”

8.13　子曰：“笃信[①]好学，守死善道，危邦不入，乱邦不居[②]。天下有道则见[③]，无道则隐。邦有道，贫且贱焉，耻也；邦无道，富且贵焉，耻也。”

【注释】

①笃信：坚守信念。笃，坚定。

②危邦不入，乱邦不居：不进入政局不稳的国家，不居住在发生祸乱的国家。邦，即邦国、国家。一个国家如有臣弑（shì 式）君、子弑父的现象称“乱”，有乱的征兆叫“危”。这里“危邦”指政局不稳的国家，“乱邦”指有叛乱的国家。

③见：同“现”，指出来做官。与下句的“隐”相对。

【译文】

孔子说：“一个人要坚守信念，努力好学，誓死保全先王之道，不进入政局不稳的国家，不居住在发生祸乱的国家。天下政治清明就出来做官，政治黑暗就隐居不仕。国家兴盛，政治清明，自己却贫穷低贱，这是耻辱；国家混乱，政治黑暗，自己却富有尊贵，这也是耻辱。”

8.14　子曰：“不在其位，不谋其政。”

【译文】

孔子说：“不在那个职位，就不考虑那个职位的政务。”

8.15　子曰：“师挚[①]之始，《关雎》[②]之乱[③]，洋洋[④]乎盈耳哉。”

【注释】

①师挚：鲁国的乐师，名挚。师，乐师。

②《关雎（jū 居）》：《诗经·国风·周南》的第一篇，也是《诗经》全书的首篇，是写上层社会男女恋爱的作品。

③乱：古代把乐曲的开始称为“始”；乐曲结尾的一段，由多种乐器合奏，叫“乱”。

④洋洋：美好。

【译文】

孔子说：“从乐师挚演奏开始，直到把《关雎》之曲演奏完毕，耳朵里充满了美妙

动听的乐曲!”

8.16 子曰:“狂而不直,侗[①]而不愿[②],悾悾[③]而不信,吾不知之矣。”

【注释】

①侗(tóng 同):幼稚无知。

②愿:老实、朴实。

③悾悾(kōng 空):同“倥”,愚昧无知。

【译文】

孔子说:“狂妄而不正直,幼稚而不朴实,无知而不讲信用,我实在不能理解这种人。”

8.17 子曰:“学如不及[①],犹恐失之[②]。”

【注释】

①不及:赶不上。

②犹恐失之:赶上了还怕落后。

【译文】

孔子说:“做学问就像追赶什么一样,唯恐赶不上,赶上了还怕丢失掉。”

8.18 子曰:“巍巍[①]乎,舜、禹之有天下也而不与[②]焉。”

【注释】

①巍巍:崇高、高大。

②与:参与,这里指谋求、夺取。

【译文】

孔子说:“多么崇高呀!舜禹得到的天下,不是夺取来的。”

8.19 子曰:“大哉,尧之为君也[①]!巍巍乎!唯天为大[②],唯尧则[③]之。荡荡乎[④]!民无能名[⑤]焉。巍巍乎!其有成功也[⑥]。焕[⑦]乎!其有文章[⑧]。”

【注释】

①大哉,尧之为君也:伟大啊!尧这样的君主。

②唯天为大:只有天最高大。唯,只、只有。

③则:效法。

④荡荡乎:多么广大啊。这里指尧的恩德广大。

⑤名:称说、称赞。

⑥其有成功也:他拥有的功绩。有,具有、拥有。

⑦焕:鲜明、光亮。

⑧文章：文化。这里指礼乐典章制度。

【译文】

孔子说："伟大啊，尧这样的君主！崇高啊，只有天最高大，只有尧能够效法天。他的恩德多么广大啊！老百姓都不知道如何赞美他。崇高啊！他的功绩。光明啊！他的礼乐典章制度。"

8.20 舜有臣五人[①]而天下治。武王[②]曰："予有乱臣十人[③]。"孔子曰："才难，不其然乎[④]？唐虞之际[⑤]，于斯为盛[⑥]，有妇人[⑦]焉，九人而已。三分天下有其二[⑧]，以[⑨]服事[⑩]殷。周之德，其可谓至德也已矣[⑪]。"

【注释】

①舜有臣五人：传说是禹、稷、契、皋陶（gāo yáo 高摇）、伯益五人。

②武王：指周武王，姓姬，名发，西周的开国君主。

③乱臣十人：《说文解字·乙部》："乱，治也。"这里"乱臣"即治国之臣。十人指周公旦、召公奭（shì 是）等十人，其中有一妇女。

④才难，不其然乎：人才难得，难道不是这样吗？不其然乎，即"其不然乎"。其，语气词，表示反问。然，这样、那样。

⑤唐虞之际：即唐尧、虞舜之际，实指尧、舜以后。

⑥于斯为盛：在这个时期（人才）最多、最盛。斯，代词，指唐虞之际的人才。

⑦妇人：传说是太姒，文王之妻，武王之母，能以德教化天下。孔子不视她为武王臣子，故说"九人而已"。

⑧三分天下有其二：指周文王时期控制了天下三分之二的诸侯。

⑨以：连词，相当于"而"，表示转折。

⑩服事：服从侍奉。

⑪至德也已矣：至高无上的道德啊！也已矣，复合句末语气词，表示肯定。

【译文】

舜有五个贤臣就能治理好天下。周武王说："我有十位治国之臣。"孔子说："人才难得，难道不是这样吗？唐尧、虞舜之后，以周武王这个时期人才最盛，十位治国之臣中有一位妇女，所以只有九人而已。周文王据有了天下的三分之二，却依然服从、事奉殷王。周文王的道德，可以说是最高尚的啊。"

8.21 子曰："禹[①]，吾无间然[②]矣！菲[③]饮食而致孝乎鬼神，恶衣服而致美乎黻冕[④]，卑[⑤]宫室而尽力乎沟洫[⑥]。禹，吾无间然矣！"

【注释】

①禹：传说中古代部落联盟领袖。姒姓，亦称大禹、夏禹、戎禹。

②间（jiàn 见）然：间，空隙、空子，此处用作动词。间然，有"挑剔、找毛病、批评"的意思。

③菲（fěi 匪）：微薄、不丰厚。

④黻冕（fú miǎn 伏免）：古代大夫以上祭祀时的礼服礼冠。

⑤卑：低、矮。

⑥沟洫（xù 续）：沟渠，这里指农田水利。洫，田间水道。

【译文】

孔子说："对于禹，我没有什么可挑剔的了！他的饮食很简单，祭祀鬼神时却很丰盛；他平时穿戴得很破旧，祭祀时穿戴的礼冠却很华美；他居住的宫室很低矮，对农田水利却很尽力。对于禹，我没有什么可挑剔的了。"

子罕第九

9.1 子罕言[①]利,与[②]命与仁。

【注释】

①罕言:很少谈论。罕,少。

②与:赞同、肯定。

【译文】

孔子很少谈论功利,却赞许天命和仁德。

9.2 达巷党人[①]曰:“大哉孔子!博学而无所成名[②]。”子闻之,谓门弟子曰:“吾何执[③]?执御[④]乎?执射乎?吾执御也。”

【注释】

①达巷党人:达巷这个地方的人。达巷,地名。党,古代的一种居民组织,五百家为一党。

②无所成名:没有可以成名的一技之长。

③执:掌握、持有。这里指掌握技术。

④御:驾驭车马。

【译文】

达巷之地的人说:“伟大啊,孔子!他知识渊博,但没有可以成名的一技之长。”孔子听说后,对弟子们说:“我该掌握哪一门技艺呢?驾车吗?射箭吗?我驾车好了。”

9.3 子曰:“麻冕[①],礼也;今也纯[②],俭[③],吾从众。拜下[④],礼也;今拜乎上[⑤],泰[⑥]也;虽违众,吾从下[⑦]。”

【注释】

①麻冕:古代用麻料制成的礼冠。

②纯:黑丝。

③俭:俭省、节俭。按规定,麻冕须用两千四百缕经线织成,很费工,反倒不如用丝俭省。

④拜下：臣见君的礼节。先在堂下拜，然后到堂上拜。

⑤拜乎上：意思是臣见君时不先在堂下拜，而直接在堂上拜。

⑥泰：过分。这里是“越礼”的意思。

⑦吾从下：我遵从先在堂下行叩拜之礼的做法。

【译文】

孔子说：“麻布制成的礼冠是符合礼节的，现在改为丝制，这样比较俭省，我同意大家的做法。臣见君，先在堂下跪拜，升堂又跪拜是合乎礼节的，现在只是升堂跪拜，这是越礼。虽然违背大家的做法，我仍主张先在堂下跪拜。”

9.4 子绝四：毋意[①]，毋必[②]，毋固[③]，毋我[④]。

【注释】

①毋意：对于人和事不要主观臆断，妄加猜测。毋，不要。意，同“臆”，臆断、猜想。

②毋必：对于人和事不要绝对肯定或否定。必，必定、绝对。

③固：固执、拘泥。

④我：这里为“自私”或“唯我是从”、“自以为是”之义。

【译文】

孔子杜绝了四种做法：不凭空揣测，不绝对肯定，不拘泥固执，不唯我是从。

9.5 子畏于匡[①]，曰：“文王[②]既没，文不在兹[③]乎？天之将丧斯文也，后死者[④]不得与[⑤]于斯文也；天之未丧斯文也，匡人其如予何[⑥]！”

【注释】

①子畏于匡：孔子在匡邑被拘禁。畏，使害怕、吓唬，这里指受到囚禁。匡，地名，在今河南省长垣西南。

②文王：指周文王，姓姬，名昌，商末周族领袖。商纣时为西伯，又称伯昌，在位五十年。统治期间，国势强盛。其子周武王为西周开国君主。

③兹：这里。指孔丘自己。

④后死者：孔丘自称。

⑤与：给予、授予，这里指“传授”。

⑥如予何：奈我何，把我怎么样。如……何，把……怎么样。予，我。

【译文】

孔子被拘禁在匡，说：“周文王死后，古代文化不是都保存在我这里吗？如果上天想要毁灭这些文化，那我就不能传授这些文化了；如果上天不毁灭这些文化，那匡人又能把我怎么样！”

9.6 太宰[①]问于子贡曰：“夫子圣者与？何其多能也？”子贡曰：“固天纵[②]之将圣，又多能也。”

子闻之，曰："太宰知我乎！吾少也贱，故多能鄙事[③]。君子多乎哉？不多也。"

【注释】

①太宰：官名。掌管王及卿大夫内外事务的家臣，卿大夫所属私邑的长官也称太宰。这里的太宰不知是指何国的太宰。

②纵：使、让。

③鄙事：卑贱的事。

【译文】

太宰问子贡："孔夫子是位圣人吧？为何这样多才多艺呢？"子贡说："这本来是上天让他成为圣人，又使他多才多艺。"

孔子听说了这些话，说："太宰哪里了解我呢？我少年时贫贱，所以学了许多卑贱的技艺。君子一定会有这么多的技艺吗？不会的。"

9.7 牢[①]曰："子云：'吾不试[②]，故艺。'"

【注释】

①牢：即子牢，孔子的弟子。

②试：试用，指做官。

【译文】

子牢说："孔子说：'我没有当官，所以学会了一些技艺。'"

9.8 子曰："吾有知乎哉？无知也。有鄙夫[①]问于我，空空如也。我叩[②]其两端[③]而竭[④]焉。"

【注释】

①鄙夫：鄙陋浅薄之人。这里指农夫、乡下人。

②叩：询问。

③两端：两头，指问题的正反、本末或上、下两方面。

④竭：尽、尽量。

【译文】

孔子说："我是有学问的吗？其实没有多少学问。有位农夫问我，对于他的问题我本是一无所知。但我对那个问题的正反两方面加以询问、推敲，得出答案后尽量地告诉他。"

9.9 子曰："凤鸟不至，河不出图，吾已矣夫[①]！"

【注释】

①吾已矣夫：我完了！意即"我没指望了！"已，停止、完。矣夫，句末语气词，表示感叹。

【译文】

孔子说:“凤鸟不来了,黄河也不出现八卦图了,我这一生完了!”

9.10 子见齐衰①者、冕衣裳者②与瞽者③,见之,虽少,必作④;过之,必趋⑤。

【注释】

①齐衰(zī cuī 资崔):衰,通“缞”。旧时丧服名,为五服之一,次于斩衰。丧服用麻布做成,以其缉边,故称“齐衰”,服期有一年的,为“齐衰期”,如孙为祖父母,夫为妻;有五月的,如为曾祖父母;有三月的,如为高祖父母。

②冕衣裳者:戴礼帽、穿礼服的人。冕,古代大夫以上的贵族所戴的礼帽。衣,上衣。裳,下服。这里“冕衣裳者”代指“当官的”。

③瞽(gǔ 古)者:盲人。

④作:起来、起身。

⑤趋:小步快走,表示恭敬。

【译文】

孔子看见穿丧服的人、穿戴礼帽官服的人以及盲人,即使对方很年轻,也一定要站起来;在他们面前走过时,一定要快走几步。

9.11 颜渊喟然①叹曰:“仰之弥②高,钻③之弥坚④,瞻⑤之在前,忽焉在后。夫子循循然善诱人⑥,博我以文,约我以礼⑦,欲罢不能。既竭吾才⑧,如有所立卓尔⑨,虽欲从之⑩,末由⑪也已。”

【注释】

①喟(kuì 愧)然:叹气的样子。

②弥:更加、越来越。

③钻:钻研。

④坚:坚固、坚硬。这里喻指学问的深奥。

⑤瞻:往上或往前看。

⑥循循然善诱人:即“循循善诱”,善于循序渐进地引导人学习。循循然,有步骤、有次序的样子。诱,引导、启发、诱导。

⑦博我以文,约我以礼:以各种文献丰富我的知识,以礼节规范我的行为。博、约,均用作动词。博,丰富、广博。约,束缚、约束。以,介词,用、拿、按照。

⑧既竭吾才:已经用尽了我的全部才能。既,已经。竭,尽、全部。

⑨如有所立卓尔:好像有一个高大的东西立在前面。卓尔,高高直立的样子。

⑩虽欲从之:尽管想要追随上去。从,跟随、随从。

⑪末由:末,无、没有。由,途径,这里是“办法”的意思。

【译文】

颜渊叹息道:“〔老师的道德学问〕越仰望越觉得高远,越深入钻研越觉得深奥,看着好似已在眼前,忽然又会感到在后面。老师循循善诱,以文献丰富我们的知

识，用礼节规范我们的行为，想停滞不前都不可能。我们已竭尽全力，但他的思想卓荦不群，高高直立，尽管我们想攀登上去，却找不到路径。”

9.12 子疾病①，子路使门人为臣②。病间③，曰：“久矣哉，由④之行诈也！无臣而为有臣。吾谁欺？欺天乎？且予与其死于臣之手也，无宁死于二三子之手乎⑤！且予纵⑥不得大葬⑦，予死于道路乎！”

【注释】

①疾病：病重、病危。

②臣：家臣。按当时礼制规定卿大夫家中才有家臣。孔子此时已不是大夫，没有家臣，子路让孔子的学生充当家臣，是想在孔子死后按大夫之礼举行葬礼。

③病间：这里指病情转轻。间，间隙。

④由：仲由，即子路。

⑤且予与其死于臣之手也，无宁死于二三子之手乎：而且我与其死在家臣的手里，还不如死在你们这些学生的手里。

⑥纵：即使、纵然。

⑦大葬：指大夫的隆重葬礼。

【译文】

孔子病重，子路让孔子的弟子充当家臣，准备料理丧事。孔子的病情好转后得知这事，便说：“仲由干这种欺骗人的事很久了吧！我没有家臣却装作有家臣，我欺骗谁呢？欺骗上天吗？而且我与其在家臣的侍候下死去，还不如在你们这些学生的侍候下死去！我即使不能以大夫之礼来安葬，难道会死在路上没人埋吗？”

9.13 子贡曰：“有美玉于斯①，韫椟而藏诸②？求善贾③而沽④诸？”子曰：“沽之哉！沽之哉！我待贾者也！”

【注释】

①斯：这、这里。

②韫椟（yùn dú 运毒）而藏诸：把它们收藏在匣子里吗？韫，收藏。椟，匣子。诸，相当于“之乎”（“乎”相当于“吗”）。

③善贾（gǔ 古）：识货的商人。贾，商人。

④沽（gū 姑）：卖出。

【译文】

子贡说：“这里有块美玉，是把它收藏在匣子里呢？还是找个识货的商人把它卖出去呢？”孔子说：“卖掉吧！卖掉吧！我正等着识货的商人呢！”

9.14 子欲居九夷①。或曰：“陋②，如之何？”子曰：“君子居之，何陋之有？”

【注释】

①九夷：有两种说法：一是指海内九夷，即居于东部淮、泗等地的少数民族，约有九种，即畎

夷、于夷、方夷、黄夷、白夷、赤夷、玄夷、风夷、阳夷。二是泛指海外九夷，即东方九夷，包括玄菟、乐浪、高骊、满饰、凫臾、索家、东屠、倭人、天鄙。孔子曾说过："道不行，乘桴浮于海。"此处之"欲居九夷"似应指后者。

②陋：边远地区。这里意为落后。

【译文】

孔子想到九夷地方去住。有人说："那里落后，怎么能去住呢？"孔子说："君子住到那里去，[实行教化]，还有什么落后的呢？"

9.15　子曰："吾自卫反鲁[①]，然后乐正[②]，《雅》、《颂》[③]各得其所。"

【注释】

①自卫反鲁：反，通"返"。公元前484年冬，孔子从卫国返回鲁国，结束了长达十四年的周游列国的生活。

②正：使……正。这里指整理、订正。

③《雅》、《颂》：是《诗经》中的两部分，按古制，不同的诗配有不同的乐曲。这里的《雅》和《颂》是指乐曲。《雅》是宫廷和京畿一带演唱的乐歌，《颂》是宗庙祭祀时所演唱的乐歌。

【译文】

孔子说："我从卫国回到鲁国后，才对乐曲进行了整理，使《雅》乐和《颂》乐各得其所。"

9.16　子曰："出则事公卿[①]，入则事父兄，丧事不敢不勉[②]，不为酒困[③]，何有于我哉[④]？"

【注释】

①公卿：本指三公九卿，这里泛指朝廷官员。

②勉：尽力、努力。

③不为酒困：不被酒所困扰，意即不嗜酒贪杯或因饮酒过量而失态。

④何有于我哉：这些方面我做到了哪些呢？

【译文】

孔子说："出外事奉公卿，回家侍奉父兄，丧事尽力去办，不为酒所困扰，这些事我做到了哪些呢？"

9.17　子在川上[①]曰："逝者[②]如斯夫[③]！不舍昼夜[④]。"

【注释】

①川上：江河岸边。

②逝者：消逝了的，此指消失的事物或时光。

③如斯夫：如同这河水一样呀！斯，这。夫，句尾语气词，表示感叹。

④不舍昼夜：日夜不停地流去。舍，停留、止息。

【译文】

孔子在河边说："消失的时光如同这河水一样呀！日夜不停地流去。"

9.18 子曰："吾未见好德如好色者也。"

【译文】

孔子说："我未见过喜好道德像喜好美色那样的人。"

9.19 子曰："譬如为山[①]，未成一篑[②]，止，吾止也。譬如平地，虽覆[③]一篑，进，吾往也。"

【注释】

①为山：堆土成山。

②篑（kuì 愧）：盛土的筐子。

③覆：翻、翻转、倒。

【译文】

孔子说："譬如用土堆山，只差一筐土便成山了，如果停下来，那是我自己停止不前。譬如平地上堆山，虽然才倒下一筐土，如果继续进行，那是我自己在坚持前往。"

9.20 子曰："语之而不惰[①]者，其[②]回也与[③]！"

【注释】

①语之而不惰者：听我说话而始终不懈怠的人。语，说话、告诉。惰，懈怠。

②其：语气词。表示揣测，含有"大概"、"可能"之义。

③与：句末语气词。表示感叹。

【译文】

孔子说："听我说话而始终不懈怠的，大概只有颜回吧！"

9.21 子谓颜渊曰："惜[①]乎！吾见其进[②]也，未见其止[③]也！"

【注释】

①惜：可惜，此指对颜回之死的痛惜。

②进：指进步。

③止：指停步不前。

【译文】

孔子谈到颜渊时说："可惜呀（他死了）！我只看见他不断进步，从来没有看见他中途停止过。"

9.22　子曰："苗而不秀①者有矣夫②！秀而不实③者有矣夫！"

【注释】

①秀：谷物吐穗开花。

②夫：语气词，放在句尾，表示感叹。

③实：果实、种子。这里用作动词，即结实、结果、结籽。

【译文】

孔子说："长苗而不扬花吐穗的庄稼是有的吧！只开花不结实的庄稼也是有的吧！"

9.23　子曰："后生①可畏，焉知来者之不如今也②？四十、五十而无闻焉，斯③亦不足畏也已。"

【注释】

①后生：即年轻人。

②焉知来者之不如今也：怎么能断定他们的将来不如现在的人呢！焉，疑问代词，怎么、哪里。来者，后来的人，此处指年轻人的将来。

③斯：连词，那么、就。

【译文】

孔子说："年轻人是值得敬畏的，怎么能断定他们将来不如现在的人呢？如果到了四五十岁仍未成名，也就不足畏惧了。"

9.24　子曰："法语之言①，能无从乎？改之为贵。巽与之言②，能无说③乎？绎④之为贵。说而不绎，从而不改，吾末⑤如之何⑥也已矣。"

【注释】

①法语之言：指合乎礼仪原则的话。法，法令、法律、制度，这里指礼仪规则。

②巽(xùn 训)与之言：指谦恭顺耳的话。巽，谦逊。与，赞许。

③说(yuè 悦)：同"悦"，高兴。

④绎(yì 忆)：抽丝。引申为寻究、分析。

⑤末：没有。

⑥如之何：怎么样、怎么办。

【译文】

孔子说："符合礼仪规则的话，谁能不听从呢？以此来改正错误才可贵。谦恭顺耳的话，谁能听了不高兴呢？对此分析一下才可贵。只高兴而不分析，只听从而不改错，这种人我实在没办法啊。"

9.25　子曰："主忠信，毋友不如己者，过则勿惮改。"①

【注释】

①这段话重出,见《学而》篇。

9.26　子曰:“三军可夺帅[①]也,匹夫[②]不可夺志[③]也。”

【注释】

①三军可夺帅:这句是说,三军人数虽多,如果军心不齐,它的主将也会被人掳走。三军,依先秦军制,一军为一万二千五百人,一个诸侯国可拥有三军。但在春秋争霸时期,已打破此限,军队人数大增。夺,撤换、劫夺、俘虏。

②匹夫:普通人,此处指男子。

③夺志:改变志向、气节。

【译文】

孔子说:“三军主帅能够被人俘虏,男子汉的志向却不能强迫他改变。”

9.27　子曰:“衣敝缊袍[①],与衣狐貉者[②]立,而不耻者,其由也与[③]!‘不忮不求,何用不臧[④]?’”子路终身诵之[⑤]。子曰:“是道也[⑥],何足以臧[⑦]?”

【注释】

①衣敝缊(yùn 运)袍:身穿破旧的丝绵袍。衣,动词,穿。敝,坏、破旧。缊袍,旧的丝绵袍。

②衣狐貉(hé 禾)者:貉,一种外形如狐的野兽,其毛皮可做裘衣、帽等。这里“衣狐貉者”指的是穿狐貉皮袍的人。

③其由也与:大概只有仲由吧?其,大概、也许。

④不忮(zhì 志)不求,何用不臧(zāng 脏):这两句诗引自《诗经·邶风·雄雉》。意思是说,不嫉妒,不贪求,有什么不好?忮,嫉妒。求,贪求。何用,何以,怎么会。臧,善、好。

⑤终身诵之:总是诵记这两句诗。终身,一生,此处指时间长。

⑥是道也:这只是一种修身之道。是,这。道,方式、方法。

⑦何足以臧:怎么能够好呢!臧,好、善。

【译文】

孔子说:“身穿破旧的丝绵袍和身穿狐貉皮袍的人站在一起,而不觉得羞愧的,大概只有仲由吧!正如《诗经》中所说:‘不嫉妒,不贪求,有什么不好?’”子路便老念叨这两句诗。孔子说:“只是做到这些,怎么能够好呢?”

9.28　子曰:“岁寒[①],然后知松柏之后凋[②]也。”

【注释】

①岁寒:一年中的寒冬季节,即到了严寒季节。

②凋:凋零、凋谢。

【译文】

孔子说:“到了严寒季节,才知道松柏是最后凋零的。”

9.29 子曰："知[①]者不惑，仁者不忧，勇者不惧。"

【注释】

①知：同"智"，明智、智慧。

【译文】

孔子说："聪明的人不迷惑，仁德的人不忧愁，勇敢的人不畏惧。"

9.30 子曰："可与[①]共学，未可与适[②]道；可与适道，未可与立[③]；可与立，未可与权[④]。"

【注释】

①与：和、跟、与……在一起。

②适：到……去、往。这里是"到达"、"学到"的意思。

③立：即"立于礼"，指依礼行事。

④权：权衡、权变、灵活。

【译文】

孔子说："能一起学习的人，未必都能学到道；能一起学到道的人，未必都能依礼行事；能一起依礼行事的人，未必都能通权达变。"

9.31 "唐棣之华，偏其反而。岂不尔思？室是远而。"[①]子曰："未之思也[②]，夫何远之有[③]？"

【注释】

①"唐棣(dì 弟)之华"四句：这四句诗的出处已无法查考。唐棣，又作"棠棣"，树名。华，同"花"。偏，同"翩"，即随风翩翩摆动。一般树木开花都是先合后开，而唐棣树花却先开后合，违反常规，故说"反而"。而，语气助词，相当于"啊"或"吧"。室，居住之处。诗的作者是想借唐棣开花先开后合来表达与朋友先离后合的心情。

②未之思也：不曾想念呀。

③夫何远之有：(否则)怎么会觉得远呢？夫，句首语气词，表示将发议论。

【译文】

"唐棣树开花，随风摇曳先开后合。让我怎么不思念你？只是你居住得太远了。"孔子说："恐怕是不想念。如果真的想念，怎么会觉得远呢？"

乡党第十

10.1 孔子于乡党[①],恂恂如[②]也,似不能言者。其在宗庙[③]朝廷,便便言[④],唯谨尔[⑤]。

【注释】

①乡党:乡和党都是古代的居民组织,一万二千五百户为一乡,五百户为一党。这里引申为家乡。

②恂恂(xún 旬)如:恭敬谨慎的样子。如,形容词词尾,相当于"……的样子"。

③宗庙:古代帝王、诸侯或大夫、士祭祀祖宗的处所。

④便便言:善言谈,健谈。便便,同"辩辩",善于言辞。

⑤唯谨尔:只是比较谨慎罢了。唯,只、只是。尔,语气词,表限止,相当于"罢了"。

【译文】

孔子在家乡显得很恭顺拘谨,好像不善于谈吐。但在宗庙祭祀和朝廷朝见时,却很健谈,只是比较谨慎罢了。

10.2 朝,与下大夫[①]言,侃侃如[②]也;与上大夫言,訚訚如[③]也。君在,踧踖如[④]也,与与如[⑤]也。

【注释】

①下大夫:在周代,大夫是诸侯下面的一个等级。在有的诸侯国中,大夫又分上大夫(相当于卿位)和下大夫。孔子的地位相当于下大夫。

②侃侃(kǎn 砍)如:从容不迫的样子。

③訚訚(yín 吟)如:和颜悦色的样子。

④踧踖(cù jí 促急)如:恭敬、局促不安的样子。

⑤与与如:小心谨慎的样子。

【译文】

孔子上朝,若国君不在场,同下大夫谈话,从容不迫;同上大夫谈话,和颜悦色。国君在场时,他局促不安,小心谨慎。

10.3 君召使摈[①]，色勃如[②]也，足躩[③]如也。揖所与立，左右手，衣前后，襜如[④]也。趋进[⑤]，翼如[⑥]也。宾退，必复命[⑦]曰："宾不顾[⑧]矣。"

【注释】

①摈(bìn 殡)：通"傧"，出迎，接引宾客。

②色勃如：脸色变得庄重起来。色，指脸色。勃如，变色而庄重的样子。

③躩(jué 觉)：快走、疾行。

④襜(chān 搀)如：衣裙摆动的样子。

⑤趋进：疾走。此指礼貌性的小步快走，表示恭敬。

⑥翼如：像鸟儿展翅一样。

⑦复命：指完成使命后回报。

⑧宾不顾：宾客已不回头，指宾客已走远了。顾，回头看。

【译文】

鲁君召孔子，让他接待宾客，孔子脸色变得矜持庄重，脚步也加快起来。他对站立两旁的人向左或向右不停地拱手作揖，衣裳向前或向后摆动着。他以小步快速向前走，就像鸟儿展翅一样。宾客辞别后，他一定向君主回报说："宾客已走远了。"

10.4 入公门[①]，鞠躬如[②]也，如不容[③]。

立不中门[④]，行不履阈[⑤]。

过位[⑥]，色勃如也，足躩如也，其言似不足者[⑦]。

摄齐升堂[⑧]，鞠躬如也，屏气似不息者[⑨]。

出，降一等[⑩]，逞颜色[⑪]，怡怡如[⑫]也。

没阶[⑬]，趋进，翼如也。

复其位[⑭]，踧踖如也。

【注释】

①入公门：走进朝廷的大门。

②鞠躬如：低头欠身，这里指恭敬谨慎的样子。

③不容：没有容身之地。容，容纳。

④立不中门：不站在门的中间。中门，此处指门的中间。

⑤行不履(lǚ 旅)阈(yù 玉)：进门时不踩门槛。履，踩、踏。阈，门槛。

⑥过位：经过国君座位之时。位，指君主的座位。

⑦其言似不足者：他说起话来好像气力不足似的。此是为了表示恭敬、畏慎。

⑧摄齐升堂：提起衣摆向堂上走去。摄，拉、拽、提。齐，衣下摆。古时穿长袍，升堂时须提起衣摆，防止跌倒，表示恭谨有礼。

⑨屏(bǐng 饼)气似不息者：紧屏呼吸，好像不喘息了一般。屏，抑制。屏气，憋住气，压抑呼吸。

⑩降一等：指从台阶上走下一级。

⑪逞颜色:面色舒展。逞,舒展。

⑫怡怡如:怡然自得的样子。

⑬没阶:下完台阶。

⑭复其位:回到自己的位置上。

【译文】

孔子步入朝廷大门,恭敬谨慎,像是没有容身之地似的。

他不在门中间站立,进门时不踩门槛。

经过君主的座位时,他面色矜持庄重,脚步也快,说起话来好像气力不足似的。

他提起衣摆升堂,恭敬谨慎,紧屏呼吸,就像不喘息了一般。

由朝中出来,走下一级台阶,脸色才舒展起来,现出怡然自得的样子。

下完台阶,快步向前走,衣袂飘动,就像鸟儿展翅一样。

回到自己的位置上,又是一副恭谨有礼的神态。

10.5 执圭①,鞠躬如也,如不胜②。上如揖,下如授③。勃如战色④,足蹜蹜⑤,如有循⑥。

享礼⑦,有容色。

私觌⑧,愉愉如⑨也。

【注释】

①圭(guī 龟):帝王、诸侯及卿大夫在举行朝会、祭祀的典礼时拿的一种玉器,上圆或作剑头形,下方。这里指大夫出使邻国时所执的代表君主的圭。

②不胜(shēng 生):胜,能承担、能承受。这里"不胜"指不能举起来。

③上如揖,下如授:向上举圭像是作揖,向下拿圭像是在交给别人。授,给予。

④勃如战色:脸色庄重严肃像在作战一样。

⑤蹜(sù 速)蹜:指步足相接,足步密而狭貌。

⑥如有循:好像沿条线向前走。循,顺着、沿着。

⑦享礼:古代出使邻国,先行聘问礼。"执圭"一段所描写的就是行聘问礼时孔子的情貌。聘问之后,便行"享礼"。"享礼"即享献礼,是使臣向对方贡献所带礼物的仪式。享,贡献。

⑧私觌(dí 敌):私下拜访。觌,相见。

⑨愉愉如:心情舒畅的样子。

【译文】

孔子出使邻国,举行典礼时,恭敬谨慎,手执玉圭,好像举不起来似的。向上举像是作揖,向下来像是在交给别人。面色庄严,如同作战一般。步履密小,好像沿着一条线走过。

在赠献礼物时,和颜悦色。

私下会见时,轻松愉快。

10.6 君子不以绀缎饰①,红紫不以为亵服②。

当暑[3]，袗絺绤，必表而出之[5]。

缁衣，羔裘[6]；素[7]衣，麑[8]裘；黄衣，狐裘。

亵裘长，短右袂[9]。

必有寝衣[10]，长一身有半[11]。

狐貉之厚以居[12]。

去丧，无所不佩[13]。

非帷裳[14]，必杀之[15]。

羔裘玄冠不以吊[16]。

吉月[17]，必朝服而朝。

【注释】

①不以绀緅(gàn zōu 干邹)饰：以，用。绀，深青透红的颜色。緅，黑中透红的颜色。饰，缘边、滚边、镶边。黑色是正式礼服的颜色，而这两种颜色都近于黑色，故不用来镶边。

②红紫不以为亵(xiè 谢)服：在古代，红色、紫色是贵重的颜色，不用来作平常家居衣服的颜色。亵服，便服，平常在家穿的衣服。

③当暑：在夏天。当，在(某时，某地)。暑，指夏天。

④袗絺绤(zhēn chī xì 珍吃细)：穿粗细葛布质地的单衣。袗，单衣。这里用作动词。絺，细葛布。绤，粗葛布。

⑤必表而出之：一定加件外衣才出门。

⑥缁(zī 资)衣，羔裘：缁，黑色。羔裘，用羔羊皮制作的皮袍。古人穿皮衣，毛向外，因此外面要套上罩衣，罩衣的颜色和皮衣的颜色应相称。古代的"羔裘"都为黑色的羊毛，所以要配上黑色的罩衣(缁衣)。

⑦素：没有染色的丝绸布帛。这里指白色的。

⑧麑(ní 尼)裘：用白色鹿皮制作的皮袍。麑，小鹿，其毛为白色。

⑨短右袂(mèi 妹)：右边的袖子短一些，便于做事。袂，袖子。

⑩寝衣：睡觉盖的小被子。一说为睡衣。

⑪长一身有半：长度为一身半。一身，指一个人的身高。

⑫狐貉之厚以居：用狐貉的厚毛皮制作的坐垫。居，坐，这里引申为坐垫。

⑬去丧，无所不佩：服丧期满后可佩带各种装饰品。去，去掉、除去。

⑭帷裳：古代上朝和祭祀时穿的礼服。用整幅布制作，多余的布折叠起来缝上，不裁掉。

⑮必杀之：一定要裁掉多余的布。杀，减去、裁去。"杀之"就是缝制时把多余的布裁去，不用折叠。

⑯羔裘玄冠不以吊：玄冠，黑色的礼冠。羔裘、玄冠都是黑色，古人用作吉服，故不穿着去吊丧。

⑰吉月：每月初一。一说特指大年初一。

【译文】

君子不用绀色和緅色布镶边，不用红色和紫色的布做居家便服。

夏季穿粗细葛布做的单衣，但一定套在外面。

黑色的罩衣，配羔羊皮袍；白色的罩衣，配小鹿皮袍；黄色的罩衣，配狐貉皮袍。

居家穿的皮袍做得要长些，可右边的袖子要短些。

睡觉一定有小被，长度为一身半。

用狐貉的厚皮毛做坐垫。

服丧期满后可佩带各种装饰品。如果不是礼服，一定加以剪裁。

不穿戴羔羊皮袍和黑色礼冠去吊丧。

每月初一，一定要穿上礼服去朝拜君主。

10.7 齐[①]，必有明衣[②]，布[③]。

齐必变食[④]，居必迁坐[⑤]。

【注释】

①齐：同"斋"，斋戒。古人在祭祀前要整洁身心，不饮酒、不吃荤，要沐浴，并不与妻妾同房。

②明衣：洗浴后穿的浴衣。

③布：古代的布一般用麻葛制成。

④变食：改变饮食，和平时不一样，指不饮酒、不吃荤。

⑤居必迁坐：指从内室迁到外室居住，不与妻妾同房。

【译文】

斋戒时，必有浴衣，要用布做。

斋戒时，必须改变饮食，居住也一定要迁出日常的卧室。

10.8 食不厌精[①]，脍[②]不厌细。

食饐而餲[③]，鱼馁[④]而肉败[⑤]，不食。色恶[⑥]，不食。臭恶，不食。失饪[⑦]，不食。不时[⑧]，不食。割不正，不食。不得其酱，不食。

肉虽多，不使胜食气[⑨]。

唯酒无量，不及乱[⑩]。

沽酒市脯[⑪]，不食。

不撤[⑫]姜食，不多食。

【注释】

①食不厌精：饭食做得越精细越好。厌，讨厌、厌恶、嫌。

②脍(kuài 快)：细切的肉、鱼。

③饐(yì 意)而餲(ài 爱)：饐和餲都是指食物经久而变味腐臭。

④馁(něi)：鱼腐烂、不新鲜。

⑤败：饮食变质变味。

⑥恶：坏、不好。

⑦失饪(rèn 任)：烹调不当。饪，烹饪、烹调。

⑧时：应时、新鲜。

⑨不使胜食气(xì 戏)：不要超过饭量。胜，超过。气，同"饩"，粮食。"食气"这里指饭料、饭量。

⑩乱：昏乱。这里指酒醉失态。

⑪沽(gū 孤)酒市脯(fǔ 府)：沽和市都是买的意思。脯，干肉。

⑫不撤：不要撤去，即要备有。

【译文】

粮食不嫌舂得精，肉不嫌切得细。

食物陈旧变味，鱼肉腐烂变质，不吃。食物颜色不正，不吃。气味难闻，不吃。烹调不当，不吃。蔬菜不新鲜，不吃。肉割取的部位不好，不吃。没有调味的酱醋，不吃。

酒席上的肉虽多，但不要超过饭量。

只有饮酒不限量，但不要喝醉失态。

从市上买来的酒和肉干，不吃。

吃饭时备有姜食，但不多吃。

10.9 祭于公①，不宿肉②。祭肉③不出三日。出三日，不食之矣。

【注释】

①祭于公：指参加国君的祭祀典礼。

②不宿肉：不使肉过夜。古代士大夫都有助君祭祀之礼。天子、诸侯的祭礼，当天清早宰杀牲畜，然后举行祭典，次日再祭，叫"绎祭"。绎祭之后才令各人拿自己带来助祭的肉回去，或依贵贱等级分别颁赐祭肉，这样这些肉至少放两天了，已不十分新鲜，所以拿回家不能再留着过夜了。

③祭肉：指祭祀用过的肉。

【译文】

参加国君的祭祀典礼，分得的祭肉不要再过夜。祭肉留存不得超过三天。超过三天，就不吃它了。

10.10 食不语①，寝不言②。

【注释】

①食不语：吃饭时不说话。

②寝不言：睡觉前不聊天。

【译文】

吃饭时不交谈，睡觉前不聊天。

10.11 虽疏食菜羹①，必祭，必齐如②也。

【注释】

①疏食菜羹(gēng 庚)：疏食，粗糙的米饭。菜羹，用菜做的汤。

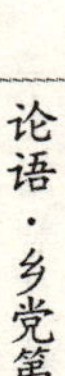

②齐如:像斋戒时那样虔诚。齐,同"斋"。

【译文】

即使是粗食菜羹,也一定拿它祭一祭,而且一定要像斋戒时那样虔诚。

10.12　席[①]不正,不坐。

【注释】

①席:席子。古代没有椅凳,都坐在铺在地上的席子上。

【译文】

坐席放得不正,不坐。

10.13　乡人饮酒,杖者[①]出,斯[②]出矣。

【注释】

①杖者:拄拐杖的人,此处指老年人。

②斯:就、才。

【译文】

和本乡人一道饮酒,出去时先让老人,然后自己才出去。

10.14　乡人傩[①],朝服而立于阼阶[②]。

【注释】

①傩(nuó 挪):古代春节前夕迎神驱鬼疫的一种仪式。

②阼阶:东阶。古殿前两阶,无中间道,宾主相见,主人立东阶,宾自西阶升降。

【译文】

乡人举行迎神驱鬼仪式时,身穿朝服立于东阶上。

10.15　问[①]人于他邦,再拜[②]而送之。

【注释】

①问:问讯、问候。

②再拜:拜,古代一种表示恭敬的礼节,或下跪叩头,或打躬作揖。再拜,拜两次,表示礼节隆重,多用于平辈之间。

【译文】

托人向其他邦国的朋友问候,在送别受托者时要拜两次。

10.16　康子馈药[①],拜而受之,曰:"丘未达[②],不敢尝。"

【注释】

①馈(kuì 愧):赠送、馈赠。

②达:通晓、了解。

【译文】

季康子赠药给孔子,孔子行礼致谢后接受了,说:"我对药性不了解,不敢吃。"

10.17 厩焚[①]。子退朝,曰:"伤人乎?"不问马。

【注释】

①厩(jiù 旧)焚:马厩失火。厩,马棚。

【译文】

马棚失火了。孔子从朝廷回来,问道:"伤着人了吗?"没有问马怎样。

10.18 君赐食,必正席[①]先尝之。君赐腥[②],必熟而荐[③]之。君赐生[④],必畜[⑤]之。

侍食于君,君祭,先饭[⑥]。

【注释】

①正席:摆正席位和食案。

②腥:生鱼肉。

③荐:献,进献祭品。这里指对自己的祖先进奉、上供。

④生:指活的禽兽。

⑤畜(xù 叙):饲养禽兽。

⑥先饭:先尝一尝。

【译文】

君主赐给熟食,一定摆正坐席先尝一尝。君主赐给生肉,一定煮熟供奉祖先。君主赐给活物,一定要饲养起来。

侍奉君主吃饭,在君主举行饭前祭礼时,要先尝一尝。

10.19 疾,君视之,东首[①],加朝服[②],拖绅[③]。

【注释】

①东首:面向东方。

②加朝服:孔子卧病在床,不能穿朝服,只能盖在身上。

③拖绅:绅,束在腰间的大带子,束之后仍有一段垂下来,故曰"拖绅"。

【译文】

孔子病了,君主前来探望,他面向东,把朝服和绅带盖在床上以示迎接。

10.20 君命召，不俟驾[①]行[②]矣。

【注释】

①俟(sì 四)驾：等车辆驾上马匹。俟，等待。

②行：行走。

【译文】

君主召见时，不等驾好马车就先步行走了。

10.21 入太庙，每事问[①]。

【注释】

①此条重出，见《八佾第三》。

10.22 朋友死，无所归[①]，曰："于我殡[②]。"

【注释】

①无所归：指无人收殓或无力收殓。归，归属、归宿。

②于我殡(bìn 摈)：由我来办理丧事。殡，停放灵柩，这里指办理丧事。于，介词，以、用、由。

【译文】

朋友死了，无人收殓，孔子说："由我来办理丧事。"

10.23 朋友之馈，虽车马，非祭肉，不拜。

【译文】

朋友赠送礼物，即使是车马，只要不是祭肉，在接受时是不行拜礼的。

10.24 寝不尸[①]，居不容[②]。

【注释】

①不尸：指不像死尸那样直挺着。

②居不容：居，闲居在家。容，容貌、仪态。"不容"指不像在举行典礼、接待宾客等正式场合下那样仪态恭敬，端庄严肃，而是轻松自如。"容"一作"客"。

【译文】

睡觉时不像死尸般的直挺着，平日在家也不像做客或接待客人时那样端坐着。

10.25 见齐衰[①]者，虽狎[②]，必变[③]。见冕者[④]与瞽者[⑤]，虽亵[⑥]，必以貌[⑦]。

凶服者式之[⑧]。式负版[⑨]者。

有盛馔[⑩]，必变色而作[⑪]。

迅雷风烈必变[⑫]。

【注释】

①齐衰(zī cuī 兹崔):衰,通"缞"。旧时丧服名,为五服之一,次于斩衰。服用麻布做成,以其缉边,故称"齐衰"。服期有一年的,为"齐衰期",如孙为祖父母,夫为妻;有五月的,如为曾祖父母;有三月的,如为高祖父母。这里泛指孝服。

②狎(xiá 霞):亲近而随便、不拘礼节。

③必变:指改变态度或神色,变得严肃端庄。

④冕(miǎn 免)者:冕,大夫以上的贵族所戴的礼帽。此处"冕者"指当官的。

⑤瞽(gǔ 古)者:盲人。

⑥亵(xiè 谢):常见、熟悉。

⑦必以貌:一定改变神色,以礼相待。

⑧凶服者式之:凶服,丧服。式,同"轼",车前横木,供扶手用。此处用作动词,即身子微俯在横木上,以示尊敬和同情。

⑨负版者:背着国家图籍的人。版,方形木板,古代无纸,把国家的图籍,如地图、户籍刻在木板上,称"版籍",简称"版"。

⑩盛馔(zhuàn 转):盛大的筵席。馔,饭食。

⑪作:起身、起来。

⑫迅雷风烈必变:遇到雷暴和狂风大作的天气时,必然改变神色。

【译文】

孔子看见穿丧服的人,即使平时关系密切的,也一定变得严肃端庄。看见当官的和盲人,即使平常彼此熟悉,也一定会表示礼貌。乘车时遇见穿丧服的人,便把身子微向前俯,以示同情。遇见背负图籍的人也是如此。

做客时如有丰盛的筵席,一定要改变神色站立起来。

遇到迅雷疾风,一定要改变神色。

10.26 升车[①],必正立,执绥[②]。车中,不内顾[③],不疾言[④],不亲指[⑤]。

【注释】

①升车:上车、登车。

②绥(suí 随):上车时扶手用的索带。

③内顾:在车内回头向后看或四处张望。顾,回头看、张望。

④疾言:言语急促。疾,快、急速。

⑤亲指:用自己的手指画。

【译文】

孔子上车时,一定先端端正正地站好,然后拉着车绥上去。在车内,不回头看,不很快地说话,不指指画画。

10.27 色斯举矣[①],翔而后集[②]。曰:"山梁雌雉[③],时哉时哉[④]!"子路共[⑤]之,三嗅而作[⑥]。

【注释】

①色斯举矣：色，脸色。举，鸟飞起来。

②翔而后集：盘旋一阵便都落在树上。翔，回翔、盘旋。集，指鸟群停在树上。

③雌雉（zhì 至）：野母鸡。

④时哉时哉：得其时呀！得其时呀！指野鸡命运好，能自由飞翔。

⑤共：同“拱”。

⑥三嗅而作：长叫几声飞走了。三，表示多数、几次。嗅，唐代石经《论语》中作“戛”（jiá 夹），即鸟长叫声。作，起身，这里为飞起。

【译文】

〔孔子与弟子在山谷中行走，望见一群野鸡，〕他神色一动，野鸡飞向天空，盘旋一阵，又落在一处。孔子说：“山梁上的母野鸡，得其时呀！得其时呀！”子路向它们拱拱手，野鸡叫了几声飞走了。

先进第十一

11.1 子曰："先进于礼乐[1]，野人也；后进[2]于礼乐，君子[3]也。如用之，则吾从先进。"

【注释】

①先进于礼乐：指先学习礼乐而后做官的人。

②后进：指先做官而后学习礼乐的人。

③君子：此处指贵族男子。

【译文】

孔子说："先学习礼乐而后做官的，是野人；先做官而后学习礼乐的，是君子。如果选用人才，那我就选用先学习礼乐的人。"

11.2 子曰："从我于陈、蔡者，皆不及门[1]也。"

【注释】

①不及门：不在跟前受教。门，这里指孔子施教的场所。

【译文】

孔子说："曾跟随我从陈国到蔡国去的弟子们，现在都不在我这里了。"

11.3 德行：颜渊、闵子骞、冉伯牛、仲弓。言语：宰我、子贡。政事：冉有、季路。文学[1]：子游、子夏。

【注释】

①文学：这里指文章、文献及礼乐方面的学问。

【译文】

德行优秀的有：颜渊、闵子骞、冉伯牛、仲弓。长于辞令的有：宰我、子贡。擅长政事的有：冉有、季路。文章博学的有：子游、子夏。

11.4 子曰："回也，非助我者也，于吾言无所不说[1]。"

【注释】

①说(yuè 悦):同"悦",心悦诚服。

【译文】

孔子说:"颜回不是对我能有所补益的人,对于我所说的话,他没有不心悦诚服的。"

11.5 子曰:"孝哉闵子骞!人不间[①]于其父母昆弟[②]之言。"

【注释】

①间(jiàn 见):这里为挑剔、找毛病。

②昆弟:兄弟。

【译文】

孔子说:"闵子骞真是孝顺呀!人们在他孝顺父母、友善兄弟方面没有可挑剔的话说。"

11.6 南容三复白圭[①],孔子以其兄之子[②]妻[③]之。

【注释】

①南容三复白圭:白圭是一种珍贵而莹洁的玉器,国君和大臣行礼时拿在手中。这里是指关于白圭的四句诗:"白圭之玷,尚可磨也;斯言之玷,不可为也。"(见《诗经·大雅·抑》)意思是白圭的污点,还可以磨掉,我们言语中的错误可无法收回了。南容反复念此四句诗,表明他说话、办事小心谨慎。三复,多次重复、反复多次。

②子:此指女儿。

③妻(qì 气):动词,以女嫁人。

【译文】

南容反复诵读关于白圭的诗,孔子把哥哥的女儿嫁给了他。

11.7 季康子问:"弟子孰[①]为好学?"孔子对曰:"有颜回者好学,不幸短命死矣,今也则亡[②]。"

【注释】

①孰:哪一个、谁。

②亡,同"无"。

【译文】

季康子问孔子:"你的弟子中谁最好学?"孔子答道:"有个叫颜回的最好学,不幸短命死了,现在没有像他那样好学的人了。"

11.8 颜渊死,颜路[①]请子之车以为之椁[②]。子曰:"才不才[③],亦各言其子也。

鲤[4]也死，有棺而无椁。吾不徒行以为之椁。以吾从大夫之后[5]，不可徒行也。”

【注释】

①颜路（前545～？年）：名无繇（yóu 由），字路，颜渊的父亲，也是孔子的弟子。

②椁（guǒ 果）：古代棺材有两层，里层为棺，外层为椁。

③才不才：有才能的和没才能的。才，有才华，这里指颜渊。不才，没才华，此处指孔鲤。

④鲤：孔子的儿子，名鲤，字伯鱼。鲤五十岁死，时孔子七十岁。

⑤从大夫之后：跟随大夫行列的后面。意思是曾当过大夫。孔子曾任鲁国司寇，属大夫阶层。当时已去位多年。按照当时的等级制度，大夫出外必须乘车。孔子当时虽已不做官，但还保有大夫的身份。

【译文】

颜渊死了，颜路请求孔子卖掉车子给颜渊买椁。孔子说：“不管有没有才华，作为父亲都喜爱自己的儿子。鲤死了，只有棺而无椁，我没有卖掉车子徒步行走来给他买椁。因为我曾做过大夫，依礼是不可以步行的。”

11.9 颜渊死。子曰：“噫[1]！天丧予[2]！天丧予！”

【注释】

①噫（yì 义）：感叹词，相当于“咳”、“哎呀”。

②天丧予：老天要我的命呀！予，我。

【译文】

颜渊死。孔子说：“哎呀！老天爷要我的命啊！老天爷要我的命啊！”

11.10 颜渊死，子哭之恸[1]。从者曰：“子恸矣！”曰：“有恸乎？非夫人之为恸而谁为[2]？”

【注释】

①恸（tòng 痛）：极度悲哀。

②非夫（fú 扶）人之为恸而谁为：我不为这个人悲痛还为谁悲痛呢！夫，这。夫人，即这个人，指颜渊。“非夫人之为恸”即“非为夫人恸”的倒装。之，助词。“谁为”即“为谁”的倒装。

【译文】

颜渊死，孔子哭得十分悲恸。跟着孔子的人道：“您太悲痛了。”孔子道：“是太悲痛了吗？我不为这样的人悲痛，还能为谁悲痛呢？”

11.11 颜渊死，门人欲厚葬之。子曰：“不可。”

门人厚葬之。子曰：“回也视予犹父也，予不得视犹子也，非我也，夫[1]二三子也。”

【注释】

①夫：那。

【译文】

颜渊死，孔子的弟子们打算隆重地安葬他。孔子说："不能这么办。"

弟子们还是隆重地安葬了他。孔子说："颜回啊，你视我如已父，而我却未能视你如我子。这过错不在我，是那些弟子们干的。"

11.12 季路[①]问事鬼神。子曰："未能事人，焉能事鬼[②]？"

曰："敢问死[③]。"曰："未知生，焉知死[④]？"

【注释】

①季路：即仲由，字子路。因子路曾做过季氏的家臣，故人们又称之为季路。

②焉能事鬼：怎么能够服事鬼神？焉，怎么、哪里。事，服事、侍奉。

③敢问死：请问死亡是怎么回事。敢，谦词，冒昧地、大胆地、请。

④焉知死：怎么知道死亡呢？

【译文】

子路请教怎样侍奉鬼神。孔子说："人还未能侍奉好，怎能谈得上侍奉鬼神呢？"

子路又问："我还想冒昧地请教一下，死是怎么回事。"孔子说："生尚且不知，何以谈死呢？"

11.13 闵子[①]侍侧[②]，訚訚如[③]也；子路，行行如[④]也；冉有、子贡，侃侃如[⑤]也。子乐。"若由也[⑥]，不得其死然[⑦]。"

【注释】

①闵子：即闵子骞。

②侍侧：指晚辈侍奉陪坐在长辈身边。

③訚訚（yín 银）如：恭敬和顺的样子。

④行行（hàng 沆）如：刚强的样子。

⑤侃侃如：从容不迫的样子。

⑥若由也：像仲由这样。若，如、像。由，仲由，即子路。

⑦不得其死然：恐怕不能善始善终，即不得好死。其，副词，表推测、估计，相当于"大概"、"或许"。得死，为当时俗语，意即善终。然，语气词。这话是孔子批评子路有勇无谋，怕他不得好死。

【译文】

闵子骞侍立在孔子身旁，神态和悦恭顺；子路则是刚正强直的样子；冉有、子贡从容不迫，言谈自如。孔子很高兴。又担心地说："像仲由这样，恐怕不得善终呀。"

11.14 鲁人[①]为长府[②]。闵子骞曰："仍旧贯[③]，如之何？何必改作[④]？"子曰："夫人不言[⑤]，言必有中[⑥]。"

【注释】

①鲁人:此处指鲁国的执政大臣。

②为长府:为,动词,做、治理,这里意为翻盖、改建。长府,鲁国的国库。

③仍旧贯:沿袭老样子。仍,因袭、沿袭。贯,同"惯",习惯,此处指老样子。

④改作:这里为翻盖、改建。作,做、制作。

⑤夫人不言:这人平时不爱说话。夫,这。

⑥言必有中(zhòng 众):一说就说到点子上,这里指说话能抓住要害。中,射中目标。

【译文】

鲁人改建长府。闵子骞说:"沿用旧的怎么样?为何一定要改建呢?"孔子说:"这人平时不爱说话,一说就能抓住要害。"

11.15 子曰:"由之瑟[①]奚为[②]于丘之门?"门人不敬子路。子曰:"由也升堂矣,未入于室也[③]。"

【注释】

①由之瑟(sè 色):由,即仲由,字子路。瑟,一种和琴相似的弦乐器,有二十五根弦。

②奚(xī 析)为:奚,疑问代词,怎么、为什么。为,这里为"弹奏"的意思。

③升堂、入室:古代贵族活动场所的建筑一般都是堂室结构,它坐北朝南,前堂后室。堂室之间隔有一堵东西走向的墙,西边有窗,东边有门,入室必经堂,即所谓"升堂入室"。这里是说子路(仲由)学习虽有成就,但还须更进一步,以此来比喻做学问由浅入深的过程。

【译文】

孔子说:"仲由弹瑟的这般水平,为何还在我这里弹呢?"弟子们因此对子路不敬。孔子便又说:"仲由的学问已不错了,只是须更精深一步而已。"

11.16 子贡曰:"师与商也孰贤[①]?"子曰:"师也过,商也不及。"

曰:"然则师愈[②]与?"子曰:"过犹不及。"

【注释】

①师与商也孰贤:师与商二人哪个强一些?也,句中语气词,表示语气的停顿,下句"师也过,商也不及"中的"也"作用同此。师,颛(zhuān 专)孙师,复姓颛孙,字子张。商,卜商,字子夏。两人都是孔子的弟子。孰,哪一个、谁。

②然则师愈与:那么是颛孙师要强一些吗?与,语助词,用于句末,表示疑问、反诘或感叹。愈,胜过。

【译文】

子贡问道:"颛孙师和卜商相比,哪个强一些?"孔子说:"颛孙师有些过分(过头),卜商有些不足。"

子贡说:"这样说来,颛孙师强一些吗?"孔子说:"过分了就如同不足,一样不好。"

11.17 季氏富于周公[①]，而求[②]也为之聚敛[③]而附益[④]之。子曰："非我徒[⑤]也！小子[⑥]鸣鼓而攻之，可也[⑦]。"

【注释】

①季氏富于周公：季氏比周公还富有。季氏，即季康子，鲁国大夫。公元前562年，鲁国的三家大夫（孟孙氏、叔孙氏、季孙氏）瓜分公室，季氏分得三分之一。公元前537年，三家第二次瓜分公室，季氏分得四分之二，而且季氏推行新的政治、经济措施，很快富裕起来。于，介词，表示比较，相当于"过"。周武王封周公旦于鲁，为鲁公，为了辅佐周成王，不能就国，使其子伯禽代就封于鲁。所以此处的"周公"指的应是周公旦之子伯禽。还有一说认为，"周公"指的是周天子左右的卿大夫，如周公黑肩、周公阅等，他们敛聚很多钱财。

②求：冉求，即子有，通称冉有，当时为季氏的家臣。

③聚敛：指搜刮钱财。

④附益：增加。

⑤徒：门徒、徒弟。

⑥小子：指门人弟子。

⑦鸣鼓而攻之，可也：可以大张旗鼓地声讨他。鸣鼓，即鸣钟鼓。古代以鸣钟鼓，治兵振旅，讨伐敌人。后即以鸣钟鼓为声讨罪行之举。

【译文】

季氏比周公而还富有，而冉求还帮他搜刮聚敛财富。孔子说："冉求不是我的门徒了，你们可以大张旗鼓地声讨他。"

11.18 柴也愚[①]，参也鲁[②]，师也辟[③]，由也喭[④]。

【注释】

①柴也愚：高柴老实厚道。柴，姓高，名柴，字子羔。孔子的弟子。也，句中语气词，表示语气的停顿。愚，愚笨、厚道。

②参也鲁：曾参迟钝。参，曾参。鲁，笨拙、迟钝。

③师也辟（pì 僻）：子张偏激。师，即颛孙师（子张）。辟，偏、偏激。

④由也喭（yàn 燕）：仲由鲁莽。由，即仲由（子路）。喭，鲁莽、莽撞。

【译文】

高柴愚笨，曾参迟钝，颛孙师偏激，仲由鲁莽。

11.19 子曰："回也其庶乎[①]，屡空[②]。赐不受命[③]，而货殖[④]焉，亿[⑤]则屡中[⑥]。"

【注释】

①回也其庶乎：颜回的道德学问大概近乎完善了吧！回，即颜回。也，句中语气词，表示语气停顿。其，表示推测、估计，可译为"大概"、"或许"。庶，差不多，即接近完善。

②屡空(lǚ kòng 旅控):常常处于贫困之中。屡,多次、常常。空,空乏、贫穷。

③赐不受命:端木赐从不听从命运的安排。赐,即端木赐,字子贡。

④货殖:经商。居积财货,经营生利。

⑤亿:同"臆",主观想象和揣测,此指端木赐对市场行情的推测。

⑥中(zhòng 众):适合、符合。

【译文】

孔子说:"颜回的道德学问可以说相当不错了吧,可他常常处在贫困之中。端木赐从不认命,而去经商赚钱,对市场行情的推测往往正确。"

11.20 子张问善人之道。子曰:"不践迹[①],亦不入于室[②]。"

【注释】

①践迹:踩着别人的足迹走。指向前人的嘉言懿行学习。践,踏、踩。迹,足迹。

②不入于室:不能登堂人室。指道德学问不能进人更高的境界,难以达到精深的地步。

【译文】

子张询问怎样做善人。孔子答道:"善人若不向别人学习,他的道德学问也难以达到精深的地步。"

11.21 子曰:"论笃是与[①],君子者乎?色庄者乎[②]?"

【注释】

①论笃(dǔ 堵)是与:总是赞许言论诚实的人。论笃,即"论笃者",指言论诚实的人。论,言论、说话。笃,诚实。与,赞许。"论笃是与"是"与论笃"的倒装,"是"字起把宾语提到动词前的作用。

②色庄者乎:还是只是外表庄重的人呢?色,脸色、表情。

【译文】

孔子说:"总是赞许言论诚实的人,这种人是真正的君子呢?还是只是外表庄重的人呢?"

11.22 子路问:"闻斯行诸[①]?"子曰:"有父兄在,如之何[②]其闻斯行之?"

冉有问:"闻斯行诸?"子曰:"闻斯行之。"

公西华曰:"由[③]也问闻斯行诸,子曰'有父兄在';求[④]也问闻斯行诸,子曰'闻斯行之'。赤也惑[⑤],敢问[⑥]。"子曰:"求也退[⑦],故进[⑧]之;由也兼人[⑨],故退[⑩]之。"

【注释】

①闻斯行诸:听到了应当做的事马上就去实行。闻,听见,这里指听见了应当做的事。斯,就、马上。行,实行、实践。诸,相当于"之乎"。

②如之何:等于"如何",怎么样、怎么办、怎么。

③由:即仲由,字子路。

④求：冉求，即子有，通称冉有。

⑤赤也惑：我公西华觉得迷惑不解。赤，即公西华，名赤。

⑥敢问：冒昧地问一下。敢，谦词，冒昧、请、大胆地。

⑦退：指遇事畏缩不前。

⑧进：使动用法，使……前进，即鼓励。

⑨兼人：胜人。这里是说子路喜欢胜过别人，即好胜。兼，胜过。

⑩退：与“进”相对，约束、抑制。

【译文】

子路问：“听到了应该做的事马上就去做吗？”孔子道：“有父兄在，怎能听到就去做呢？”冉有问：“听到了应该做的事就马上去做吗？”孔子说：“是这样的。”

公西华对孔子说：“仲由问‘听到了应该做的事就马上去做吗’，您说‘有父兄在，不能如此’。冉求问‘听到了应该做的事就马上去做吗’，您说‘是这样的’。同样的问题，您的回答却大不一样，这使我迷惑不解。我想冒昧地问问是什么原因。”孔子说：“冉求遇事一贯畏缩不前，所以我要鼓励他；仲由平时好强争胜，所以我要约束他。”

11.23 子畏于匡[①]，颜渊后[②]。子曰：“吾以女为死矣[③]。”曰：“子在，回何敢死[④]！”

【注释】

①畏于匡：孔子一行在匡地被拘禁。此事详见《子罕第九》注“子畏于匡”段。

②后：指最后逃出来。

③吾以女（rǔ 乳）为死矣：即“吾以为女死矣”的倒装。我以为你已经死了。女，通“汝”，人称代词，你。

④子在，回何敢死：老师您还活着，我颜回怎敢轻易死去呢！

【译文】

孔子一行被囚禁在匡地，颜渊最后才逃出来。孔子说：“我以为你死了。”颜渊说：“您还活着，我怎么敢死呢？”

11.24 季子然[①]问：“仲由、冉求可谓大臣与？”子曰：“吾以子为异之问[②]，曾[③]由与求之问。所谓大臣者，以道事君，不可则止[④]。今由与求也，可谓具臣[⑤]矣。”

曰：“然则从之[⑥]者与？”子曰：“弑[⑦]父与君，亦不从也。”

【注释】

①季子然：当为季氏的同族人。

②吾以子为异之问：我以为您是问别人。以，以为、认为。子，对男子的尊称，相当于现代汉语的“您”。异，这里为“别人”、“其他人”的意思。

③曾（zēng 增）：副词，用来加强语气，表示出乎意料。竟然、却。

④以道事君，不可则止：用仁义之道来服事国君，如果行不通，就辞职不干。

⑤具臣：充数不称职的大臣。

⑥之：代词，这里指季氏。

⑦弑（shì 式）：古代称子杀父、臣杀君为“弑”。

【译文】

季子然问：“仲由和冉求可以算是大臣吗？”孔子说：“我以为您是问别的人呢，原来是问由和求啊。所谓大臣，是能用仁义之道事奉君主，否则就辞职不干的人。现在由和求，可以说只是普通的臣子而已。”

季子然说：“那么他们会一切都顺从季氏吗？”孔子说：“杀父杀君的事他们是不会顺从的。”

11.25 子路使子羔为费宰①。子曰：“贼夫人之子②。”

子路曰：“有民人焉，有社稷③焉，何必读书，然后为学④？”

子曰：“是故恶夫佞者⑤。”

【注释】

①子路使子羔为费宰：子路让子羔去做费地的长官。子路，即仲由，当时是季氏的家臣，所以能推荐人做官。费，地名，今山东费县西北，季氏的封邑。子羔，即高柴。宰，这里指地方长官。

②贼夫人之子：害人子弟。夫，那个人、别人。贼，害。

③社稷（jì 记）：社，土地神。稷，谷神。古代国都及各地都设立社稷坛，分别由国君及各地方长官主祭，故社稷也就成为国家政权的象征。

④何必读书，然后为学：为什么一定要读书才算做学问呢？然后，才。为，认为、当作、是。

⑤是故恶（wù 务）夫佞（nìng 宁）者：所以厌恶那巧言善辩的人。是故，所以。恶，讨厌、厌恶。夫，那。佞者，能说会道、巧言谄媚的人。

【译文】

子路让子羔去做费地的长官。孔子说：“这是害人子弟。”

子路说：“那地方有人民百姓，有社稷之祭，为什么一定要读书才叫做学问呢？”

孔子说：“所以我讨厌巧言善辩的人。”

11.26 子路、曾皙①、冉有、公西华侍坐。

子曰：“以吾一日长乎尔，毋吾以也②。居则曰③：‘不吾知也④！’如或⑤知尔，则何以哉⑥？”

子路率尔⑦而对曰：“千乘之国，摄⑧乎大国之间，加之以师旅⑨，因之以饥馑⑩，由也为之⑪，比及⑫三年，可使有勇，且知方也⑬。”

夫子哂⑭之。

“求，尔何如⑮？”

对曰："方六七十，如五六十[16]，求也为之，比及三年，可使足民。如其礼乐[17]，以俟[18]君子。"

"赤，尔何如？"

对曰："非曰能之，愿学焉。宗庙之事[19]，如会同[20]，端章甫[21]，愿为小相[22]焉。"

"点，尔何如？"

鼓瑟希[23]，铿尔[24]，舍瑟而作[25]，对曰："异乎三子者之撰[26]。"

子曰："何伤乎[27]？亦[28]各言其志也。"

曰："莫春[29]者，春服既成，冠者[30]五六人，童子[31]六七人，浴乎沂[32]，风乎舞雩[33]，咏而归[34]。"

夫子喟[35]然叹曰："吾与[36]点也！"

三子者出，曾皙后。

曾皙曰："夫三子者之言何如[37]？"

子曰："亦各言其志也已矣[38]。"

曰："夫子何哂由也？"

曰："为国以礼，其言不让[39]，是故哂之。"

"唯求则非邦也与[40]？"

"安见方六七十如五六十而非邦也者[41]？"

"唯赤则非邦也与？"

"宗庙会同，非诸侯而何[42]？赤也为之小[43]，孰能为之大[44]？"

【注释】

①曾皙（xī 西）：姓曾，名点，字子皙。曾参的父亲，孔子的弟子。

②以吾……毋吾以也：这句话历来有不同的解释，大意是：因为我比你们年纪都大些，不要以此介意我（受拘束）。以，因为。一日，一两天。乎，于、比。尔，你们。毋，同"无"。以，用。"毋吾以也"即"毋以吾也"的倒装。

③居则曰：（你们）平时总是说。则，就、总是。居，闲居在家，这里指平时。

④不吾知也：即"不知吾也"的倒装，意即"不理解（不知道）我呀"。

⑤或：不定代词，有人。

⑥则何以哉：等于说，那么你们打算做些什么事情呢？则，那么。何以，怎么办、做什么。

⑦率尔：轻率而急忙的样子，不假思索地。

⑧摄：夹。

⑨加之以师旅：再加上外有军队侵犯。加，加上。师旅，此处指来侵的军队。

⑩因之以饥馑（jǐn 紧）：继之国内又遭受自然灾荒。因之，继之、接着。饥，谷不熟。馑，菜不熟。饥馑，泛指荒年。

⑪由也为之：让我子路去治理。为，干、治理。也，句中语气词，表示语气的停顿，以引起下文。

⑫比及：等到了。

⑬可使有勇，且知方也：可使人民勇敢善战，并且懂得礼仪。方，方向，即道义的方向。知方，遵守道义，懂得礼仪。

⑭哂(shěn 沈):笑。

⑮尔何如:你怎么样呢?何如,怎么样。

⑯方六七十,如五六十:方圆周围六七十里或者五六十里的小国家。方,方圆。如,或者。下文"如会同"的"如"同此。

⑰如其礼乐:至于礼乐教化。如,若、至于。

⑱俟(sì 四):等待。

⑲宗庙之事:指诸侯祭祀祖先的典礼活动。

⑳会同:会,指诸侯会盟。同,指诸侯共同参见天子。此处"会同"指两国国君相见。

㉑端章甫:端,古人用整幅布做的礼服,又叫"玄端"。章甫,一种礼帽。端和章甫这里都用作动词,即穿着礼服,戴着礼帽。

㉒小相:在祭祀或会盟时主持赞礼和司仪的人。公西赤愿为小相,只是谦词。

㉓鼓瑟希:这里是说瑟的声音已近尾声。鼓,弹奏乐器。希,同"稀"。

㉔铿(kēng 坑)尔:"铿"的一声,指结束时的最后一声。

㉕舍瑟而作:放下瑟站起身。舍,放弃、不要,这里为放下。作,起身。

㉖撰:才具,指三人所表述的才能志向。

㉗何伤乎:妨害什么呢?意思是"有什么关系呢"。伤,妨害。

㉘亦:副词,这里有"只是"、"不过是"的意思。

㉙莫春:莫,同"暮"。暮春,指三月。

㉚冠(guàn 灌)者:成年人。古时,到了二十岁的男子,须行冠礼,表示成年,所以用"冠者"称成年人。

㉛童子:未冠的少年。

㉜浴乎沂:在沂水里游泳。乎,介词,同"于",在。沂,水名,发源于山东南部,流经江苏北部入海,这里的"沂"为沂水支流,在今山东曲阜南。

㉝风乎舞雩(yú 于):去舞雩台上吹吹风。风,用作动词,吹风、乘凉。舞雩,地名,是古时求雨的祭坛,在今山东曲阜东面。

㉞咏而归:唱着歌回来。咏,唱歌。

㉟喟(kuì 愧):叹声、叹息。

㊱与:同意、赞同。

㊲夫三子者之言何如:这三位的说法如何?夫,指示代词,这、那。

㊳亦各言其志也已:只不过是各自谈谈自己的志向而已。亦,只是、不过。也已,句末语气词,相当于"罢了"、"而已"。

㊴为国以礼,其言不让:治国要靠礼让,可仲由所言缺乏谦让精神。为国,治理国家。以,用、使用。让,谦让。

㊵唯求则非邦也与:〔子路(仲由)谈的固然是治理国家的大事〕,难道冉有(冉求)说的就不是治国大事吗?唯,句首语气词,帮助判断。则,就。邦,国。

㊶安见方六七十如五六十而非邦也者:怎见得方圆六七十里或者五六十里的地方就不是国家呢?安见,怎见得。也者,复合语气词,表示疑问。

㊷非诸侯而何:不是诸侯的事情是什么?这是说:那也是国家大事啊!

㊸赤也为之小:(如果)公西赤(公西华)只能给诸侯做小相。之,指诸侯。小,小相。

㊹孰能为之大:(那么)谁能做大相呢?

【译文】

子路、曾皙、冉有、公西华陪孔子坐着。

孔子说："因为我老了，没人用我了。你们平时好说：'没人知道我呀！'假若有人知道你们，任用你们，那么你们打算做些什么事情呢？"

子路不假思索地急忙答道："一个拥有兵车千辆的国家，被钳制在大国之间，外有军队侵犯，内有自然灾荒。让我去治理，等到三年光景，可以使百姓勇敢善战，并且遵守礼义。"

孔子听了笑了笑。

孔子问："冉求，你怎么样呢？"

冉有答道："一个方圆六七十里或者五六十里的小国，让我去治理，等到三年，就可以使人民丰衣足食。至于这个国家的礼乐教化，只有等待君子来施行了。"

孔子又问："公西赤，你怎么样呢？"

公西华答道："我不敢说我能有多大的治国能力，但是我愿意学习。在举行宗庙祭祀或者诸侯会盟时，我愿意穿着礼服，戴着礼帽，做个小傧相。"

孔子又问："曾点，你怎么样呢？"

曾皙这时正弹奏琴瑟，乐曲已近尾声，接着，"铿"的一声结束，他放下瑟起身答道："我的志向和他们三位讲的不一样。"

孔子说："这有什么关系呢？只不过是各人谈谈自己的志向而已。"

曾皙说："暮春时节，穿上春装，我和五六位成年人，六七个少年，去沂水洗沐，再去舞雩台上吹吹风，然后一路唱着歌回来。"

孔子长叹一声，说："我赞同曾点的想法！"

子路、冉有、公西华三人出去了。曾皙后走。

曾皙问："这三位的话怎么样？"

孔子说："不过是各人谈谈自己的志向而已。"

曾皙问："您为什么笑仲由呢？"

孔子说："治国要讲礼让，可仲由说话一点也不谦逊，所以我笑他。"

曾皙又问："难道冉求所讲的就不是国家吗？"

孔子说："怎见得方圆六七十里或者五六十里的地方就不是国家呢？"

曾皙又问："公西赤讲的不是国家吗？"

孔子说："有宗庙、会盟、朝拜，不是诸侯国家又是什么呢？如果公西赤只能给诸侯国做小傧相，那么由谁来做大相呢？"

颜渊第十二

12.1 颜渊问仁。子曰："克己复礼为仁①，一日②克己复礼，天下归仁焉③。为仁由己，而由人乎哉！"

颜渊曰："请问其目④。"子曰："非礼勿视，非礼勿听，非礼勿言，非礼勿动。"

颜渊曰："回虽不敏⑤，请事斯语矣⑥。"

【注释】

①克己复礼为仁：克制自己，使自己的言行都符合礼的要求，这就是仁。克，克制、约束。复，合、重复，这里是"符合、一致"的意思。

②一日：有朝一日、一旦。

③天下归仁焉：普天下的老百姓都会向往归附仁德。归，归附。

④请问其目：请问实行仁的具体条目。目，鱼网眼，与"纲"（网的总绳）相对，此处引申为具体的内容。

⑤不敏：迟钝、不聪明。

⑥请事斯语矣：请允许我照您说的这些去做。请，请求。事，从事、实行、照着去做。斯，这。

【译文】

颜渊问什么是仁。孔子说："克制自己，使自己的言行合乎礼制，这就是仁。一旦这么做了，天下的人就会赞许你。实行仁取决于自己，难道由别人决定吗？"

颜渊说："请问实现仁的具体办法。"孔子说："不合于礼的东西不看，不合于礼的言论不听，不合于礼的语言不说，不合于礼的事情不做。"

颜渊说："我虽然迟钝，也要照您说的这些去做。"

12.2 仲弓问仁。子曰："出门如见大宾①，使民如承大祭②。己所不欲，勿施于人③。在邦无怨，在家无怨④。"

仲弓曰："雍⑤虽不敏，请事斯语矣。"

【注释】

①出门如见大宾：出门办事就像接待贵宾一样认真。大宾，贵宾。

②使民如承大祭：役使百姓就像承办重大祭礼一样谨慎、严肃。使，役使、驱使。承，接受、

承受。

③己所不欲，勿施于人：自己不想要的，也不要强加给别人。施，加、施加。

④邦、家：诸侯统治的国家称为“邦”，卿大夫统治的封地称为“家”。

⑤雍：冉雍，即仲弓。

【译文】

仲弓问怎样才能做到仁。孔子说：“出门办事就像接待贵宾一样认真，役使百姓如同承办祭礼一样严肃。自己不想做的事情，不要强加给别人。在朝廷任职没有怨恨，在家里居住也没有怨恨。”

仲弓说：“我虽然不才，也要照您说的这些去做。”

12.3 司马牛①问仁。子曰：“仁者，其言也讱②。”

曰：“其言也讱，斯③谓之仁已乎？”子曰：“为之难，言之得无讱乎？”

【注释】

①司马牛：姓司马，名耕，字子牛，通称司马牛。孔子的弟子。

②讱(rèn 刃)：言不易出，说话谨慎。

③斯：就、则。

【译文】

司马牛问怎样才能做到仁。孔子说：“仁人说话谨慎。”

司马牛问道：“言谈谨慎就可以说是仁了吗？”孔子说：“做起来难，说起来能不谨慎吗？”

12.4 司马牛问君子。子曰：“君子不忧不惧。”

曰：“不忧不惧，斯谓之君子已乎①？”子曰：“内省不疚②，夫③何忧何惧？”

【注释】

①已乎：已，句末语气词，与“乎”连用，表示疑问。

②内省(xǐng 醒)不疚(jiù 就)：内心反省，无愧于心。内省，内心反省，自我检查。疚，内心痛苦、忧苦，这里指有愧于心。

③夫：语气词，无实意。

【译文】

司马牛问怎样才算君子。孔子说：“君子无忧无惧。”

司马牛说：“不忧不惧就是君子吗？”孔子说：“自己问心无愧，还有什么可忧愁、可畏惧的呢？”

12.5 司马牛忧曰：“人皆有兄弟，我独亡①。”子夏曰：“商②闻之矣：‘死生有命，富贵在天。’君子敬而无失③，与人恭而有礼，四海之内④皆兄弟也。君子何患乎无兄弟也？”

【注释】

①亡:同“无”,没有。

②商:卜商,即子夏。

③敬而无失:做事认真,不出差错。敬,严肃、慎重。失,差错。

④四海之内:古人认为中国四境都有海环绕,所以称中国为“四海之内”或“海内”。

【译文】

司马牛忧愁地说:“别人都有兄弟,唯独我没有。”子夏说:“我听说过这样一句话:‘死生有命,富贵在天。’君子只要做事严肃认真,不出差错,为人态度谦恭合乎礼节,那么四海之内的人都是兄弟了。君子何愁没有兄弟呢?”

12.6 子张问明。子曰:“浸润之谮[①],肤受之愬[②],不行焉[③],可谓明也已矣。浸润之谮,肤受之愬,不行焉,可谓远[④]也已矣。”

【注释】

①浸润之谮(zèn):像水一样一点一滴渗透进来的谗言,即连续不断地在暗中诬陷人。浸润,把东西渍在水中。谮,说坏话诬陷别人。

②肤受之愬(sù 速):好像肌肤所受疼痛那样的诬告,即直接的诽谤。愬,诉说,这里为诬告之义。

③不行焉:行不通、办不到。焉,语气词。

④远:有远见,料事深远。

【译文】

子张问怎么做才是明智。孔子说:“暗中诬陷人的谗言,直接对人的诽谤,在你在这里都行不通,那你可以算是明智的了。暗中诬陷人的谗言,直接对人的诽谤,在你这里都行不通,那你可以算是有远见的了。”

12.7 子贡问政。子曰:“足食,足兵[①],民信之[②]矣。”

子贡曰:“必不得已而去[③],于斯三者何先[④]?”曰:“去兵。”

子贡曰:“必不得已而去,于斯二者何先?”曰:“去食。自古皆有死,民无信不立[⑤]。”

【注释】

①足兵:军备充足。兵,兵器、武器,这里指军备。

②民信之:人民信任国家、政府。

③去:去掉。

④于斯三者何先:先去掉这三项中的哪一项?斯,这。何先,哪一个为先,这里指先去掉哪一个。

⑤民无信不立:如果失去人民的信任,国家就难以存立。

【译文】

子贡问怎样治理国家。孔子说："粮食充足，军备充足，人民信任国家。"

子贡说："如果不得已一定要去掉一项，那么先去掉这三项中的哪一项？"孔子说："去掉军备。"

子贡说："如果不得已还要去掉一项，那么先去掉这两项中的哪一项？"孔子说："去掉粮食。自古以来谁都免不了死，如果失去百姓的信任，国家就难以存在。"

12.8　棘子成[①]曰："君子质[②]而已矣，何以文为[③]？"

子贡曰："惜乎，夫子[④]之说君子也！驷不及舌[⑤]。文犹质也，质犹文也。虎豹之鞟[⑥]犹犬羊之鞟。"

【注释】

①棘子成：卫国大夫。

②质：朴实，质朴无华。与"文"相对。

③何以文为（wéi 围）：何必讲究文采呢？文，文采。为，句末语气词，表示反问或感叹。

④夫子：对老师或男子的尊称，这里指后者，即指棘子成。

⑤驷不及舌：四匹马拉的车子也追不上已经说出了的话，即"一言既出，驷马难追"。驷，四匹马拉一辆车子。舌，这里指说出的话。

⑥鞟（kuò 阔）：去了毛的兽皮。

【译文】

棘子成说："君子只要有好的本质就可以了，何必讲究文采呢？"

子贡说："你这样谈论君子，真是太遗憾了！一言既出，驷马难追。文如同质，质如同文，两者同样重要。假如去掉了毛，虎豹的皮与犬羊的皮就很难区别了。"

12.9　哀公问于有若[①]曰："年饥，用不足[②]，如之何？"

有若对曰："盍彻乎[③]？"

曰："二[④]，吾犹不足，如之何其彻也？"

对曰："百姓足，君孰与不足[⑤]？百姓不足，君孰与足？"

【注释】

①有若：鲁人，姓有，名若，字子有，人们尊称为有子。孔子的弟子。

②用不足：指国家的财用不足。

③盍（hé 河）彻乎：何不实行彻法呢？盍，何不。彻，周代的田税制度，十分抽一的税率，这里用作动词。

④二：指十分抽二的税率。

⑤百姓足，君孰与不足：百姓富足，您怎么会不富足呢？孰与，何如、怎么。

【译文】

哀公问有若："年成不好，国家财用不足，怎么办？"

有若答道："您何不实行彻法呢？"

哀公说："实行十分抽二的税率，我还不够用，怎么能实行彻法呢？"

有若说："如果百姓富足了，国君您怎么会用度不足呢？如果百姓贫穷了，国君您又怎么会富足呢？"

12.10　子张问崇德辨惑[①]。子曰："主忠信[②]，徙义[③]，崇德也。爱之欲其生，恶之欲其死，既欲其生，又欲其死，是惑也。'诚不以富，亦祇以异。[④]'"

【注释】

①崇德辨惑：提高品德，辨别迷惑。崇，崇尚、增长、提高。惑，迷惑，指不分是非。

②主忠信：以忠诚信实为根本。主，作动词，以……为根本，以……为主。

③徙义：向义靠拢，这是说唯义是从。徙，迁移。

④诚不以富，亦祇以异：这是《诗经·小雅·我行其野》的最后两句。意思是：你即使不是嫌贫爱富，也是喜新厌旧。表现了一个女子对丈夫喜新厌旧的愤怒。诚，连词，如果、果真。孔子在此引这句诗，很费解，故有人认为是错简所致。

【译文】

子张问如何提高品德和识别迷惑。孔子说："以忠诚信实为主，唯义是从，就可以提高品德。爱一个人就希望他长寿，恨一个人就希望他立刻死掉。既希望他长寿，又希望他短命，这就是迷惑。'即使不是嫌贫爱富，也是喜新厌旧。'"

12.11　齐景公[①]问政于孔子。孔子对曰："君君，臣臣，父父，子子[②]。"公曰："善哉！信如[③]君不君，臣不臣，父不父，子不子，虽有粟，吾得而食诸[④]？"

【注释】

①齐景公：春秋时期齐国国君，名杵臼（chǔ jiù 处旧），公元前547～前490年在位。

②君君，臣臣，父父，子子：第一个"君"、"臣"、"父"、"子"为名词，第二个"君"、"臣"、"父"、"子"为动词。意即做国君的要尽国君的职责，做臣下的要尽臣下的职责，做父亲的要尽父亲的职责，做儿子的要尽儿子的职责。

③信如：假如、假设。

④虽有粟，吾得而食诸：即使有粮食，我能吃得到吗？虽，连词，表示假设或让步关系。诸，相当于"之乎"。

【译文】

齐景公向孔子询问如何治理国家。孔子回答说："做国君的要像国君的样子，做臣下的要像臣下的样子，做父亲的要像父亲的样子，做儿子的要像儿子的样子。"齐景公说："说得好啊！如果君不像君，臣不像臣，父不像父，子不像子，虽然有粮食，我能吃得到吗？"

12.12　子曰："片言可以折狱者[①]，其由也与[②]！"子路无宿诺[③]。

【注释】

①片言可以折狱者:以单方面的讼辞可以断案的人。片言,古人又称之为“单辞”,即诉讼双方中的一方言辞。片,单。

②其由也与:大概只有仲由吧! 其,句中语气词,表示揣测。由,仲由,即子路。与,句末语气词,表示感叹。

③子路无宿诺:子路从不拖延所许的诺言。宿,久留。宿诺,久不履行的诺言。这句话与上句话有什么逻辑关系,目前尚无人解释清楚。有人认为此句应归为别章。

【译文】

孔子说:“以单方面的讼词就可以断案的,可能只有仲由吧!”子路从不拖延所许下的诺言。

12.13　子曰:“听讼吾犹人也①,必也使无讼乎②!”

【注释】

①听讼吾犹人也:审理诉讼案件,我同别人一样。听讼,审理诉讼案件。听,处理、判决。讼,诉讼。

②必也使无讼乎:一定要使诉讼案件不发生。也,句中语气词,表示语气停顿,以引起下文。乎,语气词,用在句末表示感叹。

【译文】

孔子说:“审理诉讼案件,我同别人一样。〔但我的目标却是〕一定要使诉讼案件不发生才好。”

12.14　子张问政。子曰:“居之无倦①,行之以忠②。”

【注释】

①居:指在工作岗位上。

②行:执行政令。

【译文】

子张问如何治理政事。孔子说:“身居官位不要疲倦懈怠,执行政令要忠诚无二。”

12.15　子曰:“博学于文,约之以礼,亦可以弗畔矣夫!”①

【注释】

①此段重出,见《雍也第六》。

12.16　子曰:“君子成人之美,不成人之恶①。小人反是②。”

【注释】

①恶：坏事。

②反是：与此相反。是，这。

【译文】

孔子说："君子成全别人的好事，不去促成别人的坏事。小人则与此相反。"

12.17 季康子问政于孔子。孔子对曰："政者，正[①]也。子帅[②]以正，孰敢不正？"

【注释】

①正：正直、公正。

②帅：表率、率领、带头。

【译文】

季康子问孔子如何治理政事。孔子答道："政就是正的意思，如果你带头走正道，谁敢不走正道？"

12.18 季康子患盗，问于孔子。孔子对曰："苟子之不欲[①]，虽赏之不窃[②]。"

【注释】

①苟子之不欲：如果你不贪财。苟，如果。子，您，指季康子。之，介词。欲，贪欲，指贪财。

②虽赏之不窃：即使奖励偷盗，也没人行盗。赏，奖励、鼓励。

【译文】

季康子为盗贼太多而忧虑，问孔子怎么办。孔子说："如果您不贪财，即使奖励偷盗，也没人去干。"

12.19 季康子问政于孔子曰："如杀无道，以就有道[①]，何如？"孔子对曰："子为政，焉[②]用杀？子欲善而民善矣[③]。君子之德风，小人之德草[④]，草上之风，必偃[⑤]。"

【注释】

①如杀无道，以就有道：无道，指无道的人，即坏人、奸人。有道，指有德行的人。就，接近、靠近。

②焉：怎么、哪里。

③子欲善而民善矣：如果你想做好事，想建立美好的社会，百姓也会跟着做好事，就会相互亲善。

④君子之德风，小人之德草：此处的"君子"是指当政者。"小人"指平民老百姓。此句的意思是说，为政者的德行好比是风，百姓的德行好比是草。

⑤草上之风，必偃（yǎn 演）：风吹到草上，草就倒向一边。这是说：风向哪边吹，草就往哪边

倒。偃，倒下。

【译文】

季康子问孔子如何治理政事，说道："如果杀掉奸邪之人，亲近有品行的人，怎么样？"孔子答道："您治理政事，怎能滥用刑杀呢？如果您想做好事，百姓也会跟着做好事。君子的德行好比风，小人的德行好比草，风向哪边吹，草就向哪边倒。"

12.20 子张问："士何如斯可谓之达矣①？"子曰："何哉，尔所谓达者②？"子张对曰："在邦必闻③，在家④必闻。"子曰："是闻也，非达也。夫达也者，质直而好义⑤，察言而观色，虑以下人⑥。在邦必达，在家必达。夫闻也者，色取仁而行违⑦，居之不疑⑧。在邦必闻，在家必闻。"

【注释】

①士何如斯可谓之达矣：何如，如何、怎么样。斯，连词，就、才、则。达，通达事理。

②何哉，尔所谓达者：即"尔所谓达者，何哉"，意为你所说的通达是什么意思？

③在邦必闻：在诸侯国中一定有名望。邦，诸侯所统治的地方。闻，声誉、名望、名气。

④家：大夫所统治的地方。

⑤质直而好义：个人品质正直而爱好信义。

⑥虑以下人：时常想着对人谦恭有礼。虑，思想、思考。下人，甘心居人之下，这里指对人谦恭有礼，服从别人的意见。下，用作动词。

⑦色取仁而行违：表面上主张仁德而行动上却违背它。色，脸色，指表面。

⑧居之不疑：以仁人自居而毫不惭愧。居，处于。疑，犹豫、迟疑。色，脸色、表情，这里指外表、表面。

【译文】

子张问："士怎样做才可以叫做通达呢？"孔子说："你说的通达是什么意思呢？"子张回答说："在诸侯国中一定有名望，在卿大夫的封地内也一定有名望。"孔子说："你所说的是名望，不是通达。所谓通达的人，品质正直而爱好信义，善于察言观色，时常想着对人谦恭有礼。这种人在诸侯国中一定通达，在卿大夫的封地中也一定通达。至于有名望的人，表面上主张仁德而行动上却违背它，以仁人自居而毫不惭愧。这种人在诸侯国中是一定会有名望的，在卿大夫的封地内也一定会有名望的。"

12.21 樊迟从游于舞雩①之下，曰："敢问崇德、修慝②、辨惑。"子曰："善哉问③！先事后得④，非崇德与？攻其恶⑤，无攻人之恶，非修慝与？一朝之忿⑥，忘其身，以及其亲⑦，非惑与？"

【注释】

①舞雩（yú 于）：地名。是古时人们祈天求雨的祭坛，位于今山东曲阜市东南。

②修慝（tè 特）：改正邪恶。修，治理，这里为"改正"的意思。慝，邪恶、邪念。

③善哉问：问得好啊！此为倒装句，以表达强烈的语气。

④先事后得：做事抢先，赏功居后。事，从事、做事情。得，获得、成功、利益。

⑤攻其恶（è 饿）：一心检讨、批评他自己的错误。攻，指责、批评。其，代词，表第三人称领属关系，可译为“他（她、它）的”或“他（她、它）们的”。恶，不好、坏，此指过失、错误。

⑥一朝之忿（fèn 奋）：一时的气愤。忿，气愤、愤怒。

⑦忘其身，以及其亲：不顾自身的名誉安危，以至于连累亲人。忘，舍弃、不顾。身，此指自身的安危等。及，推及、累及。

【译文】

樊迟陪着孔子在舞雩台下游逛，说：“请问如何提高品德、改正邪恶、辨别迷惑？”孔子说：“问得好！做事抢先，赏功居后，不就是提高品德了吗？批评自己的缺点，不攻击别人的错误，不就是改正邪恶了吗？由于一时的气愤，便忘记了自己的安危，以至于牵累自己的亲人，这不是迷惑吗？”

12.22 樊迟问仁。子曰：“爱人。”问知。子曰：“知[①]人。”

樊迟未达[②]。子曰：“举直错诸枉[③]，能使枉者直。”

樊迟退，见子夏，曰：“乡[④]也，吾见于夫子而问知，子曰：‘举直错诸枉，能使枉者直。’何谓也？”

子夏曰：“富哉言乎[⑤]！舜有天下，选于众，举皋陶[⑥]，不仁者远矣。汤[⑦]有天下，选于众，举伊尹[⑧]，不仁者远矣。”

【注释】

①知：前一个“知”同“智”，明智。后一个“知”为动词，识别、通达。

②达：豁达、通晓、明白。

③举直错诸枉：把正直的人提拔出来列于邪恶的人之上，这是说，举用正直的人，屏避邪恶的人。“直”和“枉”相对，直，正直的人。枉，不直，指不正直的邪恶之人。错，同“措”，放、搁置。诸，相当于“之于”。

④乡（xiàng 向）：同“向”，从前、过去。这里为“刚才”的意思。

⑤富哉言乎：即“言乎富哉”的倒装。意即：这话的内涵多么丰富啊！或者说：这话寓意深刻啊！富，丰富、完备、多而全。

⑥皋陶（gāo yáo 高遥）：又作“咎繇”。传说是舜之臣，掌刑狱之事。

⑦汤：商代的开国君主。

⑧伊尹：商初大臣，名伊，尹是官名。传说他是奴隶出身，汤用为小臣，后任以国政，曾辅佐汤灭夏兴商，被称为贤相。

【译文】

樊迟问什么是仁。孔子说：“爱人。”樊迟问什么是智。孔子说：“善于识别人。”

樊迟还不明白。孔子说：“举用正直的人，罢黜邪恶的人，就能使邪恶的人变正直。”

樊迟退出来，见到子夏，说：“刚才我去见老师，问他什么是智，老师说：‘举用正

直的人，罢黜邪恶的人，就能使邪恶的人变正直。'这是什么意思？"

子夏说："这话寓意深刻啊！舜有了天下，在众人中挑选人才，把皋陶选拔出来，使得不仁的人远离了。汤有了天下，在众人中挑选人才，把伊尹选拔出来，使得不仁的人远离了。"

12.23 子贡问友。子曰："忠告而善道[1]之，不可则止，毋[2]自辱焉。"

【注释】

①善道：道，同"导"，善意地引导。

②毋（wú 无）：副词，不要、别。

【译文】

子贡问怎样对待朋友。孔子说："朋友做事不当时，要忠诚地劝告他，恰当地引导他，他不听从也不要勉强，不要自取其辱。"

12.24 曾子曰："君子以文会友[1]，以友辅仁[2]。"

【注释】

①以文会友：以文章学问聚会朋友。文，指文章及有关《诗》、《书》、《礼》、《乐》等方面的知识。

②辅：从旁帮助、辅助。

【译文】

曾子说："君子以文章学问聚会朋友，依靠朋友帮助自己培养仁德。"

子路第十三

13.1 子路问政。子曰:“先之,劳之[①]。”请益[②]。曰:“无倦。[③]”

【注释】

①先之,劳之:先,率先、走在前面,这里为“以身作则”之义。之,代词,指老百姓。劳,这里为役使。劳之,使民劳作。

②益:增加。此处是子路请求孔子多讲一些。

③无倦:不要使之疲倦。

【译文】

子路问怎样管理政事。孔子说:“首先教化百姓,然后役使他们。”子路请求多讲一点,孔子说:“不要使之疲倦。”

13.2 仲弓为季氏宰,问政。子曰:“先有司[①],赦小过,举贤才。”

曰:“焉知贤才而举之?”子曰:“举尔所知,尔所不知,人其舍诸[②]?”

【注释】

①先有司:要引导办理具体事务的下级官吏。先,领先、率先。有司,古代负责办理具体事务的官吏。

②人其舍诸:人们难道能舍弃他们吗? 即人们不会埋没他们。舍,舍弃。其,句中语气词,表示反问,难道、岂能。诸,即“之乎”的合音,其中“之”为代词,指他们。

【译文】

仲弓做季氏的家臣,问孔子怎样管理政事。孔子说:“给手下的办事人员做表率,不计较小错误,选拔贤良人才。”

仲弓又问:“怎么识别贤良人才并把他们选拔出来呢?”孔子说:“选拔你所知道的,那些你不知道的,别人难道会埋没他们吗?”

13.3 子路曰:“卫君待子而为政[①],子将奚先[②]?”

子曰:“必也正名乎[③]!”

子路曰:“有是哉,子之迂也[④]! 奚其正?”

子曰："野哉，由也[5]！君子于其所不知，盖阙如也[6]。名不正则言不顺，言不顺则事不成，事不成则礼乐不兴，礼乐不兴则刑罚不中[7]，刑罚不中则民无所错手足[8]。故君子名之必可言也，言之必可行也。君子于其言，无所苟而已矣[9]。"

【注释】

①卫君待子而为政：卫国国君等待您去治理朝政。卫君，指卫出公蒯辄。

②子将奚（xī 西）先：您打算先做什么？奚，什么。

③必也正名乎：一定要先正名分！正名，使名分正。名，名称、名分。正字为使动用法。孔子按照周礼的标准，要求社会上的人各从其类，各守其位，行事都要合乎他的名分。

④有是哉，子之迂（yū 淤）也：即"子之迂也有是哉"，"子之迂也"是主语，"有是哉"是谓语。意思是：您竟迂腐到了这种程度。迂，迂腐、不懂事理，这里指远离实践，不合时宜。

⑤野哉，由也：你真粗野啊，仲由！

⑥盖阙如也：大都采取存疑的态度。盖，句首语气词，有"大概"的意思，实际上表示肯定。阙。同"缺"。如，词尾。阙如，指存疑，即阙而不论，存疑不言。

⑦不中（zhòng 众）：指不得当。中，符合、适合。

⑧无所错手足：没有放手脚的地方，亦即不知如何是好。错，同"措"，放。

⑨君子于其言，无所苟而已矣：君子对于自己所说的话，处处马虎不得，即不能不严肃认真啊。于，对于。苟，马虎、随便、不严肃，与"敬"相对。

【译文】

子路说："卫国国君等待您去治理政事，您打算先做什么事情？"

孔子说："必须先正名分！"

子路说："您竟然迂腐到这种程度！为什么要正名分呢？"

孔子说："仲由，你真粗野呀！君子对他所不知道的事情，大都采取存疑的态度。名分不正，言语就不能顺理成章；言语不顺理成章，事情就不能办好；事情办不好，礼乐制度就不能兴起；礼乐制度不能兴起，刑罚就不能得当；刑罚不得当，老百姓就不知如何是好。所以君子确定的名分一定要言之成理，并且一定能实行。君子对于自己所说的话，不能不严肃认真啊。"

13.4 樊迟请学稼[1]。子曰："吾不如老农。"请学为圃[2]。曰："吾不如老圃。"

樊迟出。子曰："小人哉，樊须[3]也！上好礼，则民莫敢不敬；上好义，则民莫敢不服；上好信，则民莫敢不用情[4]。夫如是，则四方之民襁负[5]其子而至矣，焉用稼？"

【注释】

①请学稼：请求学习耕田方面的知识。稼，耕种、种田。

②圃：种植蔬菜瓜果的园子，这里为种植蔬菜。下句的"圃"指种菜的人。

③樊须：即樊迟，名须。孔子的弟子。

④莫敢不用情：没有谁敢不说真话。莫，没有谁。情，与"伪"相对，指真情实意，忠诚、衷心。

⑤襁（qiǎng 抢）负：用布包着婴儿背着。襁，婴儿的被子。

【译文】

樊迟向孔子请教如何种田。孔子说："这方面我不如农民。"又问如何种菜。孔子说："我不如菜农。"

樊迟退出。孔子说："樊须真是个小人呀！如果统治者重视礼，百姓就不敢不尊敬；统治者重视义，百姓就不敢不服从；统治者重视信，百姓就不敢不用真情。如果这样，四面八方的老百姓就会背着孩子前来投奔，哪里用得着自己去种庄稼呢？"

13.5　子曰："诵《诗》三百①，授之以政②，不达③；使于四方，不能专对④；虽多，亦奚以为⑤？"

【注释】

①诵《诗》三百：《诗》是中国最早的诗歌总集，后被儒家列为经典，故称《诗经》。其编成于春秋，共三百零五篇，据史记载，系孔子删定。此处"《诗》三百"是取其整数。

②授之以政：让他处理政务。授，授予、赋予。

③达：通，通达、通晓。这里意为会办事、胜任。

④专对：独自对答。指遇事出使，能交涉应对，随机应变。

⑤虽多，亦奚以为：《诗》读得虽多，又有何用？奚，疑问代词，犹"何"。以，用。为，语气词，表示反问或感叹。

【译文】

孔子说："熟读《诗经》三百篇，让他处理政务，却不能胜任；让他出使外国，却不能独立应对、交涉；即使读得多，又有何用呢？"

13.6　子曰："其身①正②，不令而行③；其身不正，虽令不从。"

【注释】

①身：自身，此处指自身的行为。

②正：端正、正派、正当。

③不令而行：就是不下命令，事情也行得通。令，下命令。行，指教化得以推行。

【译文】

孔子说："如果统治者本身的行为端正，就是不下命令，事情也行得通。如果统治者本身的行为不端正，即使三令五申，也难以使百姓服从。"

13.7　子曰："鲁、卫之政，兄弟①也。"

【注释】

①兄弟：鲁国是周公旦的封地，卫国是康叔的封地，周公旦和康叔是兄弟。并且当时鲁、卫相处和睦，如同兄弟。

【译文】

孔子说："鲁国的政事和卫国的政事，如同兄弟间的事一样。"

13.8 子谓[1]卫公子荆[2]:“善居室[3]。始有,曰:‘苟合[4]矣。’少有[5],曰:‘苟完矣。’富有,曰:‘苟美矣。’”

【注释】

①谓:谈论、评论。

②公子荆:卫国大夫,字南楚,卫献公的儿子,故称公子荆。

③善居室:善于管理家业。居室,这里为“积蓄家业,居家度日”之义。

④苟合:马虎、苟且,这里为“差不多”的意思。合,满、足。苟合,差不多够了。

⑤少有:稍许多一点。少,稍、略微。

【译文】

孔子谈到卫国的公子荆,说:“他善于居家理财。他刚拥有一点财产,就说:‘差不多够了。’再稍稍增加一点,就说:‘差不多完备了。’当达到富足时,就说:‘差不多尽善尽美了。’”

13.9 子适[1]卫,冉有仆[2]。子曰:“庶矣哉[3]!”

冉有曰:“既庶矣,又何加[4]焉?”曰:“富之。”

曰:“既富矣,又何加焉?”曰:“教之。”

【注释】

①适:到……去。

②仆:驾车。

③庶矣哉:(卫国)人真多啊!庶,众,此处指人多。

④何加:增添些什么?意思是再办些什么事。

【译文】

孔子到卫国去,冉有给他赶车。孔子说:“卫国人真多啊!”

冉有问:“既然人口已经多了,还要再做些什么事呢?”孔子说:“使百姓富裕起来。”

冉有又问:“百姓富裕以后再做些什么呢?”孔子说:“教育他们。”

13.10 子曰:“苟有用我者[1],期月[2]而已可也,三年有成[3]。”

【注释】

①苟有用我者:如果有人用我管理政事。苟,如果、假若。

②期(jī 基)月:一周年。期,周(年、月)。期月,周月,指一周年的十二个月。

③有成:有成就、成功。

【译文】

孔子说:“如果有人用我管理政事,一年就可以初见成效,三年便会有成就。”

13.11　子曰："'善人为邦[①]百年，亦可以胜残去杀[②]矣。'诚哉是言也！"

【注释】

①为邦：治理国家。为，治、治理。

②胜残去杀：战胜残暴，免除杀戮。这两句是引用古人的话。去，除去、舍弃。

【译文】

孔子说："'善人治国一百年，就可以战胜残暴、免除杀戮了。'这话说得真对啊！"

13.12　子曰："如有王者，必世[①]而后仁。"

【注释】

①世：古代三十年为一世。

【译文】

孔子说："假若有王者出现，也必须三十年才能实现仁政。"

13.13　子曰："苟正其身矣[①]，于从政乎何有[②]？不能正其身，如正人何[③]？"

【注释】

①苟正其身矣：如果（统治者）端正了自身的言行。苟，假若、如果。正身，指端正自身的言行举止。

②于从政乎何有：对执政（管理政事）还有什么难处呢？何有，即"有何"。

③如正人何：即"如何正人"。

【译文】

孔子说："如果统治者端正了自身的行为，管理政事还有什么困难呢？如果不能端正自身的行为，又怎能端正别人呢？"

13.14　冉子退朝[①]，子曰："何晏也[②]？"对曰："有政。"子曰："其事也[③]。如有政，虽不吾以[④]，吾其与闻[⑤]之。"

【注释】

①冉子退朝：冉有从季府回来。冉子，即冉有，当时为鲁国大夫季氏的家臣。朝，官府的大堂，这里指季氏的办公处。

②何晏也：为什么回来得这么晚呢？晏，晚、迟。

③其事也：恐怕是一般性事务吧！其，副词，大概、或许。

④吾以：即"以吾"，用我。以，用。

⑤与闻：参与并知内情。

【译文】

冉求从季府回来，孔子问："为什么回来这么晚？"冉求回答说："有政务。"孔子

说："恐怕是一般性事务吧。如果是国政大事，虽然国君不任用我了，我也会知道的。"

13.15 定公[①]问："一言而可以兴邦[②]，有诸[③]？"

孔子对曰："言不可以若是，其几也[④]。人之言曰：'为君难，为臣不易。'如知为君之难也，不几乎一言而兴邦乎？"

曰："一言而丧邦[⑤]，有诸？"

孔子对曰："言不可以若是，其几也。人之言曰：'予无乐乎为君[⑥]，唯其言而莫予违也[⑦]。'如其善而莫之违也，不亦善乎？如不善而莫之违也，不几乎一言而丧邦乎？"

【注释】

①定公：鲁国国君，名宋。公元前509～前495年在位。

②一言而可以兴邦：一句话就可以使国家兴盛。一言，此处为"一句话"之义。兴邦，使国家振兴发达。

③有诸：有这样的事吗？诸，"之乎"的合音字。

④言不可以若是，其几也：不可能有这样的话，但近乎这样的话是有的。几，将近、接近。

⑤丧邦：使国家丧失、沦亡。

⑥予无乐乎为君：即"予为君无乐乎"，意即我做君主没有什么快乐。为，做。

⑦唯其言而莫予违也：只是要求没人敢违抗我的话。"莫予违"即"莫违予"的倒装。莫，没人。

【译文】

鲁定公问："有可以使国家兴盛的一句话吗？"

孔子答道："不可能有这样的话，但近乎这样的话是有的。有人说：'做君主难，做臣子也不易。'如果知道做君主难，〔就会认真地管理国政〕，这不是接近一句话可以使国家兴盛吗？"

鲁定公又问："有可以使国家丧亡的一句话吗？"

孔子答道："不可能有这样的话，但近乎这样的话是有的。有人说：'我做君主没有别的快乐，只是要求没人敢违抗我的话。'假如说的话正确而没人违抗，不是很好吗？假如说的话不正确而无人违抗，这不是接近一句话可以使国家丧亡吗？"

13.16 叶公[①]问政。子曰："近者说[②]，远者来[③]。"

【注释】

①叶（shè 社）公：姓沈，名诸梁，字子高，楚国的大夫。因其封地在叶，故称其"叶公"。

②近者说：使境内的人安居乐业（乐于受你的统治）。近者，此处指境内的人。说，同"悦"，高兴。

③远者来：使境外的人前来归附。远者，此处指境外的人。

【译文】

叶公问孔子如何管理政事。孔子说:“使境内的人乐于受你的统治,使境外的人前来投奔。”

13. 17 子夏为莒父宰①,问政。子曰:“无欲速②,无见小利。欲速则不达③,见小利则大事不成。”

【注释】

①莒(jǔ 举)父宰:莒父,鲁国的城邑,在今山东莒县境内。宰,地方长官。

②无欲速:办事不要企图很快成功,即做事不要求速成。

③不达:指达不到目的。达,到达。

【译文】

子夏做了莒父邑长官,问孔子如何管理政事。孔子说:“不要企图很快成功,不要贪求小利。求快反而达不到目的,贪于小利则难成大事。”

13. 18 叶公语孔子曰:“吾党①有直躬者②,其父攘③羊而子证④之。”孔子曰:“吾党之直者异于是⑤:父为子隐,子为父隐,直在其中矣。”

【注释】

①党:古代乡里组织,此处译为“家乡”。

②直躬者:学术界对此有两种解释,一说“直躬”为人名,名躬,楚国叶人,以直著称,故称“直躬”;一说“直躬”是指行为正直的人。

③攘(rǎng 嚷):偷、窃取。

④证:告、告发。

⑤是:这、此。

【译文】

叶公告诉孔子说:“我家乡有个正直的人,他父亲偷了别人的羊,他便亲自去告发。”孔子说:“我家乡正直的人与此不同:父亲为儿子隐瞒,儿子为父亲隐瞒,正直就体现在其中啊。”

13. 19 樊迟问仁。子曰:“居处恭①,执事敬②,与人忠③。虽之④夷狄⑤,不可弃也⑥。”

【注释】

①居处恭:平时行为举止谦恭有礼。居处,行为举止。

②执事敬:办事严肃认真。执事,做事情、主持工作。敬,严肃认真、不苟且。

③与人忠:待人忠心诚实。与,交往。

④之:往、到。

⑤夷狄：我国古代对东方和北方少数民族的泛称。

⑥不可弃也：也不能放弃。弃，抛弃、丢弃。

【译文】

樊迟问什么是仁。孔子说："平时谦逊有礼，办事严肃认真，对人忠心诚实。即使到了夷狄地区，也不能放弃。"

13.20　子贡问曰："何如斯可谓之士矣①？"子曰："行己有耻②，使于四方，不辱君命③，可谓士矣。"

曰："敢问其次。"曰："宗族称孝焉，乡党称弟④焉。"

曰："敢问其次。"曰："言必信，行必果⑤，硁硁然⑥小人哉！抑亦⑦可以为次矣。"

曰："今之从政者何如？"子曰："噫！斗筲之人⑧，何足算也⑨！"

【注释】

①何如斯可谓之士矣：怎样才可以叫做士呢？何如，如何、怎样。斯，就、才、则。

②行己有耻：能以羞耻之心约束自己的行为。行己，自己立身行事。

③使于四方，不辱君命：出使国外，不玷辱、辜负君命。

④乡党称弟：乡党这里指家乡、乡里。乡、党均为古代的居民组织，一万二千五百户为一乡，五百家为一党。弟，同"悌"，指敬顺兄长。

⑤言必信，行必果：说话一定守信用，行为一定要兑现诺言。果，实现、完成。

⑥硁(kēng 坑)硁然：浅薄而又固执的样子。

⑦抑亦：连词，表示轻微的转折，相当于"可是"、"不过"。

⑧斗筲(shāo 稍)之人：指器度狭小、才识短浅的人。斗、筲均为古代容量单位。十升为一斗。筲为竹器，能容三升。

⑨何足算也：算得了什么！即不值得一提！算，计算、数。

【译文】

子贡问："怎样才可以叫做士呢？"孔子答道："能以羞耻之心约束自己的行为，出使国外不辜负君命，就可以叫做士了。"

子贡说："请问次一等的士怎样呢？"孔子说："宗族称赞他孝顺父母，家乡的人称赞他敬顺兄长。"

子贡又问："请问再次一等的士怎样呢？"孔子说："说话一定要守信用，行为一定要兑现诺言，这是浅陋固执的小人呀！不过可以说是再次一等的士了。"

子贡又说："现在的执政者怎样？"孔子说："咳！这伙器量狭小、才识短浅的小人，不值得一提！"

13.21　子曰："不得中行而与之①，必也狂狷②乎！狂者进取，狷者有所不为也。"

【注释】

①不得中行而与之：找不到行为合乎中庸之道的人相交往。得，得到、获得。中行，中庸之

道。不偏叫“中”，不变叫“庸”，儒家以中庸为最高的道德。与，交往、相交。

②狂狷（juàn 倦）：狂妄激进与保守。狂者勇于进取，狷者守节无为，两者都偏于一面，泛指偏激。狷，坚守己志，不屈从于人。

【译文】

孔子说：“找不到言行合乎中庸之道的人与之交往，就只能与狂狷之士交往了。狂者勇于进取，狷者拘谨守节。”

13.22 子曰：“南人有言曰：‘人而无恒，不可以作巫医。’善夫！‘不恒其德，或承之羞①。’”

子曰：“不占②而已矣。”

【注释】

①这两句话引自《易经·恒卦·九三》的爻辞。前句意思为：一个人若无恒心，不可以做巫医。后句意思为：一个人若不恒守德操，可能要蒙受耻辱。或，或许、也许、可能。承，承受、蒙受。

②占：古代用龟甲或蓍（shī 师）草推算吉凶的一种迷信活动。

【译文】

孔子说：“南方人有这么一句话：‘人无恒心，不能做巫医。’这话说得不错呀！《易经》上也说：‘不恒守德操，有时会蒙受羞辱。’”

孔子说：“这是说无恒心的人不必去占卦了！”

13.23 子曰：“君子和而不同，小人同而不和。”

【译文】

孔子说：“君子追求和谐而不盲目附和，小人盲目附和而不追求和谐。”

13.24 子贡问曰：“乡人皆好①之，何如？”子曰：“未可也②。”

“乡人皆恶③之，何如？”子曰：“未可也。不如乡人之善者好之，其不善者恶之。”

【注释】

①好（hào 浩）：动词，赞扬、喜欢。

②未可也：不行、不可以。

③恶（wù 务）：厌恶、憎恨。

【译文】

子贡问：“乡人都称赞的人，这个人怎么样？”孔子说：“不行。”

子贡又问：“乡人都厌恶的人，这个人怎么样？”孔子说：“也不行。最好的人是乡里的好人都称赞他，乡里的坏人都厌恶他。”

13.25 子曰："君子易事而难说也[①]。说之不以道，不说也。及其使人也[②]，器之[③]。小人难事而易说也。说之虽不以道，说也。及其使人也，求备焉。"

【注释】

①君子易事而难说也：在君子手下办事容易，而要讨得他喜欢却很难。易事，容易办事。说，同"悦"，使……高兴，取悦、喜欢。

②及其使人也：而他使用人的时候。及，到。其，代词，他，指君子。

③器之：根据各人的才能而加以使用。器，动词，认为有才能。之，代词。

【译文】

孔子说："在君子手下办事容易而要讨得他的喜欢却很难。不按正道去讨好他，他是不会喜欢的。而他使用人的时候，却能量才录用。在小人手下办事很难而要讨得他的喜欢却很容易。即使不按正道去讨好他，他也会喜欢的。而他使用人的时候，却往往求全责备。"

13.26 子曰："君子泰而不骄[①]，小人骄而不泰。"

【注释】

①泰而不骄：安详舒泰而不傲慢凌人。泰，安宁。骄，骄横、傲慢放纵。

【译文】

孔子说："君子安详舒泰而不傲慢凌人，小人傲慢凌人而不安详舒泰。"

13.27 子曰："刚[①]、毅[②]、木[③]、讷[④]近仁。"

【注释】

①刚：刚强、坚强。

②毅：果敢、坚毅。

③木：朴实、质朴。

④讷(nè)：说话迟钝，口齿不利。此指言语谨慎，寡言少语。

【译文】

孔子说："刚强、果断、质朴、谨慎，接近于仁。"

13.28 子路问曰："何如斯可谓之士矣？"子曰："切切偲偲[①]，怡怡如[②]也，可谓士矣。朋友切切偲偲，兄弟怡怡。"

【注释】

①切切偲偲(sī 思)：互相切磋、互相勉励。

②怡怡如：和顺、安详的样子。

【译文】

子路问道："怎样才配称士呢？"孔子说："相互切磋勉励，亲近和顺，就可以叫士

了。朋友之间互相勉励，兄弟之间亲切和顺。”

13.29　子曰：“善人教民七年[①]，亦可以即戎[②]矣。”

【注释】

①七年：不是实指，此指时间长久。

②即戎（róng 容）：参军作战。即，走近，这里为从事。戎，打仗。

【译文】

孔子说：“善人教导百姓七年，就可以让他们去参军作战了。”

13.30　子曰：“以不教民战[①]，是谓弃之[②]。”

【注释】

①以不教民战：以，用、使用。不教民，此指未经过训练、培养的民众。

②是谓弃之：这就叫抛弃他们。是，这。之，代指“不教民”。

【译文】

孔子说：“让没有受过训练的百姓去作战，这就叫抛弃他们。”

宪问第十四

14.1 宪问耻。子曰:“邦有道,谷①;邦无道,谷,耻也。”

“克、伐、怨、欲②不行焉,可以为仁矣?”子曰:“可以为难矣③,仁则吾不知也。”

【注释】

①谷:谷物。古代以谷物为俸禄,故此指做官拿俸禄。

②克、伐、怨、欲:克,好胜。伐,夸耀、自夸。怨,怨恨、不满。欲,贪欲。

③可以为难矣:可以说是难得的了。

【译文】

原宪问什么是可耻。孔子说:“国家有道,可以做官拿俸禄;国家无道,也去做官拿俸禄,这就是可耻。”

原宪又问:“好胜、自夸、怨恨、贪欲都没有的人,可以说做到仁了吧?”孔子说:“能做到这点,可以说是难能可贵的了,至于是否做到了仁,我就不知道了。”

14.2 子曰:“士而怀居①,不足以②为③士矣。”

【注释】

①怀居:留恋安逸生活。怀,思念、怀恋。居,安居、家居。

②足以:值得、配得上。

③为:做、成为。

【译文】

孔子说:“作为士如果留恋安逸生活,就不足以成为一个士了。”

14.3 子曰:“邦有道,危言危行①;邦无道,危行言孙②。”

【注释】

①危言危行:言行正直。危,正、端正。

②孙:同“逊”,谦逊、恭顺。

【译文】

孔子说:“国家有道,要言行正直;国家无道,要行为正直,但说话要谦逊谨慎。”

14.4　子曰："有德者必有言，有言者不必有[①]德。仁者必有勇，勇者不必有仁。"

【注释】

①不必有：不一定有，未必有。

【译文】

孔子说："有德行的人一定有言论，有言论的人不一定有德行。有仁义的人一定勇敢，勇敢的人不一定有仁义。"

14.5　南宫适[①]问于孔子曰："羿善射[②]，奡荡舟[③]，俱不得其死然[④]。禹、稷躬稼而有天下[⑤]。"夫子不答。

南宫适出。子曰："君子哉若人[⑥]！尚德哉若人！"

【注释】

①南宫适（kuò 括）：名适，字子容。孔子的弟子。一说南宫适即南宫敬叔。

②羿（yì 意）善射：相传羿是有穷国的君主，善于射箭，曾夺夏太康的王位，后被其臣寒浞（zhuó 浊）所杀。

③奡（ào 傲）荡舟：奡，人名，夏寒浞的儿子。相传能陆地行舟，善于水战，后被夏后少康所杀。

④俱不得其死然：都不得善终呀。俱，都。然，助词，表肯定语气，相当于"焉"。

⑤禹、稷（jì 计）躬稼而有天下：禹、稷亲自耕种却取得了天下。禹，为鲧之子，原为夏后氏部落领袖，奉舜命治理洪水。据后人记载，他领导人民疏通江河，兴修沟渠，发展农业。在治水十三年中，三过家门而不入，后以治水有功，被舜定为继承人。舜死后任部落联盟领袖。稷，相传是周族祖先，被尊为谷神，教民稼穑。

⑥君子哉若人：此人真君子呀！若，指示代词，此、这个。

【译文】

南宫适问孔子："羿善于射箭，奡善于水战，最后两人都不得好死。禹和稷亲自耕种却取得了天下。"孔子不回答。

南宫适出去后，孔子说："此人君子呀！此人崇尚道德啊！"

14.6　子曰："君子而不仁者有矣夫，未有小人而仁者也。"

【译文】

孔子说："君子之中没有仁德的人是有的，小人之中有仁德的人是没有的。"

14.7　子曰："爱之[①]，能勿劳乎[②]？忠焉[③]，能勿诲[④]乎？"

【注释】

①之：代词，此处泛指"一个人"。

②能勿劳乎：能不让他勤劳（勤奋）吗？劳，勤奋、勤劳、劳苦。

③焉：代词，相当于“之”。

④诲：教诲、诱导。

【译文】

孔子说：“爱他，能不让他勤劳吗？忠于他，能不对他诱导教诲吗？”

14.8 子曰：“为命[①]，裨谌草创之[②]，世叔讨论之[③]，行人子羽[④]修饰之，东里子产润色之[⑤]。”

【注释】

①为命：制定政策法令。为，做。令，国家的政策法令。

②裨谌（pí chén 皮辰）草创之：裨谌，人名，郑国大夫。草创，起草。

③世叔讨论之：世叔，即子太叔，名游吉。郑国的大夫，子产死后，继为郑国相。讨，研究。论，评论。讨论即提意见。

④行人子羽：行人，外交官。子羽，姓公孙，名挥，郑国的大夫。

⑤东里子产润色之：东里，地名，郑国大夫子产居住的地方。润色，指修辞方面的加工。

【译文】

孔子说：“郑国制订法令条文，总是由裨谌起草，世叔提意见，外交官子羽加以修饰，东里的子产最后润色完成。”

14.9 或问子产。子曰：“惠人[①]也。”

问子西[②]。曰：“彼哉！彼哉[③]！”

问管仲。曰：“人也。夺伯氏骈邑三百[④]，饭疏食[⑤]，没齿[⑥]无怨言。”

【注释】

①惠人：指能对百姓施予恩惠的人。

②子西：人名，名申，字子西，楚国的令尹（相）。他辅佐楚昭王，政绩不佳。

③彼哉！彼哉：他呀！他呀！是当时人表示轻视的习惯语。

④夺伯氏骈（pián 胼）邑三百：他剥夺了伯氏骈邑的三百户封地。伯氏，齐国大夫。骈邑，齐国的地名，曾是伯氏封地。

⑤饭疏食：吃粗食。饭，动词，吃。疏，粗。

⑥没齿：指死。

【译文】

有人问子产是怎样的人。孔子说：“是个对百姓有恩惠的人。”

问子西是怎样的人。孔子轻视地感叹道：“他呀！他呀！”

问管仲是怎样的人。孔子说：“是个有才干的人。他剥夺了伯氏骈邑的三百户封地，使得伯氏粗茶淡饭度日，然而伯氏至死也无怨言。”

14.10　子曰："贫而无怨难，富而无骄易。"

【译文】

孔子说："贫穷而没有怨言，难以做到；富有而不骄傲，容易做到。"

14.11　子曰："孟公绰[①]为赵、魏老[②]则优[③]，不可以为滕、薛[④]大夫。"

【注释】

①孟公绰：鲁国大夫，性寡欲，为孔子所尊敬。

②老：古代大夫的家臣称"老"。

③优：充足、富裕，此处指才力有余。

④滕、薛：鲁国附近的小国。滕在今山东滕州市，薛在滕州市东南。

【译文】

孔子说："孟公绰要是做晋国赵氏、魏氏的家臣则才力有余，但不能做滕国、薛国的大夫。"

14.12　子路问成人[①]。子曰："若臧武仲之知[②]，公绰之不欲，卞庄子[③]之勇，冉求之艺，文[④]之以礼乐，亦可以为成人矣。"曰："今之成人者何必然？见利思义，见危授命[⑤]，久要[⑥]不忘平生之言[⑦]，亦可以为成人矣。"

【注释】

①成人：完美的人。

②臧武仲之知：臧武仲，即臧孙纥，武是其谥号，鲁国的大夫。他在齐国时，齐庄公给他封地，他料到齐庄公不能长久而设法拒绝。后来齐庄公被杀，他没有受到牵累，被人们称为聪明。知：同"智"，明智、聪明。

③卞庄子：鲁国大夫，封地在卞邑（今山东泗水东）。相传他曾独身打虎，以勇著名。

④文：文饰、修饰。

⑤授命：献出生命。授，给予。

⑥要：同"约"，这里为贫穷的意思。

⑦平生之言：平素的诺言或抱负。平生，平日、平素。

【译文】

子路问怎样才算完人。孔子说："如果具有臧武仲的智慧，孟公绰的清心寡欲，卞庄子的勇敢，冉求的才艺，再用礼乐加以修饰，这样也就可以是完人了。"又说："现在的完人何必这样呢？只要见到财利而想到道义，见到危难而肯献出生命，久处困境而不忘平生的抱负，这样也可以算是完人了。"

14.13　子问公叔文子[①]于公明贾[②]，曰："信乎[③]，夫子[④]不言，不笑，不取乎？"

公明贾对曰："以告者过也[⑤]。夫子时然后言[⑥]，人不厌其言；乐然后笑，人不厌其笑；义然后取，人不厌其取。"

子曰："其然？岂其然乎[⑦]？"

【注释】

①公叔文子：名拔，历代说法不一，汉孔安国说他叫公孙拔，宋朱熹考证为公孙枝，清阮元校勘为公子发。谥号"文"，所以叫公叔文子。卫国的大夫，卫献公之孙。

②公明贾：姓公明，名贾，卫国人，公叔文子的使臣。

③信乎：是真的吗？可信吗？

④夫子：此指公叔文子。

⑤以告者过也：这是告诉你的人传错了。以，此处作"乃、此"解。

⑥夫子时然后言：他老先生是该说时才说。夫子，古代对男子的尊称。时，合乎时宜。

⑦其然？岂其然乎：是这样吗？难道真是这样吗？

【译文】

孔子向公明贾询问公叔文子，说："听说他老先生不说、不笑、不取，是真的吗？"

公明贾答道："这是告诉你的人说错了。他老先生是该说时才说，所以别人不厌恶他的话；快乐时才笑，所以别人不厌恶他的笑；该取财时才取，所以别人不厌恶他的取。"

孔子说："他是这样吗？难道真是这样吗？"

14.14 子曰："臧武仲以防求为后于鲁[①]，虽曰不要[②]君，吾不信也。"

【注释】

①以防求为后于鲁：防，鲁国地名，在今山东费县东北，臧武仲的封地。公元前550年，臧武仲因帮助季氏立少废长，得罪孟孙氏，逃往邻国，不久又回到防城，并派人向鲁君请求立臧氏子弟为大夫。后，后代，指臧氏子弟。以，凭借。

②要(yāo 腰)：要挟。

【译文】

孔子说："臧武仲凭借封地防邑请求鲁君为臧氏立后代，虽然有人说他不是要挟君主，我不相信。"

14.15 子曰："晋文公[①]谲而不正[②]；齐桓公[③]正而不谲。"

【注释】

①晋文公：姓姬，名重耳，晋国国君，春秋时著名的霸主之一。公元前636～前628年在位。

②谲(jué 决)而不正：狡诈而不正派。谲，欺诈、诡诈、玩弄权术。

③齐桓公：姓姜，名小白，齐国国君，春秋时著名霸主之一。公元前685～前643年在位。

【译文】

孔子说："晋文公诡诈而不正派，齐桓公正派而不诡诈。"

14.16 子路曰："桓公杀公子纠[①]，召忽死之[②]，管仲不死。"曰："未仁乎？"子

曰："桓公九合诸侯[③]，不以兵车[④]，管仲之力也。如其仁[⑤]！如其仁！"

【注释】

①公子纠：齐襄公子，齐桓公之兄。

②召忽死之：召忽，公子纠的谋士，公子纠被桓公杀死后，他自杀以殉。死之，为之死，即殉难。

③九合诸侯：齐桓公曾十一次会合诸侯，这里"九合"指多次会合。

④不以兵车：不凭借武力。兵车，战车，这里指武力。

⑤如其仁：这就是他的仁。如，等于"乃、就是"。

【译文】

子路说："齐桓公杀了公子纠，召忽也因此自殉，但管仲却未自殉。"又说："这不算是仁吧？"孔子说："齐桓公多次会盟诸侯，而不凭借武力，这都是管仲的力量啊。这就是他的仁！这就是他的仁！"

14.17 子贡曰："管仲非仁者与？桓公杀公子纠，不能死，又相[①]之。"子曰："管仲相桓公，霸诸侯，一匡天下[②]，民到于今受其赐[③]。微[④]管仲，吾其被发左衽[⑤]矣。岂若匹夫匹妇[⑥]之为谅[⑦]也，自经[⑧]于沟渎[⑨]而莫之知也[⑩]？"

【注释】

①相：辅佐。

②一匡天下：使天下走上正规。匡，正、纠正。

③赐：恩赐，即实惠、好处。

④微：〔如果〕没有。

⑤被（pī 披）发左衽（rèn 任）：是当时北方少数民族的风俗习惯，这里意思是说中原被夷狄所占，人们沦为落后民族了。被，同"披"。衽，衣襟。左衽，衣襟向左掩。

⑥匹夫匹妇：指庶人、百姓。

⑦谅：守信用。这里指固守小节小信。

⑧经：上吊、吊死。

⑨渎（dú 读）：小渠。

⑩而莫之知也：即"而莫知之也"，意思是：却没有人知道。

【译文】

子贡说："管仲不算是仁人吧？桓公杀了公子纠，他不仅没有为主殉难，反而去辅佐桓公。"孔子说："管仲辅佐桓公，称霸诸侯，匡正天下，老百姓至今还享受着他的好处。如果没有管仲，我们可能要受夷狄的统治了。难道他也要像普通百姓一样固守小节，在山沟中自杀也没人知道吗？"

14.18 公叔文子之臣大夫僎[①]与文子同升诸公[②]。子闻之，曰："可以为'文'矣。"

【注释】

①僎(xún 寻):人名。卫国大夫。原是公叔文子的家臣,由于公叔文子的推荐,升为大夫,做了大臣。

②同升诸公:僎由家臣升为大夫,与公叔文子同位参与政治。公,公室,指诸侯国的政权。诸,于。

【译文】

公孙文子的家臣大夫僎,与文子一道做了卫国的大臣。孔子知道这件事后说:“可以给他‘文’这个谥号了。”

14.19 子言卫灵公之无道也。康子[①]曰:“夫如是[②],奚而不丧[③]?”孔子曰:“仲叔圉治宾客,祝鮀治宗庙,王孙贾治军旅。夫如是,奚其丧?”

【注释】

①康子:即季康子。

②夫如是:既然如此。夫,句首语气词,以提示下文。

③奚而不丧:为什么不丧国(不垮台)呢?奚而,为何、怎么。

【译文】

孔子说卫灵公无道。季康子问:“既然这样,为什么国家不败亡呢?”孔子说:“因为他有仲叔圉接待宾客,祝鮀掌管祭祀,王孙贾统率军队。像这样,怎么会败亡呢?”

14.20 子曰:“其言之不怍[①],则为之也难。”

【注释】

①怍(zuò 坐):惭愧。

【译文】

孔子说:“如果一个人大言不惭,那么他的话难以兑现。”

14.21 陈成子弑[①]简公。孔子沐浴[②]而朝,告于哀公曰:“陈恒弑其君,请讨之。”公曰:“告夫三子[③]。”

孔子曰:“以吾从大夫之后[④],不敢不告也。君曰‘告夫三子’者!”

之[⑤]三子告,不可。孔子曰:“以吾从大夫之后,不敢不告也。”

【注释】

①弑:古代称子杀父、臣杀君为弑。

②沐浴:洗发洗身。古代称洗发为沐,洗身为浴。这时孔子已告退在家。“沐浴而朝”表示对朝见一事的重视。

③三子:指鲁国的季孙、仲孙、孟孙三家,他们在鲁国最有权势。

④以吾从大夫之后：因为我曾忝居大夫之列。以，由于、因为。

⑤之：到、去。

【译文】

陈成子杀了齐简公。孔子得知后马上洗浴更衣去朝见鲁哀公。他向鲁哀公禀告说："陈恒杀了他的君主，请您出兵讨伐他。"哀公说："你去报告那三位大夫吧。"

孔子退出后说："因为我曾做过大夫，所以不敢不来报告，君主却说'你去报告那三位大夫吧'！"

孔子去向三位大夫报告，但他们都不同意出兵讨伐。孔子说："因为我做过大夫，所以不敢不来报告。"

14.22　子路问事[①]君。子曰："勿欺也，而犯[②]之。"

【注释】

①事：服侍、侍奉。

②犯：触犯、冒犯。这里引申为谏诤、规劝。

【译文】

子路问如何事奉君主，孔子说："不能欺骗他，但可以规劝他。"

14.23　子曰："君子上达，小人下达。"

【译文】

孔子说："君子通达于仁义，小人通达于财利。"

14.24　子曰："古之学者为己，今之学者为人。"

【译文】

孔子说："古代人学习是为了提高自己本身，现代人学习是为了给别人看。"

14.25　蘧伯玉[①]使[②]人于孔子，孔子与之坐而问焉，曰："夫子[③]何为？"对曰："夫子欲寡其过而未能也。"

使者出，子曰："使乎！使乎！"

【注释】

①蘧（qú 渠）伯玉：名瑗，卫国大夫。孔子曾住他家。

②使：动词，派、差遣。本章下面三个"使"字为名词，使者。

③夫子：对男子的尊称，此指蘧伯玉。

【译文】

蘧伯玉派一使者去拜访孔子，孔子让使者坐下，而后问道："他老先生在做什么？"使者答道："他老先生想减少自己的过错，但没做到。"

使者退出后，孔子说："好使者啊！好使者啊！"

14.26　子曰："不在其位，不谋其政[1]。"
曾子曰："君子思不出其位。"

【注释】

①此句重出，见《泰伯第八》。

【译文】

孔子说："不居于那个职位，就不考虑那个方面的政务。"
曾子说："君子考虑事情不超出他的职权范围。"

14.27　子曰："君子耻[1]其言而[2]过其行。"

【注释】

①耻：以……为耻。
②而：助词，相当于"之"。

【译文】

孔子说："君子以说得多做得少为耻。"

14.28　子曰："君子道[1]者三，我无能焉：仁者不忧，知[2]者不惑，勇者不惧。"子贡曰："夫子自道[3]也。"

【注释】

①君子道：君子之道。
②知：同"智"。
③自道：自白、自我解剖。

【译文】

孔子说："君子之道的三个方面，我都未能做到：仁德的人不忧愁，智慧的人不迷惑，勇敢的人不害怕。"子贡说："这正是老师自己的行为啊！"

14.29　子贡方[1]人。子曰："赐[2]也贤乎哉？夫我则不暇[3]。"

【注释】

①方：同"谤"，指责别人的过失，说别人的短话。
②赐：即端木赐，姓端木，字子贡，名赐。
③暇(xiá 霞)：空闲。

【译文】

子贡评论别人的短处。孔子说："赐呀！你做得够好吗？我就没有这种闲

功夫。”

14.30 子曰：“不患[①]人之不己知[②]，患其[③]不能也。”

【注释】

①患：担心、忧虑。

②不己知：“不知己”的倒装。不知道、不了解自己。

③其：指自己。

【译文】

孔子说：“不担心别人不知道自己，只担心自己没才能。”

14.31 子曰：“不逆诈[①]，不亿[②]不信，抑亦[③]先觉者，是贤乎！”

【注释】

①不逆诈：不预先怀疑别人有欺诈行为。逆，预先。

②亿：同“臆”，猜测。

③抑亦：可是、然而。

【译文】

孔子说：“不要事先怀疑别人在欺诈，不凭空猜测别人不诚实，然而能及早察觉出来，才是贤人啊！”

14.32 微生亩[①]谓孔子曰：“丘何为是[②]栖栖[③]者与？无乃为佞乎[④]？”孔子曰：“非敢为佞也，疾固[⑤]也。”

【注释】

①微生亩：姓微生，名亩，鲁国人。

②是：如此。

③栖栖（xī 西）：不安定、忙忙碌碌。

④无乃为佞乎：你岂不成了一个花言巧语的人了吗？无乃……乎，表示反问语气，意思是“岂不是……吗”、“难道不……吗”。佞，能说会道、巧言谄媚。

⑤疾固：疾，厌恶、憎恨。固，固执、顽固，指固执的人。

【译文】

微生亩对孔子说：“孔丘，你为何这样忙忙碌碌，四处奔波呢？你岂不成了个能说会道的说客了吗？”孔子说：“我不敢做能言善道的说客，我是痛恨那些固执的人。”

14.33 子曰：“骥[①]不称[②]其力，称其德也。”

【注释】

①骥（jì 计）：骏马、好马。古代称善跑的马为骥。

②称(chēng 撑):称赞、赞美。

【译文】

孔子说:“我们赞美骏马,不是它的气力,而是它的品德。”

14.34 或曰:“以德报怨,何如?”子曰:“何以报德?以直[①]报怨,以德报德。”

【注释】

①直:正直、公平。

【译文】

有人对孔子说:“用恩德来回报怨恨怎么样?”孔子说:“那么用什么报答恩德呢?应以公平正直回报怨恨,以恩德报答恩德。”

14.35 子曰:“莫我知也夫[①]!”子贡曰:“何为其莫知子也?”子曰:“不怨天,不尤[②]人,下学而上达[③]。知我者其天乎!”

【注释】

①莫我知也夫:没有人能真正理解我呀!莫,没有谁。我知,即“知我”。也夫,句末语气词,表示感叹,相当于“啊”、“呀”。

②尤:指责、归罪。

③下学而上达:下学,学人事;上达,达天命。既学人事,人事有否有泰,故不尤人。上达天命,天命有穷有通,故不怨天。

【译文】

孔子说:“没有人了解我呀!”子贡说:“怎么说没有人了解您呢?”孔子说:“我不怨恨天,也不责怪人,我下学人事而上达天命。了解我的大概只有天吧!”

14.36 公伯寮[①]诉[②]子路于季孙。子服景伯[③]以告,曰:“夫子固有惑志于公伯寮[④],吾力犹能肆诸市朝[⑤]。”

子曰:“道之将行也与,命也;道之将废也与,命也。公伯寮其如命何?”

【注释】

①公伯寮:字子周,又作公伯缭、公伯僚。鲁国人。

②诉:诉说、诉苦。这里为诋毁、诬谤。

③子服景伯:又作子服伯子。复姓子服,名何,字伯,谥号景,鲁国大夫。

④夫子固有惑志于公伯寮:季孙氏已被公伯寮所迷惑。固,本来、已经。夫子,这里指季孙氏。

⑤吾力犹能肆诸市朝:我的力量还能够将公伯寮陈尸于市。肆,古时处死刑后陈尸于市叫“肆”。诸,相当于“之于”。市朝,市场。

【译文】

公伯寮向季孙氏诋毁子路。子服景伯将此事告诉了孔子,说:“季孙氏已被公伯寮所迷惑,不过,我的力量还能够将公伯寮陈尸于市。"

孔子说:"我的主张能够实行,是天命决定的;我的主张将要废弃,也是由天命决定的。公伯寮能把天命怎么样?"

14.37 子曰:"贤者辟世[①],其次辟地[②],其次辟色[③],其次辟言[④]。"

子曰:"作者七人[⑤]矣。"

【注释】

①辟世:指逃避动荡的社会而隐居不仕。辟,同"避",逃避、躲避。

②辟地:逃避是非之地到清静的地方去。

③辟色:躲避别人的脸色。

④辟言:避开难听的言语。

⑤作者七人:这样做的有七人。作者,即"为之作者",这样做的人。七人,指伯夷、叔齐、虞仲、夷逸、朱张、柳下惠、少连。一说指长沮、桀溺、丈人、石门、荷蒉、仪封人、楚狂接舆。

【译文】

孔子说:"贤明的人逃避乱世而隐居不仕,次一等的人逃避乱地而躲至清静的地方,再次一等的人躲避别人的脸色,再再次一等的人则避开难听的话。"

他又说:"这样做的已经有七人了。"

14.38 子路宿于石门[①]。晨门[②]曰:"奚自[③]?"子路曰:"自孔氏。"曰:"是知其不可而为之者与?"

【注释】

①石门:地名,在今山东平阴县北。一说为鲁国都城曲阜外城的城门。

②晨门:掌管早晚开闭城门的人,即守门人。

③奚自:从哪里来。奚,何。

【译文】

子路在石门住了一宿。早晨看门的人问道:"你从哪里来?"子路说:"来自孔子那儿。"守门人说:"是那个知道做不到却硬要去做的人吗?"

14.39 子击磬[①]于卫。有荷蒉[②]而过孔氏之门者,曰:"有心哉,击磬乎!"既而[③]曰:"鄙哉,硁硁乎[④]! 莫己知也,斯己而已矣[⑤]。深则厉,浅则揭[⑥]。"子曰:"果哉! 末之难矣[⑦]。"

【注释】

①磬(qìng 庆):古代一种石或玉制的打击乐器,形状像曲尺。

②荷蒉(hè kuì 贺愧):荷,担、扛。蒉,草编的筐子。

③既而:不久、不一会儿。

④鄙哉,硁(kēng 坑)硁乎:这硁硁的磬声多么俗浅呀! 硁硁,击磬的声音。

⑤莫己知也，斯己而已矣：没有人了解自己，自己知道就行了。“莫己知”，是“莫知己”的倒装。莫，没有谁。斯，句中语气词。己，动词，自己知道。已矣，罢了、行了。

⑥深则厉，浅则揭：厉，不脱衣服涉水。揭，提起衣服过河。这是说：水深就连衣而过，水浅就撩起衣服过河。这里以水深比喻社会非常黑暗，只得听之任之；水浅比喻黑暗的程度不深，还可以使自己不受沾染，不妨撩起衣裳，免得濡湿。

⑦果哉！末之难矣：说得好干脆呀！如果这样就没有什么困难了。果，果断、干脆、坚决。末，代词，表示没有什么。

【译文】

孔子在卫国时，一天正在敲磬。一位担着草筐的人恰在孔子门口经过，便说道：“这个敲磬的人有心思呀！”过一会儿又说：“这硁硁的磬声多么俗浅呀！好像在诉说没有人知道自己，没人知道自己就算了。这好比涉水一样，水深就连衣而过，水浅就撩衣而过。”孔子说：“说得好干脆！如果这样就没有什么可难的了。”

14.40 子张曰：“《书》云：‘高宗谅阴①，三年不言。’何谓也？”子曰：“何必②高宗，古之人皆然。君薨③，百官总己④以听于冢宰⑤三年。”

【注释】

①高宗谅阴：高宗，商王武丁。谅阴，又作“谅闇”、“亮阴”，为天子、诸侯居丧之称。一说为居丧之处，即凶庐。

②何必：何止、不仅仅是。

③薨（hōng 轰）：死。古代称侯王死为薨。

④总己：管理自己分内的职事。总，理、统领。

⑤冢（zhǒng 种）宰：古代官名，又称“太宰”。负责总理全国政务，辅佐王者治理天下，相当于后来的宰相。

【译文】

子张说：“《尚书》中说：‘高宗守丧，三年不言语。’这是什么意思呀？”孔子说：“不只是高宗，古人都是这样。国君死了，〔继位的君王都要三年不谈政事〕，文武百官各理自己的职事而听命于冢宰。”

14.41 子曰：“上好礼，则民易使也。”

【译文】

孔子说：“如果统治者喜好礼，那么老百姓就容易驱使了。”

14.42 子路问君子。子曰：“修己以敬①。”

曰：“如斯而已乎？”曰：“修己以安人②。”

曰：“如斯而已乎？”曰：“修己以安百姓。修己以安百姓，尧舜其犹病诸③！”

【注释】

①修己以敬：修身养性，认真严肃地对待工作、生活。以，用来。

②安人：使亲友安乐。人，这里是狭义上的人，指亲族朋友。

③病诸：难以做到呀！病，难，为难，这里指难以做到。诸，相当于“之乎”，可译为“呀”，“啊”。

【译文】

子路问怎样才算君子。孔子说：“修养自己，严肃认真地工作、生活。”

子路问：“像这样就行了吗？”孔子说：“修养自己，使亲友安乐。”

子路又问：“像这样就行了吗？”孔子说：“修养自己，使百姓安乐。使百姓安乐，就是尧、舜还难以做到呢！”

14.43 原壤夷俟①。子曰：“幼而不孙弟②，长而无述③焉，老而不死，是为贼④。”以杖叩其胫⑤。

【注释】

①原壤夷俟（sì 四）：原壤，孔子的老朋友。夷，两腿叉开坐在地上，古代认为这是傲慢无礼的表现。俟，等待。

②孙弟：同“逊悌”，谦逊、孝悌。

③无述：没有立下什么可被称述的功德。

④贼：害人。

⑤胫：小腿。

【译文】

原壤两腿叉开坐在地上，等待孔子。孔子说：“你幼时不谦逊、孝悌，长大后又一无所成，老了还不死，真是个害人精。”孔子一面数落，一面用拐杖敲他的小腿。

14.44 阙党①童子②将命③。或问之曰：“益者与④？”子曰：“吾见其居于位⑤也，见其与先生并行⑥也。非求益者也，欲速成者也。”

【注释】

①阙党：地名，在今山东曲阜市境内，是孔子的家乡。

②童子：未成年的人。

③将命：传命，传达宾主的话。

④益者与：（这个童子）是个肯求上进的人吗？益者，求上进的人。与，句末语助词，表示疑问。

⑤居于位：据当时礼节，童子应站在主人之北，面向南，不应有位，成人才有位。文中童子居于成人位上，是一种无礼行为。

⑥与先生并行：按当时礼节，童子与长辈人一起行走，应跟随在后，不能并行。

【译文】

阙党的一个童子来向孔子传信。有人问孔子说：“这位童子是个肯求上进的人吗？”孔子说：“我见他居坐在成人的位子上，又见他与长辈并肩而行。这不是个肯求上进的人，只是个急于求成的人。”

卫灵公第十五

15.1 卫灵公问陈[①]于孔子。孔子对曰:“俎豆之事[②],则尝闻之矣;军旅之事,未之学也。”明日遂行。

【注释】

①陈:同“阵”,即战阵。

②俎(zǔ 组)豆之事:俎和豆都是古代宴客、朝聘、祭祀等用的礼器。俎本是用来陈置牲口的几,豆是用来盛干肉一类食物的器皿。此处“俎豆之事”代指礼仪方面的事。

【译文】

卫灵公向孔子问布列战阵之法。孔子说:“礼仪方面的事情,我曾经听到过;军队作战方面的事情,我没学过。”第二天孔子就离开了卫国。

15.2 在陈绝粮[①],从者病,莫能兴[②]。子路愠[③]见曰:“君子亦有穷乎?”子曰:“君子固[④]穷,小人穷斯滥[⑤]矣。”

【注释】

①在陈绝粮:孔子周游列国时,在从陈国去蔡国的途中,因故被陈人包围,绝粮七天。

②兴:起来。此外指行走。

③愠(yùn 运):怨恨、生气。

④固:固守、安守。

⑤滥:过度、无节制。

【译文】

孔子在陈国断绝了粮食,跟从的人都饿病了,不能行走。子路很不高兴地来见孔子,说:“君子也有穷困的时候吗?”孔子说:“君子能安守贫穷,若小人贫穷就无所不为了。”

15.3 子曰:“赐也,女[①]以予为多学而识[②]之者与?”对曰:“然,非与?”曰:“非也,予一以贯之。”

【注释】

①女:同"汝",你。

②识(zhì 志):同"志",记。

【译文】

孔子说:"赐呀!你以为我是个博学强记的人吗?"子贡答道:"是的,难道不是这样吗?"孔子说:"不是的,我是用一基本的东西把它们贯穿起来的。"

15.4　子曰:"由,知德者鲜①矣。"

【注释】

①鲜(xiǎn 显):少。

【译文】

孔子说:"仲由啊,懂得道德的人太少了。"

15.5　子曰:"无为而治①者,其舜也与?夫②何为哉?恭己正南面③而已矣。"

【注释】

①无为而治:一般儒者都以为舜能"所任得其人,故优游而自逸也"。赵岐《孟子注》也说:"言任官得其人,故无为而治。"

②夫:代词,指舜。

③南面:古代以坐北朝南为尊位,故天子诸侯见群臣,或卿大夫见僚属,皆南面而坐。这里指王位。

【译文】

孔子说:"自己无所作为而能使天下得到治理的,恐怕只有舜吧!他做了些什么呢?他不过庄重端正地坐在王位上罢了。"

15.6　子张问行①。子曰:"言忠信,行笃敬,虽蛮貊②之邦,行矣。言不忠信,行不笃敬,虽州里③,行乎哉?立则见其参于前④也,在舆则见其倚⑤于衡⑥也,夫然后行。"子张书诸绅⑦。

【注释】

①行:指将自己的思想主张付诸实践,使自己在社会上行得通。

②蛮貊(mò 末):我国古代统治阶级对南部和东北部少数民族带有污蔑性的称呼。

③州里:州和里是古代的居民组织。二千五百家为州(一说一万家),二十五家为里。这里州里指本乡本土、故里。

④参于前:显现于眼前。参,见、显。

⑤倚:斜靠在某物上为倚。

⑥衡:车辕前的横木。

⑦书诸绅：把它们书写在衣带上。诸，之于。绅，士大夫束在腰间的大带子。

【译文】

子张问孔子如何做才能使自己在社会上行得通。孔子说："言语忠诚信实，行为宽厚谨慎，即使到了蛮貊地区也能行得通。言语欺诈无信，行为刻薄轻浮，即使在本乡本土，能行得通吗？站着，就仿佛看见'忠诚信实宽厚谨慎'几个字在眼前；坐在车上，就仿佛看见这几个字倚在横木上。这样就能行得通了。"子张把这些话写在了衣带上。

15.7 子曰："直哉，史鱼[①]！邦有道，如矢[②]；邦无道，如矢。君子哉，蘧伯玉！邦有道则仕，邦无道则可卷而怀之[③]。"

【注释】

①史鱼：又作史鳝（qiú 求），字子鱼。春秋时卫国大夫，以正直敢谏著名。

②矢：箭。此处借以形容正直不阿。

③卷而怀之：不参与政事，隐居不仕。卷，弯曲成圆筒形。怀，包藏。

【译文】

孔子说："史鱼多么正直啊！国家有道，他刚直不阿；国家无道，他也刚直不阿。蘧伯玉真是位君子啊！国家有道他就出来做官，国家无道就隐居不仕。"

15.8 子曰："可与言而不与之言，失人[①]；不可与言而与之言，失言。知者不失人，亦不失言。"

【注释】

①失人：指错过人才，失去人才。

【译文】

孔子说："可以同他谈的话却不同他谈，这是错过了人；不可以同他谈的话却同他谈，这是空费言辞。明智的人不错过人，也不空费言辞。"

15.9 子曰："志士[①]仁人[②]，无求生以害[③]仁，有杀身以成仁。"

【注释】

①志士：有远大志向的人。

②仁人：言行、道德高尚的人。

③害：妨害、损害。

【译文】

孔子说："志士仁人，不能为了保全生命而损害仁，宁肯牺牲生命而成就仁。"

15.10 子贡问为仁。子曰："工欲善其事[①]，必先利其器[②]。居是邦也，事其

大夫之贤者，友其士之仁者。”

【注释】

①工欲善其事：工匠想把他的活计做好。工，从事各种手工业技术的工匠。

②必先利其器：首先必须备有得心应手的工具。器，器具、工具。

【译文】

子贡问如何实行仁。孔子说：“工匠想把活计做好，必须先把工具备好。居住在这个国家，就要事奉大夫中的贤人，交结士中的仁人。”

15.11 颜渊问为邦。子曰：“行夏之时①，乘殷之辂②，服周之冕③，乐则《韶》、《舞》④，放郑声⑤，远佞人⑥。郑声淫，佞人殆⑦。”

【注释】

①行夏之时：实行夏历。时，季节、时节，这里指历法。夏历以建寅之月（正月）为岁首，便于农业生产。当时流行的还有殷历，以建丑（即夏十二月）为首岁；还有周历，以建子（即夏十一月）为岁首。当时夏历较受欢迎。我们现在用的农历，便是夏历。

②乘殷之辂（lù 路）：乘坐殷代的车子。辂，车。殷代的车子较周代的朴素些。

③服周之冕：戴周代的礼帽。孔子一贯主张礼服要华美，而周代的礼帽较前代华美。

④《韶》、《舞》：《韶》，相传是古代歌颂虞舜的一种乐舞。《舞》即《武》，相传是歌颂周武王的一种乐舞。

⑤放郑声：排斥郑地的俗乐。放，驱逐，这里可译为“排斥、舍弃”。郑声，古代郑地的俗乐，音调和雅乐不同，孔子把郑声与《诗经》中的刺淫之作《郑风》等篇相附会，故曰：“郑声淫。”

⑥远佞（nìng 宁）人：疏远能说会道的小人。佞人，花言巧语、阿谀奉承的人。

⑦殆（dài 代）：危害、危险。

【译文】

颜渊问如何治国。孔子说：“采用夏代的历法，乘坐商代的车子，穿戴周代的礼服，沿用《韶》乐和《舞》乐，排斥郑地的音乐，疏远能说会道的小人。郑乐淫靡，小人危险。”

15.12 子曰：“人无远虑，必有近忧。”

【译文】

孔子说：“一个人没有长远的打算，一定会有迫身的忧患。”

15.13 子曰：“已矣乎！吾未见好德如好色者也。”

【译文】

孔子说：“完了！我还没见过像喜好美色那样喜好美德的人哩。”

15.14　子曰："臧文仲[①]其窃位者与[②]？知柳下惠[③]之贤而不与立[④]也。"

【注释】

①臧文仲：鲁国大夫，历仕庄公、闵公、僖公、文公四朝。

②其窃位者与：大概是一位窃居官位的人吧！其，副词，表推测、估计，可译为"大概"、"或许"。窃位，窃居官位，指占有官位而又不尽职尽责。

③柳下惠：即展禽。春秋时鲁国大夫。展氏，名获，字禽。食邑在柳下，谥"惠"，故此称之。以善于讲究贵族礼节、"坐怀不乱"著称。

④立：位也，古代"立"与"位"同字，此处指职位、官位。

【译文】

孔子说："臧文仲大概是个窃居官位的人吧？他明知柳下惠贤明却不举荐他为官。"

15.15　子曰："躬自厚[①]而薄责于人[②]，则远怨[③]矣。"

【注释】

①躬自厚：即"躬自厚责"，意思为：多责备自己，严于律己。躬自，自己对自己。

②薄责于人：少责备别人，宽以待人。薄，与"厚"相对，少。

③远怨：避免怨恨或埋怨。

【译文】

孔子说："多责备自己而少责备别人，就可避免怨恨了。"

15.16　子曰："不曰'如之何[①]，如之何'者，吾末如之何也已矣[②]。"

【注释】

①如之何：怎么办，指遇事能思考问题，动脑筋。

②吾末如之何也已矣：我也不知对他怎么办才好啊。末，通"莫"。末如之何，无可奈何，不知如何办。也已矣，复合语气词，相当于现代汉语的"呀"、"啊"。

【译文】

孔子说："遇事不说'怎么办，怎么办'的人，我也不知对他怎么办才好。"

15.17　子曰："群居终日[①]，言不及义[②]，好行小慧[③]，难矣哉[④]！"

【注释】

①居：坐、处。

②及：涉及。

③好行小慧：喜欢耍弄小聪明。好，喜好。慧，聪明。

④难矣哉：这种人真难办（教导）！

【译文】

孔子说："整日聚集在一起，言论不合于义，喜欢卖弄小聪明，这种人真难教导！"

15.18　子曰："君子义以为质[①]，礼以行之，孙以出之[②]，信以成之。君子哉！"

【注释】

①义以为质：即"以义为质"的倒装，下句"礼以行之"同此。意为：以义为根本。质，根本、本质。

②孙（xùn 迅）以出之：即"出之以孙"，以谦逊的语言来表达它（义）。孙，同"逊"，谦逊。出，表达。

【译文】

孔子说："君子以义为根本，并以礼仪施行它，以谦逊的语言表达它，以诚实的态度完成它。这才真是君子啊！"

15.19　子曰："君子病[①]无能焉，不病人之不己知也。"

【注释】

①病：担心、忧虑。

【译文】

孔子说："君子只担心自己没才能，不担心别人不知道自己。"

15.20　子曰："君子疾[①]没世[②]而名不称[③]焉。"

【注释】

①疾：厌恶、憎恨、遗恨。

②没（mò 末）世：死亡、去世。

③称：称道、称颂。

【译文】

孔子说："使君子引以为恨的是到死名声还不被人称颂。"

15.21　子曰："君子求诸己[①]，小人求诸人。"

【注释】

①求诸己：严格要求自己。求，要求。诸，相当于"之于"。

【译文】

孔子说："君子严格要求自己，小人苛求别人。"

15.22　子曰："君子矜[①]而不争，群而不党[②]。"

【注释】

①矜（jīn 今）：慎重、矜持。

②群而不党：合群而不结帮派。党，由私人利害关系结成的集团，同伙的人、同类、党徒，此处用作动词，指结党营私、拉帮结派。

【译文】

孔子说："君子矜持而不争执，合群而不结派。"

15.23　子曰："君子不以[①]言举人，不以人废言[②]。"

【注释】

①以：凭、根据。

②废：废弃不用。

【译文】

孔子说："君子不因为这个人的言论好就推举他，也不因为这个人不好就废弃他的好言论。"

15.24　子贡问曰："有一言而可以终身行之者乎[①]？"子曰："其'恕'[②]乎！己所不欲，勿施[③]于人。"

【注释】

①有一言而可以终身行之者乎：有没有可以终生奉行的一个字呢？一言，此处指一个字。

②恕：用自己的心推想别人的心，即"己所不欲，勿施于人"。

③施：强加。

【译文】

子贡问孔子："有没有一个字可以让人终生奉行的？"孔子说："大概就是'恕'吧。自己所不愿意要的，不要施加给别人。"

15.25　子曰："吾之于人也，谁毁谁誉[①]？如有所誉者，其有所试矣[②]。斯民也[③]，三代[④]之所以直道而行[⑤]也。"

【注释】

①谁毁谁誉：此为"毁谁誉谁"的倒装，意思为：诋毁过谁？赞誉过谁？

②其有所试矣：一定是经过验证的。试，试验、试用。这里可译为"考验"、"验证"。

③斯民也：此三字为强调语，前置。正常语序应为"斯三代民也"。

④三代：指夏、商、周。

⑤直道而行：按正道行事。朱熹《论语集注·卫灵公》注此章曰："直道，无私曲也。"

【译文】

孔子说："我对别人的评价，诋毁过谁？赞誉过谁？如果有所赞誉，那也是经过考察的。夏、商、周三代的人正因为如此，所以才能够正道而行。"

15.26 子曰："吾犹及[①]史之阙文[②]也。有马者借人乘之，今亡矣夫！"

【注释】

①及：涉及、接触到，此指看到。

②史之阙文：史官阙疑不书或遗漏的文献。史，指史官。阙，缺漏。

【译文】

孔子说："我还能够看到史官的阙文。有马的人，先借给别人骑。如今没有这种现象了。"

15.27 子曰："巧言乱德[①]。小不忍，则乱大谋[②]。"

【注释】

①乱德：败坏道德。乱，扰乱。

②大谋：此指大事。谋，计策、谋划。

【译文】

孔子说："花言巧语就会败坏道德。小事上不能忍耐就会乱了大事。"

15.28 子曰："众恶之，必察焉；众好之，必察焉。"

【译文】

孔子说："众人都厌恶的，一定要留心观察一番；众人都喜欢的，也一定要留心观察一番。"

15.29 子曰："人能弘[①]道，非道弘人。"

【注释】

①弘：扩大、广大。

【译文】

孔子说："人能弘扬道，而道不能弘扬人。"

15.30 子曰："过而不改，是谓过矣。"

【译文】

孔子说："有过错而不改正，这才叫过错呢。"

15.31 子曰："吾尝[①]终日不食，终夜不寝，以思[②]，无益，不如学也。"

【注释】

①尝：曾经。

②以思：去思考。

【译文】

孔子说："我曾终日不食，彻夜不眠，去苦苦思索，结果没什么益处，不如去学习。"

15.32 子曰："君子谋道[①]不谋食。耕也，馁[②]在其中矣。学也，禄[③]在其中矣。君子忧道不忧贫。"

【注释】

①谋道：指谋求学道、学业。

②馁（něi）：饥饿。

③禄：官吏的俸禄。

【译文】

孔子说："君子谋求学道，不谋求衣食。耕田，也免不了饥饿；学道，却能做官得俸禄。所以君子只担心学不到道，不担心贫穷。"

15.33 子曰："知及之[①]，仁不能守[②]之，虽得之，必失之。知及之，仁能守之，不庄以莅[③]之，则民不敬。知及之，仁能守之，庄以莅之，动之不以礼，未善也。"

【注释】

①知及之：凭智慧得到官职。知，同"智"，才智。及，触及，此谓得到。之，代指官职。

②守：保持。

③莅（lì 立）：到、临，从上监视着、统治。

【译文】

孔子说："凭智慧得到了官职，如果不能用仁德保持它，即使得到了，也一定会失去。凭智慧得到了官职，能用仁德来保持，但如果不用庄严的态度去治理政务，那么百姓是不会尊重的。凭智慧得到了官职，既能以仁德保持它，又能用庄严的态度去治理政务，但如果行动不合乎礼仪，也不是完善的。"

15.34 子曰："君子不可小知[①]而可大受[②]也，小人不可大受而可小知也。"

【注释】

①小知：指做小事情。知，主持、办理。

②大受：指承担重任。受，接受、承受。

【译文】

孔子说："不可以让君子做小事情而要让他们承担重任。不可以让小人承担重任而要让他们做小事情。"

15.35 子曰："民之于仁也，甚[①]于水火。水火，吾见蹈而死者矣，未见蹈[②]仁

而死者也。”

【注释】

①甚：胜过、超过。

②蹈（dǎo 倒）：踏、踩，此处指实行。

【译文】

孔子说：“百姓需求仁德比对水火的需求更迫切。我见过赴汤蹈火而死的，却未见过实行仁德而死的。”

15.36 子曰：“当仁，不让于师。”

【译文】

孔子说：“碰到需要发挥仁的精神的时候，就是老师也不必同他谦让。”

15.37 子曰：“君子贞[①]而不谅[②]。”

【注释】

①贞：正。

②谅：诚实，此处指小节小信。

【译文】

孔子说：“君子守正道而不必拘泥于小信。”

15.38 子曰：“事君，敬其事而后其食[①]。”

【注释】

①后其食：即“后食其禄”。

【译文】

孔子说：“事奉君主，要认真办事而把食俸禄的事放在后面。”

15.39 子曰：“有教无类。”

【译文】

孔子说：“我对人都加以教育，没有区别。”

15.40 子曰：“道不同，不相为谋。”

【译文】

孔子说：“主张不同，就不在一起谋划事情。”

15.41 子曰：“辞达[①]而已矣。”

【注释】

①辞达：指写文章、讲话能把意思表达清楚。辞，言辞、文辞。

【译文】

孔子说："辞能达意就可以了。"

15.42 师冕[①]见，及阶[②]，子曰："阶也。"及席，子曰："席也。"皆坐，子告之曰："某在斯[③]，某在斯。"

师冕出，子张问曰："与师言之道与[④]？"子曰："然，固[⑤]相[⑥]师之道也。"

【注释】

①师冕：师，乐师。冕，乐师的名字。当时乐师一般是盲人。

②及阶：到了台阶边。及，至、到。

③某在斯：某某在此。

④与师言之道与：这是与乐师讲话的方式吗？与，句首"与"意为"和……"；句末"与"为句尾语气词，表示疑问。道，方式、方法。

⑤固：副词，表示肯定。

⑥相：帮助。

【译文】

师冕来见孔子，走到台阶边，孔子说："这是台阶。"走到坐席边，孔子说："这是坐席。"大家都坐下后，孔子便告诉师冕："某某在此，某某在此。"

师冕走后，子张问孔子说："这就是与乐师讲话的方式吗？"孔子说："是的，这就是帮助乐师的方式。"

季氏第十六

16.1 季氏[1]将伐颛臾[2]。冉有、季路[3]见于孔子曰："季氏将有事于颛臾。"

孔子曰："求！无乃尔是过与[4]？夫颛臾，昔者先王[5]以为东蒙主[6]，且在邦域之中[7]矣，是社稷[8]之臣也。何以伐为[9]？"

冉有曰："夫子欲之[10]，吾二臣者皆不欲也。"

孔子曰："求！周任[11]有言曰：'陈力就列，不能者止[12]。'危而不持[13]，颠而不扶[14]，则将焉用彼相矣[15]？且尔言过矣。虎兕出于柙[16]，龟玉毁于椟中[17]，是谁之过与？"

冉有曰："今夫颛臾，固[18]而近于费[19]。今不取，后世必为子孙忧。"

孔子曰："求！君子疾夫舍曰欲之而必为之辞[20]。丘也闻：有国有家[21]者，不患贫而患不均，不患寡[22]而患不安。盖均无贫[23]，和无寡[24]，安无倾[25]。夫如是，故远人不服，则修文德[26]以来[27]之，既来之，则安之[28]。今由与求也，相[29]夫子，远人不服，而不能来也；邦分崩离析[30]，而不能守也；而谋动干戈[31]于邦内。吾恐季孙之忧，不在颛臾，而在萧墙之内[32]也。"

【注释】

①季氏：即季孙氏，鲁国最有权势的贵族。这里指季康子，名肥。

②将伐颛臾(zhuān yú 专余)：将要攻打颛臾。伐，攻打、讨伐。颛臾，小国，是鲁国的属国，故城在今山东费县西北。

③冉有、季路：冉有，姓冉，名求，字子有。季路，姓仲，名由，字子路。冉有和季路当时都是季康子的家臣。

④无乃尔是过与：即"无乃是尔过与"的倒装。这恐怕是你的过失吧？无乃，这里有"恐怕是"的意思。尔，你。是，代词，指上述季氏将伐颛臾事。过，过失、过错。与，语气词，表疑问。

⑤先王：指周之先王。

⑥以为东蒙主：让颛臾主祭东蒙山神。东蒙，即蒙山，在今山东蒙阴南四十里，西南接费县界。主，主祭人。

⑦在邦域之中：指在鲁国疆域里边。

⑧社稷：古代帝王、诸侯所祭的土神和谷神，以后成了国家的代称。这里指鲁国。

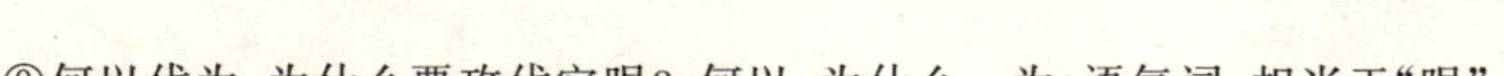

⑨何以伐为:为什么要攻伐它呢?何以,为什么。为,语气词,相当于“呢”。

⑩夫子欲之:是季康子要这么干的。之,代指伐颛臾。夫子,古代对男子的尊称,此处指季康子。

⑪周任:古代的一位史官。

⑫陈力就列,不能者止:要量力任职,如不能胜任就辞职。陈,陈列、摆出来。陈力,这里有“量力”的意思。就,趋向、靠近。列,位次、职位。就列,走上岗位,即担任职务。

⑬危而不持:如果(盲人)站不稳而你不去扶持他。危,不稳,这里指站不稳。持,把着。

⑭颠而不扶:摔跤了而你又不去搀起来。颠,倒、跌。扶,搀着。

⑮则将焉用彼相(xiàng象)矣:那么还要助手做什么呢?相,扶助盲人的人为相。这里引申为“助手”的意思,指子路、冉有。

⑯虎兕(sì四)出于柙(xiá霞):老虎、犀牛跑出笼子。兕,独角犀牛。柙,关猛兽的笼子。

⑰龟玉毁于椟(dú独)中:龟壳和玉器毁在匣中。龟、玉都是宝物。龟,龟板、龟壳,用来占卜。玉,指玉瑞和玉器,玉瑞用来表示爵位,玉器用于祭祀。椟,匣子。

⑱固:指城郭坚固。

⑲费:季氏的私邑,即今山东费县。

⑳君子疾夫舍曰欲之而必为之辞:君子厌恶那种想这样做却撇开不谈,而一定要为此做些别的说辞的人,即口是心非的伪善者。疾,痛恨。夫,代词,那种。舍,撇开。舍曰,不说、撇开不谈。辞,说辞、托辞。

㉑国:指诸侯统治的政治区域。家:卿大夫统治的政治区域。

㉒寡:指人口少。

㉓均无贫:大意是说:财富分配公平合理,上下各得其分,就没有贫穷。

㉔和无寡:意思是说:上下和睦,人民都愿归附,就没有人口少的现象。

㉕安无倾:国家安定,就没有倾覆的危险。倾,倾覆、颠覆。

㉖修文德:修治礼教和道德。文,文教,指礼教。

㉗来:使……来归附,招徕。

㉘既来之,则安之:他们既然来归附,就要让他们安心居住下来。安,使……安定。孔子在这里提出了以德服人的主张,并谴责了非正义战争。

㉙相:辅助。

㉚分崩离析:局面混乱,四分五裂。

㉛干戈:干,盾牌。戈,古代一种用来刺杀的长柄兵器。干戈,代指军事。

㉜萧墙之内:此指季氏自己内部。萧墙,国君宫门内当门的小墙,又叫“屏”。

【译文】

季氏将要攻打颛臾。冉有、子路前去拜见孔子,说:“季氏将要对颛臾用兵。”

孔子说:“冉求!这恐怕要责备你吧?颛臾,过去周天子让它主祭东蒙山神,而且它又在鲁国疆域之内,是鲁国的臣属。为什么要攻伐它呢?”

冉有说:“是季孙大夫想这么做,我们俩人都不愿意。”

孔子说:“冉求!古代的史官周任曾经说过:‘要量力任职,如不胜任就辞职。’如果季孙氏站不稳而你不去扶持他,摔跤了而你不去搀起来,那么又用助手干什么呢?而且你的话说错了。老虎、犀牛跑出笼子,龟板玉器毁在匣中,这是谁的

错呢？”

冉有说：“现在颛臾城墙坚固，而且靠近费邑。如果此时不攻占，将来必然会给子孙留下祸患。”

孔子说：“冉求！君子厌恶那种想这样做却撇开不谈而一定要为此编造出冠冕堂皇的理由的人。我听说过：像诸侯、大夫这样的统治者，不担心贫穷而担心分配不均，不担心人口少而担心社会不安定。财富分配公平合理，就没有贫穷；上下和睦，就不会人口稀少；国家安定，就没有倾覆的危险。这样做了，远方的还不归服，就修治礼教招徕他们。他们已经来了，就要让他们安心住下去。现在你仲由和冉求二人辅佐季孙大夫，远方的人不归服，而不能招徕他们；国家四分五裂，而不能保全；反而谋划在国内打仗。我担心季氏的忧患，不在颛臾，而在自己内部呀。”

16.2 孔子曰：“天下有道，则礼乐征伐自天子出[①]；天下无道，则礼乐征伐自诸侯出。自诸侯出，盖[②]十世希[③]不失[④]矣；自大夫出，五世希不失矣；陪臣[⑤]执国命[⑥]，三世希不失矣。天下有道[⑦]，则政不在大夫。天下有道，则庶人不议[⑧]。”

【注释】

①礼乐征伐自天子出：制作礼乐制度和出兵征伐都由天子决定。

②盖：大概。

③希：同“稀”，少有。

④不失：指君统能继续传下去。

⑤陪臣：卿、大夫的家臣。

⑥执国命：掌握国家政权。

⑦有道：指国家政治清明，社会太平。

⑧不议：指不议论朝政。

【译文】

孔子说：“天下有道，则礼乐、征伐都由天子决定；天下无道，则礼乐、征伐都由诸侯越权决定。由诸侯执掌国政，大概经过十代很少有不垮台的；由大夫执掌国政，经过五代很少有不垮台的；由陪臣执掌国政，经过三代很少有不垮台的。天下有道，国家政权就不会在大夫手中。天下有道，老百姓就不会议论朝政。”

16.3 孔子曰：“禄[①]之去公室[②]五世[③]矣，政逮[④]于大夫四世[⑤]矣，故夫三桓[⑥]之子孙微[⑦]矣。”

【注释】

①禄：爵禄，这里指政权。

②公室：春秋战国时诸侯的家族，也用以指诸侯国的政权。这里指鲁国国君。

③五世：即五代。自鲁公室丧失政权到孔子说这段话时，经历了五代。

④逮(dài 代)：到、及。

⑤四世：宣公死后，季文子逐东门氏，执掌国政。自此至孔子说这段话时已经历文子、武子、平子、桓子四代。

⑥三桓：指鲁国的三家大夫孟孙氏、叔孙氏、季孙氏，他们都是鲁桓公的后代，故称“三桓”。在鲁定公前，三家一直掌握鲁国大权。

⑦微：衰微。鲁定公时，出现“陪臣执国命”的局面，三桓势力一度衰弱。

【译文】

孔子说：“鲁国国君丧失政治权力已有五代了，政权落在大夫手中已四代了，所以三桓的子孙也衰微了。”

16.4 孔子曰：“益者三友[①]，损者三友[②]。友直[③]，友谅[④]，友多闻[⑤]，益矣。友便辟[⑥]，友善柔[⑦]，友便佞[⑧]，损矣。”

【注释】

①益者三友：有益的朋友有三种。

②损者三友：有害的朋友有三种。

③友直：同正直的人交朋友。友，动词，与……交朋友。直，正直，此指正直的人。

④谅：此指诚信的人。

⑤多闻：指见多识广的人。

⑥便（pián 骈）辟：逢迎谄媚、玩弄手腕的人。

⑦善柔：善于矫揉造作、当面恭维的人。

⑧便佞：花言巧语、阿谀逢迎之人。

【译文】

孔子说：“有益的朋友有三种，有害的朋友也有三种。同正直的人交朋友，同信诚的人交朋友，同见多识广的人交朋友，这是有益的。同逢迎奸诈的人交朋友，同矫揉造作的人交朋友，同花言巧语的人交朋友，这是有害的。”

16.5 孔子曰：“益者三乐，损者三乐。乐节礼乐[①]，乐道人之善，乐多贤友，益矣。乐骄乐[②]，乐佚游[③]，乐宴乐，损矣。”

【注释】

①乐（lè 勒）节礼乐（yuè 月）：以礼乐节制自己为乐。前“乐”字，动词，以……为乐；后“乐”字，名词，指礼乐。

②乐（lè 勒）骄乐（lè 勒）：以骄奢淫逸、犬马声色为乐。前“乐”字，动词，以……为乐；后“乐”字，名词，指声色。

③佚（yì 益）游：游手好闲。佚，同“逸”，安闲、放荡、放纵。游，游乐、悠闲。

【译文】

孔子说：“有益的快乐有三种，有害的快乐也有三种。以礼乐节制自己为乐，以论别人的长处为乐，以多交贤友为乐，是有益的。以骄奢淫逸为乐，以游手好闲为

乐，以宴饮美食为乐，是有害的。”

16.6　孔子曰：“侍于君子有三愆①：言未及之而言谓之躁，言及之而不言谓之隐，未见颜色而言谓之瞽②。”

【注释】

①愆(qiān 铅)：过失。

②瞽(gǔ 鼓)：盲人。

【译文】

孔子说：“侍奉君子容易犯三种过失：君子还没说到时而你却先说，这是急躁；君子说到了而你还不说，这是隐瞒；不看君子脸色而贸然说话，这是盲目。”

16.7　孔子曰：“君子有三戒：少之时，血气①未定，戒之在色；及其壮也，血气方刚，戒之在斗；及其老也，血气既衰，戒之在得②。”

【注释】

①血气：即感情、精力。

②得：贪得，指贪图利禄、名誉、地位等。

【译文】

孔子说：“君子要警惕戒备三件事：年少时，血气未定，要警惕贪恋女色；到了壮年，血气方刚，要警惕争胜好斗；到了老年，血气已衰，要警惕贪得无厌。”

16.8　孔子曰：“君子有三畏：畏天命，畏大人①，畏圣人之言。小人不知天命而不畏也，狎②大人，侮圣人之言。”

【注释】

①大人：古代对处在高位或德行高尚的人称“大人”。此处指在高位的权贵之人。其实孔子所畏的“大人”不是大人本人，而是大人所代表的国家神器、宗庙社稷。

②狎(xiá 霞)：轻侮、亲近而不庄重。

【译文】

孔子说：“君子有三怕：敬畏天命，敬畏大人，敬畏圣人之言。小人不知天命而不加敬畏，但攀附大人，轻侮圣人之言。”

16.9　孔子曰：“生而知之者，上也；学而知之者，次也；困而学之①，又其次也；困而不学，民斯为下矣②。”

【注释】

①困而学之：遇到困难再去学习。

②民斯为下矣：这种人是最下等的了。斯，就、则。

【译文】

孔子说："生来就知道的人，是上等人；学习后知道的人，是次一等的人；遇到困难再去学习的人，是又次一等的人；遇到困难也不学习的人，是最下等的人。"

16.10 孔子曰："君子有九思：视思明，听思聪，色思温，貌思恭，言思忠，事思敬，疑思问，忿思难，见得思义。"

【译文】

孔子说："君子有九种考虑：观察事物时要考虑是否看明白了；了解问题时要考虑是否听清楚了；待人接物时要考虑脸色是否温和；处理事务时要考虑态度是否恭敬；与人说话时要考虑是否诚实；做事时要考虑是否认真；有疑问时要考虑是否该问；生气时要考虑是否有后患；有利可图时要考虑是否合乎义。"

16.11 孔子曰："见善如不及①，见不善如探汤②。吾见其人矣，吾闻其语矣③。隐居以求其志④，行义以达其道⑤。吾闻其语矣，未见其人也。"

【注释】

①见善如不及：看见嘉言善行就怕赶不上一样努力追求。不及，赶不上。

②见不善如探汤：遇见恶言败行就像手伸进沸水一样迅速避开。

③吾见其人矣，吾闻其语矣：我见过这样的人，也听过这样的话。

④隐居以求其志：隐居以求得保全自己的志向。

⑤行义以达其道：以实行礼义来贯彻实践自己的主张。

【译文】

孔子说："看见美好的言行，就怕赶不上一样去努力追求；看见邪恶的言行，就像把手伸进沸水里一样迅速避开。我见过这样的人，也听过这样的话。以隐居求得保全自己的志向，以行义贯彻自己的主张。我听过这样的话，但没见过这样的人。"

16.12 齐景公有马千驷①，死之日，民无德而称焉②。伯夷、叔齐饿于首阳③之下，民到于今称之。其斯之谓与④？

【注释】

①千驷(sì 四)：驷，古代谓同驾一辆车的四匹马为一驷。千驷，即四千匹马。

②民无德而称焉：百姓找不到他可称颂的德行。

③首阳：首阳山，在今山西运城县南。

④其斯之谓与：此句与上文不衔接，可能有缺漏。意思为：大概说的就是这个道理吧！其，语气词，表示揣测，大概、也许。斯，这。

【译文】

齐景公有马四千匹，到他死时，百姓找不出他可称颂的德行。伯夷、叔齐饿死

在首阳山下，百姓至今还称颂他们。说的就是这个意思吧？

16.13 陈亢[1]问于伯鱼[2]曰："子亦有异闻[3]乎？"

对曰："未也。尝独立[4]，鲤趋而过庭[5]。曰：'学《诗》乎？'对曰：'未也。''不学《诗》，无以言。'鲤退而学《诗》。他日，又独立，鲤趋而过庭。曰：'学《礼》乎？'对曰：'未也。''不学《礼》，无以立。'鲤退而学《礼》。闻斯二者[6]。"

陈亢退而喜曰："问一得三，闻《诗》，闻《礼》，又闻君子之远[7]其子也。"

【注释】

①陈亢：陈人，名亢，字子禽，又字子亢。孔子的弟子。

②伯鱼：名鲤，字伯鱼。孔子的儿子。

③异闻：指特别的、与众不同的教诲。

④尝独立：父亲曾独自一人站在那里。

⑤鲤趋而过庭：我快步走过庭院。鲤，伯鱼的谦称。古人对长者、尊者或同辈人往往自称名，以示尊敬。趋，快步走。庭，庭院、院子。

⑥闻斯二者：只听到这两点。

⑦远：疏远，这里指不偏爱。

【译文】

陈亢向伯鱼问道："您在先生那里听到一些特别的教诲吗？"

伯鱼回答道："没有。他曾一个人站在庭院中，我从庭前快步走过。他叫住我问道：'学《诗》没有？'我答道：'没有。'他说：'不学《诗》，就不会说话。'我回去就学《诗》。又一天，他又一人站在庭院中，我从庭前快步走过。他又叫住我问道：'学《礼》没有？'我答道：'没有。'他说：'不学《礼》，就无从立足于社会。'我回去就学《礼》。我只听到这两件事。"

陈亢回去高兴地说："我提一个问题，得到三点收获：知道了学《诗》的意义，知道了学《礼》的作用，又知道了君子不偏爱自己的儿子。"

16.14 邦君[1]之妻，君称之曰夫人，夫人自称曰小童；邦人[2]称之曰君夫人，称诸异邦曰寡小君[3]；异邦人称之亦曰君夫人。

【注释】

①邦君：诸侯国的国君。

②邦人：国人。

③称诸异邦曰寡小君：臣子对别国人谦称其君夫人为寡小君。寡，寡德之人，诸侯王的谦称。

【译文】

国君的妻子，国君称她为"夫人"，夫人自称为"小童"；国人称她为"君夫人"，臣子对外国人谦称她为"寡小君"；外国人也称她为"君夫人"。

阳货第十七

17.1 阳货欲见孔子[①]，孔子不见，归[②]孔子豚[③]。

孔子时其亡[④]也，而往拜之。

遇诸涂[⑤]。

谓孔子曰："来！予与尔言。"曰[⑥]："怀其宝而迷其邦[⑦]，可谓仁乎？"曰："不可。""好从事而亟失时[⑧]，可谓知[⑨]乎？"曰："不可。""日月逝矣，岁不我与[⑩]。"

孔子曰："诺，吾将仕矣[⑪]。"

【注释】

①阳货欲见孔子：阳货，名虎，季氏家臣。见，拜见。

②归：同"馈"，赠送。

③豚(tún 屯)：小猪。这里指煮熟了的小猪。

④孔子时其亡：时，伺、窥探。亡，不在。按当时礼俗，大夫赐送东西给士，如未能在家中当面接受，士应该去大夫家登门拜谢。阳货便利用这一礼俗，趁孔子不在家送一小豚去，打算让孔子回拜他，借此能见得着孔子，以便劝他出仕。孔子不愿与阳货见面，所以也趁他不在家时去回拜他。

⑤涂：同"途"。

⑥曰：这里的"曰"和下文的两个"曰"都是阳货自问自答。

⑦怀其宝而迷其邦：怀宝，比喻怀藏着才能。迷，乱。这是说孔子有政见不拿出来而听任鲁国迷乱。

⑧好(hào 浩)从事而亟(qì 气)失时：喜欢参与政事而又屡次错过时机。好从事，指喜欢从事于政治。亟，屡次。时，时机。

⑨知：同"智"。

⑩岁不我与：时间是不等人的。岁，时间、光阴。与，等待。

⑪诺，吾将仕矣：好吧，我打算出仕了。诺，答应之声，可译为"好吧"。仕，指从政做官。

【译文】

阳货想让孔子去见他，孔子不愿见，他便趁孔子不在家时送孔子一头小熟猪。

孔子探知阳货不在家，才去答谢他。

两人在途中不期而遇。

阳货对孔子说："过来！我有话告诉你。"阳货说："把自己的才能藏起来而听任国家迷乱，可以叫做仁吗？"阳货自答说："不可以。"阳货又说："喜欢参与政事而又屡次错过时机，可以叫做聪明吗？"阳货自答道："不可以。"阳货又叹道："日月流逝，时间是不等人的。"

孔子说："好吧，我打算出仕了。"

17.2　子曰："性相近也，习相远也。"

【译文】

孔子说："人的本性是彼此接近的，只是由于环境习俗的影响才相距悬远了。"

17.3　子曰："唯上知与下愚[①]不移[②]。"

【注释】

①上知与下愚：知，同"智"。"上知"即上等的聪明人。"下愚"即下等的愚笨之人。

②移：改变。

【译文】

孔子说："只有上等的智者与下等的愚人是不可改变的。"

17.4　子之武城[①]，闻弦歌之声。夫子莞尔而笑[②]，曰："割鸡焉用牛刀[③]？"

子游[④]对曰："昔者偃也闻诸夫子曰[⑤]：'君子学道则爱人，小人学道则易使也。'"

子曰："二三子！偃之言是也。前言戏之耳。"

【注释】

①子之武城：孔子到了武城。之，到、往。武城，鲁国一小城，有学者认为是今济宁市嘉祥县。

②莞（wǎn 挽）尔而笑：微微地一笑。莞尔，微笑的样子。

③割鸡焉用牛刀：杀鸡何必用宰牛之刀。割鸡，即杀鸡。焉，哪能、怎么。

④子游：姓言，名偃，字子游。孔子的弟子。此时任武城长官。

⑤昔者偃也闻诸夫子曰：以前我曾听老师说过。偃，子游自称己名。也，句中语气词，表示语气的停顿。诸，即"之于"。

【译文】

孔子到了武城，听见弹琴唱歌的声音。孔子微微一笑，说："杀鸡何必用宰牛的刀呢？"

子游回答说："以前我曾听老师说过：'做官的学习礼乐的道理就会爱人，老百姓受到了礼乐的教化就容易治理。'"

孔子说："弟子们！言偃说得对。我刚才那句话只是同他开个玩笑罢了。"

17.5　公山弗扰以费畔[①]，召，子欲往。

子路不说[②]，曰："末之也已[③]，何必公山氏之之也[④]？"

子曰："夫召我者，而岂徒[⑤]哉？如有用我者，吾其为东周[⑥]乎！"

【注释】

①公山弗扰以费畔：公山弗扰，一名公山不狃，字子泄，季氏家臣。公元前502年，他伙同阳货在费城反叛季氏。以，助词，和某些方位词或时间词等连用，表示方位、时间，可译为"在"、"于"。费，季氏的食邑，在今山东费县。畔，同"叛"，叛乱。

②说：同"悦"。

③末之也已：没有去处就算了。末，没有(什么地方)。之，去、往。已，止、罢了。

④何必公山氏之之也：此句是"何必之公山氏也"的倒装。前一个"之"为句子助词，起着倒置宾语"公山氏"于动词"之"之前的作用；第二个"之"字是动词，有"去"、"到"、"往"的意思。

⑤徒：徒然、白白地。

⑥为东周：即建设一个东方的周王朝。意思是要在东方的鲁国复兴周代的礼乐制度。

【译文】

公山弗扰在费邑发动叛乱，召请孔子，孔子打算前往。

子路不悦，说："没有地方去就算了，何必到公山氏那里去呢？"

孔子说："那个召我去的人，难道是白白地召我吗？如果有人任用我，我也许能在东方复兴周礼！"

17.6　子张问仁于孔子。孔子曰："能行五者于天下，为仁矣。"

"请问之。"曰："恭，宽，信，敏，惠。恭则不侮，宽则得众，信则人任焉，敏则有功，惠则足以使人。"

【译文】

子张问孔子怎样做才是仁。孔子说："能够在天下实行五种品德，就是仁了。"

子张说："请问哪五种？"孔子说："庄重、宽厚、诚信、勤勉、慈惠。庄重就不致遭受侮辱，宽厚就能得到众人的拥戴，诚信就能得到别人的任用，勤勉就能取得成功，慈惠就能够很好地使用他人。"

17.7　佛肸[①]召，子欲往。

子路曰："昔者由也闻诸夫子曰：'亲于其身为不善者，君子不入也[②]。'佛肸以中牟[③]畔，子之往也[④]，如之何[⑤]？"

子曰："然，有是言也。不曰[⑥]坚乎，磨而不磷[⑦]？不曰白乎，涅而不缁[⑧]？吾岂匏瓜[⑨]也哉？焉能系[⑩]而不食？"

【注释】

①佛肸(bì xī 必希)：晋国大夫赵氏家臣。

②亲于其身为不善者，君子不入也：亲自做坏事的人那里，君子不去。亲于其身，"亲自"的

意思。于，以。

③中牟（mù 木）：晋国地名，约在今河北邢台和邯郸之间。

④子之往也：即“子往之也”的倒装，意即：你却要前往。

⑤如之何：即“如何之”，怎么可以呢？如何说得过去呢？

⑥不曰：不是说。

⑦磨而不磷（lìn 吝）：磨也磨不薄。磷，薄、损伤。

⑧涅而不缁（zī 滋）：染也染不黑。涅，可做黑色染料的一种矿石，这里用作动词，“染”的意思。缁，黑。

⑨匏（páo 袍）瓜：葫芦的一种，味苦不能吃。

⑩系（jì 寄）：结、扣。

【译文】

佛肸召孔子，孔子想去。

子路说：“从前我听老师说过：‘亲自做了坏事的人那里，君子是不去的。’佛肸在中牟叛乱，你却要前往，怎么说得过去呢？”

孔子说：“对，我说过这话。不是说坚硬的东西磨也磨不薄吗？不是说洁白的东西染也染不黑吗？难道我是个瓠瓜吗？怎能只系挂着而不给人吃呢？”

17.8 子曰：“由也，女闻六言六蔽[①]矣乎？”对曰：“未也。”

“居[②]！吾语女。好仁不好学，其蔽也愚；好知不好学，其蔽也荡；好信不好学，其蔽也贼[③]；好直不好学，其蔽也绞[④]；好勇不好学，其蔽也乱；好刚不好学，其蔽也狂。”

【注释】

①六言六蔽：六言，即六字，指仁、知（同“智”）、信、直、勇、刚，是六种品德。六蔽，六种弊端。蔽，指弊病。

②居：坐。

③贼：害。此处指被人坑害、欺骗。

④绞：说话尖刻，不近情理。

【译文】

孔子说：“仲由，你听说过六种品德的六种弊病吗？”子路回答说：“没有。”

孔子说：“你坐下！我告诉你。爱好仁德却不爱好学习，它的弊病是愚昧无知；爱好聪明却不爱好学习，它的弊病是放荡不羁；爱好信诚却不爱好学习，它的弊病是容易被人欺骗；爱好正直却不爱好学习，它的弊病是尖刻逼人；爱好勇敢却不爱好学习，它的弊病是惹祸烧身；爱好刚强却不爱好学习，它的弊病是狂妄自大。”

17.9 子曰：“小子[①]何莫学夫《诗》[②]？《诗》，可以兴，可以观，可以群，可以怨；迩[③]之事父，远之事君；多识于鸟兽草木之名。”

【注释】

①小子：年轻人，此指弟子们。

②何莫学夫（fú 扶）《诗》：为何不学《诗》呢？何莫，何不、为什么不。夫，语气词，用于句中，起到一种缓冲语气的作用。

③迩（ěr 尔）：近。

【译文】

孔子说："弟子们，为何不学《诗》呢？学《诗》，可以激发志气，可以提高观察力，可以养成合群的性情，可以抒发心中的怨恨；运用诗中的道理，近可以事奉父母，远可以事奉君主；从《诗》中还可以多知道一些鸟兽草木的名称。"

17.10 子谓伯鱼[①]曰："女为《周南》、《召南》[②]矣乎？人而不为《周南》、《召南》，其犹正墙面而立[③]也与！[④]"

【注释】

①伯鱼：孔子的儿子，名鲤，字伯鱼。

②女为《周南》、《召南》矣乎：你学习《周南》和《召南》了吗？女，你。为，动词，做、学习、研究。《周南》、《召南》，《诗经·国风》中的开头两篇。周南和召南是两地域名称，周南大体上是汉水流域东部，召南是汉水流域西部。《周南》和《召南》是采自这两地区的民歌。儒家认为这两地区的歌是合乎礼义的。

③正墙面而立：正面朝向墙壁站立。指无法向前行走。

④也与：复合语气词，相当于现代汉语中的"啊"、"吧"。

【译文】

孔子对伯鱼说："你学习《周南》和《召南》了吗？一个人如果不学习《周南》、《召南》，就像面对墙壁站立无法行走一样啊！"

17.11 子曰："礼云礼云[①]，玉帛云乎哉[②]？乐云乐云，钟鼓云乎哉？"

【注释】

①礼云礼云：礼呀礼呀。云，句末语助词，无实义，相当于现代汉语的"呀"、"啊"。

②玉帛云乎哉：只是指玉帛之类的礼器吗？玉帛，指举行礼仪时使用的玉器、丝帛等礼器。云乎哉，复合语助词，相当于"如此而已吗"。

【译文】

孔子说："礼呀礼呀，难道只是指玉帛之类的礼器吗？乐呀乐呀，难道只是指钟鼓之类的乐器吗？"

17.12 子曰："色厉而内荏[①]，譬诸小人，其犹穿窬之盗[②]也与！"

【注释】

①色厉而内荏（rěn 忍）：外表严厉而内心怯懦。色，颜色、脸色，这里指外表。厉，严厉、严

肃。荏，怯懦、软弱。

②穿窬（yú 余）之盗：挖洞、爬墙的小偷。穿，穿洞。窬，同“逾”，越过、越墙。

【译文】

孔子说：“外表严厉而内心怯弱的人，拿小人来做比喻，大概就像挖洞爬墙的小偷吧！”

17.13 子曰：“乡原[①]，德之贼[②]也。”

【注释】

①乡原（yuàn 院）：原，同“愿”，忠厚。乡愿，乡里人多数认为他忠厚，等于说“好好先生”。

②德之贼：德的败坏者。

【译文】

孔子说：“乡原是道德的败坏者。”

17.14 子曰：“道听而途说[①]，德之弃也[②]。”

【注释】

①道听而途说：路上听到传闻，随后就在路上传播出去。指没有根据的传闻。后为成语“道听途说”。

②弃：背弃。

【译文】

孔子说：“道听途说是对道德的背弃。”

17.15 子曰：“鄙夫可与事君也与哉[①]？其未得之也[②]，患得之[③]。既得之，患失之。苟患失之，无所不至矣[④]。”

【注释】

①鄙夫：这里指鄙陋浅薄、品德恶劣的人。

②其未得之也：他没得到职位时。其，他，代指鄙夫。

③患得之：应为“患不得之”，“不”字在古人抄写时被脱掉。汉以前的《论语》有“不”字。

④苟患失之，无所不至矣：假若担心失去职位，就会无所不为。苟，假若、如果。

【译文】

孔子说：“怎么能让卑鄙浅薄的人事奉君主呢？他没得到自己想要的职位时，总是担心得不到。已经得到了职位，又恐怕失去它。这种人患得患失，假若担心失去既得利益，就什么事都做得出来。”

17.16 子曰：“古者民有三疾[①]，今也或是之亡也[②]。古之狂也肆[③]，今之狂也荡[④]；古之矜[⑤]也廉[⑥]，今之矜也忿戾[⑦]；古之愚也直，今之愚也诈而已矣。”

【注释】

①疾:毛病、缺陷。

②今也或是之亡也:现在或许没有那个样子的毛病了。或,或许。是,代词,这。亡,同“无”。也,此句前一个“也”表示停顿;后一个“也”,表示判断,相当于现代汉语的“是”。

③古之狂也肆:古时狂妄的人只是放肆一点。狂,狂妄,此指狂妄者,以下几句中的“矜”、“愚”同此,也分别指“矜者”、“愚者”。肆,放肆。

④荡:放荡、放纵。

⑤矜(jīn 筋):骄傲自满,此指傲慢者。

⑥廉:棱角、锋利。这里比喻人的行为等不可触犯。

⑦忿戾(fèn lì 奋利):愤怒、不讲理、凶恶蛮横。

【译文】

孔子说:“古时的百姓有三种毛病,现在或许没有了。古时狂妄的人只是放肆一点,现在狂妄的人却是放荡不羁;古时傲慢的人只是有些自视清高,现在傲慢的人却凶恶蛮横;古时愚昧的人只是言行直来直去,现在愚昧的人却一味欺诈。”

17.17 子曰:“巧言令色,鲜矣仁[①]。”

【注释】

①此条重出,见《学而第一》。

17.18 子曰:“恶紫之夺朱[①]也,恶郑声之乱雅乐[②]也,恶利口之覆邦家者[③]。”

【注释】

①恶(wù 务)紫之夺朱:恶,厌恶、讨厌。夺,强取、取代。朱,大红色,古代称之为正色。紫,用红、蓝二色混合而成的颜色。

②郑声之乱雅乐:郑声,即郑国的民间音乐。雅乐,周代用于郊庙朝会的正统音乐。郑声与雅乐音调不同。孔子在《卫灵公》篇里有“郑声淫”之语。

③利口之覆邦家者:利口,巧嘴利舌,指花言巧语、能言善辩。邦家,指国家。

【译文】

孔子说:“我厌恶用紫色取代朱色,厌恶用郑乐扰乱雅乐,厌恶用巧嘴利舌颠覆国家的人。”

17.19 子曰:“予欲无言[①]。”子贡曰:“子如不言,则小子[②]何述焉?”子曰:“天何言哉?四时行焉,百物生焉,天何言哉?”

【注释】

①予欲无言:我想不实行言教了。予,我。言,此处说的是言教。孔子用这句话表明他主张身教重于言教,启发学生在他的一举一动中学习、思考,在苍天大地的潜移默化中去体味人生的真谛。

②小子：子弟、晚辈，或子弟、晚辈的自称词。此为后一种意思。

【译文】

孔子说："我想不实行言教了。"子贡说："您如果不行言教，那我们这些弟子传述什么呢？"孔子说："天说了什么呢？四季照样运行，万物照样生长。天说了什么呢？"

17.20 孺悲[①]欲见孔子，孔子辞以疾[②]。将命者[③]出户[④]，取瑟[⑤]而歌，使之闻之。

【注释】

①孺悲：鲁国人。鲁哀公曾派他向孔子学习士丧礼。

②辞以疾：即"以疾辞"，以生病为由推辞不见。

③将命者：传话的人。将，传达、传。

④户：门。古代门一扇称为户，两扇为门，这里泛指门。

⑤瑟(sè 色)：弦乐器。通常是二十五弦，每弦有柱，柱可移动以定音。

【译文】

孺悲想见孔子，孔子以生病为由推辞不见。但等传话人刚出门，孔子便取下瑟来边弹边唱，故意让孺悲听到。

17.21 宰我[①]问："三年之丧，期已久矣[②]。君子三年不为礼，礼必坏；三年不为乐，乐必崩[③]。旧谷既没，新谷既升[④]，钻燧改火[⑤]，期[⑥]可已矣。"

子曰："食夫稻，衣夫锦[⑦]，于女安乎？"

曰："安。"

"女安，则为之！夫君子之居丧，食旨不甘[⑧]，闻乐不乐，居处[⑨]不安，故不为也。今女安，则为之！"

宰我出。子曰："予[⑩]之不仁也！子生三年，然后免于父母之怀[⑪]。夫三年之丧，天下之通丧[⑫]也。予也有三年之爱于其父母乎？"

【注释】

①宰我(前 522～前 458 年)：姓宰，名予，字子我，亦称宰我。孔子弟子。以利口善辩著称。

②期已久矣：期限太长了，时间太久了。期，规定的时日、期限。已，副词，甚、太。

③崩：败坏、毁坏。

④旧谷既没(mò 末)，新谷既升：陈谷已经吃完，新谷已经登场。既，副词，已经。没，完了、尽了。升，登，这里指新谷上场。

⑤钻燧(suì 岁)改火：钻火用的木头一年轮换了一遍。燧，古代取火的器具，即燧石，又称"火石"。古代用的是钻木取火的办法，被钻的木头，四季不同，春天用榆柳木，夏天用枣杏木，秋天用柞楢木，冬天用槐檀木。

⑥期(jī 机)：周(年、月)，这里指一周年。

⑦食夫稻，衣夫锦：(父母死了不到三年)便吃着那白米饭，穿着那锦缎衣。

⑧食旨不甘：吃美味食物不觉香甜。旨，味美，这里指味美的食物。甘，味道好、香甜。

⑨居处：古代守丧须住在临时搭成的草房或草棚里。这里指平时住的房子。

⑩予：这个“予”与末句的“予”都指“宰予”。宰我名予。

⑪免于父母之怀：离开父母的怀抱。免，避开。

⑫通丧：通行的丧礼。

【译文】

宰我问：“父母死了要服丧三年，时间太久了。君子三年不习礼仪，礼制必会废弃；三年不奏音乐，音乐必会失传。陈谷已吃尽，新谷又登场，钻火用的木头轮换一遍，服丧一周年就可以了。”

孔子说：“〔父母死了不到三年〕便吃白米饭，穿起锦缎衣，你心安吗？”

宰我说：“心安。”

孔子说：“你心安，你就去做吧！君子服丧，吃美食不觉得甘美，听音乐不感到快乐，居家里不以为安，所以不那样做。如今既然你觉得心安，你就去做好了。”

宰我退出后，孔子说：“宰予不仁啊！儿女生下后三年才能脱离父母的怀抱。为父母守丧三年，是天下人通行的丧礼。宰予难道就未从他父母那里得到三年的爱抚吗？”

17.22 子曰：“饱食终日，无所用心①，难矣哉！不有博弈②者乎？为之，犹贤乎已③。”

【注释】

①无所用心：对什么事情都不动脑筋、不关心。

②博弈(yì 义)：博，六博，古代一种赌输赢的、与棋相仿的游戏，要先掷采(即骰子)而后行棋。弈，即围棋。这里的博弈泛指下棋。

③犹贤乎已：也比无所事事强。犹，还、也。贤，胜过、甚于。已，止，指什么也不干。

【译文】

孔子说：“饱食终日，无所用心，难有出息啊！不是有博弈吗？玩玩这个游戏，也比无所事事强。”

17.23 子路曰：“君子尚①勇乎？”子曰：“君子义以为上②。君子有勇而无义为乱，小人有勇而无义为盗。”

【注释】

①尚：推崇、尊重、崇尚。

②义以为上：即“以义为上”，以义为高尚。上，通“尚”，崇尚、高尚。

【译文】

子路问：“君子崇尚勇敢吗？”孔子答道：“君子以义为高尚。君子有勇无义就会

犯上作乱，小人有勇无义就会成为强盗。"

17.24　子贡曰："君子亦有恶[①]乎？"

子曰："有恶：恶称[②]人之恶[③]者，恶居下流[④]而讪[⑤]上者，恶勇而无礼者，恶果敢而窒[⑥]者。"

曰："赐也亦有恶乎？"

"恶徼[⑦]以为知者，恶不孙[⑧]以为勇者，恶讦[⑨]以为直者。"

【注释】

①恶(wù 务)：厌恶、憎恨。

②称：声言、声称，这里为张扬、宣扬。

③恶(è 遏)：坏处、不好。

④居下流：居于低层或地位低微的人。据晚唐以前的《论语》版本无"流"字，则应为衍文。

⑤讪(shān 山)：诽谤、诋毁。

⑥窒(zhì 志)：阻塞、不通。这里引喻为顽固不化、不通事理的人。

⑦徼(jiāo 交)：抄袭。

⑧孙(xùn 训)：通"逊"，恭顺、谦逊。

⑨讦(jié 洁)：攻击或揭发别人的短处。

【译文】

子贡说："君子也有所憎恶吗？"

孔子说："有憎恶：憎恶张扬别人坏处的人，憎恶居下位而讪谤居上位的人，憎恶勇敢而无礼的人，憎恶果敢而顽固的人。"

孔子又问子贡："赐，你也有所憎恶吗？"

子贡说："我憎恶把抄袭别人的东西当作聪明的人，憎恶把毫不谦逊当作勇敢的人，憎恨把揭人之短作为直率的人。"

17.25　子曰："唯女子与小人为难养[①]也，近之则不孙[②]，远之则怨。"

【注释】

①养：生养、教育，这里指共处。

②不孙(xùn 驯)：无礼、不恭顺、不谦逊。孙，同"逊"。

【译文】

孔子说："只有女子和小人是很难相处的，亲近了，他们就会无礼，疏远了，他们就会埋怨。"

17.26　子曰："年四十而见恶[①]者，其终[②]也已[③]。"

【注释】

①见恶(wù 务)：被人厌恶。见，被。恶，讨厌、厌恶。

②终：终生、一辈子。

③已：止、完了。

【译文】

孔子说："到了四十岁还令人厌恶，他这一辈子就算完了。"

微子第十八

18.1 微子去之[①],箕子为之奴[②],比干谏而死[③]。孔子曰:"殷有三仁焉。"

【注释】

①微子去之:微子,名启(一作"开"),殷纣王的庶兄。封于微(今山东梁山西北)。因见商代将亡,数谏纣王,王不听,遂出走。周灭商后,封他于宋。去,离开。之,代词,他,指纣王。

②箕子为之奴:箕子,名胥馀,纣王的叔叔,官太师。封于箕(今山西太谷东北)。他曾劝谏纣王,纣王不听,把他囚禁,并降为奴隶。周武王灭商后被释放。

③比干谏而死:比干,纣王的叔叔,相传因屡次劝谏纣王,被剖心而死。

【译文】

纣王无道,微子离他而去,箕子沦为奴隶,比干被剖心而死。孔子说:"这是殷朝的三位仁人呀!"

18.2 柳下惠为士师[①],三黜[②]。人曰:"子未可以去乎[③]?"曰:"直道而事人[④],焉往[⑤]而不三黜?枉[⑥]道而事人,何必去父母之邦?[⑦]"

【注释】

①柳下惠为士师:柳下惠做执掌刑狱的士师。柳下惠,姓展,名获,又名禽,食邑在柳下,谥惠。春秋时鲁国大夫,任士师。以善于讲究贵族礼节著称。士师,官名,掌管刑狱。

②三黜(chù 触):多次被罢免。三,表示多次。黜,罢免。

③子未可以去乎:你不可以离开这里吗?未,副词,表示否定,相当于"不"。去,离开。

④直道而事人:按正道为君主效劳。直道,正直、正当。

⑤焉往:即"往焉"的倒装,意即"到哪里"。

⑥枉:枉曲、不正直。

⑦父母之邦:指本国。

【译文】

柳下惠任士师,多次被罢免。有人对柳下惠说:"你不可以离开这里吗?"柳下惠说:"按正道事奉君主,到哪里不会被多次罢官呢?按邪道事奉君主,何必要离开本国呢?"

18.3　齐景公[①]待孔子曰[②]："若季氏，则吾不能[③]；以季、孟之间待之[④]。"曰："吾老矣，不能用也。"孔子行。

【注释】

①齐景公：名杵臼(chǔ jiù 楚旧)，齐国国君。公元前547～前490年在位。

②待孔子曰：在讲到对待孔子的礼节时说。

③若季氏，则吾不能：像鲁君对待季氏那样高的礼遇，我做不到。

④以季、孟之间待之：我用次于季氏、高于孟氏的待遇对待他。季、孟即"三桓"中的季孙氏、孟孙氏。其中季指季孙氏，位在上卿，在三家中势力最大，掌控着国家的实权。孟孙氏位居下卿，势力稍弱。

【译文】

齐景公讲到对待孔子的礼节时说："像鲁君对待季氏那样高的礼遇，那我做不到；我用次于季氏、高于孟氏的待遇对待你。"后来又说："我老了，不能用你了。"孔子便离开了齐国。

18.4　齐人归[①]女乐[②]，季桓子[③]受之，三日不朝，孔子行。

【注释】

①归：同"馈"，赠送。

②女乐：歌伎舞女。

③季桓子：即季孙斯，鲁国的上卿，为季康子的父亲。

【译文】

齐国送来许多歌姬舞女，季桓子接受了，数日不上朝听政，孔子失望地离开了鲁国。

18.5　楚狂接舆[①]歌而过孔子[②]曰："凤兮[③]，凤兮，何德之衰[④]？往者不可谏[⑤]，来者犹可追[⑥]。已而[⑦]，已而，今之从政者殆而[⑧]！"

孔子下[⑨]，欲与之言。趋而避之[⑩]，不得与之言。

【注释】

①楚狂接舆：对其人争议颇多。楚国隐士。

②歌而过孔子：一边唱着，一边走过孔子的旁边。

③凤兮：凤鸟啊！凤，即凤凰，传说是一种灵鸟，只有在有道之世才出现，这里用凤比喻孔子。兮，语气词，多见于诗歌韵文，用在句末和句中，相当于"啊"。

④何德之衰：为什么德行这么衰微呢？这是讥讽孔子不能隐退，而在无道之世奔走游说。

⑤往者不可谏：过去的已不能挽回。谏，谏止，这里可译为"挽回"。

⑥来者犹可追：未来的事还来得及做。暗指孔子现在隐退还来得及。

⑦已而：算了吧。而，助词，表示语气，相当于"吧"。

⑧今之从政者殆而：当今的统治者太危险了，无可救治。在这里，接舆认为当时统治者腐败，无可挽回，故劝孔子隐居，不要与他们合作。殆，危险。而，助词，表示语气，相当于“啊”、“吧”。

⑨孔子下：孔了下车。

⑩趋而避之：接舆赶快走开以回避孔子。趋，跑、快走。

【译文】

楚国的狂人接舆唱着歌走过孔子的车旁，他唱道：“凤鸟呀！凤鸟呀！德行为何如此衰微呢？过去的已不能挽回，未来的还来得及进行。算了吧，算了吧，现在的从政者太危险了。”

孔子下车，想与他交谈，接舆却赶快走开，孔子未能与他交谈。

18.6 长沮、桀溺耦而耕①，孔子过之，使子路问津②焉。

长沮曰：“夫执舆者为谁③？”

子路曰：“为孔丘。”

曰：“是鲁孔丘与？”

曰：“是也。”

曰：“是④知津矣⑤。”

问于桀溺。

桀溺曰：“子为谁？”

曰：“为仲由。”

曰：“是鲁孔丘之徒与？”

对曰：“然。”

曰：“滔滔者天下皆是也⑥，而谁以易之⑦？且而与其从辟人之士⑧也，岂若从辟世之士⑨哉？”耰而不辍⑩。

子路行以告⑪。

夫子怃然⑫曰：“鸟兽不可与同群⑬，吾非斯人之徒与而谁与⑭？天下有道，丘不与易也⑮。”

【注释】

①长沮（jù 据）、桀溺（jié nì 杰逆）耦（ǒu 偶）而耕：长沮、桀溺，是当时的两位隐士，可能不是这两个人的真实姓名。耦，是古代的一种耕作方法，即两人各执一耜（sì 四）犁，同耕一尺宽的地（两耜合耕，耕出之地的宽度，恰为一尺）。但从下文所说的“耰而不辍”来看，这里的耦耕未必是指用两人执耜的耕作方法耕作，而是指两人在一起并肩耕作。

②问津：打听渡口。津，渡口。

③夫执舆者为谁：那个驾车的是谁？夫，那、那个。执舆，即执辔（pèi 配），拉着缰绳。此事本应子路做，因子路已下车，所以孔子代为驾驭。

④是：三句中的“是”都是代词，当“这个人”讲。是也，这里有“是这个人”的意思。

⑤知津矣：此句话讥讽孔子周游列国，应该熟悉道路。

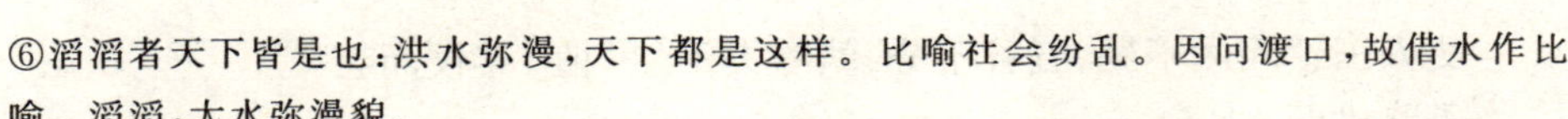

⑥滔滔者天下皆是也：洪水弥漫，天下都是这样。比喻社会纷乱。因问渡口，故借水作比喻。滔滔，大水弥漫貌。

⑦而谁以易之："而以谁易之"的倒装。你们和谁去改变它呢？而，你、你们。以，与。易，改变。

⑧且而与其从辟人之士：而且你们与其跟随（孔子那种）逃避坏人的人。且，连词，有"再说"、"而且"的意思。而，你，指子路。"与其"，与下句的"岂若"相呼应，即"与其……不如"。辟人之士，指躲避坏人（无道君主）的孔子。辟，同"避"，躲避、逃避。

⑨辟世之士：躲避乱世的人，即隐士，此是桀溺自指。

⑩耰（yōu 忧）而不辍（chuò 绰）：仍不停地耕作。耰，农具名，形如大木榔头，用来捣碎土块，平整土地。这里说的是播种后用耰来平土，掩盖种子。辍，停止。

⑪子路行以告：子路回来把这话告诉了孔子。

⑫怃（wǔ 午）然：发愣、失望、惆怅的样子。

⑬鸟兽不可与同群：即"不可与鸟兽同群"，这里孔子是说不能隐居山林，必须在社会中生活。

⑭吾非斯人之徒与而谁与：我们不是世上人群的一分子又是谁呢？斯，这。徒，徒众。斯人之徒，指世上人群。

⑮天下有道，丘不与易也：如果天下有道，我就不参与改革社会了。与，参与；易，更改。

【译文】

长沮、桀溺二人并肩在田间耕耘，孔子经过那儿，让子路去问渡口所在。

长沮问子路："那个执缰绳驾车的是谁？"

子路说："是孔丘。"

长沮说："是鲁国的孔丘吗？"

子路回答："是的。"

长沮说："那么他应该知道渡口在哪里呀。"

子路又问桀溺。

桀溺问："你是谁？"

子路说："我是仲由。"

桀溺又问："是鲁国孔丘的学生吗？"

仲由答道："是的。"

桀溺说："世道像洪水一样混浊弥漫，你们与谁去改变它呢？你们与其跟随逃避坏人的人徒劳奔走，还不如跟随逃避乱世的人呢。"说完，仍不停地耕作。

子路回来告诉了孔子。

孔子失望地叹息道："我们既然不能与鸟兽一起相处，那么我们不同世人打交道而跟谁打交道呢？如果天下有道，我就不参与改革社会了。"

18.7 子路从而后①，遇丈人②，以杖荷蓧③。

子路问曰："子见夫子乎？"

丈人曰："四体不勤，五谷不分，孰为夫子④？"植⑤其杖而芸⑥。

子路拱而立⑦。

止子路宿⑧，杀鸡为黍而食之⑨，见其二子焉⑩。

明日，子路行以告。

子曰："隐者也。"使子路反⑪见之。至，则行矣⑫。

子路曰："不仕无义⑬。长幼之节⑭，不可废也；君臣之义，如之何其废之⑮？欲洁其身，而乱大伦⑯。君子之仕也，行其义也。道之不行，已知之矣。"

【注释】

①子路从而后：子路跟随孔子落在了后面。

②丈人：老人。

③以杖荷蓧（diào 吊）：用拐杖挑着蓧。杖，手杖、拐杖。荷，扛、肩挑着。蓧，古代锄草工具。

④孰为夫子：怎么能是老师呢？孰，疑问代词，怎么。

⑤植：竖立，这里指插。

⑥芸：同"耘"，除草。

⑦拱而立：拱着手站在那里。拱，拱手，两手相合胸前，表示恭敬或无所事事。

⑧止子路宿：老人留子路在他家住宿。止，留。

⑨杀鸡为黍（shǔ 暑）而食（sì 四）之：杀鸡、做黄米饭给他吃。黍，即黍子。碾成的米叫黏黄米，这里指黄米。为，做。食，给吃、提供饭食。

⑩见其二子焉：使二子拜见子路。见，使……见。焉，句末语气词。

⑪反：同"返"。

⑫至，则行矣：子路到了老人家时，老人却已经走了。

⑬不仕无义：不出来做官是不义的行为。

⑭长幼之节：老少长幼之间的礼节。

⑮如之何其废之：怎么就能废弃呢？如之何，怎么。

⑯大伦：指君臣关系。

【译文】

子路跟随孔子落在了后面，遇到一位老人，用拐杖挑着锄草工具。

子路向他问道："您看到我的老师了吗？"

老人说："四体不勤，五谷不分，怎能算是老师呢？"老人把拐杖插在一边去锄草了。

子路拱着手站在那里。

老人留子路在他家住宿，杀鸡、煮黄米饭款待他，并让两个儿子出来拜见子路。

第二天，子路赶上孔子并将他遇到的情形告诉了孔子。

孔子说："这是一位隐士呀。"又让子路回去见看。子路到了老人家时，老人却已经走了。

子路说："不出来做官，为国效力，是不义的行为。长幼之间的礼节不可废弃，君臣之间的关系又怎么就能废弃呢？为使自己洁身自好，却乱了君臣间的关系。

君子做官，就是要实行君臣之义呀。我们的主张行不通，于此已知其缘故了。”

18.8 逸民[①]：伯夷、叔齐、虞仲、夷逸、朱张、柳下惠、少连。子曰：“不降其志，不辱其身，伯夷、叔齐与！”谓：“柳下惠、少连，降志辱身矣，言中伦[②]，行中虑[③]，其斯而已矣。”谓：“虞仲、夷逸，隐居放言[④]，身中清[⑤]，废中权[⑥]。我则异于是[⑦]，无可无不可[⑧]。”

【注释】

①逸民：指避世隐居的人才。

②言中伦：言语合乎道德伦理规范。中，合于、适合。

③行中虑：做事经过考虑。行，行为、做事。

④隐居放言：避世隐居，不议世事。放言，放弃言论，指不议论世事。

⑤身中清：处在乱世，保持自身清白，即能洁身自爱。

⑥废中权：废弃官位，而能权变自守。

⑦异于是：与这些人不同。是，指示代词，此、这，此指以上所说逸民。

⑧无可无不可：没有什么可以，也没有什么不可以，亦即不拘成见。

【译文】

隐逸的人士有：伯夷、叔齐、虞仲、夷逸、朱张、柳下惠、少连。孔子说：“不降低自己的意志，不屈辱自己的身份，这是伯夷、叔齐啊！”又说：“柳下惠、少连，被迫降低自己的意志，屈辱自己的身份，可是言语合乎道德规范，行为经过深思熟虑，这也是可理解的。”又说：“虞仲、夷逸避世隐居，不议论世事，保持自身清白，放弃官爵而权变自守。我却与这些人不同，没什么可以，也没什么不可以，无所拘泥。”

18.9 太师挚[①]适[②]齐，亚饭干适楚，三饭缭适蔡，四饭缺[③]适秦，鼓方叔[④]入于河[⑤]，播鼗武[⑥]入于汉[⑦]，少师阳、击磬襄[⑧]入于海[⑨]。

【注释】

①太师挚（zhì 志）：可能是鲁国乐官师挚。

②适：往、到。

③亚饭干、三饭缭、四饭缺：亚饭干，乐师，名干。古代天子诸侯要以音乐佐食，故亚饭是第二次吃饭时的乐师。“三饭缭”是第三次吃饭时的乐师，名缭。“四饭缺”是第四次吃饭时的乐师，名缺。

④鼓方叔：击鼓的乐师，名方叔。

⑤入于河：入居黄河之滨。河，黄河。此处指黄河之滨。

⑥播鼗（táo 桃）武：摇鼗鼓的乐师，名武。鼗，小鼓两旁系小槌，摇柄即响，犹今之拨浪鼓。

⑦汉：汉水，此指汉水流域。

⑧少师阳、击磬（qìng 庆）襄：少师阳，乐师，名阳。击磬襄，击磬的乐师，名襄。磬，古代一种石制或玉制的敲击乐器，形如弯尺。

⑨海：此指海滨。

【译文】

太师挚到齐国去了，二饭乐师干到楚国去了，三饭乐师缭到蔡国去了，四饭乐师缺到秦国去了，击鼓的方叔入居黄河之滨，摇小鼓的武入居汉水流域，少师阳和击磬的襄入居海滨。

18.10 周公[①]谓鲁公[②]曰："君子不施其亲[③]，不使大臣怨乎不以[④]。故旧无大故，则不弃也[⑤]。无求备于一人[⑥]！"

【注释】

①周公：西周初年的政治家。姬姓，名旦，亦称叔旦。周文王之子，武王弟。因采邑在周（今陕西岐山北），故称周公。他曾襄助武王灭商，武王死后，成王年幼，由其摄政。他出师东征，平定反叛；又大规模实行分封。相传他制礼作乐，建立典章制度，主张"明德慎罚"。他是孔子心目中的圣人。

②鲁公：指周公的长子伯禽，亦称禽父。武王灭商后，伯禽代父就封于鲁，建都于曲阜，实为鲁国开国之君，号称鲁公。

③不施其亲：不怠慢疏远自己的亲戚。施，同"弛"，有的本子即作"弛"，放松，引申为怠慢疏远。

④怨乎不以：埋怨不信用他们。乎，助词，用于句中表示停顿。以，用。

⑤故旧无大故，则不弃也：老臣旧友若无大的过失，就不要冷落抛弃他们。故旧，指旧友、老臣。故，事故，指过失。

⑥无求备于一人：不要对人求全责备。

【译文】

周公对鲁公说："君子不怠慢他的亲族，不使大臣抱怨没被信用。老臣故友若无大错，就不要抛弃他们，不要对人求全责备。"

18.11 周有八士：伯达、伯适、仲突、仲忽、叔夜、叔夏、季随、季騧[①]。

【注释】

①八士：这八士生平都不详。季騧的"騧"读 guā，伯适的"适"读 kuò。

【译文】

周朝有八位名士：伯达、伯适、仲突、仲忽、叔夜、叔夏、季随、季騧。

子张第十九

19.1 子张曰："士见危致命[①]，见得思义[②]，祭思敬，丧思哀，其可已矣[③]。"

【注释】

①士见危致命：士遇到危难能豁出生命。致，尽、极。

②见得思义：遇到利得能反省是否合乎义，即考虑该不该得。思，反省、考虑。

③其可已矣：这样也就可以了。已，句末语气词，与"矣"合用，起到加重语气的作用。

【译文】

子张说："士遇有危难能豁出生命，遇有利得能反省是否合乎义，祭祀时能反省是否恭敬，临丧时能反省是否悲哀，这样也就可以了。"

19.2 子张曰："执德不弘[①]，信道不笃[②]，焉能为有？焉能为亡[③]？"

【注释】

①弘：扩大、光大。

②笃：忠诚、坚定。

③焉能为有？焉能为亡：（这样的人）有，无所谓；无，也无所谓。有，与"无"相对，后句"亡"即"无"。

【译文】

子张说："〔自己〕持有仁德而不去弘扬，信奉道却不够坚定。〔这样的人，〕有，无所谓；无，也无所谓。"

19.3 子夏之门人[①]问交[②]于子张。子张曰："子夏云何[③]？"

对曰："子夏曰：'可者与之[④]，其不可者拒之。'"

子张曰："异乎吾所闻：君子尊贤而容众[⑤]，嘉善而矜不能[⑥]。我之大贤与，于人何所不容[⑦]？我之不贤与，人将拒我，如之何其拒人也？"

【注释】

①门人：学生、门徒。

②问交：询问、请教交人之道，即如何与人打交道。交，交往、相交。

③子夏云何：子夏如何说的？

④可者与之：可交者就同他友好交往。与，结交、交往。

⑤尊贤而容众：尊重贤人，又容纳普通人。

⑥嘉善而矜（jīn 今）不能：赞扬好人善事，又怜惜能力不足的人。矜，怜惜、同情。

⑦我之大贤与，于人何所不容：我若是大贤，对他人有什么不能容的呢？与，句末语助词，表示感叹。

【译文】

子夏的学生向子张请教如何与人交往。子张问："子夏如何说？"

答道："子夏说：'可交者就同他友好交往，不可交者则拒绝交往。'"

子张说："这与我所听到的不同：君子尊重贤明之人，又容纳普通大众；表彰好人善事，又怜惜能力不足的人。我若是非常贤明的人，对他人有什么不能容纳的呢？我若是不贤，他人就会拒绝我，又怎么可能去拒绝他人呢？"

19.4 子夏曰："虽小道[①]，必有可观者[②]焉，致远恐泥[③]，是以[④]君子不为也。"

【注释】

①小道：指一般技能与技巧。与"大道"相对。

②可观者：可取之处。

③致远恐泥（nì 逆）：它对致力于远大目标恐怕会有所妨害。泥，拘执、阻碍、难行。

④是以：因此、所以。

【译文】

子夏说："虽然是一般的技艺，也定会有可取之处；但它对致力于远大目标恐怕会有妨害，所以君子不做这样的事。"

19.5 子夏曰："日知其所亡[①]，月无忘其所能[②]，可谓好学也已矣。"

【注释】

①亡：无，此指不知道、不了解的知识。

②能：指已掌握、了解的知识。

【译文】

子夏说："每天能学到新知识，每月能不忘已学过的知识，可以说是好学的了。"

19.6 子夏曰："博学[①]而笃志[②]，切问[③]而近思[④]，仁在其中矣。"

【注释】

①博学：指广泛深入地学习、掌握知识。

②笃志：坚定自己的志向、信念。笃，坚定。

③切问：恳切地请教，提出问题。

④近思：思考现实问题。

【译文】

子夏说："博学多识，志向坚定，恳切求教，多思多虑，仁德就在其中了。"

19.7 子夏曰："百工[①]居肆[②]以成其事，君子学以致其道[③]。"

【注释】

①百工：指各行各业的工匠。

②肆：作坊。

③学以致其道：通过学习获得做人、做事、做学问的道理。致，达到、获得。

【译文】

子夏说："各种工匠在作坊完成自己的工作，君子则通过学习来获得做人、做事、做学问的道理。"

19.8 子夏曰："小人之过也必文[①]。"

【注释】

①过也必文：即"文过饰非"。用漂亮的言辞掩饰过失和错误。过，错误、过失。文，文饰、掩饰。

【译文】

子夏说："小人有过错必加以掩饰。"

19.9 子夏曰："君子有三变：望之俨然[①]，即之也温[②]，听其言也厉。[③]"

【注释】

①俨（yǎn 演）然：庄重可畏的样子。

②即：接近、靠近。

③听其言也厉：听他讲话又觉得他严肃可敬。厉，严肃、严厉。

【译文】

子夏说："君子的神态给人三种不同的感觉：一眼望去，感到他庄重可畏；同他接近，觉得他和蔼可亲；听他讲话，又觉得他严肃可敬。"

19.10 子夏曰："君子信而后劳其民[①]；未信，则以为厉己也[②]。信而后谏[③]；未信，则以为谤[④]己也。"

【注释】

①君子信而后劳其民：君子要得到百姓的信任后才去役使他们。信，使……信服、信任。劳，劳作、役使。

②厉：残害、虐待。

③谏：用言语规劝君主或尊长改正错误，此处指君主。

④谤：诽谤、诬蔑，恶意地攻击别人。

【译文】

子夏说："君子要得到百姓的信任后才去役使他们，否则，百姓会认为是在虐待他们；君子要受到君主的信任后才去进谏，否则，君主会以为是在诽谤他。"

19.11 子夏曰："大德不逾闲[①]，小德出入可也[②]。"

【注释】

①大德不逾闲：在大节上不能超越界限。大德，指大节，大的操守德行。逾，越过、超过。闲，栅栏，养马的圈，这里喻为界限。

②小德：小节、生活细节。

【译文】

子夏说："人在大节上不可超越界限，小节上有些出入是可以的。"

19.12 子游曰："子夏之门人小子[①]，当洒扫应对进退则可矣[②]，抑末也[③]。本[④]之则无，如之何[⑤]？"

子夏闻之，曰："噫！[⑥]言游过矣[⑦]！君子之道，孰[⑧]先传焉，孰后倦[⑨]焉，譬诸草木，区以别矣[⑩]。君子之道，焉可诬[⑪]也？有始有卒者，其惟圣人乎[⑫]！"

【注释】

①门人小子：即弟子、门徒、晚辈。

②当洒扫应对进退则可矣：做些洒水、扫地和迎送宾客的事情是可以的。当，担当、掌管。洒扫，洒水、扫地之类的清洁工作。应对，应声答对，指服侍长辈和接待宾客。进退，接朋待客的礼仪、礼节。

③抑末也：不过都是些末节小事罢了！抑，连词，表示轻微的转折。可译为"不过"、"可是"。末，树梢，此喻琐碎小事。

④本：树根。古代常以本末比喻事物的原委、始终，表示事物的主次、先后。儒家以礼乐为本，所以此处"本"为根本，指礼乐。

⑤如之何：怎么可以呢？

⑥噫：叹词，相当于现代汉语中的"咳"。

⑦言游过矣：言游错了。言游，即言偃，字子游。

⑧孰：哪一个、哪一项、哪一方面。

⑨倦：可能为"传"字之误。

⑩譬诸草木，区以别矣：就像草木一样，其成长次序是有区别的。

⑪诬：歪曲。

⑫有始有卒者，其惟圣人乎：按照次序有始有终地全面教授学生的，大概只有圣人吧。卒，终。其，语气词，表示推测。惟，只有。

【译文】

子游说："子夏的弟子，做些洒水扫地和迎送宾客的事情是可以的，不过这都是末节小事。根本的东西却没有学到，怎么能行呢？"

子夏听了这话，便说："咳！言游的话过头了。君子之道，哪一项先传授，哪一项后传授，就像草木，是有区别的。君子之道，怎么可以如此歪曲呢？按照次序有始有终地教授学生的，大概只有圣人做得到吧！"

19.13 子夏曰："仕而优则学，学而优则仕。"

【译文】

子夏说："官做好了，若有余力就去学习；学习达到一定的水平，若有余力就去做官。"

19.14 子游曰："丧[①]致[②]乎哀而止[③]。"

【注释】

①丧：指服丧、办丧事。

②致：传达、表达。

③止：停止，这里有"足够"、"可以了"之义。

【译文】

子游说："服丧时表达了悲哀之意就可以了。"

19.15 子游曰："吾友张[①]也为难能[②]也，然而未仁。"

【注释】

①张：即子张，姓颛孙，名师。孔子的弟子。

②难能：难得、难能可贵。

【译文】

子游说："我的朋友子张可以说是难能可贵的了，但是还未达到仁的境界。"

19.16 曾子曰："堂堂[①]乎张也，难与并[②]为仁也。"

【注释】

①堂堂：仪容庄严大方，外表很有派头的样子。

②并：一起、共同。

【译文】

曾子说："子张仪表堂堂，但难以与他一起达到仁的境界。"

19.17 曾子曰:“吾闻诸夫子[①]:人未有自致[②]者也,必也亲丧[③]乎!”

【注释】

①吾闻诸夫子:我听老师说过。诸,相当于“之于”。夫子,古代对男子的尊称,孔子弟子对孔子也尊称为夫子。

②自致:指感情自我地全部流露。致,极、尽。

③亲丧:指父母死亡。

【译文】

曾子说:“我听老师说过:平时人的感情没有充分地流露表达出来,〔如果有〕,一定是在父母死亡的时候吧!”

19.18 曾子曰:“吾闻诸夫子:孟庄子[①]之孝也,其他可能也,其不改父之臣与父之政,是难能也。”

【注释】

①孟庄子(前? ～前 550 年):鲁国大夫,即孟孙速,其父是孟孙蔑(孟献子)。

【译文】

曾子说:“我听老师说过:孟庄子的孝行,其他人也可做得到;但他不改换父时的旧臣和理政之道,是其他人难以做到的。”

19.19 孟氏使阳肤[①]为士师[②]。问于曾子。曾子曰:“上失其道[③],民散久矣[④]。如得其情[⑤],则哀矜而勿喜[⑥]!”

【注释】

①阳肤:相传可能是孔子的弟子。

②士师:官名,掌管刑狱。

③上失其道:当政者不按正道行事。

④民散久矣:人民离心离德为时很久了。散,分散、涣散。

⑤如得其情:你若能审理出他们犯罪的真实情况。情,真实的情况,这里指犯罪的真情。

⑥则哀矜(jīn 巾)而勿喜:就应该怜悯他们,而不要自诩政绩而居功自喜。哀矜,哀怜。矜,哀怜、同情。

【译文】

孟氏任命阳肤做典狱官。阳肤向曾子请教。曾子说:“当政者不以正道行事,百姓早已离心离德了。你若审理出罪犯的实情,就应该怜悯他们,而不要居功自喜。”

19.20 子贡曰:“纣[①]之不善,不如是之甚也[②]。是以君子恶居下流[③],天下之恶皆归焉[④]。”

【注释】

①纣:一作“受”,又称帝辛,商代最后的君主。他曾征服东夷,获得大量俘虏,又杀死比干、梅伯,囚禁周文王,暴虐无道。后周武王联合西南各族向商进攻,在牧野(今河南淇县西南)之战中,他因“前徒倒戈”,兵败自焚。

②不如是之甚也:不像传说得那么严重。甚,严重、厉害。

③是以君子恶(wù 务)居下流:所以君子憎恶处于为众恶所归的下流之处。是以,因此。恶,厌恶、憎恶。下流,河的下游,此处比喻品行卑污,为众恶所归之处。

④天下之恶(è 饿)皆归焉:天下的一切坏事都会归结于他一人。恶,坏、罪过。

【译文】

子贡说:“纣王的暴虐,没有像传说得那么严重。所以君子憎恨居下流,一旦如此,天下的一切坏事都会归结于他一人。”

19.21 子贡曰:“君子之过也,如日月之食[①]焉:过也,人皆见之;更[②]也,人皆仰[③]之。”

【注释】

①日月之食:即日食和月食。

②更:改正。

③仰:仰视、敬慕。

【译文】

子贡说:“君子的过错,犹如日食和月食:有错时,人们都看得见;改正了,人们都仰慕。”

19.22 卫公孙朝[①]问于子贡曰:“仲尼焉学[②]?”子贡曰:“文武[③]之道,未坠于地[④],在人[⑤]。贤者识其大者[⑥],不贤者识其小者[⑦],莫不有文武之道焉。夫子焉不学?而亦何常师之有[⑧]?”

【注释】

①公孙朝:卫国大夫。

②焉学:从哪里学的。焉,疑问代词,哪里。

③文武:指周文王、周武王。

④坠于地:指失传。坠,落下。

⑤在人:在人间、在人们之中,是说人们还有能记得起的。

⑥识(zhì 志)其大者:记住其中根本的东西。识,记住、记忆。其,指文武之道。其大者,其中之大者,指根本的东西。

⑦小者:指末节、无关紧要的东西。

⑧而亦何常师之有:又何必要有固定的老师呢?

【译文】

卫国的公孙朝问子贡:“仲尼的学问是从哪里学来的?”子贡说:“文王、武王之

道，并未失传，还在人间流传。贤能的人能记住其中根本的部分，才能不足的人能记住其中末节的东西，处处都有文王、武王之道。我的老师何处不能学呢？何必要有固定的老师呢？”

19.23 叔孙武叔[1]语大夫于朝曰：“子贡贤于仲尼[2]。”

子服景伯[3]以告子贡[4]。

子贡曰：“譬之宫墙[5]，赐之墙也及肩[6]，窥见室家之好。夫子之墙数仞[7]，不得其门而入，不见宗庙之美、百官之富[8]。得其门者或寡矣[9]。夫子[10]之云，不亦宜乎[11]！”

【注释】

①叔孙武叔：鲁国大夫，“三桓”之一，名州仇。

②子贡贤于仲尼：子贡的才德比仲尼还强。于，介词，表示比较，相当于“比”。贤于，比……还贤。

③子服景伯：鲁国大夫，名何。

④以告子贡：将此话告诉了子贡。

⑤譬之宫墙：拿围墙来做比喻。宫，房屋、住宅。

⑥赐之墙也及肩：我家的围墙只有人肩膀那么高。赐，子贡的名字。古代对尊者、长者要自称名。及，到、至。

⑦仞（rèn 刃）：长度单位，古代以七尺或八尺为一仞。

⑧宗庙之美、百官之富：宗庙的华美、府第的富有。官，这里指房舍。

⑨得其门者或寡矣：能够找到门进去的人大概很少吧。此句比喻能真正了解孔子的人不多。或，或许、大概、也许。

⑩夫子：指叔孙武叔。

⑪不亦宜乎：不也是很自然的吗？宜，合乎情理、合适、应该。

【译文】

叔孙武叔在朝廷中对大夫们说：“子贡的才德比仲尼还强。”

子服景伯将此话告诉了子贡。

子贡说：“拿围墙来做比喻，我家的围墙只有肩膀那么高，人们可以从墙外看到房屋的美好。我老师家的围墙有数丈高，如果找不到大门进去，就看不见里边宗庙的富丽堂皇，房舍的多式多样。能够得其门而入的人是很少的。叔孙武叔那么讲，不也是很自然的吗？”

19.24 叔孙武叔毁仲尼。子贡曰：“无以为也[1]！仲尼不可毁也。他人之贤者，丘陵也，犹可逾也[2]；仲尼，日月也，无得而逾焉。人虽欲自绝[3]，其何伤于日月乎？多见其不知量也[4]。”

【注释】

①无以为也：没什么用。

②逾(yú 鱼):越过、跳过、超越。

③自绝:自己决定脱离、断绝某种关系或事情。绝,断绝。

④多见其不知量也:只不过表明他不自量力罢了。多,副词,只、仅仅。也,句末语气词,罢了、而已。

【译文】

叔孙武叔诋毁仲尼。子贡说:"没什么用!仲尼是诋毁不了的。其他贤人好比丘陵,还可以翻越过去;而仲尼就像日月,是无法超越的。有人纵使想自绝于日月,但对日月有何损伤呢?只不过表明他多么不自量力罢了。"

19.25 陈子禽[①]谓子贡曰:"子为恭也[②],仲尼岂贤于子乎?"

子贡曰:"君子一言以为知[③],一言以为不知,言不可不慎也。夫子之不可及也,犹天之不可阶而升[④]也。夫子之得邦家者[⑤],所谓立之斯立,道[⑥]之斯行,绥[⑦]之斯来,动之斯和。其生也荣,其死也哀。如之何其可及也?"

【注释】

①陈子禽:姓陈,名元,字子禽,又字子亢。孔子弟子。

②子为恭也:你是谦恭吧。为,是。

③君子一言以为知:君子说一句话可表现出他的智慧。以为,被人认为,即表明、表现出。知,同"智",聪明、智慧。

④犹天之不可阶而升:就像天不能搭个阶梯攀上去一样。阶,梯子,此处用作动词,意为用梯子、搭梯子。

⑤得邦家者:指当上诸侯或卿大夫。邦,古代诸侯的封国。家,古代卿大夫的统治区域。

⑥道:同"导"。

⑦绥(suí 随):安、安抚。

【译文】

陈子禽对子贡说:"你很谦恭,难道仲尼比你更贤明吗?"

子贡说:"君子一句话可以表现出他的聪智,也可以因一句话表现出他的愚昧,所以说话不可不谨慎。我的老师是没人比得上的,就像天不能搭个阶梯爬上去一样。我的老师如果能当上诸侯或卿大夫,他要百姓立于礼,百姓就会立于礼;要引导百姓,百姓就会跟着走;要安抚百姓,百姓就会归顺;要动员百姓,百姓就会合力响应。他生得荣耀,死了令人悲哀。我怎么能赶得上呢?"

尧曰第二十

20.1 尧曰："咨[①]！尔舜！天之历数[②]在尔躬[③]，允执[④]其中[⑤]。四海困穷，天禄[⑥]永终。"

舜亦以命禹。

曰："予小子履[⑦]敢用玄牡[⑧]，敢昭告于皇皇[⑨]后帝[⑩]：有罪不敢赦。帝臣不蔽[⑪]，简[⑫]在帝心。朕躬[⑬]有罪，无以万方[⑭]；万方有罪，罪在朕躬。"

周有大赉[⑮]，善人是富。"虽有周亲[⑯]，不如仁人。百姓[⑰]有过，在予一人。"

谨权量[⑱]，审法度[⑲]，修废官[⑳]，四方之政行焉。兴灭国，继绝世[㉑]，举逸民[㉒]，天下之民归心焉。

所重：民、食、丧、祭。

宽则得众，信则民任焉，敏[㉓]则有功，公则说[㉔]。

【注释】

①咨：同"啧（zé 则）"、"啊"，感叹词，表示赞美。

②天之历数：古人认为日月星辰按照一定的顺序运转，人间帝王也是如此，二者是统一的。此处"天之历数"指上天的使命、天命。

③在尔躬：已落在你身上。尔，你。躬，自身。

④允执：好好地把握。允，真诚、恰当。执，把握、坚持。

⑤中：中正、中庸，即适中。

⑥天禄：指上天赐予的禄位。

⑦予小子履：予，我。履，商汤的名字。小子，自称的谦词。作为天子，他自认为是上天之子，所以在祭天等场合下，要自称"予小子"。

⑧敢用玄牡：冒昧地进献上黑色公牛。敢，谦词，冒昧。玄牡，玄，黑色。牡，公牛。夏尚黑，汤建商后，最初也沿用夏礼。

⑨皇皇：堂皇、盛大、鲜明的样子。

⑩后帝：天帝。

⑪帝臣不蔽：天帝的臣仆（夏桀）的罪恶我也不敢隐瞒。帝臣，此指夏末君主夏桀。蔽，隐藏、隐瞒。

⑫简：阅，此处是知晓、明察的意思。

⑬朕(zhèn 镇)躬:我本人。朕,第一人称代词,我、我的。自秦始皇起,专用为皇帝自称。

⑭无以万方:不要牵连天下百姓。以,连及。万方,指各方百姓。

⑮赉(lài 赖):赏赐。

⑯周亲:指周王同姓宗亲。

⑰百姓:上古时一般民众无姓,这儿的"百姓"特指受封的贵族。

⑱谨权量:严格审定度量衡。谨,谨慎,引申为严格。权,秤、秤锤等称量物体重量的器具,也是铢、两、斤、钧、石等重量单位的总称。量,量器,如升、斗、斛等。权量,权衡轻重容量的标准。

⑲审法度:审定礼乐制度。审,审核、审查。法度,指礼乐制度。一说指衡量长度的标准。

⑳修废官:恢复已废缺的官职。修,修复、整顿、配置。废官,指已废缺的官职。

㉑兴灭国,继绝世:复兴被灭亡的国家,延续已断绝世系的贵族(氏族或宗族)。

㉒逸民:指隐逸散亡在民间的人才。

㉓敏:勤敏。

㉔公则说:公正就会使人高兴。公,公正、公平。说,同"悦"。

【译文】

尧说:"啊!你舜呀,是天命所归,要真诚地把握适中。如果天下陷于穷困,上天赐给你的地位也就永远结束了。"

舜也这样告诫禹。

〔商汤〕说:"我小子履冒昧地献上黑色公牛,冒昧向伟大的天帝祷告:'有罪者我不敢擅自赦免,天帝的臣仆〔夏桀〕之罪,我也不敢隐瞒,帝心明察。我自身有罪,请不要责怪天下万方百姓,天下百姓有罪,罪在我一人。'"

周朝大行封赏,使善人富贵。〔武王也向天祷告说:〕"虽有同姓宗亲,不如有仁德之人。百姓犯有罪过,都是我一人之罪。"

〔孔子说:〕严格审定度量衡,审定礼乐制度,配置废缺的官职,政令便可通行四方。复兴灭亡了的国家,接续断绝世系的贵族世系,举用散亡在民间的人士,天下的百姓就会诚心归顺。

所重视的应是:民众、食粮、丧葬、祭祀。

宽容就会得到众人拥护,有信用就会使民众为你尽力,勤勉就能成就功业,公正就会使人心悦诚服。

20.2 子张问于孔子曰:"何如斯可以从政矣①?"

子曰:"尊五美②,屏四恶③,斯可以从政矣。"

子张曰:"何谓五美?"

子曰:"君子惠而不费④,劳而不怨⑤,欲而不贪⑥,泰而不骄⑦,威而不猛⑧。"

子张曰:"何谓惠而不费?……"

子曰:"因⑨民之所利而利之,斯不亦惠而不费乎?择可劳而劳之,又谁怨?欲仁而得仁,又焉贪?君子无众寡,无小大,无敢慢⑩,斯不亦泰而不骄乎?君子正其衣冠，尊其瞻视[11]，俨然人望而畏之[12]，斯不亦威而不猛乎？”

子张曰：“何谓四恶？”

子曰：“不教而杀谓之虐，不戒视成[13]谓之暴，慢令[14]致期[15]谓之贼，犹之与人[16]也，出纳之吝谓之有司[17]。”

【注释】

①何如斯可以从政矣：怎样才能治理好政事呢？何如，怎么样、如何。斯，就、则、才。

②尊五美：尊尚五种美德。

③屏(bǐng 丙)四恶(è 饿)：摒弃四种恶政。屏，摒弃、排除、撇开。

④惠而不费：施惠于人民却不浪费。惠，恩惠。此处作动词，给以好处、施以恩惠。

⑤劳而不怨：役使人民却不招致怨恨。

⑥欲而不贪：追求仁德却不贪婪。据下文“欲仁而得仁，又焉贪”，可知此处之“欲”应为“欲仁”，意为“想追求仁义”。贪，贪求、贪婪。皇侃《论语义疏》云：“欲仁者为廉，欲财色者为贪。”

⑦泰而不骄：指对人事心境安然舒泰却不骄傲放肆。泰，安宁、安舒。

⑧威而不猛：威严庄重却不凶猛。

⑨因：顺着、因循。

⑩君子无众寡，无小大，无敢慢：无论人多人少，无论势大势小，君子都一样地对待他们，不敢怠慢。

⑪尊其瞻视：目光神色郑重严肃。瞻，往前或往上看。瞻视，指目光、神色。

⑫俨然人望而畏之：庄严自持得让人望而生畏。俨然，庄重的样子。

⑬不戒视成：事先不加告诫就马上要求做事成功。戒，警告、告诫。视成，看到成绩、得到成果。

⑭慢令：玩忽政令，做事懈怠。

⑮致期：限期完成。

⑯犹之与人：同是给人以财物。犹之，即均之。与，给。

⑰出纳之吝谓之有司：施人恩惠或付人钱财时却很吝啬小气叫做有司。出，拿出、出手。纳，入、收进。此处出、纳虽连用，却只有“出”的意思。有司，古代设官分职，事各有专司，故称有司，常指掌管各种具体事务的官吏。因为此类官吏职务卑微，这里借喻为小家子气。

【译文】

子张向孔子问道：“怎样才能治理好政事呢？”

孔子说：“尊尚五种美德，摒弃四种恶政，就可以治理好政务了。”

子张问：“五种美德指的是什么？”

孔子说：“君子施惠于百姓却不浪费，役使百姓却不招致怨恨，追求仁德却不贪婪，临事安然舒泰却不骄矜，威严庄重却不粗暴。”

子张问：“什么叫施恩惠于百姓而不浪费呢？……”

孔子说：“就百姓能得到利益之处而使他们得利，这不是施惠于百姓却不浪费吗？选择可以役使百姓的时节来役使他们，又有谁会怨恨呢？想追求仁便得到了仁，又何必贪求其他呢？无论人多人少，无论势大势小，君子都不敢怠慢，这不是安然舒泰却不骄矜吗？君子衣冠整洁，神情严肃，让人望而生畏，这不就是威严庄重而不凶猛吗？”

子张又问：“四种恶政指的是什么？”

孔子说：“不施以教育便行杀戮就叫虐，不加以申诫就要求做出成绩就叫暴，最初做事懈怠又突然限期完成就叫害人，施人恩惠却出手吝啬就叫小家子气。”

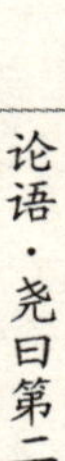

20.3 孔子曰：“不知命，无以为君子也；不知礼，无以立也；不知言[①]，无以知人也。”

【注释】

①知言：指善于辨析别人言语的是非善恶。

【译文】

孔子说：“不了解天命，就无法做君子；不懂得礼制，就无法立足于社会；不会辨析别人的言语，就无法认识别人。”

尉缭子

◎（战国）尉缭 撰
张大同 译注

前言

《尉缭子》是中国古代具有很大影响的重要兵书。前人认为此书"所称训卒练兵、料敌制胜，即孙、吴当不远过。"（明·张一龙《尉缭子兵机小引》）

《尉缭子》最早著录于《汉书·艺文志》。《汉书·艺文志》是班固根据刘歆的《七略》编成的，因此，《尉缭子》肯定在此之前，即在公元前一世纪前就已流传于世。《汉书·艺文志》杂家类著录"《尉缭》二十九篇"，在兵形势家类著录"《尉缭》三十一篇"，但都与流传至今的版本《尉缭子》二十四篇之数不符。明代胡应麟认为杂家《尉缭子》已亡佚，传本为兵家之《尉缭子》，《四库全书提要》的作者也持这种意见。然而据当代学者考证，多数认为传本应属于《汉书·艺文志》中的杂家类。因为《汉书·艺文志》对杂家类典籍的定义是："兼儒、墨，合名、法，知国体之有此，见王治之无不贯，此其所长也，及荡者为之，则漫羡而无所归心。"对兵形势家类典籍的定义是："形势者，雷动风举，后发而先至，离合背乡，变化无常，以轻疾制敌者也"。从今本《尉缭子》的内容来看，它更接近于前者。查《隋书·经籍志》，其中只有杂家类《尉缭子》的著录，而不见兵家类著录中有《尉缭子》。主持编纂《隋书》的魏徵在其《群书治要》中收录了《尉缭子》的《天官》、《兵谈》、《制谈》、《兵令》四篇，不仅篇名与今本相同，内容也基本一致。这表示《隋书·经籍志》中的杂家《尉缭子》，即流传后世的兵书《尉缭子》。后晋刘昫主持编纂的《旧唐书》中的《经籍志》以及北宋欧阳修主持编纂的《新唐书》中的《艺文志》也都沿袭了《隋书·经籍志》的分类法，把《尉缭子》列入杂家类。北宋神宗元丰年间(1078—1085)，朝廷把《尉缭子》与《孙子》、《吴子》、《六韬》、《司马法》、《黄石公三略》、《李卫公问对》合编为《武经七书》，正式颁行于武学，成为当时学习军事理论的教科书。

由于《尉缭子》流传中被著录的分类法的歧义，再加上关于它的作者的记载不一致，以致后世有人认为《尉缭子》是一部伪书。南宋学者陈振孙在《直斋书录解题》中，对《尉缭子》作为先秦典籍的历史真实性提出了怀疑。以后又不断有人认为它是后人所造的伪书。直到1972年山东临沂银雀山一号西汉前期墓葬中竹简出土，发现《尉缭子》残简，其所载内容与传世今本大体相同，证明它在西汉前期甚至以前就已传世，这件千年难下定论的疑案才得以澄清。

关于《尉缭子》一书的作者，历来主要有两种说法，一种说法认为作者是梁惠王时人，根据是《尉缭子》开头就有“梁惠王问尉缭子”之句。另一种说法认为作者是秦始皇时人，理由是，在史籍中查不到梁惠王时关于尉缭其人的记载，但据《史记》，却有关于尉缭在秦始皇十年到秦国游说并被委以重任的记载。《史记·秦始皇本纪》中的原文是这样的：“大梁人尉缭来，说秦王曰：‘以秦之强，诸侯譬如郡县之君，臣但恐诸侯合从，翕而出不意，此乃智伯、夫差、湣王之所以亡也。愿大王毋爱财物，赂其豪臣，以乱其谋，不过亡三十万金，则诸侯可尽。’秦王从其计，见尉缭亢礼，衣服、食饮与缭同。缭曰：‘秦王为人，蜂准，长目，挚鸟膺，豺声，少恩而虎狼心，居约易出人下，得志亦轻食人。我布衣，然见我常身自下我。诚使秦王得志于天下，天下皆为虏矣。不可与久游。’乃亡去。秦王觉，固止，以为秦国尉，卒用其计策。”这是关于尉缭事迹的最详尽的记载。梁惠王与秦始皇之间，时间跨度大约一百年，即使从梁惠王在位的最后一年（梁惠王于公元前369年至前319年在位）算起，到秦始皇十年也有82年的时间。显而易见，这两个年代的尉缭不可能是同一个人。因此，关于《尉缭子》一书的作者究竟是什么年代的哪一个尉缭的认识，必然存在分歧。不过，目前学术界比较倾向于作者是梁惠王时的尉缭的说法。因为《尉缭子·天官第一》开头就是“梁惠王问尉缭子曰”之句，后面是尉缭子的对答，这种表明双方身份的词句在书中可见于多处。如《制谈第三》：“试听臣言其术”；《将理第九》：“听臣之术，行臣之言”；《兵令下第二十四》：“臣闻古之善用兵者”，等等。在战国时代以类似君臣对话形式出现的典籍，有《孙子》、《孙膑兵法》、《吴子》等，《孟子》中还专列有《梁惠王》，这也从一个侧面反映了《尉缭子》和这些书之间时代背景的相近之处。如果是秦始皇时的尉缭所作，他没有必要假托于梁惠王，因为梁惠王的威名显然远不及秦始皇。作为秦国最高军事长官的尉缭也没有必要假托梁惠王时名不见经传的尉缭之名。另一方面，《尉缭子》既然是应对之作，理当针对时世而发，而书中所多次强调的“务农战”、“修号令”、“明刑赏”、“审法制”等思想，与商鞅变法的某些主张相似，反映了当时山东六国之一的魏国力求变法图强的政治要求。这些富国强兵之道对于力图振兴衰危的梁惠王来说是实用性很强的对策；而对于变法早已是先辈之业，正“振长策而御宇内，吞二周而亡诸侯，履至尊而制六合”的秦始皇来说，这些主张无疑已是昨日黄花。而《史记》中所说的向秦始皇进献并吞六国之计的尉缭的政治军事主张，在《尉缭子》书中却找不到任何反映。这说明，秦始皇时的尉缭与《尉缭子》一书并无关系。

查《史记·魏世家》，梁惠王“三十五年，与齐宣王会平阿南。惠王数被于军旅，卑礼厚币以招贤者。邹衍、淳于髡、孟轲皆至梁”。《尉缭子》的作者大约即于此时与梁惠王相见，而《尉缭子》本身可能就是在梁惠王与尉缭谈话的基础上加工而成的。

本书注译的《尉缭子》原文系根据上海中华学艺社影印的宋《武经七书》本，并参照出土汉简，个别地方在注释中略加校勘。

张大同

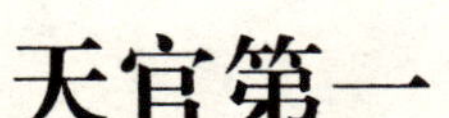

天官第一

梁惠王[①]问尉缭子曰:“黄帝[②]‘刑德[③]’可以百战百胜,有之乎?”

【注释】

①梁惠王:即魏惠王。战国时魏国国君,姬姓,名罃。公元前369～前319年在位。前344年召集逢泽(今河南开封东南)之会,自称为王。后被齐军大败于马陵(今河南范县西南),国势渐衰。因魏国从安邑(今山西夏县)迁都大梁(今河南开封),故亦称梁国。

②黄帝:中国古代传说中的部落首领,姬姓,名轩辕,又号有熊氏。得到各部落的拥戴,在阪泉(今河北涿鹿东南)打败炎帝,在涿鹿(今河北涿鹿东南)击杀蚩尤。

③刑德:刑,指武力征伐。德,指文事、政治。秦汉以前的诸家学派对刑德有不同的理解。

【译文】

梁惠王问尉缭子说:“黄帝用‘刑德’可以百战百胜,有这种说法吗?”

尉缭子对曰:“刑以伐之,德以守之[①],非所谓天官时日阴阳向背[②]也。黄帝者,人事而已矣。何者?今有城东西攻不能取,南北攻不能取,四方岂无顺时乘之者邪[③]?然不能取者,城高地深,兵器备具,财谷多积,豪士一谋[④]者也。若城下、池浅、守弱[⑤],则取之矣。由是观之,天官时日,不若人事也。”

【注释】

①刑以伐之,德以守之:用武力来征伐敌人,以文德来治理国家。

②天官时日阴阳向背:天官,天文星象的总称,又是兵家阴阳书的名称,内容包括瞻云、望日、察气、观星等。时日阴阳向背,占星家认为天文星象的变化会决定人事的吉凶,故于行事前要观察星象,占卜时日,推算阴阳,以预测吉凶。

③四方岂无顺时乘之者邪:四个方向上难道都没有顺应的天时可以利用吗?顺时,顺应天时。乘,利用。

④财谷多积,豪士一谋:资财粮草积存充足,豪杰之士同心协力。豪士,有杰出才智的人。一,专一。一谋,谋虑一致。

⑤城下、池浅、守弱:城墙低矮,护城河水浅,防守能力差。下,低下、低矮。

【译文】

尉缭子回答说:“刑是用武力征伐敌人,德是以文德治理国家,而不是所谓的天

官、时日、阴阳、向背等。黄帝所讲的，只不过是强调人的作用罢了。怎么来说明呢？假如现在有个城邑，从东西两个方向进攻不能攻下，从南北两个方向也不能攻下，这四个方向上难道都没有顺应的天时可以利用吗？之所以不能攻取，是因为城墙高，护城河深，武器装备整齐，资财粮食储存充足，守城的将士齐心协力。若是城墙低矮，护城河浅，守城兵力弱，就可以攻下了。从这个例子可见，依靠天官时日判断吉凶，不如依靠人的作用。”

“按天官之陈[①]曰，背水陈为绝地[②]，向阪陈为废军[③]。武王伐纣，背济水[④]，向山阪而陈，以二万二千五百人，击纣之亿万[⑤]而灭商，岂纣不得天官之陈哉？楚将公子心[⑥]与齐人战，时有彗星出，柄在齐。柄所在，胜[⑦]，不可击。公子心曰：‘彗星何知！以彗斗者，固倒而胜焉[⑧]。’明日与齐战，大破之。黄帝曰：‘先神先鬼，先稽我智[⑨]’。谓之天官，人事而已[⑩]。”

【注释】

①天官之陈：与天文星象运行变化相应的阵法。陈，同“阵”，下同。

②背水陈为绝地：背水列阵是把军队置于死地。绝地，死地，不能生存之地。

③向阪陈为废军：朝着山坡列阵是把军队置于无用之地。向，朝向。阪，同“坂”，山坡。废军，无用之军。

④武王伐纣，背济水：武王，西周建国的第一个君主，文王之子，姓姬名发。纣，商纣王，商朝最后一个君主，名辛。武王伐纣，约在公元前1066年(一说为前1027年)，周武王在牧野(今河南汲县北)率领诸侯与商纣王决战，灭亡商朝。济水，亦称沇水，发源于河南济源县王屋山，古时直接入海，今流入黄河。

⑤亿万：古时十万为亿。

⑥公子心：或说即楚国将军子玉的儿子，名大心，其父死后任楚将。

⑦柄所在，胜：彗星的柄端所在的方位将会获胜。

⑧以彗斗者，固倒而胜焉：彗，扫帚。拿扫帚与人相斗，本来是要把扫帚柄倒过去对着对方才能取胜。

⑨先神先鬼，先稽我智：先求问神鬼，还得先问问自己的智谋。

⑩谓之天官，人事而已：说的是天官，不过是人事罢了。

【译文】

“按天官理论的阵法说，背水列阵是把军队置于绝地，朝向山坡列阵是把军队置于无用之地。然而周武王讨伐商纣王时，却是背着济水，朝向山坡而排列阵势，以二万二千五百人击败纣王的几十万军队，灭掉了商朝，商纣王难道是因为没有按照天官的说法去布阵吗？楚国的大将公子心与齐国人交战，当时有彗星出现，彗星的柄端朝着齐国一方。据说彗星柄端所在的方向将要获胜，不宜与之决战。公子心说：‘彗星能知道什么！要说用彗(扫帚)与人相斗的话，应该是把彗柄倒过去朝着对方才能取胜。’第二天与齐国决战，大获全胜。黄帝说：‘先去求神问鬼，还要先问问自己的智谋。’这里虽然说的是天官，实际上不过是人事罢了。”

兵谈第二

量土地肥硗而立邑建城[①]。以城称地，以地称人，以人称粟[②]。三相称，则内可以固守，外可以战胜。战胜于外，备主于内[③]，胜备相应，犹合符节[④]，无异故也[⑤]。

【注释】

①量土地肥硗而立邑建城：根据土地的肥沃与贫瘠情况来划定行政区域，建立城邑。量，约量、根据。肥，肥沃。硗（qiāo 敲），土地瘠薄。邑，村落、小城。

②以城称地，以地称人，以人称粟：建立城邑要与地域情况相适应，地域的情况要与人口规模相适应，人口规模要与可生产的粮食相适应。称，适应、相称。粟，粮食。武经本作"称地，以城称人，以人称粟"。现从竹简本。

③备主于内：国内要有良好的战备。

④胜备相应，犹合符节：取胜与战备是互相应合的，就像符节相合一样。犹，如同。符节，古时调兵的凭证，上有文字，国君与将帅各存一半，用兵时须两半验合。

⑤无异故也：以上所说的取胜与战备的关系，和符节相合在道理上没有什么差别。

【译文】

要根据土地的肥沃与瘠薄情况来确定建立城镇。建城要与地域情况相适应，地域的广狭要与人口规模相适应，人口数量要与粮食生产相适应。这三者都相适应，那么对内能够固守疆土，对外可以战胜敌人。对外战胜敌人，国内必须有完善的战备。取胜与战备互相适应的情况，就像符节凭证必须相合一样，在道理上没有什么差别。

治兵者，若秘于地[①]，若邃于天[②]，生于无[③]。故开之[④]大不窕[⑤]，小不恢[⑥]。明乎"禁、舍、开、塞[⑦]"，民流者亲之[⑧]，地不治者任之[⑨]。夫土广而任则国富，民众而制则国治[⑩]。富治者，兵不发轫[⑪]，甲不出睾[⑫]，而威制天下。故曰，兵胜于朝廷[⑬]。

【注释】

①若秘于地：秘，秘藏、隐匿。这里 是说，善用兵者起兵不露形迹，如同秘藏于地下。

②若邃于天：邃，深远、高远。《孙子兵法·形篇》："善守者，藏于九地之下；善攻者，动于九天之上。"与此句意相近。

③生于无：存在于无形之中。生，存在。无，无形，不露形迹。

④故开之：开，开启，此处意为实施军事行动。

⑤大不窕：从大的方面来说没有破绽。窕，破绽、空隙。

⑥小不恢：从小的方面来说不露形迹。恢，扩大、显露。

⑦禁、舍、开、塞：这四项都是治理国家的行政措施。禁，禁止；舍，免除；开，开发；塞，杜绝。

⑧民流者亲之：民众流离失所的得以亲附。流，流散、流离失所。亲，亲附。

⑨地不治者任之：土地荒芜的要去开发利用。任，利用、开发，此处指开发土地。

⑩土广而任则国富，民众而制则国治：疆土广阔而且充分利用，国家就会富足；人口众多而且有健全的法制，国家就会安定。制，法制措施。

⑪兵不发轫：轫，阻止车轮转动的木块。发轫，启行、开始。此句意为军队不用出征。

⑫甲不出睪：睪（gāo 高），古时放置皮甲的袋子。此句意为不用动用武力。

⑬兵胜于朝廷：军事上的胜利是由于国家的政治决策正确。

【译文】

治理军队，要像隐藏于地下一样神秘，要像处于九霄一样难以捉摸，使之存在于无形之中。所以运用这种方式，大的方面不暴露破绽，小的方面不显出形迹。申明治理国家的各项措施，禁止逃避农战，赦免小的过失，开辟厚生之道，杜绝奢靡之风，这样民众流离失所的就会亲附，土地荒芜的能得到开发利用。疆土广阔并能得到充分利用，国家就会富足；人口众多而且有健全的法制，国家就可安定。富足而且安定的国家，军队不用出征，兵器不须动用，就能威服天下。所以说，这种战略上的胜利取决于朝廷的政治决策。

不睪甲而胜者，主胜也①。陈而胜者，将胜也②。兵起，非可以忿也③，见胜则兴，不见胜则止④。患在百里之内，不起一日之师⑤。患在千里之内，不起一月之师。患在四海之内⑥，不起一岁之师。

【注释】

①不睪甲而胜者，主胜也：不动用武力取得的胜利，是国君决策的胜利。主，君主、国君。

②陈而胜者，将胜也：经过列阵交战取得的胜利，是将帅指挥的胜利。陈，同“阵”，战阵。

③兵起，非可以忿也：兴兵作战，不能意气用事。忿，愤怒、恼怒，这里指凭意气用事。

④见胜则兴，不见胜则止：有胜利把握的可以出兵，没有胜利把握的就要停止用兵。见胜，预见胜利、有把握取胜。兴，起兵、兴师。

⑤患在百里之内，不起一日之师：敌患在百里以内，不能打算出兵一天就可取胜。患，祸患、灾害，这里指敌患、外患。

⑥四海之内：这里指边远地区。《尔雅·释地》：“九夷八狄七戎六蛮，谓之四海。”

【译文】

不须动用武力取得的胜利，是国君决策的胜利。经过列阵交战取得的胜利，是将帅指挥的胜利。起兵作战不能只凭一时的愤怒，预见到有胜利把握的可以出兵，没有胜利把握的就要停止用兵。敌患在百里以内时，不可打算出兵一天就能取胜。

敌患在千里以内时，不可打算出兵一月就能取胜。敌患在边远地区时，不可打算出兵一年就能取胜。

将者，上不制于天①，下不制于地②，中不制于人③。宽不可激而怒④，清不可事以财⑤。夫心狂、目盲、耳聋⑥，以三悖率人者，难矣⑦。

【注释】

①上不制于天：上不受天时星象的束缚。制，制约、束缚。天，天象。

②下不制于地：地，地理条件。

③中不制于人：人，他人，此处应作国君解。《孙子兵法·谋攻篇》云："将能而君不御者胜"，与此意同。

④宽不可激而怒：心胸要宽广，不应易被人激怒。宽，指胸襟宽广。

⑤清不可事以财：品行要清廉，不能贪图财利。清，清廉、廉洁。事，奉。

⑥心狂、目盲、耳聋：狂妄自大，看不到实际情况，听不进正确意见。

⑦以三悖率人者，难矣：如果让具有这三种毛病的人统率军队，是难以胜任的。悖，谬误、违背情理。率，率领、统率。

【译文】

作为将帅，要做到上不受天时星象的制约，下不受地理环境的约束，中不受国君的束缚。胸襟要宽广，不能容易被人激怒。品行要清廉，不能贪图财利。如果让具有狂妄自大、看不到实际情况、听不进正确意见这三种毛病的人统率军队，是难以胜任的。

兵之所及①，羊肠亦胜，锯齿亦胜，缘山亦胜，入谷亦胜②，方亦胜，圆亦胜③。重者如山如林，如江如河④。轻者如炮如燔，如垣压之，如云覆之⑤。令之聚不得以散，散不得以聚；左不得以右，右不得以左。兵如总木⑥，弩如羊角⑦。人人无不腾陵张胆，绝乎疑虑⑧，堂堂决而去⑨。

【注释】

①兵之所及：军队所到之处。及，达到。

②羊肠亦胜，锯齿亦胜，缘山亦胜，入谷亦胜：羊肠，山间小道。此处指在山间的羊肠小道上作战。锯齿，形容犬牙交错的复杂地形。缘山，攀山越岭。入谷，深入峡谷。

③方亦胜，圆亦胜：方，方形兵阵。圆，圆形兵阵。

④重者如山如林，如江如河：重者，重兵。此句意为，重兵进击像高山密林一样严整有序，像浩瀚江河一样气势雄壮。

⑤轻者如炮如燔，如垣压之，如云覆之：轻者，轻兵。炮，炮烙。燔（fán 凡），烤烧。垣，墙。覆，盖、压。此句意为，轻兵奇袭像烈火烧烤那样暴烈，像高墙崩塌一样压去，像乌云压顶一样盖下来。

⑥兵如总木：兵，兵器。总木，林木多而整齐。这里是说，刀枪剑戟密如丛林。

⑦弩如羊角：弩，机械发射的弓。羊角，形容弩张开弯曲如羊角。

⑧腾陵张胆，绝乎疑虑：腾陵，踊跃凌厉，斗志昂扬。张胆，心雄胆壮。绝，断绝、排除。此句意为，士卒们斗志奋发，心雄胆壮，毫无疑虑。

⑨堂堂决而去：堂堂，形容军容强大。决，勇敢果决。此句意为，军队阵容强盛，威武雄壮地奋勇作战。

【译文】

军队所到之处，在山间的羊肠小道上作战能够获胜，在犬牙交错的复杂地形上作战也能获胜，攀山越岭作战能够获胜，深入峡谷作战也能获胜。以方阵作战能获胜，以圆阵作战也能获胜。重兵进击时像高山密林那样严整有序，像浩瀚江河那样势不可当。轻兵奇袭时如烈焰焚烧一样暴烈，像高墙崩塌一样压去，像乌云压顶一样盖下来。使敌人聚集起来不能分散，分散开来不能聚集；左军不能救援右军，右军不能救援左军。我军刀枪剑戟密布如丛林，强弓劲弩张开如羊角。人人踊跃冲锋，心雄胆壮，舍生忘死，阵容强大，威武英勇地奋力作战。

制谈第三

凡兵，制必先定①。制先定则士不乱，士不乱则刑乃明②。金鼓所指，则百人尽斗③。陷行乱陈④，则千人尽斗。覆军杀将，则万人齐刃⑤。天下莫能当其战矣。

【注释】

①制必先定：治军必须首先确立军纪法度。制，制度、法纪。

②士不乱则刑乃明：部队整齐统一，法纪就严明。刑，法纪。

③金鼓所指，则百人尽斗：军令所向，士卒都冲锋陷阵。金鼓，指军事号令。

④陷行乱陈：陷，冲破、深入。行，行列，古代军制，二十五人为一行。

⑤万人齐刃：刃，指兵器。齐刃，一齐举起兵器，奋力拼杀。

【译文】

凡是治军，制度必须首先定好。制度定好则士兵严整不乱，士兵严整不乱则法纪严明。军令所向，百人都能奋勇当先；冲锋陷阵，千人都能齐心协力；消灭敌军、斩杀敌将，万人都能奋力拼杀。这样就能天下无敌了。

古者士有什伍①，车有偏列②。鼓鸣旗麾③，先登者，未尝非多力国士④也。先死者，亦未尝非多力国士也。损敌一人，而损我百人，此资敌而伤我甚焉⑤，世将⑥不能禁。征役分军而逃归⑦，或临战自北⑧，则逃伤甚焉，世将不能禁。杀人于百步之外者，弓矢也；杀人于五十步之内者，矛戟也。将已鼓而士卒相嚣⑨，拗矢折矛抱戟⑩，利后发。战有此数者，内自败也，世将不能禁。士失什伍，车失偏列，奇兵捐将而走⑪，大众亦走，世将不能禁。夫将能禁此四者，则高山陵之，深水绝之，坚陈犯之⑫。不能禁此四者，犹亡舟楫绝江河⑬，不可得也。

【注释】

①士有什伍：古时军队编制，十人为什，五人为伍。

②车有偏列：古时战车的编制，说法不一。多以二十五乘为偏，五偏为列。

③旗麾：麾，用以指挥军队的旗帜。《穀梁传·庄公二十五年》："置五麾，陈五兵五鼓。"范宁注："麾，旗幡也。"此处用作动词，同"挥"，指挥。

④多力国士：为国出力的贤能之士。国士，有杰出才能和献身精神的人。

⑤此资敌而伤我甚焉：这样做实际上是帮助了敌人，而严重地损伤了自己。资敌，帮助敌人。

⑥世将：今世将领、现在的将领。

⑦征役分军而逃归：征役，应征服役。分军，分兵驻守。应征入伍的士卒在分兵驻守时逃回。

⑧临战自北：北，败逃。

⑨将已鼓而士卒相嚣：将帅已经下令击鼓进军，然而士卒却在互相吵闹。鼓，击鼓。嚣，喧哗、吵闹。《左传·成公十六年》："在陈而嚣。"

⑩拗矢折矛拖戟：用手折断箭和矛，拖着戟。拗，折。

⑪士失什伍，车失偏列，奇兵捐将而走：士卒离开队伍，战车脱离阵列，担任奇袭任务的士卒丢下将领逃走。失，离开、脱离。奇兵，配合正兵作战的部队，多用于突袭。捐，舍弃、丢下。走，跑、逃跑。

⑫高山陵之，深水绝之，坚陈犯之：高山可以跨越，深水可以渡过，坚固的阵地可以攻克。陵，越过、跨过。绝，横渡。

⑬犹亡舟楫绝江河：就像没有船和桨而要渡过江河一样。亡，通"无"，没有。

【译文】

古时候，士卒有什和伍的作战单位，战车有偏和列的军事编制。当战鼓擂响，旌旗挥动时，先登上城垒的未尝不是为国尽力的勇士；先战死的也未尝不是为国献身的壮士。但是，如果消灭一个敌人而要损失我军的百人，这实际上等于帮助敌人而严重地伤害了自己，现在的将帅们不能禁止这种情况。应征入伍的士卒在分兵驻守时逃回，或临战时逃跑，就会造成更严重的逃散和伤亡，现在的将帅们不能禁止这种情况。能在百步之外杀人的武器，是弓箭；能在五十步之内杀人的武器，是矛和戟。将帅已经下令击鼓进军，然而士卒却在相互吵闹，折箭、断矛、拖着戟，都不愿走在前面。战场上出现这几种情况，说明内部的溃败，现在的将帅们不能禁止。士卒离开队伍，战车脱离阵列，担任奇袭任务的士卒丢下将领逃走，大部队也跟着逃跑，现在的将帅们不能禁止。如果将帅能够禁止上述四种情况，那么高山能够翻越，深水能够渡过，坚固的阵地可以攻克。如果不能禁止这四种情况，要想战胜敌人那简直像离开船和桨要渡过江河一样，是无法实现的。

民非乐死而恶生也。号令明，法制审，故能使之前。明赏于前，决罚于后，是以发能中利，动则有功①。令百人一卒，千人一司马，万人一将②，以少诛众，以弱诛强③。试听臣言，其术足使三军之众，诛一人无失刑。父不敢舍子④，子不敢舍父，况国人⑤乎？

【注释】

①明赏于前，决罚于后，是以发能中利，动则有功：赏罚制度事先申明，并坚决实施，这样出兵作战就能获胜，行动得以成功。发，出发、出动。中利，达到目的、获得胜利。

②令百人一卒，千人一司马，万人一将：卒，古时军制，百人为一卒，此处指卒长。司马，官

名，掌军政、军赋，此处指千人之长。

③以少诛众，以弱诛强：诛，责罚，掌握生杀赏罚大权。《周礼·天官·大宰》："诛，以驭其过。"贾公彦疏："诛，责也，则以言语责让之。"

④父不敢舍子：当父亲的不敢包庇儿子。舍，隐藏、包庇。

⑤国人：平民。《周礼·地官·泉府》："国人郊人从其有司。"贾公彦疏："国人者，谓住在国城之内，即六乡之民也。"

【译文】

人们并非喜欢死而厌恶生。号令严明，法制健全，才能使他们勇往直前。赏罚制度事先申明，并坚决执行，这样出兵作战就能获胜，行动就能成功。让一百人服从卒长指挥，一千人服从司马指挥，一万人服从将军指挥，以少治多，以弱治强。请听从我的建议，完全可以指挥全军将士，严明军纪而不会错罚一人。这样，父亲不敢袒护儿子，儿子不敢袒护父亲，更何况一般人之间呢？

一贼仗剑击于市，万人无不避之者，臣谓非一人之独勇，万人皆不肖[①]也。何则？必死与必生，固不侔也[②]。听臣之术，足使三军之众为一死贼[③]。莫当其前，莫随其后，而能独出独入焉。独出独入者[④]，王霸之兵[⑤]也。

【注释】

①不肖：不贤，无能。《礼记·中庸》："贤者过之，不肖者不及也。"

②必死与必生，固不侔也：必，固执。《论语·子罕》："毋意，毋必。"必死，拼死。必生，执意求生。固，本来、原本。侔，等同、一样。

③足使三军之众为一死贼：完全能使全军上下都像一个亡命之徒那样无所畏惧。死贼，亡命徒。《吴子·励士》："是以一人投命，足惧千夫。今臣以五万之众，而为一死贼，率以讨之，固难敌矣。"

④独出独入：独往独来，纵横无敌。

⑤王霸之兵：王霸，周天子为天下共主称"王"；诸侯中的强者纠合各国，尊王室以抵御外族，称"霸"。此句意为强大国家的军队。

【译文】

当一个亡命之徒持剑闯入集市的时候，成千上万的人都没有不躲避他的，我认为这并不是唯有他一个人勇敢，而那上万的人都不如他。为什么会这样呢？拼死与求生，本来所取的立场就不相同。如果采纳我的办法，完全能使全军上下像一个亡命之徒那样无所畏惧，没人敢在前面阻挡，没人敢在后面追赶，而能够纵横无敌了。纵横无敌的军队，就是足以称王于天下、称霸于诸侯的军队。

有提十万之众[①]，而天下莫当者谁？曰桓公[②]也。有提七万之众，而天下莫当者谁？曰吴起[③]也。有提三万之众，而天下莫当者谁？曰武子[④]也。今天下诸国士，所率无不及二十万之众者，然不能济功名者[⑤]，不明乎"禁、舍、开、塞"也。明其制[⑥]，一人胜之，则十人亦以胜之也[⑦]。十人胜之，则百千万人亦以胜之也。故曰，

便吾器用,养吾武勇[⑧],发之如鸟击[⑨],如赴千仞之溪[⑩]。

【注释】

①提十万之众:提,率领、统率。

②桓公:齐桓公,姜姓,名小白。春秋时齐国国君,公元前685年—前634年在位。任用管仲,使齐国富强。九次会合诸侯,为春秋五霸之首。

③吴起:战国初期著名军事家。卫国人,曾在魏、楚任将相。著有兵书《吴子》传世。

④武子:即孙子,名孙武。春秋末期著名军事家。齐国人,曾任吴将。著有兵书《孙子兵法》传世。

⑤然不能济功名者:济,成就。

⑥明其制:明白"禁、舍、开、塞"的道理。

⑦一人胜之,则十人亦以胜之也:一个人能战胜敌人,那么十个人也能依靠这些战胜敌人。

⑧便吾器用,养吾武勇:整修我军的武器装备,培养我军的勇武精神。便,便利,这里用作使动。器用,兵器装备。养,培养、提高。

⑨发之如鸟击:发起攻击时像猛禽捕食那样迅猛异常。

⑩如赴千仞之溪:像千丈高处的积水飞流直下,势不可挡。溪,山涧。《孙子兵法·形篇》:"若决积水于千仞之溪者,形也。"与此意同。

【译文】

有的人率领十万兵马而天下无敌,是谁呢?是齐桓公。有的人率领七万兵马而天下无敌,是谁呢?是吴起。有的人率领三万兵马而天下无敌,是谁呢?是孙武。如今天下各国的将领,所率领的兵马没有不到二十万的,然而却不能成就功名,关键就在于不能明白"禁、舍、开、塞"的措施。如果明确采取这些措施,那么一个人能取得胜利,十个人也能依靠这些取得胜利。十个人能取胜,那么成百、成千、上万的人也能依靠这些取胜。所以说,整修我军的武器装备,培养我军的勇武精神,那么作战时就能像猛禽捕食那样迅疾凶狠,又像千丈高处的积水飞流直下那样势不可挡。

今国被患者[①],以重宝出聘[②],以爱子出质[③],以地界出割,得天下助卒[④],名为十万,其实不过数万耳。其兵来者,无不谓其将曰:"无为天下先战[⑤]",其实不可得而战也。量吾境内之民,无伍,莫能正矣[⑥]。经制十万之众[⑦],而王必能使之衣吾衣,食吾食[⑧],战不胜,守不固者,非吾民之罪,内自致也。天下诸国助我战,犹良骥騄駬之駃[⑨],彼驽马鬐兴角逐[⑩],何能绍吾气哉[⑪]?

【注释】

①今国被患者:现在有的国家遭受侵害。被,遭受。

②以重宝出聘:携带贵重财宝出国访问送礼。重宝,大量财宝。聘,古代国与国之间遣使访问。

③以爱子出质:把国君的爱子出外作为人质抵押。出质,出做人质。

④得天下助卒:助卒,援兵。

⑤无为天下先战：不要在别国之前出战。无，通“毋”，不要。

⑥量吾境内之民，无伍，莫能正矣：从我们国内的民众来看，如不加以组织训练，是不能征发使用的。量，估量。无伍，没有什伍组织，即没有组织训练。正，同“征”，征调。

⑦经制十万之众：组织管理十万大军。经制，管理。

⑧衣吾衣，食吾食：穿国家供给的衣服，吃国家供给的粮食。前一个“衣”、“食”均用作动词。吾，这里指国家、公家。

⑨犹良骥騄駬之駃(jué 决)：骥、騄駬，良马，同为周穆王八骏之属。騄駬亦作“騄耳”。《史记·秦本纪》：“造父以善御幸于周缪王，得骥。温骊、骅骝、騄耳之驷。”駃，奔跑，快跑。《广雅·释宫》：“駃，奔也。”

⑩驽马鬐(qí 其)兴角逐：驽马，劣马。《楚辞·七谏·谬谏》：“驽骏杂而不分兮。”鬐，马鬃。鬐兴，马鬃直竖。角逐，追逐。

⑪ 何能绍吾气哉：这怎么能够增添我们的士气呢？绍，接续、补充、增加。

【译文】

现在的诸侯国遭受侵害，就带着贵重的财物出国访问送礼，把国君的爱子作为人质抵押，以割让国土为代价，去求得天下诸侯的援兵。这些援兵号称十万，实际上不过几万人。那些派兵来的诸侯国君，无不告诫其将领说：“不要在别国前边出战。”实际上得不到这些援兵出战的帮助。从我们国内的民众来看，如不加以组织训练，是不能征发使用的。组织管理十万大军，而国君必须让他们穿国家的衣服，吃国家的粮食。如果战争不能取胜，防守不够牢固，并不是民众的过错，而是国家没有严明法纪所致。天下的诸侯国来帮助我们作战，貌似骏马奔驰，实际却不过是鬃毛竖起的劣马在追逐，这样怎么能增添我们的士气呢？

吾用天下之用为用①，吾制天下之制为制②。修吾号令，明吾刑赏③，使天下非农无所得食，非战无所得爵④。使民扬臂争出农战⑤，而天下无敌矣。故曰，发号出令，信行国内⑥。民言有可以胜敌者，毋许其空言，必试其能战也⑦。

【注释】

①吾用天下之用为用：我们要利用天下的有用之物来为我所用。

②吾制天下之制为制：我们要效仿天下的好制度来作为自己的制度。

③修吾号令，明吾刑赏：修，修明。刑赏，惩罚与奖赏。

④非战无所得爵：不立战功就不能得到爵位。秦制，爵分为二十级，斩一敌首赐爵一级。

⑤使民扬臂争出农战：让百姓们举起手臂争着从事农战。扬臂，形容踊跃的样子。

⑥信行国内：取信于国内的民众。

⑦毋许其空言，必试其能战也：不能听信他的空话，而必须考察他是否能征善战。

【译文】

我们要让天下的有用之物来为我所用，我们要效仿天下的好制度来作为自己的制度。整顿军队的号令，严明国家的赏罚，让全国的民众不务农就得不到饭吃，不立战功就不能得到爵位。让百姓们争先恐后地从事农战，这样就会天下无敌了。

所以说，发号施令，就能取信于国内的民众。如果有人说他可以战胜敌人，不要听信他的空话，而必须考察他是否能征善战。

视人之地而有之[①]，分人之民而畜之[②]，必能内有其贤者[③]也。不能内有其贤，而欲有天下，必覆军杀将。如此，虽战胜而国益弱，得地而国益贫，由国中之制弊矣[④]。

【注释】

①视人之地而有之：看见别国的土地而要去占领。有，占有。

②分人之民而畜之：瓜分别国的民众而去统治。畜，管理、统治。

③必能内有其贤者：必须能以接纳其中的贤能之士。内，通“纳”，容纳、接纳。

④由国中之制弊矣：这是由于国内制度的弊端所致。

【译文】

看见别国的土地而要去占领，瓜分别国的民众要去治理，必须能够接纳其中的贤能之士。如果不能接纳这些贤士，而想要占领天下，必然会兵败将亡。这样，即便是打了胜仗国家也会更加衰弱，得到土地而国家也会更加贫困，这都是由于国内制度的弊端所致。

战威第四

凡兵,有以道胜,有以威胜,有以力胜[①]。讲武料敌[②],使敌之气失而师散[③],虽形全而不为之用[④],此道胜也。审法制,明赏罚,便器用[⑤],使民有必战之心,此威胜也。破军杀将,乘闉发机[⑥],溃众夺地[⑦],成功乃返,此力胜也。王侯知此所以三胜者,毕矣[⑧]。

【注释】

①有以道胜,有以威胜,有以力胜:有的靠谋略取胜,有的靠军事威力取胜,有的靠战场较量取胜。道,此处指用兵谋略。力,实力。

②讲武料敌:研究与战争有关的政治、军事理论,分析判断研究敌情。讲,讲求,研究。料,计算,估量。

③使敌之气失而师散:使敌军士气衰落军心涣散。气,士气。

④虽形全而不为之用:虽有空架子而没有作战能力。形全,形式完整、空有其表。

⑤便器用:改善武器装备。

⑥乘闉发机:登上城堡发射弩机。乘,登、攀登。闉,古时城门外曲城的城门,此处指曲城。机,弩机。

⑦溃众夺地:攻破敌军夺取土地。溃,用作动词,击溃、攻破。

⑧王侯知此所以三胜者,毕矣:国君明白了这三种取胜的办法,就是全面地掌握了用兵的道理。

【译文】

大凡用兵,有的靠谋略取胜,有的靠军威取胜,有的靠战场较量取胜。研究军事,分析敌情,使敌军士气衰落、军心涣散,虽有空架子而没有作战能力,这是以谋略取胜。健全法令制度,严明奖励惩罚,改善武器装备,使士卒有果敢的战斗决心,这是以军事威力取胜。攻破敌军斩其将帅,登上敌城发射弩机,击溃敌众攻夺土地,胜利凯旋,这是以战场交锋取胜。作为国君掌握了这三种取胜的办法,也就全面掌握了用兵的道理。

夫将之所以战者,民也[①]。民之所以战者,气[②]也。气实则斗,气夺则走[③]。刑如未加,兵未接[④],而所以夺敌者五:一曰庙胜之论[⑤],二曰受命之论[⑥],三曰逾垠之论[⑦],四曰深沟高垒之论,五曰举陈加刑之论[⑧]。此五者,先料而后动[⑨],是以击虚夺之[⑩]也。

【注释】

①将之所以战者,民也:民,此处指士卒。将帅指挥作战,所依靠的是士卒。

②气:士气。

③气实则斗,气夺则走:士气充实、高昂就能英勇战斗,士气衰落丧失就会失败逃走。实,充实、旺盛。夺,丧失、衰落。走,败逃。

④刑如未加,兵未接:战斗尚未开始,双方尚未交锋。刑,此处指征伐。接,接触、交锋。

⑤庙胜之论:朝廷的决策正确,高人一筹。

⑥受命之论:任用得力的将领。受命,将帅接受国君的命令。

⑦逾垠之论:越过边界深入敌境内作战。逾,逾越。垠,边际。一说,是指军事行动迅速。

⑧举陈加刑之论:出兵布阵讨伐交战前的充分准备。

⑨先料而后动:先正确分析判断敌情,然后伺机而动。

⑩击虚夺之:以实击虚争取对敌人的优势。

【译文】

将帅指挥作战,所依靠的是士卒,士卒作战依靠的是士气。士气高昂就能英勇战斗,士气衰落就会失败逃走。战斗尚未开始,双方尚未交锋,而能够先机制敌的有五个方面:一是朝廷的决策高人一筹;二是任用得力的将帅;三是军队行军顺利;四是有坚固的防御工事;五是布阵交战前的充分准备。这五个方面,都是先深入分析敌情然后伺机而动,以实击虚战胜敌人的办法。

善用兵者,能夺人而不夺于人[①]。夺者,心之机也[②]。令者,一众心也[③]。众不审则数变[④],数变则令虽出,众不信矣。故令之法,小过无更,小疑无申[⑤]。故上无疑令,则众不二听[⑥]。动无疑事,则众不二志。未有不信其心,而能得其力者;未有不得其力,而能致其死战者也。故国必有礼信亲爱之义,则可以饥易饱[⑦];国必有孝慈廉耻之俗,则可以死易生[⑧]。古者率民,必先礼信而后爵禄,先廉耻而后刑罚,先亲爱而后律其身[⑨]。

【注释】

①能夺人而不夺于人:能够夺取主动权而不被敌人夺取主动权。

②夺者,心之机也:夺取主动权,在于机智灵活。

③令者,一众心也:号令是为了统一众人意志的。一,统一。心,意志、思想。

④众不审则数变:如果众人不理解,命令就会有多次变动。审,理解、清楚。数变,多次变更。

⑤小过无更,小疑无申:对于所下达的命令,即使有小错也不要更改,有小的疑惑也不要申明。

⑥故上无疑令,则众不二听:上级没有疑惑不清的命令,则众人就不会三心二意。疑令,含糊不清、令人迷惑的命令。二听,不专一、怀疑。

⑦以饥易饱：用饥饿换取饱暖。这里意为战胜饥饿以换来饱暖。易，变更、换取。

⑧以死易生：用危亡换取生存。这里意为克服危亡换来生存。

⑨先亲爱而后律其身：先亲近爱护士卒，然后才用法纪加以约束。亲爱，亲近爱护。律，约束、管教。

【译文】

善于用兵的人，能做到夺取主动权而不被敌人夺得主动权。夺取主动权，在于机智灵活。号令是为了统一众人意志的，如果众人不理解，命令就会多有变动，经常变动则号令虽出众人却不相信。所以下达命令必须做到：即使有小错误也不要更改，有小疑惑也不申明。上级不下达含糊不清的命令，那么众人也就不会三心二意。从没有得不到民众的信任而能让他们尽力的；也从没有得不到民众尽力而能让他们拼命作战的。因此，国家必须有礼信亲爱的道义，才能战胜饥饿换来饱暖；国家必须养成孝顺慈爱廉洁知耻的风气，才能克服危亡换得生存。古时候治理民众，总是先用礼义诚信进行教育，而把封赏官爵俸禄放在其次；先用廉洁知耻进行感化，而把刑罚惩治放在其次；先亲近爱护士卒，然后才用法纪加以约束。

故为战者，必本乎率身以励众士[①]，如心之使四肢也。志不励则士不死节[②]，士不死节则众不战。励士之道，民之生，不可不厚[③]也。爵列之等[④]，死丧之亲[⑤]，民之所营[⑥]，不可不显也。必也因民之所生而利之，因民之所营而显之。田禄之实，饮食之亲，乡里相劝[⑦]，死生相救，兵役相从，此民之所励也。使什伍如亲戚，卒伯如朋友[⑧]，止如堵墙[⑨]，动如风雨，车不结辙[⑩]，士不旋踵[⑪]，此本战之道也。

【注释】

①故为战者，必本乎率身以励众士：所以用兵作战的人，必须以身作则来激励全军将士。为战者，指挥作战的将帅，本乎，本着、立足于。

②志不励则士不死节：不激励士气，士卒就不会为国献身。死节，为国家献身。

③民之生，不可不厚：民众的生存所系，不能不给予优厚的待遇。

④爵列之等：爵位排列的等级。

⑤死丧之亲：对于死丧的抚慰。亲，抚恤、慰问。

⑥民之所营：民众所谋求的事情。营，谋求。

⑦乡里相劝：乡亲邻里互相勉励。里，古时居民聚居的地方。劝，劝勉。

⑧卒伯如朋友：军队中互相如朋友。卒，百人为一卒，也称伯。

⑨止如堵墙：驻守时像城墙一般坚固。堵，墙壁。

⑩车不结辙：战车一往无前从不后退。结辙，战车由于往返而留下的交错辙迹。

⑪士不旋踵：士卒不临阵脱逃。旋，转回。踵，脚跟。

【译文】

所以用兵作战的人，必须以身作则来激励全军将士，就可以像用心来指挥四肢一样随意自如。不激励士气，士卒就不会为国献身，士卒没有献身精神，那么军队虽然多也不会有战斗力。激励士卒的办法是：对民众的生存不能不给以优厚的待

遇；对于爵位的等级、死丧的抚慰、民众所谋求的事情，不能不予以充分的重视。必须根据民众生活的状况加以调节，根据民众的需求给予重视。给他们以田地和俸禄，使他们饮食聚会亲密无间，乡亲邻里互相慰勉，生死关头互相救应，从军服役互相跟随，这就是民众所需要激励的。使同什同伍的士卒间像亲戚，使同卒的士卒之间像朋友。防守时坚如城墙，行动时迅如风雨，使战车有进无退，士卒勇往直前，这是作战的根本道理。

地所以养民也，城所以守地也，战所以守城也。故务耕者民不饥[①]，务守者地不危，务战者城不围。三者先王之本务也[②]。本务者，兵最急，故先王专于兵有五焉：委积不多则士不行[③]，赏禄不厚则民不劝，武士不选则众不强，备用不便则力不壮，刑赏不中则众不畏[④]。务此五者，静能守其所固，动能成其所欲[⑤]。夫以居攻出[⑥]，则居欲重，陈欲坚，发欲毕，斗欲齐[⑦]。

【注释】

①务耕者民不饥：努力从事农业生产的，民众就不会受饥荒。务，从事。

②三者先王之本务也：这三条是古代的圣明君主所重视的根本大事。先王，古代的贤明君王。本务，根本要务。

③委积不多则士不行：军需储备不够充分，军队就不能行动。委积，囤积、储备。

④刑赏不中则众不畏：赏罚不当，民众就不会畏服。中，得当、适宜。

⑤动能成其所欲：行动能达到预期目的。

⑥以居攻出：在防守中进攻来犯之敌。居，防御、防守。出，出动的军队。

⑦居欲重，陈欲坚，发欲毕，斗欲齐：防守要稳重，阵地要巩固，进击要集中兵力，交战要齐心协力。发，进击。毕，全部，此处指集中兵力。

【译文】

土地是养活民众的，城池是用以守卫土地的，作战是用来守卫城池的。所以努力从事农业生产，民众就不会遭受饥荒；重视防守城池的，国土就不会有危险；重视作战准备的，城池就不会被围困。这三件是古代的圣明君王注重的根本大事。而其中，军事问题是最为急迫的。所以古代的君王从五个方面重视军事：军需储备不够充分，军队就不能行动；奖赏和俸禄不丰厚，对将士们就起不到激励作用；武士不经严格挑选，军队就得不到加强，武器装备不够精良，军力就不会充实；赏罚不当，民众就不会畏服。专心致力于这五个方面，防守则能稳固，行动则能达到预期目的。在防守中反击敌人，则防御要慎重，阵地要巩固，进击要集中兵力，交战要齐心协力。

王国富民，霸国富士[①]，仅存之国富大夫，亡国富仓府[②]，所谓上满下漏，患无所救[③]。故曰，举贤任能，不时日而事利[④]；明法审令，不卜筮而事吉[⑤]；贵功养劳，不祷祠而得福[⑥]。又曰，天时不如地利，地利不如人和。圣人所贵，人事而已。

【注释】

①王国富民，霸国富士：能推行王道的国家民众富裕，推行霸道的国家武士富裕。王国，行王道的国家，称王天下的国家。霸国，行霸道的国家，称霸天下的国家。

②仅存之国富大夫，亡国富仓库：勉强生存的国家官吏富裕，将要灭亡的国家国君的府库富裕。

③上满下漏，患无所救：上层统治阶级过于富裕而下层百姓极为贫困，这样的危机是无法挽救的。

④不时日而事利：不用选择吉日良辰事情也能办好。不时日，不拘于吉日。

⑤不卜筮而事吉：卜筮，古代用来预测吉凶祸福的迷信做法。根据龟甲牛骨上的裂纹判断的称卜，用蓍草为工具的称筮。

⑥贵功养劳，不祷祠而得福：尊崇有功之士，优待为国操劳的人，不用祈祷神灵也能得到福佑。

【译文】

推行王道的国家民众富裕，推行霸道的国家武士富裕，勉强生存的国家官吏富裕，行将灭亡的国家国君的府库富裕。这就是所谓上层过于富裕而下层百姓极为贫困，这样的危机是无法挽救的。所以说，推举贤士任用能人，不用选择吉日良辰也能办事顺利；严明法令，不用占卜问卦也能遇事吉利；尊崇有功之士，优待为国操劳的人，不用祈祷神灵也能得到福佑。又可以说，天时机运不如地理优势，地理优势不如人心团结。圣人所看重的，只是人的作用。

夫勤劳之师，将必先己①，暑不张盖，寒不重衣②，险必下步③，军井成而后饮，军食熟而后饭，军垒成而后舍④，劳佚必以身同之⑤。如此，师虽久而不老不弊⑥。

【注释】

①将必先己：将领一定要身先士卒，严于律己。

②暑不张盖，寒不重衣：酷暑不打阳伞，严寒不格外多穿衣服。盖，伞盖。重，多、增加。

③险必下步：遇到险处，将领一定要下车，与士卒一起步行。

④军垒成而后舍：军营驻扎好然后才休息。垒，营垒、营房。舍，居住。

⑤劳佚必以身同之：佚，同“逸”。

⑥师虽久而不老不弊：军队即使长期作战也能做到不疲惫不衰败。老，疲弊。

【译文】

勤勉而能耐劳苦的军队，将帅一定要身先士卒。酷暑不躲在伞下，严寒不多穿衣服，遇到险处下车与士卒同行，水井挖成军队喝上水自己再喝，饭做熟后军队吃上饭自己再吃，军营驻扎好然后自己才休息，劳苦与安逸都与士卒相同。这样，军队即使长期作战也可以不疲惫不衰败。

攻权第五

兵以静固，以专胜[①]。力分者弱，心疑者背[②]。夫力弱，故进退不豪，纵敌不擒[③]。将吏士卒，动静一身[④]。心既疑背，则计决而不动，动决而不禁[⑤]。异口虚言[⑥]，将无修容[⑦]，卒无常试[⑧]，发攻必衄[⑨]。是谓疾陵之兵[⑩]，无足与斗。将帅者，心也。群下者，支节也[⑪]。其心动以诚，则支节必力；其心动以疑，则支节必背。夫将不心制，卒不节动[⑫]，虽胜，幸胜也，非攻权也[⑬]。

【注释】

①兵以静固，以专胜：军队靠沉着冷静而稳固，靠兵力集中而取胜。《淮南子·兵略训》云："兵静则固，专一则威。"又《孙子兵法·九地篇》云："将军之事，静以幽，正以治。"皆与此句相近。武经本作"兵以静胜，国以专胜"，疑有误。

②力分者弱，心疑者背：兵力分散力量则会削弱，思想迷惑行动就要乖违。《淮南子·兵略训》云："心疑则北，力分则弱"。

③进退不豪，纵敌不擒：进攻或退守都不胆壮，放跑敌人而不能歼灭。豪，威武雄壮。

④将吏士卒，动静一身：全军上下要步调一致，行动与驻守都像人的身体一样协调。竹简作"将吏士卒，童静如身"。

⑤计决而不动，动决而不禁：计谋制定好了却不能行动，行动后又有禁而不止。

⑥异口虚言：众说纷纭，不切实际。

⑦将无修容：将帅缺乏应有的威严。修容，美好的仪容，此处指威严。

⑧卒无常试：士卒缺乏训练。常试，经常的训练。

⑨发攻必衄（nǜ 恧）：发动攻击必然要失败。衄，战败。

⑩疾陵之兵：自大蛮横不服管束的军队。施子美注："若是之兵，是自恃以陵人也，故谓疾陵之兵。言不能自治，而疾于陵人，是暴兵也，不足与斗。"

⑪群下者，支节也：部属好比人的四肢。支，同"肢"。竹简无"者"字。

⑫将不心制，卒不节动：将帅如不能像用心控制四肢那样正确指挥士卒，士卒也就不能像四肢听从心的指挥那样行动有力。

⑬虽胜，幸胜也，非攻权也：即使是取胜，也是侥幸胜利，而不是掌握了攻战的权谋。攻权，攻战的谋略。

【译文】

军队靠沉着冷静而稳固，靠兵力集中而取胜。部署分散力量就将削弱，将帅内

心疑惑行动就会乖违。兵力薄弱，进攻或退守都不胆壮，放纵敌人而不能歼灭。将帅、军吏、士卒举动要一致，像人的身体一样协调。如果计谋制定好了却不能实施，行动不能加以控制。众说纷纭夸夸其谈，将帅缺乏应有的威严，士卒缺乏通常的训练，这样发起攻击必然要失败。这是所谓的蛮横而不服管束的军队，不足以与敌军作战。将帅好比人的首脑，部下就像人的四肢。首脑的决心专诚，四肢的动作必然有力；首脑的决心犹疑，四肢的行动必然不灵。如果将帅不能像首脑控制四肢那样灵活，士卒也就不能像四肢服从首脑的指挥那样行动有力，即使是取胜，也是侥幸胜利，而不是掌握了攻战的谋略。

夫民无两畏①也，畏我侮敌，畏敌侮我。见侮者败，立威者胜②。凡将能其道者，吏畏其将也③；吏畏其将者，民畏其吏也；民畏其吏者，敌畏其民也。是故知胜败之道者，必先知畏侮之权④。

【注释】

①民无两畏：士卒不会既畏惧敌人又畏惧自己的将帅。民，此处指士卒。《兵令上》有“卒畏将甚于敌者胜，卒畏敌甚于将者败”。

②见侮者败，立威者胜：将帅被士卒轻慢，用兵就会失败；能够树立威望的就能取胜。见，受、被。

③将能其道者，吏畏其将也：将帅能掌握运用这些道理的，军吏就会畏惧将帅。

④必先知畏侮之权：必须首先明白畏惧与轻慢二者的关系。

【译文】

士卒不会对敌我双方都畏惧，畏惧自己的将帅就会蔑视敌人，畏惧敌人就会轻慢自己的将帅。被轻慢的将帅用兵将会失败，而能建立威信的就能取胜。将帅能掌握运用这些道理的，军吏就会畏惧将帅；军吏畏惧将帅，士卒就会畏惧军吏；士卒畏惧军吏，敌人就会畏惧我军的士卒。所以知道胜败道理的人，必须首先明白畏惧与轻慢之间的关系。

夫不爱说其心者，不我用也①；不威严其心者，不我举也②。爱在下顺，威在上立③。爱故不二，威故不犯④。故善将者，爱与威而已。

【注释】

①不爱说其心者，不我用也：领兵的人如果不能以恩惠使部下悦服，部下就不会为我所用。爱，恩惠。说，同“悦”，诚服。

②不威严其心者，不我举也：如果不能使部下内心敬畏，就得不到他们的拥戴。举，拥戴。

③爱在下顺，威在上立：恩惠是为了使部下顺从，威严是为了保证将帅的领导。

④爱故不二，威故不犯：将帅对部下有恩惠，所以部下没有二心；将帅保持威严，部下就不敢违命。不二，没有二心。不犯，不敢冒犯。

【译文】

不用恩惠使部下悦服，他们就不会为将帅所用；不能使部下敬畏，就得不到他

们的拥戴。恩惠是为了使部下顺从，威严是为了保证将帅的指挥。将帅对部下施以恩惠，所以部下没有二心；将帅能保持威严，部下就不敢违命。所以善于领兵的人，要做到恩威并用。

战不必胜[①]，不可以言战；攻不必拔，不可以言攻。不然，虽刑赏不足信[②]也。信在期前，事在未兆[③]。故众已聚不虚散，兵已出不徒归[④]，求敌若求亡子[⑤]，击敌若救溺人[⑥]。分险者无战心[⑦]，挑战者无全气[⑧]，斗战者无胜兵[⑨]。

【注释】

①战不必胜：作战没有一定能获胜的把握。必，肯定、定然。

②虽刑赏不足信：虽用严刑重赏也不能取信于众。

③信在期前，事在未兆：威信要在战前树立，事情要在发生之前预见到。期，战期。未兆，事情发生之前。

④兵已出不徒归：军队一经出动，就不能无功而回。徒，徒然、白白地。

⑤求敌若求亡子：寻找敌人作战就像寻找丢失的孩子那样心切。亡，走失。《勒卒令》篇亦有："求敌如求亡子。"

⑥击敌若救溺人：攻击敌人要像抢救落水的人那样坚决勇敢。

⑦分险者无战心：占据险要之地，就会仗恃险要而无战斗的决心。竹简作"因险者毋战心"。

⑧挑战者无全气：有意挑战诱敌的，不会使用全部兵力。竹简作"佻战毋全气"。

⑨斗战者无胜兵：仓促出战，不会有胜利的把握。斗战，遭遇战。竹简作"搕战毋胜兵"。

【译文】

作战没有必胜的把握，不可轻易提出作战。攻城没有一定攻取的把握，不可轻易提出攻城。不然的话，虽用严刑重赏也不能取信于众。威信要在平时树立，事情要在发生之前预见。所以部队集中起来就不能随便解散，部队一经出动就不能无功而回。寻找敌人作战要像寻找丢失的孩子那样迫切，进攻敌人要像抢救落水的人那样奋不顾身。分兵守险，就不会有决战的意图。有意挑战诱敌的，不会使用全部兵力。仓促出战，不会有胜利的把握。

凡挟义而战者[①]，贵从我起。争私结怨，应不得已。怨结虽起，待之贵后[②]。故争必当待之，息必当备之。

【注释】

①挟义而战者：拥有正义而作战的军队。挟，仗、恃。

②怨结虽起，待之贵后：因结下仇怨而导致的战争，贵在后发制人。

【译文】

凡是正义在我一方的战争，最好能主动出击。因争夺私利结下仇怨，应是不得已的。仇怨引致的战争，最好是后发制人。所以有了争端，就必须有所等待，战争结束也应当有所防备。

兵有胜于朝廷[①]，有胜于原野，有胜于市井。斗则得，服则失[②]，幸以不败，此不意彼惊惧，而曲胜[③]之也。曲胜，言非全也，非全胜者，无权名[④]。故明主战攻之日，合鼓合角，节以兵刃[⑤]，不求胜而胜也。

【注释】

①兵有胜于朝廷，有胜于原野，有胜于市井：胜于朝廷，即《战威》中的“庙胜”。胜于原野，即《战威》中的“力胜”。市井，城市。胜于市井，靠攻占城邑取胜。

②斗则得，服则失：勇于战斗就能胜利，屈服退让就会失败。

③曲胜：侥幸取胜，偶然取胜。

④无权名：说不上掌握了攻战的谋略。

⑤合鼓合角，节以兵刃：号令统一，动作协调。鼓、角，军中号令工具。节，节制、统一。

【译文】

用兵作战，有的靠朝廷决策取胜，有的靠野外交战取胜，有的靠攻取城池取胜。勇于战斗就能取胜，屈服退让就会失败，即使侥幸不失败，这也是由于敌人意外发生惊忧而偶然的胜利。偶然取胜，不能说是真正的胜利，不是真正的胜利，就算不上掌握了攻战的谋略。所以英明的主帅在发动进攻时，号令统一，动作协调，不强求胜利而必然取胜。

兵有去备撤威而胜者[①]，以其有法故也。有器用之蚤定[②]也，其应敌也周[③]，其总率也极[④]。故五人而伍，十人而什，百人而卒，千人而率，万人而将，已周已极[⑤]。其朝死则朝代，暮死则暮代[⑥]。

【注释】

①兵有去备撤威而胜者：有的军队表面上没有戒备或故意示弱而取胜。备，准备、戒备。一说为长兵器，《左传·昭公二十一年》：“齐致死，莫如去备。彼多兵矣，请皆用剑。”杜预注：“备，长兵也。”撤，除去。

②有器用之蚤定：有早就准备好的武器装备。蚤，同“早”。

③应敌也周：应战计划周密。

④总率也极：统率完善。总率，统率。极，至、尽。

⑤已周已极：很周密很完善。已，非常。周，完备、周密。此处指军队组织而言。

⑥朝死则朝代，暮死则暮代：军队中的各级指挥官员早上战死则早上有人接替，晚上战死则晚上有人接替。朝，早晨。代，接替、代理。

【译文】

有的军队表面上没有戒备或故意示弱却能取胜，是因为治军有方的缘故。早就准备好了武器装备，有周密的应战计划，有坚定的临战指挥。所以，五人为伍设一伍长，十人为什设一什长，百人为卒设一卒长，千人为率设一率长，万人为军设一将军，编制组织非常严密。各级指挥官早上战死则早上有人接替，晚上战死则晚上

有人接替。

权敌审将[①]，而后举兵。故凡集兵，千里者旬日[②]，百里者一日，必集敌境。卒聚将至，深入其地，错绝其道[③]，栖其大城大邑[④]，使之登城逼危。男女数重[⑤]，各逼地形而攻要塞[⑥]。据一城邑而数道绝，从而攻之。敌将帅不能信，吏卒不能和，刑有所不从者，则我败之矣。敌救未至，而一城已降。

【注释】

①权敌审将：战前要正确分析敌情，慎重选好将领。权，衡量。审，仔细考察。

②千里者旬日：千里路程的十天内赶到。旬日，十天。

③错绝其道：切断敌人的交通要道。错，打乱。绝，切断。

④栖其大城大邑：将军队置于敌人的重要城邑之下。

⑤男女数重：《商君书·兵守》："三军：壮男为一军；壮女为一军；男女之老弱者为一军。"此处指军队重重包围。

⑥要塞：《子书百家》、《清芬堂丛书》本作"要害"。

【译文】

全面了解权衡敌情，慎重选好将领，然后才能起兵。凡是集结军队，千里路程的不能超过十天时间，百里路程的不能超过一天时间，必须集结到敌国边境。士卒聚齐将帅到任后，就应深入敌人腹地，分别切断它的交通要道，将军队置于它的重要城邑之下，使敌人登城防守处于危乱之中。军队重重包围，分头逼近险要地形，向敌方要塞攻击。围困一个城邑而切断敌人的各条道路，然后发起攻击。敌军将帅丧失威信，官兵不和，即使动用刑律也有的不服从军令，这样我军就可打败敌人。敌人的援兵还没到，守城的敌军就已投降了。

津梁未发[①]，要塞未修，城险未设，渠答未张[②]，则虽有城，无守矣。远堡未入，戍客未归[③]，则虽有人，无人矣。六畜未聚，五谷未收，财用未敛，则虽有资，无资矣。夫城邑空虚而资尽者，我因其虚而攻之。法曰[④]："独出独入，敌不接刃而致之。"此之谓也。

【注释】

①津梁未发：桥梁没有拆除。津，渡口。梁，桥梁。津梁，泛指渡水设施。发，拆除。

②渠答未张：障碍物没有设置。渠答，《汉书晁错传》师古注："渠答，铁蒺藜也。"系阻碍敌军前进的器物，多用于防御。《六韬·虎韬·军用》："狭路微径，张铁蒺藜，芒高四寸，广八寸，长六尺以上。"张，布置、设置。

③远堡未入，戍客未归：这里指军队换防交替之际，前往边境城堡的尚未到达，守边的士卒尚未回来。戍客，戍边的人。

④法曰：兵法说。

【译文】

渡口桥梁没有拆除，要塞没有修建，城防工事没有构筑，障碍物没有设置，虽然有城池，也无法防守。边境的城堡尚未进驻，守边的军队尚未回来，虽然有人也和没人一样。六畜还未征集，五谷还未收缴，财物还未聚敛，虽然有资财，也和没有资财一样。对于城防空虚而资财贫乏的敌人，我们要乘虚攻取它。兵法上说："独往独来如入无人之境，敌人不待交锋就被打败。"就是指这种情况。

守权第六

凡守者，进不郭圉[①]，退不亭障[②]，以御战，非善者也。豪杰雄俊，坚甲利兵，劲弩强矢，尽在郭中，乃收窖廪，毁折而入保[③]，令客气十百倍，而主之气不半焉[④]，敌攻者，伤之甚也，然而世将弗能知。

【注释】

①进不郭圉：不在外城迎击敌人。郭，城郭、外城。圉，通“御”。郭圉，即在城郭之外迎击敌人。

②退不亭障：不设置据点堡垒以进行防御。亭障，在外城险要处筑墙置亭，派人防守。

③乃收窖廪，毁折而入保：收集城外的存粮，拆毁城外的房屋，让民众全部退入城内防守。窖，地窖。廪，米仓。此处指窖廪所储藏的粮食物品。毁折，拆毁。《商君书·兵守》：“发梁撤屋，给徙徙之，不洽而熯之，使客无得以助攻备。”

④令客气十百倍，而主之气不半焉：使攻城的军队气势百倍，而守城者士气衰落。客，外来攻城者。主，守城者。气，士气、气势。

【译文】

凡是守城的军队，不在外城迎击敌人，不设置据点堡垒以进行防御，不是妥善的作法。把英雄豪杰、精锐部队、优良武器都集中在城内，又收集城外的粮食财物，拆毁城外房屋，使民众全都退入城内防守，这种消极防御的办法会使攻城的军队气势百倍，而守城者士气衰落。一旦被敌人攻击，守军就要受很大损失。然而一般的将领却不明白这个道理。

夫守者，不失险者也[①]。守法：城一丈，十人守之，工食不与焉[②]。出者不守[③]，守者不出。一而当十[④]，十而当百，百而当千，千而当万。故为城郭者，非妄费于民聚土壤也，诚为守也。千丈之城，则万人之守，池深而广，城坚而厚，士民备，薪食给，弩坚矢强，矛戟称之[⑤]，此守法也。

【注释】

①夫守者，不失险者也：防守的军队，不能离开险要的地形和工事。失，放弃、离开。

②城一丈，十人守之，工食不与焉：每一丈宽的城墙，需要十人防守，杂工伙夫不在内。工

食，勤杂和炊事人员。与，参与。

③出者不守：负责出击的部队不担任防守任务。出，出击。

④一而当十：由于据险防守，故能以一当十。

⑤矛戟称之：矛戟也和弩矢一样坚固锋利。称，相称。

【译文】

防守的部队，离不开险要的地形和工事。防守的方法是，城墙宽一丈，需要十人防守，勤杂人员不算在内。负责出击的部队不担任防守任务，负责防守的部队不担任出击行动。守城用兵可以一当十，以十当百，以百当千，以千当万。所以修建城郭，并非胡乱耗费民力只是积聚土堆，而确实是为了防守。千丈城墙需要万人来守护。要做到城壕既深又宽，城墙坚固而厚，士卒和民夫充足，柴草粮食丰富，弓牢箭劲，矛和戟也一样坚韧锋利。这就是守城的法则。

攻者不下十余万之众，其有必救之军[①]者，则有必守之城。无必救之军者，则无必守之城。若彼城坚而救诚，则愚夫惷妇[②]，无不蔽城尽资血者[③]。期年之城[④]，守余于攻者[⑤]，救余于守者。若彼城坚而救不诚，则愚夫惷妇，无不守陴而泣下[⑥]，此人之常情也。遂发其窖廪救抚，则亦不能止矣。必鼓其豪杰雄俊，坚甲利兵，劲弩强矢并于前，幺麽毁瘠者并于后[⑦]。

【注释】

①必救之军：诚心相救的援军，可靠的援军。

②愚夫惷妇：旧时统治阶级对平民的称谓，等于说"匹夫匹妇"。

③无不蔽城尽资血者：蔽城，守护城池。尽资血，竭尽资财，不惜流血。

④期年之城：坚守一年的城池。期年，一周年。

⑤守余于攻者：防守的力量大于攻城的力量。

⑥无不守陴（pí 皮）而泣下：没有不守在城墙上而流泪的。陴，城墙上呈凹凸形状的矮墙，亦称"女墙"。《左传·宣公十二年》："守陴者皆哭。"

⑦幺麽毁瘠者并于后：幺麽，微小。此处指幼小、幼弱。毁，残疾。瘠，瘦弱。这句是说，老幼残弱的一齐在后支援。

【译文】

攻城的军队不下于十万兵力，守城者如有可靠的援军，那么城池必定能守住。要是没有可靠的援军，那就不一定能守得住。若是城池坚固并且援军真心来救，那么全城民众没有不为守城而竭尽资财、流血牺牲的。坚守一年的城池，必须守城力量大于攻城力量，援军的力量大于守军的力量。若是城池虽然坚固但没有可靠的援军，那么民众们没有不守在城垛边流泪的，这是人之常情，即使打开仓库散发财物进行安抚也不能制止。必须鼓励豪杰英雄出战，装备起优良武器，齐力奋战在前面，老弱病残者在后面支援。

十万之军，顿于城下[①]。救必开之，守必出之[②]。出据要塞，但救其后，无绝其粮道，中外相应，此救而示之不诚，则倒敌而待之[③]者也。后其壮，前其老，彼敌无前，守不得而止矣。此守权之谓也[④]。

【注释】

①顿于城下：围困在城下。顿，驻扎。

②救必开之，守必出之：救援的军队必须能解开重围，守军也必须乘势出击。

③倒敌而待之：倒敌，颠倒敌人，指造成敌人的错误布署。

④此守权之谓也：守权，守城的权变谋略。

【译文】

十万敌军驻扎在城下，援军必须解开重围，守军也必须乘势出击，占领险要地带，援军只在守军后面救应，不要断绝其粮道，内外遥相呼应，这样是表示救援不积极，以便迷惑敌人，而等待可乘之机。敌人把精壮士卒放在后边，把老弱士卒放在前边，这样敌人向前攻城不会有威胁，守军就可以积极出击了。这就是守城的权变谋略。

十二陵第七

威在于不变①，惠在于因时②。机在于应事③，战在于治气④。攻在于意表，守在于外饰⑤。无过在于度数⑥，无困在于豫备⑦。慎在于畏小⑧，智在于治大。除害在于敢断⑨，得众在于下人⑩。

【注释】

①威在于不变：树立威望在于不轻易改变决定。《攻权》："爱在下顺，威在上立。爱故不二，威故不犯。"

②惠在于因时：给人以恩惠要适合时宜。惠，恩惠。因时，根据时机。

③机在于应事：机谋要顺应事物的变化。机，机谋。

④战在于治气：用兵作战在于激励士气。治气，掌握运用士气。

⑤攻在于意表，守在于外饰：进攻在于出乎意料之外，防守在于隐蔽部署。意表，意外、预料之外。外饰，伪装、隐蔽、假象。

⑥无过在于度数：不犯错误在于处理事情能掌握分寸。度数，掌握分寸。

⑦无困在于豫备：不陷于困境在于事先有准备。豫，通"预"。

⑧慎在于畏小：谨慎在于能警惕小事。畏小，防微杜渐。

⑨敢断：敢于诛杀恶人。断，斩决、诛杀。

⑩下人：将帅谦虚待人，平等看待士卒。《武议》云："吴起与秦战，舍不平陇亩，朴樕盖之，以蔽霜露。如此何也？不自高人故也。"

【译文】

树立威望在于不轻易改变决定，施人以恩惠在于适合时宜。机谋要顺应事物的变化，用兵作战在于激励士气。进攻在于出乎意料，防守在于部署隐蔽。不犯过错在于掌握处事的分寸，不陷于困境在于事先有准备，慎重在于能防微杜渐，明智在于能决断大事。消除祸患要敢于诛灭恶人，能得人心在于礼贤下士。

悔在于任疑①，孽在于屠戮②。偏在于多私，不祥在于恶闻己过。不度在于竭民财③，不明在于受间④。不实在于轻发⑤，固陋在于离贤⑥。祸在于好利，害在于亲小人。亡在于无所守⑦，危在于无号令。

【注释】

①悔在于任疑：后悔在于优柔寡断。《孙膑兵法·兵失》云："兵多悔，信疑者也。"任疑，迟疑，犹豫不决。《吴子·治兵》："用兵之害，犹豫最大；三军之灾，生于狐疑。"

②孽在于屠戮：罪恶在于枉杀无辜。孽，罪恶。

③不度在于竭民财：用度不足在于耗尽民财。不度，入不敷出。

④不明在于受间：不能明察事理是由于受人离间。间，离间。

⑤不实在于轻发：得不到实效在于轻举妄动。轻发，轻举妄动。

⑥固陋在于离贤：孤陋寡闻是由于疏远贤人。固陋，见识浅近。

⑦亡在于无所守：丧失土地在于不重视防守。亡，丢失，此处指丧失领土。

【译文】

后悔在于优柔寡断，罪恶在于滥杀无辜。偏执在于私心太重，导致不幸在于厌恶听到自己的过失。用度不足在于耗尽民财，不明事理在于被人离间。得不到实效在于轻举妄动，孤陋寡闻是由于疏远贤人。祸患在于贪图财利，招害在于接近坏人。丢失土地在于忽视防守，危乱在于号令不明。

武议第八

凡兵，不攻无过之城[1]，不杀无罪之人。夫杀人之父兄，利人之货财[2]，臣妾人之子女[3]，此皆盗也。故兵者，所以诛暴乱，禁不义也。兵之所加者，农不离其田业，贾不离其肆宅，士大夫不离其官府。由其武议在于一人[4]，故兵不血刃而天下亲焉。

【注释】

①无过之城：没有罪过的城邑。

②利人之货财：掠夺别人的财物。利，贪图、掠夺。

③臣妾人之子女：奴役别人的子女。臣，男奴；妾，女奴。此处臣妾为动词，奴役。

④由其武议在于一人：武议，军事决策、用兵之道。这里指用兵目的。一人，指肆行不义的国君。《六韬·虎韬·略地》："无燔人积聚，无坏人宫室；冢树社丛勿伐，降者勿杀，得而勿戮。示之以仁义，施之以厚德。令其士民曰：'罪在一人。'如此，则天下和服。"

【译文】

凡是正义之师，不进攻无过失的城邑，不杀无辜的人民。杀害别人的父兄，掠夺别人的财物，奴役别人的子女，这些都是强盗的行为。所以，用兵是为了平定暴乱，制止不义行为的。军队所到之处，要使农民不离开田宅，商贾不离开店铺，官吏不离开官府，因为用兵只是为了惩治首恶，所以不经流血拼杀就能得到天下的亲附。

万乘农战[1]，千乘救守[2]，百乘事养[3]。农战不外索权[4]，救守不外索助[5]，事养不外索资[6]。夫出不足战，入不足守者，治之以市[7]。市者，所以给战守也。万乘无千乘之助，必有百乘之市[8]。

【注释】

①万乘农战：万乘大国重视农战结合，以寓兵于农，足食足兵。乘（shèng圣），战车编制的基本单位。春秋时一车四马，甲士三人，步卒七十二人为一乘。万乘，即能拥有一万辆战车的国家。战国时，万乘之国指大诸侯国，千乘之国指中等诸侯国，百乘之国指小诸侯国。《商君书·慎法》："千乘能以自守者，自存也；万乘能以战者，自完也。"农战，亦称耕战。

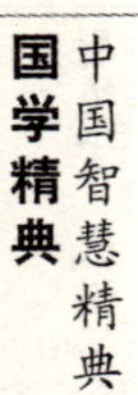

②救守：加强守备以自救自存。

③事养：努力生产，上以奉父母，下以养妻子。

④农战不外索权：依靠农战者战守之权在自己，不须仰仗别国。索，求。

⑤救守不外索助：能自救自卫的国家可以不向外乞求援助。

⑥事养不外索资：能自给自足的国家可以不依赖外面的资财。

⑦出不足战，入不足守者，治之以市：国家收入对外不足以战胜敌人，对内不足以防守的，应治理好集市贸易。出、入，此处均指军费开支。

⑧万乘无千乘之助，必有百乘之市：万乘大国如果没有中等国家的援助，必须像小国那样通过发展贸易来增加收入。

【译文】

拥有万乘兵车的大国要重视农战结合，拥有千乘兵车的中等国家要加强守备以自救自存，拥有百乘兵车的小国要努力生产以自给自足。依靠农战者战守之权掌握在自己手中，能自救自卫的国家可以不向外乞求援助，能自给自足的国家可以不依赖国外的资财。如果国家经济对外不足以保证军队战胜敌人，对内不足以防守的，应该通过治理集市贸易来解决。市场收入就是用以作战和防守的军事开支方面的。万乘大国如果没有中等国家的援助，必须像小国那样通过发展贸易来增加收入。

凡诛者，所以明武也①。杀一人而三军震者，杀之。赏一人而万人喜者，赏之②。杀之贵大，赏之贵小③。当杀而虽贵重，必杀之，是刑上究也④；赏及牛童马圉者，是赏下流⑤也。夫能刑上究、赏下流，此将之武也。故人主重将。夫将提鼓挥枹⑥，临难决战，接兵角刃⑦，鼓之而当，则赏功立名⑧；鼓之而不当，则身死国亡。是存亡安危在于枹端⑨，奈何无重将也！夫提鼓挥枹，接兵角刃，君以武事成功者，臣以为非难也。

【注释】

①凡诛者，所以明武也：诛戮是为了申明军威的。诛，杀。明武，展示军威。

②赏一人而万人喜者，赏之：本句中的两个“赏”字原作“杀”，现据文意改正。下文“杀之贵大，赏之贵小”、“当杀而虽贵重，必杀之，是刑上究也；赏及牛童马圉者，是赏下流也”，都是以“杀”与“赏”对举。《六韬·龙韬·将威》云：“杀一人而三军震者，杀之；赏一人而万人说者，赏之。”亦可参证。

③杀之贵大，赏之贵小：以杀为惩戒手段，贵在能杀地位高贵的人；以赏为奖励手段，贵在能赏地位卑下的人。

④刑上究：刑罚能够制裁上层人物，法不阿贵。究，追究、究问。《说文解字》：“究，穷也”。

⑤赏下流：奖赏地位低贱的人。下流，此处指牛童、马圉等地位卑下的人。

⑥提鼓挥枹（fú 浮）：枹，同“桴”，鼓槌。《九歌·国殇》：“援玉枹兮击鸣鼓。”提鼓挥枹，击鼓指挥军队，指将帅掌握指挥权。

⑦接兵角刃：兵，兵器。角，斗、比。《汉书·贾谊传》：“陛下之与诸公，非亲角材之臣也。”颜师古注：“角，校也，竞也。”

⑧鼓之而当，则赏功立名：如果将帅指挥得当，就可为国立功受赏扬名。当，适当、得当。

⑨存亡安危在于枹端：国家的兴亡安危，在于将帅对战争的指挥是否正确。枹端，战鼓槌头，借指对战争的指挥调度。《百家》等本"在于"作"应在"。

【译文】

刑戮是为了展示军威的。如果杀一个人能使全军受到震动，那就杀掉他。如果奖赏一个人能使万人高兴，那就奖赏他。以杀伐为惩戒手段时，贵在敢于杀掉地位尊贵的人；以奖赏为鼓励手段时，贵在能赏赐地位卑下的人。应该杀的，虽然官高位重也必须杀掉，这就是刑律不放过上层人物。奖赏直到牛童马夫，这就是奖赏不避开地位低贱的人。能够做到刑律不放过上层、奖赏达到下层，这是将帅有威严的表现。因此国君尊重将帅的职权。将帅手握战争指挥权，在面临危难时与敌决战，在两军对阵交战的关头，如果指挥得当，就能立功受赏；如果指挥不当，就会身死国亡。这样国家、军队的存亡安危全在于将帅对战争的指挥是否正确，怎么能不重视将帅的作用呢？将帅击鼓指挥军队，交战厮杀，君主凭借武力建功立业，我认为并不是多么困难的事。

古人曰："无蒙冲而攻[①]，无渠答而守，是谓无善之军[②]。"视无见，听无闻，由国无市也。夫市也者，百货之官[③]也。市贱卖贵，以限士人[④]，人食粟一斗，马食菽[⑤]三斗，人有饥色，马有瘠形，何也？市有所出，而官无主也[⑥]。夫提天下之节制[⑦]，而无百货之官，无谓其能战也[⑧]。

【注释】

①无蒙冲而攻：蒙冲，一说作"艨艟"，古代一种战船名。《释名·释船》："狭而长曰艨冲，以冲突敌船也。"《资治通鉴》汉献帝建安十三年："刘表治水军，蒙冲战舰，乃以千数。"胡三省注："杜佑曰：'蒙冲，以生牛皮蒙船覆背，两箱开掣掉孔，左右有弩窗、矛穴，敌不得近，矢石不能败。'"然而目前尚未见到战国时有用蒙冲进行水战的历史记载，此处可能有误。

②是谓无善之军：这就叫做不善于攻守的军队。

③百货之官：官，通"管"，管理。此句意为，市场是对百货买卖进行管理的。

④市贱卖贵，以限士人：市，买。《论语·乡党》："沽酒市脯不食。"士人，此处指商人。此句意为，在物品价格便宜时买进，价格昂贵时卖出，以平抑市价，限制商人操纵市场，从中渔利。

⑤菽：大豆，引申为豆类的总称。

⑥市有所出，而官无主也：市场上虽然有物品出售，却缺乏应有的管理。

⑦提天下之节制：提，统率、掌管。节制，指挥。统率着天下的军队。

⑧无谓其能战也：不能称之为善于用兵的指挥者。无谓，不能说、谈不上。

【译文】

古人说："没有'蒙冲'而去进攻，没有布设铁蒺藜而进行防守，这可以说是不善于攻和守的军队。"〔士卒因缺乏食物而饿得〕视而不见，听而不闻，是因为国家没有管理好市场造成的。市场是管理各种货物的地方，应在物价低时购进，物价高时卖

出，以平抑市价，限制商人渔利。每人每天不过吃一斗粮食，每匹马每天不过吃三斗饲料，但是士卒面带饥色，马匹瘦弱，是什么原因呢？这是因为市场上虽然有货物交易，却没有人专门管理。统率着国家的军队，而不能对市场货物进行有效的管理，不能称之为善于用兵的军事家。

起兵直使甲胄生虮虱[①]者，必为吾所效用也。鸷鸟逐雀[②]，有袭人之怀、入人之室者，非出生[③]，后有惮也[④]。

【注释】

①甲胄生虮虱：甲胄，亦作"介胄"，古时将士所用的铠甲和头盔。《汉书·严安传》有："介胄生虮虱。"这里形容用兵时间很久。

②鸷鸟逐雀：鹰雕等猛禽追逐鸟雀。

③非出生：不是出于它的本性。生，同"性"。出生，生来的性格、本性。

④后有惮也：后面有所畏惧的东西。惮，害怕、畏惧。

【译文】

起兵长期作战，以至士卒的盔甲上都生了虱子，当然是军队不得不为国家效力。这如同被猛禽追逐的鸟雀，有的闯到人的怀里，或冲进人们的屋里，并非出于它们的本性，而是因为后面有所畏惧的东西。

太公望[①]年七十，屠牛朝歌[②]，卖食盟津[③]，过七年余而主不听[④]，人人谓之狂夫也。及遇文王[⑤]，则提三万之众，一战而天下定，非武议，安得此合也[⑥]？故曰：良马有策[⑦]，远道可致；贤士有合，大道可明。

【注释】

①太公望：即姜尚、姜子牙。因与到渭水之滨行猎的周文王初遇时，文王说："吾太公望子久矣"，故后人又称他为"太公望"。

②屠牛朝歌：在朝歌以宰牛为业。朝歌，殷朝的别都，在今河南省淇县北。

③卖食盟津：盟津，即孟津，在今河南孟津东北。相传周武王伐纣前，曾在此与诸侯会盟，故名盟津。《史记·齐太公世家》："吕尚盖尝穷困，年老矣，以渔钓奸周西伯。"司马贞《索隐》："谯周曰：'吕望尝屠牛于朝歌，卖饮于孟津。'"

④过七年余而主不听：七年，有的本子作"七十"，当有误。主，指殷纣王。

⑤及遇文王：《史记·齐太公世家》："或曰，太公博闻，尝事纣。纣无道，去之。游说诸侯，无所遇，而卒西归周西伯。"

⑥非武议，安得此合也：如果他没有用兵的谋略，哪能得到这样的知遇呢？合，遇合、知遇。

⑦良马有策：良马得到鞭策。策，马鞭，引申为鞭打。《左传·哀公十一年》："抽矢策其马。"

【译文】

姜太公到七十岁时，还在朝歌宰牛谋生，在盟津卖饭为业。过了七年多，也得不到殷纣王的任用，人人都说他是个狂人。等到遇见了周文王，却能统率三万军

队，一战而使天下平定，若是他没有用兵的韬略，哪能得到这样的知遇呢？所以说，良马要有人鞭策，才能到达远方；贤士得到重用，才能使政治清明。

武王伐纣，师渡盟津，右旄左钺[①]，死士三百[②]，战士三万。纣之陈亿万[③]，飞廉、恶来[④]身先戟斧[⑤]，陈开百里[⑥]。武王不罢士民[⑦]，兵不血刃而克商诛纣，无祥异[⑧]也，人事修不修而然也。今世将考孤虚[⑨]，占咸池[⑩]，合龟兆[⑪]，视吉凶。观星辰风云之变，欲以成胜立功，臣以为难。

【注释】

①右旄（máo毛）左钺：右手执白旄，左手持黄钺。旄，古时用牦牛尾作装饰的旗帜，用以指挥军队。钺，大斧，多用作刑具或仪仗。《尚书·牧誓》："（武）王朝至于商郊牧野，乃誓，王左杖黄钺，右秉白旄以麾。"古时命将出征，国君亲自授予将帅斧钺，用以指挥军队，也是威权的象征。

②死士三百：死士，敢死的勇士。又称"虎贲"。《尚书·牧誓》："武王戎车三百两，虎贲三百人，与受战于牧野。"

③纣之陈亿万：亿，古时指十万。亿万，指兵力很多。

④飞廉、恶来：人名，都是殷纣王的大臣。《史记·秦本纪》："蜚廉生恶来。恶来有力，蜚廉善走，父子俱以材力事殷纣。"蜚廉即飞廉。在牧野之战中，恶来战死，飞廉逃脱。

⑤身先戟斧：身先士卒，不畏戟斧。

⑥陈开百里：阵势布设百里。陈，同"阵"。

⑦不罢士民：罢，通"疲"。

⑧祥异：灾祥神异。

⑨今世将考孤虚：孤虚，即"六甲孤虚法"，根据干支确定时日的吉凶，古时出兵有"背孤而攻虚"之说。《史记·龟策列传》："日辰不全，故有孤虚。"裴骃《集解》："甲乙谓之日，子丑谓之辰。"天干与地支相配，如相配的第十一对是甲子，则地支中的戌、亥就是"孤"，地支中已经搭配的中间两个辰、巳就是"虚"。考，考究、考察。

⑩占咸池：咸池，一说为天神名。《楚辞·七谏·怨思》："哀人事之不幸兮，属天命而委之咸池。"王逸注："咸池，天神也。"另一说是星名。《史记·天官书》："西宫咸池，曰天五潢。"五潢即五星，也名五宫，即紫宫（中宫）、房心（东宫）、权衡（南宫）、咸池（西宫）、虚危（北宫）。古代认为根据五宫与火、金、水诸星的位置关系，可判断吉凶。

⑪合龟兆：合，察看、验合。龟兆，在龟甲上施以钻凿后，烧灼以察看裂纹来判断吉凶。

【译文】

周武王讨伐商纣，统率军队渡过盟津，他右手执白旄，左手持黄钺，有敢死之士三百人，善战的士卒三万人。纣王的军队有数十万，而且有大将飞廉、恶来身先士卒，不避戟斧，阵势摆开百里。然而武王没有使军民过于疲惫，也没有经过激烈的厮杀，就打败了商朝军队，诛除了纣王。这并不是出于灾祥神异，而是人事治理得好不好的问题。现在的一般将领却考究日辰，判定方位，验合龟兆，推断吉凶，想以这些方法来获胜立功，我认为这是难以办到的。

夫将者,上不制于天,下不制于地,中不制于人[①]。故兵者凶器也,争者逆德也[②],将者死官也[③]。故不得已而用之。无天于上,无地于下[④],无主于后,无敌于前[⑤]。一人之兵[⑥],如狼如虎,如风如雨,如雷如霆,震震冥冥[⑦],天下皆惊。

【注释】

①中不制于人:制,制约、牵制。这里的人既包括国君,也包括敌军。《孙子兵法·谋攻》:"将能而君不御者胜。"

②争者逆德也:战争是与德治相违背的。争,争斗、战争。逆德,违背德治。

③将者死官也:将帅是出生入死的官吏。

④无天于上,无地于下:上不受天时制约,下不受地形影响。

⑤无主于后,无敌于前:后方不受国君的牵制,前方不受敌军的迷惑。无主于后,将帅在前方,在军事指挥上不受后方国君的牵制。《孙子兵法·九变》:"君命有所不受。"

⑥一人之兵:全军上下协调如一人的军队,万众一心的军队。《吴子·励士》:"今臣以五万之众为一死贼,率以讨之,固难敌矣。"《六韬·文韬·兵道》:"凡兵之道,莫过乎一。一者能独往独来。"

⑦震震冥冥:震震,声势巨大。冥冥,幽深莫测。潘岳《藉田赋》:"震震填填,尘骛连天。"《楚辞·九章·涉江》:"深林杳以冥冥兮,乃猿狖之所居。"

【译文】

作为将帅,必须上不受天时的限制,下不受地理因素的限制,中不受人事的限制。武器是杀人的凶险器物,战争是违背德治的行动,将帅是出生入死的官吏,所以只有在不得已时才能用兵。用兵要上不受天时制约,下不受地形制约;后方不受国君的牵制,前方不受敌军的干扰。全军上下万众一心,行动起来就能如虎狼一般凶猛,如风雨一般迅疾,如雷霆一般暴烈,声势巨大,幽深莫测,使天下都受到震动。

胜兵[①]似水。夫水,至柔弱者也,然所触丘陵必为之崩,无异故也,性专而触诚[②]也。今以莫邪之利[③],犀兕之坚[④],三军之众,有所奇正,则天下莫当其战矣。故曰:举贤用能,不时日而事利[⑤];明法审令,不卜筮而获吉;贵功养劳[⑥],不祷祠而得福。又曰,天时不如地利,地利不如人和。古之圣人,谨人事而已。

【注释】

①胜兵:胜利的军队,打胜仗的军队。

②性专而触诚:水流的属性专一而且不断冲击。触,冲刷、冲击。

③莫邪之利:像莫邪宝剑那样锋利的武器。莫邪(yé 爷),也作"镆铘",传说为春秋时人,工匠干将之妻。协助干将为吴王阖闾铸成雌雄二剑,雌剑名莫邪,雄剑名干将,锋利无比。后人遂以干将、莫邪比喻利剑。

④犀兕(xī sì 西四)之坚:犀兕,即犀牛。雄者称犀,雌者称兕。其皮质坚韧,可用以制作铠甲。

⑤不时日而事利:不时日,不必选择吉时良辰。事利,事情顺利。

⑥贵功养劳:尊崇奖励有战功的人,优待有劳绩的人。

【译文】

打胜仗的军队与流水有相似之处。水是最柔弱的东西，但是它冲击到的丘陵会被冲溃崩塌，这没有别的原因，就是它秉性专一不断地冲击的结果。现在如能装备莫邪宝剑那样锋利的武器，和犀牛皮制成的坚固铠甲，使三军之众，遵循用兵的奇正战术，那么天下就无人能战胜它了。所以说，只要选拔任用贤能之士，不必选择吉日良辰事情也会顺利；只要严明法令制度，不用求神占卜也会吉祥；尊崇优待有功劳的人，不须祈祷也能得福。又可以说，天时有利不如地理条件有利，地理条件有利不如人心团结和睦。古时候的圣人，只不过是注重人的作用而已。

吴起与秦战，舍不平陇亩①，朴樕盖之②，以蔽霜露。如此何也？不自高人故也③。乞人之死不索尊④，竭人之力不责礼。故古者甲胄之士不拜，示人无已烦⑤也。夫烦人而欲乞其死、竭其力⑥，自古至今，未尝闻矣。

【注释】

①舍不平陇亩：宿营在不加平整的田野里；舍，住宿、宿营。陇亩，有田陇的耕地。

②朴樕（sù 速）盖之：用树枝盖在上面。朴樕，小树枝，丛生小树。

③不自高人故也：是因为他不认为自己高人一等。

④乞人之死不索尊：乞，乞求、要求。索，要求、苛求。此句意为，既然要让别人尽力效死，就不要苛求他在形式上尊重自己。

⑤示人无已烦：向人表示不必行繁琐的礼仪。

⑥竭其力：即“竭人之力”的省略说法。

【译文】

吴起带兵与秦军作战，晚间宿营就在不加平整的耕地里，用小树枝掩盖以遮蔽霜露，这样做是因为什么呢？是他不认为自己高人一等的缘故。希望士卒献身，就不要苛求他们在形式上尊重你；要求士卒竭尽全力，就不必讲究繁文缛节。所以古时候穿戴着盔甲的将士不行跪拜礼，就是向人表示不必讲究繁琐的礼仪。如果烦劳别人而又要他为你尽力效命，自古至今还没有听说过。

将受命之日忘其家，张军宿野忘其亲①，援枹而鼓忘其身。吴起临战，左右进剑。起曰：“将专主旗鼓②耳，临难决疑，挥兵指刃③，此将事也。一剑之任④，非将事也。”三军成行⑤，一舍而后成三舍⑥，三舍之余，如决川源⑦。望敌在前，因其所长而用之。敌白者垩之，赤者赭之⑧。吴起与秦战，未合⑨，一夫不胜其勇，前获双首而还，吴起立斩之。军吏⑩谏曰：“此材士⑪也，不可斩。”起曰：“材士则是也，非吾令也。”斩之。

【注释】

①张军宿野忘其亲：张军，率军出征。宿野，宿营野外。亲，父母，此处泛指家人、亲属。

②专主旗鼓：专门执掌指挥作战。旗鼓，作战号令。

③挥兵指刃：指挥军队交战。《太平御览》卷之四十四引作“接兵用刃。”

④一剑之任：手执一剑与敌人拼杀。

⑤三军成行：成行，行军出发。

⑥一舍而后成三舍：舍，古时行军以三十里为一舍。三舍，九十里。此句意为，三军出发，一天出一军，一舍三十里，三军排开九十里。

⑦三舍之余，如决川源：三军全部出动之后，像决开江河的源头一样势不可挡。川源，江河的源头。

⑧敌白者垩（è 扼）之，赤者赭（zhě 者）之：垩，白土，此处指白色，用作动词。赭，红土，此处指红色，用作动词。

⑨未合：未曾交战。《通典》引作“战而未合”。

⑩军吏：掌军法的官吏。

⑪材士：勇士。

【译文】

将帅奉命出征时要忘掉自己的家庭，行军途中要忘掉自己的亲人，临阵指挥时要忘掉自己的安危。吴起临战时，左右侍从递上宝剑。吴起说：“将帅的职责是发号施令，在危难关头决断疑难，指挥军队交战，这才是将帅要做的事。手持一剑临阵杀敌，不是将帅的职责。”三军出征，一天走三十里，三军排开九十里，军队全部出动之后，像决开江河的堤坝一样势不可挡。遇到敌军在前面，要根据其特点来采取措施。敌人使用白色标志，我们也用白色迷惑他；敌人使用红色标志，我们就用红色迷惑他。吴起与秦军交战时，两军尚未交锋，有个人自恃其勇，冲上阵前斩获两个敌人首级回来，吴起下令立即杀掉他。军吏规劝说：“这是个勇士，不应该杀他。”吴起说：“他的确是个勇士，但他这样做违背了我的军令。”结果把他杀了。

将理第九

凡将，理官[①]也，万物之主也，不私于一人[②]。夫能无私于一人，故万物至而制之，万物至而命之[③]。

【注释】

①理官：处理狱讼、审判案情的官，司法官。

②不私于一人：私，偏袒、包庇，用作动词。

③万物至而制之，万物至而命之：万物，宇宙间一切事物。制，控制、驾驭。命，指挥、调遣、发落。

【译文】

凡是将帅，也是法官，是裁决一切事务的主宰者，不能偏袒哪一个人。因为能不偏袒任何人，所以对任何事情都能公平裁决，对任何情况都能正确处理。

君子不救囚于五步之外，虽钩矢射之，弗追也[①]。故善审囚之情，不待箠楚[②]，而囚之情可毕矣。笞人之背[③]，灼人之胁[④]，束人之指，而讯囚之情，虽国士，有不胜其酷而自诬矣[⑤]。

【注释】

①君子不救囚于五步之外，虽钩矢射之，弗追也：此句较费解，有三说。一说，救作扣留解。救囚，拘捕罪犯入狱。钩，古兵器，似箭而曲。射，逐取。意为：善于审察案情的法官不轻易捕人入狱，即使相距五步，用钩矢就能抓住，也不加追捕。另一说，"不救者，只于近前亲问详察，求得其情而出其死，不待五步之外始救也。钩，钩金也。矢，束矢也。射，人也。追，追其既往也。"（清·朱墉辑注《武经七书汇解》）并引《国语·齐语》："小罪谪以金分。宥间罪索讼者，三禁而不可上下，坐成以束矢。"把"虽钩矢射之，弗追也"解作：即令囚犯有过罚缴钩金束矢的小罪，也不加追究。又一说，认为"钩矢射之"系管仲射齐桓公之典。桓公即位前在归国途中被管仲射中钩带，事后桓公未予追究反而重用之，使齐国强盛，为五霸之首。

②善审囚之情，不待箠楚：审，审理、审讯。情，真情、实情。箠，鞭子。楚，荆杖。意为，善于审明案件实情的，不必动用刑罚。

③笞人之背：笞，鞭打。

④灼人之胁：灼，烧、炙。竹简作"炤"。胁，腋下至胁骨尽处之部位。

⑤虽国士，有不胜其酷而自诬矣：国士，有杰出才能的人。《战国策·赵策一》："知伯以国士遇臣，臣故国士报之。"《史记·淮阴侯列传》："诸将易得耳，至如信者，国士无双。"不胜其酷，经不起刑罚的酷烈。

【译文】

善于审察案情的法官总是亲临现场审理囚犯，详察案情，秉公而断，即使犯人与自己有宿怨，也不加追究。所以善于审理案情的人，不必动用刑罚，就能把案情全部了解清楚。如果用鞭打脊背、烧灼胁腋、绑夹手指的办法来审讯，即使一国杰出的人物也会经不起酷刑而自诬服罪。

今世谚云："千金不死，百金不刑[①]。"试听臣之言，行臣之术，虽有尧舜之智，不能关一言[②]，虽有万金，不能用一铢[③]。

【注释】

①千金不死，百金不刑：用千金行贿，死刑可以免死。用百金行贿，该用刑的可以免刑。竹简作："故今世千金不死，百金不胥靡。"《汉书·楚元王传》："二人谏，不听，胥靡之。"颜师古注："联系使相随而服役之，故谓之胥靡，犹今之役囚徒以锁联缀耳。"

②虽有尧舜之智，不能关一言：关，关照、说情。

③虽有万金，不能用一铢：古时钱币以重量计算，二十四铢为一两。《商君书·定分》："天下之吏民，虽有贤良辩慧，不能开一言以枉法；虽有千金，不能以用一铢。"

【译文】

现在世上俗话说："送礼千金，死罪可以免死；送礼百金，轻罪可以免刑。"如能采纳我的意见，实行我的办法，虽有尧舜那样的聪敏，也不能说一句关照通融的话；虽有万金资财，也不能用上一铢的贿赂。

今夫决狱[①]，小圄不下十数[②]，中圄不下百数，大圄不下千数。十人联百人之事，百人联千人之事，千人联万人之事。所联之者，亲戚[③]兄弟也，其次婚姻[④]也，其次知识故人[⑤]也。是农无不离田业，贾无不离肆宅，士大夫无不离官府。如此关联良民，皆囚之情也。兵法曰："十万之师出，日费千金"。今良民十万而联于囹圄，上不能省[⑥]，臣以为危也。

【注释】

①今夫决狱：夫，语助词。决，判决。狱，诉讼案件。

②小圄不下十数：圄，监狱、囚禁。竹简作"小囷不下十数"。

③亲戚：此处指父母。

④婚姻：有姻亲关系的人。

⑤知识故人：知识，相知相识，指熟识的人。故人，老朋友。

⑥上不能省：上，君上、国君。省，省察、明悟。

【译文】

如今审理案件被拘禁的，小监狱不下十人，中等监狱不下百人，大监狱不下千人。往往是十人的案情牵连到百人，百人的案情牵连到千人，千人的案情牵连到万人。所牵连的人，首先是父母兄弟，其次是姻亲，再次是知交故友。被牵连的农民无不离开自己的田业，商人无不离开自己的店铺，士大夫无不离开自己的衙门。像这样牵连无辜的民众，就是当前囚禁犯人的实际情况。兵法说："十万大军出征，每天耗费千金。"如今十万无辜民众被牵连入狱，而国君不能明察，我认为这是很危险的。

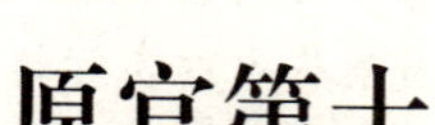

原官第十

官者，事之所主[1]，为治之本也。制者，职分四民[2]，治之分也。

【注释】

①官者，事之所主：官吏是主管国家各项事务的。主，管理。

②制者，职分四民：制，官制。职，职守。四民，士、农、工、商。《管子·小匡》："士、农、工、商四民者，国之石民也。"

【译文】

官吏，是管理国家各项事务的，是治理国家的根本。官制，是按职守分别管理士、农、工、商各个阶层的，是治理国家的重要措施。

贵爵富禄，必称尊卑之体[1]也。好善罚恶，正比法[2]，会计民之具[3]也。均井地[4]，节赋敛，取与之度[5]也。程工人[6]，备器用，匠工之功[7]也。分地塞要[8]，殄怪禁淫之事[9]也。

【注释】

①必称尊卑之体：必须与地位高低相称。这是天官冢宰的职责。

②正比法：正，整顿、治理。比法，统计人口、财物，以征收赋税的规定。《周礼·地官·小司徒》："小司徒之职……乃颁比法于六乡之大夫，使各登其乡之众寡，六畜车辇，辨其物，以岁时入其数。以施政教，行征令。"贾公彦疏："比法，若下经五人为伍，五伍为两是也。"这是地官司徒的职责。

③会计民之具：组织民众的措施。会计，组织、检查。具，工具、器具。这里作措施解。

④均井地：均分土地。井地，即井田，古代社会早期的土地所有制的基本形式。竹简作"均地分"。《周礼·地官·小司徒》："乃均土地，以稽其人民，而周知其数。"

⑤取与之度：度，程度、分寸。指征收赋税及分配土地的分寸。

⑥程工人：考核工人的生产。程，计量、考核。

⑦匠工之功：匠工，管理工匠的官吏。功，职能。这些是冬官司空的职责。

⑧分地塞要：划分地域控制要害。塞，充实、控制。

⑨殄怪禁淫之事：殄，杜绝、消灭。怪，奇特怪异。淫，惑乱。这是夏官司马的职责。

【译文】

高官厚禄必须与尊卑贵贱相称。奖善罚恶，执行管理人口及财政的法令，是考察民众遵行法令的措施。均分田地，有节制地征收赋税，掌握好征收和分配的限度。考核工人的技术，配备好物资器具，提高生产效能。划分地域控制要害，消灭和禁止内外违法事件。

守法稽断，臣下之节也①。明法稽验，主上之操也②。明主守③，等轻重④，臣主之权⑤也。明赏赉⑥，严诛责，止奸之术也。审开塞，守一道⑦，为政之要也。下达上通，至聪之听⑧也。知国有无之数，用其仂也⑨。知彼弱者，强之体也。知彼动者，静之决也⑩。

【注释】

①守法稽断，臣下之节也：守，遵守、执行。稽，考核。断，决断。节，职责。

②明法稽验，主上之操也：稽验，检查事物处理的情况。操，责任、权力。

③明主守：明确权限范围。

④等轻重：等，衡量。轻重，等级的尊卑贵贱。

⑤臣主之权：臣下和君主各自的权力。竹简作“臣主根也”。

⑥明赏赉：赉，赏赐。

⑦审开塞，守一道：开塞，疏通阻塞，指政策的执行。一道，统一的政治方针，指农战方针。

⑧至聪之听：至，最。聪，听觉敏锐。意为能全面了解情况。

⑨知国有无之数，用其仂（lè 勒）也：有无，资财的多少。仂，余数，富余部分。《礼记·王制》：“计用数之仂。”郑玄注：“算今年一岁经用之数，用其什一。”

⑩知彼弱者，强之体也。知彼动者，静之决也：《武经开宗》眉批：“上‘彼’字指弱，下‘彼’指动，盖彼弱者，固强之体，彼动者，亦静之决，故强弱不相离，而动静亦相根也。”

【译文】

遵照法律处理政事，是臣下的职责。申明法令，实行考核，是君主的责任。明确职责，衡量尊卑贵贱，是臣下和君主各自的权力。奖赏公正，惩罚严格，是禁止奸诈邪恶的手段。审查政策的执行情况，坚持统一的政治方针，是治理国家的关键。上情下达，下情上通，是全面了解情况的方法。了解国家资财的多少，使用其富余的部分。了解其薄弱部分，是国家强盛的基础。了解其不安定的因素，是国家保持安定稳固的关键。

官分文武，惟王之二术也①。俎豆同制，天子之会也②。游说间谍无自入③，正议之术④也。诸侯有谨天子之礼⑤，君臣继世，承王之命也。更造易常⑥，违王明德，故礼得以伐也。

【注释】

①官分文武，惟王之二术也：文武，文与武两种职能。《兵令上》：“文所以视利害、辨安危，武

所以犯强敌、力攻守也。”惟，是。术，手段。

②俎豆同制，天子之会也：俎豆，古代祭祀盛放祭品的两种器具。同制，统一的规格、规定。会，会集。

③游说间谍无自入：游说，指战国时周游各国，向国君陈说形势，提出自己的政见，以求取富贵的策士。无自入，无法打入。

④正议之术：正确的主张得以实行的方法。

⑤诸侯有谨天子之礼：有，能够。谨，谨守。礼，奴隶社会或封建社会贵族等级的社会规范和道德规范。《论语·为政》：“齐之以礼。”朱熹注：“礼，谓制度品节也。”

⑥更造易常：更造，更换名号。易，改变。常，典法。

【译文】

把官吏分别设置为文臣武将，是帝王治理国家的两个重要手段。祭祀制度有统一规定，这是天子会合召集诸侯的要求。策士和间谍无法打入内部，这是使正确的主张得以贯彻的保证。诸侯能够谨遵天子的礼法，君臣世代相传，这是承受了先王的意旨。如果更换名号改变典制，违背了天子的盛德，按礼法就应该加以讨伐。

官无事治，上无庆赏①，民无狱讼，国无商贾②，何王之至也③。明举上达，在王垂听也。

【注释】

①庆赏：庆功奖赏，指战事。《荀子·议兵》：“忸之以庆赏。”杨倞注：“战胜则与之赏庆，使习以为常。”

②国无商贾：商，贩运商品者。贾，开店营业者。所谓行商坐贾。作者认为商为末业，不从事生产，希望社会上没有了这部分人，国家就能更加富强。这是当时带有普遍性的偏见。

③何王之至也：竹简作“成王至正也”。

【译文】

如果能使官吏无事可办，国家没有战事，君上也不用庆功封赏，老百姓没有诉讼纠纷，国内没有商贩，那么国家就算是治理好到了极点。陈明这些道理以呈上，希望君王能够采纳施行。

治本第十一

凡治人者何？曰：非五谷[①]无以充腹，非丝麻无以盖形[②]。故充腹有粒[③]，盖形有缕[④]。夫在耘耨[⑤]，妻在机杼[⑥]，民无二事[⑦]，则有储蓄。

【注释】

①五谷：《孟子·滕文公上》："树艺五谷。"赵岐注："五谷谓稻、黍、稷、麦、菽也。"

②非丝麻无以盖形：盖，遮、蔽。形，身体。

③充腹有粒：吃饱肚子要靠粮食。粒，粮食颗粒，即五谷。

④盖形有缕：遮蔽身体要有衣物。缕，线，这里指衣服。

⑤夫在耘耨：耘耨，一作"芸耨"，锄草，泛指农耕。

⑥妻在机杼：机，织布机。杼，织机的梭子。在机杼，即从事纺织。

⑦民无二事：指除耕织之外的事情。

【译文】

应该怎样治理民众呢？回答是，没有五谷就不能填饱肚子，没有丝麻就没有衣服蔽体。所以吃饭要靠粮食，穿衣要靠丝麻。男子从事农耕，女子从事纺织，百姓不受耕织以外事情的影响，国家就会有所积蓄。

夫无雕文刻镂之事，女无绣饰纂组之作[①]。木器液，金器腥[②]。圣人饮于土，食于土，故埏埴以为器[③]，天下无费。今也，金木之性不寒而衣绣饰；马牛之性食草饮水而给菽粟。是治失其本，而宜设之制也。春夏夫出于南亩[④]，秋冬女练于布帛[⑤]，则民不困。今裋褐不蔽形[⑥]，糟糠[⑦]不充腹，失其治也。

【注释】

①夫无雕文刻镂之事，女无绣饰纂组之作：雕文刻镂，指在建筑、用具上雕刻彩绘一类的装璜。绣饰纂组，指刺绣编织。纂，用丝线编织成的花边或扁平的五彩带子。组，用丝织成的宽带子，用以佩系印玺或玉器。作者认为这些都是无益国计民生的奢侈物品。《管子·重令》："菽粟不足，末生不禁，民必有饥饿之色，而工以雕文刻镂相稚也，谓之逆。布帛不足，衣服毋度，民必有冻寒之伤，而女以美衣锦绣纂组相稚也，谓之逆。"《六韬·文韬·上贤》："为雕文刻镂、技巧华饰而伤农事，王者必禁之。"

②木器液，金器腥：木制的器皿容易漏水，金属的器皿有腥味。

③埏埴(shān zhí 山直)以为器：将陶土放人模型中制成陶器。埏埴，亦作"挻埴"。埏，制陶器的模型。埴，黏土。《荀子·性恶》："故陶人埏埴以为器。"

④出于南亩：到农田里去。南亩，指农田。

⑤练于布帛：练，把丝麻或布帛煮得柔软洁白，这里指染织。

⑥裋(shù 树)褐不蔽形：粗衣不蔽体。裋，短衣。褐，兽毛或粗麻制成的衣服。《史记·秦始皇本纪》："夫寒者利裋褐。"司马贞《索隐》："裋，一音'竖'，盖谓褐布竖裁，为劳役之衣，裋而且狭，故谓之短褐，亦曰竖褐。"

⑦糟糠：酒糟、谷糠，指最劣质的食物。《史记·伯夷列传》："回也屡空，糟糠不厌。"司马贞《索隐》："糟糠，贫者之所餐也。"

【译文】

男子不要从事雕刻彩绘的工艺，女子不要从事装饰品的刺绣编织。木制器皿容易漏水，金属器皿多有腥味，古时圣人的饮食用具都是土制器皿，所以制作陶土用具，就可消除天下的靡费。现在，金属与木制的器物本是不知寒冷的，却给它们披上华丽的绣饰；牛马本来是吃草饮水的，却给它们粮食吃。这样的处理方式是失去了原则，应该建立合理的制度。春天夏天，男子都到地里去耕种庄稼，秋天冬天，女子都在家里染织布帛，这样百姓就不会贫困了。可是如今他们却是粗衣不遮体，糟糠不果腹，这是国家治理不好造成的。

古者，土无肥硗[①]，人无勤惰。古人何得，而今人何失耶？耕有不终亩[②]，织有日断机，而奈何饥寒？盖古治之行，今治之止[③]也。

【注释】

①土无肥硗：土地没有肥沃与贫瘠的区别。

②不终亩：停止耕种，田地荒废。

③古治之行，今治之止：古代治理国家行之有效的办法，现在的治国者废弃不用了。

【译文】

古时候，土地的肥沃或贫瘠与今天没有什么不同，人们的勤劳或懒惰也与现在没有多少区别。那么古人为何丰足，而现在的人却缺衣少食呢？耕种的人有时停止种田，织布的人有时停止纺织，怎能不挨饿受冻呢？古代治理国家行之有效的办法，如今已经废止不用了。

夫谓治者，使民无私也。民无私，则天下为一家，而无私耕私织，共寒其寒，共饥其饥。故如有子十人，不加一饭，有子一人，不损一饭，焉有喧呼酖酒以败善类[①]乎？民相轻佻则欲心兴[②]，争夺之患起矣。横生于一夫[③]，则民私饭有储食，私用有储财。民一犯禁，而拘以刑治，乌有以为人上也[④]。善政执其制，使民无私。为下不敢私，则无为非者矣。反本缘理[⑤]，出乎一道，则欲心去，争夺止，囹圄空。野充

粟多[⑥]，安民怀远[⑦]，外无天下之难，内无暴乱之事，治之至也。

【注释】

①喧呼酖酒以败善类：喧呼，喧哗、吵闹。酖(dān 丹)，嗜酒。善类，善良的人们。

②民相轻佻则欲心兴：民众轻薄奸巧就会私欲膨胀。轻佻，轻薄、轻浮、不安分。

③横生于一夫：横，横逆，指为非作歹、倒行逆施的坏事。一夫，犹言独夫，指众叛亲离的暴君。《孟子·梁惠王下》："残贼之人，谓之一夫。"

④乌有以为人上也：乌有，哪里有。人上，国君。

⑤反本缘理：反，同"返"。本，此处指重农重织。缘，循、沿。

⑥野充粟多：野，田野。充，充实。

⑦安民怀远：使民心安定，边远地区的百姓乐于归附。

【译文】

所谓治理得好，就是让民众没有私心。民众没有私心，那么天下就会成为一家，而没有为自己耕种为自己纺织的，要受冻大家一块受冻，要挨饿大家一块挨饿。所以如有十个孩子的人，不多给他一顿饭吃；有一个孩子的人，也不少给他一顿饭吃，这样人们哪里还会喧闹争吵酗酒闹事以致败坏社会风尚呢？如果民众轻薄奸猾，就会产生私欲，相互争夺的祸患就发生了。如果国君横暴，倒行逆施，那么民众就会把粮食储存起来自己吃，把财物储存起来自己用。民众一有违犯禁令的地方，就拘捕治罪，哪能算是好的国君呢？好的政治在于执行法制，使民众没有私财。作为下层民众不敢存有私心，就没有为非作歹的了。如果人们恢复纯朴的本性，都从相同的原则出发，那么个人的私心就会克服，争夺就会停止，监狱里就会没有囚犯，田野里满是劳动的人们，生产的粮食充足，民众安居乐业，边远部族都来归附，外部没有侵扰，内部没有暴乱，这是天下治理的最高境界。

苍苍之天，莫知其极[①]。帝王之君[②]，谁为法则[③]？往世不可及，来世不可待，求己[④]者也。所谓天子者四焉：一曰神明[⑤]，二曰垂光[⑥]，三曰洪叙[⑦]，四曰无敌。此天子之事也。

【注释】

①莫知其极：极，边际、终极。

②帝王之君：指上古时代传说的五帝和三王。五帝有三说，《世本》、《史记·五帝本纪》为：黄帝、颛顼、帝喾、帝尧、帝舜。《礼记》为：太皞(伏羲)、炎帝(神农)、黄帝、少皞、颛顼。《尚书》为：少昊(皞)、颛顼、帝辛(帝喾)、帝尧、帝舜。三王，指夏、商、周三代的开国君主夏禹、商汤、周文王和武王。

③谁为法则：哪个帝王值得效法呢？法则，供效法的榜样和标准。

④求己：依靠自身的努力。

⑤神明：神智精明，超凡入圣。

⑥垂光：恩泽广布，天下景仰。

⑦洪叙：功业宏伟。

【译文】

苍苍天空，谁也不知它的终极。五帝三王的政绩，谁是效法的榜样？过去的时代不可追及，未来的时代不能等待，只有依靠自己现在的努力。所称为天子的，必须具备四个方面的条件：一是神智精明，超凡入圣；二是恩泽广布，天下景仰；三是功业宏伟，政绩卓著；四是国富兵强，天下无敌。这是天子应该做的事。

野物不为牺牲①，杂学不为通儒②。今说者曰，百里之海不能饮一夫，三尺之泉足止三军渴。臣谓欲生于无度，邪生于无禁。太上神化③，其次因物④，其下在于无夺民时，无损民财。夫禁必以武而成，赏必以文而成。

【注释】

①野物不为牺牲：野物，野生的动物，与驯养的家畜相对。牺牲，古时作祭品用的牲畜。

②杂学不为通儒：杂学，不专主一家的学术，这里指驳杂、混乱的学说。通儒，通达古今道理的学者，这里指有真才实学的人。

③太上神化：太上，最高的境界。神化，顺应自然。

④其次因物：因物，根据客观情况因势利导。

【译文】

野生的动物不能当作祭品供奉，杂乱的学说不能算作真才实学。现在有人说："百里宽的海水，不够一个贪得无厌的人饮用；三尺深的小泉，却能为三军之众解渴。"我认为，贪欲产生于没有节制，邪恶产生于缺乏禁令。最高明的政治是顺应自然，其次是因势利导，再其次是不误农时，不侵夺民财。禁止邪恶必须动用武力才能成功，奖励有功必须结合教育才能奏效。

战权第十二

兵法曰："千人而成权[①]，万人而成武[②]。权先加人者，敌不力交，武先加人者，敌无威接[③]。"故兵贵先，胜于此，则胜彼矣；弗胜于此，则弗胜彼矣。凡我往则彼来，彼来则我往，相为胜败，此战之理然也。

【注释】

①千人而成权：千人，这里相对万人而言，是指较少的兵力。权，权谋、谋略。

②万人而成武：武，武威、威势。

③敌无威接：敌人没有气势足以交战。接，迎战、交战。

【译文】

兵法说："兵力相对少的应注重以谋略取胜，兵力相对多的应注重以威势取胜。先运用权谋，敌人就没有力量交战；先利用威势，敌人就没有能力抗拒。"所以用兵贵在先发制人，善于运用这个原则，就能战胜敌人；不善于运用这个原则，就无法战胜敌人。我军进攻敌人就要来迎击，敌人进攻我军也要反击，在相互交战中各有胜负，这是战争的一般性规律。

夫精诚在乎神明[①]，战权在乎道之所极[②]。有者无之，无者有之，安所信之[③]？先王之所传闻者，任正去诈[④]，存其慈顺，决无留刑[⑤]。故知道者[⑥]，必先图不知止之败[⑦]，恶在乎必往有功[⑧]？轻进[⑨]而求战，敌复图止我往，而敌制胜矣。故兵法曰："求而从之，见而加之，主人不敢当而陵之，必丧其权。"

【注释】

①精诚在乎神明：精诚，至诚。这里指精明准确的谋略。神明，对客观情况有透彻的了解。

②战权在乎道之所极：战权，作战的机动权变。道，战争规律。

③安所信之：哪有什么表面的现象值得相信呢？安，疑问代词。

④任正去诈：任用正直的人，摒弃奸诈的人。

⑤决无留刑：对违法者的判决毫不缓贷地施用刑罚。

⑥故知道者：知道，懂得战争规律。

⑦必先图不知止之败：图，考虑、预计。不知止，轻率冒进。《勒卒令》："世将不知法者，专命

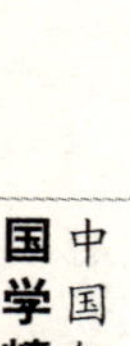

而行，先击而勇，无不败者。”

⑧恶在乎必往有功：恶，同“乌”，何、哪里。

⑨轻进：轻敌贸然前进。

【译文】

精明准确的谋略在于对客观形势有透彻的了解，掌握作战的机动权变在于灵活地运用战争原则。有者可以示之无，无者可以示之有，哪有什么表面的现象足以相信呢？古代的圣王为后世传颂的，在于任用正直的人，清除奸诈的人，保护良善的人，对应惩处的坏人毫不缓贷地用刑。所以懂得战争规律的人，首先必须考虑到轻率冒进的危险，哪能认为出兵就一定会成功？如果轻率冒进而求战，敌人截断我军的去路，敌人就会获得制胜的主动。所以兵法说：“敌人求战就应战，见到敌人就进攻，我军兵力不足以阻挡敌人却轻率交战，必然会丧失战争的主动权。”

凡夺者无气[①]，恐者不守，可败者无人，兵无道也。意往而不疑则从之[②]，夺敌而无前则加之，明视而高居则威之[③]，兵道极矣。

【注释】

①夺者无气：夺，失去主动权。无气，丧失士气。《战威第四》：“善用兵者，能夺人而不夺于人，夺者，心之机也。”

②意往而不疑则从之：决意出击而有取胜把握就与敌人交战。

③明视而高居则威之：明察敌情并且居高临下，就可利用威势压倒敌人。

【译文】

凡失去主动权的军队就会挫伤士气，军心恐慌就不能坚守，遇到失利就溃散无人，这是因为不懂得用兵的规律。如果决意前往而无疑虑就坚决出击，敌人失去主动而不敢前进，就乘机发起进攻，明察敌情并且居高临下，就可利用威势压倒敌人，能做到这些，就算是精通用兵之道了。

其言无谨，偷矣[①]；其陵犯无节[②]，破矣。水溃雷击[③]，三军乱矣。必安其危，去其患，以智决之。高之以廊庙之论，重之以受命之论，锐之以逾垠之论[④]，则敌国可不战而服。

【注释】

①其言无谨，偷矣：言语不慎就会泄密。偷，机密泄漏。

②陵犯无节：陵犯，指进攻。无节，没有节制。

③水溃雷击：形容军队散漫失控。《直解》：“水溃，士卒喧杂如水之四出也；雷击，士卒急暴如雷之奋发也。”

④锐之以逾垠之论：部队行军要迅速。逾垠，见《战威第四》注。

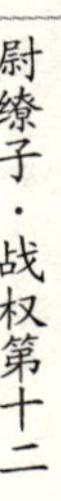

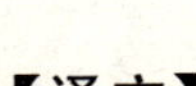

【译文】

言语不谨慎就会泄露军事机密，进攻无节制就会被击败，士卒散漫无序就会失去控制。必须转危为安，消除祸患，机智地进行处置。有高明的朝廷决策，选调得力的将帅，部队行军迅速，这样，敌国就能不战而屈服。

重刑令第十三

将自千人以上[①]，有战而北，守而降，离地逃众，命曰国贼[②]，身戮家残[③]，去其籍[④]，发其坟墓，暴其骨于市，男女公于官[⑤]。自百人以上，有战而北，守而降，离地逃众，命曰军贼。身死家残，男女公于官。使民内畏重刑[⑥]，则外轻敌[⑦]。故先王明制度于前，重威刑于后。刑重则内畏，内畏则外坚矣。

【注释】

①将自千人以上：统率千人以上的将领。

②命曰国贼：命曰，宣布为。

③身戮家残：戮，杀。家残，指抄家。

④去其籍：去，除去、取消。籍，户籍。

⑤公于官：充公为官府奴隶。

⑥使民内畏重刑：《商君书·赏刑》："重刑连其罪，则民不敢试。民不敢试，故无刑也。""以禁奸止过也，故莫若重刑。"

⑦外轻敌：对外蔑视敌人。

【译文】

统领千人以上的将领，如有作战失败，防守投降，擅离防地弃军逃跑的，就叫做国贼。要将其处死抄家，取消他的户籍，挖掘他的祖坟，将其尸骨暴露在街市上示众，家中男女亲属收入官府作为奴隶。统领百人以上的军吏，如有作战失败，防守投降，擅离防地弃军逃跑的，就叫做军贼。要将其处死抄家，家中男女亲属收入官府为奴隶。让军民在国内畏惧重刑，就会对外轻蔑敌人。所以前代的英明帝王都首先申明法制，然后用威刑镇服。刑罚重就会使人心对内畏惧，对内畏惧就会对外坚强了。

伍制令第十四

军中之制，五人为伍[①]，伍相保[②]也。十人为什，什相保也。五十人为属，属相保也。百人为闾，闾相保也。伍有干令犯禁[③]者，揭之，免于罪；知而弗揭，全伍有诛[④]。什有干令犯禁者，揭之，免于罪；知而弗揭，全什有诛。属有干令犯禁者，揭之，免于罪；知而弗揭，全属有诛。闾有干令犯禁者，揭之，免于罪；知而弗揭，全闾有诛。

【注释】

①五人为伍：伍及下文的什、属、闾，均为古代军队的编制单位。

②伍相保：相保，即连坐法。《史记·商君列传》："令民为什伍，而相牧司连坐。不告奸者腰斩，告奸者与斩敌首同赏，匿奸者与降敌同罪。"

③干令犯禁：干令，触犯军令。干，触犯。犯禁，违犯禁规。

④诛：惩罚。

【译文】

军队中的制度规定，每五人编为一伍，伍内的人相互担保；每十人编为一什，什内的人相互担保；每五十人编为一属，属内的人相互担保；每一百人编为一闾，闾内的人相互担保。一伍之中如有人触犯禁令的，同伍的人揭发了他，全伍免罪；知情而不揭发，全伍都要受罚。一什之中如有人触犯禁令，同什的人揭发了他，全什免罪；知情而不揭发，全什都要受罚。一属之中如有人触犯禁令，同属的人揭发了他，全属免罪；知情而不揭发，全属都要受罚。一闾之中如有人触犯禁令，同闾的人揭发了他，全闾免罪；知情而不揭发，全闾都要受罚。

吏自什长以上，至左右将[①]，上下皆相保也。有干令犯禁令者，揭之，免于罪；知而弗揭者，皆与同罪。

【注释】

①左右将：副将。一说为三军中左军和右军的主将，恐非。

【译文】

军吏自什长以上，直至副将，上下之间都实行连保。如有触犯禁令的，其他人

揭发，可免于治罪；如知情而不揭发的，都与犯法者同罪。

夫什伍相结，上下相联，无有不得之奸[①]，无有不揭之罪。父不得以私其子，兄不得以私其弟，而况国人[②]？聚舍同食，乌能以干令相私者[③]哉？

【注释】

①无有不得之奸：奸，奸谋、阴谋。

②国人：指相互之间没有亲属关系的人，平常人。

③乌能以干令相私者：乌，怎么、哪里。私，包庇。

【译文】

什伍之间都互相具结，上下之间都互相连保，就没有不能破获的奸谋，没有不被揭发的罪行。做父亲的也不能包庇他的儿子，做兄长的也不敢包庇他的弟弟，何况没有亲属关系的其他人呢？住在一起吃在一起，怎么会冒着治罪的危险而互相包庇呢？

分塞令第十五

中军、左、右、前、后军，皆有分地[①]，方之以行垣[②]，而无通其交往。将有分地，帅有分地，伯有分地，皆营其沟域[③]，而明其塞令。使非百人无得通[④]。非其百人而入者，伯诛之；伯不诛，与之同罪。

【注释】

①皆有分地：分地，按规定划分各军分别驻守的设营区域。

②方之以行垣：方，用作动词，即在四周修建。行垣，临时性的围墙。

③营其沟域：营，用作动词，即围绕着修建。沟域，沟界，军队驻地周围开挖的防护设施。

④使非百人无得通：命令不是本百的人不得通行。非百人，不是本百的人。

【译文】

中军及左军、右军、前军、后军，都有各自分配的营区，都在营地四周筑起围墙，不准互相之间随意来往。将有分配的营地，帅有分配的营地，伯有分配的营地，都修建起各自营地的界沟，并且申明营地的禁令，不是本百的人不得通行。如有不是本百的人进入营地者，伯长应该惩罚他；如果伯长不加以惩罚，就与犯禁者同罪。

军中纵横之道，百有二十步，而立一府柱[①]，量人与地。柱道相望，禁行清道[②]。非将吏之符节，不得通行。采薪刍牧[③]者，皆成行伍，不成行伍者，不得通行。吏属无节[④]，士无伍者，横门[⑤]诛之。逾分干地者，诛之。故内无干令犯禁，则外无不获之奸。

【注释】

①府柱：作标记的旗杆。

②柱道相望，禁行清道：府柱和道路之间都有人看守，禁止随便通行，肃清道路。

③刍牧：刍，割草的人。《孟子·梁惠王下》："刍荛者往焉。"牧，饲养牲畜的人。

④吏属无节：没有通行符节的下级军官。吏属，低级军吏。

⑤横门：指军营门，这里意为守卫在营门口的军吏。

【译文】

军营中纵横方向的道路，每隔一百二十步，树立一个府柱，以量度营区人员及地段距离。府柱和道路之间都有人看守，禁止随意通行以肃清道路。没有将吏的符节不准通行。打柴割草放牧的人，都要排成队伍行动。不排成队伍的不准通行。军吏没有符节，士兵不排成队伍的，营门警卫的军吏要诛杀他们。凡是越出营区扰乱别人营地的，都应杀掉。这样，内部就不会有触犯禁令的人，外来的奸细就没有抓不到的了。

束伍令第十六

束伍之令[①]曰：五人为伍，共一符[②]，收于将吏之所。亡伍而得伍，当之[③]；得伍而不亡，有赏；亡伍不得伍，身死家残。亡长得长[④]，当之；得长不亡，有赏；亡长不得长，身死家残；复战得首长[⑤]，除之。亡将得将，当之；得将不亡，有赏；亡将不得将，坐离地遁逃之法[⑥]。

【注释】

①束伍之令：约束部伍的军令。

②共一符：共同签署一份连保连坐的证书。符，伍符，伍内士卒相互担保的凭证。《汉书·冯唐传》李奇注："伍符，军士五五相保之符信也。"

③亡伍而得伍，当之：亡，伤亡。得，斩敌首级或俘获敌人。当，功罪相抵。

④长：指有连保连坐关系的什长、伯长等军吏。

⑤复战得首长：复战，再战。首长，这里指敌人为首的军吏。

⑥坐离地遁逃之法：按临阵逃脱的罪名加以惩处。坐，治。

【译文】

约束部伍的条令规定，每五人编为一伍，写一份五人连保连坐的凭证，保存在将吏那里。作战时伍内伤亡与消灭敌人数量相等的，功罪相抵；消灭敌人而自己伍内无伤亡的，有奖赏；伍内有伤亡而没有消灭敌人，伍长要处死并抄家。伤亡一个军吏而消灭敌人一个军吏，功罪相抵；消灭敌人一个军吏而自己没有伤亡，有奖赏；自己的军吏有伤亡而没有消灭敌人的军吏，要处死其部属并抄家。如再战时能消灭敌人为首军吏的，可以免罪。自己的将领伤亡而消灭了敌人将领的，功罪相抵；消灭敌人将领而自己没有伤亡的，有奖赏；如果自己将领伤亡而没能消灭敌人将领，就按放弃阵地临阵脱逃论罪。

战诛之法[①]曰：什长得诛[②]十人，伯长得诛什长，千人之将得诛百人之长，万人之将得诛千人之将，左右将军得诛万人之将，大将军无不得诛。

【注释】

①战诛之法：战场上的惩处条令。

②得诛：有权处死。

【译文】

战场上的惩处军律规定：什长有权处死所属的十名士卒，伯长有权处死所属的什长，统领千人的将领有权处死所属的伯长，统领万人的将领有权处死所属的千人之将，左右副将有权处死所属的万人之将，大将军有权处死全军的任何将士。

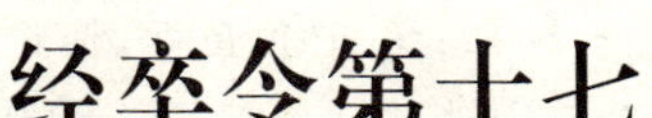

经卒令第十七

经卒[1]者，以经令[2]分之为三分焉：左军苍旗，卒戴苍羽[3]；右军白旗，卒戴白羽；中军黄旗，卒戴黄羽。

【注释】

①经卒：管理士卒。

②经令：战斗编队条令。

③苍羽：青色的鸟羽。与下文的"白羽"、"黄羽"都用来作为军中的识别标志。

【译文】

管理军队，按编队条令把军队分成三军：左军用青色旗帜，士卒戴青色羽毛；右军用白色旗帜，士卒戴白色羽毛；中军用黄色旗帜，士卒戴黄色羽毛。

卒有五章[1]：前一行苍章，次二行赤章，次三行黄章，次四行白章，次五行黑章。次以经卒，亡章者有诛[2]。

【注释】

①五章：指五种颜色的标记。《商君书·画策》："行间之治，连之以伍，辨之以章，束之以令。"五章的颜色苍、赤、黄、白、黑表示五行的木、火、土、金、水，是按五行相生的顺序排列的。

②亡章者有诛：丢失标记的要加以处罚。

【译文】

士卒分别佩戴五种标记：第一行戴青色标记，第二行戴红色标记，第三行戴黄色标记，第四行戴白色标记，第五行戴黑色标记。按次序编队，没有戴标记的要加以处罚。

前一五行，置章于首，次二五行，置章于项，次三五行，置章于胸，次四五行，置章于腹，次五五行，置章于腰。如此，卒无非其吏[1]，吏无非其卒。见非而不诘[2]，见乱而不禁，其罪如之。

【注释】

①卒无非其吏：士卒不会认错自己的上司。

②见非而不诘：发现违反规定的不加盘问。诘，质问、盘问。

【译文】

前面的五行，标记置于头顶；第二个五行，标记置于颈上；第三个五行，标记置于胸前；第四个五行，标记置于腹部；第五个五行，标记置于腰部。这样，士卒就不会认错自己的官长，军吏也不会认错自己的部下。如果发现违反规定的不加盘问，发现扰乱秩序的不加制止，就与违反法令的人同罪。

鼓行交斗[①]，则前行进为犯难[②]，后行退为辱众[③]。逾五行而前者有赏，逾五行而后者有诛。所以知进退先后，吏卒之功也。故曰鼓之前如雷霆，动如风雨，莫敢当其前，莫敢蹑其后[④]。言有经也。

【注释】

①鼓行交斗：进军鼓响两军交战。

②前行进为犯难：向前进攻的不怕牺牲。犯难，敢冒危险。

③辱众：众以为辱，军队的耻辱。

④莫敢蹑其后：不敢尾随其后。蹑，追随。

【译文】

进军鼓响两军交战的时候，向前进击的是不怕牺牲，往后退却的是贪生怕死。冲在队伍前头的有赏，落在队伍后面的就要杀掉。所以了解队伍的进退先后情况，就可以知道官兵的功过。所以说，战鼓擂响，军队向前威猛如雷霆闪电，迅疾如暴风骤雨，使敌人不敢在前面阻挡，也不敢在后面尾追。这说明部队指挥得法。

勒卒令第十八

金、鼓、铃、旗[①],四者各有法:鼓之则进,重鼓则击[②]。金之则止[③],重金则退。铃,传令也。旗,麾之[④]左则左,麾之右则右。奇兵则反是[⑤]。一鼓一击而左,一鼓一击而右。一步一鼓,步鼓也。十步一鼓,趋鼓[⑥]也。音不绝,骛鼓[⑦]也。商,将鼓也。角,帅鼓也。小鼓,伯鼓也。三鼓同,则将帅伯其心一也。奇兵则反是。鼓失次者有诛,喧哗者有诛,不听金鼓铃旗而动者有诛。

【注释】

①金、鼓、铃、旗:《吴子·论将》:"凡战之法,昼以旌旗旛麾为节,夜以金、鼓、笳、笛为节。麾左而左,麾右而右;鼓之则进,金之则止;一吹而行,再吹而聚。不从令者诛。"

②重鼓则击:再次击鼓就发起攻击。重,再一次。

③金之则止:这里金用作动词。金之,则鸣金。

④麾之:麾,同"挥",挥动旗帜。

⑤奇兵则反是:使用奇兵就与此相反。反是,与此相反。

⑥趋鼓:快步前进的鼓声。趋,快步。

⑦骛鼓:疾速奔跑的鼓声。骛,马奔驰,此处指进军迅疾。

【译文】

金、鼓、铃、旗这四种指挥工具各有不同的用法:第一次击鼓军队就前进,再次击鼓军队就发动攻击;第一次鸣金军队停止进军,再次鸣金军队就撤退;铃,是用来传达命令的;旗,指向左边军队就向左,指向右边军队就向右。运用骑兵时与此相反。有时一鼓一击军队就向左,有时一鼓一击军队就向右。一步一击鼓,是慢步行进的鼓声,十步一击鼓,是快步行进的鼓声。鼓声不停,是跑步前进的鼓声。发商音的鼓,是将使用的鼓;发角音的鼓,是帅使用的鼓;发细小声音的鼓,是伯使用的鼓。三种鼓声同时敲响,表明将、帅、伯的指挥意图一致。使用骑兵则与此相反。击鼓指挥出了差错要处死,大声喧嚷的要处死,不按金、鼓、铃、旗的指挥而随意行动的要处死。

百人而教战,教成合之千人;千人教成,合之万人;万人教成,会之于三军[①]。

三军之众，有分有合，为大战之法。教成试之以阅[②]。方亦胜，圆亦胜[③]，错邪亦胜[④]，临险亦胜。敌在山，缘而从之[⑤]；敌在渊，没而从之[⑥]。求敌若求亡子，从之无疑，故能败敌而制其命。

【注释】

①会之于三军：会合起来成为三军。《吴子·治兵》："故用兵之法，教戒为先。一人学战，教成十人；十人学战，教成百人；百人学战，教成千人；千人学战，教成万人；万人学战，教成三军。"

②试之以阅：阅，演习、检阅。古时国君于秋天检阅军队。《春秋·桓公六年》："秋八月壬午大阅。"《左传》："秋，大阅，简车马也。"

③方亦胜，圆亦胜：方、圆，指方形、圆形的阵势。

④错邪亦胜：错，交错、交叉。邪，通"斜"。错邪，比喻阵势变化的错综复杂。

⑤缘而从之：攀登山岭而追击。

⑥没而从之：潜入水中而追击。没，潜水。

【译文】

以百人为单位训练作战〔每个人教十人〕，教成后合起来是一千人；一千人教成后，合起来是一万人；一万人教成后，合起来就组成三军。三军在一起训练，有分也有合，是训练大战的方法。训练完了要进行校阅。训练有素的军队方阵能取胜，圆阵也能取胜，在错综复杂的地形上能取胜，在险要的地形上也能取胜。敌军在山上，就攀山越岭去进攻；敌军在水里，就下水去进攻。追歼敌人要像追寻丢失的孩子那样迫切，紧追在后毫不迟疑，所以能打败敌人而制其死命。

夫蚤决先敌[①]。若计不先定，虑不蚤决，则进退不定，疑生必败。故正兵贵先，奇兵贵后，或先或后，制敌者也。世将不知法者，专命而行[②]，先击而勇[③]，无不败者也。

【注释】

①蚤决先敌：蚤，同"早"。决，决断。先敌，在敌之先。

②专命而行：一意孤行，独断专行。

③先击为勇：只凭勇气抢先攻击。

【译文】

用兵必须事先定好作战计划。如果计划不早确定，决心不及早定下，军队就会进退不定，产生疑虑，从而招致失败。一般来说正兵贵在先行动，奇兵贵在后行动，然而谁先谁后，都是以战胜敌人为依据。现在的平庸将领不懂用兵之法，一意孤行，恃勇轻进，没有不失败的。

其举有疑而不疑，其往有信而不信，其致有迟疾[①]而不迟疾，是三者，战之累也[②]。

【注释】

①致有迟疾：致，致师，挑战。迟疾，慢与快。

②战之累也：有碍于战胜敌人。累，拖累、影响。

【译文】

军队出动时有可疑的问题而不加考虑，在进军时有胜利的把握却没有信心，在作战时该快时不快，该慢时不慢，这三种情况，都会对战胜敌人不利。

将令第十九

将军受命，君必先谋于庙①，行令于廷②。君身以斧钺授将③，曰："左、右、中军，皆有分职，若逾分而上请④者死。军无二令，二令者诛⑤，留令者诛，失令者诛。"将军告曰："出国门⑥之外，期日中⑦，设营表⑧，置辕门⑨，期之，如过时则坐法。"将军入营，即闭门清道，有敢行者诛，有敢高言者诛，有敢不从令者诛。

【注释】

①庙：庙，宗庙。

②廷：廷，朝廷。

③君身以斧钺授将：君主亲自把象征执法权力的斧钺授给将帅。身，亲身、亲自。以斧钺授将是古代命将的一般仪式。《淮南子·兵略训》："凡国有难，君自宫召将，诏之曰：'社稷之命，在将军身，今国有难，愿请子将而应之。'将军受命，乃令祝史太卜斋宿三日，之太庙，钻灵龟，卜吉日，以受鼓旗。君入庙门，西面而立；将入庙门，趋至堂下，北面而立。主亲操钺持头，授将军其柄曰：'从此上至天者，将军制之。'复操斧持头，授将军其柄曰：'从此下至渊者，将军制之。'"

④逾分而上请：逾分，超越职权范围。上请，越级请示。

⑤二令者诛：《汇解》："令出于一，则权专而易从。令出于二，则杂而不信，故不可有二令也。"

⑥国门：国都的城门。

⑦期日中：以太阳正中为期限。期，限定、限期。

⑧营表：古代军营中竖立的标杆，根据日光下的杆影位置计算时间。

⑨辕门：古代军队在宿营的地方，将战车依次排列围绕驻地作为屏障，并在出入口处相对竖立两辆战车，车辕向上作为营门，故称辕门。

【译文】

将军奉命出征，国君必须预先在宗庙谋划大计，在朝廷发布命令。国君亲自把斧钺授给将军，并说："左、中、右三军，都有分掌的职权，如有越级向上请示的应处死刑。军中除将军外不许再有人发布命令，擅自发布命令的应处死刑，延误命令的应处死刑，违抗命令的应处死刑。"将军奉命后宣布说："出国都城门之外，限于正午

时分以前，在军营门口设立表柱，设置辕门，如有超过时间不报到的按军法惩处。”将军进入军营后，即关闭营门戒严道路，有敢擅自行走的处死，有敢高声喧哗的处死，有敢不服从命令的处死。

踵军令第二十

所谓踵军[1]者，去大军百里，期于会地[2]，为三日熟食，前军而行[3]。为战，合之表，合表乃起[4]。踵军飨士[5]，使为之战势，是谓趋战[6]者也。

【注释】

①踵军：在主力部队前面行动的军队。《汉书·武帝纪》："大将军卫青将四将军出定襄，去病出代，各将五万骑步兵，踵军后数十万人。"颜师古注："踵，接也，犹言蹑其踵。"《六韬·虎韬·绝道》中有"又置两踵军于后"，朱墉《武经七书汇解》："殿后之军以防突至"，则是指后卫部队。

②期于会地：约定会合的地点。

③前军而行：先于大军行动。

④合表乃起：合表，验合表记、信物，此处指调兵符节。《武经七书汇解》："合表乃起者，踵军之表与大军之表两相合，然后起而相应也。"

⑤飨士：犒赏军队将士。

⑥趋战：敌军已进入阵地，我军前去进攻，叫做趋战。《孙子兵法·虚实篇》："凡先处战地而待敌者佚，后处战地而趋战者劳。"

【译文】

所谓踵军，一般与大部队相距百里，按期到达集结地点。准备好三天干粮，在大部队前面行进。作战前，必须与大部队验合表符，验合无误即起兵。踵军在行动之前还要犒赏将士，以激励队伍的士气。这是前往攻击敌军的做法。

兴军[1]者，前踵军而行，合表乃起；去大军一倍其道[2]，去踵军百里，期于会地，为六日熟食，使为战备[3]，分卒据要害[4]。战利则追北，按兵而趋之[5]。踵军遇有还者[6]，诛之。所谓诸将之兵在四奇[7]之内者胜也。

【注释】

①兴军：在踵军前面行动的部队。《施氏七书讲义》："两踵军，即月中月兴也。踵军去大军为近，有相继之义。兴军去大军为远，有相越之义。其实两踵军也。"

②一倍其道：多一倍路程，指兴军与部队的距离比踵军远一倍。

③使为战备：使军队做好战斗准备。

④分卒据要害:派出一部分兵力占据险要之处。分卒,在兴军前面行动的小分队。

⑤按兵而趋之:后续部队应迅速推进策应。

⑥还者:这里指兴军的逃兵。

⑦四奇:军事行动的四个重要部分。这里指部队分为大军、踵军、兴军、分卒四个部分的有效运用和相互之间的配合。

【译文】

兴军,在踵军的前面行动,验合表符后开始出发。与大部队的距离比离踵军多一倍,与踵军距离一百里。按期到达集结地点,准备六天的干粮,到达后做好战斗准备,同时派出分卒占据险要之处。作战胜利时就追击败逃的敌人,后续部队应迅速推进加以策应。踵军遇到从兴军逃回来的士卒就杀掉。这就是所说的各军将领按照四奇阵法的道理去部署军事行动的,就能胜利地行军作战。

兵有什伍,有分有合,豫为之职[①],守要塞关梁[②]而分居之。战合表起,即皆会也。大军为计日之食,起,战具无不及也。令行而起,不如令者有诛。

【注释】

①豫为之职:预先分配其各自的任务。豫,同"预"。职,职责、任务。

②要塞关梁:险要地带、边塞、关卡、桥梁。

【译文】

军队有什伍的编制,有分有合,事先规定明确各自的任务,分别据守要塞、关卡及桥梁。临战时验合表符起兵,就都集结在一起。大部队按行军天数携带干粮,行动时,各种军用物资都必须齐备。军令颁布即开始出发,不按命令行动的应予惩办。

凡称分塞者[①],四境之内[②],当兴军踵军既行,则四境之民无得行者。奉王之命,授持符节,名为顺职之吏[③]。非顺职之吏而行者,诛之。战合表起,顺职之吏乃行,用以相参[④]。故欲战先安内也。

【注释】

①凡称分塞者:称,担任。分塞,分守要塞。

②四境之内:指驻军的四周各地。

③顺职之吏:履行特别任务的官吏。

④相参:参与军务。

【译文】

凡是担任守卫要塞的部队,要警戒驻军的四周各地,当兴军、踵军出发之后,驻军四周的民众不能随便通行。奉有国君的命令并持有国君所授符节的,叫做履行特别任务的官吏。不是履行特别任务的官吏而擅自通行的应予处死。战期一到,履行特别任务的官吏就出发,随行参与军务。所以要进行战争必须首先安定好内部。

兵教上第二十一

兵之教令[①],分营居陈[②]。有非令而进退者,加犯教之罪。前行[③]者,前行教之。后行者,后行教之。左行者,左行教之。右行者,右行教之。教举五人,其甲首有赏[④]。弗教,如犯教之罪。罗地者[⑤],自揭其伍[⑥],伍内互揭之,免其罪。

【注释】

①兵之教令:军队的训练条令。

②分营居陈:按不同的营地分别列阵。居陈,列阵。

③前行:靠前的行列。行,行列。

④其甲首有赏:负责训练的军吏有赏。甲首,这里指伍长。

⑤罗地者:列坐在地上的人。这里指因故离开岗位不参加训练的人。

⑥自揭其伍:自己在伍内说明原因。

【译文】

军队的训练条令,分营列阵进行训练。有不按照命令而进退的,就以违反条令论处。训练时,前行士兵由前行的伍长负责教练,后行士兵由后行的伍长负责训练,左行士兵由左行伍长负责训练,右行士兵由右行伍长负责训练。教练好五个人的,伍长有奖赏。不好好加以教练,则按违反训练条令论罪。不在岗位参加训练的人应自己在伍内说明原因,伍内的士卒为他作证,可以免罪。

凡伍临陈,若一人有不进死于敌[①],则教者如犯法者之罪。凡什保什,若亡一人而九人不尽死于敌,则教者如犯法者之罪。自什以上至于裨将[②],有不若法者[③],则教者如犯法者之罪。凡明刑罚,正功赏,必在乎兵教之法。

【注释】

①不进死于敌:不敢前进与敌人死战。

②裨(pí 皮)将:裨将,副将。《汉书·项籍传》:“梁为会稽,籍为裨将。”颜师古注:“裨,助也,相副助也。”

③有不若法者:有不按照法令行事的。若,如、顺从、遵照。

【译文】

凡是同伍的士卒在战场上，如果有一人不敢前进与敌人死战，那么负责教练的人就和犯法的人同罪。什内的人相互连保，如阵亡一人而其余的九人不向前与敌人死战，那么负责教练的什长与犯法的人同罪。从什长以上直到裨将，如有不按照军令行事的，那么负责教练的人就与犯法的人同罪。凡是能严明刑罚，奖赏公平的，必须在平时教练中贯彻实施。

将异其旗，卒异其章[①]。左军章[②]左肩，右军章右章，中军章胸前，书其章曰某甲某士[③]。前后章各五行，尊章置首上[④]，其次差降之。伍长教其四人，以板为鼓，以瓦为金，以竿为旗。击鼓而进，低旗则趋，击金而退，麾而左之，麾而右之，金鼓俱击而坐[⑤]。

【注释】

①将异其旗，卒异其章：将领各有不同的旗帜，士卒各有不同的徽章，以便于区别。

②章：用作动词，佩戴。

③甲：古代组成一乘战车的步兵编制单位。

④尊章置首上：第一行的把徽章戴在头上。尊，为首的、第一行。

⑤俱击而坐：俱击，同时敲打。坐，止。

【译文】

将领各有不同的旗帜，士卒佩戴不同的徽章。左军的徽章戴在左肩，右军的徽章戴在右肩，中军的徽章戴在胸前，徽章上写明部别和姓名。前后佩戴徽章的士卒各为五行，最前面的把徽章戴在头上，其余依次降低位置。伍长教练本伍的其他四人，用木板代鼓，以瓦器代金，以竿代旗。击鼓就前进，旗向下就快速前进。鸣金就撤退，旗指向左士卒就向左，旗指向右士卒就向右，金鼓齐鸣就停止。

伍长教成，合之什长。什长教成，合之卒长。卒长教成，合之伯长。伯长教成，合之兵尉[①]。兵尉教成，合之裨将。裨将教成，合之大将。大将教之，陈于中野[②]，置大表三，百步而一[③]。既陈，去表百步而决，百步而趋，百步而骛[④]，习战以成其节[⑤]。乃为之赏法，自尉吏[⑥]而下，尽有旗。战胜得旗者[⑦]，各视其所得之爵，以明赏劝之心。战胜在乎立威，立威在乎戮力，戮力在乎正罚[⑧]。正罚者，所以明赏也。

【注释】

①兵尉：据《资治通鉴》，每部四百人，每校二部，立尉。二校为裨将，立将军。这里兵尉指管理八百人的军官。

②陈于中野：在野外列阵。中野，旷野。

③置大表三，百步而一：设置三杆表柱，每柱相隔一百步，用以划分训练场地。按《周礼大阅置表图》，演习场前后距离三百步，每隔一百步树立表柱。

④百步而决，百步而趋，百步而骛：在离第一个表柱百步演练射箭，离第二个表柱百步演练

快步前进，离第三个表柱百步演练跑步奔袭。决，决射，指射箭。

⑤习战以成其节：演习要符合战斗的标准要求。节，节度，这里指训练标准。

⑥尉吏：战国时，各国在将军下设有国尉、都尉，秦国曾以国尉为武官之长。此处指兵尉、伯长、卒长、什长等将军以下的各级指挥官。

⑦战胜得旗者：战胜敌人夺得敌军旗帜的。

⑧戮力在乎正罚：戮力，并力、齐心协力。正罚，刑罚公正。

【译文】

伍长教练好之后，由什长集合教练。什长教练好之后，由卒长集合教练。卒长教练好之后，由伯长集合教练。伯长教练好之后，由兵尉集合教练。兵尉教练好之后，由裨将集合教练。裨将教练好之后，由大将集合教练。大将教练时，在野外摆成阵势，树立三个大旗杆，每隔百步树立一个。全军列阵完毕，在距第一个旗杆百步时演习射箭等战斗动作，在距第二个旗杆百步时演习快步前进，在距第三个旗杆百步时演习跑步奔袭。反复演习使军队将士熟悉掌握各种战术要领。规定奖赏的办法，自将军以下的各级军吏都有旗帜。战胜敌人夺获敌军旗帜的，按其所获旗帜的多少高低赏给爵位，以表明奖赏鼓励的决心。战胜敌人在于能树立军威，树立军威在于使将士同心协力，同心协力在于严正刑罚。刑罚公正是为了突出奖励的作用。

令民背国门之限[①]，决死生之分[②]，教之死而不疑者，有以[③]也。令守者必固，战者必斗；奸谋不作，奸民不语[④]；令行无变，兵行无猜[⑤]；轻者若霆[⑥]，奋敌若惊[⑦]；举功别德[⑧]，明如白黑，令民从上令，如四支应心[⑨]也。

【注释】

①背国门之限：限，门槛、界限。意为“背乡离国、义无反顾”的意思。

②决死生之分：在生死关头作出抉择。

③有以：有原因、有缘故。

④奸谋不作，奸民不语：作，发生、兴起。奸民，奸人、坏人。不语，不敢胡言乱语、造谣惑众。

⑤兵行无猜：军队行伍没有疑虑。猜，猜疑、疑虑。

⑥轻者若霆：轻，轻兵，原指军中不带甲的部队，这里指轻装前进出奇制胜的部队。

⑦奋敌若惊：奋勇杀敌如惊马奔驰。惊，马因受惊吓而狂奔。

⑧举功别德：别，甄别、选拔。

⑨四支应心：支，同“肢”。应心，随心。

【译文】

让士卒出国作战，在生死关头作出抉择，教他们直到战死而不动摇，是有原因的。让防守者一定固守，进攻者一定奋战，奸谋诡计不会发生，坏人不敢造谣生事；命令贯彻不随意更改，军队行伍没有疑虑，轻装急进像雷霆一样迅猛，奋勇杀敌像惊马奔驰。奖励有功之士，选拔贤能之人，功过是非黑白分明，使士卒服从上级的命令，就像四肢听从心意的指挥一样灵活自如。

前军绝行乱陈[①]，破坚如溃[②]者，有以也。此之谓兵教，所以开封疆，守社稷[③]，除患害，成武德[④]也。

【注释】

①前军绝行乱陈：先锋部队能够切断敌军行列，打乱敌军阵脚。绝，切断。

②破坚如溃：坚，强、固。溃，洪水决堤。

③开封疆，守社稷：开拓疆土，保卫国家。封疆，疆界。社稷，帝王、诸侯所祭祀的土神、谷神，用作国家的代称。

④武德：《左传·宣公十二年》："夫武，禁暴、戢兵、保大、定功、安民、和众、丰财者也。武有七德。"

【译文】

先锋部队能够切断敌军行列，扰乱敌军阵脚，攻破敌人的坚阵如洪水决堤一样不可抵御，也是有原因的，这就是军队训练的作用。练成这样的军队，为的是开拓疆域，保卫国家，消除祸患，发挥用武的作用。

兵教下第二十二

臣闻人君有必胜之道,故能并兼广大以一其制度[①],则威加天下,有十二焉:一曰连刑[②],谓同罪保伍也。二曰地禁[③],谓禁止行道,以网外奸[④]也。三曰全车[⑤],谓甲首相附[⑥],三五相同[⑦],以结其联也。四曰开塞,谓分地以限,各司其职而坚守也。五曰分限,谓左右相禁,前后相待,垣车为固[⑧],以逆以止[⑨]也。六曰号别[⑩],谓前列务进,以别其后者,不得争先登不次也。七曰五章[⑪],谓彰明行列,始卒不乱[⑫]也。八曰全曲,谓曲折相从,皆有分部[⑬]也。九曰金鼓,谓兴有功,致有德也。十曰陈车,谓接连前矛[⑭],马冒其目[⑮]也。十一曰死士,谓众军之中有材力者,乘于战车,前后纵横,出奇制敌也。十二曰力卒[⑯],谓经其全曲,不麾不动也。此十二者教成,犯令不舍[⑰]。兵弱能强之,主卑能尊之,令弊能起之[⑱],民流能亲之[⑲],人众能治之,地大能守之。国车不出于阃[⑳],组甲不出于橐[㉑],而威服天下矣。

【注释】

①一其制度:实行统一的制度。一,统一。

②连刑:即连坐之法,伍人相保,一人犯禁,不揭发者同罪。

③地禁:相当于《分塞令》中的"禁行清道",《将令》中的"闭门清道"等。

④以网外奸:网,用作动词,网罗、捕捉。

⑤全车:完备的战车编列。

⑥甲首相附:听从车长指挥。甲首,这里指车长。

⑦三五相同:古时军队组以三人为参,五人为伍。三五,泛指步兵小分队,这里指车兵的随车步卒。

⑧垣车为固:把战车连接起来像城墙一样作为防御设施。垣,墙。

⑨以逆以止:逆,迎击敌人。止,驻止,宿营。

⑩号别:使用不同的指挥信号。

⑪五章:五种颜色的标记。

⑫始卒不乱:始终不乱。卒,终、结束。

⑬皆有分部:都有各自的统属。

⑭前矛:行军时,前方的斥候以矛为旌,遇有敌情,举矛以报后军,这里指斥候或前方部队。

⑮马冒其目:把战马的眼睛两侧掩盖起来,以使马注视前方,减少两旁的干扰,以免惊骇。

冒，遮掩、遮盖。

⑯力卒：才力超群的士卒，掌管金、鼓、铃、旗。

⑰舍：通“赦”。赦免。

⑱令弊能起之：废弛的法令可得到贯彻执行。弊，破坏、废弛。

⑲民流能亲之：流亡在外的百流能够归附。

⑳国车不出于阃：国车，国家的战车。阃，门槛。这里指诸侯国之间的疆界。

㉑组甲不出于橐（tuó 驼）：组甲，漆成组纹的衣甲。橐，盛衣甲的囊袋。

【译文】

我听说国君掌握了必胜的方法，就能够兼并广大的土地，实行统一的制度，从而威震天下。有十二个方面是必须做到的，一是“连刑”，即一人犯罪，全伍连坐。二是“地禁”，即禁止在防区内随意通行，以搜捕外来的奸细。三是“全车”，即战车上的甲士和随车步卒都要在车长统一指挥下，相互协作。四是“开塞”，即划分防区界限，各自尽忠而坚守岗位。五是“分限”，即营地内左右相互警戒，前后相互照应，用战车环绕成营垒，以抗击敌人和宿营安全。六是“号列”，即前列战车一定要前进，以与后面的队伍界限分明，后面不能抢先突进，扰乱次序。七是“五章”，即使用五种颜色的标记来区别行列，保持队伍始终不乱。八是“全曲”，即部队在行进中曲折连贯，都保持分属的队形关系。九是“金鼓”，即激励将士杀敌立功，为国献身。十是“陈车”，即部队宿营时战车前后相连，遮掩战马眼睛两侧以免惊乱。十一是“死士”，即从众军之中选拔有才干勇力的士卒，乘驾战车，前后纵横掩袭冲杀，以出奇制胜。十二是“力卒”，即选用得力士卒掌管旗鼓，旗鼓不发号令军队不能行动。这十二条教练完成后，有违反条规者决不赦免。这样能使战斗力弱的军队变强，国君声望不高的可以提高，法令有弊端的可以更新，民众流散的可以归依亲附，人口众多能治理好，地域广大能镇守住。盔甲不须出库，也能威服天下。

兵有五致[①]：为将忘家，逾垠忘亲，指敌忘身，必死则生，急胜为下[②]。百人被刃[③]，陷行乱陈。千人被刃，擒敌杀将。万人被刃，横行天下。

【注释】

①兵有五致：用兵要做到五条。致，达到、求得。

②急胜为下：急胜，急于求胜，不顾客观情况盲目急进。下，下策。

③百人被刃：被刃，冒着刀斧死战。被，遭、受。《史记·项羽本纪》：“项王身亦被十余创。”

【译文】

用兵有五条要求：为将领兵要忘掉家庭，兵出国门要忘掉父母，临敌交战要忘掉自身，只有抱必死的决心才能求得生存，急于求胜实为下策。一百人冒死奋战，就能冲破敌阵。一千人冒死奋战，就能擒获敌军斩杀敌将。一万人冒死奋战，就能无敌于天下。

武王问太公望曰："吾欲少间而极用人之要[①]。"望对曰："赏如山，罚如溪[②]。太上无过[③]，其次补过，使人无得私语[④]。诸罚而请不罚者死，诸赏而请不赏者死。"

【注释】

①吾欲少间而极用人之要：我想用很短的时间来全部了解用人的关键。少间，很短的时间。极，穷尽。

②赏如山，罚如溪：奖赏要像大山一样重，处罚要像溪流那样通行无阻。《武经开宗》："赏如山不移，罚如溪必决。"

③太上无过：最好是没有失误。太上，最高境界、至高无上。

④私语：私下非议。

【译文】

周武王问姜太公说："我想在短时间内全部了解用人的要诀。"姜太公答道："奖赏要像高山那样坚定不移，惩罚要像山溪那样一泻无余。运用赏罚最好是不出现失误，其次是有了失误要及时纠正，让人们不在私下非议。凡是该处罚而请求不要处罚的处死，凡是该奖赏而请求不要奖赏的处死。"

伐国必因其变[①]。示之财以观其穷[②]，示之弊以观其病。上乖者下离[③]，若此之类，是伐之因也。凡兴师必审内外之权，以计其去。兵有备阙[④]，粮食有余不足，校所出入之路[⑤]，然后兴师伐乱，必能入之。地大而城小者，必先收其地；城大而地窄者，必先攻其城；地广而人寡者，则绝其阨[⑥]；地狭而人众者，则筑大堙以临之[⑦]。无丧其利，无夺其时，宽其致，夷其业[⑧]，救其弊，则足以施天下。

【注释】

①伐国必因其变：讨伐别的国家必须利用其内部的变乱。因，利用。

②示之财以观其穷：示，通"视"，观察、审视。

③上乖者下离：乖，乖戾、乖张，专横残暴，违反常理。《武经七书汇解》作"上乖下离"。

④兵有备阙：兵，兵器。备，齐具。阙，同"缺"。

⑤校所出入之路：校，查对，此处指勘察。出入之路，行军路线。

⑥绝其阨（è扼）：控制其险要之处。绝，切断，此处指控制。阨，险要之处。

⑦筑大堙（yīn因）以临之：堙，城外堆筑的土山，用以窥测敌情或攻城。《左传·襄公六年》："堙之，环城傅于堞。"杜预注："堙，土山也。周城为土山，及女墙。"临，临近、逼近。

⑧夷其业：夷，平。夷其业，使其安居乐业。夷用作使动。

【译文】

讨伐一个国家必须利用其内部的变乱。观察它的财政情况以看其穷困的程度，观察它的弊病以看其危机。如果敌国上层专横暴戾，百姓离心离德，像这些情况就是可以攻伐的依据。凡用兵作战必须仔细研究敌我双方的形势，以考虑是否采取行动。考察武器的充实与短缺，粮食有余还是不足，勘察进出的道路，然后出兵征伐暴乱，必能攻入敌境。敌方地域广大而城较小的，必须先占领其土地；城大

而地域狭窄，必须先攻占其城池；地域广阔而人口稀少的，就控制其险要处；地域狭窄而人口众多的城池，就在城外构筑土山居高临下以攻城。不要损害当地民众的利益，不要耽误百姓的农时，使政治宽松，民众安居乐业，匡正社会的流弊，那么就足以行之于天下。

今战国相攻，大伐有德，自伍而两，自两而师[①]，不一其令。率俾民心不定[②]，徒尚骄侈，谋患辩讼，吏究其事，累且败也。日暮路远，还有挫气[③]。师老将贪[④]，争掠易败。

【注释】

①自伍而两，自两而师：两，周朝军制五伍为两，即二十五人。四两为卒，一百人。五卒为旅，五百人。五旅为师，二千五百人。

②率俾民心不定：率，大都、大致。俾，使。

③还有挫气：军心思归，士气低落。挫气，士气受挫而低沉。

④师老将贪：军队久战疲惫，将领却贪功恋战。

【译文】

如今各诸侯国互相攻伐，依仗强大而攻打实行德政的国家。军队从伍到两，从两到师，号令不统一，军心不稳定，徒众以骄侈相高，谋议以争吵为患。军吏忙于查究这些事务，耗费精力，导致失败。天色昏暗，路途遥远，军心思归，士气低落。军队久战疲弊，将领却贪功恋战，士卒争相劫掠，这样很容易遭到失败。

凡将轻[①]、垒卑[②]、众动，可攻也。将重、垒高、众惧[③]，可围也。凡围必开其小利[④]，使渐夷弱，则节吝有不食者矣。众夜击者，惊也[⑤]。众避事者，离也[⑥]。待人之救，期战而蹙[⑦]，皆心失而伤气[⑧]也。伤气败军，曲谋败国[⑨]。

【注释】

①将轻：将领轻率，没有威信。

②垒卑：垒，营垒、防御工事。卑，低矮、不高。

③众惧：惧，畏服。士卒畏服自己的将领。

④凡围必开其小利：包围敌军时要留缺口。开其小利，即孙武所说的“围师必阙”。阮汉闻《标释》：“围恐死守死斗，必开小利诱之，使渐受伤以至于弱，则日穷日蹙，减啬不饱，内变作矣。此围大城大邑之法。”

⑤众夜击者，惊也：敌军夜间自相攻击，证明它惊恐不安。

⑥众避事者，离也：众人躲避公事，证明敌军上下离心离德。

⑦期战而蹙(cù 促)：约期会战就急促不安。蹙，局促不安。

⑧心失而伤气：丧失人心，挫伤士气。

⑨曲谋败国：错误的谋略会导致国家败亡。曲，不公正、不合理。曲谋，不正确的谋略，不切实际的主张。

【译文】

凡是将领轻浮、城防低矮、军心动摇的，就可以进攻它。而将领稳重、城防较高、士卒畏服其将领的，可以围困它。凡包围必须要给敌军留下一点小缺口，等待其兵力逐渐衰弱，使敌人尽管节省粮食也会陷于饥饿。敌军夜间自相攻击，是其惊恐不安的表现。众人都逃避公事，是其上下离心离德的表现。一心等待援兵来救，约期交战就愁眉苦脸，都是丧失人心挫伤士气的表现。士气挫伤，军队就会失败；谋略错误，国家就会危亡。

兵令上第二十三

兵者,凶器也;争者,逆德也。事必有本,故王者伐暴乱,本仁义焉[1]。战国则以立威抗战相图,而不能废兵也[2]。

【注释】

①王者伐暴乱,本仁义焉:王者,称王于天下的君主,即进行统一战争的君主。本,用如动词。《淮南子·兵略训》:"夫兵所以禁暴讨乱也。"此句《群书治要》本作"王者所以伐暴乱而定仁义也"。

②战国则以立威抗战相图,而不能废兵也:战国,从事战争的诸侯国。抗战,互相攻伐。废兵,废除兵力,结束战争。此句竹简作"战国所以立威侵适(敌),弱国之所不能发(废)也"。《群书治要》本作"战国所以立威侵敌也,弱国所以不能废"。

【译文】

兵器是杀人的工具,战争是违背德治原则的。凡兴兵动武一定要有所本,所以进行统一事业的君主讨伐暴乱,是以仁义为本的。现在交战的诸侯国都是为了树立自己的威势,互相攻伐为能事,因而无法停止战争。

兵者,以武为植[1],以文为种[2]。武为表,文为里。能审此二者,知胜败矣[3]。文所以视利害、辨安危[4];武所以犯强敌、力攻守[5]也。专一则胜,离散则败[6]。

【注释】

①以武为植:植,柱。《考工记·匠人》贾公彦疏:"植,即柱也。"

②以文为种:文,文事、政治。种,根基、根本。

③能审此二者,知胜败矣:竹简作"能审此三者,则知所以胜败矣"。《群书治要》本作"能审此二者,知所以胜败矣"。

④文所以视利害、辨安危:政治的作用是明察利害、分辨安危。视,观察。辨,辨别。

⑤武所以犯强敌、力攻守:军事的作用是打击强敌、保卫国土。犯,打击、战胜。力,致力于。《群书治要》本在此句下有"兵用文武也,如响之应声也,如影之随身也"。

⑥专一则胜,离散则败:专一,这里指文武合一,政治与军事相一致。竹简作"兵以专壹胜,以离散败"。

【译文】

在战争问题上，军事是主干，政治是根基。军事是表象，政治是实质。能察明这两个方面，就可以弄懂战争胜负的道理。政治的作用在于观察利害、辨别安危；军事的作用在于战胜强敌、保卫国家。这两者能很好地统一则胜利，离散则失败。

陈以密则固，锋以疏则达①。卒畏将甚于敌者胜，卒畏敌甚于将者败。所以知胜败者，称将于敌②也，敌与将犹权衡③焉。安静则治，暴疾则乱④。

【注释】

①陈以密则固，锋以疏则达：列阵队形密集则稳固，前锋部队有一定距离才有利于发起冲击。本句下竹简还有："将有威则生，失威则死；有威则胜，毋（无）威则败。卒有将则斫，毋（无）将则北。……赏罚之谓也。"《群书治要》有："将有威则生，无威则死；有威则胜，无威则败。卒有将则斗，无将败北；有将则死，无将则辱。威者，赏罚之谓也。"录以备考。

②称将于敌：把将领与敌军来比较一下。称，估量、衡量。

③敌与将犹权衡：敌人与自己一方的将领的关系就像秤砣与秤杆一样。权，秤砣。衡，秤杆。犹，如同。

④暴疾则乱：暴疾，急躁。

【译文】

列阵队形密集则稳固，前锋部队有一定距离才有利于作战。士卒畏惧将领超过畏惧敌军的就能胜利，士卒畏惧敌军超过畏惧将领的就会失败。所以要想预知胜败，可以拿己方将领的威望与敌军相比较，敌军与己方将领的关系就像秤砣与秤杆一样。将领沉着冷静，军队就会井然有序；将领急躁轻进，军队就会混乱。

出卒陈兵有常令，行伍疏数有常法①，先后之次有适宜。常令者，非追北袭邑攸用也②。前后不次则失也③，乱先后斩之。常陈皆向敌④，有内向，有外向，有立陈，有坐陈⑤。夫内向所以顾中也⑥，外向所以备外也，立陈所以行也，坐陈所以止也。立坐之陈，相参进止⑦，将在其中。坐之兵剑斧，立之兵戟弩⑧，将亦居中。善御敌者，正兵先合，而后扼之⑨，此必胜之术也。

【注释】

①行伍疏数（cù 促）有常法：疏，稀疏。数，密。《孟子·梁惠王上》："数罟不入洿池。"赵岐注："数罟，密网也。"常，固定的、一定的。竹简作"行伍之疏数，固有恒法"。

②非追北袭邑攸用也：不是用以追击败逃的敌人和袭击敌方城邑的。攸，所。

③前后不次则失也：不次，次序紊乱。失，乱。

④常陈皆向敌：通常阵势是针对敌情而布设的。

⑤有立陈，有坐陈：立陈，处于进攻态势的阵。坐陈，处于防御态势的阵。

⑥内向所以顾中也：顾，照应。中，指挥中心。古代军队一般分为前、后、左、右、中五军，中军为主将所在。顾中，指保卫中军主帅的安全。

⑦相参进止：相互配合变化使用。

⑧坐之兵剑斧，立之兵戟弩：坐阵使用的兵器主要是剑、斧，以利于近战。立阵使用的兵器主要是戟、弩，以利于远战。剑斧，短兵器。戟弩，长兵器。

⑨善御敌者，正兵先合，而后扼之：御，抵御、制服。扼，扼制、控制、打击。这里的"而后扼之"指的是奇兵（机动兵力），是相对前面的"正兵"而言。

【译文】

出兵列阵有通常的法则，队形疏密有一定的标准，前后次序有适当的规定。所谓通常的法则，不是用于追击逃敌和袭击敌方城邑的。前后没有一定的次序就会失利，所以对破坏次序的人要杀掉。通常阵势是针对敌情而布设的，有向内的，有向外的，有处于攻势的立阵，也有处于守势的坐阵。向内的阵势是为保卫中军主帅，向外的阵势是为防备敌人突袭，立阵是为了行军进攻，坐阵是为了防守驻止。立阵与坐阵，要相互配合变化使用。将领居于阵中。坐阵的士卒主要使用剑和斧，立阵的士卒主要使用戟和弓弩，将领也居于阵中。善于克敌制胜的，总是先以正面兵力与敌交战，然后用奇兵控制其退路，这是必胜的战术。

陈之斧钺，饰之旗章①，有功必赏，犯令必死②，存亡死生，在枹之端。虽天下有善兵者，莫能御此③矣。矢射未交，长刃未接④，前噪者谓之虚⑤，后噪者谓之实⑥，不噪者谓之秘⑦。虚、实、秘者，兵之体也。

【注释】

①饰之旗章：饰，装饰、设置。旗章，旗帜和徽章。

②犯令必死：犯令，违犯军令。必死，必定处死。

③莫能御此：没有能违背这种原则的。

④矢射未交，长刃未接：矢，箭。长刃，长柄兵器。指两军对阵尚未交锋时。

⑤前噪者谓之虚：前军鼓噪呐喊的是虚张声势。噪，鼓噪、呐喊。

⑥后噪者谓之实：后军鼓噪呐喊的是兵力充实。

⑦不噪者谓之秘：不鼓噪呐喊的是另有密谋。

【译文】

军队陈列斧钺，设置旗章，立功者必定奖赏，违犯军令者必定处死。生死存亡，全都在于将领的指挥如何。即使天下有善于用兵的人，也不能违背这些原则。当敌我双方还没有交锋时，前军鼓噪呐喊的是虚张声势，后军鼓噪呐喊的是兵力充实，不声不响的是另有密谋，虚、实、秘这三种情况，都是战场交兵的形态。

兵令下第二十四

诸去大军为前御之备者①，边县列候②，各相去三五里。闻大军为前御之备战，则皆禁行，所以安内也。

【注释】

①诸去大军为前御之备者：凡离开大部队到前沿做防御工作的先遣部队。去，离开。

②边县列候：边县，边境县邑。候，斥候，即侦察哨所。列，罗列、设置。

【译文】

凡离开大军到前线进行防御的先遣部队，在边境县邑设列侦察哨所，彼此相距三五里路远。听说大军到前线来准备作战时，就一律禁止通行，为的是保证内部安全。

内卒出戍①，令将吏授旗鼓戈甲。发日，后将吏及出县封界者②，以坐后戍法③。兵戍边一岁遂亡，不候代者，法比亡军④。父母妻子知之与同罪，弗知赦之。卒后将吏而至大将所一日⑤，父母妻子尽同罪，卒逃归至家一日，父母妻子弗捕执及不言，亦同罪。

【注释】

①内卒出戍：内卒，内地的士卒，出戍，到边境戍守。

②发日，后将吏及出县封界者：发兵之日，在将吏后面离开县界的。发，出发。后，后于。县封界，内县分界处。

③坐后戍法：按后戍法治罪。后戍法，惩治延误出戍的法令。

④不候代者，法比亡军：不等接替的人到达就擅自离开边防的，与逃兵一样治罪。候代，等候换防。亡军，临阵脱逃者、逃兵。

⑤卒后将吏而至大将所一日：士卒迟于将吏一天到达大将集合部队的地方。

【译文】

内地的士卒到边境戍守，命令将吏发给他们旗鼓武器和衣甲。出发时，落后于将吏离开县界的，按后戍法治罪。士卒守卫边境一年，不等换防去接替就擅自离开的，比照逃兵治罪。父母妻儿知情者与之同罪，不知情可以赦免。士卒比将吏晚一

天到达大将所在的地方，连他的父母妻儿一并治罪。士卒逃跑回家满一天，其父母妻儿不把他抓住送官而又不报告的，也与之同罪。

诸战而亡其将吏者，及将吏弃卒独北者，尽斩之。前吏弃其卒而北，后吏能斩之而夺其卒者赏[①]，军无功者戍三岁[②]。三军大战，若大将死而从吏五百人以上不能死敌者斩，大将左右近卒在陈中者皆斩，余士卒有军功者夺一级，无军功者戍三岁。战亡伍人[③]，及伍人战死不得其尸，同伍尽夺其功，得其尸罪皆赦。

【注释】

①前吏弃其卒而北，后吏能斩之而夺其卒者赏：前吏，前面的将吏。斩之，杀掉前吏。夺其卒，收容前吏的队伍。

②军无功者戍三岁：军中没有立过功的，罚戍边三年。

③战亡伍人：作战中一伍之内有逃跑的人。

【译文】

在作战中士卒逃离将吏，以及将吏丢下士卒独自逃跑的，都要处死。前面的将吏丢下士兵败逃，后面的将吏能将其杀掉并收编他的队伍的有赏。在作战中没有立过功的士卒罚戍边三年。三军大战，如果大将战死，而他部下将吏凡是带兵五百人以上而没有与敌人死战的都要处死，大将左右的卫护人员凡在阵中的一律处死，其余士卒有军功的降一级，没有军功的罚戍边三年。作战中一伍之内有逃跑的人，以及伍内的人战死而不能夺回其尸体，同伍的人都要追夺军功，如能夺回尸体，就都赦免。

军之利害，在国之名实[①]。今名在官而实在家，官不得其实，家不得其名。聚卒为军[②]，有空名而无实，外不足以御敌，内不足以守国，此军之所以不给[③]，将之所以夺威也。

【注释】

①军之利害，在国之名实：军队的利弊，在于国家兵员名额与实际人数是否相符。名实，名目与实际。

②聚卒为军：调集士卒组织军队。

③军之所以不给：军队因此兵员不足。给，足、充实。

【译文】

军队的利弊，在于国家的兵员名额与实际人数是否相符。如今有的士卒名籍列在军队而人却在家中，军队中没有实际兵员，家中又没有本人的户口。调集士卒组编军队时，只有空名额而无实足的人数，对外不足以抵御敌人，对内不足以维持秩序，这就是军队兵员不足，将帅丧失威望的原因。

臣以谓[①]卒逃归者，同舍伍人[②]及吏罚入粮为饶[③]，名为军实[④]，是有一军之名，

而有二实之出，国内空虚，自竭民岁，曷以免奔北之祸乎[5]？

【注释】

①谓：同“为”。

②同舍伍人：伍，这里指户籍编制。古代户籍，五家为伍。舍，房屋。同舍伍人，即原籍同伍的人。

③罚入粮为饶：罚纳粮食充实国库。饶，丰饶，这里意为充实。

④名为军实：军实，军队的给养、军粮。

⑤曷以免奔北之祸乎：曷，怎么、何能。奔北，逃亡、失败。

【译文】

我认为士卒逃跑回家的，他的原籍同伍的人家和上级官吏都要被罚纳粮食以充国库，名为军粮，这样名义上是一个士卒的名额，却要交纳两份军粮，搞得国内空虚，民财枯竭，这怎么能避免失败的灾难呢？

今以法止逃归禁亡军[1]，是兵之一胜[2]也。什伍相联，及战斗则卒吏相救，是兵之二胜也。将能立威，卒能节制[3]，号令明信，攻守皆得[4]，是兵之三胜也。

【注释】

①以法止逃归禁亡军：以法令制止士卒逃跑回家，禁止部队逃亡。这里“止逃归”与“禁亡军”实际上是一个意思。

②兵之一胜也：军队取胜的第一个条件。

③卒能节制：士卒能听从指挥。

④攻守皆得：攻必克，守必固。得，成功。

【译文】

现在以法令禁止士卒逃跑，是用兵的取胜条件之一。什伍之内相互联保，作战时官兵可以互相救援，是用兵的取胜条件之二。将帅能树立威信，士卒能听从指挥，号令明确可行，进攻防守都能保持主动，是用兵的取胜条件之三。

臣闻古之善用兵者，能杀卒之半[1]，其次杀其十三，其下杀其十一。能杀其半者，威加海内。杀十三者，力加诸侯[2]。杀十一者，令行士卒。

【注释】

①能杀卒之半：此处及下文的“杀其十三”、“杀其十一”，皆指“逃归”、“亡军”以及违犯军令依法当杀的士卒。

②杀十三者，力加诸侯：十三，十分之三。此句竹简作“能杀其少半者力加诸侯”。

【译文】

我听说古时善于用兵的人，能诛杀违令者占所属士卒的一半，其次能诛杀十分之三，再次能诛杀十分之一。能诛杀一半的可以威行天下，能诛杀十分之三的可以称雄于诸侯，能诛杀十分之一的则可使士卒听从号令。

故曰，百万之众不用命，不如万人之斗也[①]。万人之斗不用命，不如百人之奋也[②]。赏如日月[③]，信如四时[④]，令如斧钺，制如干将[⑤]，士卒不用命者，未之有也。

【注释】

①百万之众不用命，不如万人之斗也：竹简作“百万之众而不战，不如万人之尸”。《太平御览》作“百万之众不斗，不如万人之尸”。

②万人之斗不用命，不如百人之奋也：竹简作“万人而不死，不如百人之鬼”。《太平御览》作“万人不死，不如百人之贼”。

③赏如日月：日月，比喻光明、明正。

④信如四时：四时，比喻准确、可靠。

⑤制如干将：制，裁断。《淮南子·主术训》：“犹巧工之制木也。”这里指将帅的决策、决断。干将，春秋时人，善铸剑，后以干将作为锋利宝剑的代称。

【译文】

所以说，百万之众如不拼死效命，不如万人齐心协力去作战。以万人之众去作战，如不拼死效命，不如百人奋勇杀敌。奖赏要像日月那样明正，守信用要像四季交替那样可靠，号令要像斧钺那样威严，决断要像干将宝剑那样锐利，这样做而士卒不拼死效命的，从未有过。